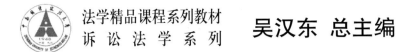

作者简介

蔡虹 中南财经政法大学法学院教授，博士生导师。中国民事诉讼法学研究会副会长，湖北省法学会常务理事，湖北省诉讼法学研究会副会长。湖北省人大常委会立法顾问，湖北省政府行政复议专家组成员，湖北省检察院、湖北省法院、武汉市法院等单位专家咨询委员会委员等。主编和参加编写省部级以上统编教材九部，出版《转型期中国民事纠纷解决初论》等个人专著两部，在《中国法学》《法学评论》《法商研究》等法学权威刊物、核心刊物上发表学术论文三十余篇，主持和参加省部级科研项目七项。其中，有两部统编教材分别获省部级优秀教材一等奖（北京市政府）和二等奖（司法部），两部个人专著和两篇学术论文分别获中国法学会颁发的二等奖和三等奖，一篇论文获湖北省委宣传部颁发的优秀论文一等奖，并有多篇学术论文被全国重要刊物转载或摘要。2002年获国家级教学成果二等奖。

民事诉讼法学

（第四版）

蔡虹 著

Civil Procedure Law

图书在版编目(CIP)数据

民事诉讼法学/蔡虹著. —4版. —北京:北京大学出版社,2016.2
(法学精品课程系列教材·诉讼法学系列)
ISBN 978-7-301-26706-6

Ⅰ.①民… Ⅱ.①蔡… Ⅲ.①民事诉讼法—法的理论—中国—高等学校—教材 Ⅳ.①D925.101

中国版本图书馆 CIP 数据核字(2016)第 000325 号

书　　　　名	民事诉讼法学(第四版)
	Minshi Susong Faxue
著作责任者	蔡　虹　著
责 任 编 辑	周　菲
标 准 书 号	ISBN 978-7-301-26706-6
出 版 发 行	北京大学出版社
地　　　　址	北京市海淀区成府路 205 号　100871
网　　　　址	http://www.pup.cn
电 子 信 箱	law@pup.pku.edu.cn
新 浪 微 博	@北京大学出版社　@北大出版社法律图书
电　　　　话	邮购部 62752015　发行部 62750672　编辑部 62752027
印 刷 者	北京宏伟双华印刷有限公司
经 销 者	新华书店
	730 毫米×980 毫米　16 开本　32 印张　609 千字
	2009 年 7 月第 1 版　2010 年 8 月第 2 版
	2013 年 1 月第 3 版
	2016 年 2 月第 4 版　2016 年 2 月第 1 次印刷
定　　　价	50.00 元

未经许可,不得以任何方式复制或抄袭本书之部分或全部内容。
版权所有,侵权必究
举报电话:010-62752024　电子信箱:fd@pup.pku.edu.cn
图书如有印装质量问题,请与出版部联系,电话:010-62756370

《法学精品课程系列教材》编委会名单

总主编 吴汉东

编委会（以姓氏拼音为序）

蔡　虹	曹新明	陈景良	陈小君	樊启荣
范忠信	方世荣	韩　轶	雷兴虎	李汉昌
李希慧	刘大洪	刘茂林	刘仁山	刘嗣元
刘　笋	刘　焯	吕忠梅	麻昌华	齐文远
乔新生	覃有土	石佑启	王广辉	吴汉东
吴志忠	夏　勇	徐涤宇	姚　莉	张德淼
张桂红	张继成	赵家仪	郑祝君	朱雪忠

总　　序

法学教育的目标和任务在于培养法律人才。提高培养质量,造就社会需要的高素质法律职业人才是法学教育的生命线。根据教育部关于高等学校教学质量与教学改革工程精品课程建设的精神和要求,结合中南财经政法大学精品课程建设的总体规划,在全面总结我国法学教育经验和分析法律人才社会需求的基础上,我校确立了以培养高素质法律人才为目的,以教材建设为核心,强化理论教学与实践教学的融会,稳步推进法学精品课程建设的方案。两年来,我校法学精品课程建设取得了阶段性的成果,已有民法、知识产权法等十余门课程被确定为国家、省、校三级精品课程,并在此基础上推出了"法学精品课程系列教材"。

"法学精品课程系列教材"是一套法学专业本科教材及其配套用书,涵盖了我校法学本科全程培养方案所列全部课程,由教材、案(事)例演习和教学参考资料三个层次的教材和教学用书构成,分为法理学、法律史学、宪法与行政法学、刑法学、民商法学、诉讼法学、经济法学、环境与资源法学、国际法学和法律职业实训等十个系列。

"法学精品课程系列教材"由我校一批具有良好学术素养和丰富教学经验的教授、副教授担纲撰写,同时根据需要约请法学界和实务部门的知名学者和专家加盟,主要以独著、合著的形式合力完成。"法学精品课程系列教材"遵循理论与实际相结合的原则,以法学理论的前沿性、法律知识的系统性、法律制度的针对性、法律运作的可操作性为编撰宗旨,以先进的教学内容和科学的课程体系的统一为追求,融法学教育的新理论、新方法和新手段于一体,力图打造成一套优秀的法学精品课程系列化教材。

"法学精品课程系列教材"是我校在推进法学教育创新,深化法学教学改革,加强教材建设方面的一次尝试,也是对以"一流教师队伍、一流教学内容、一流教学方法、一流教材、一流教学管理"等为特点的法学精品课程在教材建设方面的探索。

我相信"法学精品课程系列教材"的出版,能为广大读者研习法学理论、提高法学素养、掌握法律技能提供有效的帮助。同时,我衷心希望学界同仁和读者提出宝贵的批评和建议,以便这套教材不断修订完善,使之成为真正的法学精品课程教材!

是为序。

2005 年 3 月

第四版修订说明

本教材自2008年出版以来，这是第三次修订。此次修订的直接动因是2015年2月4日《最高人民法院关于适用〈中华人民共和国民事诉讼法〉的解释》颁布实施。该司法解释对适用民事诉讼法的相关问题作了全面、系统、具体的规定，是最高人民法院迄今为止条文最多、篇幅最长的司法解释，内容十分丰富。教材作为专业知识的载体和教学的工具，理应作出相应的修订。此外，在上次修订之后，新的理论研究成果、新颁布的法律和司法解释的问世，以及教材在使用过程中需要改进的问题，共同促成了此次修订。

本次修订的指导思想是，保持本教材的基本原理、基本结构的稳定性、系统性和规范性。在此基础上，进行相关知识的更新与补充，使之处于反复使用实验修改和不断完善的良性循环中。本次修订的主要内容：

一、根据《最高人民法院关于适用〈中华人民共和国民事诉讼法〉的解释》，对本教材进行相应的修改和增补，对已经废止的规定进行删减。与此同时，本教材还反映了与之相关的研究成果，反映了民事司法改革的最新动态。

二、根据2013年之后颁布的与新民事诉讼法有关的法律、司法解释的规定，对原教材中的部分诉讼原理进行了新的阐述。例如，根据2015年1月1日起实施的修订后的《环境保护法》，对"民事公益诉讼"的内容作出新的阐述。

三、在文字表述方面，作了必要的压缩和精简，以保证在本学科知识信息激增的同时控制教材的总篇幅；在"参考文献"部分，以保留和增加有代表性的经典著作为原则，删除了为数较多且更新速度较快的论文。

本教材的修订因涉及内容多、时间较为紧迫，加之作者水平有限，难免存在疏漏之处。诚请广大师生及读者提出宝贵意见，以便日后修订时进一步完善。

作　者
2015年8月

第三版修订说明

2012年8月31日，第十一届全国人民代表大会常务委员会第二十八次会议通过了《关于修改〈中华人民共和国民事诉讼法〉的决定》。为了及时反映法典修改以及围绕法典修改的学术研究成果，应出版社诚邀，笔者对2010年出版的《民事诉讼法学》（第二版）进行了较大幅度的修改。本次修改，在保留了原教材知识结构及保持理论体系完整、系统的基础上，在以下方面做了较大的修改：一、根据《关于修改〈中华人民共和国民事诉讼法〉的决定》，更新了民事诉讼立法及相关理论研究的内容。本次民事诉讼法修改涉及六十项内容，近百个条文，据此本教材进行了相应的修改、增补和删减。与此同时，本教材还反映了与之相关的研究成果和研究动态，反映了民事司法改革的成果。二、根据2010年之后颁布的与民事诉讼法有关的法律、司法解释的规定，对原教材中的部分内容进行了更新。例如，根据2011年1月1日实施的《人民调解法》，对"民事诉讼法与相邻法律部门的关系"等内容作了新的阐述。三、在"参考文献"部分，增加了近两年围绕民事诉讼法修改所进行的理论研究的最新成果，以尽可能使学生掌握学术前沿的成果与动态。因本教材完稿于2012年12月中旬，故此后的有关司法解释未能收入。同时，因为时间较为紧迫，水平有限，本书难免存在疏漏之处。敬请广大师生及读者提出宝贵意见，以便日后修订时改进。

蔡 虹

2012年12月21日

目　录

第一编　导　论

第一章　民事诉讼概述 ……………………………………………………（3）
　　第一节　民事纠纷及其特征 ……………………………………………（3）
　　第二节　民事纠纷解决机制 ……………………………………………（4）
　　第三节　民事诉讼及其特征 ……………………………………………（8）

第二章　民事诉讼法概述 …………………………………………………（12）
　　第一节　民事诉讼法的概念和性质 ……………………………………（12）
　　第二节　民事诉讼法的历史发展 ………………………………………（13）
　　第三节　我国民事诉讼法的效力 ………………………………………（22）
　　第四节　民事诉讼法与相邻法律部门的关系 …………………………（24）

第三章　民事诉讼法学 ……………………………………………………（28）
　　第一节　民事诉讼法学的研究对象 ……………………………………（28）
　　第二节　民事诉讼法学的内容与体系 …………………………………（31）
　　第三节　民事诉讼法学的研究方法 ……………………………………（32）

第二编　民事诉讼基本理论

第四章　民事诉讼目的论 …………………………………………………（39）
　　第一节　民事诉讼目的概述 ……………………………………………（39）
　　第二节　民事诉讼目的诸学说 …………………………………………（41）
　　第三节　民事诉讼目的与相关理论的关系 ……………………………（45）
　　第四节　我国民事诉讼法的目的 ………………………………………（46）

第五章　民事诉讼价值论 …………………………………………………（50）
　　第一节　民事诉讼价值论概述 …………………………………………（50）
　　第二节　民事诉讼的内在价值 …………………………………………（52）
　　第三节　民事诉讼的外在价值 …………………………………………（54）
　　第四节　内在价值与外在价值之间的关系 ……………………………（55）

第六章　民事诉讼模式论 (58)
　　第一节　民事诉讼模式概述 (58)
　　第二节　两种基本模式的比较 (59)
　　第三节　我国民事诉讼模式的优化 (62)

第七章　民事诉讼法律关系论 (66)
　　第一节　民事诉讼法律关系概述 (66)
　　第二节　民事诉讼法律关系的要素 (69)
　　第三节　诉讼上的法律事实 (72)

第八章　诉权与诉 (75)
　　第一节　诉权论 (75)
　　第二节　诉的概述 (80)
　　第三节　诉的种类 (83)
　　第四节　反诉 (85)
　　第五节　诉的合并与变更 (87)

第九章　既判力论 (91)
　　第一节　既判力概述 (91)
　　第二节　既判力的本质 (93)
　　第三节　既判力的范围 (95)

第三编　总　　则

第十章　民事诉讼法的基本原则 (105)
　　第一节　民事诉讼法的基本原则概述 (105)
　　第二节　当事人诉讼权利平等原则 (107)
　　第三节　同等原则与对等原则 (109)
　　第四节　辩论原则 (110)
　　第五节　处分原则 (113)
　　第六节　法院调解原则 (115)
　　第七节　诚实信用原则 (120)
　　第八节　检察监督原则 (122)

第十一章　民事审判的基本制度 (124)
　　第一节　民事审判基本制度概述 (124)
　　第二节　合议制度 (125)
　　第三节　回避制度 (128)

第四节　公开审判制度 …………………………………… (130)
　　第五节　两审终审制度 …………………………………… (131)

第十二章　主管和管辖 …………………………………………… (134)
　　第一节　主管 ……………………………………………… (134)
　　第二节　管辖概述 ………………………………………… (136)
　　第三节　级别管辖 ………………………………………… (138)
　　第四节　地域管辖 ………………………………………… (140)
　　第五节　协议管辖 ………………………………………… (146)
　　第六节　裁定管辖 ………………………………………… (147)
　　第七节　管辖权异议 ……………………………………… (150)

第十三章　诉讼当事人 …………………………………………… (152)
　　第一节　当事人概述 ……………………………………… (152)
　　第二节　原告和被告 ……………………………………… (160)
　　第三节　共同诉讼人 ……………………………………… (165)
　　第四节　诉讼代表人 ……………………………………… (170)
　　第五节　第三人 …………………………………………… (173)

第十四章　诉讼代理人 …………………………………………… (180)
　　第一节　诉讼代理人概述 ………………………………… (180)
　　第二节　法定诉讼代理人 ………………………………… (181)
　　第三节　委托诉讼代理人 ………………………………… (183)

第十五章　保全和先予执行 ……………………………………… (187)
　　第一节　保全 ……………………………………………… (187)
　　第二节　先予执行 ………………………………………… (192)

第十六章　期间、送达 …………………………………………… (195)
　　第一节　期间 ……………………………………………… (195)
　　第二节　送达 ……………………………………………… (198)

第十七章　对妨害民事诉讼的强制措施 ………………………… (203)
　　第一节　民事诉讼强制措施概述 ………………………… (203)
　　第二节　妨害民事诉讼的行为 …………………………… (205)
　　第三节　强制措施的种类及适用 ………………………… (207)

第十八章　诉讼费用 ……………………………………………… (211)
　　第一节　诉讼费用概述 …………………………………… (211)
　　第二节　我国诉讼费用的交纳范围 ……………………… (214)

第三节 我国诉讼费用的交纳标准……………………………………(215)
第四节 我国诉讼费用的交纳、负担与管理……………………………(218)
第五节 司法救助………………………………………………………(221)

第四编 证据与证明

第十九章 民事诉讼证据……………………………………………(227)
第一节 民事诉讼证据概述……………………………………………(227)
第二节 民事诉讼证据的分类…………………………………………(229)
第三节 民事诉讼证据的种类…………………………………………(231)
第四节 证据的收集调查与保全………………………………………(243)

第二十章 民事诉讼中的证明………………………………………(246)
第一节 证明对象………………………………………………………(246)
第二节 证明责任………………………………………………………(248)
第三节 证明标准………………………………………………………(253)
第四节 证明过程………………………………………………………(257)
第五节 证据的审核认定………………………………………………(261)

第五编 诉讼程序论

第二十一章 第一审普通程序………………………………………(269)
第一节 第一审普通诉讼程序概述……………………………………(269)
第二节 起诉与受理……………………………………………………(270)
第三节 审理前的准备…………………………………………………(275)
第四节 开庭审理………………………………………………………(277)
第五节 公益诉讼………………………………………………………(281)
第六节 撤诉、诉讼和解………………………………………………(283)
第七节 缺席判决………………………………………………………(287)
第八节 延期审理、诉讼中止和诉讼终结……………………………(289)

第二十二章 简易程序与小额诉讼…………………………………(293)
第一节 简易程序概述…………………………………………………(293)
第二节 简易程序的适用范围…………………………………………(294)
第三节 简易程序的具体规定…………………………………………(296)
第四节 小额诉讼程序…………………………………………………(298)

第二十三章　法院裁判 …………………………………………………… (302)
- 第一节　法院裁判概述 ……………………………………………… (302)
- 第二节　民事判决 …………………………………………………… (303)
- 第三节　民事裁定 …………………………………………………… (306)
- 第四节　民事决定 …………………………………………………… (310)
- 第五节　调解书 ……………………………………………………… (311)

第二十四章　第二审程序 ………………………………………………… (314)
- 第一节　第二审程序概述 …………………………………………… (314)
- 第二节　上诉的提起和受理 ………………………………………… (316)
- 第三节　上诉案件的审理 …………………………………………… (319)
- 第四节　上诉案件的裁判 …………………………………………… (321)

第二十五章　审判监督程序 ……………………………………………… (324)
- 第一节　审判监督程序概述 ………………………………………… (324)
- 第二节　当事人申请再审 …………………………………………… (327)
- 第三节　法院决定再审 ……………………………………………… (331)
- 第四节　检察院抗诉启动再审 ……………………………………… (333)
- 第五节　再审案件的审判 …………………………………………… (335)

第二十六章　海事诉讼特别程序法 ……………………………………… (338)
- 第一节　海事诉讼法概述 …………………………………………… (338)
- 第二节　海事诉讼管辖 ……………………………………………… (341)
- 第三节　海事请求保全 ……………………………………………… (349)
- 第四节　海事强制令 ………………………………………………… (358)
- 第五节　海事证据保全 ……………………………………………… (360)
- 第六节　海事担保 …………………………………………………… (364)
- 第七节　送达 ………………………………………………………… (369)
- 第八节　审判程序 …………………………………………………… (372)
- 第九节　海事特别程序 ……………………………………………… (378)

第二十七章　涉外民事诉讼程序的特别规定 …………………………… (385)
- 第一节　涉外民事诉讼程序概述 …………………………………… (385)
- 第二节　涉外民事诉讼程序的一般原则 …………………………… (387)
- 第三节　涉外民事诉讼的管辖 ……………………………………… (391)
- 第四节　涉外民事诉讼的期间、送达 ……………………………… (396)
- 第五节　司法协助 …………………………………………………… (400)

第六编　非讼程序论

第二十八章　特别程序 ……………………………………………………… (411)
 第一节　特别程序概述 ………………………………………………… (411)
 第二节　选民资格案件的审理程序 …………………………………… (415)
 第三节　宣告公民失踪、死亡案件的审理程序 ……………………… (417)
 第四节　认定公民无民事行为能力、限制民事行为能力案件
    的审理程序 …………………………………………………… (422)
 第五节　认定财产无主案件的审理程序 ……………………………… (424)
 第六节　调解协议的司法确认程序 …………………………………… (425)
 第七节　实现担保物权的特别程序 …………………………………… (428)

第二十九章　督促程序 ……………………………………………………… (433)
 第一节　督促程序概述 ………………………………………………… (433)
 第二节　支付令的申请与受理 ………………………………………… (436)
 第三节　支付令的发出及效力 ………………………………………… (439)
 第四节　支付令的异议和督促程序的终结 …………………………… (440)

第三十章　公示催告程序 …………………………………………………… (443)
 第一节　公示催告程序概述 …………………………………………… (443)
 第二节　公示催告的申请与受理 ……………………………………… (445)
 第三节　公示催告案件的审理 ………………………………………… (447)
 第四节　除权判决 ……………………………………………………… (449)

第七编　执行程序论

第三十一章　执行程序概述 ………………………………………………… (455)
 第一节　执行程序的概念 ……………………………………………… (455)
 第二节　执行程序的原则 ……………………………………………… (458)

第三十二章　执行程序的一般规定 ………………………………………… (461)
 第一节　执行根据 ……………………………………………………… (461)
 第二节　执行主体与客体 ……………………………………………… (462)
 第三节　执行管辖 ……………………………………………………… (464)
 第四节　执行异议 ……………………………………………………… (466)
 第五节　执行担保与执行承担 ………………………………………… (469)

第六节　委托执行与协助执行……………………………………(471)
　　第七节　执行和解与执行回转……………………………………(473)
第三十三章　执行程序的开始、中止和终结……………………………(476)
　　第一节　执行程序的开始…………………………………………(476)
　　第二节　执行中止…………………………………………………(479)
　　第三节　执行终结…………………………………………………(480)
第三十四章　执行措施……………………………………………………(482)
　　第一节　执行措施概述……………………………………………(482)
　　第二节　对动产的执行措施………………………………………(484)
　　第三节　对不动产的执行措施……………………………………(486)
　　第四节　对行为的执行措施………………………………………(487)
　　第五节　特殊的执行措施和制度…………………………………(489)

第一编

导 论

第一章 民事诉讼概述

学习目的与要求

民事纠纷是社会纠纷的一种，本章首先阐述了民事纠纷的性质及特点。在此基础上，概述解决民事纠纷的主要方式。民事诉讼是民事纠纷解决方式中的一种，是以国家公权力为后盾，依照法律程序强制性解决纠纷从而保障合法权益的方式。民事诉讼是公力救济的典型形式。

第一节 民事纠纷及其特征

一、民事纠纷的界定

民事纠纷，又称民事冲突、民事争议，是社会纠纷的一种。人类社会自产生以来，由于人们所处的客观环境和主观意识不同，因而在其共同生存与发展的社会生活中难免会发生纠纷。

纠纷的发生会影响人们的正常生活，严重的还会影响到社会的稳定、国家的安全。因此，国家通过法律对纠纷进行控制，一方面，国家通过制定法律规定各种权利义务规范，并以国家强制力保障权利义务规范的实现；另一方面，将纠纷按照所涉及法律关系的性质进行分类，建立相应的机制以解决各种法律纠纷。

民事纠纷是法律纠纷的一种，是指民事主体违反了民事权利义务规范，侵害了他人民事权利或与他人发生争议，由此产生的以民事权利义务为内容的纠纷。民事纠纷的内容主要表现为：有关财产关系的民事纠纷和有关人身关系的民事纠纷。前者如因财产所有关系和财产流转关系引起的民事纠纷，后者如因人格权关系和身份权关系引起的民事纠纷。与刑事、行政性质的纠纷相比，民事纠纷最常见、数量也最多。

二、民事纠纷的特点

民事纠纷是私法之争，即因私法关系发生的纠纷。私法关系是相对于公法关系而言的，是指双方当事人基于平等的权利和法律地位而形成的民事法律关系。民事纠纷与刑事纠纷、行政纠纷相比，具有以下特点：

（1）民事纠纷的主体具有平等的法律地位。民事纠纷的这一特点是由民事法律关系主体的平等性决定的。民事法律关系是平等主体之间的权利义务关系，所以因民事权利义务关系发生的纠纷，以及在解决纠纷的过程中，双方当事人的地位也必然是平等的。这一特点与刑事纠纷、行政纠纷是不同的。刑事纠纷中对立着的双方分别是国家与实施犯罪的嫌疑人、被告人；行政纠纷中对立着的双方则分别是行政机关与行政相对人，双方的法律地位是不平等的。民事法律关系的平等性决定了民事纠纷主体的平等性，并且延续到民事纠纷处理的全过程。

（2）民事纠纷的内容是发生争议的民事权利义务关系。民事纠纷通常是一方当事人没有依法履行义务，侵犯了对方当事人的合法权益，或者是因民事权利义务关系发生了争议，双方当事人就权利的行使和义务的履行不能达成一致。民事纠纷的发生和存在，会导致正常的民事法律关系处于失衡状态，当事人的合法权益不能得到实现，甚至影响到民事流转和交易安全。民事纠纷以民事法律关系为内容，这也是民事纠纷不同于刑事纠纷、行政纠纷的地方。

（3）民事纠纷的内容具有可处分性。在争议的民事法律关系中，当事人享有的民事权利是可以自由处分的，这是民事权利的性质决定的。当事人民事权利可处分这一特点，使民事纠纷的处理方式具有较大的自由空间，只要当事人的处分行为不违反法律规定，不侵害他人的合法权益，就应当受到尊重，并产生相应的法律后果。

（4）民事纠纷的解决途径具有多元性。民事纠纷是私权之争，双方当事人享有处分权，纠纷解决途径可以自由选择，加之民事纠纷的数量远大于其他性质的纠纷，国家为此也设置了多种纠纷解决途径。因此，民事纠纷的解决可视案件的具体情况，由当事人自由选择解决方式。

把握民事纠纷的上述特点，有助于建立解决民事纠纷的各种机制，有针对性地确立解决民事纠纷的原则、方法、程序与具体规则。

第二节 民事纠纷解决机制

民事纠纷解决机制，是指解决民事纠纷的各种方法和制度。既然民事纠纷的发生是不可避免的，而纠纷的发生又会影响人们的正常生活及社会稳定，因此，建立并不断完善民事纠纷的解决机制是十分重要的。

在国家出现以前，民事纠纷主要靠私力救济（又称自力救济）的方式解决，即纠纷主体依靠个人的力量解决。随着国家的出现，纠纷的解决逐步以公力救济取代了私力救济，由国家建立一定的制度和程序解决纠纷。公力救济替代私力救济，是人类社会步入文明的体现，也是社会进步与发展的体现。在公力救济与私力救济之间,还有一种依靠社会的力量解决纠纷的机制,可称之为社会救济,如民间调解、仲裁等。这三种纠纷解决方式是并存的,尽管在不同的国家、不同的历史时期这三者的作用及地位不同。在现代社会,纠纷解决机制应以公力救济为主导,以社会救济为重要补充,而私力救济则受到一定的限制。

一、私力救济

私力救济的形式主要有:自决、和解。其特征是依靠纠纷主体自身的力量解决纠纷。

自决主要发生在人类社会早期。当时生产力水平低下,生活简单,缺乏理性解决争议的能力和经验,为解决一个纠纷,往往会付诸暴力,其结果要么是强势的一方以强凌弱,使纠纷不能得到公平的解决;要么是双方均以武力相对,两败俱伤。自决常常表现为血亲报复、同态复仇。

和解是双方当事人以平等协商的方式,自愿地解决他们之间纠纷的方式。和解通常无须第三方的介入,无须严格遵守实体法规范和程序规范,和解协议也没有强制力,这是一种最为和平的纠纷解决方式。由于和解的过程与结果都取决于当事人,因此自治性最高。和解的基础是纠纷主体有权对自己的权利进行处分,是私法自治原则的体现。正因为如此,和解应当建立在纠纷主体平等和真实意思的基础上。

自决、和解是私人之间解决民事纠纷的行为,一般无须遵从统一的社会规范。但在法律社会,强制性的自决被严格限制,因为这种方式不仅不能使纠纷得到公正的解决,还常常导致纠纷升级或激化,侵犯他人的合法权益。而和解则建立在双方当事人平等的基础上,以相互协商、相互妥协的方式解决纠纷,因而一直是私力救济中被倡导的一种纠纷解决方式。

二、社会救济

社会救济主要包括民间调解和仲裁。这种纠纷解决方式虽然也尊重当事人的意思自治,但更重视社会力量对纠纷解决过程的介入,注重充分发挥社会力量作为第三者的主持、说服、沟通作用,内含的规范因素也远比私力救济多。对于民事纠纷的解决,社会救济的功能是十分重要的。

(一)调解(民间调解)

调解,即纠纷主体将其争议提交第三方,由其协调、说服并帮助双方进行协商交流,以达成解决纠纷的合意。这是一种运用比较广泛的纠纷解决方式。将争议提交第三方,常常是当事人双方自行和解不成而求助于第三方解决,实际上,此时纠纷的私人化已转为社会化。随着第三方力量的介入,纠纷解决的希望增大,而纠纷解决的自主性变小,尽管纠纷的最终解决仍取决于双方当事人的合意,但第三方的主持、说服、斡旋、协调对纠纷的解决起着十分重要的作用。

在我国,调解自古以来就是解决民间纠纷的重要方式。中国传统社会以"礼治"作为控制社会的主要机制,调解的过程既是解决纠纷的过程,又是进行道德礼俗的教化过程。封建统治者更是注重维护礼俗社会的秩序,以有利于发挥维护封建专制赖以存在的血缘及地缘关系的政治作用。因此,"避诉讼而求调解"自然促成了民间调解的发达。这一传统一直延续下来。被西方人士誉为"东方经验"的调解指的就是这种性质的调解。

新中国成立以后,我国民间调解最重要的形式就是由人民调解委员会进行的调解。根据我国《宪法》第111条、《人民调解委员会组织条例》和司法部《人民调解工作若干规定》的规定,人民调解委员会是村民委员会和居民委员会等下设的调解民间纠纷的群众性自治组织。我国的民事纠纷大量发生在基层,设在村民委员会和居民委员会下的人民调解委员会是最贴近纠纷及当事人的一级机构,他们往往比较熟悉当地的社情,了解纠纷发生的背景,同当事人也比较熟悉,主持调解时不仅会运用法律,而且会更多地考虑到当地的习俗、道德、村规民约等,在民间纠纷的解决方面具有独到的作用。鉴于人民调解所具有的重要作用,同时也由于人民调解的制度化水平在不断提高,最高人民法院于2002年颁布实施的《关于审理涉及人民调解协议的民事案件的若干规定》第1条规定:"经人民调解委员会调解达成的、有民事权利义务内容,并由双方签字或者盖章的调解协议,具有民事合同性质。当事人应当按照约定履行自己的义务,不得擅自变更或者解除调解协议。"由此可见,人民调解委员会主持下达成的调解协议,具有民事合同的效力,一方当事人不履行调解协议,对方当事人向人民法院起诉的,人民法院应当以该调解协议为基础进行审理和裁判。

2010年8月,第十一届全国人民代表大会常务委员会第十六次会议通过并颁布了《中华人民共和国人民调解法》,于2011年1月1日正式生效。这是我国第一部全面规范人民调解工作的法律。该法进一步确立了人民调解制度的法律地位和基本框架,对人民调解工作的基本原则、人民调解组织、人民调解员、调解程序、经费保障、调解协议效力等作出了明确规定,为指导管理人民调解工作、依法调解矛盾纠纷,提供了坚实的法制保障,对于推动人民调解工作的法制化、制度化、规范化,具有十分重要的意义。2012年修改后的《民事诉讼法》增加了"调解协议的司法确认程序",通过对调解协议进行确认赋予其强制执行的效力,以期促进人民调解发挥其最大的纠纷解决作用。

(二)仲裁

仲裁,是指纠纷双方在纠纷发生前或纠纷发生后自愿达成仲裁协议,将纠纷提交仲裁委员会审理并作出裁决或调解的机制。

仲裁起源于古希腊和古罗马,最初主要用于解决商人之间发生的商业纠纷。

通常的做法是,由有威望的商业组织或个人担任仲裁人,依照商业规则、行业惯例或者一定的道德规范来解决纠纷。仲裁成为一种法律制度始于中世纪,主要用于解决民商事纠纷。19世纪末20世纪初,随着国际经济贸易的发展,纠纷增多,仲裁成为处理国际经济贸易纠纷的重要方法。在当今各国,仲裁因其突出的优势而获得了快速发展,已成为民商事纠纷及国际经济贸易纠纷解决机制的重要组成部分。20世纪至今,仲裁制度进入了现代化和国际化时期。

我国于1991年5月开始制定《仲裁法》,1995年9月1日起正式颁布实施。该法适用于民商事仲裁,体现了仲裁的主要特征,为民众了解和利用仲裁提供了依据。同时也丰富和规范了我国民事纠纷解决的手段。

仲裁与其他民事纠纷解决手段相比,具有以下显著特征:

(1) 自治性。自治性是仲裁最为重要、最为明显的特征。体现在:当事人可以合意确定是否以仲裁的方式解决民事纠纷;当事人可以合意确定仲裁事项;当事人可以合意选择仲裁委员会和仲裁员;当事人可以约定审理方式;当事人在仲裁中可以合意确定是否和解或调解等。

(2) 民间性。仲裁作为社会救济的主要方式,其民间性主要体现在如下几个方面:仲裁机构不是国家机关,不享有国家公权力,仲裁机构没有直接采取证据保全、财产保全措施的权力以及直接强制执行仲裁裁决的权力;仲裁员不是国家工作人员,仲裁员以及仲裁委员会独立于行政机关,也独立于人民法院。

(3) 规范性。仲裁虽然属于社会救济,但与和解相比具有较强的规范性。体现在:第一,仲裁进行中,仲裁当事人、参与人应当依法进行仲裁活动,服从仲裁机构、仲裁庭的组织和指挥;第二,具有给付内容的仲裁裁决、调解书一经生效便具有强制执行的效力,当事人应当自动履行义务,否则对方当事人可申请人民法院强制执行;第三,人民法院在特定的情形下可以依法撤销或不予执行仲裁裁决。

(4) 便捷性。仲裁程序比诉讼程序简便、灵活、快捷,更能够适应民商事纠纷主体低成本、高效率解决纠纷的需要。仲裁程序充分考虑仲裁当事人的意思自治,当事人自主选择的空间较大,审理周期短,费用低,一裁终局,能够确保他们之间的民商事纠纷得以及时、迅速地解决。

(5) 独立性。独立性是公正性的必要条件。仲裁权的独立性、仲裁机构的独立性、仲裁庭的独立性和仲裁员的独立性为保证仲裁的公正性提供了重要条件。仲裁权的独立性不允许任何行政机关、社会团体和个人对仲裁权的行使加以干涉。仲裁员和仲裁庭在审理案件时与仲裁机构之间不存在隶属关系,依法独立办案。

(6) 保密性。仲裁以不公开进行为原则、以公开进行为例外,这是世界各国通行的做法。仲裁员以及相关工作人员对在仲裁案件过程中获知的信息有严格保密的义务。庭审一般不允许旁听和媒体报道，可保证当事人的商业秘密不因仲裁而公之于众。这一做法有助于消除当事人提交仲裁解决民商事纠纷的顾虑。

三、公力救济

公力救济，是指国家以公权力为后盾，依照法律程序强制性解决纠纷，从而保障合法权益的方式，如行政裁决、诉讼。其中，诉讼是公力救济的典型形式。

自国家产生之后，统治者逐步认识到，社会纠纷的大量存在不仅影响相关当事人，而且也会危及统治秩序。私力救济固然可以消除一些纠纷，但复仇、杀戮、弱肉强食、暴力强制往往并不能公平和妥善地解决纠纷，反而会诱发更多、更激烈的社会纠纷，危及统治秩序。因此，统治者选择由国家权力而非冲突主体的暴力来解决纠纷，并且制定各种法律，既为纠纷解决提供依据和准则，同时也为诉讼提供具有强制力的程序。随着法律规则和程序的逐步完善，公力救济获得了比以往更加明显的正当性基础。

诉讼是解决社会纠纷的机制中最正式、最权威、最规范的一种方式。首先，诉讼有规范的程序设置，可保障双方当事人平等对抗，充分行使自己的权利，从而满足当事人保护合法权益的实体目的。其次，诉讼以强制力解决纠纷，是由特定的、有组织的主体实施，裁判者代表国家行使审判权，统一适用国家法律，避免了其他暴力形式的存在，有利于维护法律秩序。再次，诉讼最具权威性，是体现国家公力救济的标志。正因为如此，在现代法治社会，诉讼应为解决争议的最终方式。和解与调解解决的纠纷，当事人不服或者反悔的，仍可向法院提起诉讼，诉讼结果为解决该项争议的最终结果。最后，诉讼的存在，"现实地提高了其他冲突解决手段的适用几率和适用效果。没有诉讼审判，其他手段也将会是苍白无力的"[①]。严格依法进行的诉讼，具有积极的示范作用。

第三节 民事诉讼及其特征

一、民事诉讼的概念

民事诉讼，是指人民法院在当事人和其他诉讼参与人的参加下，依法审理和解决民事案件所进行的各种诉讼活动，以及由此产生的各种诉讼关系的总和。

民事诉讼的主要功能是解决民事案件，即基于民事法律以及部分经济法、劳动法调整的社会关系所涉及的人身权、财产权产生纠纷并提请法院解决的案件。民事案件分为两大类：第一，平等主体之间因人身关系和财产关系所产生的民事

---

① 柴发邦主编：《体制改革与完善诉讼制度》，中国人民公安大学出版社1991年版，第27页。

纠纷案件。这类案件进入诉讼领域后，就称之为民事诉讼案件。这是典型的民事案件，适用诉讼程序解决。第二，不具有民事权利义务之争的非讼民事案件。这类案件不具有纠纷性，只是需要由人民法院依照民事法律来确认某种事实或某种事实的状态，如宣告公民死亡、认定公民无民事行为能力等，适用非讼程序解决。人民法院、申请人以及其他参与人为审理和解决非讼民事案件所进行的活动和发生的各种关系，不是典型的民事诉讼，但基于这类案件均与民事权利存在一定的关系，民事诉讼法规定了审理这类案件的特别程序，所以，将其纳入广义的民事诉讼之列。

民事诉讼活动的主体，是指人民法院、当事人和其他诉讼参与人。其中人民法院和当事人是最基本的诉讼主体，缺少其中任何一个主体诉讼就不能成立。当事人是诉讼中对立、对抗的双方，而人民法院则居中裁判，形成一个等腰三角形的构造。在有些诉讼中，根据诉讼活动的需要，可能有证人、鉴定人、翻译人员、勘验人等参加诉讼，以协助人民法院和当事人进行诉讼，这些人称为诉讼参与人。在再审程序中，检察机关依法提起抗诉时，也会成为民事诉讼的主体。

民事诉讼的内容，包括诉讼主体的诉讼活动，以及由这些活动所产生的各种诉讼法律关系。所谓诉讼活动，是指人民法院、当事人以及诉讼参与人围绕案件的解决而进行的能够产生一定法律后果的活动。既包括人民法院的诉讼活动，如受理案件、开庭审理、作出裁判等；又包括当事人的诉讼活动，如当事人起诉与应诉、法庭质证、辩论等；还包括诉讼参与人的诉讼活动，如代理人代理诉讼、证人出庭作证等。由于人民法院的诉讼活动是基于审判职能而实施的，故又称为审判活动。所谓诉讼关系，是指人民法院与各方当事人以及与各个其他诉讼参与人之间在民事诉讼过程中所依法形成的诉讼权利义务关系。其中包括：人民法院与各方当事人之间发生的诉讼权利义务关系、人民法院与各个其他诉讼参与人之间发生的诉讼权利义务关系等。

二、民事诉讼的特征

民事诉讼是民事纠纷解决机制的重要组成部分，与其他纠纷解决方式相比，在解决民事纠纷的功能方面具有共同性或近似性；而在性质、法律效力、规范性以及局限性等方面又具有明显的区别。其特征主要表现在：

（一）民事诉讼以国家强制力为后盾解决民事纠纷

从性质上看，民事诉讼属于公力救济，而其他纠纷解决手段属于私力救济或社会救济。公力救济以国家强制力为后盾，因而在解决民事冲突的多种手段中，民事诉讼是一种最常规、最规范、同时也最为有效的手段。民事诉讼与非诉讼手段的重要区别之一，就在于它始终是以国家强制力作为解决民事冲突的后盾的。这体现在：

(1) 人民法院通过行使宪法赋予的审判权,依法确定和宣告当事人之间的民事法律关系,确定当事人应当承担的民事责任。人民法院的裁判体现的是国家意志,对权利义务的判定依据的是国家法律,而不是当事人的意志或者未经立法认可的情理、习俗。

(2) 人民法院作出的生效裁判,当事人必须服从,自动履行裁判所确定的义务。如果不主动履行义务,人民法院可依当事人申请强制执行。

(3) 为保障民事诉讼的顺利进行,人民法院在诉讼中可以直接采取各种强制性措施,无需征得双方当事人的同意,从而以强制力排除妨害。民事诉讼的这一特点是自决、和解、调解等手段所不具备的。也正因为如此,当民事冲突主体不能通过自决、和解以及调解使民事冲突得到解决时,则诉诸民事诉讼。而由民事诉讼所确定的权益处置方式是冲突的最终解决方式,任何其他机构或个人不得加以变更。

(二) 民事诉讼以严格的规范性解决民事纠纷

民事诉讼依照严格和规范的程序进行。这是为了保障双方当事人能够平等地行使诉讼权利,以通过诉讼维护自己的实体权利;同时也是为了保障裁判者最大限度地发现真相、公正地裁判案件,并防止法官的恣意侵犯当事人的程序权利,从而达到维护国家法律统一实施和维护法律秩序的目的。为此,民事诉讼法规定了一套比其他民事争议解决制度更为严格和规范的程序,人民法院、当事人以及一切诉讼参与人都必须严格按照规定的程序进行诉讼。民事诉讼还要求人民法院和所有诉讼参与人在实施诉讼行为时必须符合规定的方式,违反了规定的方式和程序,可能导致诉讼行为的无效,严重违反诉讼程序的,还会受到法律的制裁。相比之下,其他纠纷解决方式在程序上则较为灵活、方便,仲裁虽然也有程序规则,但双方当事人的自主性仍比较强,行为的选择余地比较大。和解与调解则没有固定的程序。

(三) 民事诉讼具有一定的局限性

与其他纠纷解决方式相比,民事诉讼也具有一定的局限性。表现在:

(1) 由于民事诉讼是具有较高职业性、专门性、技术性的活动,民众普遍不了解、不熟悉,加之许多当事人对我国实体法和程序法的规定存在认知方面的障碍,因而对诉讼程序的某些规定难以理解和接受(比如举证责任),对诉讼结果的认可与接受程度也不及相对更能体现当事人意思自治的和解、仲裁等方式。

(2) 民事诉讼设有严格的程序制度,因而操作复杂、耗时较长、成本较高,周期较长,因而也影响了部分当事人对诉讼程序的利用。

(3) 民事诉讼的国家强制力与规范性特点,使当事人的意思自治受到限制。因此,纠纷虽然从法律上被解决,但当事人心理上的对抗往往不能消除,程序的灵活性也不如其他纠纷解决方式。

总之,民事诉讼在纠纷解决机制中具有独特的功能和地位。尽管其在成本、效率及消除当事人心理对抗等方面不及和解、调解或仲裁,但在维护合法权益、强制履行义务、维护法律秩序和尊严等方面具有不可替代的作用。由于民事纠纷的多样性、当事人诉求的多元性,国家应当为纠纷主体提供多种解决纠纷的方式和途径,即多元化的纠纷解决机制,冲突主体可根据其各自的特点、自身的利益需求及法律的规定从中作出选择。

思考题

1. 民事纠纷具有哪些主要特征?
2. 和解与调解(民间调解)有何异同?
3. 仲裁有哪些特点?
4. 民事诉讼的主要特征是什么?

参考文献

1. 顾培东:《社会冲突与诉讼机制》,四川人民出版社1991年版。
2. 徐昕:《论私力救济》,中国政法大学出版社2005年版。
3. 范愉:《非诉讼解决纠纷机制研究》,中国人民大学出版社2000年版。

第二章 民事诉讼法概述

> **学习目的与要求**

本章介绍了民事诉讼法的概况。学习本章,应重点掌握民事诉讼法的概念、性质与效力,了解民事诉讼法的历史发展,理解和掌握民事诉讼法与相邻法律部门的关系。

第一节 民事诉讼法的概念和性质

一、民事诉讼法的概念

民事诉讼法,是指国家制定或者认可的、规范民事诉讼法律关系主体的行为和诉讼权利义务关系的法律规范的总称。民事诉讼法既是人民法院审理案件和强制执行的程序规范,又是当事人及诉讼参与人进行诉讼活动的程序规范。

民事诉讼法有狭义和广义之分。狭义的民事诉讼法,即民事诉讼法典,又称形式意义上的民事诉讼法,是指国家最高权力机关制定的关于民事诉讼的专门法律。我国1991年4月9日第七届全国人大第四次会议通过并公布施行的《中华人民共和国民事诉讼法》(以下简称《民事诉讼法》),就是狭义的民事诉讼法,该法于2007年10月28日作了第一次修订,2012年8月31日作了第二次修订。广义的民事诉讼法,又称实质意义上的民事诉讼法,是指除民事诉讼法典之外,还包括宪法和其他法律中有关民事诉讼程序的规定,如法院组织法、检察院组织法、合同法、婚姻法等法律中涉及民事诉讼程序的规定;此外,最高人民法院发布的指导民事诉讼的司法解释,例如,《最高人民法院关于适用〈中华人民共和国民事诉讼法〉的解释》(以下简称《民诉法解释》)、《关于人民法院执行工作若干问题的规定》《关于民事诉讼证据的若干规定》等,也属于广义的民事诉讼法。其中,于2015年2月4日颁布实施的《民诉法解释》,对适用民事诉讼法的相关问题作了全面、系统、具体的规定,共23章,552条,是最高人民法院迄今为止条文最多、篇幅最长的司法解释,内容十分丰富,也是人民法院审判和执行工作的重要依据。

二、民事诉讼法的性质

民事诉讼法的性质表现在以下几个方面：

（1）民事诉讼法是部门法。在一国的法律体系中，不同的法律依其调整的社会关系的内容和范围不同，可分为许多各自独立存在的法律部门。民事诉讼法的调整对象是民事诉讼活动和民事诉讼法律关系，它是一部独立的、其他部门法不能替代的法律。

（2）民事诉讼法是基本法。在诸多法律中，依各个法律的地位和作用不同，可将其分为根本法、基本法和一般法。民事诉讼法在法律体系中的地位和作用，是属于国家根本法——宪法之下，在一般的民事程序法（如仲裁法、调解法、公证法等）之上的国家基本法的地位。

（3）民事诉讼法是程序法。依法律调整的社会关系的性质不同，可将其分为实体法和程序法。相对于民法、合同法、婚姻法等民事实体法，民事诉讼法是程序法，是人民法院、当事人和其他诉讼参与人进行民事诉讼所必须遵守的程序规范，大量规定诉讼的原则、制度和具体的程序规则，体现程序的正义、效率以及保障人权等重要价值。

（4）民事诉讼法是公法。尽管民事诉讼所要解决的是平等主体之间的私权之争，但毕竟是国家以公权力解决民事纠纷的方式，民事诉讼法是对民事诉讼活动和民事诉讼法律关系进行规范的法律，属于公法范畴。正因为如此，民事诉讼程序才具有规范性和强制性，诉讼的结果才具有终局性和约束力。所有参与程序的主体都必须遵守民事诉讼法的各项程序规定，这是诉讼主体的公法义务。

第二节　民事诉讼法的历史发展

一、外国民事诉讼法的历史发展

（一）奴隶社会的民事诉讼法

奴隶社会是人类历史上的第一个阶级社会。在奴隶社会早期，民事诉讼明显地保留着原始社会一些解决纠纷的做法，如自力救济。奴隶社会民事诉讼法的特点是：诸法合体，刑民不分，实体法与程序法不分。所以，在奴隶社会还没有形式意义上的民事诉讼法，即没有独立的民事诉讼法典，只有比较原始的、实质意义上的民事诉讼法。根据史料记载，最早出现在成文法典中的民事诉讼法律规范，是古罗马奴隶制国家的《十二铜表法》中有关诉讼程序的规定，该法第1表第1条规定："若有人被传出庭受讯，则被传人必须到庭，若被传人不到，则传讯人可于证人在场时，证实其传票、然后将他强制押送。"第2条规定："若被传人托词拒不到案或者企图回避,则传讯人得拘捕之。"这里对民事诉讼中的原告、被告及民事案件的传唤作了比较具体的规定。从这些规定的内容上可以概略地判断出属于民事诉讼法律规范的部分,但很难绝对作出分类。独立地考察罗马民事诉讼的依据,主要是罗马民事法院与刑事法院的分设。虽然民事法院与刑事法院审理的案件及适用的程序不能完全等同于现今意义上的民事审判和刑事审判的划分,但民事法院和刑事法院审理方式、法院设置、管辖权的确定以及审判权的行使主体等方面已经形成了明显的区别。在古罗马的法律中,有原告和被告的明显划分,而且有较为严密的传讯制度。

由于奴隶社会是人类文明的低级阶段,这一时期的民事诉讼制度,相应地具有下述几个特点:

(1) 奴隶不具有诉讼主体资格。

在奴隶社会,奴隶不具有诉讼主体资格,只有奴隶主和自由民才有资格作为独立的民事诉讼主体,能够以当事人的身份起诉、应诉。而奴隶是奴隶主的私有财产,没有独立的人格,不能作为诉讼主体起诉、应诉。可见,奴隶社会公开的阶级不平等,反映在民事诉讼中,就是当事人主体资格的公开不平等。

(2) 民事裁判允许债权人自己执行。

奴隶社会保留了原始社会同态复仇等自力救济的习俗,因此,民事裁判的执行普遍采取自力救济的方法。即在民事裁判生效后,当事人如果不自动履行,审判官不予执行,而由债权人依靠自己的力量,强制义务人履行裁判所确定的义务。例如,罗马《十二铜表法》规定,如果债务人无力偿还债务,又无人愿意做担保人的,允许债权人将债务人卖到外国当奴隶或者将其处死。如果有几个债权人,债务人无力偿还债务时,法律还允许几个债权人用牲口将债务人撕裂在土地上,将债务人分成几块,债权人各得一份。

(3) 弹劾式诉讼是奴隶社会的主要诉讼模式。

弹劾式诉讼又称控诉式诉讼,产生并盛行于奴隶社会,一直延续到封建社会早期。古罗马共和时期、欧洲日耳曼法前期(法兰克王国)、古希腊、古埃及等基本上都实行这种诉讼模式。弹劾式诉讼主要有下列特征:第一,不告不理。即诉讼须由当事人提起,当事人不起诉,法官不得主动开始诉讼。当事人不包括奴隶,只能是奴隶主和自由民。第二,当事人诉讼地位平等。在诉讼中,原告首先陈述自己的主张和理由,并提出证据;被告可以反驳对方的主张、证据,与原告展开辩论。双方的诉讼权利义务是平等的。第三,法官处于中立、消极的裁判者地位,只根据当事人提供的诉讼资料进行审理和裁判,不收集证据,一般也不传唤当事人和执行判决,而由当事人自己进行。第四,公开审判,允许他人旁听。开庭审理主要采取言词的方式进行,双方当事人可以开展辩论,并通过辩论陈述自己的理由。

(4) 神灵裁判、刑讯逼供是主要的证据方法。

诉讼所需证据由当事人提供。如果双方的证据不能证明自己的主张或者有矛盾,使案件事实难以判断,则采用神灵裁判的方式,即借助所谓"神"的力量,用水审、火审、决斗等方式来验证案件事实。在奴隶社会后期,十分强调口供的作用,无论刑事案件还是民事案件,只要被告承认,就可以以此为根据,认定事实并作出裁判。如果被告不承认,就采用刑讯逼供,并认为这样取得的证据是可靠的。

(二) 欧洲中世纪的民事诉讼法

欧洲中世纪的法律制度比较复杂,罗马法、教会法、封建法、城市法、地方习惯法等并存。总体而言,欧洲中世纪的民事诉讼法继承了奴隶社会的民事诉讼法,但较之奴隶社会的民事诉讼法又有所进步。在封建社会的初期和中期,仍然是民法和刑法不分,民事诉讼程序和刑事诉讼程序不分,只有实质意义上的民事诉讼法,没有独立的民事诉讼法典。这一时期的民事诉讼法具有以下主要特征:

(1) 司法不独立。法官由各级行政官员兼任,皇帝或国王是最高的裁判官。

(2) 诉讼程序主要依靠原告进行,在诉讼中,证据的提出和收集,以及传唤被告出庭,都由原告负责。被告经三次传唤不到庭的,可以报请国王宣布该被告为不受法律保护的人。原告对不受法律保护的被告可以随意处置。

(3) 宣誓证言、神判和司法决斗的盛行。宣誓证言,是当事人陈述和证人作证时必须履行的程序,未经宣誓的证言不具有证据效力。神判依然存在,借助"神"的力量,用各种方法考验当事人陈述的真实性。决斗一般在双方当事人的"立誓保证人"的人数相等,承办案件的官吏无法判断哪一方当事人的陈述是虚假的时候采取,决斗胜者胜诉、负者败诉。但是,决斗双方的阶级地位必须相同。

随着封建社会的发展,民事诉讼制度也逐步改革。13世纪开始,德、法、意等国先后出现了罗马法的复兴运动,罗马的诉讼制度在各国的影响增大,罗马法中一些合理的、反映进步趋势的诉讼制度为多数国家继承,并改革和制定了一些新的诉讼制度,比较突出地反映在以下三个方面:

(1) 诉讼代理制度开始建立。诉讼代理制度,在罗马法中已经有了雏形,在罗马早期就有一种专门代当事人书写诉讼文书的人,实际上起到了诉讼代理人的一些作用。13世纪欧洲大陆法系国家发展了这个制度,允许当事人聘请有法律知识的亲属代为诉讼行为,代理人所进行的诉讼行为与当事人本人所进行的诉讼行为具有同等效力。后来发展到一种专门以代理诉讼为职业的人。

(2) 法定证据制度形成。法律对证据的效力大小和判断证据的规则作出明确规定,法官只能依照规则判断,不得自由裁断和取舍。比如,将书证分成皇室文书和私人文书,皇室文书有绝对效力,不允许怀疑、推翻;私人文书要由证人证明了才有效。又如,法律规定一个人的证言不是完全证据,两个人的证言才是完全的证据。法律作这样的规定,目的在于防止法官的专横。相对于奴隶社会落后愚昧的证据规则,这是一个进步。

(3) 民事裁判的执行,由作出裁判的审判机关进行。在封建社会,民事裁判的执行,开始由作出裁判的机关负责执行,从制度上废除了奴隶社会所有"自力救济"的做法,这也是封建社会一个很大的进步。

从 17 世纪开始,欧洲封建社会的民事诉讼和刑事诉讼、民事诉讼法和刑事诉讼法分开的趋势日益明显,到 1667 年,法国国王路易十四颁布了《民事敕令》,也叫《路易十四法典》,这是历史上最早的民事诉讼法的雏形,这部法典为近代大规模的民事诉讼法典的编纂提供了模式。

罗马法尽管对欧洲德、法、意等大陆法系国家有很大影响,但对英美法系的诉讼制度并无太大影响,因为英美的民事诉讼法主要是判例法,成文法很少。法官办案主要是依据法院形成的习惯。同时英美法系的国家审判案件采用陪审团制,事实部分由陪审团认定,法官则根据陪审团认定的事实适用法律,作出裁判。

(三) 资本主义社会的民事诉讼法

18 世纪以后,为了发展商品经济,资产阶级提出了自由、平等、博爱的口号,反对封建专制。欧洲资产阶级革命胜利后,为了适应资本主义经济发展的需要,保护生产资料私有制,各国相继开展了民事诉讼法典的编撰。1806 年,法国在《民事敕令》的基础上颁布了《法国民事诉讼法典》,这是第一部资产阶级的民事诉讼法典。它比法国路易十四制定的《民事敕令》无论内容和体系都要完备得多,对其他国家民事制度的形成起到了示范作用。但是,这部民事诉讼法典毕竟是在《民事敕令》的基础上制定的,具有一定的保守性,就其影响来讲,远不如《拿破仑法典》对资本主义国家民法典的影响那么深远。1877 年的《德国民事诉讼法典》比《法国民事诉讼法典》晚了 71 年,这部法典结构完整、内容丰富、概念精确、逻辑严谨,与当时的资本主义社会发展水平相适应,在世界上产生了重要影响,大陆法系许多国家以这部法典为立法的蓝本。

日本在明治维新前,其法律最初是在受我国法律的影响下,与本国的习惯相互适用中逐渐发展起来的。① 因此,在日本明治维新前的法律中没有关于民事诉讼的专门规定,在明治维新以后,日本全面继承了大陆法系,最初学法国法,后来又学德国法。1890 年,日本公布的第一部民事诉讼法典,就是以德国法为蓝本制定的,这部民事诉讼法典与德国 1877 年的民事诉讼法在形式和内容上基本相同,日本沿用了三十余年,由于该法的规定过于精密,因而引起了诉讼迟延等问题。1926 年日本又参考奥地利的法律,对民事诉讼法进行了全面修改,删除了一些不适合日本国情的规定(如"证书诉讼"等)。

---

① 赵晓刚:《日本对外国法的继承和日本人共同的法律意识》,载《国外法学》1984 年第 3 期。

第二次世界大战后,由于美国对日本军事占领的关系,日本法又部分地被美国化了。日本民事诉讼法在美国民事诉讼法的影响下进行了较大的修改。例如,采用了美国法关于讯问证人的交叉讯问方式,即首先由举证的当事人为主讯问,其次由对方当事人为反讯问,再由举证人为再讯问。以后日本民事诉讼法又进行过多次修改。例如,1979年日本修改民事诉讼法时,把执行程序从民事诉讼法中分离出来,制定单独的民事执行法。1989年日本又制定出单独的民事保全法等单行法,从而使日本民事诉讼法又具有自己的独特之处,形成了与德国民事诉讼法不同的体系。

英美法系国家民事诉讼法的制定与上述大陆法系的国家有所不同。大陆法系国家的民事诉讼法是由国会或议会制定的,英美法系国家的民事诉讼法则主要采用判例法的方式,将判例与习惯、法令相结合。因此大陆法系国家一般都有一部统一的民事诉讼法典,而英美法系国家大都没有统一的民事诉讼法典,所谓民事诉讼法,不过是习惯、判例和法令的总称。但从19世纪开始,英美法国家的成文的民事诉讼法规范也在逐渐增多。

英国国会授权英国法院制定民事诉讼法已有一百多年的历史。1833年国会首次把制定法院规则的权力授予高级法院。现行英国《最高法院规则》是1965年修正本。《最高法院规则》的注释本有《最高法院诉讼实务》,统称为"白皮书",这本书虽非官方出版,但英国法院承认它的权威性。郡法院适用的民事诉讼法于1959年由法律授权委员会制定。按照1959年的法律规定,该规则没有规定的事项适用《最高法院规则》。[①] 此外,英国有关民事诉讼的法规还有:1844年的《执行法令》、1925年的《最高法院裁判(合并诉讼)法令》、1968年及1972年的《民事证据法令》、1979年的《支付命令法令》、1981年的《蔑视法庭法令》、1981年的《最高法院法令》、1982年的《民事管辖与裁判法令》等。

美国原来是英国的殖民地,独立后的诉讼制度仍沿用英国法。1848年,纽约州通过了美国历史上第一部《民事诉讼法典》。该法典消除了普通法法院和衡平法法院的分别管辖制,制定了简化的、各种民事案件都适用的统一诉讼程序,废止了一些古老的英国法律用语。因此,它在美国民事诉讼法的发展史上占有重要地位。该法典颁布后,成了美国许多州效仿的模式,并对包括英国在内的运用普通法原则国家的民事诉讼立法发生过影响。

1938年,美国联邦最高法院颁布《美国区法院民事诉讼规则》(以下简称《联邦民事诉讼规则》),适用于联邦地区法院(联邦第一审法院),这是美国民事诉讼法发展道路上的第二个大的里程碑。该规则对诉讼方式、令状、诉状、申请及民事诉讼的审理程序都作了规定。并于1961年、1962年、1966年、1970年、1980

---

① 沈达明:《比较民事诉讼法初论》(上册),中信出版社1991年版,第4页。

年、1983年作了几次重要修正。

《联邦民事诉讼规则》生效后,被美国一半以上的州采用。同时,美国民事诉讼法的学理和教学都以联邦民事诉讼规则为基础,所以该规则在美国国内的影响是比较大的,在世界上也有一定影响。1965年,最高法院成立顾问委员会,使用同样的方法起草证据法,1975年,最高法院制定的证据法草案经国会作了重大修改后正式公布施行,称为《联邦证据规则》。

资本主义的民事诉讼法与封建社会、奴隶社会的民事诉讼法相比,具有以下特点:

(1) 采用辩论式诉讼。辩论式诉讼强调双方当事人诉讼地位平等,强调公开审判,以直接、言词审理为原则。这种诉讼方式全面否定了纠问式诉讼的秘密、间接、书面审理的做法,体现了资产阶级民主。双方当事人真正成为诉讼的主体,享有充分的诉讼权利,当事人为了维护自己的实体权利,可以提供证据、确定焦点、进行辩论。法官根据当事人提出的事实、证据在其诉讼请求的范围内作出裁判。

(2) 奉行司法独立。根据资产阶级三权分立的思想,司法权、立法权、行政权应当相互分立并相互制衡。司法权由法院独立行使,法院及其法官在审理民事案件时只服从法律,不受任何个人、机关和团体的干预。司法独立改变了封建社会司法与行政合一的模式,有利于发扬民主和保障人权,也有利于保障审判的纯洁性、公正性。

(3) 确立自由心证。法定证据制度要求法官机械地按照法律预定的规则来判断证据,而这些预定的规则是封建专制和封建等级制度的反映,这与资产阶级追求的人权及法律面前人人平等的原则是对立的。因此,在证据制度上,自由心证制度取代了法定证据制度。自由心证即证据的取舍以及证明力的大小,应由法官根据自己的良知和理性自由判断。"自由心证和法定证据的一个区别在于是否给予法官评断和运用证据的自由。"[1]相对于法定证据制度,自由心证是一个历史的进步。

(四) 社会主义的民事诉讼法

社会主义的民事诉讼法以苏联为代表。苏联的民事诉讼法,是在苏联十月革命胜利以后,在废除了旧的法制的基础上,在列宁的主持下制定的。1923年,第一部社会主义的民事诉讼法——《苏维埃民事诉讼法典》颁布。在民事诉讼法的历史发展中,这部民事诉讼法具有重要的历史地位,因为它是世界上第一部社会主义的民事诉讼法典,既是苏联其他各加盟共和国制定民事诉讼法的依据,同时对匈牙利、波兰、保加利亚等东欧社会主义国家的民事诉讼法也产生了较大影

---

[1] 参见何家弘:《域外痴醒录》,法律出版社1997年版,第250—251页。

响。东欧国家民事诉讼法典在基本原则、体系结构乃至许多具体规定方面都是以这部民事诉讼法为蓝本而制定的。不仅如此,《苏维埃民事诉讼法典》对新中国成立以后的民事诉讼法的制定、实施以及民事诉讼理论体系的建立,均产生了重要影响。

与以往的民事诉讼法相比,《苏维埃民事诉讼法典》在内容上有以下几方面的特点:

(1) 强调社会主义民主原则。这部法典规定当事人享有平等的诉讼权利和地位,并认为这是社会主义民主原则在民事诉讼中的体现。法典强调诉讼的目的在于维护社会公共利益,以实现、保护这种利益为诉讼和审判的最终目的,法典还规定吸收人民代表参加审判活动,以体现审判的民主化和人民当家做主的地位。

(2) 强调国家干预原则。这部民事诉讼法典根据列宁的重要思想,不承认民事法律关系为私法,也不承认公法与私法的划分。因此,这部法典强调国家对民事法律关系的干预。例如,法典规定检察长可以代表国家和社会利益提起民事诉讼,法院在诉讼过程中,有权对当事人的诉讼行为进行积极干预,对于当事人不当或违法的诉讼行为,可以予以制止和纠正。

(3) 实行社会干预原则。这部法典除强调国家干预之外,还赋予工会、户籍登记机关等社会和群众组织为保护其成员和其他有关人员的合法利益,直接向法院提起诉讼的权利,通过这些社会组织的积极干预,体现了社会主义国家对人民利益的切实保护。

二、中国民事诉讼法的历史发展

(一) 旧中国的民事诉讼法

从现在的文献看,中国在西周时期,民事诉讼与刑事诉讼已开始有所分别。据《周礼·秋官·大司寇》的记载,"讼"和"狱"是两个不同的概念。该书在注释上写道:"讼谓以财货相告者,狱谓相告以罪者。"用现今的语义表述,讼就是因财产关系打官司的,可解释为民事诉讼。因控告某人犯了罪打官司的,叫做狱,即刑事诉讼。不仅如此,而且民事案件和刑事案件也由周王朝专设不同的官吏办理。如刑事案件由"司寇"审理;民事案件则根据货物交易、土地疆界、婚姻纠纷案件的不同类型,分别由"市师""贾官""夏官"和"地官"审理。同时在这一时期,进行民事诉讼和刑事诉讼都要交费,它类似于罗马时代的誓金法律诉讼,即原告和被告到行政长官处各自宣誓,拿出相等的钱作为誓金,然后再由行政长官指定审判官进行审判。之后,由于奴隶的反抗和奴隶主统治的加强,不论什么性质的案件,均按刑事案件对待,采用刑事诉讼的手段,刑民诉讼仍然混同不分,没有独立的民事诉讼法。

中国封建社会的前期和中期，没有独立的民事诉讼法典，即使是集封建法律之大全的《唐律》，也主要是刑法的规定，关于民事诉讼的规定只是散见于该法典的少量条文之中，未能形成独立的、完整的民事诉讼法。这种状况一直持续到清末。直到1910年，清朝的统治者才仿照西方国家拟定出了一部民事诉讼法，即《大清民事诉讼律》（草案），这是我国历史上第一部独立的民事诉讼法典。它打破了中国两千多年来封建法制的旧规章，确立了民事诉讼法作为一个独立的法的地位，因而在我国民事诉讼法的发展史上有一定意义。该法未及颁行，清政府即于1911年覆亡。不过这部立法对后来的北洋军阀政府以及国民党政府民事诉讼的立法影响还是不容低估的。

1921年，当时的北京政府、广州军政府分别公布了《民事诉讼条例》《民事诉讼律》。自此以后，两种民事诉讼法并行。国民党政府统一全国后，在1935年2月1日公布了《民事诉讼法》，该法共9编12章640条。第一编总则，有法院、当事人、诉讼费用、诉讼程序四章；第二编第一审程序，有通常诉讼程序、调解程序、简易诉讼程序三章；第三编上诉审程序，有第二审程序、第三审程序两章；第四编控告程序；第五编再审程序；第六编督促程序；第七编保全程序；第八编公示催告程序；第九编人事诉讼程序，有婚姻事件程序、亲子关系事件程序、禁治产事件程序、宣告死亡事件程序四章。这部立法基本上继承了《大清民事诉讼律》以来的旧法统，且保留了一些封建色彩很浓的内容。随着人民革命的胜利，这部法典于1949年2月在祖国大陆被明令废除，但仍在我国台湾地区适用。

（二）新民主主义革命时期的民事诉讼法

新民主主义革命时期，由于历史条件的限制，我党领导的革命政权虽然还不可能制定出系统的民事诉讼法典，但各革命根据地、解放区的人民政府在这个时期也制定了一些专门的民事诉讼法规。如1943年颁布的《晋冀鲁豫边区工作人员离婚程序》和《晋冀鲁豫边区民事上诉须知》。此外在其所制定的其他法规中还有不少民事诉讼程序方面的规范。如1932年颁布的《裁判部暂行组织及裁判条例》、1934年颁布的《中华苏维埃共和国司法程序》和1943年颁布的《陕甘宁边区民事诉讼暂行条例》等。这一时期的民事诉讼制度的主要特点是：

（1）简化诉讼程序，实行就地审判和巡回审判制度。司法机关审判案件，一切从方便群众出发，诉讼程序简便易行，不论一审还是二审都允许当事人口诉，或找其他人代写诉状。提倡马锡五审判方式，充分相信群众，深入群众，就地审判、巡回办案，反对坐堂问案。

（2）实行公开审判制度。司法机关审理案件，除法律规定不得公开审理的案件外，一律实行公开审理。公开审理不仅允许群众旁听，而且还可以准许旁听的人发言。重大案件事先公告。并将典型案件的判决书印发各村，进行广泛性的法制宣传。

(3) 实行陪审制度。各革命根据地审判案件,都实行了人民陪审员制度,并对陪审员的条件、权利和义务、回避等作了具体规定。陪审是人民群众参加国家管理、监督审判工作的好形式,也有利于司法机关查明事实、正确解决民事纠纷。

(4) 普遍开展调解工作。调解是解决民事纠纷的重要手段。各革命根据地调解有三种形式:一是民间调解,即由双方当事人各自邀请邻里、朋友或单位调解;二是政府调解,通过村(区)政府调解委员会调解;三是司法机关调解,在充分说理和当事人同意的前提下达成协议,写成和解文书,由双方当事人存查并自动履行。

(5) 实行两审终审制。《中华苏维埃共和国司法程序》规定:"苏维埃法庭为两级审判,即限于初审、终审两级。"如果区一级为初审机关,县则为终审机关;县为初审机关,省为终审机关;省为初审机关,最高法院则为终审机关。在陕甘宁边区,司法处进行初审,边区最高法院或其分庭是终审裁判。个别解放区也有实行三审制的,如晋冀鲁豫边区,以县司法处为第一审,高等法院分庭为第二审,边区高等法院为第三审。

(三) 新中国民事诉讼法的立法

新中国成立后,国家开始着手民事诉讼法的制定。1950年12月政务院法制委员会起草了《中华人民共和国诉讼程序试行通则》(草案);1951年9月中央人民政府通过并颁行了《中华人民共和国人民法院暂行组织条例》;1954年9月第一届全国人民代表大会颁行了《中华人民共和国人民法院组织法》《中华人民共和国人民检察院组织法》;1956年10月最高人民法院印发了《关于各级人民法院民事案件审判程序总结》,并于1957年将这个总结条文化,制定了《民事案件审判程序》。1979年2月,最高人民法院召开第二次全国民事审判工作会议,制定了《人民法院审判民事案件程序制度的规定》(试行),为制定民事诉讼法典奠定了基础。

1979年9月,全国人民代表大会常务委员会法制工作委员会正式成立了民事诉讼法起草小组,开始了我国民事诉讼法典的起草工作。经过两年多的时间,起草了民事诉讼法草案,1982年3月8日经第五届全国人民代表大会常务委员会第二十二次会议通过,正式颁布了《中华人民共和国民事诉讼法(试行)》(以下简称《民事诉讼法》(试行)),并于1982年10月1日起施行,这是新中国成立以后第一部民事诉讼法典,共有5编23章205条。

这部民事诉讼法典经过九年多的试行,全国各地各级人民法院根据审判实践情况,提出了不少具体问题。同时,随着改革开放和社会主义市场经济的建立和发展,出现了许多新情况和新问题,经济纠纷案件大幅度上升。因此,对民事诉讼法进行修改、补充和完善,已成为一项紧迫的任务。全国人大常委会法制工作委员会自1986年起,开始着手《民事诉讼法》(试行)的修改工作,经历了五年多的时间,于1991年4月9日经第七届全国人民代表大会第四次会议通过,公布实施了《中华人民共和国民事诉讼法》,共4编29章270条。这部民事诉讼法典的颁布实施,在我国法制建设史上和社会主义经济建设中有着极为重要的意义和作用,有利于保障改革开放,发展社会主义市场经济,更好地审理民事、经济案件,保护当事人的合法权益。

在我国《民事诉讼法》修改、完善的同时,与之相关的一些民事实体法和民事程序法也在不断地制定和颁布。如《物权法》《侵权责任法》《仲裁法》《海事诉讼特别程序法》《人民调解法》等。随着这些法律的颁布实施以及市场经济发展的进一步深入,民事审判方式改革乃至司法制度改革的深化,司法实践中涌现出了更多的新情况、新问题,2007年10月28日,第十届全国人民代表大会常务委员会第三十次会议通过了修改《中华人民共和国民事诉讼法》的决定,对民事诉讼法作了第一次修订;2012年8月31日第十一届全国人民代表大会常务委员会第二十八次会议通过了修改《中华人民共和国民事诉讼法》的决定,对之进行了第二次修订。对民事诉讼法作出的修改和补充,进一步促进和推动了我国民事诉讼法的发展和完善。

第三节 我国民事诉讼法的效力

民事诉讼法的效力,是指民事诉讼法对什么人、对什么事、在什么空间范围和时间范围内有效。民事诉讼法的效力,也称民事诉讼法的适用范围。

一、对人的效力

民事诉讼法对人的效力,是指民事诉讼法对哪些人适用,也即哪些人进行民事诉讼应当遵守我国的民事诉讼法。根据我国《民事诉讼法》第4条关于"凡在中华人民共和国领域内进行民事诉讼,必须遵守本法"的规定,我国民事诉讼法适用于下列人员和组织:(1)中国公民、法人和其他组织;(2)居住在我国领域内的外国人、无国籍人以及在我国登记的外国企业和组织;(3)申请在我国人民法院进行民事诉讼的外国人、无国籍人以及外国的企业和组织。

我国《民事诉讼法》第261条规定:"对享有外交特权与豁免的外国人、外国组织或者国际组织提起的民事诉讼,应当依照中华人民共和国有关法律和中华人民共和国缔结或者参加的国际条约的规定办理。"目前,根据《中华人民共和国外交特权与豁免条例》及有关国际条约的规定,上述人员和组织因享有司法豁免权,不受我国的司法管辖,因此不适用我国的民事诉讼法。

二、对事的效力

民事诉讼法对事的效力,是指人民法院解决哪些争议应当适用民事诉讼法的规定。民事诉讼法对事的效力,从人民法院行使审判权的角度讲,也就是人民法院主管民事案件的范围,或者称为民事诉讼的受案范围。它要解决的是人民法院与其他国家机关、社会组织之间处理民事纠纷的职权划分。我国《民事诉讼法》第 3 条规定:"人民法院受理公民之间、法人之间、其他组织之间以及他们相互之间因财产关系和人身关系提起的民事诉讼,适用本法的规定。"也就是说,人民法院主管的民事案件必须同时具备两个条件:一是发生争议的双方为平等的主体,二是争议的性质仅限于财产关系争议和人身关系争议。根据民事诉讼法的上述规定,人民法院适用民事诉讼法审理的案件包括以下几类:(1)由民法、婚姻法、继承法等调整的民事法律关系所发生的民事案件,如财产权益纠纷案件、继承权纠纷案件、婚姻纠纷案件等。(2)由经济法调整的经济法律关系所发生的经济纠纷,依照法律规定应由人民法院按照民事诉讼法审理的案件。(3)由劳动法调整的劳动法律关系所发生的争议,依照法律规定应由人民法院适用民事诉讼法审理的案件。(4)法律规定由人民法院依照民事诉讼法审理的其他案件。这是指民事诉讼法中特别程序所规定的几种非诉讼案件,如选民资格案件、认定财产无主案件等。

三、空间效力

民事诉讼法的空间效力,是指适用民事诉讼法的地域范围。它与民事诉讼法对人的效力是一个问题的两个方面,都以我国《民事诉讼法》第 4 条规定为依据。也就是说,我国《民事诉讼法》第 4 条关于"凡在中华人民共和国领域内进行民事诉讼,必须遵守本法"的规定,既是对人的效力的规定,也是对空间效力的规定。这里说的我国领域内,不但包括我国的领土、领海和领空,还包括我国领土延伸的范围。例如,离开我国领空的我国航空器和离开我国领海的我国船舶上发生的民事纠纷涉讼时,我国人民法院对此享有管辖权。

需要明确的是,根据我国《民事诉讼法》第 16 条的规定,民族自治地方的人民代表大会为贯彻实施民事诉讼法制定的变通或者补充规定,同样是我国民事诉讼法的有机组成部分,贯彻执行这些变通或者补充规定,也同样是贯彻执行民事诉讼法。不能认为我国民事诉讼法的效力在民族自治地方受到了影响。

四、时间效力

民事诉讼法的时间效力,是指民事诉讼法的有效期间,也即民事诉讼法发生效力和终止效力的时间。根据法律适用的一般原则,法律一般自国家立法机关公布施行之日起发生效力,至明令宣布废止之时失去效力。因此,我国现行的《民事诉讼法》自1991年4月9日起生效,2012年8月31日颁布的修改后的民事诉讼法的有关条文,自2013年1月1日起生效,至今后立法机关宣告其废止时失效。

《民事诉讼法》有溯及既往的效力,即新《民事诉讼法》生效前已经受理而尚未审结的案件,已经按照旧法进行的诉讼活动依然有效,但尚未审结的部分,则应按照新《民事诉讼法》规定的程序审理。这是因为,《民事诉讼法》是适应新的情况需要而制定的,它所规定的程序制度更科学、更符合实际情况,更能保证人民法院正确、合法、及时地审理民事案件。但是,这一原理仅适用于狭义的民事诉讼法(即民事诉讼法典),广义的民事诉讼法是否具有溯及既往的效力,则取决于其具体规定。例如,最高人民法院《关于民事诉讼证据的若干规定》就不具有溯及既往的效力,该司法解释第83条规定"本规定自2002年4月1日起实施。2002年4月1日尚未审结的一审、二审和再审民事案件不适用本规定"。

第四节　民事诉讼法与相邻法律部门的关系

一、民事诉讼法与民事实体法的关系

民事诉讼法与民事实体法历来有着极为密切的关系。

首先,民事实体法规范的日常生活关系,一旦发生纠纷提起诉讼,即应适用民事诉讼法规定的民事诉讼程序解决。在民事诉讼中,人民法院必须依据民事实体法对案件的实体问题作出判断,通过民事诉讼,在当事人之间确定民事实体权利义务,从而实现民事实体法,将民事实体法的法律强制力体现出来。

其次,从解决民事纠纷的角度看,民事诉讼法与民事实体法具有同等重要性。解决民事纠纷是民事诉讼的目的,民事诉讼是双方当事人对其争议通过诉讼程序请求法院以裁判的方式予以解决的过程,在诉讼过程和法院审判过程中,民事实体法规定的裁判准则与民事诉讼法规定的诉讼程序在民事纠纷的解决过程中共同作用,决定着当事人双方的法律地位和法院裁判的结果。

再次,民事诉讼法的适用过程具有创制和促进民事实体法发展与完善的功能。民事实体法对社会关系的调整是普遍的、一般性的调整,而通过民事诉讼法解决民事争议的过程是个案调整。前者是相对稳定、静止的,而后者则是动态的,在其运作的过程中既要适用既有的法律解决具体的争议,还会遇到并必须处理民事实体法没有规定的一些新出现的问题,对一些新出现的、实体法没有规定的问题法官通常不得拒绝裁判,而是应当根据实体法规定的基本原则和精神创造性地作出处理,并以此来推动民事实体法的发展和完善。事实上,对于人身

权、环境权、日照权等民事权利,都是在实体法尚无明确规定的情况下,通过审判活动形成新的法律权利,并推动实体法完善的。

二、民事诉讼法与刑事诉讼法、行政诉讼法的关系

民事诉讼法与刑事诉讼法、行政诉讼法,都具有程序法和公法的性质,具有解决法律纠纷、保护合法权益、维护法律秩序等共同的目的;这三个程序法又都有各自调整的对象和要解决的具体问题,因此它们有着一些共同点和区别。

(一)民事诉讼法与刑事诉讼法的关系

民事诉讼法与刑事诉讼法的相同之处主要体现在:有着共同的原则,如人民法院依法独立行使审判权原则;有着共同的审判制度,比如公开审判、合议制度等;有着共同的程序和诉讼阶段,比如一审程序、二审程序、审判监督程序等。两者的不同之处主要表现在:

(1) 具体的诉讼目的不同。民事诉讼法是解决民事纠纷、保护民事合法权益的,而刑事诉讼法则是惩罚犯罪、保护人权、维护刑事实体法律秩序的。

(2) 某些特有的原则不同。如民事诉讼法有处分原则、辩论原则和调解原则等特有原则,而辩护原则是刑事诉讼法所特有的原则。

(3) 某些审判程序不同。如刑事诉讼法的第一审程序分为公诉程序和自诉程序,而民事诉讼法无此划分;民事诉讼法有特殊程序,却无死刑复核程序,而刑事诉讼法没有民事诉讼中的特殊程序,却有死刑复核程序。

(4) 执行程序不同。民事执行中,法院强制执行的主要对象是民事裁判等法律文书所涉及的有关财产,执行的目的是实现权利人的合法权益,一般不得以被执行人的人身为执行对象。而刑事判决一旦生效,就由法院和其他机关强制执行,并且刑事执行一般是限制或剥夺被执行人的人身自由或者剥夺其生命。

(二)民事诉讼法与行政诉讼法的关系

民事诉讼法和行政诉讼法的关系比较密切。在行政诉讼法颁布实施以前,人民法院审理行政案件适用的程序法是民事诉讼法。因此,二者的共同点较多,比如在基本原则、基本制度、程序的运行等方面。二者的主要区别是:

(1) 目的不同。行政诉讼法的目的一方面是保护行政相对人的合法权益,同时还应维护和监督行政机关依法行使职权。民事诉讼的目的则主要是解决民事纠纷。

(2) 基本原则不同。在基本原则方面,民事诉讼法的处分原则等不能适用于行政诉讼,行政诉讼中的对行政行为合法性审查原则、当事人诉讼权利平衡原则、被告不得处分法定职权原则等在民事诉讼中不能适用。

(3) 在当事人方面,行政诉讼的当事人是恒定的,即原告只能是行政相对人,而被告是行政主体。民事诉讼的主体则无此限制。

(4) 在证明责任方面,行政诉讼证明责任主要由被告承担,而民事诉讼的证明责任则在双方当事人之间分担。

(5) 在执行程序方面,行政诉讼法规定,除人民法院外,行政机关也可成为执行机构,而民事执行机关仅限于人民法院;行政诉讼强制执行的对象,除了财产权和行为,还包括人身自由(如强制拘留)。

三、民事诉讼法与仲裁法、公证法的关系

(一) 民事诉讼法与仲裁法的关系

民事诉讼法和仲裁法都是处理民事纠纷的程序法,但是,仲裁法是调整仲裁活动的程序法,体现了仲裁的本质属性,如民间性与自治性。根据我国民事诉讼法和仲裁法的有关规定,两者的关系主要体现在:

(1) 在案件的主管方面,当事人双方达成仲裁协议的,只能由仲裁机构受理,人民法院不得受理,但仲裁协议无效或仲裁法规定不得申请仲裁的案件除外。

(2) 在保全方面,在仲裁过程中,当事人申请财产或行为保全的,仲裁委员会应当将该申请依照民事诉讼法的有关规定提交人民法院执行;当事人申请证据保全的,仲裁委员会应当将该申请提交证据所在地的人民法院采取保全措施。

(3) 在仲裁裁决的审查方面,根据《中华人民共和国仲裁法》(以下简称《仲裁法》)第58条第1款的规定、涉外仲裁裁决根据《民事诉讼法》第274条的规定,当事人可向有关法院申请裁定不予执行仲裁裁定,经人民法院组成合议庭审查核实,符合法律规定情形的,裁定不予执行。

(4) 在仲裁裁决的执行方面,一方当事人不履行仲裁裁决的,另一方当事人可以依照民事诉讼法的有关规定向被执行人或被执行财产所在地的基层法院或者中级法院申请执行,法院应当依法执行。而仲裁委员会没有强制执行权。

(二) 民事诉讼法与公证法的关系

公证是公证机构的一种具有法律效力的证明活动和证明行为。公证是预防纠纷、减少诉讼的有效方式之一。公证法与民事诉讼法的关系,主要体现在以下几个方面:

(1) 根据我国《民事诉讼法》第69条的规定,经过法定程序公证证明了的法律行为、法律事实和文书,法院应当作为认定案件事实的根据,但有相反证据足以推翻公证证明的除外。

(2) 诉讼前的证据保全,可以由公证机关根据利害关系人的申请,以公证证明的方式予以保全,在利害关系人起诉后,把公证保全的证据移交法院。

(3) 根据我国《民事诉讼法》第238条第1款的规定,公证机关依法赋予强

制执行效力的债权文书,一方当事人不履行的,对方当事人可直接申请法院强制执行。

思考题

1. 我国民事诉讼法的构成如何?
2. 简述我国民事诉讼法的效力。
3. 如何理解民事诉讼法与民事实体法的关系?

参考文献

1. 江伟主编:《民事诉讼法学》(第三版),北京大学出版社2015年版。
2. 沈达明:《比较民事诉讼法初论》,中国法制出版社2002年版。

第三章 民事诉讼法学

学习目的与要求

民事诉讼法学,是研究民事诉讼制度的产生、发展,对民事诉讼法的运行机制与规律进行理论概括和研究的学科。这一学科具有鲜明的实用性、专业性及综合性等特征,并且有着与其他学科迥然相异的研究内容与体系。通过本章的学习,应当掌握民事诉讼法学的研究对象、研究内容与体系以及研究方法。

第一节 民事诉讼法学的研究对象

一、民事诉讼法学的概念与特点

(一)民事诉讼法学的概念

民事诉讼法学,是研究民事诉讼制度的产生、发展,对民事诉讼法的运行机制与规律进行理论概括和研究的学科。

对于民事诉讼法学的概念应如何概括,学者们见仁见智,迄今尚未达成统一的认识。有学者将民事诉讼法学界定为"研究民事诉讼法的产生、发展和实施规律及其与邻近法律相联系和相区别的规律的科学"[1]。我国台湾地区学者陈荣宗则指出:"民事诉讼法学系就民事诉讼制度及民事诉讼法规定之问题,为研究讨论及解释,在立法论与解释论方面提供参考意见之学问。"[2]民事诉讼法学具有独特的范畴体系、研究领域及规律,在我国的法学体系中,是一门独立的法学学科,且具有很强的实践性和操作性,属于应用法学。不过,尽管民事诉讼法学独立存在,却又与其他相关学科研究的不断深入与拓展息息相关。法哲学、民事实体法学、宪法学,乃至哲学、逻辑学、语言学及其他社会科学的有关理论,为民事诉讼法学基本理论的建构提供了许多有益的参考与借鉴。

(二)民事诉讼法学的特点

民事诉讼法学作为法律应用学科,具有不同于其他法学学科的鲜明特点,主要表现在如下几个方面:

---

[1] 常怡主编:《民事诉讼法学》,中国政法大学出版社2008年版,第1页。
[2] 陈荣宗、林庆苗:《民事诉讼法》,台湾三民书局2005年版,第73页。

（1）专业性。以民事诉讼立法和民事诉讼实践为研究核心的民事诉讼法学，通过一代又一代研究者们长期的积累与总结，逐渐建立起了民事诉讼法律规范及运行中所特有的专门范畴与命题。并由此建构起系统化的蕴含民事诉讼专业内容的知识与理论体系，从而形成得以以学科命名的民事诉讼法学。这一体系依靠自身特有的思维方式与理念来支撑和维系。不断充实与完善的民事诉讼知识和理论不仅成为后来的人们从事民事诉讼实践和民事诉讼法学理论研究的前提与基础，而且也为有关民事诉讼立法和施行的不断推进提供了指导。

（2）实用性。民事诉讼其实是一种由专门的法律职业家和其他参与纠纷解决的主体所进行的社会实践，民事诉讼法学理论与知识的更新与改造必须紧跟社会与时代永不停歇向前的脚步，从民事诉讼实践中予以探求并经民事诉讼实践检验其合理性。民事诉讼法学理当有助于人们养成法律思维方式；从行业化的角度，分析与思考现实中出现的各种问题，并为之寻求解决的方法和途径。民事诉讼理论的来源以及归属，均与民事诉讼及民事审判的实践息息相关。

（3）综合性。前已述及，民事诉讼法学属于应用法学，并与其他的法学学科存在着明显的区别。与此同时，民事诉讼法学又兼具其他法学学科或人文学科的那些共同特质。作为程序法学，民事诉讼法学与民事实体法学、宪法学关系密切，也与刑事诉讼法学、行政诉讼法学有着千丝万缕的关联。除此之外，还必须借助法哲学、逻辑学、社会学等学科领域的一些原理和方法来建构自己的学科体系。由此可见，民事诉讼法学是一门具有综合性特征的法律应用学科。

二、民事诉讼法学的研究对象

作为一门独立的法学学科，民事诉讼法学有着自己独特的研究对象。民事诉讼法学的研究对象囊括民事诉讼法学的基本理论、民事诉讼法律制度及其历史发展、民事诉讼法律规范及其在实践中的运用等内容。从时间维度来看，民事诉讼法学的研究既要回顾历史、关注现在，也必须放眼于未来；从空间维度出发，民事诉讼法学的研究则需涵盖本土及其他国家与地区。具体而言，民事诉讼法学的研究对象主要包括：

（1）民事诉讼法学的基本理论。

有关民事诉讼法学的基本理论，包含着不同国家或地区、不同时代的民事诉讼法学者们对民事诉讼立法和民事诉讼实践活动中形成的经验所进行的概括和总结。这些基本理论反映了民事诉讼活动的现象及规律，也是当今的学者们继续从事民事诉讼法学研究的前提和起点。对民事诉讼法学基本理论的研究，不但能够有效地指导实践中的民事诉讼活动，而且能够促进民事诉讼立法的修正与健全。已经形成的以及正在形成的民事诉讼法学基本理论是人类宝贵的法律文化财富，值得我们认真地学习与思考、鉴别与吸收。

(2) 民事诉讼制度及其历史发展。

在人类社会的不同历史时期,世界各国曾经出现过类型各异的有关民事诉讼的法律制度。经实地的考查、交流与文献资料的记载,对这些民事诉讼法律制度给予回顾和比较,形成世界各国民事诉讼法的制度谱系的初步了解,也是民事诉讼法学中不可或缺的研究课题。大陆法系民事诉讼与英美法系民事诉讼分属于不同的两种类型,即大陆法系的规范出发型民事诉讼和英美法系的事实出发型民事诉讼[1],"注意现在大陆法系之民事诉讼法与英美法系之民事诉讼法,两者在制度上之特点及其重要差异,俾能认识各种不同制度之法律思想,帮助学说理论之建立"。[2]

(3) 有关民事诉讼的法律规范。

当民事主体出于对权利义务理解上的分歧或其他原因而引发纠纷,如双方当事人协商不成又不愿诉诸其他救济方式时,向法院提起诉讼就成为权利人最后的选择。担当争议裁判者的法官必须遵循程序公正的要求,通过诉讼证据了解当事人双方纠纷的来龙去脉以及争议的焦点何在,然后运用法律裁判孰是孰非以平息争议。为此,需要有严密完备的程序规范和成体系化的制度。由此,民事诉讼的法律规范理所当然地成为民事诉讼法学的研究对象。理性研究的结果将有助于国家立法机关对现行立法的修正与改良。一个国家有关民事诉讼的法律规范往往有着不同的法律渊源,但只要其内容是关于民事诉讼的,则都应当成为民事诉讼法学的研究对象。

(4) 民事诉讼法的运用与实践。

司法实践中的民事诉讼活动无可争议地也被学者们列为民事诉讼法学的研究对象。实践中的每一个具体案件,千差万别、复杂多变,抽象概括的民事诉讼立法如何在这些案件中得到具体且正确合理的运用,必然引发人们的思索。民事诉讼法在实践中的运用为我们研究民事诉讼法学提供了生动鲜活的素材。通过运用民事诉讼法裁判具体案件,既能检验民事诉讼法学理论对实践的指导作用究竟如何,也能直观地告诉人们民事诉讼立法的成败得失。民事诉讼法在实践中的运用是完善民事诉讼立法和深化民事诉讼法学研究坚实的现实基础,理当引起民事诉讼法学研究者们充分的关注。

民事诉讼法学的各个研究对象之间并非孤立地存在着,而是水乳交融地联系在一起。在展开研究之时,我们既要注意各个具体研究对象之间的差别,也要仔细把握它们之间互相关联的结合点。否则,对民事诉讼法学的研究就会零乱而繁杂,互相脱节,难以形成一个完整的体系。

---

[1] 参见〔日〕中村英郎:《新民事诉讼法讲义》,陈刚等译,法律出版社 2001 年版,第 19—23 页。
[2] 陈荣宗、林庆苗:《民事诉讼法》,台湾三民书局 2005 年版,第 73 页。

第二节　民事诉讼法学的内容与体系

一、民事诉讼法学的内容

针对民事诉讼法学的研究对象,结合我国民事诉讼立法及实践的实际情况,我国民事诉讼法学研究的内容主要包含这样几个方面:中国古代与近代民事诉讼法的历史发展、中华人民共和国的民事诉讼立法;我国民事诉讼法与相邻部门法之间的关系;民事诉讼法学的基本理论,包括民事诉讼的价值与目的、民事诉讼模式、民事诉讼法律关系、诉权和诉、诉讼标的、既判力、证明责任、民事诉讼法的基本原则和民事审判的基本制度等;我国现行民事诉讼法的主要内容,包括立法根据、任务和适用范围,审判组织,受案范围和管辖,当事人制度,诉讼代理制度,证据制度,诉讼保障制度,审判程序,执行程序、涉外民事诉讼的具体规定等;非讼制度和非民事权益争议案件审判程序;海事诉讼特别程序;外国民事诉讼立法与制度;民事诉讼制度的发展趋势、我国民事诉讼立法的修改和完善;等等。

二、民事诉讼法学的体系

民事诉讼法学的体系,是指民事诉讼法学作为一门独立的法学学科的整体构成以及各部分内容之间的联系。截至目前,关于民事诉讼法学的体系,我国大陆民事诉讼法学界尚未形成公认的一致意见。

日本民事诉讼法学者中村英郎在其著作中,将民事诉讼法学的体系分为七个部分①:第一编绪论,由三章组成,主要介绍民事诉讼概述、民事诉讼与相邻程序的关系、民事诉讼的两大类型——大陆法系民事诉讼与英美法系民事诉讼;第二编诉讼主体,有司法机关、当事人、多数当事人三章;第三编诉讼客体,内容涉及诉讼类型、诉讼对象、诉讼对象的复数及变更;第四编诉讼过程,介绍了诉讼成立和诉讼过程的阶段构造、诉讼程序、诉讼审理的基本原则、口头辩论的进行和准备、证据;第五编诉讼终结,论述了裁判、判决外其他终结诉讼形式和诉讼费用;第六编上诉和再审,论及上诉(总论)、控诉(初级上诉)、上告(第二级上诉)、抗告、再审之诉;第七编特别诉讼程序,包括大规模诉讼程序、简易法院诉讼程序、票据与支票的诉讼程序、小额诉讼程序和督促程序。

我国台湾地区民事诉讼法学者陈荣宗、林庆苗从台湾地区的法律规定出发,列出了民事诉讼法学的体系②:第一编亦为绪论,包含民事诉讼、法律纠纷事件

---

① 参见[日]中村英郎:《新民事诉讼法讲义》,陈刚等译,法律出版社2001年版。
② 陈荣宗、林庆苗:《民事诉讼法》,台湾三民书局2005年版。

与解决途径、民事诉讼法、民事诉讼法学、国际民事诉讼五章内容；第二编诉讼主体，介绍法院、当事人、多数当事人；第三编诉讼客体，阐释了诉与诉之种类、诉讼标的、诉讼要件、权利保护利益、多数请求之诉讼；第四编诉讼审理，主要讲解诉讼程序之开始、诉讼程序之发展、诉讼程序之终结、上诉程序、抗告程序、再审程序、第三人撤销诉讼程序；第五编特别程序，包括简易程序、小额诉讼程序、调解程序、督促程序、保全程序、公示催告程序、人事诉讼程序。

本书按其内容的性质和功能不同，分别由导论、民事诉讼基本理论、总则、证据与证明、诉讼程序论、非讼程序论和执行程序论组成。第一编导论，内容涉及民事诉讼、民事诉讼法及民事诉讼法学；第二编民事诉讼基本理论，包括民事诉讼的目的论、价值论、模式论、法律关系论、诉与诉权、既判力论；第三编总则，主要论述民事诉讼法总则部分的内容，包括基本原则、基本制度、主管与管辖、诉讼当事人、诉讼代理人、财产保全与先予执行、期间和送达、强制措施、诉讼费用；第四编证据与证明；第五编诉讼程序论，包括第一审程序、第二审程序、审判监督程序、海事诉讼程序及涉外民事诉讼程序；第六编非讼程序论，包括特别程序、督促程序、公示催告程序；第七编执行程序论。

第三节 民事诉讼法学的研究方法

民事诉讼法学不仅要研究与分析风格各异的民事诉讼法律制度的运行规律和具体规范，而且还应当思考其共性，总结、提炼出其中具有普遍指导意义的原理和规则。正因为民事诉讼法律制度是用以解决民事实体争议的有效手段，所以民事诉讼法学还与民事实体法学、刑事诉讼法学、行政诉讼法学、证据法学等关系密切。在法学领域之外，民事诉讼法学与哲学、社会学、历史学、心理学等人文科学乃至一些自然科学的发展也密不可分。不过，正如前文所述，民事诉讼法学具有自己独特的研究对象、内容与体系，于是也就有了与众不同的研究方法。

一、思辨与实证研究相结合的方法

思辨也被称之为逻辑推理，作为一种学术研究方法，其主要表现为研究主体从反映客观事物的概念、原理或定律出发，借助于事物之间实际存在的相互关系和联系，经由严谨的逻辑分析和推理而得出相应的认识结论。这种方法要求研究者认真把握事物之间的一般逻辑联系和必然性规律。思辨的研究方法讲求严密、全面、科学。我们概括民事诉讼法学的基本理论，在民事诉讼实践活动中运用民事诉讼立法，都离不开思辨这种抽象的思维活动。思辨的研究方法就此而成为从事民事诉讼法学研究的必备方法之一。因此，无论是对于法律职业家抑或是法学研究者而言，都必须具备进行逻辑分析和推理的能力。

正如表述民事诉讼法学的研究对象时所提及的，司法实践中对民事诉讼法的运用也是研究的重要内容之一。一方面，民事诉讼法学的理论来源于民事诉讼实践，另一方面，民事诉讼法学理论又要通过民事诉讼实践的检验才能得到发展和提高，因此，民事诉讼的实践既是民事诉讼法学理论的出发点，又是其归宿。对于一门具有实践性、应用性的学科，民事诉讼法学唯有通过实践才能发现其理论中存在的不足和偏差，促使民事诉讼法学理论远离谬误，不断走向科学。所以我们不能只关注于抽象的、概括的理论研究，而忽略具体的、个案的实证研究。脱离实际的理论是无法指导实践、也无法为人们所接受的。这就要求人们借助于实证研究的方法。所谓实证研究的方法，是指通过大量的实证调查，对客观事实和实际经验进行具体的剖析，而后在此基础上得出认识的结论。实证研究注重社会调查，关注于对具体的客观事实和现象进行观察与分析，强调从大量的原始资料中归纳出结论而不是完全依赖于演绎。在实际的研究过程中常用的调查方法包括抽样调查法和个案剖析法，调查可依发出问卷或直接访谈等方式来展开。实证的研究方法重视知识的经验性和现实性，要求客观、准确、翔实，同时也不排斥带有偶然性、或然性和模糊性的认识。

思辨与实证这两种研究方法的区别在于，前者所提之观点的应然性与后者所得之结论的实然性。应然和实然虽表面看似相反，实则相辅相成、互为补充。在加强民事诉讼法学研究力度的今天，我们必须要警惕和克服以往研究中较多关注思辨研究的习惯性做法，更为强调实证研究的必要性和重要性，要将这两种研究方法有机地结合起来，使之共同促进民事诉讼法学研究的深化与进步。

二、历史研究和比较研究相结合的方法

人类社会的变动与进步离不开生生不息的历史传承。历史文化背景和社会经济、政治制度的变迁对人文学科研究的影响尤其深远。作为法学分支学科的民事诉讼法学，与法学一样同属人文学科。民事诉讼法学的研究者皆应具有历史学家的眼光，必须熟悉我国古代与近代以来在各个不同历史时期曾经出现过的与民事诉讼相关的法律制度和法学研究成果，将民事诉讼法律制度放置于历史的背景中进行考察和比较，努力寻找不同时代政治、经济、法律制度以及语言文字和科学技术的发展对民事诉讼法学的兴衰所产生的影响。惟其如此才能够了解我国民事诉讼法学今天之所以呈现出如此状况之缘由，并结合中国现实对传统加以批判地继承。无视过往、一味否定过去的历史虚无主义已经使我们得到了不少教训，我们必须正视历史，并在历史已有的积淀上继续前进。

比较的研究方法强调不同对象之间的长短较量、优劣互补。实际上，历史研究的方法就是比较研究的方法之一，只不过它是一种以时间为轴的纵向的比较。除此之外，比较研究方法还包括横向比较，也即对不同国家和地区的民事诉讼法律规范、民事诉讼制度、民事诉讼法学理论等给予衡量、思索和分析。自然,这其中也涵盖了对世界其他国家民事诉讼法学发展历程的追寻。尝试运用比较的视角把握民事诉讼法学,常常意味着超越,它要求研究者胸襟开阔、知识渊博、态度谨严、思维缜密。通过比较,我们能够真正认知不同国家、不同法系民事诉讼法学的共性和差异。比较的研究方法能够帮助我们清楚地认识自己,看到自身的进步,也看清自己的问题,明确今后努力的方向。

三、程序法学与实体法学相结合的方法

民事诉讼法与民事实体法原为相互独立的法律,然而,以实体法诉讼法二元观观之,两者皆以民事问题作为规范的对象,均建立在相同的法律价值之上,且两者法律领域之界限常会出现不宜分清的情形。民事实体法中的当事人自治、诚实信用等若干原则,于民事诉讼法亦有其适用。[①] 并且,在民事实体法中往往包含有诸如诉讼时效等程序性规范。因此,人们在从事民事诉讼法学的研究之时,无法将这两者截然分开。相反,唯有将民事诉讼法学与民事实体法学联系起来加以研究,才能真正深入理解和全面掌握程序法,推动民事诉讼法学的研究。

四、定性分析和定量分析相结合的方法

在学术研究中,分析研究是应用途径非常广泛的一种方法。任何研究活动都离不开分析,它是各种研究活动的基础。分析的具体方法主要包括定性分析和定量分析。定性分析方法的目的在于确定事物质的规定性,主要是借助对事物的构成要素及特性的本质属性的分析,以确定该事物的性质到底如何;定量分析方法则着眼于确认事物量的规定性,要求通过对事物的构成要素及特征进行量化分析,从中得出比较精确或者易于衡量的结果。

我们知道,辩证唯物主义有着关于量变和质变的理论观点,且明确指出了量变和质变的相互依存关系:量变是在事物本质不变的情况下,事物在数量上的增减或场所的变更;量变积累到一定程度必然引起事物质的规定性的变化,质变产生了,此事物就变成了他事物。在民事诉讼法学的研究中,这两种分析方法均有利于研究工作的开展。定性分析和定量分析各有擅长,互相支撑。然而一直以来,我国民事诉讼法学的研究者们都更为熟悉和看重定性分析,相比之下对于定量分析的研究显得较为薄弱。在今后的民事诉讼法学研究中极有必要特别强调定量分析方法的功能和重要作用。人们期待着研究者们运用概率论、数理统计和模糊数学的相关原理,对民事诉讼法学的研究对象进行量化分析,提供更多更有说服力的数据资料,为民事诉讼法学的发展奠定更为扎实、更有说服力的

---

① 参见陈荣宗、林庆苗:《民事诉讼法》,台湾三民书局2005年版,第77—78页。

根基。

民事诉讼法学的各种研究方法既具有独立的存在价值,同时又互相交融和渗透。民事诉讼法学家们在从事民事诉讼法学研究之时,一方面,由于研究展开的视角和目的的不同,针对不同的研究对象可选取各自相异的适当的研究方法;另一方面,也必须有意识地综合运用上述各类研究方式。惟其如此,我们所获得的研究成果才会既全面又深入;既有精确的数据支持,也能够建构起根基扎实的理论框架;既生动直观具有较强的令人信服的力量,同时也充满着思辨的理性的光芒。

思考题

1. 何为民事诉讼法学?
2. 民事诉讼法学有哪些特点?
3. 民事诉讼法学的研究对象包括哪些方面?
4. 民事诉讼法学的研究重点是什么?为什么?
5. 研究民事诉讼法学的目的何在?
6. 简述民事诉讼法学的研究方法。

参考文献

1. 全国人大常委会法制工作委员会民法室编:《〈中华人民共和国民事诉讼法〉条文说明、立法理由及相关规定》,北京大学出版社2012年版。
2. 汤维建主编:《民事诉讼法学原理与案例教程》,中国人民大学出版社2006年版。

第二编

民事诉讼基本理论

第四章 民事诉讼目的论

> **学习目的与要求**

民事诉讼的目的是指立法者制定民事诉讼法所希望达到的理想状态。任何一个国家、任何一个时期的民事诉讼法都有其目的追求。通过本章的学习,应了解关于民事诉讼目的的一些主要学说,并结合民事诉讼法的相关制度把握我国的民事诉讼的目的。

第一节 民事诉讼目的概述

一、民事诉讼目的的概念

民事诉讼的目的,是指立法者制定民事诉讼法所希望达到的理想状态。民事诉讼目的的确立,反映了立法者对民事诉讼的本质属性、基本规律以及社会客观需要的认识和态度,同时也将决定民事诉讼程序的设计。从这个意义上讲,民事诉讼的目的不同于民事诉讼的功能,民事诉讼的功能是民事诉讼本身所固有的、客观存在的作用与功效。民事诉讼的目的则是对其功能的主观反映,确立民事诉讼的目的应当以正确把握和认识民事诉讼的功能为前提,否则民事诉讼的目的就难以实现。

民事诉讼的目的也不同于民事诉讼法的任务。民事诉讼的目的是立法者基于对民事诉讼本质属性、基本规律以及社会客观需要的认识而预先设定的通过民事诉讼活动所达到的理想状态,旨在回答"民事诉讼制度为什么而存在"。民事诉讼法的任务则是人们为达到一定目的所设定的行为要求。民事诉讼的目的是宏观的且带有根本性的;而民事诉讼法的任务是相对具体的,是由目的决定的,民事诉讼的目的不同,民事诉讼法的任务也不同。

二、民事诉讼目的之特征

目的作为一个哲学范畴,是人们进行有意识的活动时,根据自己的需要并基于对客观事物本质和规律的认识而对其活动预先设定的理想结果。它体现了人的自身需要与客观对象的内在联系。民事诉讼是特殊主体在特殊领域中所实施

的活动,其目的与一般的社会活动相比,具有以下特征:

(1) 民事诉讼目的具有主观性,体现的是一种国家意志。

"目的"是以观念形态存在于人的头脑中的主观追求。民事诉讼活动是多方主体参与的特殊社会活动,各诉讼主体实施诉讼行为时通常有各自的目的,比如原告希望自己的诉讼请求得到满足,被告希望法院驳回原告的诉讼请求,法院行使审判权则旨在解决纠纷或保障纠纷主体的合法权益等,但是他们的目的与民事诉讼目的并非一回事,民事诉讼本质上是运用国家公权力解决民事主体之间的纠纷的社会活动,国家通过建立民事诉讼制度来规范和调整民事诉讼活动,使得纠纷的解决朝着既定的目标和方向进行。因此,从严格意义上讲,民事诉讼目的应当是指国家设置民事诉讼制度的目的,体现的是一种国家意志,是国家对进行民事诉讼的结果所期望达到的理想状态。

(2) 民事诉讼的目的具有客观性,必须以民事诉讼的本质属性与客观规律为前提,并且受一定的社会历史条件的限制。

"目的"虽然是一种以主观观念存在的东西,但它不是人脑中先天固有的,也不是人的头脑随意想出来的,而是必须以客观现实为依据。民事诉讼目的同样是主观见之于客观的东西,它是立法者基于一定历史时期国家的特定需要和对客观实存的民事诉讼规律的认识而预先设定的理想目标。民事诉讼目的的客观性特征要求立法者在制定或修改民事诉讼法之前,应当从实际出发,反复研究司法实践中出现的各种问题和由此所表现出的内在取向,将它们准确地、完整地反映出来,而不可盲目或仓促行动。

(3) 民事诉讼法的目的具有动态性。

民事诉讼法的目的来源于客观的司法需要,具有深厚的社会基础和经济基础。因此,一旦其所依据的社会条件发生变化,民事诉讼目的也要相应革新。历史上存在过的多种民事诉讼法目的观,都是在一定的历史条件下、适应于某个特定国家的民事司法实践需要而产生的,它们都具有历史上的合理性,同时又都具有历史上的局限性。因此,试图用抽象、静止的观点来考察民事诉讼目的的做法都是不科学的。

(4) 民事诉讼目的的实现以国家强制力为后盾。

民事诉讼目的是国家对民事诉讼结果的预期目标,一旦付诸立法,则以国家强制力保障法律的贯彻与实施,从而保障预期结果的实现。不过,国家强制力对民事诉讼目的的保障是一种间接保障,通常是通过立法者设计的特定的民事诉讼法律规范来完成。

三、研究民事诉讼目的的意义

诉讼目的论是传统民事诉讼法学理论的基本理论之一,在国外特别是大陆

法系民事诉讼法学界一直备受青睐。研究民事诉讼目的,具有以下意义:

(1) 有利于促进民事诉讼法学理论的发展,完善民事诉讼法学体系。

在相当长的时期内,我国民事诉讼法学研究主要停留在注释现行民事诉讼立法的较为肤浅的层面,国内尚未能够形成对民事诉讼的基本理论进行广泛、深入研究的学术氛围。这不仅束缚了民事诉讼法学研究的拓展空间,也无法很好地解决在新的社会历史条件下司法实践中出现的一些新课题。研究民事诉讼目的论,对于廓清民事实体法与民事诉讼法的关系、非讼与诉讼的区别、既判力本质理论等民事诉讼基础理论问题;对于深刻认识民事司法制度的实质、审判机能、诉讼体制构造、民事诉讼法的解释等均具有不可忽视的理论价值。因此,加强民事诉讼目的论的研究,不仅可以将其他基础理论的研究引向深入,而且能带动民事诉讼法学迈向更高的层次。

(2) 有利于民事诉讼立法的完善。

民事诉讼目的是设计民事诉讼程序的基本依据。基于不同的目的观,会有不同的制度设计,如依纠纷解决说设计的民事诉讼制度,必然更注重当事人的和解及程序的简化;而依程序保障说设计的民事诉讼制度,则会更加重视对诉讼程序正当性的追求。立法者在制定或修改民事诉讼法时,必须要有明确的目的,而这种目的又必须依靠科学的民事诉讼目的理论。如果民事诉讼目的理论不发达,就难以形成科学的民事诉讼目的观。如果没有科学的民事诉讼目的观作指导,民事诉讼立法的科学性就会受到影响。从这个意义上说,民事诉讼目的的研究,不仅具有理论意义,也具有实践意义。

(3) 有利于民事诉讼制度的贯彻与实施。

民事诉讼目的体现了立法者对民事诉讼制度预设的理想结果。这一结果能多大程度地实现,与社会成员特别是司法人员的民事诉讼目的观密切相关。尤其是当具体规定模糊、抽象或立法存在漏洞的时候,科学的民事目的观就能充分保证民事诉讼活动按民事诉讼立法意图运行,从而尽可能地避免违背立法者愿望的诉讼结果发生。

第二节 民事诉讼目的诸学说

一、民事诉讼目的诸学说简介

民事诉讼制度究竟为了何种目的而设立,国外的诉讼法学理论在进行认真研究和热烈讨论的过程中形成了以下几种学说:

(一) 权利保护说(又称私权保护说)

此说主张,国家作为禁止自力救济的代价,应承担保护私权的任务,从而设立民事诉讼制度。因此,私人对国家享有权利保护请求权。民事诉讼制度设立的目的就是保护社会成员的私法权利。这在德国和日本是通说。在德国的代表人物是赫尔维格(Hollwig)。

（二）私法秩序维持说

此说主张,依据国家的权力,消除民事实体法律关系的不确定状态,以维持社会生活秩序,应当是民事诉讼制度的目的。不难看出,按照这个学说,国家是为了保障和维持私法的秩序、满足整个社会的这种需求而设立民事诉讼制度的。

（三）解决纠纷说

此说认为,在私法产生之前,就存在解决纠纷的诉讼和审判制度,将民事诉讼目的视为维护私权或司法秩序属于本末倒置。私法法规不是生活规范,而是解决纷争的规范,即裁判规范。诉讼的目的不是为了维持法规,而是为了合理地解决纠纷。因此,以国家强制力解决当事人之间的纠纷,是诉讼的真正目的。该学说由日本学者兼子一提出并被认为是日本目前的通说。

（四）程序保障说

此说从正当程序(due process)的观念出发,认为民事诉讼的正当性来自其程序的正当性,而不是结果的正当性。也即,只有正当的程序才是使判决获得正当性的源泉;民事诉讼程序并不是为了达到正确判断的手段,其过程本身就是民事诉讼的目的。因此,民事诉讼的目的在于"为实现当事人自律性的纷争解决提供程序保障"。该学说在英美学者的著述中较为盛行,日本学者井上治典等也持此说。

（五）权利保障说

此说从宪法上权利保障的角度阐述民事诉讼目的,认为民事诉讼制度基于宪法所保障的权利为实体法上的实质权,即以实质性的利益和价值为内容的权利实体,而不包括请求权,因为请求权是实质权的救济手段,无须凭借诉讼的保护。这一点使此说区别于传统的权利保护说,后者未能区别实质权与请求权的功能差异,以致将二者合成为实体法上的权利,并列为民事诉讼制度应予保护的对象。此说的代表人物是日本学者竹下守夫。

（六）多元说

此说主张对于民事诉讼目的的认识,应站在制度设置者、运作者的国家和作为制度利用者的国民的双重立场进行。因此,民事诉讼目的应当是多元的,纠纷的解决、私法秩序的维持以及私法权利的保护,都应当被视为民事诉讼制度的目的。

（七）诉讼目的否定说（又称搁置说）

此说认为民事诉讼目的论的讨论太过抽象,没有多大的实际意义。与其对此争论不休,还不如将其搁置而把时间和精力用于讨论更现实、更具体的问题。

此说的代表人物是日本学者高桥宏志。

近十余年来,我国民事诉讼法学界也对民事诉讼的目的展开了热烈的讨论,学者们除持有上述观点以外,还提出了其他一些学说,如利益保障说①、平衡说②、解决纠纷与保护民事权益双重说③等。这表明,对于民事诉讼的目的,学者们在认识上存在较大的差异,在短期内尚难以达成共识,这固然与我国学术界对目的研究不够深入、广泛有关,同时也确实是因为民事诉讼的目的这一问题涉及民事诉讼制度的许多重大理论问题,而这些问题本身也仍在探讨之中。

二、对民事诉讼目的主要学说的评析

首先,上述任一种民事诉讼目的理论都是特定历史时代的产物,带有一定历史时代的烙印。例如,"私权保护说"出现于自由资本主义时期,与当时极度奉行的"个人本位主义"理念以及当事人个人主义极度膨胀的现实相一致,带有很重的个人主义色彩。"私法秩序维持说"形成于垄断资本主义时期,很大程度上反映的是垄断资产阶级对社会生活干预的需要,并适应当时的社会本位理念。"纠纷解决说"则反映了现代资本主义社会的客观要求,即民事交往日益纷繁复杂、民事冲突与日俱增的社会现实迫切需要民事诉讼加强其解决纠纷的功能。

其次,上述学说在不同的历史时期对当时的民事诉讼立法、司法都产生了深远的影响,但又都带有一定的局限性。"权利保护说"极力强调诉讼的本质在于遵循现成的实体法,认为法官必须严格按照三段论法作机械的逻辑推演,否认法官在诉讼中依据个案具体情况作出利益均衡和价值判断。在上述法律适用原则的指导下,此说为了保护私权,在事实审理中不免片面追求客观真实。依此说设计的诉讼制度颇有无视诉讼经济、违背诉讼规律之虞,极易产生诉讼迟缓等严重弊端,造成程序利益之损耗。④"私法秩序维护说"很大程度上反映的是垄断资产阶级对社会生活干预的阶级需要,未能考虑到当事人参与、利用民事诉讼所抱有的目的,依照此说设计民事诉讼制度,将无法保障当事人处分权的行使。而且,此说与"权利保护说"一样过分强调了实体法对程序的决定作用,轻视了程序法对实体法的形成功能和能动的推动作用,忽视了程序法自身的独立价值。"纠纷解决说"的产生显然受利益法学的影响,反映了资本主义社会快速处理纠纷的客观需要。此说单纯地站在当事人角度来理解民事诉讼目的,忽略了民事诉讼的本质,忽略了国家作为民事诉讼目的的主体地位和其设置民事诉讼的主观追求。同时,此说无视古今民事诉讼制度的巨大差异和现代国家实体法律日益完备、诉

---

① 李祖军:《民事诉讼目的论》,法律出版社 2000 年版,第 123 页。
② 江伟主编:《中国民事诉讼法专论》,中国人民大学出版社 2005 年版,第 61—63 页。
③ 陈刚、翁晓斌:《论民事诉讼制度的目的》,载《南京大学法律评论》1997 年春季号。
④ 李祖军:《契合与超越——民事诉讼若干理论与实践》,厦门大学出版社 2007 年版,第 73 页。

讼程序创造实体权利现象渐趋近于无的现实,仅单纯倚重纠纷解决观念以解决民事诉讼制度面临的现代课题,难以在立法或解释上为设计民事诉讼制度提供理念的指导。此说另一个无法自身克服的缺陷在于,它仅仅是从诉讼的结果(实体)着眼去探究民事诉讼的目的,并不能够真正区分其与仲裁、调解等类似诉讼纠纷解决机制在目的上的差别所在。"程序保障说"是建立在以罗尔斯为代表的程序正义理论的基础之上的。它看到了诉讼程序的重要作用与地位,为我们研究实体法与程序法的关系开拓了新的视野。但此说过分强调程序自身的独立价值和诉讼程序的作用,否定了实体法的基本作用,因而也是不适当的。而且,"程序保障说"追求程序中心,并提出"诉讼法是实体法之母"及"权利先于实体法,判决创制了权利"两个颇有争议的命题。前一个命题中的"实体法"界定不周延,它并非指人类历史上所有的实体法,而主要是指古代罗马法、英国法,并不包括近代市民社会意义上的实体法。因为后者反映了绝对主义国家体制下防止法官恣意性审判的特定时代要求,包含了对国家权力及法官裁量的不信任倾向。这与前者在制度层面的价值是迥异的。就后一个命题而言,有国家审判权力保障的实体法使市民民事活动的可预测性得以确立,实体法所规定的权利因而被视为既存权利,而诉讼仅仅是实现权利的途径之一,更大量的民事权利通过日常民事交往直接而顺利地实现,有纠纷发生也可通过调解、仲裁等非讼方式解决。因此,以诉讼创制权利来否定实体法所确认的权利之先天存在是与现实背道而驰的。"权利保障说"基于对日本宪法中司法在与民事诉讼关系上的核心作用来论证民事诉讼目的,其实质在于坚持对实体法实质权的保障,即实体法规范的贯彻应为民事诉讼的首要目的,而没有将视角转向诉讼法领域,必然无法认同对实体利益和程序利益的平衡追求,难免造成诉讼中各项程序权利保障不力或受到无端损耗,因而此说所持观点是不周延的。此说遭质疑的另一原因是,此说对请求权的界定完全混淆了诉权与请求权,特别是诉权与诉讼上请求权的关系。实质上,实体意义上的诉权就是诉讼上请求权这一实体法权利在诉讼程序中的延续和变形,是其在诉讼中的具体运用和存在形式,二者之间的渊源关系反映了实体法与诉讼法之间的衔接点与融汇处。权利保障说将请求权排斥于诉讼目的之外,将其界定为实质权的救济手段并以此取代诉权,无疑是否定了诉权、尤其是程序意义上诉权的存在,是基本理论上的谬误。"多元说"对民事诉讼的目的采用了多重性和多层次性的思考无疑是可取的,但是,正如所有理论争执过程中出现的折中学说一样,似乎尽善尽美,但事实上仍难免有缺陷。此说在吸纳各种诉讼目的论的优点的同时,也包含了各种目的论的弊端。而且,"多元说"将相互冲突的目的并存,却没有给这种多元化的数个目观排列先后顺序,也不可能提供一个选择的客观标准,因此,"多元说"貌似全面兼顾,但实际上不能解决具体问题。

最后，上述学说均是从不同层面来揭示民事诉讼目的，其研究由一般社会理念转向对宪法理念的探索以寻求正统性资源，由侧重于诉讼结果逐渐转向关注程序本身，这反映了民事诉讼目的理论研究不断丰富和深化的趋势。

第三节 民事诉讼目的与相关理论的关系

一、民事诉讼目的与民事纠纷观

民事诉讼的本质，是由法院运用审判权对私人纠纷予以强制性解决。立法者对社会纠纷的不同认识，关系到其对审判权的功能定位，从而对民事诉讼目的产生不同的影响。若是完全将纠纷的出现视为一种"恶"，并认为它是纠纷主体行为偏离统治阶层所认可的主流道德秩序的结果，立法者往往希望通过民事诉讼达到道德宣示和教化国民的效果，从而预防和减少社会纠纷；若是将纠纷的出现视为社会主体权利界定不明确或不充分，或者是主体之间关于权利的行使和实现存在不同看法的结果，把解决纠纷看成是社会主体权利实现和权利发展不可或缺的途径，那么，界定或保护国民现有权利、扩充新权利被当然地认为是司法的首要使命，这反映在民事司法领域，就是民事诉讼制度被寄予保护私法权利的厚望；若是基于一种程序至上的理念，将纠纷的出现看作无所谓"好"、也无所谓"坏"的一种客观现象，那么，立法者对民事诉讼的预期目标便是解决纠纷。另一方面，民事诉讼目的一旦确定之后，其实现状况对民事纠纷观产生重要影响，成为人们坚持或改变民事纠纷观的一项重要因素。

二、民事诉讼目的与民事诉讼价值观

民事诉讼目的与民事诉讼价值观都反映了国家和社会对民事诉讼的主观追求。民事诉讼目的反映的是国家对民事诉讼预设的理想结果；民事诉讼价值观则反映了国家和社会对于民事诉讼的需要。民事诉讼目的与民事诉讼价值观相互影响。一方面，一国在特定历史时期占主导地位的民事诉讼价值观，往往对民事诉讼目的的设定起着决定性作用。民事诉讼目的本身就是国家对民事诉讼各种价值目标进行综合选择的结果。另一方面，民事诉讼目的的实现状况又制约着民事诉讼价值观，往往导致诉讼价值观的调整与变化。

三、民事诉讼目的与民事诉讼模式

民事诉讼模式又称诉讼结构，主要体现的是民事诉讼中法院与当事人的地位及其相互关系。民事诉讼模式与民事诉讼目的之间的关系表现在：首先，民事诉讼目的与民事诉讼模式是目的与手段的关系。民事诉讼目的要通过诉讼主体

的诉讼活动来实现,这些诉讼活动的开展,需要各诉讼主体在诉讼过程中按照一定的方式相互作用并依一定的程序规则实施诉讼行为。可以说,民事诉讼模式是一种手段化了的行为趋向和规范化的活动方式,是实现民事诉讼目的的一种必要的手段。因此,民事诉讼模式是否合理科学,对实现民事诉讼目的有着不同的影响。其次,民事诉讼目的制约着民事诉讼模式的构建。比如在德国,在个人主义极端膨胀的时代,权利保护的民事诉讼目的论占据上风时,民事诉讼中当事人主义的特征十分突出;而当人们强调审判制度中的国家作用,极力主张民事诉讼的目的在于维护国家法律秩序时,审判制度的重心就会向职权主义倾斜。

第四节 我国民事诉讼法的目的

一、我国民事诉讼法的目的之确立依据

民事诉讼目的虽然以观念形态预先存在,体现的是国家意志,但其确立并非立法者主观臆断的产物,而是受制于诸多因素。主要表现在:

(一)理论依据:民事诉讼的本质与规律

通过与调解、仲裁等非讼纠纷解决方式以及行政诉讼、刑事诉讼相比较而发现,民事诉讼的本质特征在于运用国家权力解决平等主体之间的财产关系和人身关系的纠纷。它包括两层含义:其一,民事诉讼依靠国家强制力解决纠纷,具体由法院代表国家行使审判权来进行。其二,民事纠纷是平等主体之间的财产关系和人身关系的争议,实行当事人意思自治,国家不能主动干预。从国家角度看,恢复原有法律秩序固然是对民事诉讼寄予的理想,但这一目标的实现有赖于通过民事诉讼的具体目标的实现来达成,而民事诉讼的具体目标应当合乎当事人的诉讼目的,否则民事诉讼不会被人们所启动和利用。从这个意义上说,对于诉讼目的的定位,应从作为制度设置者、运作者的国家和作为制度利用者的社会成员双重角度观察。

(二)现实依据:国家与社会的客观需要

社会生活中不可避免会产生种种纠纷,而纠纷的产生,不仅困扰着纠纷的当事人,也影响到社会秩序的正常运转。所以,古往今来,人们在创设社会制度的同时,还必须创设各种解决纠纷的制度,民事诉讼就是其中的一种。而社会成员也有通过民事诉讼解决其民事争议的内在需求。特别是因纠纷而受损害的一方,迫切需要国家通过民事诉讼对其合法权益予以保护,以使其法定的权利义务得以实现,所受损害能得以及时补偿。因此,民事诉讼目的作为国家对民事诉讼活动所预先设定的一种主观追求,既是国家和社会化解民事纠纷、维护社会秩序的需要,又包括当事人维护自身合法权益的需要。此外,随着市场经济的确立和

发展，人们的法律观念也发生了重大变化。市场经济从本质上要求主体地位平等，注重权利的确认和保护，对不同所有制的市场经济主体平等对待，以实现市场经济中的公平、自由的竞争。这些变化必然要求民事诉讼目的反映并适应市场经济的需要，以利于促进市场经济的发展。

（三）法律依据：宪法

宪法作为国家的根本法，具有最高的法律效力。它既是其他各项立法的依据，也是确立民事诉讼目的、制定和实施民事诉讼法的根据。在法治国家，宪法在承认国家主权的同时，也保障国民享有自由权、诉讼权、财产权及生存权。为保障实现上述基本权，国家又承认公民有诉讼权，设定司法机关并使其依法裁判当事人之间的争议。因此，民事诉讼制度的设立、运作和使用，应当以追求保护当事人的合法权益为目的。同时，为了防止程序上的不利益减损或限制宪法所保障的公民的基本权，应当将实体利益与程序利益同等看待，使宪法规定的基本权获得相应的程序保障。

（四）价值依据：公正与效率

民事诉讼目的之确定往往受制于特定历史时期占主导地位的诉讼价值观。民事诉讼目的本身就是国家对民事诉讼各种价值目标进行综合选择的结果。在现代法治国家，公正与效率被视为司法制度的两大基本价值目标，我国的民事诉讼制度也不例外。因此，民事诉讼目的的设定，应当符合公正与效率这两大价值目标的追求。

除上述主要因素之外，学术界有观点认为，民事诉讼目的的设定还受制于国家的诉讼文化及社会生产力的发展水平。①

二、我国民事诉讼法的目的之立法规定

我国现行民事诉讼立法并没有明确使用"民事诉讼法的目的"这一术语，但学术界普遍认为《民事诉讼法》第2条之规定，虽然是关于民事诉讼法任务的规定，但从目的论的角度观之，也可以将之视为现行立法对民事诉讼法的目的的界定。因为，"民事诉讼法的任务"这种说法带有政治或行政色彩，是超职权主义诉讼模式下的产物。其基本含义实际上与民事诉讼法的目的相同。随着审判方式改革的实施，理论界和实务界一般都不再提"民事诉讼法的任务"，而是用"民事诉讼法的目的"这样的说法取而代之。

从我国《民事诉讼法》第2条来看，"中华人民共和国民事诉讼法的任务，是保护当事人行使诉讼权利，保证人民法院查明事实，分清是非，正确适用法律，及

---

① 参见曾友祥、黄娟：《民事诉讼目的的相关问题研究》，载《山东社会科学》2007年第1期；李祖军：《契合与超越——民事诉讼若干理论与实践》，厦门大学出版社2007年版，第109—122页。

时审理民事案件,确认民事权利义务关系,制裁民事违法行为,保护当事人的合法权益,教育公民自觉遵守法律,维护社会秩序、经济秩序,保障社会主义建设事业顺利进行"。这一条款明确了我国民事诉讼法多元化的诉讼目的。

三、我国民事诉讼法的目的之具体含义

根据我国现行《民事诉讼法》的规定,我国民事诉讼法的目的主要表现在以下五个方面:

1. 保护当事人行使诉讼权利

我国立法明确将保护当事人行使诉讼权利作为民事诉讼的首要目的,充分说明立法者改变了过去长期存在的"重实体、轻程序"的观念,重视诉讼程序对当事人所享有的诉讼权利的保障作用。

2. 保证人民法院查明事实,分清是非,正确适用法律,及时审理民事案件

诉讼程序一旦启动,法院便不能拒绝裁判。按照"司法三段论"的要求,法院作出裁判必须先查明事实,然后将事实与法律对应起来,最后作出法律上的结论。我国《民事诉讼法》第 7 条规定:人民法院审理民事案件,必须以事实为根据,以法律为准绳。这里的"事实"应当是以证据为基础的事实,这里的"法律"不仅包括实体法,还应包括程序法。诉讼的过程本身就是实体法与程序法交互的场。适用法律以事实认定为前提,事实认定以法律适用为归宿。两者的结合直接影响到诉讼公正的实现。当然,民事诉讼不仅追求公正,还要体现效率。及时审理民事案件,是对司法效率的要求。民事诉讼法上的期间制度和审限制度即体现了这一目的。

3. 确认民事权利义务关系,制裁民事违法行为,保护当事人的合法权益

此诉讼目的与前一个目的联系密切,可以说是同一个目的的两个方面:前项目的偏重于行使审判权的过程,此项则偏重于行使审判权的结果。因为,民事纠纷一旦经法院行使审判权作出裁判,即相应地产生了"确认民事权利义务关系,制裁民事违法行为,保护当事人的合法权益"的效果。

4. 教育公民自觉遵守法律

因我国传统诉讼文化以及生产力发展水平等因素的影响,民事诉讼的运作仍被寄予教化国民的期望。民事诉讼法中的许多规定都是有助于此一目的之实现的,比如公开审判制度,要求民事诉讼的运行除合议庭评议以及法律明文规定的情形外,一律向当事人、诉讼参与人以及社会公开。开庭审判就是一堂生动的法制宣传教育课,其中,当事人、旁听者、采访者以及其他参与者,都可以受到不同程度的法制教育。这种法制教育有利于提高国民的法制观念,从而起到预防纠纷和减少诉讼的作用。此外,人民陪审员制度、法院对生效法律文书的强制执行等,也有法制宣传教育的功效。

5. 维护社会秩序、经济秩序，保障社会主义建设事业的顺利进行

法律属于上层建筑的组成部分，它决定于社会经济基础，同时对社会经济关系也有保障功能。民事诉讼所处理的纠纷往往是社会经济生活中当事人之间的民商事争议，这些争议能否公正且高效地得到解决，直接关系到社会秩序能否稳定而和谐、经济秩序是否正常、社会主义建设可否顺利进行。因此，民事纠纷得到公正解决的过程，也就是社会秩序和经济秩序得以维护、社会主义建设事业得以保障的过程。

思考题

1. 什么是民事诉讼目的？民事诉讼目的具有哪些特征？
2. 简述民事诉讼目的论的主要学说。
3. 研究民事诉讼目的意义有哪些？

参考文献

1. 李祖军：《民事诉讼目的论》，法律出版社2000年版。
2. 江伟：《民事诉讼法专论》，中国人民大学出版社2003年版。

第五章 民事诉讼价值论

> **学习目的与要求**

民事诉讼价值论是民事诉讼的基础理论，是关系到民事诉讼立法和制度建设的前提性问题。通过本章的学习，应掌握民事诉讼程序内在价值和外在价值的具体内容，深入理解二者之间的关系，当前尤为迫切的是大力弘扬民事诉讼的内在价值，通过程序公正实现实体公正。

第一节 民事诉讼价值论概述

一、民事诉讼价值的含义

价值，即"有用、重要、有意义、值得重视"的同义语。民事诉讼的价值，即民事诉讼对于诉讼主体合理需要的满足。

价值论的研究，有助于观察和说明一定客体满足一定主体需要的状况，说明主客体之间的关系。民事诉讼法或民事诉讼制度，相对于立法者、社会成员及当事人等主体而言，是一个解决纠纷的"客体"，其目的是要满足主体的需要。一般来说，能够满足主体需要的民事诉讼程序，是有价值的；否则就是没有价值或者价值不大的。民事诉讼价值直接关系到民事诉讼法及民事诉讼制度的价值取向问题，在民事诉讼理论中具有基础性和前提性。

在我国的法律传统中，程序要素与意识历来十分薄弱。尽管在清朝末年从西方引进了诉讼法典和诉讼制度，但程序的价值却未能引起人们的注意与重视，"重实体、轻程序"的观念根深蒂固。我国法学理论界也是在20世纪90年代以后才开始将程序价值作为重要的研究领域。由于程序价值在民事诉讼中的基础地位与重要作用，对程序价值的研究，将有利于我们重新认识程序的意义、程序法与实体法的关系，逐步消除"重实体、轻程序"的不良影响。同时，对于我国的民事诉讼法以及民事司法改革中的各种问题，从价值论的角度进行反思，也有利于明确我国民事审判制度改革的方向，从而健全和完善我国的民事诉讼程序，使其能够更好地满足主体的需要。

二、民事诉讼价值的学说

关于民事诉讼价值理论的研究,最早是由英国学者杰罗米·边沁发起的。在19世纪早期,边沁在对诉讼证据和诉讼程序问题的研究过程中,提出了民事诉讼价值的一般理论,第二次世界大战以后,西方诸多法哲学家更是以价值研究为中心构筑自己的学说。

关于民事诉讼价值的学说,最具代表性的即程序工具主义和程序本位主义,这两种学说均属于"一元诉讼观";而将程序与实体相结合阐释民事诉讼价值的学说属于"二元诉讼观"。

(一) 程序工具主义

程序工具主义,又称结果本位主义、实体本位主义。这一学说把程序纯粹看成是实现实体法的功利手段。边沁即这一派的鼻祖。边沁把程序法称为"附属性的法",因为在他看来,离开实体法程序法就不复存在了。程序工具主义的价值观是传统的诉讼价值观,是在以实体法为中心的背景下产生的,认为程序法是附属于实体法的法律,其本身缺乏独立性。一个诉讼程序是否有价值,关键就看它的实行能否有利于实体法所规定的内容的实现;如果能够确保实体法的内容完全实现,则说明该诉讼程序是有价值的;如果它仅能在部分情况下保障实体法的实现,则说明该诉讼程序仅具有局部的价值;如果它无论在何种情况下都不能体现实体法的精神并实现实体法的内容,则说明该特定的诉讼程序是无价值的。总之,一个诉讼程序是否具有价值,完全取决于它能否实现实体法的目标。在程序工具主义论者看来,诉讼程序是不存在独立价值的。

(二) 程序本位主义

程序本位主义认为,程序的价值在于过程之中。过程价值是相对于结果价值而言的,程序本位主义强调应当从过程而非结果意义上评价程序和程序法的价值。

程序本位主义认为,程序必须最大限度地理性化从而体现形式公正。形式公正一般包括下列要素:

(1) 程序法治。程序法治即程序合法性,指必须有一套规则来保证法官依法审判案件,同时规范当事人的诉讼活动。有一套法定的规则,也便于当事人对后续的程序及结果进行预测,规划下一步的行动。

(2) 裁判者中立。一般指裁判者不能有所偏向,因此,"利益无涉"成了法官资格的普遍要求。从宪法的角度说,中立也意味着裁判者独立于其他的机构,在西方一般称为司法独立应有的一个要素。

(3) 当事人参与。程序对诉讼主体分配参与角色。在法律程序中,利益可能受到不利影响的人都有被告知和陈述意见的机会。参与有助于裁判者了解案件的事实真相、正确适用法律，保障当事人的合法权益，也有助于增进程序的民主性。

(4) 透明。审理案件的过程必须是公开透明的。

程序本位主义与程序工具主义针锋相对，强调程序自身的独立价值，认为程序本身就是目的，并非手段。这一学说促进了程序自身的建设，凸显了程序法的独立价值，但因否认诉讼程序同时也具有实体价值，因而走向了另一个极端，也是不合理的。

(三) 二元诉讼观

二元诉讼观认为，民事诉讼既有程序价值，又有实体价值，因为民事诉讼是一个民事诉讼法与民事实体法共同作用的"场"，两种价值都客观地存在，并且缺一不可。如此认识和界定民事诉讼的价值，并在此基础上构筑民事诉讼程序，才能最大限度地满足诉讼主体的需要。程序工具主义和程序本位主义走向两个极端，漠视程序价值和实体价值之间的合理关系，因而都难以建立满足诉讼主体需要的民事诉讼程序和民事诉讼制度，是不可取的。[①]

从二元诉讼观的价值观点出发，民事诉讼既具有内在的、独立的价值，也具有外在的、保障实体法实施的工具性价值。二者相辅相成，共同影响着民事诉讼制度的建设，影响着民事诉讼能否很好地满足诉讼主体的需要。

第二节 民事诉讼的内在价值

民事诉讼的内在价值，即民事诉讼的程序性价值、独立价值。"一项法律程序或者法律实施过程是否具有正当性和合理性，不是看它能否有助于产生正确的结果，而是看它能否保护一些独立的内在价值。"[②] 关于程序独立价值的要素，学者们并没有完全相同的认识，但一般认为民事诉讼的内在价值应包括程序公正和程序效率两个方面。

一、程序公正

公正是民事诉讼首要的和最高的价值目标。民事诉讼程序真正永恒的生命基础就在于它的公正性。但何谓公正却有不同的解释。有学者指出，公正是指"公平、正义。审判活动的公正，则是指法官的审案活动能够主持公道，伸张正义，对双方当事人不偏不倚。……审判活动的公平，既包括适用实体法的公正，

[①] 参见邵明：《民事诉讼法学》，中国人民大学出版社2007年版，第43页。
[②] 李祖军：《契合与超越：民事诉讼若干理论与实践》，厦门大学出版社2007年版，第3页。

又包括诉讼程序的公正"。① 也有学者指出,"诉讼公正乃指诉讼构成之公正,即诉讼过程的公正及诉讼结果的公正"。② 值得注意的是,过去很长一段时间里,公正往往被解释为实体公正,很少有人关注程序公正的问题。而近年来学者们对公正的解释,重新审视了程序公正与实体公正的关系,越来越关注程序本身的公正,重视程序公正的独立价值,也即那些不依赖于判决结果而存在的,即使并未增进判决的准确性,法律程序也要加以维护的价值。具体而言,"程序公正是正确选择和适用法律,从而也是体现法律正义的根本保障。首先,公正的程序可以排除在选择和运用法律过程中的不当偏向。其次,公正程序本身就意味着它具有一套能够保障法律准确适用的措施和手段,并且由此能够形成保障法律准确适用的常规机制"③。

在民事诉讼中,程序公正应包括以下几个方面:

（1）法官中立。"任何人不能是自己案件的法官"。在诉讼中,审理案件的法官与本案以及本案的当事人不能有利害关系。保障法官中立的诉讼制度是回避制度,只有法官中立,双方当事人的合法权益才能得到平等保护,中立是公正裁判的必要前提。

（2）双方当事人平等。"正义的根本要素是平等"。当事人应当有平等的诉讼地位,享有平等的诉讼权利,承担相应的诉讼义务。法律的规定和审理案件的法官,都应当保障当事人平等行使诉讼权利。

（3）程序参与。"任何一方的诉词都要被听取"。当事人是程序的主体,诉讼的结果关系到其利益,因而诉讼的过程应当让当事人充分参与,让其充分表达自己的主张、证据及对案件处理的各种意见,并且能够对法院裁判产生相应的影响。

（4）诉讼程序公开透明。"正义不仅应当得到实现,而且应当以人们看得见的方式实现"。诉讼程序应当对当事人和诉讼参与人公开,对社会公开。这一方面有助于当事人积极参与程序,另一方面有助于社会对民事诉讼过程进行有效监督。

二、程序效率

程序效率,是指在保证程序公正的前提下,尽可能减少诉讼的成本,获得尽可能大的诉讼收益。作为公力救济的典型形式,诉讼是要耗费成本的,诉讼成本是人民法院、当事人及诉讼参与人为进行民事诉讼所耗费的人力、物力、财力和

---

① 谭兵:《公正、民主、效率——论我国新民诉法的特点》,载《现代法学》1991年第5期。
② 陈桂明:《诉讼公正与程序保障》,中国法制出版社1996年版,第2页。
③ 顾培东:《社会冲突与诉讼机制》,四川人民出版社1991年版,第67页。

时间的总和。而诉讼收益则表现为案件获得了公正的处理,在保障公民权利、维护社会秩序、化解社会纠纷方面发挥出的积极作用。在同时存在着两个变量的情况下,假定其中一个变量为恒定,有利于我们考察另一个的变化情况。我们假定在严格遵守了程序法和实体法的情况下,案件可以得到公正处理,其结果不会有太大差异,诉讼收益固定不变,且恒定为其最大值。那么在民事诉讼中,不论是当事人还是人民法院,在追求公正的同时,都力求以最少的诉讼成本投入获得最大的收益。

在诉讼中,影响诉讼成本的因素主要有:诉讼的周期、诉讼费用的水平、诉讼程序的繁简程度等。因此,在保障公正的前提下,首先应当尽可能在合理的时间内审理案件,法官有责任积极推进诉讼的顺利进行,防止拖延诉讼;当事人也有义务促进诉讼而不得阻碍诉讼。对于以调解的方式解决纠纷的,要防止久调不决。其次,将诉讼费用控制在适当的幅度内,对于因经济困难无力承担诉讼费用的当事人,通过减免诉讼费或司法救助等形式保证其行使诉权。最后,根据案件的繁简程度,设置并完善不同的诉讼程序,做到繁简分流,程序与案件相适应。如简单的民事案件适用简易程序,诉讼标的额较大或者案情复杂的案件适用普通程序,能够调解解决的案件适用调解程序处理。

在民事纠纷数量不断上升、当事人寻求司法救济的意识日益增强的当今社会,诉讼程序的效率过低,案件积压,势必会影响民事诉讼程序功能的有效发挥,甚至会影响诉讼公正的实现,因为"迟来的正义非正义"。公正并且是有效率的诉讼程序才是最合理、最理想的诉讼程序,才最能够满足主体的需要。因此,效率也应当成为诉讼程序追求的重要价值。

关于公正与效率的关系,二者之间既存在一致性,又存在矛盾和冲突。一般来说,公正的审判不仅能够实现公正价值,而且也有效率;不公正的审判会引起当事人上诉、申请再审,势必投入更多的成本,会降低效率。当公正和效率发生冲突时,公正是第一位的,公正是司法制度的生命线,如果失去了公正,司法制度也就失去了其存在的价值。没有公正,效率也就毫无意义。因此,民事诉讼制度应力求公正与效率的和谐统一;当公正与效率发生冲突时,应将公正放在首位。

第三节 民事诉讼的外在价值

民事诉讼的外在价值,即诉讼程序的实体性价值、工具性价值,是指诉讼程序在实现实体性目标方面的价值,这一价值是评价某一诉讼程序在保护民事权利、解决民事纠纷以及维护私法秩序方面是否有效的标准。民事诉讼的外在价值主要体现为实体公正。在个案的审判中,具体表现为准确认定案件事实和正确适用法律。

一、准确认定案件事实

准确认定案件事实是正确适用法律的前提。但是,案件事实毕竟是已经发生过了的事实,裁判者并不知晓,也无力让其重现,只能通过证据的提供、双方当事人的质证、辩论等程序设计来尽可能地揭示案件事实真相。在民事诉讼中,揭示案件事实真相是一个复杂的过程。首先,当事人应当对自己主张的事实予以证明,可以提供物证、书证、证人证言等证据,也可以通过反驳、辩解等手段使裁判者相信自己主张的事实。其次,裁判者在此基础上要进行判断。当事人为了获取有利于自己的裁判,有时会用虚假陈述来掩盖事实真相,隐瞒对自己不利的证据,或者夸大对对方当事人不利的事实,因此,裁判者对证据以及事实的判断十分重要。准确认定案件事实是一个重要的价值追求,但不能将其理解为与客观上发生的事实完全一样,认定事实才可称之为准确。因为,作为裁判基础的事实是具有特定法律意义的事实,而不是案件中的所有事实,此其一。其二,再现案件事实是通过证明活动来体现的,而证明活动又与当事人的证明能力有关,当事人不能证明的事实未必就是没有发生过的事实。其三,证据的资格与证明力评价要受制于法律的规定,同时也要受制于裁判者个人因素的影响。基于上述原因,诉讼中的案件真实是"法律真实"而非"客观真实"。总之,围绕准确认定案件事实这一价值,应不断完善诉讼程序、证据制度。

二、正确适用法律

在准确认定案件事实的基础上,正确适用法律是保障实体公正的关键。正确适用法律包括两个要素:其一,根据案件事实准确选择应当适用的实体法规范,从而保证同类案件适用法律的统一,做到同案同判;其二,实体公正通常表现为裁判结果的公正,因而裁判文书应当表述法律适用的根据与理由。充分的判决理由具有很强的针对性,它把抽象的、一般的法律运用到具体的、特定的个案中,既解决民事纠纷,又贯彻国家的实体法。不说理或者说理不充分的判决书使当事人很难相信裁判的公正性,且不利于社会公众对司法的监督,极易造成法官的枉法与恣意,从而在更大程度上损害实体公正。

第四节 内在价值与外在价值之间的关系

关于民事诉讼内在价值与外在价值之间的关系,二者既有内在的一致性,又存在着矛盾与冲突。一般来说,公正的程序比不公正的程序更能产生公正的结果,但这种关系并不总是一一对应。当二者出现冲突时,应该摒除"重实体、轻程序"的观念,弘扬民事诉讼的内在价值。

一、内在价值与外在价值的一致性

民事诉讼的内在价值与外在价值具有一致性。一般说来,公正的程序比不公正的程序更能产生公正的结果。这是因为:首先,在准确认定案件事实方面,公正的程序使得双方当事人充分平等参与,中立的法官在公开听取了双方的举证、质证和辩论之后,对案件事实的了解更为全面、客观。其次,在正确适用法律方面,公正的程序可以排除外界的不当干扰,帮助法官在准确认定事实的基础上,正确选择应当适用的实体法,严格依法作出判决。

二、内在价值与外在价值的冲突

作为对主体的不同需要的满足,民事诉讼的内在价值与外在价值也有着其矛盾与冲突的一面。严格的程序公正未必总能得到实体公正的结果。这一方面是因为诉讼领域中存在着多种价值冲突,不可避免地涉及各种价值的判断和取舍,而发现案件真实的价值并不总是至高无上的。例如,以非法手段获取的证据,尽管能够证明案件的真实情况,但为保障人权等更高价值,非法证据应予排除。严格的程序规则对这些价值取舍作了预先判断,一旦违反,无论其结果如何接近案件事实,都必须被否定。这就使得个案的实体公正无法实现。另一方面是因为现行法律所规定的程序并非完美无缺,在这种情况下,严格按照程序规定产生的结果也有可能无法满足实体公正的需要。

三、内在价值与外在价值冲突的协调

如上所述,民事诉讼是一个民事诉讼法与民事实体法共同作用的"场",民事诉讼的内在价值与外在价值同样共同作用于民事诉讼制度,两者缺一不可。因此,一旦发生冲突,应致力于两者的统一,而不可偏废一方。一定要克服"重实体、轻程序"的错误观念,树立程序与实体并重的观念,通过程序公正达到实体公正。这是因为:其一,实体公正并没有统一的价值评判标准,不同人眼中的实体公正是不同的。如果仅仅追求所谓的实体公正,那么对同一案件不同的法官就会有不同的结果,将损害法律的严肃性和统一性,反而从根本上不利于实体公正的实现。其二,与实体公正不同,程序公正是可以感知的,公正的程序通过向当事人和社会公众展现其法官中立、当事人平等、程序参与、程序公开,使得案件的处理结果在这公正程序中获得了正当化品格。换言之,即使案件查明的事实不是真实的案件事实,案件处理结果也与当事人的料想有出入,但当事人和社会公众或者通过亲身参与,或者通过眼见耳闻,都相信公正的程序已经尽了最大努力,最好的结果亦只能如此,从而理解、接受案件判决。从某种程度上讲,对结果公正的信仰实际上更有利于司法公正的切实实现和法律文化的深入滋养。

从我国当前的现实来讲,强调程序公正更有其特殊的意义。因为长期以来我国"重实体、轻程序"的传统影响远未得到矫正。如妨害民事诉讼的民事强制措施仍然定位为一种"临时性排除方法""教育手段",不肯称之为"制裁",充分说明了我国当前仍然有着"重实体、轻程序"的倾向。因此,当前尤为迫切的是大力弘扬民事诉讼的内在价值,树立民事诉讼的权威,通过程序公正实现实体公正,这也是通向司法公正的必由之路。

思考题

1. 如何正确理解程序公正?
2. 如何正确理解公正与效率的关系?
3. 如何正确理解程序公正与实体公正的关系?

参考文献

1. 季卫东:《法律程序的意义——对中国法制建设的另一种思考》,中国法制出版社2004年版。
2. 〔美〕约翰·罗尔斯:《正义论》(修订版),何怀宏、何包钢、廖申白译,中国社会科学出版社2009年版。
3. 肖建国:《民事诉讼程序价值论》,中国人民大学出版社2000年版。

第六章 民事诉讼模式论

学习目的与要求

民事诉讼模式,是指反映民事诉讼主体之间相互关系特征的结构形式。通过本章的学习,着重了解两种最具代表性的诉讼模式:当事人主义和职权主义模式及其各自的特点,了解民事诉讼模式理论的发展趋势,探讨我国民事诉讼模式的优化与完善。

第一节 民事诉讼模式概述

一、民事诉讼模式的概念

民事诉讼模式,又称民事诉讼结构,是指反映民事诉讼主体之间相互关系特征的结构形式。在民事诉讼中,最基本的诉讼主体是法院和当事人,他们各自在诉讼中的地位及其相互关系,在不同国家的民事诉讼制度中所呈现出来的特征是不同的,依照不同的特征即可分为不同的诉讼模式。

在民事诉讼中,诉讼主体之间的相互关系以及在诉讼中的地位是个基本问题,一国的民事诉讼制度无不与之有着根本的联系。因此,国内外的诉讼法学者运用"模式论"这种分析方法是比较普遍的,尤其是在大陆法系国家。这是因为,"模式"是对某种研究对象基本特征的概括,是对其本质属性以及与其他事物相区别的最概括的表述。

二、民事诉讼模式的研究价值

模式论是一种宏观分析方法,可对不同模式的民事诉讼制度所表现的基本特征加以揭示,并进而研究这些特征形成的历史条件、社会背景、法律文化传统等,从而有助于较为准确而全面地了解各种诉讼模式的特点及其长处与弊端。同时,模式论虽然是一种宏观分析方法,但诉讼模式对具体的诉讼制度,如当事人制度、证据制度、起诉制度、庭审制度、上诉制度、调解制度等却有着重要影响。诉讼模式的特征也正是通过各种具体制度、具体程序来体现的。许多具体程序问题的处理与解决在相当程度上取决于民事诉讼模式的特点,因此,若要对某一具体制度加以改革与完善,常常需要从调整或转换诉讼模式入手,否则难以取得好的效果。

在我国,学术界对于诉讼模式问题的研究是在 20 世纪 80 年代末民事审判方式改革启动之后开始的。民事审判方式改革是由法院系统开始的,改革的动因,最初是缘于解决社会经济结构的变化所带来的民事、经济案件激增与法院的审判力量相对不足的矛盾,因而改革的措施多半是具体的、技术性的和非结构性的,这些改革措施的推出虽然具有重要的历史意义和现实意义,但就整体而言,这场来自法院系统的改革是在特定的历史条件下,基于特定的动因而进行的,对于原有的诉讼模式存在的问题以及改革的基本方向缺乏清晰和深刻的认识,改革缺乏理论上的指导和支持。有些改革的措施孤立地看虽具有先进性与合理性,但却难以与整个诉讼模式相协调。人们逐渐认识到,改革应从调整整个民事诉讼模式入手,改革的各项措施应当协调进行。不调整整个诉讼模式,而只是在现有的诉讼模式框架内进行局部的、某些具体措施的改革,不仅改革难以奏效,而且往往会诱发新的矛盾。在此背景下研究诉讼模式,有助于反思我国诉讼模式存在的问题,吸收其他诉讼模式中的有益元素,明确改革的目标,为民事审判方式改革的深化作理论上的论证。

第二节　两种基本模式的比较

学术界通常将民事诉讼模式分为当事人主义和职权主义两种。这种分类最初是由大陆法系国家的学者提出的。分类的标准是当事人和法院在诉讼中的地位和作用,"把诉讼的支配权交给法院或当事人哪一方,就意味着职权主义和当事人主义的对立"①。英美法系国家的民事诉讼模式具有较为强烈的当事人主导的色彩,被称为当事人主义;大陆法系国家的民事诉讼模式则法院的职权作用较强,被称为职权主义。这是世界上最具影响的两种诉讼模式。

一、当事人主义诉讼模式

当事人主义发端于古罗马时代,那时候民事诉讼在很大程度上残存着古代社会"私力救济"的遗风,诉讼纯属于私人的事,这种法律传统在 12 世纪传入英国并加以发展,形成了当事人主义的诉讼模式并作为普通法的一大特征。美国在 1776 年从英属殖民地体系独立后,在诉讼模式方面仍仿其宗主国,实行当事人主义,并逐步演变为现代对抗制审判方式,成为当事人主义的典型代表。

当事人主义诉讼模式具有下列主要特征:

---

① 〔日〕兼子一、竹下守夫:《民事诉讼法》,白绿铉译,法律出版社 1995 年版,第 68 页。

第一，诉讼的双方当事人在启动、推进、终结诉讼程序方面，以及在法庭辩论和提供证据方面具有决定性作用。法院据以作出裁判的案件事实，也是在双方当事人平等而激烈的对抗中展示出来的。为此，法律赋予双方当事人平等的诉讼地位以及平等的攻击、防御手段，当事人有充分的权利和机会陈述自己的主张，诉讼程序的控制权掌握在当事人手里，使争议各方对通过自己的行为而产生的后果容易感到公平和满意。

第二，与此同时，当事人及其律师必须为自己的主张负责举证和庭审调查。在当事人主义诉讼模式里，证据的提供、调查、质证、辩论是当事人的事情，这既是为了最大限度地发挥当事人的积极性与主动性，也是为了避免裁判者先入为主，损害程序公正。当事人是争议的案件中的利害关系人，最了解纠纷的形成过程和争议的核心问题所在，由其举证和调查证据是顺理成章的，假如他不能够用证据来证明自己的主张成立，那么就由他承担败诉的后果。

第三，作为裁判者的法官在诉讼中的地位是独立、中立和消极的。裁判者一般不介入双方当事人的辩论，也不主动收集证据或积极地谋求当事人和解，而只能在当事人请求的范围内，在法庭辩论终结后作出裁判，裁判所根据的证据只能来源于当事人。

第四，整个民事诉讼程序，尤其是法庭辩论呈现出激烈的对抗色彩。有人形象地称进行诉讼的双方当事人为"竞技"或"决斗"，而法官则恰似一个裁判。①由于当事人与法官在诉讼中的地位以及相互关系，决定了当事人要想在竞技中获胜，必须最大限度地在法庭调查和法庭辩论中发挥自己及律师的智慧、能力、辩才。为了使双方当事人能够有效地在诉讼中展开攻击和防御，同时也使陪审团和法官在双方当事人激烈的对抗中正确地采纳和运用证据，这些国家的法律通常设置了精细、严格、完整的程序制度（如交叉询问制）和证据规则，激烈的对抗性带来了诉讼程序的高度制度化和复杂化。

二、职权主义诉讼模式

职权主义发端于罗马末世。在罗马教会民事诉讼中，当事人被视为诉讼的客体，法官主宰着诉讼的进程，这种传统演变为后来的职权主义。欧洲大陆接受了教会法院所采用的诉讼模式。尽管在资产阶级革命胜利后，立法者突出了当事人在诉讼中的主导地位，而一度将法官置于消极、被动地位，但随着诉讼迟延等问题的日益严重，同时也是诉讼传统使然，大陆法系国家在19世纪末20世纪初又开始加强法官在民事诉讼中的能动作用，对绝对当事人主义提出了批评，认为不能把诉讼的控制权完全交给当事人。德国、法国、奥地利等国家的民事诉讼

---

① 参见宗智：《改革刑事诉讼结构应当慎行》，载《法学研究》1994年第4期。

法典先后对当事人和法院在诉讼中的地位和作用进行了调整,形成了现代民事诉讼模式的另一种形态——职权主义。

在职权主义诉讼模式中,双方当事人是平等的诉讼主体,对于诉讼程序的发生、变更、消灭等重大诉讼事项具有主导作用。但法官不是消极的裁判者,他们被授权控制诉讼的进程,具体表现在:

第一,在开庭审理之前,法官可以通过了解案情,确定争执的焦点,积极主动地对案件事实进行必要的审查。

第二,在庭审中,法官有权掌握和控制双方当事人的辩论,有权主动地向当事人、证人等发问,并适时地促成双方和解。诉讼的结果并非完全取决于当事人及其律师的法律专业技能及辩才,法官在庭审中始终具有积极性、主动性。

第三,法官为了查明案件事实,有权收集、审查和评判证据,并可运用法律允许的一切证明方法来发现案件事实真相,并在此基础上作出裁判。裁判所依据的证据也并非完全依赖于双方当事人,这一点与当事人诉讼模式明显不同。

三、两种诉讼模式的比较

客观地讲,当事人主义诉讼模式与职权主义诉讼模式各有利弊,可以从以下几个方面进行比较:

第一,当事人主义诉讼模式更加符合程序公正的要求。实行当事人主义的国家,双方当事人是诉讼的主角,诉讼程序的发生、变更、消灭以及证据的提供均由双方当事人掌握主动权,法官处于中立地位,从而避免了自己偏袒当事人任何一方的各种可能性,这样做比较有利于树立法官公正的形象。而法官的公正与中立从某种意义上讲就意味着程序的公正。

第二,当事人主义诉讼模式能够充分调动双方当事人的积极性和主观能动性。这种诉讼模式将程序的控制权赋予当事人,使当事人在程序中能够充分地享有各种表达自己意志和反驳对方主张的权利和机会,从而使争议各方对通过自己的行为而产生的后果感到更加公平和满意,也使民事诉讼程序显得更具有民主性。

但当事人主义也存在明显的弊端,比如,在当事人及其代理律师的肆意控制下,导致诉讼程序缓慢,诉讼周期过长,诉讼费用昂贵,程序过分复杂,这些现象的存在,使原来希望通过当事人主义所实现的程序正义的目标难以实现。

职权主义诉讼模式则在以下几个方面有明显的优势:

第一,职权主义诉讼模式更容易发现真实。在这种诉讼模式中,法官可以依职权在正式开庭前审查案情,了解双方争执的焦点,从而确定需要解决的证据问题。在庭审中,法官控制证据的调查和双方的辩论,并且可依法询问证人,必要时可依法调查证据,查清案情。显然,较之于当事人主义诉讼模式中法官作为消极的仲裁者的做法,较之于完全依赖于当事人双方的举证、质证、辩论来揭示案情的做法,职权主义诉讼模式显然更加有利于发现真实。

第二,职权主义诉讼模式更富有效率。在当事人主义诉讼模式中,证据的提供、证人的询问均由双方当事人及律师完成。在这个激烈对抗的过程中,当事人为在诉讼中取胜,往往最大限度地提供证据证明自己的主张,而对对方的证人及其证据则百般盘问和挑剔,其结果是导致诉讼周期漫长,效率低下。而职权主义诉讼模式中的法官则不只是个仲裁者,他依法享有程序的控制权,对证据的调查和证人的询问享有主动权,并可对当事人的诉讼活动及诉讼程序的进程进行有效的监督,避免当事人不必要的诉讼活动,相比之下效率较高。

职权主义在调动当事人积极性以及程序的民主性方面不及当事人主义,并且存在法官专断的可能。

应当注意,划分诉讼模式的标准是相对的,而非绝对的。这首先表现在,没有哪一个国家的民事诉讼程序完全由法院控制,或者完全由当事人控制,区别仅在于哪一方相对更占有主导性一些。其次,相对性还表现在,当事人主义和职权主义既独立发展,又相互影响。采取某种诉讼模式的国家,其理论及立法并不完全否定另一种诉讼模式的长处,相反,近年来英美法系国家诉讼中当事人滥用诉讼权利、缠讼和规避诉讼义务的现象已引起了社会的许多抱怨,而大陆法系国家裁判者过于专断的现象又招致了广泛的批评。融合两大法系的特点,消除各自的弊病已成为程序改革的重要内容。

第三节 我国民事诉讼模式的优化

一、我国民事诉讼模式概况

我国传统的民事诉讼模式基本上是以法院为主导,表现为强职权主义或超职权主义的特点。[1] 在民事诉讼机制运行的过程中,法院的主动性和能动作用得以充分发挥,整个民事诉讼的运行机制,是以审判人员对案件事实、证据的调查为主线而展开的,当事人虽然是平等的诉讼主体,但实际上他们在诉讼中的能动作用及彼此间的对抗作用受到很大的遏制。这一特点在我国1982年颁布的《民事诉讼法》(试行)中得到了充分的体现。

我国1991年《民事诉讼法》是在有计划的商品经济向市场经济转轨的过程中修改后颁布实施的,相比之下,在诉讼模式方面发生了比较明显的变化:弱化了法院的职权干预而强化了当事人的主体地位。但是,这部法并未带来诉讼模

---

[1] 参见左为民、刘全胜:《中国民事诉讼制度:透视、评析和改革》,载《法学》1994年第1期。

式的根本改变,表现在:一些诉讼程序的开始、进行和终结,法院仍具有决定权,如保全程序、再审程序、执行程序的启动仍可由法院决定;当事人的处分权受到一定的限制;在诉讼理念和程序设计上,忽视当事人权利及权利保障;法院的职权过大,容易造成法官的专断,损害裁判者中立和公正的形象等。此后在2007年和2012年《民事诉讼法》的修改中,吸收了近二十年来民事司法改革的部分经验和成果,处分权主义和辩论主义的元素在增多,如2007年修改后的《民事诉讼法》将超诉讼请求裁判的情形列为再审事由,间接地肯定了法官裁判应当建立在当事人诉讼请求之上。但是,从根本上讲,我国的诉讼模式并没有质的改变。诉权对审判权远未形成制约关系,诉权相对较弱。在属于当事人处分权范畴的许多方面,如起诉、撤诉等均体现了较为强烈的职权干预色彩;民事诉讼法至今也未规定当事人的事实主张对法官的事实认定或裁判根据构成制约,对于事实和证据,民事诉讼法只是规定当事人有权进行辩论、质证,但是仍未界定辩论与质证的结果与法院最终的裁判有何关系。当事人的程序主体地位和权利保障有待于进一步加强。

正因为如此,我国的民事诉讼模式应当随经济、社会的发展不断优化。市场经济是高度社会化和市场化的商品经济,其特点包括经济主体具有多元性和平等性、经济行为具有自由性和竞争性、经济形式具有契约性和公开性等。在市场经济条件下,社会的经济权力不再垄断在国家手中,而是被分解为各经济主体的权利,每一个商品生产者都是独立的经济主体,都享有充分的自由权利。市场经济的本质特征是民主、自由、平等和独立,它强调分权、自治和权利的保障,要求国家尽可能少地干预经济关系,充分尊重私人间的合意和选择的自由,仅从宏观上调控经济的发展。[①] 市场经济的这一本质要求体现在民事诉讼模式中,就表现为如同在经济生活中国家尊重商品生产者一样,法院应充分尊重当事人的意志,使当事人能够按照自己的利益要求决定自己的诉讼行为,而法院对当事人自由行使诉讼权利的行为不予干预,更不能代替当事人处分应当由当事人享有的自由权利。在这一背景下,我国民事诉讼模式的优化问题被广为关注。

二、我国民事诉讼模式的选择与优化

在当事人主义诉讼模式与职权主义诉讼模式二者之间,我国应当选择哪一种诉讼模式?如前所述,这两种模式各有利弊,肯定一种模式而否定另一种模式是不明智的。但相比之下,以选择职权主义诉讼模式为主应更符合公正与效益的要求,也更加适合于我国国情。

应当明确的是,大陆法系的职权主义与我国不同,其本质上实行的仍然是辩

---

① 参见陈泉生:《论市场经济与民事诉讼模式的转变》,载《社会科学家》1994年第4期。

论主义与处分权主义，尊重当事人意思自治，将法院裁判建立在当事人辩论的基础上；而我国的职权干预不仅表现在程序方面，也表现在实体方面，主要吸收大陆法系的职权主义，理由是：

首先，职权主义诉讼模式比较容易被现行诉讼体制所接纳。我国自清末以来，民事诉讼法典受大陆法系国家民事诉讼法的影响较大，从诉讼法的理论体系看，我国民事诉讼理论体系的建立与发展，也是从清末开始就受到大陆法系的影响，一些法律术语、理论概念，如诉讼法律关系、诉与诉权、诉讼标的等，都是由大陆法系国家的民事诉讼法及诉讼理论传入我国的。而英美法系国家中的民事诉讼运行方式与我国有相当大的差异，所使用的法律术语、法律规范以及实际操作对我国而言都比较陌生，这些对诉讼模式的调整都具有十分重要的影响。假如我国以英美法系国家的当事人主义诉讼模式为基点进行改革，就会遇到来自这些方面的障碍，同时与我国的实体法系统也不配套。

其次，从制度上看，实行当事人主义的英美法系国家，在整个司法制度方面与我国的司法制度也有相当大的差异，如检察制度、律师制度、法官的任免制度等，这些因素都必然会制约我们对当事人主义诉讼模式的选择。

再次，从当事人主义和职权主义诉讼模式的特点以及优、缺点的比较看，职权主义诉讼模式在发现真实方面优于当事人主义诉讼模式。这是职权主义诉讼模式中法官的地位、作用以及与当事人的关系所决定的。而在当事人主义诉讼模式中，法官的能动作用受到很大限制，裁判的结果在相当程度上取决于双方律师在法庭上的调查和辩论，取决于他们的能力、辩才和对程序技巧的掌握适用。将裁判结果建立在发现真实的基础上，正好与我国诉讼程序的价值取向及社会需求相吻合。

最后，从诉讼的效率与效益方面看，当事人主义诉讼模式成本较高，程序复杂，职业化、技术化要求高，诉讼的周期也比较长，这是与我国改革民事审判方式的目的相违背的。但是，当事人主义诉讼模式中尊重当事人主体地位、充分的程序保障等要素，也是我国民事诉讼模式十分需要的。

近年来，在我国理论界，有学者主张将当事人主义和法院职权主义结合起来，形成一种被称为"协同主义"或"协同型"的诉讼模式。[①] 在这个模式中，应当最大限度地发挥法院和当事人的作用，在法院和当事人之间设立对话的桥梁，通过双方的协同努力促进诉讼的顺利进行。这种诉讼模式的特点是发挥法院和当事人两个方面的积极性，并将其有机地结合起来，使民事诉讼程序在尊重当事人的辩论权和处分权的前提下，增强法院协同发现真实、控制程序运作方向以及帮

---

① 肖建华：《构建协同主义的民事诉讼模式》，载《政法论坛》2006年第5期；田平安、刘春梅：《试论协同型民事诉讼模式的建立》，载《现代法学》2003年第1期。

助当事人有效行使诉讼权利的义务。建立协同型民事诉讼模式的观点,可追溯至1978年德国著名学者瓦塞曼(Rudolf Wassermann)的《社会民事诉讼》一书,我国台湾地区学者丘联恭也提出所谓"信赖真实协同确定说",并对其进行了论证。同时,我国学者也是充分考察了西方国家近二十年来民事诉讼模式的变化,因而得出了这个结论。尽管对于这种模式能否独立存在尚有不同意见,但融合各诉讼模式的优点,消除各自的弊病,寻求更加优化的诉讼模式的趋势是值得注意的。

思考题

1. 什么是当事人主义诉讼模式?它有哪些特点?
2. 什么是职权主义诉讼模式?它有哪些特点?
3. 如何评价我国的民事诉讼模式?

参考文献

1. 张卫平:《诉讼构架与程式》,清华大学出版社2000年版。
2. 王亚新:《社会变革中的民事诉讼》,中国法制出版社2001年版。
3. 张卫平:《转换的逻辑——民事诉讼体制转型分析》,法律出版社2004年版。

第七章 民事诉讼法律关系论

> **学习目的与要求**

民事诉讼法律关系是受民事诉讼法调整的各诉讼主体之间形成的诉讼权利与诉讼义务关系。通过本章的学习,应理解民事诉讼法律关系的含义,初步掌握民事诉讼法律关系的要素,了解引起民事诉讼法律关系发生、变更或消灭的法律事实。

第一节 民事诉讼法律关系概述

一、民事诉讼法律关系的概念

民事诉讼法律关系,是指在民事诉讼中产生的、受民事诉讼法所调整的人民法院、当事人及其他诉讼参与人之间存在的以诉讼权利和诉讼义务为内容的具体社会关系。

法律关系的核心内容是权利义务,据此,民事诉讼法律关系理论把诉讼解释为程序的各主体之间的诉讼权利和诉讼义务关系。这一理论因抓住了诉讼程序的根本,因此得到了许多国家民事诉讼法学家的认同。但是,在诉讼法律关系究竟是发生在谁与谁之间的关系这一问题上,却存在不同的看法,并由此产生了三种学说:

(1)一面关系说。这种学说认为,诉讼法律关系是原告与被告之间的关系。因为民事纠纷是在冲突主体之间发生的,他们将纠纷提交法院解决,在诉讼中,他们围绕民事实体权益争端展开对抗与争斗,法官处于中立的第三者的地位,只起仲裁者的作用。该理论强调诉讼中当事人的自主性,把诉讼看做当事人的竞技场,要求法官尽可能保持消极、中立。

(2)两面关系说。这种学说认为,诉讼法律关系是公法关系,当事人及诉讼参与人的诉讼行为必须通过法院才能产生诉讼法上的效果,因此诉讼法律关系只能是以法院为一方,以当事人和其他诉讼参与人为另一方的两面关系。在原告与被告之间不存在诉讼法律关系。该理论强调民事诉讼法的公法属性,坚持法院在民事诉讼法律关系中的绝对的主导作用,淡化当事人的程序主体地位。

(3) 三面关系说。三面关系说认为,诉讼法律关系既包括当事人与法院之间的关系,同时还包括原告和被告之间的关系。当事人与法院之间的关系是由民事诉讼的本质决定的,当事人的诉讼行为得通过法院才能产生诉讼法上的效力;而当事人之间的关系则是产生于民事诉讼法律本身的规定,例如,当事人之间的协议管辖、诉讼和解等,也都能产生一定的诉讼后果,这说明在当事人之间也存在诉讼法律关系。

在我国的民事诉讼法学中,由于受苏联民事诉讼法律关系理论的影响,同时也由于我国强调国家干预及法院主导地位的诉讼理念,因而长期以来以两面关系说为通说。① 但是,在以适应市场经济需要为目的的民事审判方式改革的进程中,在将来的民事诉讼立法及司法中,当事人作为程序主体的地位必然会逐步提高和巩固,当事人的程序参与权也会逐步加强。这样,随着当事人对民事诉讼支配权的扩大,传统的两面关系说将会受到冲击和挑战。在这种情况下,是为了维护两面关系说而对当事人的程序主体权加以限制,还是转而考虑三面关系说的可能性?这不能不令人深思。② 同时,从现行《民事诉讼法》的规定看,当事人除与人民法院发生民事诉讼法律关系外,在特定条件下他们之间也确实存在民事诉讼法律关系,并且会产生一定的诉讼后果,例如,双方当事人协议管辖、和解等。此外,在当事人与其他诉讼参与人之间也存在诉讼法律关系,例如,当事人委托诉讼代理人,只要该委托依法成立,在当事人与诉讼代理人之间就会形成诉讼上的权利义务关系。由此可见,民事诉讼法律关系应当是三面关系,这不仅更能准确地反映民事诉讼法律关系的实际状况,而且顺应了民事审判方式改革的基本方向。

二、民事诉讼法律关系的特点

(一) 民事诉讼法律关系是程序主体之间形成的多个社会关系

如前述分析,民事诉讼从本质上是当事人利用"公法"保护"私权"的活动③,当事人的诉讼行为须与人民法院的诉讼行为相结合,才产生诉讼法上的效果,而人民法院行使审判权的目的也正是在于解决当事人之间的民事权利义务纠纷,因此,人民法院与当事人之间的诉讼法律关系应当是诉讼法律关系的主轴,这是民事诉讼法律关系与民事法律关系的不同之处。此外,在当事人之间、当事人与诉讼参加人之间也存在特定目的、特定内容的诉讼权利与诉讼义务关系。民事诉讼法律关系是在诉讼过程中存在的多种法律关系的总和。

---

① 在 1998 年以前的民事诉讼法教材中,几乎都是以两面关系说解释民事诉讼法律关系。
② 江伟主编:《中国民事诉讼法专论》,中国政法大学出版社 1998 年版,第 19 页。
③ 同上书,第 18 页。

（二）民事诉讼法律关系以人民法院的审判权与当事人的诉权为基础

审判权是人民法院在民事诉讼中享有的基本权力，人民法院在诉讼中的各项诉讼权利和诉讼义务，都是审判权的派生物；诉权则是当事人享有的基本权利，当事人的诉讼权利及诉讼义务都是诉权的派生物，这两个方面必须同时具备，才能产生诉讼法律关系。没有诉权，审判权就不能行使，而没有审判权，就不会有民事诉讼，诉讼法律关系便无从产生。审判权和诉权在民事诉讼中的地位、作用及其相互关系，决定了诉讼法律关系的状况。

（三）民事诉讼法律关系既分立又统一

统一的诉讼法律关系是由不同的主体间具体的诉讼权利和诉讼义务构成的。这些具体的诉讼权利和诉讼义务首先是彼此独立、分立的，具体的内容也不完全相同。但是，这些分立的民事诉讼法律关系并非孤立地存在，其存在是为了实现一个共同的目的，即解决当事人之间的实体权益之争，这是整个诉讼活动的中心。因此，彼此分立的诉讼法律关系又是统一的。

三、研究民事诉讼法律关系的意义

（一）有助于正确理解和掌握民事诉讼法及民事诉讼制度

民事诉讼不单是表现为各种诉讼行为和具体程序，而是一个以人民法院和当事人为核心的彼此间相互作用的运动过程。民事诉讼法所规定的一系列的诉讼原则、程序、制度，都是通过人民法院正确行使审判权及履行诉讼职责、当事人及其他诉讼参与人行使诉讼权利和履行诉讼义务来实现的，研究整个诉讼程序主体之间的诉讼权利和诉讼义务，就是抓住了诉讼程序的本质。民事诉讼法律关系的理论将丰富多彩、复杂多变的诉讼活动、诉讼行为高度概括为明晰而又深刻的概念和诉讼权利义务体系，这对于掌握民事诉讼法及民事诉讼制度具有指导意义。

（二）有助于正确理解和协调审判权与诉权的关系

民事诉讼法律关系体现了审判权与诉权的结合，其结果是导致诉讼程序的发生、变更和消灭。掌握民事诉讼法律关系的理论，有助于使人民法院正确实施审判权并承担相应的诉讼义务，而不是凌驾于诉权之上，只享有职权，不承担义务，事实证明，这将导致司法专横，削弱诉权。同时，当事人的诉权应依法得到审判权的尊重与保障，并依法承担诉讼义务。只有这样，才能保证审判权与诉权的协调运作，保障诉讼的顺利进行。

（三）有助于为民事审判方式的改革提供理论上的指导

民事审判方式的改革，必然地要涉及对民事诉讼法律关系的调整，涉及对审判权与诉权二者关系的调整。我国现行的民事诉讼制度中存在的问题和缺陷，均与之有关。因此，对民事诉讼法律关系理论进行深入、系统的研究，将在为民事审判方式改革提供理论指导方面起到积极作用。

第二节 民事诉讼法律关系的要素

一、民事诉讼法律关系的主体

民事诉讼法律关系主体，是民事诉讼权利义务的享有者和承担者。享有民事诉讼权利和承担民事诉讼义务是识别民事诉讼法律关系主体的标准。

要成为民事诉讼法律关系的主体，必须具备两个条件：首先，应当具有诉讼权利能力。诉讼权利能力是能够享有民事诉讼权利和承担民事诉讼义务的能力。没有诉讼权利能力就没有成为民事诉讼法律关系主体的基本资格。其次，应当系属于民事诉讼程序。具有诉讼权利能力只是具有了成为民事诉讼法律关系主体的可能，要使这种可能转化为现实，还需要诉讼权利能力的享有者进入民事诉讼程序。民事诉讼法律关系的主体，应是能够在民事诉讼程序中依法享有诉讼权利和承担诉讼义务者。依据此概念界定，并根据我国《民事诉讼法》的规定，能够成为我国民事诉讼法律关系主体的是各级人民法院、人民检察院、诉讼参加人以及其他诉讼参与人。所有这些主体分别基于不同的诉讼原因进入诉讼程序，依法享有诉讼权利，并承担相应的诉讼义务。

（一）人民法院

人民法院是代表国家行使审判权的国家机关，是在民事诉讼中起重要作用的主体，享有组织、指挥诉讼的权利，对案件有权进行审理，享有裁判权和执行权。人民法院的审判行为对诉讼程序的发生、变更和消灭，具有重要的作用。所以人民法院是民事诉讼法律关系的主体。

（二）人民检察院

人民检察院是国家的法律监督机关。根据我国《民事诉讼法》第208条的规定，它发现人民法院的生效裁判有错误时，有权提出抗诉。人民检察院提出抗诉并派员参加诉讼的过程中，必然要同人民法院发生一定的诉讼权利义务关系。所以人民检察院是民事诉讼法律关系的主体。

（三）当事人

包括原告、被告、共同诉讼人、第三人、诉讼代表人。当事人是案件的利害关系人，是民事实体权利主体。在民事诉讼中，当事人是诉讼权利义务的承担者，有权处分自己的诉讼权利和民事权利。他的诉讼行为能够引起民事诉讼程序发生、变更或消灭的法律后果。所以，当事人是民事诉讼法律关系的主体。

（四）诉讼代理人

诉讼代理人是代当事人进行诉讼的诉讼参加人。诉讼代理人不是案件的直接利害关系人，他是以被代理人的名义，为维护被代理人的合法权益而参加诉讼的人。尽管如此,根据法律规定他还是享有一定诉讼权利,负有一定诉讼义务。因此,诉讼代理人是民事诉讼法律关系主体。

（五）其他诉讼参与人

诉讼参与人这个概念可以在两种意义上使用：广义上的诉讼参与人,系指除人民法院以外,包括人民检察院、当事人、诉讼代理人、证人、鉴定人、翻译人员和勘验人员在内的所有参加诉讼的人；狭义上的诉讼参与人,仅指证人、鉴定人、翻译人员和勘验人员。这些诉讼参与人,又称之为其他诉讼参与人。

其他诉讼参与人是在民事诉讼某个阶段上参加诉讼的人。根据我国《民事诉讼法》的规定,其他诉讼参与人同案件没有法律上的利害关系,他们参加诉讼的目的,是协助人民法院查明案件事实。其他诉讼参与人在诉讼中享有与其诉讼地位相适应的诉讼权利,承担相应的诉讼义务。所以他们是民事诉讼法律关系的主体。

二、民事诉讼法律关系的内容

民事诉讼法律关系的内容,是指民事诉讼法律关系的主体在诉讼法律关系中享有的诉讼权利和应承担的诉讼义务。诉讼权利和诉讼义务反映了诉讼主体在民事诉讼程序中的地位和作用,反映了诉讼法律关系的发生、变更和消灭的进行情况。因此,研究诉讼法律关系的内容,可以正确地把握民事诉讼法律关系的种类和作用,从而为人民法院行使审判权和为当事人行使诉权提供可靠的判断依据。

诉讼法律关系的主体不同,诉讼权利与诉讼义务的具体内容也就有所不同。

（一）人民法院的诉讼权利和诉讼义务

人民法院所行使的诉讼权利和诉讼义务的基础是国家审判权。当审判权与诉权结合,与其他诉讼参与人的诉讼权利和义务结合后,就会使人民法院的诉讼权利和诉讼义务具有了相对性。人民法院行使审判权是为了保障国家审判制度的正常运作,保障当事人的权利。

（二）人民检察院的诉讼权利和诉讼义务

人民检察院的诉讼权利和诉讼义务的基础是法律监督权,这一权限在民事诉讼法律关系中具体化为抗诉权。人民检察院有权对生效的民事判决、裁定、调解书提起抗诉,进入诉讼程序,并依法享有相应的诉讼权利和诉讼义务。

（三）当事人的诉讼权利和诉讼义务

当事人是民事诉讼必不可缺的主体之一,也是诉讼法律关系的主体。当事人的诉讼权利是诉权的具体表现,他们在诉讼中行使诉讼权利,目的是为了实现实体上的权利。在行使诉权的同时,必须遵守相应的诉讼义务,如必须服从人民法院的程序指挥权,服从人民法院的最终裁判。

（四）诉讼代理人的诉讼权利和诉讼义务

诉讼代理人也是诉讼法律关系的主体。诉讼代理人尽管只以被代理的当事人的名义，而不是以自己的名义参加诉讼，但是他们在诉讼中依法享有相应的诉讼权利和承担诉讼义务，如收集证据、查阅卷宗，服从法院的诉讼指挥，以确保其代理职能的实现。

（五）其他诉讼参与人的诉讼权利和义务

作为其他诉讼参与人的证人、鉴定人、翻译人员、勘验人员参加诉讼，既要与人民法院发生诉讼法律关系，也要与当事人发生诉讼法律关系。他们有义务协助人民法院和当事人查明案件事实，服从人民法院对程序的指挥，同时应对当事人负责，如实反映案件真实，或协助当事人实现他们的权利。同时也享有诉讼上的相应权利。

三、民事诉讼法律关系的客体

民事诉讼法律关系的客体，是指民事诉讼法律关系主体之间的诉讼权利义务共同指向的对象。所谓诉讼权利义务指向的对象，是指民事诉讼法律关系主体在诉讼中，行使诉讼权利和履行诉讼义务所要达到的诉讼目标，这一诉讼目标就是查清案件事实，确定当事人间的民事权利义务关系。正是基于这一目标，人民法院同人民检察院、当事人、其他诉讼参与人之间形成一定的诉讼权利义务关系。民事诉讼法律关系不是单一法律关系，它是由数种诉讼权利义务关系所构成的统一体。在这种多元化的民事诉讼法律关系中，不同的主体享有不同的诉讼权利和承担不同的诉讼义务，因而各自的诉讼权利义务的客体也有所不同。

人民检察院与人民法院之间诉讼权利义务指向的对象，是发生法律效力的判决、裁定所确认的事实和法律适用是否正确以及发生法律效力的调解书是否损害国家利益、社会公共利益。人民检察院抗诉的目的，是促使人民法院纠正错误的裁判，所以人民检察院的诉讼权利义务指向的客体，只能是人民法院的裁判行为。

当事人与人民法院之间的诉讼权利义务所指向的对象是案件事实和实体权利请求。原告向法院提起诉讼和被告出庭应诉，以及他们在诉讼中所进行的诉讼活动的目的是请求法院在查明案件事实的基础上，确定当事人之间的实体权利义务关系。当事人在诉讼中有义务就自己的主张及其所依据的事实，向人民法院提供证据予以证明。人民法院通过审判活动，查明案件事实，对争议的民事权利义务关系作出裁判，这就是人民法院和当事人的诉讼权利义务所指向的对象。

诉讼代理人与人民法院之间的诉讼权利义务指向的对象，也是案件事实和实体权利请求。诉讼代理人行使诉讼权利、承担诉讼义务，是为查清案件事实和证据,以确定实体权利义务关系,从而维护当事人的合法权益。所以诉讼代理人与人民法院之间诉讼法律关系的客体,也是案件事实和实体权利请求。

其他诉讼参与人与人民法院之间的诉讼权利义务所指向的对象,是案件事实,不包含当事人之间的实体权利的请求。这是其他诉讼参与人与人民法院的诉讼权利义务指向的对象同当事人与人民法院的诉讼权利义务所指向对象的不同之处。证人、鉴定人、翻译人员和勘验人员与案件争议事实和实体权利请求,在法律上无利害关系,他们在民事诉讼中所进行的活动,是协助人民法院查明案件事实。

需要明确的是,民事诉讼法律关系的客体同诉讼标的是两个不同的概念。两者在法律性质和所包含的内容等方面均有所区别。诉讼标的是指当事人之间发生争议而请求人民法院作出裁判的法律关系,人民法院对这种法律关系的确认,是由民事实体法所调整的;民事诉讼法律关系的客体,是指人民法院和一切诉讼参与人之间的诉讼权利义务指向的对象,既有程序法上的内容(需要查明的案件事实),又有实体法上的内容(实体权利的请求),而确定案件事实的真实性和实体权利请求的合法性所进行的活动,则由民事诉讼法所调整。

第三节 诉讼上的法律事实

一、诉讼上法律事实的概念

诉讼上的法律事实,是指能够引起民事诉讼法律关系发生、变更或消灭的法律事实。也就是说,民事诉讼法律关系的发生、变更或消灭,均由诉讼上的法律事实引起。诉讼上的法律事实,应当受民事诉讼法的调整,并能够产生诉讼上的法律后果。

二、诉讼上法律事实的种类

(一)诉讼行为

诉讼行为,是指民事诉讼法律关系主体有意识实施的行为。诉讼行为有两个特点:第一,它由民事诉讼法律关系的主体所实施;第二,诉讼行为能够引起一定的诉讼法律后果。诉讼行为是民事诉讼的主要法律事实,在民事诉讼中,大部分诉讼法律关系的产生、变更或消灭都是由民事诉讼法律关系主体的行为引起的。

诉讼行为以民事诉讼法律关系主体的意思表示方式来划分,可以分为作为和不作为两种。例如,原告起诉,被告反诉,第三人提起参加之诉,就是作为的诉讼行为。被告接到人民法院发出的传票后,拒不在指定的期日内参加开庭审理,就是不作为的诉讼行为。作为与不作为两种行为方式,均可产生相应的诉讼上的法律后果。

在民事诉讼中,诉讼法律关系的主体不同,其诉讼行为也各有其特点。

人民法院的诉讼行为,是具有国家权力性质的审判活动。人民法院的诉讼行为主要有两种:一是准备性行为,即人民法院为案件的审理和判决所进行的一系列准备活动。例如,调查收集必要的证据,询问当事人等。二是决定性行为,即人民法院在案件审理结束后作出裁判的行为。人民法院的诉讼行为具有保障性、强制性和执行性的特点。

当事人的诉讼行为,是为了维护自己的合法权益而进行的行为。当事人的诉讼行为主要有三个特点:一是任意性,即当事人在诉讼中有权按照自己的愿望依法处分民事权利和诉讼权利。例如,当事人有权依法提起上诉或放弃上诉。二是撤销性,即当事人可以对已经完成或正在进行的行为进行处分。例如,原告提起诉讼以后,在审理过程中又撤回起诉。三是期限性,即当事人的某项诉讼行为必须在法定的期限内进行,否则就会失去进行该项诉讼行为的权利。例如,上诉人对判决提起上诉的期限为15天,超过15天提起上诉的将不产生法律上的后果,即不能引起第二审程序的发生。

其他诉讼参与人的诉讼行为,是指为查清案件事实而进行的特定诉讼活动。例如,证人出庭作证,鉴定人应人民法院的要求进行鉴定,等等。其他诉讼参与人的诉讼行为,是在诉讼的某一个阶段为完成某个特定的目标而进行的,因而其他诉讼参与人的诉讼行为具有特定性。

(二)诉讼事件

诉讼事件,是指不以人的主观意志为转移的、能够引起民事诉讼法律关系发生、变更或消灭的客观事实。例如,离婚案件中的一方当事人死亡,将导致诉讼程序的终结,从而引起民事诉讼法律关系的消灭。事件是不以人的主观意志为转移的,这是与诉讼行为的根本区别所在。事件作为引起诉讼法律关系发生、变更或消灭的法律事实,还应当与人民法院的诉讼行为结合才能产生一定的法律效果。例如,当事人一方死亡的事实并不直接导致诉讼程序的终结,必须由人民法院在此基础上作出终结诉讼的裁定,民事诉讼法律关系才归于消灭。

思考题

1. 如何理解民事诉讼法律关系?
2. 简述我国民事诉讼法律关系的要素。
3. 民事诉讼法律关系的主体有哪些?
4. 什么是诉讼行为?

参考文献

1. 张卫平:《诉讼构架与程式》,清华大学出版社 2000 年版。
2. 刘荣军:《程序保障的理论视角》,法律出版社 1999 年版。

第八章 诉权与诉

学习目的与要求

诉权是当事人向法院请求行使审判权的权利,而诉实质上是当事人向法院提出的对民事争议进行裁判的请求。学习本章,应理解诉权的含义、诉权的主要学说、诉权与审判权的关系;掌握诉的要素和种类,了解诉的合并与分离,掌握反诉的特征和要件;能运用诉权与诉的基本理论分析现实问题。

第一节 诉 权 论

诉权论是民事诉讼法学基本理论体系的重要组成部分,诉权理论所探讨的诉权问题覆盖民事诉讼的整个领域,是大陆法系民事诉讼法学基本理论体系的有机组成部分,因此,对民事诉权理论的学习与研究,将有助于我们加深对民事诉讼法学的理解。

一、诉权的概念

诉权是指民事纠纷的主体所享有的,请求法院行使审判权解决争议和保护合法权益的权利。

诉权的本质是民事主体向法院请求行使审判权的权利。既然宪法和法律赋予民事主体生命权、财产权等各种权利,那么也应保证民事主体在这些权利受到侵害或发生争议时能获得充分的救济,因为,"没有救济的权利不是权利"。在文明社会中,国家禁止私力救济,将强制性解决纠纷的职能全部收为己有,当然也就产生了国家对民事主体的权利遭受侵害时给予保护的义务。与此对应,民事主体也就应当拥有保护其权利的请求权,其中最重要的方式就是利用诉讼的权利。在具备诉权要件和诉权行使的程序要件时,法院必须受理诉讼,并依法进行审理和作出裁判。因此,诉权是民事主体依法享有的一项宪法基本权利,是人权的重要内容之一。

诉权从其内容来看,具有双重含义,即诉权的程序含义和诉权的实体含义。诉权的程序含义,是指在程序上请求法院行使审判权。诉权的程序含义使得启动诉讼程序成为可能。诉权的行使形式实际上是提起程序意义上的诉,即当事人行使起诉权或反诉权以诉讼的形式而提起。在民事诉讼中，原告、被告以及共同诉讼人、第三人等都依法享有诉权。

诉权的实体含义，是指保护民事权益或解决民事纠纷的请求权，行使这种诉权实际上是提起实体意义上的诉，构成了法院审判的对象。给付之诉中，诉权的实体含义是要求对方当事人履行给付义务的一种权利主张；在确认之诉中，诉权的实体含义是某项民事权利或民事法律关系存在或不存在的主张；在形成之诉中，诉权的实体含义是宣告一定的法律关系变动的主张。

诉权的双重含义，是指诉权的这两种法律性质共同构成了诉权的内容，而不是把诉权分割为两种彼此独立的权利。凡是诉权，都同时具有这两种含义。诉权的程序含义与诉权的实体含义是一个统一体的两个方面，二者是互相依赖、不可分割的，前者是后者的实现方式和途径，后者是实现前者的目的和意义，两者相辅相成，共同构成了诉权的完整内涵。

在民事诉讼中，诉权具有重要意义：

（1）对于当事人来说，民事争议的主体能否以当事人的资格参加诉讼，能否通过诉讼程序达到维护自己实体权益的目的，取决于其是否享有诉权。当事人享有程序意义上的诉权，人民法院才会受理当事人的起诉，才能依照民事诉讼法规定的程序审理案件；当事人享有实体意义上的诉权，才能够获得胜诉。

（2）诉权还是人民法院对民事争议行使审判权的前提，民事诉讼遵循"不告不理"的原则，因此如果当事人不能享有和行使诉权，人民法院就不能受理案件，也无法对当事人之间的实体权利义务争议进行审理和裁判，审判权的行使以诉权的行使为前提。

二、国外诉权学说简介

诉权学说产生于19世纪前半叶德国普通法末期，诉权学说的产生意味着诉讼法和实体法的分离。最早的诉权学说是私法诉权说。19世纪后半期，随着公权观念的兴起和公法及其理论的逐步发达，开始承认私人对国家享有公法上的审判请求权，从而促成了公法诉权说的产生，此后又出现了宪法诉权说、诉权否定说和多元诉权说等。

（一）私法诉权说

私法诉权说是大陆法系对诉权最早解释和定位的理论，产生于19世纪前半叶德国普通法末期，盛行于公法学尚未发达的德国普通法时代，即存在于民事诉讼法的"私法解释时代"，以萨维尼和温德谢德为代表。[①]

私法诉权说认为：（1）诉权是一种私法上的权利；（2）诉权是民事权利的应

---

① 江伟、邵明、陈刚：《民事诉权研究》，法律出版社2002年版，第6页。

有之义,诉权或者是民事权利本身的组成部分、或者是民事权利在受到侵害时的转化状态;(3)诉权是请求权的强制力的表现,即可以以诉的形式向义务主体主张的权利。

将诉权界定为一种私权,与当时的法制背景有密切关系:首先,当时私法极为发达,"诉的权利"自然可以理解为私法上权利的表现;其次,当时只有给付之诉一种形态,诉往往表现为在程序中原告向被告主张请求权的一种状态,是实体请求权的延伸。因此,当事人和法院之间的关系没有得到重视。

私法诉权说具有其时代局限性,该学说存在三大缺陷:其一,它不足以说明民事诉讼是国家运用司法手段保护私法上权利的一种制度,而且未能合理解释国家司法机关与双方当事人之间存在的公法上的关系;其二,它未能解释为什么在消极确认之诉中,原告并未主张任何私法上的权利却有诉权存在;其三,按照私法诉权说,在受理案件之前法院即须查明原告有无实体权利,否则不予受理,这违背了先程序后实体的诉讼原则和原理。总之,按照私法诉权说,诉权是实体权利的一部分,诉讼法是实体法的一个组成部分,因而漠视了诉讼法的独立价值,也扭曲了诉讼法和实体法的关系。

(二)公法诉权说

公法诉权说是随着实体法体系的建立、诉讼法和实体法的分野而出现的。公法诉权说是从公法立场来论证诉权内涵和性质的学说。公法诉权说主张,法院和当事人在民事诉讼中发生的法律关系不是私法性质的关系,而是当事人与国家发生的公法性质的关系,引起这种公法关系发生的依据是当事人对国家的公法上的请求权即诉权。公法诉权说的提出和发展为民事诉讼法真正摆脱附属于民事实体法学的不合理地位,构建自己的理论体系奠定了坚实的理论基础。公法诉权说经历了从"抽象的公法诉权说"向"具体的公法诉权说"发展的过程。

(1)抽象诉权说。抽象诉权说出现于1870年后的德国,代表性学者有德根科宝、伯洛兹等。抽象诉权说认为,诉权是不依赖任何实体条件而存在的、请求国家司法机关启动审判程序的一种权能,是人权所不可缺少的组成部分。根据抽象诉权说,诉权的内容仅为请求法院裁判,并非就具体内容请求法院判决。由此可见,抽象诉权说类似于一种宪法层面的裁判请求权,即人人都有要求法院审判的权利。至于能否获得有利于己的判决,则在所不问。抽象诉权说旨在从原告与国家及法院的程序关系方面把握诉权,明确提出诉权的请求对象是法院而不是对方当事人,同时提出诉权是人人享有的基本权,这对当事人充分利用司法资源是有益的。但这一学说未能将诉权与诉讼中双方争议的私权内容联系起来,导致诉权内容抽象而空洞,没有实际价值。

(2)具体诉权说。针对抽象诉权说的不足,具体诉权说认为,诉权虽然是公法性质的权利,但是诉权不应当仅为当事人请求国家司法机关启动审判程序的权能,而应当是在个案诉讼中原告向法院请求特定内容的胜诉判决的权利。此说将原告具体的实体权利主张作为诉权的内容,因此被称为具体诉权说。尽管该学说克服了抽象诉权说的缺陷,但是,按照此说胜诉判决请求权仅在于原告,显然也是不合理的。

(3) 本案判决请求权说。本案判决请求权说最早由德国学者布拉伊提出,在日本经兼子一提倡称为通说。本案判决请求权说认为:诉权是要求法院为本案判决的权利,具体说,就是当事人要求法院就自己的请求是否正当作出判决的权利。① 本案判决请求权说简单明了,以"本案判决"代替了"请求胜诉判决",克服了具体诉权说的不足。但是,此说无法解释,为什么诉权仅能在本案判决的特殊情形才存在,而在其他一般判决的情形即无诉权;此说对于诉权与本案判决间何以有其必然存在的关系,也无法作出合理的解释。

(4) 司法行为请求权说。此说认为,诉权为诉讼开始后实施诉讼的权能。由于诉讼过程中诉权的行使,民事实体法律关系才赖以形成。② 司法行为请求权主张诉权的内容可以进一步解释为,诉权是当事人进行诉讼的权利,当事人在诉讼开始后之所以能够举证、答辩、质证、辩论、主张是因为当事人有诉权。司法行为请求权说又称为诉讼内诉权说,这种学说将诉权简单地理解为诉讼开始后进行诉讼的权利。事实上,这种学说的内容是极其单薄的,因为诉讼一旦开始,即便我们不寻求"诉权"这样的概念,依诉讼法的规定,当事人也可以进行诉讼、实施诉讼行为、行使诉讼权利。因此,是否有必要在理论上设置这样一种诉权是值得考虑的。

(三) 宪法诉权说

宪法诉权说从宪法的高度或角度为其学说提供立论根据,认为诉权是一项由宪法直接确认和保障的基本程序权。从来源上说,诉权既不是来源于实体法的实体性权利,也不是来源于民事诉讼法的程序权利,而是来源于作为民事实体法和民事诉讼法的共同上位法的宪法。宪法诉权说的基本要义就在于,将诉权的概念界定与作为根本法的宪法联结起来。将诉权上升到宪法高度加以阐释和论述,是宪法诉权说的特征,这与通常从实体法或者程序法方面阐释诉权的传统诉权理论有着截然的区别。因此,有学者将宪法诉权说称之为现代诉权理论。③

(四) 诉权否定说

诉权否定说由日本学者三月章教授提出。他认为,诉权不过是对诉讼制度目的的主观投影,将这种权利作为一种制度上的权利来看待不具有任何意义。

---

① 〔日〕兼子一、竹下守夫:《民事诉讼法》,白绿铉译,法律出版社1995年版,第4页。
② 江伟、邵明、陈刚:《民事诉权研究》,法律出版社2002年版,第27页。
③ 汤维建主编:《民事诉讼法学》,北京大学出版社2008年版,第47页。

因此,三月章教授将研究的重点转向民事诉讼目的论上。学者对于诉权否定说的主要批评是:其一,干涉当事人诉的自由;其二,违背宪法的规定。

(五)二元诉权说

二元诉权说产生于苏联,该学说对我国诉权理论产生了深远而持久的影响。自 20 世纪 80 年代初,我国民事诉讼法学者在苏联二元诉权说的基础上,对之加以改造而形成了自己的二元诉权说,此说在我国至今仍处于通说的地位。该说认为诉权包括两个方面,程序意义上的诉权就是提起诉讼的权利,即起诉权;实体意义上的诉权则指原告对被告的实体上要求获得满足的权利,即胜诉权或期待胜诉权。两者相互依存,没有起诉的权利,就不可能有满足诉的请求的权利,而获得胜诉又是行使起诉权的目的。

三、诉权与诉讼权利的关系

诉权和诉讼权利是两个相对独立的概念,诉权不是诉讼权利的简称,二者既有联系又相互区别。诉权与诉讼权利的联系表现在:

(1)诉权是当事人诉讼权利的基础和前提。因为诉权的合法行使启动诉讼程序或者发生诉讼系属,当事人获得实际的诉讼地位,并享有与其诉讼地位相当的诉讼权利。因此,诉权决定着诉讼权利。

(2)诉权需要借助诉讼权利将其具体化,并付诸实现。诉权要获得实现,需要借助民事诉讼法规定的诉讼权利,将诉权的内容具体化或实定化,如果不能把诉权落实到诉讼权利之中,诉权的实现便只能是空谈。因此,诉讼权利是实现诉权的工具或手段。例如起诉权、应诉权、举证权、辩论权等诉讼权利的行使,有助于诉权的实体内容及诉权目的的实现。

诉权与诉讼权利的区别表现在:

(1)二者的存在根据不同。诉权的依据包括民事实体法、宪法以及民事诉讼法,而诉讼权利的依据主要是民事诉讼法。

(2)二者的表现形式不同。诉权是抽象的,需要通过诉讼权利将其具体化;诉讼权利则是具体的,由民事诉讼法作出具体规定。

(3)二者的享有主体不同。诉权是当事人拥有的权利,而诉讼权利不仅为当事人拥有,当事人以外的诉讼参与人也依法拥有。

(4)二者的特点不同。诉权是集合性权利,具有实体含义和程序含义;而诉讼权利则属于程序性权利;诉权是本原的,而诉讼权利则是派生的。

第二节 诉的概述

一、诉的概念

民事诉讼中的诉,是指当事人依照法律规定,向人民法院提出的,要求法院对民事争议进行审理和裁判的请求。在民事诉讼理论中,诉的概念来源于德语中 klage 一词,兼具起诉状和起诉的意思。对于诉的概念,国内学者的认识不尽一致。有的认为是当事人保护自己合法权益的手段;有的认为是程序法与实体法共同规定的一项制度;有的认为是一种声明。但从总体情况来看,以请求说为通说。

对诉的概念应从以下几个方面来理解:

(1) 诉是当事人向人民法院提出的请求。诉是当事人寻求司法救济的方式,因此只能向代表国家行使审判权的人民法院提起。诉是公法概念,与私法领域的请求权在性质上完全不同。当事人的合法权益受到侵犯或发生争议,可以以诉的形式向人民法院提出请求,要求法院通过审判确认民事法律关系,制裁民事违法行为,保护其合法权益。

(2) 诉具有启动诉讼程序,引起法院行使审判权的功能。正如法谚"没有原告即没有法官",没有原告向法院提起诉,诉讼程序就不会发生。没有当事人的诉求,法院就没有审理的对象。因此,诉既是当事人在法院争辩的对象,也是法院审理和裁判的对象。

(3) 诉的主要内容是原告的实体主张。原告的实体主张是诉成立后所必然包含的内容,诉作为一种请求,必然要反映当事人的诉的目的,否则诉将空洞无物。例如,在给付之诉中,原告要求法院对案件进行审判的申请是诉,但该诉成立后,法院审理的重心则在于原告的实体主张是否成立,即原被告之间的法律关系是否成立?原告的给付主张是否成立?如果没有向法院提出的实体权利主张,法院就没有审判对象,诉本身也就毫无意义。

二、诉的要素

诉的要素就是诉的构成元素,是诉的组成部分,是指诉所必不可少的能使诉特定化的因素。诉的要素的齐备与否关系到诉的成立与否,诉的要素的异同,也直接决定着诉的异同,因而诉的要素具有使诉特定化、具体化的功能。研究诉的要素具有以下意义:

(1) 便于人民法院受理案件。当事人向人民法院提出司法保护的请求,人民法院根据诉所必须具备的要素来审查,只有诉的要素都齐备时,人民法院才开始进行实体问题的审理。另外,对诉的要素的研究还可以防止重复起诉。若前诉与后诉的几个要素均相同,则根据一事不再理的原则,后诉不能被受理。

(2) 便于人民法院审理案件。不同的诉,诉讼标的和诉的理由各不相同。与此相适应,案件的审理方式和处理的范围也不一样,如对诉讼费用的收取、诉的合并、诉的分立等有关问题的解决,就需要依赖于诉的要素来确定。

(3) 便于被告有针对性地进行答辩。只有具备了诉的要素,如原告起诉的对象是什么、起诉的根据是什么,被告才有可能进行有针对性的答辩。

诉由哪些要素构成,在民事诉讼理论界有不同的观点。有"二要素说",即诉的要素是诉讼标的和诉讼理由;有"三要素说",即诉的要素是当事人、诉讼标的、诉讼理由。一般认为诉的要素有三个,即诉的主体、诉讼标的和诉的理由。

(一) 诉的主体

诉的主体就是指诉讼当事人。任何一个诉都必须有当事人,因为诉的内容是实体权利义务之争,而在实体权利义务中,必然存在着权利的享有者和义务的承担者,如果没有当事人,将导致最终的权利义务归属不明。诉的主体所要表明的就是纠纷发生于何人之间。

(二) 诉讼标的

诉讼标的即诉讼对象、诉讼客体,是法院审理和裁判的对象,也是当事人讼争的内容。我国理论上通常认为诉讼标的是"当事人之间争议的,要求人民法院作出裁判的民事法律关系"。[1]

诉讼标的在民事诉讼法理论中的重要地位主要体现在以下几个方面:

(1) 只有阐明了诉讼标的是什么,才能确定法院审理和裁判的对象,既可以避免法院"判非所请",也可以避免法院超出合理的范围裁判。

(2) 只有阐明了诉讼标的是什么,当事人才能明确争执的最核心内容,才能集中一切资源进行有效的证明和辩论。

(3) 只有阐明了诉讼标的是什么,并确定诉讼标的的识别标准,才能准确地适用诉的合并、变更等制度。

(4) 只有阐明了诉讼标的是什么,并确定诉讼标的的识别标准,才能有效区分一诉与他诉,从而准确适用一事不再理原则和准确适用既判力规则。[2]

在大陆法系的民事诉讼理论中,诉讼标的理论主要有旧实体法说、新诉讼标的说和新实体法说等。

旧实体法说认为诉讼标的是原告在诉讼中提出的具体的实体法上的权利主

---

[1] 段厚省:《民事诉讼标的论》,中国人民公安大学出版社2004年版,第51页。这实际上也是旧实体法说的观点,因为实质上原告在诉讼中的"权利主张"和"民事法律关系主张"并无区别。

[2] 一般认为,既判力客观范围是与诉讼标的一致的。

张。按照该学说观点,实体法上存在多少个请求权,诉讼法上就存在多少个诉讼标的,诉讼标的的识别根据是实体法上的请求权。旧实体法说有利于确定当事人争讼及法院审判的对象,既判力的客观范围明确,有利于当事人民事实体权利的实现与保护。因此,该理论对整个大陆法系民事诉讼理论产生了深远的影响,以至于在今天的日本和我国台湾地区的诉讼理论和司法实务中仍占有统治地位。但旧实体法说无法解决请求权竞合时面临的尴尬,实践中可能导致增加法院负担,削弱民事诉讼法解决纠纷的功能,或导致一个事件上同时或先后存在不同的甚至相互矛盾的判决。于是新诉讼标的理论便应运而生。

新诉讼标的理论经历了从二分肢说到一分肢说的演变。二分肢说又称诉的声明和事实理由说。该学说认为诉讼标的是纯粹诉讼法上的概念,不应以实体法上的请求权作为识别标准,而应寻找诉讼法上独立的识别标准。这个识别标准就是诉状中原告所提出的诉讼的声明和原因事实。具体的识别方法为:两要素中一者发生变化,则诉讼标的发生变化;一者为复数,则诉讼标的为复数。但是,对于几个请求权的发生是基于几个不同的事实,而要求为同一给付的诉讼的诉讼标的应当如何识别,二分肢说也难以作出合理的解释。为修补二分肢说的理论瑕疵,又产生了一分肢说。一分肢说又称为诉的声明说。一分肢说认为诉讼标的的识别标准仅应以诉的声明为依据,凡以同一给付为目的的请求,即使存在不同的事实理由,诉讼标的仍为一个。一分肢说尽管合理地解释了实体法请求权竞合时诉讼标的的单一性,但由于其追求诉讼标的的纯粹诉讼法效果,在识别诉讼标的时未对事实理由予以充分考虑,在某些案件中会造成法院判决的既判力的遮断效力过大的弊端。

由于新诉讼标的理论所存在的局限,尤其是割断了与实体法的关系,所以一些学者又回到实体法角度来研究诉讼标的问题。于是有了新实体法说。此说认为,凡基于同一事实关系发生的,以同一给付为目的的数个请求权存在时,实际上只存在一个请求权,因为发生请求权的事实关系是单一的,并非真正的竞合,而只是请求权基础的竞合。[①] 这种认识也基于纠纷的一次性解决原则,主张上述情况仅是一个纠纷。在新实体法说看来,所谓请求权竞合,是指基于多数事实关系分别发生多数请求权而其给付相同的情形。新实体法说力图从实体法与诉讼法的联系的角度来探讨诉讼标的问题,但对实体法上的请求权、请求权的基础却界定不清,因而在解决请求权竞合问题上并不十分理想。

总之,新旧诉讼标的理论各有所长,传统诉讼标的理论在司法实践中占据着支配地位,这也表明旧说有着旺盛的生命力和适应性。而理论上则显得更为合理的新说,或许是由于传统的惯性和法官不愿承担更多的责任,导致其没有广泛

---

① 江伟、韩英波:《论诉讼标的》,载《法学家》1997年第2期。

地在司法实践中推广。在我国民事诉讼中,诉讼标的远没有大陆法系国家及地区那么重要。因为,我国民事诉讼法具有较强的职权主义色彩,法律并没有确立大陆法系民事诉讼法意义上的辩论原则和处分原则,诉讼标的确定法院审理和当事人争执范围的功能并不重要;另外,我国法律中并没有明确的诉的变更和诉的合并制度,仅仅笼统规定了当事人可以变更诉讼请求,也可以合并诉讼请求。因此,诉讼标的在确定诉的变更和合并上的功能也很难发挥;同时,我国民事诉讼法中没有"既判力"的概念,而作为既判力客观范围的基准又是诉讼标的极为重要的功能之一,因此,在这方面,诉讼标的的研究似乎也没有必要。

但是,如果我国民事诉讼法需要完善的话,那么作为诉讼法之脊梁的诉讼标的应当被首先予以足够的重视,我们可以通过诉讼标的的研究来带动民事诉讼法其他领域的完善。因此,作为理论研究,诉讼标的的研究在我国民事诉讼理论中仍占有核心的地位。

(三)诉的理由

诉的理由是指当事人请求司法保护的根据,有时又称诉讼理由。诉的理由具体包括两方面的内容:一是指权利义务关系发生、变更、消灭的事实;二是指权益受到侵犯或发生争议的事实。前者是确认权利义务状态的根据,后者是请求司法保护的根据。另外有学者认为,诉的理由中应包括法律依据,即提出请求保护的法律上的根据。

第三节 诉的种类

根据诉的目的和内容,可以将诉分为确认之诉、给付之诉和变更之诉三种。

一、确认之诉

确认之诉,是指原告请求法院确定自己与被告之间存在或不存在某项民事法律关系的请求。确认之诉的目的,就是通过法院的判决对权利或法律关系加以权威性确定,从而消除与被告之间的争议。这是一种以法院权威为背景产生的诉的类型。在德国普通法末期,作为扩大强化司法权之一环而登场的1877年德国民事诉讼法首先对此作出了明文规定。①

按其诉的目的,确认之诉可分为肯定的确认之诉(或称积极的确认之诉)和否定的确认之诉(或称消极的确认之诉)。前者指请求法院确认某一民事法律关系的存在、有效等,例如请求确认收养关系存在,请求确认合同法律关系成立;后者指请求法院确认某一民事法律关系不成立、无效等,例如请求确认收养关系不

---

① 〔日〕中村英郎:《新民事诉讼法讲义》,陈刚、林剑锋、郭美松译,法律出版社2001年版,第105页。

存在,请求确认合同法律关系不成立。

当事人提起确认之诉的意义在于,社会生活中某些民事法律关系的状态双方有争议,因而不确定,当事人将此争议提交法院,由法院审理并作出权威性裁判,从而消除争议。提起确认之诉,以当事人双方对他们之间是否存在一定的民事法律关系理解不一致为前提。在确认之诉中,当事人并不要求法律判令某种给付,仅要求法院对当事人之间是否存在某种民事法律关系加以确认。

二、给付之诉

给付之诉,是指原告请求法院判令被告履行一定民事义务的请求。例如,请求付款、交货、赔偿损失、修理房屋、返还所有物等。给付之诉是自罗马法以来就存在的诉的类型,实践中大多数诉都属于给付之诉。

给付之诉的特点,是原告请求法院判令被告向自己履行民事义务。因此,法院不仅要确认当事人之间一定的民事法律关系,而且原告的主张若能成立,法院要判令被告依照这种法律关系的内容履行一定的民事义务。这个义务既包括给付一定的金钱、财物,也包括为一定的行为,行为既包括作为,也包括不作为。法院对给付之诉所作出的判决,如果负有义务的一方当事人不自动履行,对方当事人可以申请法院强制执行。

由此可见,给付之诉不同于确认之诉。首先,确认之诉的目的是消除当事人之间的某种争议,而给付之诉的目的是请求法院判令对方履行义务。其次,在给付之诉中,法院对当事人之间民事法律关系的确认,只是作为作出给付判决的前提,并不具有独立的意义;而确认之诉中,当事人对法院的请求,只限于对他们之间民事法律关系的确定,因此确认之诉中的确认具有独立的意义。再次,给付之诉如能获得法院的支持,则法院的给付判决具有执行性;而确认之诉的判决没有执行性。

给付之诉可作下列分类:

(1) 根据给付内容的不同,给付之诉可以分为特定物给付之诉、种类物给付之诉和行为的给付之诉。特定物给付之诉,是指要求被告交付某个特定的物品,不能以其他物品代替。例如归还某一特定位置的房屋、刻有某人姓氏的首饰等。种类物给付之诉,是指要求被告交付具有共同的物理属性和经济意义,可以互相代替并可用度量衡计量的实物,例如赔偿一定数量和质量的大米、布匹、金钱等。行为的给付之诉,是要求被告为一定的行为或者不为一定的行为,如提供被赡养人衣食、修缮被自己损坏的物品、禁止在承租的房屋旁搭建小棚等。

(2) 根据履行义务时间的不同,可分为现在给付之诉和将来给付之诉。现在给付之诉,是指在给付判决生效后,负有给付义务的一方当事人即向对方当事人履行给付之诉。将来给付之诉,是指在给付判决生效后,因履行期限尚未到来或者履行的条件尚未具备,故须待将来履行期限到来或者履行的条件具备时,负有给付义务的一方当事人始向对方当事人履行给付义务之诉。

三、变更之诉

变更之诉,又叫形成之诉,是指原告根据法律事实,请求法院依法设定、变更或消灭一定民事法律关系的请求。例如,分割共有财产之诉,就是将原来的对财产的共有关系加以变更;离婚之诉,就是将原有的婚姻关系加以消灭。变更之诉在 1877 年德国民事诉讼法制定时尚不存在,后来随着民法学领域形成权理论的发展,变更之诉才开始被学说及判例所认可。变更之诉是三种诉的类型中最新的一种。①

变更之诉具有下列特点:

第一,当事人双方对现存的法律关系并无争议,例如离婚之诉,双方对婚姻关系的存在是没有争议的。如果对现存法律关系缺乏一致认识,变更之诉通常不能成立。

第二,原告须主张引起民事法律关系变更或消灭的新的法律事实的发生,例如夫妻感情破裂。

第三,针对变更之诉的判决通常没有执行性。

第四节 反 诉

一、反诉的概念

反诉,是指在已经开始的民事诉讼中,本诉被告以本诉原告为被告,向法院提出的旨在抵销、吞并或排斥本诉的独立的反请求。本诉,是指原告对被告提起的诉。在民事诉讼中,反诉是被告的一项重要的诉讼权利。

反诉是具有特定目的的独立的诉,与本诉一样具备诉的要素。反诉与反驳通常都是被告针对原告所为,因此应注意区别。二者的区别主要表现在:首先,性质不同。反诉是被告针对原告的本诉提起的,是一种独立的诉,具有诉的性质;而反驳则只是被告反驳原告诉讼请求的一种手段,不是独立的诉。其次,方法不同。反驳是一种消极的防御方法,反诉则是一种积极的进攻方法。再次,前提不同。反诉以承认本诉的存在为前提,被告对原告提出的诉讼请求并不加以否定;而反驳则以否定原告提出的部分或全部诉讼请求为前提。最后,条件、要求不同。反诉具有相对独立性,可以不依赖本诉而存在;反驳只是要求在诉讼进

---

① 〔日〕中村英郎:《新民事诉讼法讲义》,陈刚、林剑锋、郭美松译,法律出版社 2001 年版,第 105 页。

行中提出,并且应当有根据,但不具备诉的性质,必须依赖本诉而存在。

反诉制度的意义在于:通过反诉和本诉的合并审理,可以简化诉讼程序,有助于节约诉讼资源。同时,法院将两个有联系的诉讼请求合并审理,有利于纠纷的一次性解决,还可以避免对相关问题作出相互矛盾的判决。

二、反诉的种类

从诉讼理论上,根据反诉的诉讼标的、诉讼理由与本诉的诉讼标的、诉讼理由之间是否存在牵连关系,可以把反诉分为强制性反诉和任意性反诉。对反诉进行分类的目的,是为了更好地处理反诉,因为不同类型的反诉具有不同的特点,应采用的诉讼程序也应是不同的。我国民事诉讼法对反诉的规定仅限于"被告有权提起反诉",没有具体规定反诉的要件和程序,因而导致各法院对反诉的认定及处理不一致。

(一) 强制性反诉

强制性反诉,是指本诉的被告向本诉的原告提出的,其诉讼标的和诉讼理由与本诉的诉讼标的和诉讼理由有牵连关系的反诉。为使纠纷一次性解决,法律强制性规定被告必须提出反诉,法院必须合并审理及判决。如果本诉被告不提出反诉,会产生失权的法律后果。也就是说,如果反诉的诉讼标的和诉讼理由与本诉的诉讼标的和诉讼理由有牵连关系,被告此时若不提出反诉,视为当事人放弃了反诉的权利,以后不得另行起诉。确立强制性反诉制度,便于法院适用同一程序将相互有牵连的问题一并查明,避免在相互牵连的问题上作出相互矛盾的判决。英美法系国家的立法有此规定[①],我国也有学者认为,强制性反诉可避免另行起诉浪费审判资源,避免造成相互矛盾的判决。[②] 我国民事诉讼法没有作此规定,但在审判实践中,对于与本诉有牵连的反诉,法院通常会合并审理,只是如果被告此时不提出反诉,并不影响其以后另行起诉。

(二) 任意性反诉

任意性反诉,是指本诉被告提出的反诉目的只在于吞并、抵销本诉的诉讼请求,反诉的诉讼标的和诉讼理由与本诉的诉讼标的和诉讼理由没有法律上的牵连关系。这种反诉法院可以与本诉合并审理,也可以让当事人另行起诉。当事人在本诉进行中没有提出反诉并不产生失权的效果,本诉终结后当事人还可以另行起诉。与强制性反诉不同,任意性反诉与本诉没有牵连,之所以作为反诉对待,只是因为被告的反请求可能起到吞并、抵销本诉的诉讼请求的作用,合并审理有利于简化程序、提高效率、防止矛盾判决。在我国,任意性反诉在立法上没

---

① 参见美国《联邦民事诉讼规则》规则 13(a)。
② 参见王国征:《完善我国反诉制度之构想》,张晋红等:《论强制性反诉》,载《法学》1996 年第 7 期。

有确立,在审判实践中,法院一般也不会将与本诉没有牵连的反请求作为反诉对待。

三、反诉的提起和审理

从诉讼原理上讲,反诉实际上是一种特殊形式的起诉,因此,根据《民诉法解释》第233条的规定,反诉除应具备起诉的一般要件之外,还需具备以下要件:

(1)反诉应由本诉被告针对本诉原告向受理本诉的法院提出。反诉和本诉的当事人相同,只是诉讼地位互换而已。反诉的原告是本诉的被告,反诉的被告是本诉的原告。为使反诉能与本诉合并审理,反诉应向受理本诉的法院提起,如果被告提起的反请求属于本诉法院以外的法院专属管辖,则不得适用反诉制度。

(2)反诉提起的时间必须在本诉成立之后,法庭辩论终结之前。反诉是相对本诉而言的,没有本诉就谈不上反诉,因此只有在本诉原告起诉之后才能提起反诉;同时,如果法庭辩论已经终结,就无法达到反诉与本诉合并审理的目的。此外,反诉只能在一审程序中提起,如果允许在第二审程序提起反诉,将违背基本的审级制度。但第二审法院可以根据当事人自愿的原则就反诉进行调解,调解不成的,告知当事人另行起诉。

(3)反诉与本诉应当适用同种诉讼程序。如果本诉适用普通程序而反诉适用简易程序,则难以将反诉与本诉合并审理,因而反诉不能成立。

(4)反诉与本诉具有牵连性。根据《民诉法解释》第233条的规定,反诉与本诉的诉讼请求基于相同法律关系、诉讼请求之间具有因果关系,或者反诉与本诉的诉讼请求基于相同事实,就是这种牵连性的表现。例如,本诉请求离婚,反诉请求确认婚姻关系无效。又如,本诉请求增加子女抚育费;反诉请求由自己抚育子女,变更抚养关系。

具备上述要件的反诉法院应当受理,并在同一诉讼程序中一并审理和裁判。由于反诉是一种独立的诉,因此反诉不因本诉的撤回而终结,即使本诉撤回,反诉依然可以独立存在。

第五节 诉的合并与变更

一、诉的合并

(一)诉的合并的概念

诉的合并,是指法院将两个或两个以上彼此之间互有关联的单一之诉在一个诉讼程序中进行审理并予以裁判的制度。诉的合并的客观基础,是各个诉的主体和客体存在内在联系。合并的目的,在于提高审判效率,减少诉讼耗费,并防止在数个诉相牵连的问题上作出相互矛盾的判决。我国立法中并没有明确规定诉的合并制度,民事诉讼法只是笼统规定了原告增加诉讼请求、被告提起反诉、第三人提起参加之诉,法院可以合并审理。

(二)诉的合并的种类

在诉讼理论上,通常把诉的合并分为主体合并、客体合并和诉的主体、客体混合合并三类。在实践中,具体表现为以下四种情况:

(1)原告针对被告,提出不同的诉讼请求。这属于单纯的诉的客体的合并。

(2)共同诉讼的情形。这属于诉的主体合并。

(3)被告提出反诉。这属于主体、客体混合合并。

(4)第三人提出与本案相关的诉讼请求。这也属于混合合并。

诉讼理论上研究诉的合并,一般是指第一种情况,即单纯的诉的客体的合并,又称狭义的诉的合并。广义的诉的合并还包括后三种情况,但因为这三种情况涉及诉的主体合并,所以分别由共同诉讼制度、反诉制度和第三人制度研究。

诉的客体合并,是指原告针对被告,基于不同的法律关系,提出了不同的诉讼请求。例如,原告基于租赁合同,请求判令被告缴付租金;同时又基于另一买卖合同,请求判令被告归还货款。该两诉可以合并,从而形成诉的客体合并。如果数宗诉讼请求是基于同一法律关系提出的,则不能形成诉的客体合并。例如,在侵害名誉权案件中,原告请求判令被告为其恢复名誉、赔礼道歉和赔偿经济损失,这三项诉讼请求不管是在起诉时一次提出的,还是诉讼中逐渐增加的,它们都源于同一法律关系,即本案只有一个诉,因而不存在诉的合并问题,但三项诉讼请求可以合并审理。

(三)诉的客体合并应满足的要件

(1)数个请求必须是同一原告向同一被告主张。

(2)诉的客体合并原则上应在第一审事实辩论终结前提出,以便于合并审理。

(3)受诉法院对各个请求均有管辖权。

(4)各个请求应当适用同一诉讼程序。

在程序上,诉的合并应注意以下几个问题:第一,诉的合并,既可以由当事人提出,也可以由法院依职权主动确定。当事人提出的,是否允许,由法院根据合并是否符合合并的目的而决定。第二,原告对于诉的客体合并,一般应在一审程序中提出。在第二审程序中提出,由于可能涉及管辖和上诉权等问题,一般是不允许的。第三,对于合并审理的各诉,法院应分别审查,需要分别作出判决的,应在同一判决中反映各诉的判决结果。

二、诉的变更

（一）诉的变更的概念

诉的变更，即在同一诉讼中以新的诉讼标的替换原来的诉讼标的。我国《民事诉讼法》尽管没有直接规定诉的变更，但第 51 条规定，原告可以变更诉讼请求；最高人民法院《关于民事诉讼证据的若干规定》第 34 条规定，当事人变更诉讼请求的应当在举证期限届满前提出。根据这些规定，当事人变更诉讼请求就可能导致诉的变更。

应当注意，诉讼请求的变更并不必然引起诉的变更，只有在诉讼请求变更的同时变更了诉讼标的，才引起诉的变更。例如，在给付之诉中，原告先主张被告支付原告 1000 元，后又改为 800 元，这虽然是诉讼请求的变更，但请求的内容只涉及数量的增减，并不构成诉讼标的的变更，因而不是诉的变更。某公民在医院做美容手术失败，起诉要求医院支付违约金 500 元，在诉讼中变更诉讼请求，要求医院赔偿精神损失费 2000 元，这就是诉的变更。因为引起了诉讼标的的改变，即由"合同关系"变为"人身损害赔偿关系"。

在实践中，原告因为对法律不了解，或者对事实以及证据的掌握有变化，可能最初提出的诉讼请求不合适，需要变更诉讼请求。如果不允许变更，原告只能撤诉后再重新起诉；而允许诉的变更，既有利于纠纷的一次性解决，又避免了诉讼资源的浪费。

（二）诉的变更的要件

诉的变更发生在诉讼开始之后，或被告答辩之后，因此，为了保护被告的利益，保障诉讼程序的公正，诉的变更应具备以下要件：

（1）诉的变更原则上应当由原告决定是否提出，法院审查决定是否允许变更。如果原告提出的请求不合适，法官应当释明或告知，但是否变更应由当事人自己决定。

（2）诉的变更只限于诉的客体变更，诉讼主体不能变。

（3）变更后的新诉不属于其他法院专属管辖。

（4）诉的变更的申请应当在第一审原诉事实辩论终结之前提出。

（5）诉的变更不会造成被告防御困难或诉讼程序显著迟延。

诉的变更应当以书面形式提出，并及时送达被告，以利于被告答辩。法院准许诉的变更后，应当对新诉进行审理和裁判。

思考题

1. 什么是诉权？诉权与诉讼权利关系如何？
2. 什么是诉？诉的要素有哪些？
3. 试比较给付之诉、确认之诉与变更之诉。
4. 如何理解诉讼标的？
5. 什么是反诉？提起反诉应具备哪些条件？

参考文献

1. 江伟、邵明、陈刚:《民事诉权研究》,法律出版社2002年版。
2. 陈荣宗:《民事程序法与诉讼标的理论》,台湾大学1977年版。
3. 段厚省:《民事诉讼标的论》,中国人民公安大学出版社2004年版。

第九章 既判力论

> **学习目的与要求**

通过本章的学习,掌握判决既判力的内涵和作用范围。在既判力的内涵方面,应当掌握既判力的概念、作用方式、作用情形;在既判力的作用范围方面,应当着重掌握既判力的客体范围,同时把握既判力的主观范围和时间范围。

第一节 既判力概述

一、既判力的概念

既判力,是指法院确定的终局判决对诉讼标的的判断所具有的实质上的确定力。判决中对诉讼标的的判断,实质上是对诉讼标的的实体内容的判断,这是诉讼中最核心的内容,也是双方当事人争议的焦点。法院确定的终局判决对此作出判断后,当事人不得就判决确定的法律关系另行主张,也不得在其他诉讼中就同一法律关系提出与本案诉讼相矛盾的主张;同时,法院亦不得作出与该判决所确定的内容相矛盾的判断。

确定的终局判决才具有既判力。确定判决是大陆法系中的概念,我国与确定判决最为接近的概念是生效判决,是指该判决生效后不能再起诉及上诉的状态;终局判决是指一经作出即终结审级程序的判决。确定的终局判决将产生拘束力、确定力、执行力等方面的效力,其中确定力又包括形式上的确定力和实质上的确定力,形式上的确定力是指判决具有形式上的不可争辩性,实质上的确定力就是既判力。

既判力理论是大陆法系民事诉讼法学的重要内容。如果说诉权是关于诉讼起点的理论的话,那么既判力理论则是关于诉讼终点的理论。既判力理论主要研究既判力的本质、既判力的内容、既判力的范围(作用界限)等问题。既判力理论所涉及的这些内容在大陆法系国家的民事诉讼理论中占有重要地位。

二、既判力的作用方式

一个判决的既判力针对后诉发生作用。而对后诉发生作用的方式可分为消极作用和积极作用两种。既判力的消极作用是指"为禁止同一事件之反复,当事人不得就同一事件另行起诉,法院亦不得受理(应以诉不合法驳回)";既判力的积极作用是指"为在同一事件禁止发生矛盾,关于基准时点之权利状态,当事人不得为与既判事实相反之主张,法院也不得为相异之认定,应以既判事项为基础,来处理新诉"①。既判力的消极作用要求法院对同一诉讼事项不得重复受理,既判力的积极效果要求法院在处理后诉时受确定判决的约束。这称为"两作用说",与既判力仅有消极作用或者仅有积极作用的学说相对立。如今两作用说已成通说。

正是既判力的消极作用和积极作用的相互支撑、相互补充,才使得既判力制度的功能得以充分发挥。仅仅强调既判力的消极作用,固然可以防止法院对同一事项的重复审理,避免了无谓的资源浪费,但是,在前诉的既判事项成为后诉的裁判对象的基础时,却不能予以利用来实现案件的快速统一审理。同样,仅仅强调既判力的积极作用,法院固然可以作出统一的判决,但无法阻止后诉的重复审理。换言之,在仅仅强调既判力的积极作用的情况下,既判事项在后诉中可以得到同样的认定,但是在程序上仍然进入了本案的审理(而不是直接驳回起诉)。

三、既判力与一事不再理原则

关于既判力与一事不再理的关系,诉讼法理论上主要有四种学说:

(1) 同一说。即认为两者虽然有所不同,但本质上是一致的。日本学者三月章持这种主张。

(2) 排斥说。即认为既判力是民事诉讼的审判原则,而一事不再理是刑事诉讼制度中的审判原则。

(3) 交叉说。该说主张既判力包括积极和消极两层含义;一事不再理也包括两方面的内容:一是诉讼系属的效力,二是既判力的消极效果。

(4) 包含说。即认为既判力包括积极和消极两重含义,一事不再理是既判力消极作用的表现,为既判力所包含。②

准确确定二者的关系并不容易,因为二者都可以阐释为不同的含义。而从对历史的考察来看,既判力起源于罗马法的"一事不二讼",而"一事不再理"规则则出现在既判力发展的过程中。对于既判力的作用方式,如上文所述,大陆法系各国基本上都一致认可了既判力同时具有积极作用和消极作用。因此,本书主张包含说,即一事不再理有其特定的含义,应当限于既判力的消极作用层面使用。而对于诉讼系属中案件的重复起诉问题,本书认为可以以"二重起诉禁止"

---

① 骆永家:《既判力之研究》,台湾三民书局 1999 年版,第 10 页。
② 刘青峰:《司法判决效力研究》,法律出版社 2006 年版,第 94 页。

规则来处理。

四、我国对既判力的立法和实践

我国的民事诉讼立法中还没有既判力的概念和规则。唯一的类似于既判力的规定是我国《民事诉讼法》第124条第5项的规定，即"对判决、裁定、调解书已经发生法律效力的案件，当事人又起诉的，告知原告申请再审……"。这条规定是如此模糊，以至于我们远不能据此来确定既判力的作用界限。在审判实践中，对于如何判断既判力的主观范围、客观范围和时间范围等问题，没有明确的法律依据，事实上法官只能依自由裁量权灵活处理，造成个案处理的差异很大。这也说明了在我国深入研究既判力的内涵和作用界限具有十分重要的意义。

五、既判力理论的意义

民事诉讼是法院代表国家行使公权力解决民事纠纷的机制，确定的终局判决体现了国家意志，具有权威性和稳定性。根据既判力理论，确定的终局判决应当对后诉产生既判力，无论是法院还是当事人都必须受此约束。既判力理论禁止当事人就同一诉讼标的再行起诉，禁止法院就同一纠纷作出前后相互矛盾的判断。如果判决没有既判力或者既判力约束力太弱，就会导致生效判决轻易地被撤销或变更，致使纠纷不能得到有效解决，合法权益不能得到及时保护，国家设置民事诉讼制度和当事人进行民事诉讼的目的就会落空。

既判力以国家法律、司法权威以及公正的诉讼程序为基础，因此，法治国家不允许对生效判决的既判力轻易地予以否定。在我国，审判监督程序的频繁启动已对判决的既判力造成一定程度的破坏，也损害了司法应有的权威。当然，司法实践中确实存在个案不公或错误的情形，为了尽可能公正地处理民事纠纷，在严格的条件下，可以排除判决的既判力，通过严格的再审程序对既判事项再次审判。

第二节 既判力的本质

一、关于既判力本质的学说

探讨既判力的本质，旨在从理论上说明确定判决为什么会有这种效力，其依据何在。关于这个问题，大致上有以下几种学说。

（一）实体法学说

实体法学说把确定判决与实体法上的法律要件联系起来，认为正确的判决是对当事人之间本来就存在的实体法律关系的重新确认，而不当的或错误的判决是法院按照其判断来改变原有的实体法律关系,这种判决具有创造权利的效力。即可以使真正的既存实体法律关系归于消灭,使其实际上不发生权利存在的效果。既判力之所以约束法院和当事人,是因为经判决后的实体权利义务状态,除了依判决内容所确定的状态以外,没有其他的真实状态可言。这样,当事人和法院就只能接受判决的约束,而不能提出其他主张。

（二）新实体法说

新实体法说认为,既判力是在实体法领域发生作用。法院有既判力的判决,是当事人必须遵从的权利状态,即使判决不正确,但法院既然已经对原告的权利拒绝保护而生既判力,那么当然不能重新确认原告的权利为权利。该说严格区别了判决前的权利状态和判决后的权利状态：判决前的权利不具有强制性约束力,但判决后的权利由于经过当事人主张事实和举证,又经法院适用法律这一过程,发生既判力后成为具有强制性约束力的具体权利,当事人必须遵守。

这种学说虽然认为既判力是实体法上的效果,但也不否认其具有诉讼法上的意义。认为既判力的本质一方面在于确认当事人之间的实体权利或法律关系,另一方面也在法院与当事人之间发生一事不再理的程序作用。

（三）诉讼法说

诉讼法说认为,判决的既判力纯属诉讼法上的效力,既判力所具有的法律效果与实体法上既存的法律效果或权利没有任何必然的联系。即使法院的确定判决所认定的权利状态与既存的真实权利不符,即使出现误判,但基于国家权力的统一性,这种错误判决的效力也不能不加以维持。诉讼法说认为,当事人及法院之所以受确定判决的约束,在于法院所作出的确定判决在诉讼上产生了一定的效力,即具有命令后诉法院在法律上不得作出与前诉判决不同的判断的效力,当事人在后诉中提出的不同主张不能推翻前诉的判决,法院在当事人就同一诉讼标的进行起诉时,应以诉不合法为由予以驳回。此说为当今德国、日本学界的通说。

（四）新诉讼法说

新诉讼法说认为,一事不再理是民事判决的最高理念,既判力的作用在于阻止既判力事项被重复受理。前诉判决的内容之所以约束当事人和法院,是由于后诉法院有权拒绝重复审判。

新诉讼法说与诉讼法说的区别在于,前者强调既判力的消极效果,将既判力的积极效果溶入消极效果之中；后者则相反,将既判力的消极效果溶入积极效果之中。二者的共同点是,都否认既判力具有实体法上的意义。

二、对既判力本质的认识

对于既判力的本质的认识,从诉讼法的立场出发比较合理。首先,判决是法院行使国家审判权的标志,国家审判权是既判力产生的根据,法院依照国家审判权对具体案件作出权威性判断后,不允许当事人、法院对此再行争议和处理。这一点各国的学者和立法都是认可的。由此可见,既判力的本质与诉讼密切相关。其次,从既判力的范围上看,既判力一般只针对原告和被告,对第三人原则上不具有约束力,如果依实体法说,确定判决能使既存的实体权利状态转变为判决内容的实体权利状态,那么该判决的既判力应当是绝对的。第三,只有从诉讼法的立场出发,才能解释所有判决的既判力。有一部分判决是基于诉讼要件或上诉要件有欠缺,而以诉不合法或上诉不合法予以驳回的判决,它只针对是否具备诉讼要件,而对当事人之间的实体法律关系并不进行审理和裁判,这种判决的既判力就只能从诉讼法上进行合理的解释,而不可能从实体法的角度作出解释。

第三节 既判力的范围

一、既判力的主观范围

既判力的主观范围,是指确定判决的既判力及于哪些主体。

判决中对某些事项的判断产生既判力,但并不是所有的主体都要受这个判断的约束。一般情况下,既判力的作用主体仅包括本案的当事人和法院,但在特殊情况下也扩张至第三人,如德国《民事诉讼法》第325条第1款规定:"确定判决的效力,其利与不利,及于当事人、在诉讼系属发生后当事人、承继人,以及作为当事人或承继人的间接占有系争物的人。"日本《民事诉讼法》第115条第1款规定了确定判决效力波及的人的范围:(1)当事人;(2)当事人为他人而成为原告或被告时的该他人;(3)在口头辩论终结后本款前两项所列入的继承人;(4)为本款前三项所列的人而持有诉讼标的物的人。我国台湾地区"民事诉讼法"第401条也规定:"确定判决,除当事人外,对于诉讼系属后为当事人之继受者,及为当事人或其继受人占有请求之标的物者,亦有效力。对于为他人而为原告或被告之确定判决,对于该他人亦有效力。"

我国民事诉讼法没有明确规定既判力的作用主体,但从诉讼理论上讲,应当包括:(1)本案的当事人。本案当事人包括原被告、共同诉讼人、第三人、诉讼代表人等,既判力作用于本案当事人是既判力的应有之义。(2)各个法院。既判力作用于各个法院也是既判力的应有之义。否则,司法不能统一、纠纷无法最终解决、法院权威也将丧失。(3)当事人的权利义务承继人。必须是在判决确定后而承受权利义务的承继人才受既判力的约束,之前承受的本身是本案的当事人,不存在既判力扩张。(4)占有标的物的第三人。专为当事人或其继受人利益而占有标的物的人,如管理人、保管人等,其并不具有自己独立的利益,在地位上显然应当视同当事人,故既判力应波及之。(5) 诉讼担当发生时,实体权利义务的主体。诉讼担当是指当事人以自己的名义提起的涉及他人实体权利义务关系的诉讼的情形。如我国合同法中规定的代位权诉讼,代位权人与本案的实体权利义务关系是没有直接关系的,但依法可以以自己的名义提起诉讼。判决确定后,被代位人不得重新向债务人再行主张权利。一般认为这种情形还包括破产管理人、遗嘱继承人等。(6) 一般第三人。一般认为,形成判决的既判力及于一般第三人。如离婚判决,任何后诉判决中都应当以前诉当事人婚姻已经解除为判决基础。

二、既判力的客观范围

既判力的客观范围,是指法院的确定判决中对哪些事项的判断产生既判力,使得当事人不得对这些事项再行争执,法院不得重新审判。既判力的客观范围是判决既判力作用范围理论的核心,民事判决作用范围的疑难问题大多集中在判决的客观范围如何确定上。

既判力的客观范围,主要涉及下列问题:

(一) 既判力客观范围与诉讼标的

大陆法系的传统理论认为,法官在判决主文中作出的判断产生既判力。换言之,既判力的客观范围原则上限于判决主文中的判断。国外的判决书一般由主文、事实、理由和其他记载事项构成。其中,判决主文是对当事人诉讼请求作出的判断,即结论。诉讼标的通常是通过诉讼请求反映出来的,所以,判决主文中对诉讼请求的判断就相当于对诉讼标的的判断。

法官在判决主文中作出的判断产生既判力,在大陆法系国家民事诉讼法典中也得以体现。如日本《民事诉讼法》第114条第1款规定:"确定判决,只限于包含在判决主文之内的判断才具有既判力。"德国《民事诉讼法》第322条第1款规定:"判决中,只有对于以诉或反诉而提起的请求所为的裁判有既判力。"

实定法的规定和传统理论的观点自有其原因:

将既判力客观范围限于判决主文也就意味着:第一,凡是判决主文中的判断都对后诉产生既判力;第二,判决理由中的判断不产生既判力,后诉可以作出不同的认定,当事人也可以再为争执。其原因是:

首先,判决主文中的判断产生既判力,根本原因在于程序保障下的自我责任的结果。这种程序保障来源于当事人主义的诉讼构造。在当事人主义构造之下,诉讼中严格遵守辩论主义和处分主义,一方面,辩论主义要求围绕本案诉讼请求的各种事实主张和证据资料都由当事人负责提出,法院在诉讼资料的收集上保持中立;另一方面,诉讼请求由当事人设定,法院只能在诉讼请求的范围内进行裁判,另外,诉讼请求是当事人争执的对象,也是法院裁判的对象,并且诉讼请求自程序之始到结束都是不变的。因此,应当说当事人有足够的机会去对诉讼请求展开充分的争执,法院对该诉讼请求作出的判断实质上不仅在当事人意料之中,而且可以说是当事人自己诉讼行为作用的结果。既然判决主文是针对诉讼请求作出的判断,那么判决主文产生既判力也就在情理之中了。①

其次,判决理由之所以不产生既判力,可以从两个方面分析:第一,从当事人的角度看,在一个诉讼中,当事人直接争执的同时也是最终关注的是诉讼请求能否得到支持。在这种情况下,当事人的意识中要求法院判决的往往只是诉讼请求,当事人的辩论活动也围绕着"诉讼请求是否成立"而进行。对于判决的理由,并没有经当事人作为争点进行辩论,如果对其所作的判断也产生既判力,那么结果将会导致突袭性裁判。另外,按照当事人主义的要求,当事人是有权利确定其争点的。而如果判决理由中的判断也产生既判力,那么当事人为了防止在后诉中该既判力给自己带来不利后果,便不得不对每个争点都展开争执。这在客观上会干涉当事人自由处分其争点。第二,从法院的角度看,正如日本学者高桥宏志所述,"从法院的立场来看,不让判决理由中的判断在该诉讼的范围内产生既判力,不但可以使法院不拘泥于实体法上的逻辑顺序,而且还有助于实现能够最为直接、迅速且廉价地对诉讼标的作出判断"②,例如,在请求返还借款的诉讼中,当被告提出债务不成立并预备性地提出"业已清偿债务"之主张时,法院可以不对"债务成立与否"进行审理,而直接认定被告偿还债务之事实,进而作出被告胜诉的判决。之后,被告还可以就偿还的债务其实是原告的不当得利为由再次提起诉讼。而在后诉中,被告关于不当得利的请求不因前诉的判断被排除,同时法院也可以不受前诉判断的约束,就不当得利作出新的判断。

(二) 既判力客观范围的新理论

传统理论经过严谨的推理,将既判力客观范围限于对诉讼标的的判断,立法上也作出了相应的规定。采取诉讼标的的基准在司法实践中大多数情形下也是妥当的,并且由于其简洁、明快、易于适用,进一步加强了其在实践中的统治力。但在一些特殊情形下,仅仅采用诉讼标的为基准来确定既判力客观范围会产生不妥当的结果,这也就意味着以诉讼标的外的其他基准确定既判力客观范围成为必要和可能,由此产生的新理论主要有:

1. 诚实信用原则——判例中出现的新基准

日本最高裁判所1976年9月30日作出的一个判决表明了其依据诚实信用

---

① 这种逻辑也就同时意味着,在职权主义模式下,由于法院可以广泛地收集诉讼资料,甚至可以超出当事人的诉讼请求裁判,那么在该模式下将判决主文一律产生既判力是不妥的,至少无法获得程序保障下的正当性。这或许也说明了我国为什么没有规范化的既判力规则。

② 〔日〕高桥宏志:《民事诉讼法制度与理论的深层分析》,林剑锋译,法律出版社2003年版,第506页。

原则驳回后诉的立场。① 该案件的争执标的物是依据日本《创设自作农特别措施法》被征收的农地。在前诉中，前土地所有人基于该农地的回买合同提起转移登记程序请求，前诉的最后结果是，法院作出了驳回该请求的判决。在前诉判决确定后，前诉原告又在次年4月提起后诉，以"战后1948年的征收农地处分"无效为由提出转移登记程序请求。第二审及最高裁判所依据诚实信用原则驳回了该后诉。判决书的相关理由如下：应当说本诉在实质上是对前诉展开的再度争执。在前诉中，尽管不存在任何使前土地所有人不能提出本诉之请求的障碍，但其没有提出该请求。因此，依据诚实信用原则，不允许前土地所有人提起本诉。

日本最高裁判所的这个判例事实上确立了一种新的基准——以诚实信用原则来遮断后诉。因为在本案中，依照司法实践中的"传统诉讼标的理论"，前诉的诉讼标的是"买卖合同所有权主张"，后诉的诉讼标的是"征收无效的所有权主张"，前后诉的诉讼标的是不一致的。而如果依据"诉讼标的＝既判力客观范围"的规则，后诉是不可能被前诉遮断的。

2. 程序事实群理论

程序事实群理论是日本学者新堂幸司在对传统既判力客观范围的基准——诉讼标的的概念以及与其概念相对应的机能的分析基础上提出来的。② 这一理论的核心是提出了不同于"诉讼标的"的新的确定既判力客观范围的基准——依"程序事实群"来确定，"程序事实群"实际上就是"前诉程序进行的状况"。程序事实群包括"前诉中的争点状况""法院的诉讼指挥或释明""案件在时间方面的进展状况""被告方对策的有无"等。

3. 提出责任效理论

提出责任效理论由日本学者水谷畅提出，是指依照当事人是否负有"提出责任"来确定某个事项是否会产生"失权效"。③

"失权效"是指前诉当事人在后诉中不得提出特定的主张。失权效的范围实际上和遮断效的范围是一致的。不同的是，遮断效是从既判力的角度来说明哪些事项被遮断了，而失权效则是从当事人的角度来说明哪些事项主张失权了。失权效事实上就是迂回的既判力客观范围。因此，提出责任效理论事实上就是既判力客观范围理论之一种。该理论主张，应当完全脱离诉讼标的这个抽象标准来确定既判力的客观范围，而从当事人行为的视角出发，以当事人对某一事项

---

① 该判例见〔日〕高桥宏志：《民事诉讼法——制度与理论的深层分析》，林剑锋译，法律出版社2003年版，第549页。
② 提出程序事实群理论的内在逻辑可以参见同上书，第552—553页。
③ 提出责任效理论的具体内容可以参见林剑锋：《民事判决既判力客观范围研究》，厦门大学出版社2006年版，第115页。

是否负有"提出责任"来决定该事项是否应当受到遮断或产生失权效。甚至可以说,该理论颠覆了传统的理论思路。

在当前的情况下,各种新的理论所提出的基准远远没有达到明确化、规则化的程度,这也决定了其难以广泛地应用于实践,因为这样模糊的基准一旦广泛地应用就不免会带来法官裁量权过大的危险,而这些所谓的新基准也有可能内容空洞化,形同虚设。与之相反,传统的以诉讼标的为基准来确定既判力客观范围的做法,不但有着较为严密的理论逻辑,而且其具有明确有力、易于操作的优点。另外,即便是在"既判力客观范围=诉讼标的"的框架之内,仍可通过进一步研究诉讼标的这个概念使得传统的基准进一步完善,使之更具有妥当性。因此,在当前各种理论暂时不能进一步明确化的情况下,在既判力客观范围确定问题上,仍应坚持传统的诉讼标的的基准。

(三)抵销抗辩的既判力问题

传统的理论和立法均以诉讼标的为确定既判力客观范围的基准,但立法上在以判决主文为既判力客观范围的同时,也规定了例外——判决理由中对抵销抗辩的判断产生既判力。如德国《民事诉讼法》第322条第2款规定:"被告主张反对债权的抵销,而裁判反对债权不存在时,在主张抵销的额度内判决有确定力。"日本《民事诉讼法》第142条第2款规定:"关于为进行抵销而主张的请求之成立或不成立的判断,只对以抵销对抗的金额有既判力。"我国台湾地区"民事诉讼法"第400条第2款也同样规定:"主张抵销之对待请求其成立与否经裁判者,以主张抵销之额为限有既判力。"

抵销抗辩,是被告为了抵销原告主张而提出的请求,是被告提出的作为抵销抗辩内容的反对债权。法院一般是在判决理由中就抵销请求作出判断,因为作为抵销请求基础的债务关系并非原告请求债权的债务关系,后者才是本案的诉讼标的,法院对诉讼标的作出的判断有既判力。对抵销抗辩的判断有既判力,是既判力客观范围一般原则的例外。如果对抵销抗辩的判断没有既判力,会有两个方面的弊端:一是在法院审理后作出判断认为抵销抗辩不成立的情况下,被告仍然可以以抵销抗辩中主张的债权为独立的诉讼标的再行起诉,法院也不得不再进行实质的审理,这种情况下会造成重复审理的弊端,并且法院可能会作出不一致的判断,使前诉的支持原告诉讼请求的判决形同虚设;二是在法院审理后作出判断认为抵销抗辩成立的情况下,法院会驳回原告的诉讼请求,但由于法院对抵销抗辩的判断没有既判力,被告仍然可以以抵销抗辩中主张的债权为独立的诉讼标的再行起诉,并且极有可能胜诉(这种情况下抵销抗辩往往是成立的)。这样前诉被告便"重复利用了抵销债权"获得了双重利益(前诉使原告的请求被驳回,后诉被告又请求给付获得胜诉)。因此,有必要使法院对抵销抗辩的判断产生既判力。

但是，抵销抗辩不是当事人一旦提出或者法院一旦对其作出判断就产生既判力，只有在符合以下两个条件时，该"特别既判力"才能产生[①]：

(1) 法院必须对是否存在反对债权予以实质判断。这个条件的道理是显而易见的，如果法院没有对反对债权进行实质性判断，那么基于"程序保障"原则和一般的既判力的根据的认识，法院对反对债权的判断就不应当产生既判力。

(2) 法院必须在原告的请求债权被确定为存在后，才能进入"反对债权是否存在的审理"。这是因为，如果请求债权本来就不存在，但法院首先对"存在反对债权"作出了判断，这样虽然也驳回了原告的诉讼请求，但是由于法院对"反对债权"的判断产生了既判力，被告也就"确定地丧失了该反对债权"，不得再行起诉，这对被告显然是不公平的。因此，在被告提出抵销抗辩时，法院必须遵守固定的审理顺序。

另外，产生既判力的反对债权额度以抵销对抗的金额为限。当反对债权大于请求债权时，超过部分不产生既判力，当事人还可以另行起诉获得满足。例如，原告的请求债权是100元，被告针对这一请求提出了150元的反对债权进行抵销抗辩。如果法院认定反对债权不存在，产生既判力的反对债权额度应为100元，另外50元债权不成立的判断则没有既判力。如果被告以后起诉主张全部反对债权150元，其中的100元部分因为有前诉既判力的存在，后诉法院不应审理和裁判；而对50元债权不成立的判断因没有既判力，因而不受前诉既判力的约束。

(四) 争点效理论

争点效，是指当事人在前诉中作为主要的争点来争议，而且法院经审理后就该争点作出了判断，基于这种判断所产生的通用力。这种通用力表现在，在以同一争点作为主要先决问题的后诉审理中，当事人不能提出与此判断相反的主张和证明，法院也不能作出与前诉判断相矛盾的判决。争点效也被称为争点排除效。争点效理论由日本学者新堂幸司提出。他认为，判决既具有既判力，又具有争点效。后诉应受前诉判决主文对诉讼标的的判断的约束，这属于既判力的作用；而后诉应受前诉判决理由中先决问题判断的约束，这是争点效的作用。在作用效果上，争点效类似于既判力，二者的作用都体现在使当事人不得再行争执，法院也不得作出矛盾判断的强制力上。但争点效不同于既判力，二者的区别是：第一，既判力发生在判决主文中，而争点效发生在判决理由中；第二，既判力强调只要法院作出判断，就产生既判力，即使是缺席判决；而争点效必须在"当事人对此进行认真严格争议、并由法院作出实质性判断"的情形下才得以产生；第三，既

[①] 〔日〕高桥宏志：《民事诉讼法——制度与理论的深层分析》，林剑锋译，法律出版社2003年版，第514—515页。

判力属于法院职权调查事项,而争点效必须经当事人援用(主张)才能被适用。

新堂幸司认为,争点效必须符合以下四个要件才能产生[①]:(1)争点必须是前后诉中的主要争点。(2)当事人在前诉中对此争点已经进行了认真严格的争执。在自认、拟制自认以及证据契约等领域并不产生争点效。(3)法院对该争点业已作出实质性的判断。(4)在后诉中,当事人必须援用这种争点效。

争点效理论的基础,是诚实信用原则和公平原则。根据这一理论,当事人对其重要的争执点既然已经进行了争议,而且法院也对争执点进行了审理和判断,那么就应当受此约束。如果允许当事人在后诉中轻易推翻,是违背诚实信用原则和公平原则的。

争点效理论针对判决理由应当在一定条件下具有一定的实质拘束力问题而提出。该理论巧妙回避了"判决理由产生一定既判力"这种提法,而是采用了"判决理由产生一定的争点效"的提法,这样也避免了与传统的"诉讼标的(判决主文)=既判力客观范围"原则的直接冲突。更为可贵的是,争点效理论进行了详细的要件化论证,使其显得足够明确化也足够进行实践操作。因此,争点效理论在学界上得到了较多的支持,但在实务界该理论仍未获得广泛认同,在立法上也未得到确立。

三、既判力的时间范围

既判力的时间范围有三个方面的内容:一是判决中产生既判力的判断应当看做是在哪个时间点作出的判断,这个时间点称为标准时;二是判决的既判力于何时发生;三是判决的既判力于何时消灭。

(一)标准时的确定

理论上一致认为既判力的标准时应是在事实审的口头辩论终结时。这是因为口头辩论终结以后提出的事实或争点,当事人再没有机会进行质证、辩论,自然不应受遮断。

(二)既判力发生时间的确定

由于既判力是判决的实质确定力,自然应当在判决确定之后才能产生,即判决已经不能通过上诉等方法被废弃或变更时产生既判力。

(三)既判力消灭时间的确定

判决的既判力一旦产生,除非出现特殊情况不会消灭。依各国立法及学说通例,特殊情况一般是指:一是判决书灭失,且根据法院档案记录也难以认定判决内容的,由于判决内容难以认定,既判力也无从作用,唯有消灭;二是原判决被

[①] 〔日〕高桥宏志:《民事诉讼法——制度与理论的深层分析》,林剑锋译,法律出版社2003年版,第522页。

确定判决废弃或部分废弃。

思考题

1. 既判力的内涵是什么？民事判决为什么具有既判力？
2. 判决既判力的作用方式有哪两种？
3. 判决的既判力作用于哪些主体？
4. 如何理解既判力的客观范围？
5. 争点效理论的内容是什么？

参考文献

1. 林剑锋：《民事判决既判力客观范围研究》，厦门大学出版社2006年版。
2. 陈计男：《民事诉讼法论》（下卷），台湾三民书局1994年版。
3. 〔日〕高桥宏志：《民事诉讼法——制度与理论的深层分析》，林剑锋译，法律出版社2003年版。

第三编

总　则

第十章 民事诉讼法的基本原则

学习目的与要求

民事诉讼法的基本原则是本部门法精神实质和价值要求的集中体现。本章着重阐述了我国民事诉讼法的七项特有原则。通过本章的学习,应准确理解和掌握基本原则的含义、意义与作用,掌握各项基本原则的具体内容,深刻理解基本原则与具体制度和程序的关系,并能运用基本原则分析和解决诉讼中的实际问题。

第一节 民事诉讼法的基本原则概述

一、基本原则的概念

民事诉讼法的基本原则,是指贯穿在民事诉讼的整个过程中,或者在重要的诉讼阶段,对民事诉讼活动起指导作用的根本性准则。民事诉讼法基本原则是立法者制定法律的指导思想和要求,是本部门法的精神实质和价值要求的集中体现,是民事诉讼法条文活的灵魂。基本原则也是对人民法院、当事人的诉讼地位以及相互关系,审判活动与诉讼活动应当恪守的基本规则和活动方式的基本定位。

民事诉讼法的基本原则不同于民事诉讼法的一般规范以及基本制度,相比之下,基本原则具有三个显著的特征:

第一,根本性。民事诉讼法的基本原则是制定民事诉讼法的各项具体程序、制度、规则的基础,各项具体程序、制度、规则是基本原则的具体化。各项具体程序、制度和规则应当符合基本原则的要求,不得与基本原则相抵触、相冲突。与此同时,基本原则也是人民法院进行审判活动、当事人以及其他诉讼参与人进行诉讼活动必须遵守的基本准则。

第二,抽象性。民事诉讼法的基本原则是一种抽象的规范,它并不具体地规定民事审判主体、当事人及其他诉讼参与人在诉讼中的权利义务,也不具体规定某项程序的操作,而是对民事诉讼法最基本的问题作出高度概括的规定,是基于对民事诉讼活动一般规律的总结概括所作出的规定。

第三，宏观指导性。由于民事诉讼法的基本原则具有根本性和抽象性，因而对整个民事诉讼法的实施而言具有高度的涵盖性，对于所有民事诉讼法律关系的主体进行诉讼活动具有宏观指导作用，为人民法院的审判活动和当事人、其他诉讼参与人的诉讼活动指明方向，使整个民事诉讼活动符合民事诉讼法的基本要求。

民事诉讼法的基本原则应同时具备以上特征。

二、基本原则的意义

民事诉讼法基本原则在民事诉讼中占据极为重要的地位，无论是对民事诉讼立法，还是对诉讼活动过程，都发挥着重要的作用和效能。具体而言，民事诉讼基本原则的意义主要体现在以下方面：

第一，有利于准确理解我国的民事诉讼法。

学习和掌握基本原则，有助于完整、准确地理解我国民事诉讼各项程序制度的内在含义，真正把握民事诉讼法的立法精神，并且指导民事诉讼主体在具体的诉讼过程中贯彻执行民事诉讼法。

第二，有利于人民法院正确行使审判权。

理解并掌握基本原则，有助于审判人员正确地理解民事诉讼法，依法保障当事人的合法权益，准确认定案情和适用法律，减少错案发生的可能；同时，理解和掌握基本原则，有助于当事人和其他诉讼参与人依法行使诉讼权利、履行诉讼义务，从而使人民法院准确查明案情，及时解决纠纷。

第三，有利于正确处理实践中出现的新问题。

作为民事诉讼立法精神的体现，基本原则为解决民事审判实践中出现的新问题提供了法律上的根据。由于社会生活丰富多彩，变化万千，一部民事诉讼法典不可能全部包容，因而在司法实践中遇到法律条文没有明确规定的情况时，只有依照基本原则的内容去解决才不会违反立法精神，才能维护国家法制的统一。

三、基本原则的分类

关于基本原则的分类问题，我国民事诉讼理论界一直存在争议。多年来，教科书一般是以《民事诉讼法》的第一章为依据，将第一章除任务、适用范围之外的内容都作为基本原则，共列出十几项基本原则。并通常将这些基本原则分为两大类：第一类是根据宪法原则，参照人民法院组织法的有关规定制定的基本原则。例如审判权由人民法院行使原则，以事实为根据、以法律为准绳原则等。这类基本原则的特点是它不仅适用于民事诉讼，而且也适用于刑事诉讼和行政诉讼，正因为如此，这些原则就成为宪法、人民法院组织法、民事诉讼法、刑事诉讼法、行政诉讼法共有的基本原则，简称共有原则。根据《民事诉讼法》第一章的规定,这些原则包括:民事案件的审判权由人民法院行使原则;人民法院依法对民事案件进行独立审判原则;以事实为依据、以法律为准绳原则;使用民族语言文字进行诉讼原则;民族自治地方制定变通或补充规定原则。第二类是根据民事诉讼的特殊规律和要求制定的基本原则,反映了民事诉讼的特殊性,只适用于民事诉讼,例如辩论原则、处分原则等,因此是民事诉讼法的特有原则,简称特有原则。

近年来,民事诉讼法学界在研究民事诉讼特有原则时,摆脱了以注释法学研究基本原则的传统方法,从理论上以民事诉讼的特点和规律为依据,研究了我国民事诉讼法尚未规定的原则,例如直接原则、一事不再理原则、管辖恒定原则等。与此同时,学术界也对我国民事诉讼法已经规定的一些原则提出了异议,例如支持起诉原则,认为其作用主要发生在起诉之前,不可能在民事诉讼中具有根本性地位,因而不能作为民事诉讼法的基本原则。

关于民事诉讼法基本原则的分类,在理论上还有必要进一步研究和讨论。以下仅对民事诉讼中具有根本性地位的特有基本原则进行阐述。

第二节 当事人诉讼权利平等原则

一、当事人诉讼权利平等原则的含义

我国《民事诉讼法》第 8 条规定:"民事诉讼当事人有平等的诉讼权利。人民法院审理民事案件,应当保障和便利当事人行使诉讼权利,对当事人在适用法律上一律平等。"该条规定确立了当事人诉讼权利平等原则以及这一原则的基本内容。

当事人诉讼权利平等原则是宪法规定的"公民在法律面前一律平等"原则在民事诉讼中的贯彻和具体体现,也是民事实体法规定的权利平等原则在民事诉讼中的必然要求。因而这一原则是民事诉讼法原则体系中的首要原则。在民事诉讼中,双方当事人平等体现了民事诉讼对抗式结构的特点,是程序公正的基本要素,这一原则的贯彻有利于人民法院通过双方当事人的对抗,发现争议的焦点和案件真实,作出公正的裁判。

二、当事人诉讼权利平等原则的内容

当事人诉讼权利平等原则包括以下内容:

(一) 当事人享有平等的诉讼权利

民事诉讼当事人不论是自然人还是法人或其他组织,也不论其社会地位高低,政治倾向如何,性别、民族、文化程度有何差异,其诉讼地位是平等的,均享有

平等的诉讼权利,不允许一方当事人享有多于另一方的权利甚至特权,也不允许一方当事人只承担诉讼义务而不享有诉讼权利。人民法院在诉讼中不得对任何当事人加以歧视和非法限制,也不得给予当事人法律规定以外的特权。

当事人诉讼权利平等的基础在于当事人在民事法律关系中的地位完全平等。在民事法律关系中,当事人的民事地位是平等的,为了保障这种实体上的平等能够在诉讼中实现,法律赋予当事人平等的诉讼权利。

当事人诉讼权利平等,主要表现为在诉讼中他们有均等的机会和手段维护自己的请求和主张,而不是说当事人的诉讼权利完全相同,或者行使权利的手段一模一样。事实上,由于当事人双方在诉讼中的具体地位不同,他们的诉讼权利不可能完全一样,但这并不妨碍他们在实现自己请求和主张时的手段和机会均等。例如,原告起诉后,被告虽然不能再起诉,但他可以通过答辩和反驳对抗原告的请求;同时被告还可以对原告提起反诉。在开庭审理前,被告有权了解原告的指控,原告也有权了解被告针对自己指控提出的答辩。这些诉讼权利的表现形式虽然不同,但在本质上是平等的。当然,也有些诉讼权利对当事人双方来说是完全相同的,例如,委托诉讼代理人、申请回避、收集提供证据、进行辩论、提起上诉的权利,等等。

根据权利义务对等的原则,当事人双方平等地享有诉讼权利,意味着他们必须平等地履行诉讼义务。事实上,当事人所履行的诉讼义务很多是为了保障对方诉讼权利的实现。一方当事人诉讼权利的实现常常需要以对方当事人履行一定诉讼义务为前提条件。因此,只有在平等地享有诉讼权利的同时平等地履行诉讼义务,才能使当事人诉讼权利平等、诉讼地位平等成为现实。

(二)人民法院有责任保障和便利当事人行使诉讼权利

当事人双方诉讼权利平等,这仅仅是法律规定,能否使之成为现实,关键在于人民法院是否在诉讼中尽到了自己的责任。我国民事诉讼法明确规定,人民法院审理民事案件,应当保障和便利当事人行使诉讼权利。保障和便利当事人行使诉讼权利是人民法院审判民事案件的职责。当事人所享有的诉讼权利是法律赋予当事人的,不是人民法院更不是人民法院的审判人员恩赐的,人民法院及其审判人员只有保障和便利当事人行使诉讼权利的职责,没有限制、偏袒一方当事人的权力。

保障当事人行使诉讼权利,一方面要求人民法院在诉讼中为当事人行使诉讼权利提供机会,使当事人的诉讼权利能够充分行使,而不致发生障碍。例如,在合议庭组成人员确定后,应当在3日内告知当事人双方,使他们有时间考虑是否申请审判人员回避;决定开庭审理的案件,人民法院应当在开庭3日前将传票送达当事人,使当事人有充足的时间准备出庭诉讼。另一方面要求在当事人行使诉讼权利存在实际困难时,人民法院应当尽量创造条件,提供方便,使其诉讼权利有可能实现。例如,当事人书写诉状有困难时,可以允许他们口头起诉;当事人不通晓诉讼当地语言文字的,人民法院应当为他们提供翻译;对于地处边远地区、交通不便的当事人,人民法院应根据实际可能,巡回审理,到当事人住所地办案;对那些缺乏法律知识的当事人,人民法院更应当详细告知其诉讼权利义务并及时提醒其行使诉讼权利。

(三)对当事人在适用法律上一律平等

民事诉讼法规定当事人诉讼权利平等,人民法院应当保障和便利当事人行使诉讼权利,其目的在于使当事人合法的实体权益得到公正的保护,这就进一步要求人民法院对当事人在适用法律上一律平等,不允许厚此薄彼。

对当事人在适用法律上一律平等,既是保护当事人具体的合法权益的需要,也是我国社会主义法制原则的根本要求。

当事人诉讼权利平等原则广泛适用于各种类型的民事诉讼案件,并且适用于民事诉讼的各个阶段,这一原则是民事诉讼中具有特别重要意义的基本原则之一。

第三节 同等原则与对等原则

同等原则与对等原则是关于外国人和无国籍人在我国进行民事诉讼所适用的基本原则。我国《民事诉讼法》第5条规定:"外国人、无国籍人、外国企业和组织在人民法院起诉、应诉,同中华人民共和国公民、法人和其他组织有同等的诉讼权利义务。外国法院对中华人民共和国公民、法人和其他组织的民事诉讼权利加以限制的,中华人民共和国人民法院对该国公民、企业和组织的民事诉讼权利,实行对等原则。"这一规定就是同等原则与对等原则的法律依据。

一、同等原则

同等原则,指一国公民在另一国进行民事诉讼,只要遵守诉讼法院国家的法律,就能够根据法律的规定,同等地享有诉讼权利,承担诉讼义务,受诉法院应该对他和本国人一样,给予同等对待。这是国际法上"国民待遇原则"在民事诉讼领域的体现。

诉讼权利同等原则,是国家间基于平等互惠关系普遍采用的诉讼原则。我国在同各国发展关系时,一贯坚持独立自主的外交政策和"和平共处"的五项原则。因此,我国《民事诉讼法》第5条第1款规定了诉讼权利同等原则,即外国人、无国籍人、外国企业和组织在我国领域内进行民事诉讼,其诉讼权利义务与中国公民、法人和其他组织平等,不给予歧视、限制或不适当的优惠。同等原则的确立,不仅反映了国家之间的友好关系,还对促进本国与外国的友好往来,正确处理涉外民事案件有着积极的作用。

对于同等原则,应从两个方面加以理解:一是外国当事人有无诉讼权利能力和诉讼行为能力,依照我国法律来确定,而不以其本国法律来确定他的当事人资格。二是外国当事人在我国进行起诉、应诉等诉讼活动,和中华人民共和国公民、法人和其他组织享有同等诉讼权利,承担同等的诉讼义务,不因为他们不具有中国国籍而限制其某些诉讼权利或者对其增加诉讼义务。

二、对等原则

在国际关系中,由于各国对外政策的不同有时会出现一国对他国公民、企业和组织的诉讼权利予以限制和增加诉讼义务的现象,在这种情况下,受限制的一方可以采取有限的回击措施,这就是对等的含义。

民事诉讼的对等原则,是指外国法院对我国公民、企业和组织的诉讼权利予以限制和增加诉讼义务的,我国法院对该国公民、企业和组织也采取相应的限制措施。

实行对等原则,以限制抵销限制,是得到国际法认可的、国际上通行的一种做法,其目的仍然在于追求平等互惠。因此,尽管互惠与对等的实质意义不同,但它们在涉外诉讼中起着相同的作用,具有相同的效果,因此有人把对等原则也称作对等互惠原则。

对等与互惠,不仅适用于处理与一般外国人、外国企业和组织的关系,而且也是处理司法豁免权问题的准则。我国在涉外民事诉讼中采用对等原则,正是为了促进国家之间在涉外案件的审理中积极实行不加限制的互惠。

同等原则与对等原则之间联系密切。同等原则赋予外国当事人同等的诉讼地位,是基于国民待遇原则而普遍适用的。而对等原则的适用是有前提条件且有针对性的,是我国法院针对本国当事人受到他国法院不公正对待时对该国采取的相应的回击措施,其目的在于促使他国取消限制,实现同等原则。因此,同等原则是目的,对等原则是同等原则的必要补充和保障手段。

第四节 辩论原则

一、我国辩论原则的含义和内容

我国《民事诉讼法》第12条规定:"人民法院审理民事案件时,当事人有权进行辩论。"本条规定确立了我国民事诉讼中的辩论原则。

辩论,指当事人在民事案件审理过程中依法对案件事实和争议问题各自陈述自己的主张和观点,反驳对方的主张和观点的一种诉讼活动,是当事人依法获得的支持自己诉讼主张的重要手段。辩论原则,是指当事人在民事案件审理过程中有权就案件事实和争议问题相互辩论,人民法院通过当事人的辩论来明辨是非,从而作出裁判的一项诉讼准则。辩论原则的确立,有助于当事人充分行使辩论权,积极地参与诉讼,通过辩论来阐明自己的主张和理由,全面揭示案件的事实,从而维护自己合法的民事权益。

具体来说,辩论原则的主要内容包括以下几个方面:

(1) 辩论原则建立在双方当事人平等的基础上。民事诉讼双方当事人具有平等的法律地位,法律地位的平等,决定了双方诉讼权利的平等。法律地位和诉讼权利的平等性,为当事人充分行使辩论权提供了基础。同时,辩论原则又是当事人法律地位和诉讼权利平等的重要体现。在当事人的诉讼权利中最具实际意义的便是陈述自己主张,反驳对方主张的权利,也就是辩论权利。辩论原则从法律上确认了当事人双方享有辩论权,使当事人双方的攻击与防御得以有效进行,并使当事人双方法律地位的平等得到了进一步落实。

(2) 辩论的内容广泛。在民事诉讼中,当事人辩论的内容相当广泛,他们可以就实体争议问题进行辩论,也可以就程序问题进行辩论;可以就案件事实进行辩论,也可以就有关证据的真伪进行辩论;可以就某一事实的认定进行辩论,也可以就有关法律的适用进行辩论。总之,凡是与案件有关的事实和争议问题,当事人均可陈述自己的观点,进行辩论。

(3) 辩论原则适用于民事诉讼的全过程。自人民法院受理案件之时开始,当事人就有权陈述自己的诉讼请求和辩论意见,直到诉讼终结之前,当事人双方均可行使辩论权。辩论原则不仅在第一审程序中适用,而且在第二审程序、审判监督程序中也同样适用。开庭审理过程中的质证和法庭辩论,更是辩论原则最明显、最集中的体现,但辩论原则并不仅限于法庭审理阶段,而是贯穿从起诉到诉讼终结的全过程。人民法院应当在整个民事诉讼过程中保障和尊重当事人的辩论权,以保证辩论原则在诉讼的任何阶段都能得到切实的贯彻。

(4) 辩论的方式可以是口头辩论也可是书面辩论。当事人行使辩论权,既可以以书面方式进行,如原告提交起诉状,被告提交答辩状或反诉状等;也可以通过口头的方式进行,如开庭审理中当事人进行的口头辩论;还可以通过依法提出某种异议的方式(例如管辖权异议)进行辩论。此外,当事人的辩论既可以表现为前述的主动明示行为,也可以表现为被动默示行为——对相对方主张的承认或者默认。但不论在哪一个审判程序中,也不论采取哪一种方式,都不能超越和替代法庭辩论。法庭辩论既是法定的审判程序,也是辩论原则的集中体现,凡是当事人主张的事实和理由,都必须在法庭上提出并经当事人质证和辩论。否则,不产生法律上的效果。

民事诉讼中的辩论原则不同于刑事诉讼中的辩护原则:首先,前者建立在原告和被告诉讼权利平等的基础之上,且诉讼中当事人处于对立的地位;后者建立在公诉权与辩护权分立的基础上,检察机关代表国家以公诉人的身份对刑事犯罪嫌疑人、被告人行使追诉权,犯罪嫌疑人、被告人处于受控诉和受审判的地位;其次,民事诉讼当事人辩论的内容非常广泛,既可以是案件实体问题,也可以是程序问题,既可以就案件事实问题进行辩论,也可以就法律适用问题进行辩论;刑事辩护则是针对检察机关的指控而就犯罪嫌疑人、被告人无罪、罪轻、减轻处罚或免除罪责进行反驳和辩解;再次,民事诉讼中的当事人不仅可以相互反驳、争辩,被告还有权对原告提出反诉;刑事诉讼中的被告人则始终处于受审的地位,不能对公诉人提出反诉。

二、辩论原则与辩论主义的区别

辩论原则和辩论主义虽然都有当事人享有辩论权并受法律保护之意,但就其内涵及功能而言,二者具有很大区别。辩论主义是西方国家普遍采用的民事诉讼立法指导原则,它所强调的是诉讼审理所需要的主要事实及证据材料,均应由当事人提出,法院裁判应建立在当事人辩论的基础之上。辩论主义界定了民事诉讼中法院和当事人的基本关系。

具体来讲,辩论主义的基本含义包括三个方面:(1) 直接决定法律效果发生或消灭的事实必须在当事人的辩论中出现,没有在当事人辩论中出现的事实不能作为法院裁判的依据。(2) 当事人一方提出的事实,对方当事人无争议的,法院应将其作为裁判的依据,无须调查其真伪。(3) 法院对案件中事实及证据的调查只限于双方当事人在辩论中所提出的证据。

由此可见,辩论原则和辩论主义存在明显的区别。我国民事诉讼法中的辩论原则侧重于规定当事人的辩论权,将这一诉讼权利的内容、范围及行使的方式等加以明确,体现了我国职权主义模式下对当事人辩论权的尊重,但辩论的结果与法院裁判的关系,辩论原则并未界定。因此,法院裁判可以不受当事人的主张及所提出的证据的约束,从而当事人的辩论对诉讼结果的影响也就十分有限。正如有的学者所指出的,我国的辩论原则缺乏实在的内容,不具有刚性的作用①,实际上成为一种非约束性或非实质性原则,从而导致了辩论原则的"空洞化"。② 而辩论主义则从根本上界定和规范了当事人的辩论与法院裁判的关系,将法院的裁判基础严格限定在当事人主张和辩论的范围内,充分尊重当事人的辩论意见,保障当事人的辩论权,使辩论程序发挥其应有的作用,也使当事人对自己实体权利和诉讼权利的处分权真正得到体现。也就是说,辩论主义是具有

---

① 张卫平:《我国民事诉讼辩论原则重述》,载《法学研究》1996 年第 6 期。
② 章武生:《司法现代化与民事诉讼制度的建构》,法律出版社 2000 年版,第 180 页。

约束性的辩论原则,它对裁判的形式和法院的行为均具有很强的约束力。

辩论并不是诉讼的目的,而是达到查清案件事实、解决民事纠纷、保护当事人合法权益的必要手段。为了保证法院公正地审判民事案件,应将判决和裁定建立在牢固的客观事实基础之上,作为定案根据的事实,应当在开庭审理中经当事人当庭质证、辩论无误后方可采用。也就是说,不论是当事人按照举证责任的要求提供的证据,还是人民法院依法调查收集的证据,都必须在开庭审理时按照法定的方式提交法庭,由双方当事人进行质证和辩论。没有经过法庭质证和辩论的事实不能作为人民法院认定案件事实的根据。"法院或法官判断的依据被限制在言词辩论中当事人主张的范围内。"[①]

第五节 处分原则

一、处分原则的含义

我国《民事诉讼法》第 13 条第 2 款规定:"当事人有权在法律规定的范围内处分自己的民事权利和诉讼权利。"这是处分原则的确立根据。

处分原则,是指当事人有权在法律规定的范围内自主决定是否行使以及如何行使自己享有的诉讼权利和实体权利,其处分行为受到人民法院普遍尊重的一项基本准则。处分原则包含以下基本内容:

(1) 处分原则以民事实体法的意思自治原则为基础。

在现代社会,几乎所有国家的民事诉讼法都确立了处分原则(或称处分权主义),这是因为民事纠纷是发生在当事人之间的民事实体权利义务的争议,而民事实体法确立并贯彻意思自治原则。意思自治在民事纠纷解决领域的具体体现即处分原则,诉讼上的处分权源自这种实体处分权,当事人既然可以处分自己的实体权利,那么在诉讼中当事人当然可以处分自己的诉讼权利。意思自治原则是处分原则赖以存在的基础和前提。

(2) 处分的对象包括民事权利和诉讼权利。

根据当事人意思自治的原理,当事人对自己所享有的实体权利和诉讼权利都可以处分。在实体权利方面,当事人可以自主决定审理的对象和范围,如当事人在起诉和答辩时,可以自由地确定起诉什么;原告在诉讼过程中,可以变更、放弃诉讼请求,被告可以承认或者反驳原告的诉讼请求等。在诉讼权利方面,当事人对诉讼的启动、推进和终结均拥有处分权。

在诉讼中,当事人对实体权利和诉讼权利的处分常常是结合在一起的,例

---

① 张卫平:《程序公正实现中的冲突与衡平》,成都出版社 1992 年版,第 2 页。

如，当事人在诉讼中承认了对方的实体请求，即承认对方主张的实体权利，这意味着放弃自己原来关于实体权利的主张。这种对实体权利的放弃处分，会使相应的诉讼程序没有必要继续进行，从而导致诉讼程序终结，结果该当事人也就实际上放弃了有关的诉讼权利。需要指出的是，当事人对自己权利的处分既可以是全部处分，也可以只处分其中一部分；既可以作放弃式的消极处分，也可以作请求式的积极处分；既可以是明示的，也可以是默示的（例如在法定期限内不上诉）。

（3）处分原则贯穿于诉讼的全过程。

处分行为的表现方式多样，适用范围广泛，而且贯穿于诉讼的全过程。无论在审判的各个阶段，还是在执行阶段，当事人均有权处分自己的权利。当事人的民事权益受到侵犯或者与他人发生争议后，是否起诉，以及在什么范围内起诉，由当事人自行决定。在一审程序中，原告有权撤诉，被告有权提出反诉，当事人双方都有权自认；在二审程序中，上诉人可以撤回上诉；无论在一审程序或者二审程序中，当事人均有权请求调解；在执行程序中，双方当事人有权自行和解。这些都是处分原则的具体体现。当然，当事人某些诉讼权利具有一定的阶段性特点，因而，只有在相应的诉讼阶段才能处分，在这些阶段以外当事人不享有处分权。例如，请求调解只能在判决前进行，一旦人民法院判决宣告，当事人便不能再请求该人民法院调解了。

（4）当事人行使处分权应当依法进行。

我国民事诉讼中的处分原则赋予当事人广泛的处分权，但并不意味着当事人可以绝对自由地处分，不受任何限制。我国《民事诉讼法》第13条明确规定："当事人有权在法律规定的范围内处分自己的民事权利和诉讼权利。"根据这一规定，当事人行使处分权应依法进行。在我国，对于当事人的处分行为是否合法，由人民法院进行审查。凡符合法律的基本原则而且不损害国家、社会和他人合法权益的，人民法院应予批准，该处分行为具有法律上的效力；否则，不予批准，该处分行为无效。

二、当事人处分权与法院审判权的关系

由于受诉讼模式及传统诉讼观念的影响，我国的民事诉讼立法和司法实务一直很强调国家干预，当事人虽然享有广泛的处分权，但如果人民法院认为超出了法律允许的范围，损害了国家、社会和他人的合法权益，该处分行为将不产生法律上的效力。这是我国处分原则的重要特征。尤其是"法律规定的范围内"抽象、模糊而不易把握，为国家干预提供了依据和理由，而人民法院过多的职权干预不仅直接限制了当事人的处分权，而且极易打破当事人之间的平衡，使人民法院失去中立性，并进而损害程序公正。正因如此，有学者认为，我国的处分原则实际上一直处于"非原则"或"半睡眠"的状态①,没有充分或真正发挥其作为基本原则的作用。

我国诉讼体制改革应当与经济体制改革相适应,社会主义市场经济强调平等民事主体的意思自治,减少和弱化国家对民事领域的干预;相应的,在诉讼体制改革中也应向着法院职权干预的弱化、当事人处分权加强的趋势发展,真正实现当事人在诉讼中的主体地位。为了达到这种要求,根据市场经济条件下民事诉讼的特点和规律,根据处分原则与民法上意思自治的内在关系,当事人在民事诉讼中应当有权支配自己的民事权利和诉讼权利。诉讼只能依当事人行使处分权而开始,具体的程序如保全、上诉、撤诉等也应由当事人决定;诉讼请求的范围应由当事人自行确定,当事人没有请求的事项人民法院不应审理和裁判;当事人可以在诉讼中变更、撤回和追加诉讼请求;原告可以放弃已经提出的诉讼请求,被告可以承认原告提出的诉讼请求,双方当事人可以在民事诉讼中自行和解或达成调解协议。

人民法院在对当事人的处分行为进行审查时,应当注意充分尊重当事人的处分权,切实保障当事人的处分权。在当事人不能正确理解和认识处分权的意义时,应当为当事人进行必要的解释、提示和指导,以保证当事人在正确认识处分权的基础上行使,而不应借口国家干预横加干涉。同时,在当事人误解或歪曲处分原则的情况下,人民法院应进行必要的监督,以防止处分权的不当扩张和滥用。也就是说,当事人的处分权与人民法院的审判权在诉讼中的关系是:当事人处分权的行使对人民法院的审判权具有实质的约束力,在当事人意思自治的领域内,人民法院必须尊重当事人的选择。人民法院的审判权应当保障当事人处分权的充分实现。唯有如此,处分原则才具有法律意义。

第六节 法院调解原则

一、法院调解的性质与功能

法院调解,又称诉讼调解,是指在诉讼过程中,在人民法院的主持下,发生争议的双方当事人自愿协商,达成协议、解决纠纷的活动。依据我国民事诉讼法的规定,法院调解是人民法院审判民事案件、解决民事纠纷的重要方式。

我国民事诉讼法所规定的法院调解原则,是对自新民主主义革命时期以来司法工作成功经验的总结。我国历来重视对民事案件的调解工作,早在革命战争时期出现的"马锡五式审判方式",就将调解列为民事审判工作的重要方针;新

---

① 张卫平:《民事诉讼处分原则重述》,载《现代法学》2001年第5期。

中国成立以后,最高人民法院于1956年又提出了"调查研究、调解为主、就地解决"的十二字方针,后又发展为"依靠群众、调查研究、调解为主、就地解决"的十六字方针,均将调解作为解决民事纠纷的主要方式,这一做法一直延续到20世纪70年代末。1979年后,民事诉讼立法工作启动,为防止过分强调调解带来的弊端(削弱法院的审判功能、片面追求调解率而强迫或变相强迫调解、损害当事人的诉权及处分权等),1982年颁布的《民事诉讼法》(试行)将"调解为主"修改为"着重调解"的原则。1991年修订颁布《民事诉讼法》时,在进一步总结经验和教训的基础上,规定了"自愿、合法"的调解原则,即人民法院审理民事案件,应当根据自愿和合法的原则进行调解,调解不成的,应当及时判决。

作为一种充分体现当事人合意的纠纷解决方式,法院调解具有以下功能:

(1) 有利于彻底解决纠纷。法院调解建立在处分原则的基础上,双方当事人在法院的主持下,平等协商,充分对话,交换对案件事实及有关证据的意见。经过对自身利益及实体结果的权衡与评价,自愿与对方当事人达成协议,充分体现了对自己实体权利和诉讼权利的处分。以调解的方式解决纠纷,通常是双方当事人消除分歧与隔阂、互谅互让的结果,因此,以这种方式解决纠纷比较彻底。

(2) 有利于当事人之间关系的和谐。与判决不同,法院调解为当事人提供了比较充分的协商与对话的机会,为当事人解决纠纷营造了"友好的氛围",双方当事人在自愿的前提下各自做出一定的让步,达成双方都认为比较公平和满意的调解协议。事实证明,以这种方式解决纠纷,更有利于保持当事人之间的和谐关系。

(3) 有利于提高诉讼的效率。法院调解可适用于诉讼的各个阶段,调解的程序也比较灵活简便。双方当事人只要经自愿协商达成了调解协议,随时可能结束诉讼程序。调解书经双方当事人签收后立即生效,不存在上诉问题,可提高诉讼的效率。同时,由于调解协议是双方当事人平等协商的结果,因此,大多数当事人都能够自觉履行而不必启动强制执行程序,有效地节约了司法资源。

二、法院调解原则的内容

根据民事诉讼法及司法解释的规定,我国的法院调解原则包括下列内容:

(1) 法院调解原则以当事人的处分权为基础,是处分权的重要体现。

根据处分原则,当事人依法享有对实体权利和诉讼权利的处分权,这为双方当事人相互作出让步和妥协,从而达成协议、解决争议提供了前提和诉讼空间。因此,当事人依法享有的处分权是法院调解原则能够产生和存在的客观基础。

同时,当事人之间在人民法院主持下自愿协商,达成协议,解决纠纷,是当事人行使处分权的重要表现形式。可以说,调解的过程,就是当事人双方相互不断妥协、纠纷不断消除的过程,在这一过程中,没有当事人对民事权利的处分行为是不可能的。同时,法院调解又为当事人行使处分权创造了条件和机会,使之能够对诉讼的进程乃至诉讼的结果发生重要的影响。

(2) 法院调解应当坚持自愿、合法原则。

自愿合法,是人民法院进行调解时必须遵循的原则。所谓自愿,是指当事人双方都愿意接受人民法院的调解,并且调解协议的达成必须是自愿的。根据我国民事诉讼法规定的精神,人民法院应当在当事人双方都接受的前提下才能开始调解。就一般民事案件而言,调解不是诉讼的必经程序,如果当事人一方不愿接受法院调解,调解程序就不应启动,人民法院既不得强迫当事人接受调解方式,更不得强迫当事人违心地达成调解协议。

所谓合法,是指人民法院对民事案件进行调解时必须依法进行,在程序上不得违反自愿原则,在实体上调解协议的内容不得违反法律的基本精神,不得损害国家、社会和他人的合法权益。

(3) 调解不成,应及时判决。

调解,必须在当事人自愿的基础上进行,调解协议应当是当事人双方共同的真实意愿的体现。如果当事人不愿接受调解方式或经调解无法达成协议,人民法院应当及时判决,不能久调不决。

人民法院的全部调解工作应当在自愿与合法的前提下进行。在我国当前民事审判实践中应当注意克服不尊重当事人意愿,片面追求调解结案率,调解不成就久拖不决,甚至采取强迫、威逼的手段要求当事人接受调解方案的做法。在调解过程中当事人表明不愿继续接受调解时,应通过审判,及时作出判决。

(4) 调解普遍适用于诉讼案件的各个审判阶段。

调解原则是人民法院进行民事审判时应当遵循的重要原则,广泛适用于民事案件的各个审判阶段。即在第一审程序中,开庭审理前法院可以主持调解,开庭审理辩论结束后,法院还可以主持调解;在第二审程序、审判监督程序中,人民法院均可以进行调解。

三、调解原则的适用

(一) 法院调解的适用范围

根据民事诉讼法的规定,对于有可能通过调解解决的民事案件,人民法院应当尽量多做调解工作。这是民事案件的性质、特点决定的。

法院调解作为民事诉讼法的一项基本原则和人民法院解决民事纠纷的一种重要方式,在民事诉讼中具有广泛的适用性。从适用的法院来看,各级各类人民法院审理民事案件都可以进行调解。从适用的案件看,凡具备调解可能的民事案件,在当事人自愿的基础上都可以进行调解。一般来说,调解最适合用于处理法律关系需要修复的纠纷,例如婚姻家庭、相邻关系以及双方有着某种合作关系的纠纷。

根据《民诉法解释》第143条的规定,适用特别程序、督促程序、公示催告程序的案件,婚姻等身份关系确认案件以及其他依案件性质不能进行调解的案件,人民法院不予调解。适用特别程序、督促程序、公示催告程序的案件没有调解的基础和可能;婚姻等身份确认案件必须严格依照法律规定审理,民事实体法也不允许当事人对身份关系中的权利自由处分,因而没有调解的基础;其他依案件性质不能调解的案件,例如社会关注的需要通过审判形成新的市场交易规则、规范商事行为以及发挥判决的示范效应,这类案件以调解的方式解决容易模糊是非,丧失原则,既不符合实体法的规定,也会影响司法的公信力。

(二)调解的主体

根据我国《民事诉讼法》第94条的规定,人民法院调解民事案件,可以由审判员一人主持,也可以由合议庭主持。调解的主体一般为人民法院的法官。

但根据《关于人民法院民事调解工作若干问题的规定》(以下简称《调解规定》)第3条的规定,人民法院在调解程序中,可以邀请与当事人有特定关系或者与案件有一定联系的企业事业单位、社会团体或者其他组织,和具有专门知识、特定社会经验、与当事人有特定关系并有利于促成调解的个人协助调解工作。如当事人所在单位有威信、明事理的负责人、同事,村(居)委会成员、人民调解员、司法助理员(法律服务所所长)、专家、学者,以及亲朋好友等。他们当中有的人与当事人工作、生活、学习在一起,对情况比较熟悉,对纠纷比较了解;有的人在某个方面具有专门知识或技能,具有一定的威望。由他们协助人民法院做调解工作,有利于对当事人进行思想教育和疏导工作,顺利解决当事人之间的争议。这是人民法院调解吸收人民群众广泛参与,借助社会力量促成调解成功的行之有效的方式。

《调解规定》同时还规定,经各方当事人同意,人民法院可以委托上述单位或者个人对案件进行调解,达成调解协议后,人民法院应当依法予以确认。该规定在立法的基础上对主持调解的主体有所扩大。由有关单位或者个人主持对案件进行调解,须具备三个条件:第一,须经各方当事人一致同意;第二,须经受诉人民法院委托;第三,对当事人达成的调解协议,人民法院应当依法予以审查,只要调解协议不违反法律禁止性规定,不损害国家利益、社会利益和他人合法利益,人民法院应当确认其效力。

(三)法院调解的方式

与审判需遵循严格的程序和方式不同,调解的过程是当事人合意解决纠纷的过程,因而其方式比较灵活。根据《民诉法解释》第146条的规定,调解的过程不公开,当事人同意公开的除外。这是为了保证当事人不至于因担心公开进行会泄露商业秘密、个人隐私或者不愿意透露的想法,而影响了他们之间的自由协商。主持调解的法官和参与调解的人员,也相应地有保守秘密的义务。很多国家的民事诉讼法都对此作出了规定,如美国、德国、日本、韩国、挪威等。

根据审判实践经验,《调解规定》第7条第2款规定:"调解时当事人各方应当同时在场,根据需要也可以对当事人分别作调解工作。"当事人各方同时在场,便于他们开诚布公地把自己的想法和意见说出来,与对方进行直接的交流;但有的案件当事人之间矛盾较大,双方都在场容易产生对立情绪,反而不利于调解。针对这种情况,法官需分别做当事人的调解工作,进行"背靠背"的调解,即双方当事人不见面,由法官分别在当中穿梭斡旋。总之,应根据案件的具体情况选择恰当的方式。

调解中,当事人可以自行提出调解方案,主持调解的人员也可以提出调解方案供当事人协商时参考。

(四)调解协议的效力

根据民事诉讼法的规定,双方当事人达成调解协议后,人民法院应制作调解书。调解书经双方当事人签收后,即发生法律效力。但根据《民事诉讼法》第98条的规定,下列情形可不制作调解书:(1)调解和好的离婚案件;(2)调解维持收养关系的案件;(3)能够即时履行的案件;(4)其他不需要制作调解书的案件。对不需要制作调解书的协议,应当记入笔录,由双方当事人、审判人员、书记员签名或者盖章后,即具有法律效力。

《调解规定》第13条规定:"当事人各方同意在调解协议上签名或者盖章后生效,经人民法院审查确认后,应当记入笔录或者将协议附卷,并由当事人、审判人员、书记员签名或者盖章后即具有法律效力。当事人请求制作调解书的,人民法院应当制作调解书送交当事人。当事人拒收调解书的,不影响调解协议的效力。一方不履行调解协议的,另一方可以持调解书向人民法院申请执行。"根据这一规定,调解达成协议不需制作调解书的案件,当事人各方在调解协议上签名或盖章后即生效,即使人民法院应当事人请求制作调解书,也不影响调解协议的生效时间。

调解书或调解协议的法律效力同于判决书的法律效力。在实体法上,当事人之间争议的民事权利义务关系将依调解协议的内容而确定。在诉讼法上,因调解结案,从而结束了本案的诉讼程序。根据民事诉讼法的规定,调解协议生效后,当事人不得对案件提出上诉。一方当事人拒绝履行调解协议内容的,对方当事人可以向人民法院申请强制执行。

第七节 诚实信用原则

一、诚实信用原则的含义

诚实信用原则,又称诚信原则,是指人民法院、当事人及其他诉讼参与人在进行诉讼和审判活动时必须公正、诚实和善意。我国《民事诉讼法》第13条第1款规定"民事诉讼应当遵循诚实信用原则"。

诚信原则作为民事实体法上的基本原则由来已久,自罗马法以后,世界上许多国家都在民法典中确立了这一原则。但在民事诉讼法中是否应确立这一原则,却有过激烈的争论。在20世纪30年代,修改后的德国《民事诉讼法典》第一次规定了当事人的"真实义务",要求当事人应当完全真实地陈述案件事实。这一立法规定被认为是民事诉讼中诚信原则的具体体现。此后,诚信原则被许多国家的民事诉讼法承认并写入立法。在我国,对诚信原则的研究发端于台湾地区,大陆学术界直到近些年才开始对其进行研究。在民事诉讼实践中,随着恶意诉讼、虚假诉讼、故意拖延诉讼、虚假陈述、作伪证以及法官滥用自由裁量权等违反诚信原则的行为增多,在民事诉讼法中确立诚信原则得到了越来越多的理论界、立法界以及实务界人士的赞同。

我国在2012年《民事诉讼法》修改时,第一次将诚实信用原则作为民事诉讼的基本原则加以规定,这对于引导民事诉讼法律关系主体诚实和善意地进行诉讼活动,遏制民事诉讼中的虚假陈述、伪证、虚假调解、恶意串通损害他人利益、规避执行等现象,具有重要意义。《民诉法解释》则进一步明确了违反诚实信用原则的行为及其表现形式,增加规定了抑制不诚信行为的具体措施,进一步实现了诚实信用原则的正面倡导与违法失信行为的惩戒机制二者的结合。

二、诚实信用原则的主要内容

从各国民事诉讼法的一般规定看,诚信原则要求诉讼法律关系的主体实施诉讼行为应公正、诚实和善意,否则应根据诚信原则予以制约。根据有关理论研究成果和各国的司法实践,诚信原则的具体内容因主体的不同而有所不同。以下主要涉及当事人和法院两个方面。

(一)诚信原则对当事人的制约

诚信原则对当事人的制约具体体现在以下几个方面:

(1)排除以不正当方式形成的有利于自己的诉讼状态。在诉讼中,一方当事人为了自己的私利采取不正当的诉讼行为,从而形成了损害对方当事人的诉讼状态时,对方当事人应有权对此提出异议,法院应根据诚信原则否定当事人已实施的恶意诉讼行为,或依法对其进行制裁。例如当事人之间恶意串通,企图通过诉讼、调解等方式侵害他人合法权益,这是典型的不诚信行为,法院可依照我国《民事诉讼法》第112条的规定驳回诉讼请求,并可采取罚款、拘留等强制措施。

(2) 禁止诉讼权利的滥用。诉讼权利的滥用指当事人违背了诉讼权利设置的目的,假借行使诉讼权利来达到不正当的目的。例如当事人为拖延诉讼,没有理由和根据而申请回避、提出管辖异议、提起反诉等。对于这类诉讼行为,对方当事人可提出抗辩,法院也可根据诚信原则对其予以驳回。

(3) 禁反言。在诉讼中,禁止当事人和其他诉讼法律关系的主体作前后矛盾的陈述、实施前后矛盾的诉讼行为,如果前后不一致而可能给对方当事人造成不公平的结果,法院应根据诚信原则否定后进行的诉讼行为。

(4) 禁止虚假陈述。当事人在诉讼中应承担真实义务,不得作虚假陈述。当事人作虚假陈述会给法院正确判断案件事实设置障碍,妨碍公正审判,是严重违反诚信原则的行为。因此,应禁止当事人的虚假陈述,为其设置不利的诉讼后果。

(二) 诚信原则对法院或法官的制约

诚信原则对法院或法官行使审判权时的制约主要表现在:

(1) 禁止滥用自由裁量权。自由裁量权是法官在审理民事案件时,依法享有的对个案中的具体情形根据公平、正义的要求酌情作出决定的权力。法官在行使自由裁量权的过程中,被赋予一定的裁量余地和空间,如法官对实体法和程序法具体条文的选择适用、对证据的取舍、对证据证明力的判断等,都在一定程度上体现了法官的自由意志,法官应当根据法律的原则和精神,公正、诚实和善意地行使自由裁量权,不得滥用自由裁量权。滥用自由裁量权就违反了诚信原则。

(2) 禁止突袭性裁判。法官实施突袭性裁判的行为,是违反程序法的、直接侵害当事人合法权益的行为,必须制止。突袭性裁判的行为包括两大类:发现真实的突袭和适用法律的突袭。发现真实的突袭主要表现在:在当事人未能充分提供诉讼资料或充分陈述的情况下,或未能充分认识、预测法官所认定的事实,因而未能充分地攻击防御时,受到法院的裁判。适用法律的突袭主要是指法官就适用法律问题所作的突袭性判断。法官应当充分尊重当事人的程序主体地位,保证当事人在案件审理过程中享有攻击和防御的机会,突袭性裁判是必须禁止的。

在民事诉讼法中确立诚信原则,应在明确规定该原则内容的同时,规定相应的法律后果,将自律性和强制性有机结合起来。从国外的立法经验看,当事人违反诚信原则给对方造成损失的,应承担赔偿责任;或认定其法律行为、诉讼行为无效。法官违反诚信原则在程序上可成为当事人上诉的理由,给当事人造成损失的,也应承担国家赔偿责任。

第八节 检察监督原则

一、检察监督原则的含义

我国《民事诉讼法》第14条规定:"人民检察院有权对民事诉讼实行法律监督。"这是检察监督原则确立的法律依据。

我国《宪法》第129条和《人民检察院组织法》第1条规定,检察机关是我国的法律监督机关,有权对国家的法律执行活动和法律遵守情况实行监督。在民事诉讼中确立检察监督原则,对于维护国家法制的统一,完善我国的民事诉讼监督机制,保证人民法院正确行使审判权和执行权,保护当事人合法权益,具有重要的意义。但由于民事纠纷是私权之争,因此检察监督原则的内容应不同于刑事诉讼和行政诉讼,应处理好检察监督与当事人处分权、检察监督与审判权、执行权等关系。

二、检察监督原则的内容

根据我国《民事诉讼法》的规定,检察监督原则的内容包括几个方面:

(1) 监督审判人员贪污受贿、徇私舞弊、枉法裁判等违法行为。民事诉讼当事人或其他有关人员对审判人员进行控告、检举,或检察机关发现审判人员有上述行为时,检察机关应履行法律监督的职责。一方面应立案侦查,并依照法定程序追究法律责任;另一方面可建议人民法院停止该审判人员行使审判权的行为。

(2) 对人民法院已经发生法律效力的民事判决、裁定、调解书依照审判监督程序提出检察建议或抗诉,使错误的生效裁判通过法定程序得到纠正。在人民法院对再审案件进行审理时,检察机关应派员出席法庭,支持抗诉理由并监督人民法院的审判活动。

(3) 对人民法院的民事执行活动实行法律监督。这一规定既是基本原则,也是授权的法律规范,它意味着对于人民法院的任何违法的执行行为,人民检察院均有权也有责任实施法律监督。但是民事诉讼法对于执行监督的具体范围、监督方式等问题未作规定,尚有待于相关司法解释作出进一步具体规范。

思考题

1. 试述当事人诉讼权利平等原则的根据及基本内容。

2. 辩论原则的主要内容是什么？当事人辩论与法院裁判的关系如何？
3. 试述当事人行使处分权与国家干预的关系。
4. 试述法院调解与判决的关系。
5. 民事诉讼中的检察监督原则有什么特点？

参考文献

1. 田平安主编:《民事诉讼法·原则制度篇》,厦门大学出版社2006年版。
2. 〔日〕谷口安平:《程序的正义与诉讼》,王亚新、刘荣军译,中国政法大学出版社2002年版。

第十一章 民事审判的基本制度

> **学习目的与要求**

民事审判的基本制度是人民法院在审理民事案件时必须遵循的基本的操作规则，集中体现了立法者对民事审判活动的基本要求。本章主要就我国《民事诉讼法》的规定阐述四大基本审判制度。学习本章，应理解基本原则和基本制度的关系，掌握各基本制度的具体内容并能运用于实际问题的分析与解决。

第一节 民事审判基本制度概述

一、民事审判基本制度的含义

民事审判基本制度，是指民事诉讼法所规定的人民法院进行民事审判活动应当遵循的基本操作规程。

民事审判基本制度是《人民法院组织法》的相关规定在民事诉讼法中的具体体现，是民事诉讼程序制度体系中的基础性制度，体现了审判活动不同于其他活动的本质特征。民事审判基本制度是贯通民事诉讼法基本原则和民事审判具体制度的桥梁，对于保证基本原则和具体制度的贯彻执行具有重要作用。人民法院严格依照基本制度的规定审判民事案件，有利于民事案件的公正审判，有利于基本原则和具体制度的执行，有利于保护当事人的合法权益。

二、民事审判基本制度与基本原则的关系

民事审判基本制度与民事诉讼法基本原则在本质、目的上是一致的，共同服务于民事诉讼的目的，在内容上互相联系又互相渗透。

但民事审判基本制度又有别于基本原则。首先，二者在立法上的表现不同，基本原则是民事诉讼基本精神和价值方面最一般规定的概括，具有抽象性和总体指导意义，集中体现了民事诉讼的基本精神；而民事审判基本制度则是在基本原则指导下，对人民法院审判民事案件的活动所作的一整套的基础性规范体系。其次，两者约束的具体对象不同：基本原则为人民法院和诉讼当事人共同遵循，约束的对象广泛；而基本制度则只约束人民法院，作用于人民法院的审判活动。

再次,在内容方面,基本原则作为民事诉讼立法精神的体现,其内容具有抽象性和广泛适用性;而基本制度则以宪法和法律为根据制定并体现着基本原则的精神,其内容相对具体,适用范围也是特定的。

三、民事审判基本制度与具体制度的关系

民事审判的具体制度,是指规范民事审判某一方面的具体操作规程。民事诉讼法是程序法,其中有相当一部分内容是关于具体的审判制度的规定,如管辖制度、保全制度等。

民事审判基本制度与具体制度的共同点,表现在都具有操作性,二者从不同角度共同规范、调整民事审判工作,使民事诉讼活动能够有序地进行。

民事审判基本制度与具体制度的区别表现在:首先,民事审判基本制度是从宏观的角度规范民事审判活动,关系到民事审判活动的全局,是对构筑民事审判的基本方式起重要作用的制度;而民事审判具体制度是从微观的角度对民事审判工作进行调整。其次,民事审判基本制度的核心是对人民法院审判权的行使进行规范;而具体制度既规范人民法院的具体审判行为,也规范当事人、其他诉讼参与人的诉讼行为。

第二节 合议制度

一、合议制度的概念

合议制度,是指由三人以上单数的审判人员组成的审判组织对民事案件进行审判的制度。由若干审判人员组成的审判组织称合议庭。

根据我国《民事诉讼法》的规定,人民法院对民事案件的具体审判工作是由审判组织承担的。我国的审判组织形式有两种:合议庭与独任审判制。独任审判制即由审判员一人构成的审判组织,在基层人民法院和它的派出法庭按照简易程序和特别程序审理简单民事案件和一般的非讼案件时适用。其中,合议庭是最基本的审判组织形式,适用于各种民事案件的审判,包括中级以上人民法院审理案件和基层人民法院按照普通程序审理案件及按照特别程序审理选民资格案件和重大、疑难的非讼案件。

合议制度以民主集中制为原则,体现了民事审判的民主性。实施这一制度有利于充分发挥集体智慧和力量,克服个人智慧、知识及能力上的局限性,有利于提高民事审判的质量。同时,合议制度在抑制司法专横、防止司法腐败、促进公正审判方面发挥着积极作用。《民事诉讼法》在总则部分对此作出了原则规定,2002年7月最高人民法院通过并公布了《关于人民法院合议庭工作的若干

规定》,对合议庭的组成、合议庭的职责、审判长的职责、合议庭评议案件的规则以及合议庭与审判委员会、院长、庭长的关系等作出了具体明确的规定。

二、合议庭的组成

合议制审判组织的形式是合议庭,根据其审判的民事案件的不同,合议庭可由审判员或者审判员与人民陪审员组成,审判员包括代行审判员职责的助理审判员。为了保证合议庭工作的有效进行以及根据案件审理的需要,合议庭组成人员的数额只能是3人以上的单数。作为一个审判组织,合议庭内设审判长,负责主持合议庭的工作,审判长由人民法院院长或者庭长指定审判员一人担任;院长或者庭长参加合议庭时,由院长或者庭长担任审判长。

根据我国《人民法院组织法》的规定,合议庭可由审判员和人民陪审员组成。合议庭的全体成员,不论是审判员还是人民陪审员,在评议案件时一律平等。如果发生意见分歧时,以多数成员的意见作为合议庭意见,少数成员的意见必须如实记入评议笔录。

根据我国法律规定,人民法院审判民事案件的合议庭包括以下几种:

(一)第一审合议庭

根据《民事诉讼法》的规定,人民法院审理第一审民事案件,除依法适用简易程序的案件由独任审判员审理以外,一律由合议庭审理。第一审合议庭可以由审判员组成,也可以由审判员和人民陪审员共同组成。一般来讲,对于涉及专业技能或者专门知识的案件,可由具备相应知识或者技能的人民陪审员同审判员组成合议庭,但其各占多少比例,法律并没有明文规定,可以由人民法院视案情难易以及实际可能而定,但至少要有一名审判员参加。

对于第二审人民法院发回重新审理的案件,不论原来是审判员一人独任审判还是由合议庭审判,原人民法院都应当按照第一审程序另行组成合议庭进行审理,这种合议庭也属于第一审合议庭。

陪审员参与审判案件,我国《法院组织法》第38条和《民事诉讼法》第39条作出了明确规定。这一制度旨在保障公民依法参与审判,促进司法民主和司法公正,更好地保障当事人的合法权益。2005年实施的《全国人大常委会关于完善人民陪审员制度的决定》,对陪审员产生的条件与程序、职权与职责、参与审判的案件范围以及工作方式等作了进一步细化的规定。在审判民事案件时,陪审员除不得担任审判长外,同法官有同等权利。

(二)第二审合议庭

第二审程序,是上级人民法院对民事案件因为当事人上诉而进行审理所适用的法律程序。在第二审程序中,人民法院不仅要对当事人上诉请求进行审理,而且要审查第一审人民法院判决或者裁定在法律适用方面是否存在错误。因而,其任务不仅仅是解决具体的民事争议,更重要的是通过对上诉案件的审判,监督指导下级人民法院的民事审判活动,保障国家法律的统一实施。同时二审往往对审判知识技能的专业化要求也更高。所以,反映在第二审合议庭的构成方面,我国《民事诉讼法》第 40 条第 1 款规定"人民法院审理第二审民事案件,由审判员组成合议庭。合议庭的成员人数,必须是单数",即因审判业务能力的需要和审判监督职能的需要,第二审民事案件的审判,必须由审判员组成合议庭,不吸收陪审员参加。

(三)再审程序与重审程序的合议庭

根据我国《民事诉讼法》第 40 条第 3 款和第 207 条的规定,审理再审案件,原来是第一审的,按照第一审程序另行组成合议庭;原来是第二审或者上级人民法院提审的,按照第二审程序另行组成合议庭。

再审程序,是人民法院对于已经发生法律效力的判决、裁定或者调解书发现确有错误,依法提起再审所适用的程序。由于再审的对象,既可能是发生法律效力的第一审法律文书,也可能是发生法律效力的第二审法律文书;具体负责再审的既可能是原第一审人民法院,也可能是原第二审人民法院,还可能是上级人民法院。因此再审程序的合议庭并没有固定的限制,而是主要取决于原审所适用的审判程序。但需另行组成的合议庭,原来审判该案件的合议庭成员或者独任审判员,一律不得再参加再审案件的合议庭。

二审法院发回重审的案件,仍然是一审案件,合议庭应当按照一审程序的规定组成。重审的合议庭也必须另行组成。

三、合议庭与审判委员会的关系

我国《人民法院组织法》第 11 条规定:"各级人民法院设立审判委员会,实行民主集中制。审判委员会的任务是总结审判经验,讨论重大的或者疑难的案件和其他有关审判工作的问题。"这是我国各级人民法院内部设立审判委员会的法律依据。

根据《人民法院组织法》和《民事诉讼法》的规定,在现行制度中,审判委员会与合议庭的关系是指导与被指导、监督与被监督的关系。合议庭应当依照规定的权限,对评议意见一致或者能够形成多数意见的案件,直接作出判决或者裁定。但是对于下列案件,合议庭应当提请院长决定提交审判委员会讨论决定:(1)疑难、复杂、重大或者新类型的案件,合议庭认为有必要提交审判委员会讨论决定的;(2)合议庭在适用法律方面有重大意见分歧;(3)合议庭认为需要提请审判委员会讨论决定的其他案件,或者本院审判委员会确定的应当由审判委员会讨论决定的案件。

审判委员会有权对重大疑难案件或合议庭争议较大的案件进行讨论,并作出最后处理意见,审判委员会的意见合议庭应当执行。根据最高人民法院《关于人民法院合议庭工作的若干规定》第 13 条的规定,合议庭如对审判委员会的决定有异议,可以提请院长决定提交审判委员会复议一次。

第三节 回避制度

一、回避制度的概念

回避制度,是指审判人员以及其他有关人员遇有法律规定的回避事由时,退出对某一具体案件的审理或诉讼活动的制度。

回避制度的设立,是为了从程序上保证审判人员以及对诉讼结果可以发生重大影响的其他人员,在与案件可能存在某种关系而影响公正判决时退出诉讼,从而消除当事人的顾虑,避免因某种利害关系或感情上的偏私影响案件的公正处理,更好地维护当事人的合法权益。

二、回避的事由与回避对象

根据《民事诉讼法》第 44 条第 1 款的规定,回避的事由包括以下几种:

(1) 是本案的当事人或者当事人、诉讼代理人的近亲属。近亲属一般是指夫、妻、父、母、子女、同胞兄弟姐妹、祖父母、外祖父母、孙子女、外孙子女等。

(2) 与本案有利害关系。即指案件的处理结果会直接或间接涉及审判人员等本人的利益。

(3) 与本案当事人、诉讼代理人有其他关系,可能影响对案件公正审理的。所谓其他关系是指除上述关系以外的其他亲密社会关系或恩怨关系。

(4) 审判人员接受当事人、诉讼代理人请客送礼,或者违反规定会见当事人、诉讼代理人的,当事人有权要求他们回避。

根据《民诉法解释》第 43 条的规定,审判人员具有下列情形之一的,应当自行回避,当事人有权申请其回避:(1) 是本案当事人或者当事人近亲属的;(2) 本人或者其近亲属与本案有利害关系的;(3) 担任过本案的证人、鉴定人、辩护人、诉讼代理人、翻译人员的;(4) 是本案诉讼代理人近亲属的;(5) 本人或者其近亲属持有本案非上市公司当事人的股份或者股权的;(6) 与本案当事人或者诉讼代理人有其他利害关系,可能影响公正审理的。该解释的第 44 条还规定,审判人员具有下列情形之一的,当事人有权申请其回避:(1) 接受本案当事人及其受托人宴请,或者参加由其支付费用的活动的;(2) 索取、接受本案当事人及其受托人财物或者其他利益的;(3) 违反规定会见本案当事人、诉讼代理人的;(4) 为本案当事人推荐、介绍诉讼代理人,或者为律师、其他人员介绍代理本案的;(5)向本案当事人及其受托人借用款物的;(6)有其他不正当行为,可能影响公正审理的。

回避的对象即适用回避的人员:包括审判员、人民陪审员、书记员、翻译人员、鉴定人、勘验人、执行员。

三、回避的方式与时限

回避的方式有两种,即自行回避与申请回避。

自行回避,即承办本案的审判人员或者人民陪审员以及参与本案诉讼活动的书记员、翻译人员、鉴定人和勘验人员自动退出诉讼活动,而由其他具有相当资格的人员接替其工作的情形。根据《民事诉讼法》第44条的规定,发现存在法定事由的审判人员必须回避,自行回避是他们应当履行的法律义务。

申请回避,是当事人发现上述人员具有法律规定应当回避的情形时,依法请求人民法院责令其退出诉讼的情形。根据《民事诉讼法》规定,当事人的回避申请既可以用书面方式也可以用口头方式提出。在当事人无诉讼行为能力时,其法定代理人有权代为申请回避。申请回避是当事人的一项重要的诉讼权利。

根据《民事诉讼法》第45条的规定,当事人提出回避申请,应当说明理由,在案件开始审理时提出。如果回避事由是在案件开始审理后知道的,也可以在法庭辩论终结前提出。这样规定有利于当事人及时行使申请回避的权利,使应当回避的人员尽早退出诉讼,保障程序的公正,同时减少回避的适用对诉讼效率的影响。

四、回避的程序

为了保证回避制度的适用,民事诉讼法对回避事项的处理程序作了明确规定。《民事诉讼法》第46条规定:"院长担任审判长时的回避,由审判委员会决定;审判人员的回避,由院长决定,其他人员的回避,由审判长决定。"同时,为确保当事人回避申请权的实现,《民事诉讼法》第47条规定:"人民法院对当事人提出的回避申请,应当在申请提出的3日内,以口头或者书面形式作出决定。申请人对决定不服的,可以在接到决定时申请复议一次……人民法院对复议申请,应当在3日内作出复议决定,并通知复议申请人。"

五、回避的法律后果

根据《民事诉讼法》的规定,回避的申请提出后,除案件需要采取紧急措施(如保全)外,被申请回避的人员应暂停参加本案的审理工作。回避的决定一经作出即产生法律效力,申请人不得上诉。但是申请人对人民法院关于回避申请所作的决定可以申请复议一次,在复议期间被申请回避的人员不停止参与本案的工作。

违反回避制度的相关规定,应当回避而没有回避的,构成违反法定诉讼程序的行为,当事人有权依法提起上诉或申请再审,检察机关也有权依法提起抗诉。

第四节 公开审判制度

一、公开审判制度的概念

公开审判制度,是指人民法院审判民事案件,除合议庭评议以及法律明文规定的情形外,一律向当事人、诉讼参与人以及社会公开的制度。公开审判制度是民事诉讼法对人民法院审理和裁判工作的基本要求。

公开审判是相对于秘密审判而言的,公开审判制度作为诉讼民主和司法文明的标志,是近代资产阶级革命的成果之一,后逐步成为现代法治国家普遍遵循的一项重要制度。在我国,公开审判制度在《人民法院组织法》和三个诉讼法中都得到了确立,是人民法院审理各类案件都必须贯彻的基本审判制度。

二、公开审判制度的意义

公开审判制度是程序公正的应有之义,是社会主义民主原则在民事诉讼中的体现。贯彻这一制度具有重要意义:

(1) 实行公开审判制度,有利于贯彻我国《民事诉讼法》规定的各项基本原则和制度,有利于提高民事审判的质量。

(2) 实行公开审判制度,有利于促使人民法院正确地行使国家赋予的审判权,加强审判人员依法办案的责任感;有利于促进司法队伍的廉政建设,防止司法腐败现象的产生,促进审判人员不断提高业务素质和职业道德水准。

(3) 实行公开审判制度,有利于保障当事人平等行使诉讼权利、履行诉讼义务。

(4) 实行公开审判制度,有利于使旁听群众受到法制宣传教育,增强人民群众的民主与法制观念,从而起到预防纠纷,减少诉讼的作用。

三、公开审判的内容

根据《民事诉讼法》的规定,民事审判活动以公开审判为原则,以不公开审理为例外。

公开审判的具体内容包括:(1) 公开告示审判事项。即人民法院在开庭审理前，应当公开公告当事人的姓名、案由，开庭的时间、地点，为群众旁听提供方便。(2) 公开审理过程。人民法院审理民事案件，除法律有例外规定外，审判过程应当向社会公开，允许群众旁听。经人民法院许可新闻记者可以记录、录音、录像、摄影等。审理过程公开的实质是举证、质证、辩论活动的公开进行，以防止暗箱操作带来的审判不公。(3) 公开审判结果。人民法院审理民事案件，不论是否公开审判的案件，判决都应当公开宣判。

根据《民事诉讼法》的规定，下列案件不公开审理：(1) 涉及国家秘密的案件。此类案件因涉及国家经济、政治、外交、国防等方面的秘密，为防止泄密，避免给国家利益造成损害，应采取不公开审理的方式。(2) 涉及个人隐私的案件。即指当事人认为不宜公开或不愿公开，否则可能对其合法权益造成损害的案件。这类案件不公开审理有利于保护当事人的隐私权。(3) 离婚案件和涉及商业秘密的案件，当事人申请不公开审理的，可以不公开审理。

根据《民事诉讼法》和最高人民法院《关于严格执行公开审判制度的若干规定》第7条的规定，凡是应当公开审判的案件没有公开审判的，依法产生以下法律后果：(1) 当事人提起上诉的，第二审人民法院应当裁定撤销原判决，发回重审；(2) 当事人申请再审的，人民法院可以决定再审；(3) 人民检察院按照审判监督程序提起抗诉的，人民法院应当决定再审。

近年来，为贯彻中央关于进一步深化司法体制改革的总体部署，推进阳光司法，最高人民法院提出建立完善审判流程公开、裁判文书公开、执行信息公开三大平台，并选择部分法院开展试点工作。这是人民法院深化司法公开的重大举措，对于促进司法公正、更好地保障当事人的合法权益、树立司法权威均具有重要意义。

第五节 两审终审制度

一、两审终审制度的概念

两审终审制度，亦即两审终审制，是指一个民事案件经过上下两级人民法院审判之后即宣告终结的审级制度。

终审制度与法院裁判的既判力息息相关，是民事诉讼法所规定的基本程序制度。各个国家均通过立法的形式肯定了终审制度的具体内容和基本功能，并由此产生了不同的终审制度：一审终审制、两审终审制和三审终审制，或者混合的终审制度。不同的终审制度表现为审级的不同。有了确定的审级，法院对案件才能够终审，司法的权威性也在判决的终局性中得以体现。

我国现行的审级制度是两审终审制度。这种审级制度的确立背景是：我国地域辽阔,广大农村地区人口众多且交通通讯设施相对落后,人民文化素质相对较低。如果审级过多,会使当事人争议的法律关系长期处于不稳定的状态,既不符合法治的要求,又可能增加当事人的诉讼负担。

但是,我国现行的两审终审制存在一些弊端,如终审级别过低,方便地方保护主义;办案质量无保障,不得不大量地依靠再审程序纠正错误的生效裁判,使两审终审制形同虚设等。因此学术界提出应改革绝对的两审终审制,主张我国的审级制度应由有条件的一审终审、有条件的三审终审和两审终审共同构成。① 还有学者指出,我国的审判监督程序启动过于频繁,有损生效判决的既判力,因此主张,我国立法确定的审级制度应当是"以两审终审为原则,以审判监督程序为补充"②,主张建立多元化的审级结构③。

二、两审终审制度的内容

根据《人民法院组织法》的规定,我国的人民法院分为四级:最高人民法院、高级人民法院、中级人民法院、基层人民法院。其中,每个县级行政区域设一基层人民法院,每个市(地)级行政区域设一中级人民法院,每个省级(包括自治区、直辖市)行政区域设一高级人民法院,全国设一最高人民法院。除最高人民法院之外,地方各级人民法院均有自己相对应的上一级人民法院。

两审终审制度的具体内容是:当事人不服第一审人民法院的判决、裁定的,有权提起上诉,请求其上一级人民法院进行审判,第二审人民法院的判决、裁定为终审的判决、裁定,当事人无权再请求审理。

三、两审终审制度的例外情况

两审终审制度是民事审判的基本制度,适用于一般民事案件。根据民事诉讼法的规定,下列案件不适用两审终审制度:(1)非讼案件。如依照特别程序、督促程序、公示催告程序审理案件以及破产案件。(2)最高人民法院审理的一审案件。最高人民法院是我国的最高审判机关,因此,最高人民法院审理的一审民事案件也不适用两审终审。(3)小额诉讼案件。根据《民事诉讼法》第162条的规定,基层人民法院和它派出的法庭审理小额诉讼案件,实行一审终审。

---

① 杨荣新、乔欣:《重构我国民事诉讼审级制度的探讨》,载《中国法学》2001年第5期。
② 傅郁林:《审级制度的建构原理——从民事程序视角的比较分析》,载《中国社会科学》2002年第4期。
③ 江伟主编:《民事诉讼法专论》,中国人民大学出版社2005年版,第356页。

思考题

1. 民事审判基本制度与民事诉讼的基本原则的关系如何？
2. 简述合议制的基本内容。
3. 如何理解公开审判制度？
4. 什么是两审终审制？哪些案件不适用两审终审制？

参考文献

1. 田平安主编：《民事诉讼法·原则制度篇》，厦门大学出版社2006年版。
2. 江伟主编：《民事诉讼法学》（第三版），北京大学出版社2015年版。

第十二章　主管和管辖

> **学习目的与要求**

通过本章的学习,应掌握主管与管辖的含义与意义,理解确定主管的标准、原则以及法院受理民事案件的范围;掌握主管与管辖的关系、各种管辖的具体内容,正确适用管辖的法律规定。

第一节　主　　管

一、主管的概念

民事诉讼中的主管,又称民事诉讼法的对事效力、民事诉讼的受案范围,是指人民法院受理和解决一定范围民事案件的权限。

在民事诉讼中,主管问题之所以发生,是因为民事纠纷是社会纠纷中数量最多的一种,而国家为解决这些纠纷设置了多种解决方式。民事纠纷发生后,有的可通过人民法院按照诉讼程序解决,有的可以由其他国家机关、社会团体,分别采用其他的方法,如调解、仲裁或行政的方法予以解决。因此,要必要合理地划分人民法院同其他国家机关、社会团体在处理民事纠纷方面的职权分工和权限。

明确地划分法院主管范围具有以下意义:

(1) 有利于人民法院正确行使民事审判权和履行审判职责。明确民事纠纷的法院主管范围,是人民法院正确行使审判权的前提。正确适用主管的规定,有利于人民法院对民事案件的审查、立案和审判。

(2) 有利于明确人民法院与其他国家机关、社会团体在解决民事纠纷方面的分工,保证他们各司其职、各尽其能,避免对民事纠纷的解决互相推诿或者是互争管辖权,以使民事纠纷及时得到解决。

(3) 有利于当事人正确及时地行使诉权,从而获得司法保护。在程序法治化要求下,所有纠纷都应当有一定的解决途径,而纠纷的复杂性给当事人寻求救济带来了一定的困难。完善法院主管制度,有利于当事人理性选择解决纠纷方式,尤其是通过诉权的行使及时获得司法保护。

二、主管的标准和范围

我国《民事诉讼法》第 3 条规定:"人民法院受理公民之间、法人之间、其他组织之间以及他们相互之间因财产关系和人身关系提起的民事诉讼,适用本法规定。"民事诉讼法是保证民法等实体法实施的程序法,因此将因民事法律关系发生的争议作为法院民事诉讼主管的对象是理所当然的。虽然各国法律对法院主管民事案件的范围规定不尽一致,确定法院主管的标准也不相同。但从对主管问题作了明确规定的原苏联及东欧等国的民事诉讼法来看,用作确定法院主管的标准,主要是案件的性质、诉讼主体的特点和诉讼标的价额,而且往往表现为几者的结合。

我国主要是根据案件的性质,亦即争议法律关系的性质为标准来确定法院主管的。具体来说包括四类:

(1) 民事实体法调整的财产关系和人身关系发生的案件。财产关系案件是指因财产权发生纠纷引起的案件,如买卖、合同、侵权等纠纷引起的案件;人身关系案件是指基于人身关系性质的权利发生争议引起的案件,如侵犯人格权、身份权等案件。其中有的案件既有财产内容又有人身关系内容,如继承权纠纷引起的案件。

(2) 商法调整的商事法律关系发生的案件。商事案件如票据纠纷案件、股东权益纠纷案件、海事海商案件等。

(3) 经济法、劳动法调整的部分经济关系、劳动关系发生的案件。经济法、劳动法调整的部分经济关系、劳动关系发生的案件,法律规定需依民事诉讼程序审理和解决的,也归人民法院主管。例如,因环境污染引起的赔偿纠纷案件、劳动者与用人单位在劳动合同履行中发生纠纷形成的案件等。

(4) 法律规定人民法院适用民事诉讼法解决的其他案件。这类案件主要有两种情形:一是选举法和民事诉讼法规定的选民资格案件;二是民事诉讼法规定的宣告公民失踪或者宣告公民死亡案件以及认定公民无民事行为或限制行为能力案件、认定财产无主案件等非讼案件。

三、调整法院主管和其他组织主管关系的原则

为了有效地解决种类繁多、数量巨大的民事纠纷,我国和其他国家一样,建立了多元的解决纠纷的机制。除人民法院外其他国家机关、社会团体也有权处理一定范围的民事纠纷,这就会产生人民法院与它们之间主管民事纠纷的相互关系问题。处理这个关系的基本原则即司法最终解决原则。司法最终解决原则是现代法治的一项基本原则,是指当民事纠纷用道德、调解和仲裁等方式无法解决时,通过诉讼的途径,由法院以国家强制力加以解决。具体来说:(1) 人民法

院与其他国家机关、社会团体的主管发生重合或冲突的情况下,除有相反的规定外,一般应由人民法院主管。例如,因邻里关系发生纠纷,一方申请人民调解委员会调解,而另一方向人民法院起诉,则该纠纷应当由人民法院主管。(2)如果其他国家机关、社会团体主管的民事纠纷不能彻底解决的,除有相反规定外,最终都由人民法院来主管。例如,经人民调解委员会调解的案件,当事人一方不服或达成调解协议后反悔,当事人依法向人民法院起诉的,人民法院应当受理。(3)解决纠纷方式或途径的终结,遵行司法终局性原则。司法终局性意味着法院对民事纠纷的处理是所有解决纠纷方式或途径中最后的、终局性的处理,在司法程序终结之后,不应再有任何高于司法权的其他救济途径。任何国家机关、社会团体或个人都无权撤销或改变法院的终局判决,即使该判决确有错误,也只能由法院通过法定的诉讼程序撤销或改变。

第二节 管辖概述

一、管辖的概念

民事诉讼中的管辖,是指人民法院之间受理第一审民事案件的分工和权限。它所解决的是各级人民法院之间和同级各地人民法院之间由哪一级中的哪一个人民法院具体行使审判权的问题。

管辖与主管不同,主管是对外的审判分工,解决的是人民法院同其他国家机关、社会团体之间处理民事纠纷的分工和权限问题;而管辖是对内的审判分工,解决的是人民法院内部审理第一审民事案件的分工和权限问题。主管是确定管辖的前提,只有先解决主管问题之后,才能进一步解决管辖问题。

管辖权与审判权也不相同,审判权是国家赋予整个人民法院审理民事案件的权利;而管辖权则是某一级或某一个人民法院所拥有的审理具体民事案件的权限,即各级人民法院依法在其管辖的范围内行使审判权。由此可见,审判权是确定管辖权的基础,而管辖权又是审判权的进一步落实。确定管辖的意义:首先,在于明确各个人民法院在受理第一审民事案件上的分工,便于人民法院正确、及时地行使审判权,防止因管辖不明,造成人民法院之间相互推诿或相互争夺管辖权的情况出现,从而影响案件的及时审理;其次,有利于当事人行使诉权,及时起诉与应诉,避免因管辖不明使当事人投诉无门、到处奔波费时耗资,致使其合法权益得不到及时保护。

二、确定管辖的原则

我国《民事诉讼法》在确定管辖时,主要依据和遵守了以下几项原则:

1. 便利当事人依法行使诉讼权利

对当事人权利的保障是民事诉讼的重要目标,当事人权利行使的便利性同样是诉讼立法所要遵循的准则。民事诉讼法中将绝大多数案件交由基层人民法院管辖,大多数民事案件由当事人住所地的人民法院管辖,为当事人起诉、应诉提供了便利。

2. 便于人民法院公正审理案件

为了保障人民法院公正审理案件,民事诉讼法在确定管辖时以诉讼标的、争议的法律事实为标准,为人民法院发现真实、准确认定案件事实提供了便利,从而也就保障了人民法院正确适用法律,公正处理民事案件,以保证案件的审判质量。

3. 兼顾各级人民法院的职能和工作负担的均衡性

各级人民法院的职能不同,任务也不同。基层人民法院的任务较为单纯,仅负责审理第一审案件。中级以上的人民法院既要审理上诉案件,又要指导、监督下级人民法院的审判工作。级别越高的法院,肩负的指导和监督下级法院审判工作的任务就越重。因此,在确定管辖时,级别越高的法院一审的民事案件就越少。

4. 有利于维护国家主权

合理地扩大我国的司法管辖范围,有利于维护国家的主权和经济利益,在确定案件的管辖时,凡是应该由我国法院管辖或者我国法院能够管辖的,应确定我国法院享有相应的管辖权;属于我国法院专属管辖的案件,绝不允许其他任何国家行使管辖权;当事人自愿接受我国法院管辖的,我国法院理所当然地能够进行管辖。

5. 确定性规定和灵活性规定相结合

对案件管辖作明确具体的规定,是民事诉讼的客观要求,也是立法的要求。但为适应民事纠纷千变万化的特性,又有必要赋予管辖适当的变通性和灵活性。这是我国民事诉讼法实事求是精神的具体体现。

三、管辖的种类

在民事诉讼理论中,按不同标准可以对管辖进行不同的分类:(1)以是否有法律规定为标准,将管辖分为法定管辖和裁定管辖。凡是法律直接规定的管辖为法定管辖,如级别管辖和地域管辖;凡是由法院以裁定的方式确定的管辖为裁定管辖,如移送管辖和指定管辖。(2)以法律的强制规定或任意规定为标准,将管辖分为专属管辖和协议管辖。凡是法律明确规定某类案件只能由特定法院管辖,其他法院均无管辖权的为专属管辖;凡是规定当事人有权在法律允许的范围内通过协商选定管辖法院的为协议管辖。(3)以诉讼关系为标准,将管辖划分为共同管辖和合并管辖。所谓诉讼关系是指诉讼主体、诉讼客体与法院辖区在法律上的联系。一个案件同时确定由两个或者两个以上人民法院享有管辖权的称为共同管辖；人民法院仅对本案件有管辖权，但基于另一个案件与本案件有牵连关系也一并管辖的称为合并管辖。

第三节　级别管辖

一、级别管辖的概念

级别管辖，是指按照一定的标准，划分上下级人民法院之间受理第一审民事案件的分工和权限。级别管辖的特点在于：它是在人民法院系统内部从纵向确定不同级别的法院之间管辖第一审民事案件的分工和权限。

国外民事诉讼制度关于第一审案件的管辖大致有两种类型：一种是将所有第一审案件都划归基层法院受理，上级法院原则上不受理一审案件，如美国联邦法院均属此种类型。这种类型实际上不存在级别管辖问题。另一种是将第一审案件交给基层法院和其上一级审理，通过级别管辖在这两级法院之间确定各自的分工和权限，如日本和德国属此种类型。此种类型仅在两级法院之间对受理一审案件的权限作出分工，因而级别管辖问题相对来说较为简单。

我国级别管辖与人民法院的组织体系有一定联系。我国现在设有四级人民法院，即基层人民法院、中级人民法院、高级人民法院和最高人民法院，依据民事诉讼法的分级管辖原则，这四级法院都有权受理一定范围的一审民事案件。级别管辖就是按人民法院组织体系存在的层次结构，从纵向上解决哪些第一审民事案件应当由哪一级人民法院受理的问题。

我国民事诉讼法对于级别管辖的划分标准，主要根据三个因素确定，即案件的性质、繁简程度和影响范围。根据这些因素，结合各级法院的工作职能与任务，民事诉讼法对四级法院管辖的第一审民事案件作了规定。但是，由于案件的性质、繁简程度和影响范围具有一定的不确定性，尤其在起诉阶段确定管辖时，受诉法院尚未接触本案的所有当事人和必要的证据，因此判断案件的性质、繁简程度和影响范围未必准确，在实践中容易造成法律适用不统一，出现管辖争议。为此，最高人民法院通过"通知"的形式将争议的诉讼标的额作为上述标准的补充，使级别管辖的规定更易于操作。目前，正在生效的是 2015 年 5 月 1 日实施的《最高人民法院关于调整高级人民法院和中级人民法院管辖第一审民商事案件标准的通知》。在掌握我国级别管辖制度时，应将民事诉讼法与最高人民法院的相关规定结合起来。

二、级别管辖的法律规定

我国《民事诉讼法》第 17 条至第 20 条,采用列举规定和原则性规定相结合的方法,对各级人民法院管辖的第一审民事案件,作了明确的规定。

(一)基层人民法院管辖的第一审民事案件

我国《民事诉讼法》第 17 条规定:"基层人民法院管辖第一审民事案件,但本法另有规定的除外。"

我国民事诉讼法规定的由其他各级法院管辖的案件为数较少,所以这一规定实际上把大多数民事案件划归基层人民法院管辖。基层人民法院是我国法院系统内最基层的单位,数量众多,分布广泛,当事人所在地、案件发生地、争议财产所在地或者行为地,通常都在基层法院的辖区之内,由它们作为绝大多数民事案件的第一审法院,既便于当事人诉讼,又便于人民法院办案。因此,除法律规定应由中级人民法院、高级人民法院和最高人民法院管辖的第一审民事案件外,其他第一审民事案件都归基层人民法院管辖。

(二)中级人民法院管辖的第一审民事案件

根据《民事诉讼法》第 18 条的规定,由中级人民法院管辖的第一审民事案件有:

(1)重大涉外案件。涉外案件是指具有涉外因素的民事案件。重大涉外案件是指争议标的额大,或者案情复杂,或者一方当事人人数众多等具有重大影响的案件。

(2)在本辖区有重大影响的案件。当案件本身涉及的范围或案件处理结果可能产生的影响,超出了基层人民法院的辖区,在中级人民法院的辖区范围内产生或可能产生重大影响时,该案件应由中级人民法院管辖。

(3)最高人民法院确定由中级人民法院管辖的案件。管辖问题很具体也很复杂,《民事诉讼法》授权最高人民法院根据管辖的实际情况,以发布"通知""决定"等形式确定由中级人民法院管辖的案件。目前,这类案件主要有:第一,专利纠纷案件。此类案件由知识产权法院[①]和最高人民法院确定的中级法院管辖。知识产权法院的职能和级别为中级人民法院。但需要注意的是,随着专利纠纷案件数量的增多,且基层人民法院审判力量的不断增强,最高人民法院确定的基层人民法院也可管辖专利纠纷案件。第二,海事、海商案件。此类案件由海事法院管辖,海事法院为中级专门法院,目前我国已经在沿海沿江的天津、上海、武

---

① 2014 年 8 月,第十二届全国人民代表大会常务委员会第十次会议通过《关于在北京、上海、广州设立知识产权法院的决定》,以立法形式宣布在北京、上海、广州设立知识产权法院,并对知识产权法院的机构设置、案件管辖、法官任命等作了规定。

汉、广州、厦门、海口、青岛、大连、宁波、北海等地设立了十个海事法院,行使海事、海商案件的管辖权。第三,涉及台、港、澳的重大民事案件。"重大"的标准比照涉外案件的规定执行。第四,证券虚假陈述民事赔偿案件。根据最高人民法院2002年颁布的《关于受理证券市场因虚假陈述引发的民事侵权纠纷案件有关问题的通知》,证券市场因虚假陈述引发的民事侵权赔偿纠纷案件,由各直辖市、省会市、计划单列市或经济特区中级人民法院为一审管辖法院。第五,著作权纠纷、商标民事纠纷案件。根据最高人民法院有关司法解释的规定,著作权纠纷、商标民事纠纷案件一般由中级以上法院为一审管辖,但各高级人民法院根据本辖区的实际情况,可以确定若干基层人民法院管辖。

(三) 高级人民法院管辖的第一审民事案件

我国《民事诉讼法》第19条规定:"高级人民法院管辖在本辖区内有重大影响的第一审民事案件。"

高级人民法院是地方各级人民法院中最高一级的审判机关。它主要是审理不服中级人民法院第一审判决的上诉和抗诉案件,并对下级人民法院的审判工作进行指导和监督。正因为如此,高级人民法院不宜管辖太多的第一审民事案件,只应管辖在全省、自治区、直辖市范围内有重大影响的第一审民事案件。

(四) 最高人民法院管辖的第一审民事案件

根据《民事诉讼法》第20条的规定,最高人民法院管辖的第一审民事案件是在全国有重大影响的案件和认为应当由本院审理的案件。

最高人民法院是国家的最高审判机关。它负责指导和监督地方各级人民法院和专门人民法院的审判工作,对于在审判过程中如何具体应用法律的问题进行解释。同时,还要审理不服各高级人民法院第一审裁判的上诉和抗诉案件,所以最高人民法院一般不受理第一审民事案件。但我国民事诉讼法赋予最高人民法院在管辖上很大的机动权,当它认为某个案件在全国有重大影响或者应当由自己审理时,就可取得对该案的管辖权。

第四节 地域管辖

一、地域管辖的概念

地域管辖,又称土地管辖或区域管辖,是指确定同级人民法院之间在各自辖区内受理第一审民事案件的分工和权限。地域管辖是在案件的级别管辖确定之后对管辖权的进一步划分,主要解决在同级法院之间案件由哪一个法院管辖的问题。

地域管辖与级别管辖不同,级别管辖所要解决的是案件由哪一级人民法院管辖的问题,是纵向的审判分工;而地域管辖所要解决的是案件由同级人民法院中哪一个法院管辖的问题,是横向的审判分工。地域管辖是在级别管辖的基础上产生的,只有先确定了级别管辖,才能确定地域管辖。在确定级别管辖之后,还必须借助地域管辖的规定进一步落实具体的管辖法院,从而最终解决一个具体案件的管辖法院。

我国民事诉讼法是根据两个因素来确定地域管辖的。一是各人民法院的辖区,我国除专门人民法院外,地方各级人民法院的辖区是按行政区域确定的,与行政区域相一致。辖区表明该人民法院行使审判权的空间范围和管辖权的效力界域。二是当事人、诉讼标的或法律事实与人民法院辖区的关系。确定辖区只是划分地域管辖的必要前提,此外还需要当事人、诉讼标的或法律事实与人民法院辖区存在有一定联系,该地的人民法院才能对案件具有管辖权。

以上述两个因素为标准,地域管辖可分为一般地域管辖、特殊地域管辖和专属管辖,以及在适用这三种管辖规定时出现的共同管辖、选择管辖与合并管辖。

二、一般地域管辖

一般地域管辖,又称普通管辖或一般管辖,是指以当事人所在地与法院辖区的关系来确定的管辖。确定一般地域管辖的原则是"原告就被告",即由被告住所地的人民法院管辖;只有在民事诉讼法作出了明确规定的情况下,作为例外,才可由原告住所地的人民法院管辖。

我国民事诉讼法规定,当事人可以是公民,也可以是法人或其他组织。作为被告的公民与作为被告的法人或其他组织,其"住所地"分别按下列方式确定。

(1)对公民提起的民事诉讼。根据《民事诉讼法》第21条的规定,对公民提起的民事诉讼,由被告住所地人民法院管辖;被告住所地与经常居住地不一致的,由经常居住地人民法院管辖。所谓的住所地,通常是指公民的户籍所在地。经常居住地,是指公民离开住所地至起诉时,已连续居住1年以上的地方,但公民住院就医的地方除外。根据《民诉法解释》第7条的规定,当事人户籍迁出后尚未落户的,有经常居住地的,由该地人民法院管辖;没有经常居住地的,由其原户籍所在地人民法院管辖。

(2)对法人或者其他组织提起的民事诉讼。根据《民事诉讼法》第21条第2款的规定,对法人或者其他组织提起的民事诉讼,由被告住所地人民法院管辖。这里的住所地,是指被诉的法人或者其他组织的主要办事机构所在地。法人或者其他组织的主要办事机构所在地不能确定的,其注册地或者登记地为住所地。根据《民诉法解释》第5条的规定,对没有办事机构的个人合伙、合伙型联营体提起的诉讼,由被告注册登记地人民法院管辖;没有注册登记,几个被告又不在同一辖区的,被告住所地的人民法院都有管辖权。

实行"原告就被告"原则的立法理由是：第一，便于被告应诉，使人民法院在双方当事人都到庭的情况下，正确、合法、及时地审理案件；第二，便于人民法院就地调查，了解案情；第三，便于人民法院采取保全措施和判决、裁定的执行；第四，有利于防止原告滥用诉讼权利，减少被告不应有的损失。

在一般地域管辖中，通常是根据"原告就被告"原则确定案件的管辖法院，这也是世界各国普遍采用的立法通则。但在特殊情况下，作为"原告就被告"原则的例外和补充，有些民事案件也可适用"被告就原告"原则，由原告住所地人民法院管辖。根据《民事诉讼法》第22条的规定，下列诉讼由原告住所地人民法院管辖：

（1）对不在中华人民共和国领域内居住的人提起的有关身份关系的诉讼。即被告必须居住在国外，且只能是有关身份关系的诉讼。只有符合这两个方面，才适用"被告就原告"的管辖规定。

（2）对下落不明或者宣告失踪的人提起的有关身份关系的诉讼。即被告必须下落不明或者为法院宣告的失踪人；且该案件必须是有关身份关系的诉讼。两者缺一不可。

（3）对被采取强制性教育措施的人提起的诉讼。这种情况下因为被采取强制性教育措施人的人身自由受到一定的限制，而且离开了自己的住所地或经常居住地，此时若适用"原告就被告"则会给原告带来极大的不便。

（4）对被监禁的人提起的诉讼。被监禁的人包括正在服刑的已决犯人和依法被囚禁的未决犯人。被监禁的人此时丧失了人身自由，囚禁的地点不由当事人的意志所决定，对他们提起的诉讼，由原告所在地的法院管辖，更有利于全面保护当事人的合法权益。

此外，《民诉法解释》还分别具体情况作了一些补充规定：(1)被告被注销户籍的，依照《民事诉讼法》第22条的规定确定管辖；原告、被告均被注销户籍的，由被告居住地人民法院管辖。(2)追索赡养费、抚育费、抚养费案件的几个被告住所地不在同一辖区的，可以由原告住所地人民法院管辖。(3)双方当事人均为军人或者军队单位的民事案件由军事法院管辖。(4)夫妻一方离开住所地超过1年，另一方起诉离婚的案件，可以由原告住所地人民法院管辖。(5)夫妻双方离开住所地超过1年，一方起诉离婚的案件，由被告经常居住地人民法院管辖；没有经常居住地的，由原告起诉时被告居住地人民法院管辖。

《民诉法解释》第8条、10条以及第13—17条还分别就一些特殊情况作了补充规定。

三、特殊地域管辖

特殊地域管辖，又称特别管辖，是指以被告所在地或者诉讼标的所在地或者引起法律关系发生、变更和消灭的法律事实所在地与人民法院辖区的关系为标准确定的管辖。

特殊地域管辖是相对于一般地域管辖而言的。它是针对某些诉讼的特殊情况,作出的特殊规定。在确定地域管辖时,特殊地域管辖有规定的不适用一般地域管辖的规定。《民事诉讼法》第23条至第32条规定了下述十种诉讼,适用特殊地域管辖:

(1) 因合同纠纷提起的诉讼,由被告住所地或者合同履行地人民法院管辖。《民诉法解释》第18条对合同履行地作了解释:合同约定履行地点的,以约定的履行地点为合同履行地。合同对履行地点没有约定或者约定不明确,争议标的为给付货币的,接受货币一方所在地为合同履行地;交付不动产的,不动产所在地为合同履行地;其他标的,履行义务一方所在地为合同履行地。即时结清的合同,交易行为地为合同履行地。合同没有实际履行,当事人双方住所地都不在合同约定的履行地的,由被告住所地法人民院管辖。以信息网络方式订立的买卖合同,通过信息网络交付标的的,以买受人住所地为合同履行地;通过其他方式交付标的的,收货地为合同履行地。合同对履行地有约定的,从其约定。

(2) 因保险合同纠纷提起的诉讼,由被告住所地或者保险标的物所在地人民法院管辖。保险合同纠纷主要是保险人应否承担赔偿责任及赔偿数额的争议。保险合同不同于一般的合同,所以保险合同诉讼不适用民事诉讼法的一般规定,而由被告住所地和保险标的物所在地法院管辖。根据《民诉法解释》第21条的规定,如果保险标的物是运输工具或者运输中的货物,可以由运输工具登记注册地、运输目的地、保险事故发生地人民法院管辖。因人身保险合同纠纷提起的诉讼,可以由被保险人住所地人民法院管辖。

(3) 因票据纠纷提起的诉讼,由票据支付地或者被告住所地人民法院管辖。票据纠纷主要是发生在票据支付或兑现时,支付人与票据持有人之间,在这种情况下,由票据支付地人民法院管辖这类纠纷,有利于查明案件事实。票据支付地是指票据上载明的付款地。票据未载明付款地的,票据付款人(包括代理付款人)的住所地或主要营业所所在地为票据付款地。票据纠纷的发生,也有可能是因票据的签发或者票据的交接而引起的,在这种情况下,由被告所在地管辖较为适宜。

(4) 因公司设立、确认股东资格、分配利润、解散等纠纷提起的诉讼,由公司住所地人民法院管辖。这几类纠纷主要是涉及与公司组织行为有关的纠纷,由公司住所地人民法院管辖,方便案件的审理。《民诉法解释》第22条补充规定,因股东名册登记、请求变更公司登记、股东知情权、公司决议、公司合并、公司分立、公司减资、公司增资等纠纷提起的诉讼,也由公司住所地人民法院管辖。

(5) 因铁路、公路、水上、航空运输和联合运输合同纠纷提起的诉讼,由运输始发地、目的地或者被告住所地人民法院管辖。运输合同一般包括客运合同和货运合同两种。运输始发地是旅客、货物的最初出发地,目的地则是最终到达地。铁路运输合同纠纷以及与铁路运输有关的侵权纠纷,由铁路运输法院管辖。

(6) 因侵权行为提起的诉讼,由侵权行为地或者被告住所地人民法院管辖。侵权行为地,包括侵权行为实施地和侵权行为结果发生地。信息网络侵权行为实施地包括被诉侵权行为的计算机等信息设备所在地,侵权结果发生地包括被侵权人住所地。侵权行为纠纷,由侵权行为地人民法院管辖有利于人民法院查明侵权的过程和侵权结果,以保证案件的公正审判。因产品质量、服务质量不合格造成他人财产和人身损害提起的诉讼,由产品制造地、产品销售地、服务提供地、侵权行为地和被告住所地的人民法院管辖。

(7) 因铁路、公路、水上和航空事故请求损害赔偿提起的诉讼,由事故发生地或者车辆、船舶最先到达地,航空器最先降落地或者被告住所地人民法院管辖。交通事故损害赔偿是运输人因铁路、公路、水上和航空运输过程中发生事故而造成旅客、托运人及其他人人身和财产损害所引起的赔偿纠纷。事故发生地包括事故发生及造成损害后果的地点。车、船最先到达地一般是指车、船在事故发生后第一次停靠的车站、码头和港口。航空器最先降落地即飞机、飞船、热气球等航空器在事故发生后第一次降落地或者坠毁地。

(8) 因船舶碰撞或者其他海事损害事故请求损害赔偿提起的诉讼,由碰撞发生地、碰撞船舶最先到达地、加害船舶被扣留地或者被告住所地人民法院管辖。船舶碰撞是指船舶在航行过程中因发生接触和碰撞而造成的损害事故,其他海损事故是指船舶在航行过程中因触礁、失火、爆炸、沉没等造成的事故。只要是发生在我国领海领域内的船舶碰撞或者其他海损事故,我国人民法院就有管辖权。

(9) 因海难救助费用提起的诉讼,由救助地或者被救助船舶最先到达地人民法院管辖。海难救助是对海上遇险船舶、货物和人员所进行的救援活动。因救助报酬而发生的争议引起的诉讼适用民事诉讼法特殊地域管辖的规定。

(10) 因共同海损提起的诉讼,由船舶最先到达地、共同海损理算地或者航程终止地的人民法院管辖。共同海损是在航运中,船舶遭遇海难(自然灾害、意外事故以及其他特殊危险),为摆脱险情而采取的解除危险的措施所造成的特殊损失和支出的额外费用。共同海损一般由受益人分担。受益人对共同海损的分担而发生的争议,称为共同海损承担纠纷。因该纠纷提起的诉讼,应当由与共同海损法律事实联系紧密的船舶最先到达地、共同海损理算地或者航程终止地的人民法院管辖。

四、专属管辖

专属管辖,是指法律强制规定某些特殊类型的案件必须由特定的人民法院管辖。专属管辖是一种排他性、强制程度最高的管辖。体现为:一是凡依法应适用专属管辖的案件,只能由法定的法院管辖,其他法院无管辖权;二是不准许当事人协议变更管辖法院;三是不再适用一般地域管辖和特殊地域管辖的规定;四是外国法院无权管辖我国法院专属管辖的案件。

根据《民事诉讼法》第33条的规定,下列案件适用专属管辖的规定:

(1)因不动产纠纷提起的诉讼,由不动产所在地人民法院管辖。根据《民诉法解释》第28条的规定,不动产纠纷是指因不动产的权利确认、分割、相邻关系等引起的物权纠纷。此外,农村土地承包经营合同纠纷、房屋租赁合同纠纷、建设工程施工合同纠纷、政策性房屋买卖合同纠纷,按照不动产纠纷确定管辖。不动产已登记的,以不动产登记簿记载的所在地为不动产所在地;不动产未登记的,以不动产实际所在地为不动产所在地。

(2)因港口作业中发生纠纷提起的诉讼,由港口所在地人民法院管辖。港口作业是指航船在港口进行装卸、驳运、仓储保管以及理货等业务,由此损害了港口设施,或者造成污染而引起的诉讼,由港口所在地人民法院管辖,该法院一般为海事法院。

(3)因继承遗产纠纷提起的诉讼,由被继承人死亡时住所地或者主要遗产所在地人民法院管辖。此类纠纷主要涉及两个问题:一是当事人有无继承权,二是遗产应如何在当事人之间分割。由被继承人死亡时住所地或者主要遗产所在地人民法院管辖,便于人民法院查明被继承人、继承人和遗产的有关情况,正确处理案件,解决民事纠纷。

五、共同管辖与选择管辖

共同管辖与选择管辖实际上是一个问题的两个方面。共同管辖是从法院角度说的,是指依照法律规定,两个或两个以上的人民法院,对同一案件都有管辖权;选择管辖则是从当事人角度说的,是指依照法律规定,对同一案件两个或两个以上人民法院都有管辖权时,当事人可以选择其中一个人民法院起诉。

共同管辖分为以下两种情况:

(1)因诉讼主体而产生的共同管辖。如在一般地域管辖中,同一诉讼的几个被告不在一个法院辖区内,各辖区人民法院都有管辖权。

(2)因诉讼客体而产生的共同管辖。如在特殊地域管辖和专属管辖中,同一诉讼的不动产所在地、侵权行为地或者其他据以确定管辖的地点,跨越或分散在几个法院辖区的,各有关地点的人民法院都有管辖权。

在共同管辖中，因几个法院对同一案件都有管辖权，这种情况不可避免地会形成管辖权的冲突。对此，《民事诉讼法》第35条明确规定："两个以上人民法院都有管辖权的诉讼，原告可以向其中一个人民法院起诉；原告向两个以上有管辖权的人民法院起诉的，由最先立案的人民法院管辖。"这是解决共同管辖中管辖冲突的法律根据。共同管辖是选择管辖的基础和前提条件，选择管辖是对共同管辖的落实和实现。二者都是对一般地域管辖、特殊地管辖和专属管辖法律规定适用的补充。

第五节 协议管辖

一、协议管辖的概念

协议管辖，又称约定管辖或合意管辖，是指当事人双方就某一具体法律关系可能或已经发生的纠纷，用书面形式约定管辖法院。在民事诉讼法中规定协议管辖，是处分原则的具体体现，也是对当事人程序选择权的认可，在一定程度上既方便了当事人，又有助于抑制地方保护主义。当事人依法达成的选择管辖法院的协议，在程序法上产生使特定法院取得管辖权的法律效果。

二、协议管辖的条件

根据《民事诉讼法》第34条的规定，协议管辖，应当具备以下条件：

（1）当事人只能对合同或者其他财产权益纠纷案件协议管辖，涉及人身关系的案件一般不适用协议管辖。但对当事人因同居或者在解除婚姻、收养关系后发生的财产争议，属于"其他财产权益纠纷"，可以适用协议管辖。

（2）当事人双方必须以书面形式协议管辖，以口头形式约定或协议约定不明确的无效。管辖协议约定由两个以上与争议有实际联系的地点的人民法院管辖，原告可以向其中一个人民法院起诉；

（3）协议管辖选择的人民法院应当是在地域上与纠纷有实际联系的人民法院，包括但不限于被告住所地、合同履行地、合同签订地、原告住所地、合同标的物所在地的法院；

（4）协议管辖不能违反级别管辖和专属管辖的规定。

三、默示的协议管辖（应诉管辖）

默示协议管辖又称应诉管辖，是指当事人之间没有明示的管辖协议，但双方当事人以起诉和应诉的方式，默示地接受了受诉人民法院的管辖。《民事诉讼法》第127条第2款规定："当事人未提出管辖异议，并应诉答辩的，视为受诉人民法院有管辖权,但违反级别管辖和专属管辖规定的除外。"

民事诉讼中适用应诉管辖应具备三个条件:

(1) 在答辩期间内,被告对受诉人民法院管辖未提出异议。

(2) 在答辩期间内,被告应诉答辩。应诉答辩是指被告针对原告的诉讼请求进行了实体答辩,答辩内容涉及作为诉讼标的的实体权利义务关系。

(3) 应诉管辖不得违反我国民事诉讼法关于级别管辖、专属管辖和协议管辖的规定。应诉管辖实际上是当事人之间的一种默示协议管辖,级别管辖和专属管辖当然不能因当事人的这种默示协议行为而改变。

同时具备上述三个条件的,就视为被告已承认并接受了受诉人民法院的管辖权。

第六节 裁定管辖

裁定管辖,是指根据人民法院依法以作出的裁定或者决定的方式确定管辖法院。裁定管辖是法定管辖的必要补充。根据我国《民事诉讼法》第36条、第37条、第38条的规定,裁定管辖有三种情形:移送管辖、指定管辖和管辖权的转移。

一、移送管辖

移送管辖,是指人民法院受理案件后,发现本院对该案件没有管辖权,而依法通过裁定的方式将案件移送给有管辖权的人民法院管辖。

移送管辖是对管辖错误所采取的一种纠正措施。从实质上看,是案件的移送,而非管辖权的移送。移送管辖可发生在同级法院之间,也可发生在上下级法院之间。

我国《民事诉讼法》第36条规定:"人民法院发现受理的案件不属于本院管辖的,应当移送有管辖权的人民法院,受移送的人民法院应当受理。受移送的人民法院认为受移送的案件依照规定不属于本院管辖的,应当报请上级人民法院指定管辖,不得再自行移送。"适用移送管辖的案件,必须具备以下几个条件:

(1) 移送的案件必须是已为人民法院受理的案件。如果人民法院在审查起诉过程中就发现案件不属本院管辖时,则应告知原告向有管辖权的人民法院起诉,不得先受理再移送。

(2) 受理本案的人民法院对案件没有管辖权。对案件有管辖权,是人民法院审理案件的前提。因此,人民法院发现自己所受理的案件没有管辖权时,应当移送管辖。如果两个以上人民法院对案件都有管辖权,那么,先立案的人民法院不得将案件移送给另一个有管辖权的人民法院。

(3) 受移送的人民法院对案件有管辖权。移送管辖旨在纠正管辖上的错误，因此应以受移送的人民法院具有管辖权为条件，不应将案件移送给没有管辖权的人民法院。

(4) 移送案件应在一审开庭前进行。对移送管辖的期限进行规定，是为了与应诉管辖相区分，同时也是对人民法院移送案件的时间进行统一规定。

在移送管辖中，受移送的人民法院对移送法院所移送的案件不得拒绝受理。如果受移送的人民法院认为移送来的案件本院也无管辖权时，既不能将案件退回原移送的人民法院，也不能再移送给其他人民法院，而只能依照有关规定报请上级人民法院指定管辖。根据《民诉法解释》的规定，有管辖权的人民法院受理案件后，不得以当事人住所地、经常居住地或行政区划变更为由将案件移送给变更后有管辖权的人民法院。这是管辖恒定原则的要求。

二、指定管辖

指定管辖，是指上级人民法院以裁定的方式，指定下级人民法院对某个案件行使管辖权。其实质是法律赋予上级人民法院有权在特殊情况下变更和确定案件的管辖法院。

我国《民事诉讼法》第37条规定："有管辖权的人民法院由于特殊原因，不能行使管辖权的，由上级人民法院指定管辖。人民法院之间因管辖权发生争议，由争议双方协商解决；协商解决不了的，报请它们的共同上级人民法院指定管辖。"因此，指定管辖适用于下述两种情况：

(1) 由于特殊原因，有管辖权的人民法院不能行使管辖权。所谓特殊原因，既包括事实上的原因，即不可预测、不可避免并且不能克服的客观事由，如发生地震、水灾等对案件及时审理有严重影响的不可抗力事由；也包括法律上的原因，如受诉人民法院的全体审判人员自行回避或被申请回避，无法组成合议庭等。无论何种特殊原因，只要致使有管辖权的人民法院无法行使管辖权时，上级人民法院即可在其辖区范围内指定其他适当的人民法院管辖。

(2) 由于管辖权发生争议，各争议法院又协商不成。因管辖权发生争议，是指两个或两个以上的人民法院，互相争夺或互相推诿对同一案件的管辖权。在这种情况下，争议的人民法院首先应当协商解决，协商不成时，报请它们的共同上级人民法院指定管辖。对此，根据《民诉法解释》第40条的规定：发生管辖权争议的两个人民法院因协商不成报请它们的共同上级人民法院指定管辖时，双方为同属一个地、市辖区的两个基层人民法院的，由该地、市的中级人民法院及时指定管辖；同属一个省、自治区、直辖市的两个人民法院的，由该省、自治区、直辖市的高级人民法院及时指定管辖；双方为跨省、自治区、直辖市的人民法院的，由两个高级人民法院协商解决，两个高级人民法院经过协商仍解决不了，应报请最高人民法院指定管辖。依照上述的规定报请上级人民法院指定管辖时,应当逐级进行。

根据《民诉法解释》的规定,对报请上级人民法院指定管辖的案件,下级人民法院应当中止审理。指定管辖裁定作出前,下级人民法院对案件作出判决、裁定的,上级人民法院应当在裁定指定管辖的同时,一并撤销下级人民法院的判决、裁定。

三、管辖权的转移

管辖权的转移,是指经上级人民法院决定或同意,将某个案件的管辖权由上级人民法院移交给下级人民法院,或者由下级人民法院移交给上级人民法院。

根据《民事诉讼法》第38条的规定,管辖权的转移有两种情况:

(1)下级人民法院的管辖权转移至上级人民法院。上级人民法院有权调取本应由下级人民法院管辖的案件自己审理;同时,下级人民法院也可将本应由自己管辖的案件报请上级人民法院审理。最高人民法院《关于调整高级人民法院和中级人民法院管辖第一审民商事案件标准的通知》规定,重大疑难、新类型和在适用法律上有普遍意义的案件,可由上级人民法院自行决定由其审理,或者根据下级人民法院报请决定由其审理。

(2)上级人民法院的管辖权转移至下级人民法院。根据《民诉法解释》第42条的规定,下列第一审民事案件,可以在开庭前交下级人民法院审理:第一,破产程序中有关债务人的诉讼案件;第二,当事人人数众多且不方便诉讼的案件;第三,最高人民法院确定的其他类型案件。上级法院认为确有必要将本院管辖的第一审民事案件交下级人民法院审理的,应当报请其上级人民法院批准,上级人民法院批准后,人民法院应当裁定将案件交下级人民法院审理。鉴于管辖权下移意味着当事人享受更高级别法院管辖的权利受到了限制,在司法实践中管辖权下移又常常被地方法院用来控制案件的终审权。因此,为严格限制管辖权的下移,民事诉讼法规定在程序上应当报请其上级人民法院批准。

根据最高人民法院《关于审理民事级别管辖异议案件若干问题的规定》,上级人民法院将案件交由下级人民法院审理的,应当作出裁定,当事人不服的,可对此裁定提起上诉。

管辖权的转移与移送管辖有相似之处,即都表现为案件由某法院转至另一法院审理,但二者有实质的区别:首先,管辖权的转移是有管辖权的人民法院,将案件的管辖权转移给原来没有管辖权的人民法院,所转移的是案件管辖权;而移送管辖则是无管辖权的人民法院将不属自己管辖的案件移送至有管辖权的人民法院,所移送的是案件。其次,管辖权的转移是在上下级人民法院之间进行的,是对级别管辖的调节和补充;而移送管辖虽不排除在上下级人民法院之间进行,但更多的是在同级人民法院之间进行的,其主要功能是纠正地域管辖错误。最后,管辖权的转移必须由上级人民法院决定或同意,下级人民法院只能遵照执行或提出建议;而移送管辖则无此要求,移送时无须受移送的人民法院同意或决定,受移送的人民法院不得拒绝移送或再行移送。

第七节 管辖权异议

一、管辖权异议的概念

管辖权异议,是指人民法院受理案件后,一方当事人提出的、认为受理案件的人民法院对该案件并无管辖权的意见或主张。根据当事人诉讼权利平等原则,原告提起诉讼时享有选择管辖法院的权利,应诉的被告也应享有相应的管辖的异议权。民事诉讼法作此规定,是为了充分保障当事人的诉讼权利,并通过行使这一诉讼权利保护自己的实体权利;同时也是为了排除地方保护主义干扰,保证审判管辖权合法、公正地行使。

二、管辖权异议的条件

管辖权异议是当事人一项重要的诉讼权利,根据《民事诉讼法》第127条及相关司法解释的规定,提出管辖权的异议,必须具备以下几个条件:

(1) 人民法院已经受理案件。如果只是原告起诉,人民法院还没有正式受理案件,被告不得提起管辖权异议。

(2) 管辖权异议必须由当事人提起。提出管辖权异议的一般为被告,因为管辖法院是由原告起诉时选定的,因此一般不会在法院受理后再提出管辖权异议。

关于第三人是否有权提出管辖权异议的问题,根据最高人民法院的解释,应区分不同情况予以处理。有独立请求权的第三人主动参加到他人已经开始的诉讼,应视为承认和接受了受诉法院的管辖,故不发生提出管辖权异议的问题,如果是受诉法院通知其参加诉讼,那么他有权提出管辖权异议,决定自己是以有独立请求权第三人的身份参加诉讼,还是以原告的身份向其他有管辖权的法院另行起诉。无独立请求权的第三人参加他人已经开始的诉讼,是通过支持一方当事人的主张而维护自己的利益,由于他在诉讼中始终是辅助一方当事人,故无权对受诉法院的管辖提出异议。

(3) 当事人对管辖权的异议,应当在提交答辩状期间提出。即被告应当在收到起诉状副本后的15日内,提出管辖权的异议。但如在答辩期间届满后,原告增加诉讼请求金额致使案件标的额超过受诉人民法院级别管辖范围的,被告人仍可提出管辖权异议。

(4) 管辖权异议只能对第一审民事案件提出。由于管辖制度是针对第一审民事案件设立的,作为管辖制度组成部分的管辖权异议只能适用于一审案件;而上诉案件应由哪个第二审法院受理,是依据一审案件的管辖而定的。因此在第二审程序中不再设管辖权异议制度。

三、对管辖权异议的处理

受诉人民法院对当事人提出的管辖权异议应及时进行审查。对当事人所提管辖权的异议未经审查或审查后尚未作出决定前,不得进入对该案的实体审理。经审查,管辖权异议成立的,裁定将案件移送至有管辖权的人民法院;异议不成立的,则应裁定驳回。裁定书应当送达双方当事人。当事人对裁定不服的,可以在10日内向上一级人民法院提起上诉。当事人在第二审人民法院确定该案的管辖权以后,即应按人民法院的通知参加诉讼。根据管辖恒定原则,本案的管辖不因当事人提起反诉、增加或变更诉讼请求等而发生改变,但违反级别管辖、专属管辖的规定除外。

思考题

1. 如何处理法院主管与其他机关主管之间的关系?
2. 试述级别管辖的划分标准。
3. 简述一般地域管辖。
4. 特殊地域管辖与专属管辖有何不同?
5. 试比较管辖权的转移与移送管辖。
6. 提出管辖权异议的条件有哪些?

参考文献

1. 蔡虹:《转型期中国民事纠纷解决初论》,北京大学出版社2008年版。
2. 孙邦清:《民事诉讼管辖制度研究》,中国政法大学出版社2008年版。
3. 黄川:《民事诉讼管辖研究》,中国法制出版社2001年版。

第十三章 诉讼当事人

> **学习目的与要求**

通过本章的学习,应掌握当事人的基本概念、诉讼权利能力和诉讼行为能力,理解当事人的确定标准,掌握诉讼权利义务的承担、当事人的追加与更换,掌握共同诉讼人、诉讼代表人、第三人的理论以及相关法律规定。

第一节 当事人概述

一、当事人的概念

民事诉讼当事人,是指以自己的名义,就特定的民事争议请求法院行使审判权予以裁判的人及其相对人。请求法院行使民事裁判权的人是原告,被诉的相对人是被告。从广义上讲,有独立请求权的第三人虽未引起本诉的发生,但因其向本诉原告和被告提出了独立的诉讼请求,因此也是当事人。

民事诉讼法学界对当事人概念的界定,大致经历了由传统的利害当事人说、权利保护说到程序当事人说的演变。

(一)利害关系当事人说

"利害关系说"也称"实体当事人说",起源于私权一元观时期,民事诉讼当事人被界定为因民事权利义务关系发生争议,以自己的名义进行诉讼,并受人民法院裁判拘束的直接利害关系人。[①] 利害关系当事人说排除了其他与案件纠纷无利害关系的人提起诉讼的可能,但也存在明显的弊端,即在起诉时就要求纠纷的当事人与案件有直接的利害关系,要求起诉人和被诉人都是实体法律关系的真正权利人和义务人,这势必要对起诉作实体审查,而实体权利义务关系应当是在诉讼进行到法庭辩论终结时才能明确。这显然是不合理的。这样界定当事人必然缩小对实体权利救济的可能性,也不能解决财产代管人、遗产管理人、遗嘱执行人等诉讼主体资格等问题。

(二)权利保护说

为了适应扩大实体权利救济的需要,民事诉讼理论界对传统当事人概念进

---

① 参见柴发邦主编:《民事诉讼法学新编》,法律出版社1992年版,第147页。

行了修正。修正后的当事人概念,是指因民事上的权利义务关系发生纠纷,以自己的名义进行诉讼,旨在保护民事权益,并能引起民事诉讼程序发生、变更或消灭的人。① 它与利害关系当事人概念的最根本区别是:它不仅包括为保护自己的民事权益而进行诉讼的人,也包括那些为保护他人的民事权益而进行诉讼的人,如对争议的民事权利享有管理权和支配权的人,他们并非案件的直接利害关系人,但仍可以成为当事人起诉应诉。该说拓宽了当事人的范围,有助于公民、法人和其他组织积极利用诉讼程序获得司法救济。但这种修正仍然是有限度的,因为仍需做实体审查才能解决当事人的认定问题。

(三) 程序当事人说

无论是利害关系人说,还是权利保护说,都是将当事人作为正当当事人来定义的。而在现实诉讼中,起诉和被诉的人是不是民事权利和法律关系的主体,只有在诉讼进行中,通过审理才能查清,在未查清楚之前,诉讼程序照样进行,事实上已经承认他是当事人。正基于上述理由,民事诉讼理论界提出了程序当事人说。当事人即程序当事人,是指以自己的名义要求人民法院保护其民事权利或法律关系的人及其对方。② 换言之,判断某人是否属于诉讼当事人,只看实际诉讼的当事人是谁,而无须从实体法上考察他与诉讼标的的关系。

程序当事人概念是把实际进行诉讼的人作为判断是否为当事人的标准。换句话说,判断某人是否属于当事人,只看是谁在实际进行诉讼,而无须从实体法上查明他与诉讼标的的关系。因此,当事人就是程序意义上的当事人,或者实际进行诉讼的人。程序当事人具有如下三个方面的特征:(1) 以自己的名义起诉应诉,进行诉讼活动。既然称为当事人,就必须以自己的名义进行诉讼,即必须是诉讼权利义务的担当者。(2) 要求法院就具体案件行使审判权,并就诉讼请求作出裁判的一方及相对方。(3) 必须在诉状内明确表示。凡在诉状内明确表示为原告和被告的人,不问是否是民事权利和法律关系的主体以及对诉讼标的有无诉讼实施权,都是当事人。

程序当事人理论的提出,具有十分重要的意义:(1) 划清了当事人的程序因素与实体因素的不同意义,有助于对实体法律关系实现普遍的救济。(2) 在民事主体起诉应诉时,程序法即应确立其当事人地位,以避免起诉时法院对案件进行实体审查,从而有助于缓解我国民事诉讼中的告状难问题,并为民事审判方式改革带来观念上的更为彻底的更新。(3) 从根本上解决了我国当事人概念的分歧与矛盾,为我国民事诉讼制度的合理设计提供了内在的结构因素。程序当事人概念的提出一方面突出了当事人的主体地位,扩大了权利救济的可能性,另一

---

① 参见柴发邦主编:《民事诉讼法学新编》,法律出版社 1992 年版,第 148 页。
② 参见江伟主编:《民事诉讼法学原理》,中国人民大学出版社 1999 年版,第 377 页。

方面也为司法功能的进一步扩张创造了条件。

二、诉讼权利能力与诉讼行为能力

（一）诉讼权利能力

诉讼权利能力，是指享有民事诉讼权利和承担民事诉讼义务的资格。有诉讼权利能力就可以成为民事诉讼当事人，因此诉讼权利能力又称当事人能力。诉讼权利能力是能够成为当事人的一种法律资格，也就是说不论公民、法人或者其他组织，当他们的民事权利受到侵犯或者发生争执时，有权向人民法院起诉，取得原告的资格；相反侵犯他人民事权利或者与之发生争执，当他人提起诉讼时，他们都有义务到人民法院应诉，具有被告的资格。

诉讼权利能力通常是与民事权利能力相一致的，一般来说，具有民事权利能力的人同时也具有诉讼权利能力，诉讼权利能力以民事权利能力为依据，同时又是民事权利能力的保障；另一方面，它们又有区别。民事权利能力是作为民事法律关系主体的资格，诉讼权利能力是作为诉讼法律关系主体的资格。既然是两种不同性质法律关系的主体，他们所承担的权利义务不同，由此产生的法律后果也是不同的。而且，在特定的情况下没有民事权利能力的人，法律仍然赋予他以当事人的资格，例如经主管机关认可，设有管理人或代表人的非法人团体，也是民事诉讼的主体，具有诉讼权利能力，享有当事人的资格。

公民的诉讼权利能力与民事权利能力相适应，自成为民事权利主体时开始，因死亡而消灭。法人和其他组织的诉讼权利能力，自成立或设立时开始，在撤销、合并等情况下消灭。

我国《民事诉讼法》第48条第1款规定："公民、法人和其他组织可以作为民事诉讼的当事人"，这一规定实际上是对诉讼权利能力享有者的划定，亦即公民、法人和其他组织都具有诉讼权利能力，在他们之间发生民事纠纷后，都有资格成为民事诉讼当事人。

（二）诉讼行为能力

诉讼行为能力，是指以自己的行为实现诉讼权利和履行诉讼义务的能力。也就是能够亲自进行诉讼活动的能力。

诉讼行为能力与民事行为能力有着密切的联系。一般来说，具有民事行为能力的人同时具有诉讼行为能力。但两者又并非完全一致。首先，诉讼行为能力是进行诉讼活动的能力，民事行为能力是进行民事活动的能力。其次，诉讼行为能力只有"有诉讼行为能力"和"无诉讼行为能力"之分；而民事行为能力则分为有民事行为能力、无民事行为能力和限制民事行为能力三种。其中，民事行为能力中的无行为能力和限制行为能力的人，均无诉讼行为能力，不能亲自进行诉讼活动。

在一般的情况下,诉讼行为能力与诉讼权利能力是相一致的,即具有诉讼权利能力的人同时具有诉讼行为能力。但在某些情况下,如未成年人、精神病人等,虽有诉讼权利能力却无诉讼行为能力。这表明,公民的诉讼行为能力与诉讼权利能力有可能不一致;而法人和其他组织的诉讼权利能力和诉讼行为能力始终是一致的。前者的诉讼行为能力自具有完全的民事行为能力时开始,于死亡时或因精神病等原因丧失行为能力时消灭;后者的诉讼行为能力与诉讼权利能力同时产生,同时消灭。

依照法律或者法人组织章程的规定,代表法人行使职权的负责人是法人的法定代表人。根据我国有关法律的规定,法定代表人是在法人成立或者设立的时候就确定了的,法人有特定的民事权利能力和民事行为能力,在诉讼上也相应地具有诉讼权利能力和诉讼行为能力,但是法人的民事行为能力和诉讼行为能力是通过其法定代表人的活动来体现的。我国《民事诉讼法》第48条第2款规定:"法人由其法定代表人进行诉讼……"法定代表人的诉讼行为就视为法人的诉讼行为。

具有诉讼行为能力是诉讼行为有效的条件。没有诉讼行为能力的人所实施的诉讼行为或者对无诉讼行为能力的人所实施的诉讼行为都是无效的。例如,无诉讼行为能力的人提起诉讼就没有法律效力。在起诉时,人民法院认为其有诉讼行为能力,但受理后发现起诉人没有诉讼行为能力的,起诉无效,人民法院可以裁定驳回起诉。在开庭审理中,无诉讼行为能力的当事人参加辩论的,人民法院应令其退出辩论。按照民法的有关规定,无效的民事行为在实施以后仍可以撤销。但无诉讼行为能力的人实施的诉讼行为则不能简单地一概撤销,因为一旦撤销将导致诉讼程序的不稳定。如果无诉讼行为能力的法定代理人对其诉讼行为予以追认的,该诉讼行为从开始就可被认为是有效的。在诉讼中,当事人丧失诉讼行为能力时,人民法院应当裁定中止诉讼,等待其法定代理人代为进行诉讼。

三、当事人的诉讼权利和诉讼义务

(一)当事人的诉讼权利

根据《民事诉讼法》第48条至第51条及其他有关条文的规定,当事人的诉讼权利主要有:

(1)起诉和反诉。公民、法人和其他组织的民事权益受到侵犯或者发生争执,有权向人民法院起诉,以获得司法保护;在诉讼进行中,被告有权以本诉原告为被告,提起反诉。

(2)用本民族语言、文字进行诉讼。各民族的当事人都有用本民族的语言、文字进行诉讼的权利,并且人民法院应当为当事人行使这项权利提供便利。

（3）委托代理人。任何一方当事人都有权委托律师、自己的近亲属、有关社会团体或者单位推荐的人以及经人民法院许可的其他公民作为自己的诉讼代理人。

（4）提出回避申请。当事人有权依据法定理由要求更换审判人员，以及书记员、翻译人员、鉴定人、勘验人等，以保证案件的公正审理。

（5）收集、提供证据和申请保全证据。当事人有权收集有利于自己的证据，并在诉讼过程中提供证据、互相质证，以证明自己的诉讼请求。在证据可能灭失或者以后难以取得的情况下，当事人可以向人民法院申请保全证据。

（6）进行辩论。当事人有权就争议的事实和法律依据，提出自己的主张和意见，反驳对方的诉讼请求，互相辩论和质证，以维护自己的合法权益。

（7）放弃、变更、承认、反驳诉讼请求。在诉讼进行中，原告可以放弃或者变更诉讼请求，被告可以承认或者反驳对方的诉讼请求。

（8）查阅和复制本案有关材料。当事人有权根据法律规定的范围和办法查阅本案有关材料，并可以复制本案有关材料和法律文书。

（9）请求调解。在诉讼过程中，当事人有权请求人民法院进行调解，用调解的方式结束诉讼。

（10）提起上诉。当事人不服人民法院第一审判决或者裁定的，有权依照法定程序提起上诉。

（11）申请执行。一方当事人不履行生效裁判的，另一方当事人有权申请人民法院强制执行。

（12）进行和解。当事人双方有权在诉讼过程中互相协商，互相让步，达成和解协议，自行解决已经诉诸人民法院的纠纷。

（13）申请再审。当事人认为已经发生法律效力的裁判确有错误的，有权向原审人民法院或者上一级人民法院申请再审。

（二）当事人的诉讼义务

当事人在享有诉讼权利的同时，也应承担相应的诉讼义务。当事人的诉讼义务主要包括以下三个方面：

（1）当事人必须正确地行使诉讼权利，即必须依照民事诉讼法律规范行使自己的诉讼权利，不能滥用法律赋予的诉讼权利。

（2）在整个诉讼过程中，必须遵守诉讼秩序，服从法庭指挥，尊重对方当事人和其他诉讼参与人的诉讼权利。

（3）对发生法律效力的判决书、裁定书和调解书，义务人必须履行。

四、诉讼权利义务的承担

诉讼权利义务的承担，是指在诉讼过程中，一方当事人的诉讼权利义务转移给另一人,由其作为诉讼当事人。

诉讼权利义务的承担,是由于民事权利义务的转移而引起的。随着民事权利义务的转移,诉讼上的权利义务也随之转移。这种情形在公民、法人或者其他组织中都可能发生。例如,当事人在诉讼过程中死亡,死者的民事权利义务转移给继承人,诉讼权利义务也同时转移给继承人。又如,两个法人的合并,如果合并前的法人诉讼活动正在进行的,就应由合并后的新的法人承当诉讼当事人,继续参加诉讼活动,并承担原法人的诉讼权利义务。

诉讼权利义务的承担,可能发生在第一审程序或者第二审程序,也可能发生在再审程序,还可能发生在执行程序。不论发生在诉讼程序的哪个阶段,诉讼权利的承担都是新的当事人承续原当事人已经开始的诉讼,诉讼程序是继续进行而不是重新开始。因此,原当事人进行的一切诉讼行为,对新当事人均有约束力。

五、诉讼担当

诉讼担当,是指与争议的诉讼标的有直接利害关系的人因故不能参加诉讼,由特定的第三人作为该诉讼的当事人,并以自己的名义进行诉讼活动,但判决的效力及于该民事法律关系的原主体。诉讼担当是由非权利主体或非义务主体充当诉讼当事人,以自己的名义保护他人的民事权利。这种替代案件的直接利害关系人充当诉讼当事人的特定第三人,理论上称为诉讼担当人。

诉讼担当人之所以须由特定的第三人充当,往往是因为其与案件的直接利害关系人存在着另一个民事法律关系,并基于该法律关系而使得第三人对直接利害关系人的涉讼权益具有管理义务或者具有代位请求的权利。

诉讼担当包括法定的诉讼担当与任意的诉讼担当。法定的诉讼担当,是指特定第三人对他人的法律关系或法律权利的管理权和诉讼实施权是基于实体法或诉讼法上的明确规定而产生的。任意的诉讼担当,是指民事权利主体通过自己的意志授权于第三人以诉讼实施权。[1]我国法律对任意的诉讼担当尚无明确的法律规定,但司法实践中有过先例。[2]法定的诉讼担当主要有下列三类:

(1) 基于保护死者合法权益而引发的诉讼担当。根据我国目前法律的规定,死者有两方面的权利依然受法律保护:一是死者的名誉权;二是死者著作权,

---

[1] 江伟主编:《民事诉讼法》(第三版),高等教育出版社2007年版,第78页。
[2] 最高人民法院《民事审判庭关于中国音乐著作权协会与音乐著作权人之间几个法律问题的复函》(1993年9月14日)指出:"根据民法通则、著作权法、民事诉讼法以及双方订立的合同,音乐著作权人将其音乐作品的部分著作权委托音乐著作权协会管理后,音乐著作权协会可以自己的名义对音乐著作权人委托的权利进行管理。发生纠纷时,根据合同在委托权限范围内有权以自己的名义提起诉讼。但音乐著作权人在其著作权受到侵害而音乐著作权协会未提起诉讼或者权利人认为有必要等情况下,依法仍有权提起诉讼。"

其中的署名权、修改权、保护作品完整性权等著作人格权为永久性保护,而发表权、使用权以及获得报酬权的保护期为作者终生及死后50年。因死者名誉权而发生纠纷的,死者的配偶、父母、子女等近亲属可以以原告的身份提起民事诉讼。因死者著作权纠纷而引发诉讼的,由其继承人作为相应的诉讼当事人行使诉讼实施权。

(2)基于保护胎儿的继承权而引发的诉讼担当。我国《继承法》第28条规定:"遗产分割时,应当保留胎儿的继承份额。"但胎儿并非法律意义上的自然人,因而不具有诉讼权利能力,只能由他人作为胎儿的诉讼担当人来保护其继承权。学理一般认为,由于胎儿与母体不可分离,所以在涉及胎儿的分割遗产诉讼或者侵犯胎儿继承权引发的诉讼中,应当由胎儿的母亲代位行使诉讼实施权。

(3)基于依法管理的财产发生争议而引发的诉讼担当。依法管理他人的财产主要有两种情形:一是由法院指定的代管人依法对被宣告失踪人的财产进行管理;二是由清算组织依法对进入破产程序的企业法人的财产进行管理。在管理人对财产的代管期间,因所管理的财产受到侵犯或者发生争议而引发诉讼的,由财产管理人作为诉讼当事人行使诉讼实施权,以保护财产所有权人或财产经营人的合法权益。

六、当事人的追加与更换

(一)当事人的追加

当事人的追加,是指人民法院受理案件后,发现有必须共同进行诉讼的当事人没有参加诉讼的,人民法院通知其参加诉讼的一种活动。

在诉讼开始以后,人民法院发现有与本案的诉讼标的有直接利害关系的人没有参加到诉讼中来,而这些人不参加诉讼又不利于查明案件事实和纠纷的解决的,人民法院应当通知其参加诉讼,追加为当事人。当事人本人也可以向人民法院提出申请,要求参加诉讼。人民法院对申请参加诉讼的,应进行审查。经审查认为不符合当事人条件、申请无理的,裁定予以驳回;申请有理的,应当及时书面通知其参加诉讼。

追加当事人,可能参加到原告一方而成为共同原告,也可能参加到被告一方而成为共同被告。人民法院追加共同诉讼当事人时,应当通知其他当事人。应追加的原告,已明确表示放弃实体权利的,可不予追加;既不愿意参加诉讼,又不放弃实体权利的,仍追加为共同原告,如其不参加诉讼,不影响人民法院对案件的审理和依法作出判决。追加当事人如果是必须参加诉讼的共同被告,人民法院可以依当事人的申请追加,也可依职权主动追加。被通知参加诉讼活动的被告,必须按人民法院的通知参加诉讼活动。

追加当事人可以在第一审程序中进行,也可以在第二审程序中进行。在第二审程序中追加当事人时,如不能以调解方式结案的,应将案件发回原第一审人民法院重审,以保证追加的当事人能够充分行使诉讼权利。

我国《民事诉讼法》第132条规定:"必须共同进行诉讼的当事人没有参加诉讼的,人民法院应当通知其参加诉讼。"《民事诉讼法》第56条规定,无独立请求权的第三人"可以申请参加诉讼,或者由人民法院通知他参加诉讼"。可见,追加的当事人可能是共同诉讼的原告和被告,也可能是无独立请求权的第三人;追加的当事人的人数,可能是一人,也可能是数人。当事人的追加是由法律关系本身决定的,而非人民法院随意决定的。

(二) 当事人适格与当事人的更换

当事人适格,是指对于特定的诉讼能够以当事人的名义进行诉讼的资格。适格当事人又称正当当事人、符合条件的当事人,反之,不适格的当事人即为非正当当事人或不符合条件的当事人。

当事人适格与诉讼权利能力虽然都是相对于诉讼资格而言的,但两者有所不同:诉讼权利能力是一种抽象的诉讼当事人资格,而当事人适格是就具体民事案件进行诉讼的资格而言的,其与特定的诉讼相联系。因此,虽然当事人适格必须以具有诉讼权利能力为前提,但并非具有诉讼权利能力的人都有资格成为具体民事诉讼中的当事人。

当事人的更换,是指在诉讼过程中,将不适格的当事人,更换为适格的当事人。

不适格的当事人,是指非争议的民事权利义务的主体,即作为原告,他不是自己民事权利受到侵犯或者与他人发生争执的人;作为被告,他不是侵犯原告民事权利或者与之发生争执的人。就具体的民事诉讼而言,人民法院的裁判只有针对该民事纠纷的主体进行,才能产生定纷止争的效果,也才符合解决民事纠纷的诉讼宗旨。所以,如果在诉讼过程中发现不适格的当事人参加了诉讼,而适格的当事人没有参加诉讼,人民法院应当通知更换当事人,不适格的当事人应当退出诉讼,适格的当事人应当参加诉讼。当事人更换后,诉讼程序重新开始。我国《民事诉讼法》未规定当事人的更换,但当事人的更换在民事诉讼实践中常有发生,既有更换原告的情形,也有更换被告的情形,还有原告、被告双方都不符合当事人条件,都应予以更换的情形。当原告不适格,人民法院应通知更换原告,原告不愿退出诉讼的,裁定驳回起诉;符合条件的原告不愿参加诉讼的,终结案件的审理。被告不适格,人民法院通知原告更换,原告不同意更换被告的,裁定驳回起诉;更换被告的,适格被告应当参加诉讼,如经人民法院传票传唤,无正当理由拒不到庭的,可以依法缺席判决。

第二节　原告和被告

一、概念和特征

（一）原告和被告的概念

民事诉讼中的原告,是指认为自己的民事权益或者受其管理支配的民事权益受到侵害,或者与他人发生争议,为维护其合法权益而向人民法院提起诉讼,引起诉讼程序发生的人。但应注意：认为"受到侵害"或"发生争议"是原告对争议的民事权益状态的主观评价,是否能够成立还有待诉讼证据证明。

民事诉讼中的被告,是指被诉称侵犯原告民事权益或与原告发生民事权益争议,被人民法院传唤应诉的人。

民事诉讼是以解决原告与被告之间的争议为中心的诉讼活动,因此,原告和被告就是民事诉讼中最重要的诉讼主体,他们的诉讼行为对民事诉讼的发生、发展、消灭有着重大的影响作用。

原告和被告都是民事诉讼当事人,是最基本的诉讼主体,诉讼当事人的特征在其身上有着最充分的体现。原告和被告都以自己的名义参加诉讼,与案件有法律上的利害关系,为保护自己的民事权益而参加诉讼,受人民法院裁判的约束。

（二）原告和被告的特征

1. 原告的特征

（1）原告是引起民事诉讼程序发生的人。根据无诉既无审判的诉讼规则,民事诉讼程序的发生,必依赖于原告的起诉。原告的起诉,是人民法院能够立案、能够决定开始诉讼程序的前提。没有原告的起诉,就没有人民法院的受理；也就没有民事诉讼程序的发生。

（2）原告是积极维护自己或自己代管的民事权益的人。原告通过诉讼途径积极维护民事权益,有两种情况：一是认为自己的或者自己依法管理支配的民事权益受到侵害,因而请求人民法院进行司法保护；二是认为自己的或者自己依法管理支配的民事权益和民事义务与他人发生争议,从而请求人民法院依法解决争议。

（3）原告对于民事诉讼程序的结束以及诉讼的实体效果具有重大的影响。在一审诉讼中,原告依法申请撤诉的,只要符合撤诉条件,人民法院一般都应准予撤诉,从而保证民事诉讼程序的结束。在诉讼过程中,原告全部放弃诉讼请求的,该诉讼即以原告全部放弃诉讼请求为据而以调解或判决的方式结束,其诉讼的实体效果实际上是由原告自己决定的。

原告的形成一般是由起诉方式决定的,亦即起诉的人就是原告。但基于人民法院的追加也可以形成原告。

2. 被告的特征

(1) 被告是被人民法院传唤对原告的起诉进行应诉的人。被告就是被原告起诉的一方当事人,因其被诉称与原告发生了民事纠纷,而被人民法院通知参加诉讼,作为与原告相对应的另一方当事人。被告参加诉讼的实质是针对原告的起诉进行应诉,以维护自己的合法权益。

(2) 被告从形式上看,是消极维护自己民事权益的人。被告被人民法院通知应诉,是因为原告诉称其侵犯了原告的或者原告依法管理支配的民事权益,或者与原告就某一民事权益发生了争议。由此决定了被告通常是由争议法律关系中的义务人或处于虚拟状态的义务人充当,他们不是通过积极的起诉而是通过应诉来维护自己的民事权益。

被告一般以原告起诉状中所列的被告为准,前提是起诉状中确定的被告是符合条件的。但是,在诉讼过程中,基于利害关系的共同性和诉的不可分性,人民法院也可以依法追加未写入起诉状被告之列的其他人为共同被告。

二、原告与被告的确认

一般来说,具备原告和被告的上述特征,即可确定其诉讼地位。但由于原告和被告的自然形态不同,有时情况比较复杂。在确定公民、法人或其他组织作为当事人时,应注意下列问题。

(一) 公民

公民亦称自然人,在认为自己的民事权益或其代管的财产受到侵犯,或者与他人发生纠纷时,可以作为原告向人民法院提起诉讼,即使是没有诉讼行为能力的人也有作为原告的资格。为原告指控的人也都有应诉答辩的权利,都有成为被告的资格。

随着市场经济的发展,我国出现了许多新的民事主体。他们既不是法人、其他组织,又不是一般意义上的公民。如何确定其诉讼地位,是值得研究的问题。根据最高人民法院《民诉法解释》的规定,应针对不同情形分别确定当事人:

(1) 个人之间形成的劳务关系,提供劳务一方因劳务造成他人损害,受害人提起诉讼的,以接受劳务的一方为被告。

(2) 个体工商户以营业执照上登记的经营者为当事人,有字号的,以营业执照上登记的字号为当事人,但应同时注明该字号经营者的基本信息。营业执照上登记的经营者与实际经营者不一致的,以登记的经营者和实际经营者为共同诉讼人。

(3) 当事人之间的纠纷经人民调解委员会调解达成协议后,一方当事人不履行调解协议,另一方当事人向法院提起诉讼的,应以对方当事人为被告。

(4) 法人或者其他组织应登记而未登记,行为人即以法人或者其他组织名义进行民事活动;行为人没有代理权、超越代理权或者代理权中止后以被代理人名义进行民事活动的,但相对人有理由相信行为人有代理权的除外;法人或其他组织依法终止后,行为人仍以其名义进行民事活动的,以行为人为当事人。

(5) 因保证合同发生纠纷提起的诉讼,保证合同约定为一般保证,债权人仅起诉被保证人的,可只列被保证人为被告。

(6) 企业法人解散,未依法清算即被注销的,以该企业法人的股东、发起人或者出资人为当事人。

(7) 无民事行为能力人、限制民事行为能力人造成他人损害的,无民事行为能力人、限制民事行为能力人和其监护人为共同被告。

(二) 法人

法人可以成为原告,也可以成为被告。法人作为民事诉讼的当事人,是由其法定代表人进行诉讼。法定代表人,必须是依照法律或者组织章程代表法人行使职权的正职负责人。根据《民诉法解释》第 50 条、第 51 条和第 64 条的规定,法人的法定代表人以依法登记的为准,但法律另有规定的除外。依法不需要办理登记的法人,以其正职负责人为法定代表人。法定代表人已经变更,但未完成登记,变更后的法定代表人要求代表法人参加诉讼的,人民法院可以准许。在诉讼中,法人的法定代表人更换的,由新的法定代表人继续进行诉讼,并应向人民法院提交新的法人代表人身份证明书,原法定代表人进行的诉讼行为有效。法人法定代表人的更换,不能理解为是当事人的更换。不论是原告一方更换法定代表人,还是被告一方更换法定代表人,该法人仍然是本案的原告或者被告。根据最高人民法院《民诉法解释》,对下列情形分别确定当事人:

(1) 法人非依法设立的分支机构,或者虽依法设立,但没有领取营业执照的分支机构,以设立该分支机构的法人为当事人。

(2) 法人的工作人员执行工作任务造成他人损害的,该法人为当事人。

(3) 企业法人合并的,因合并前的民事活动发生的纠纷,以合并后的企业为当事人。

(4) 企业法人解散的,依法清算并注销前,以该企业法人为当事人。

(5) 在劳务派遣期间,被派遣的工作人员因执行工作任务造成他人损害的,以接受劳务派遣的用工单位为当事人。当事人主张劳务派遣单位承担责任的,该劳务派遣单位为共同被告。

(三) 其他组织

其他组织亦称非法人团体,是指不具备法人资格的其他组织,他们在经济生活中不可避免地与他人发生民事纠纷,因此,为了保护其自身的利益以及他人的合法权益,世界各国的民事诉讼法一般都承认其作为民事诉讼的当事人的资格,其他组织既可以成为民事诉讼中的原告,也可以成为民事诉讼中的被告。根据《民诉法解释》第52条的规定,其他组织是指合法成立、有一定的组织机构和财产,但又不具备法人资格的组织。这些组织包括:

(1) 依法登记领取营业执照的个人独资企业;

(2) 依法登记领取营业执照的合伙企业;

(3) 依法登记领取我国营业执照的中外合作经营企业、外资企业;

(4) 依法成立的社会团体的分支机构、代表机构;

(5) 依法设立并领取营业执照的法人的分支机构;

(6) 依法设立并领取营业执照的商业银行、政策性银行和非银行金融机构的分支机构;

(7) 经依法登记领取营业执照的乡镇、街道、村办企业;

(8) 符合本条例规定条件的其他组织。

除此之外,对于企业下属的部门、单位内部的工会、团组织等,都不具有独立的民事主体资格,不能成为民事诉讼中的原告或被告。其他组织进行民事诉讼活动的,由其主要负责人为法定代表人,例如,由其经理、主任等代表该组织进行诉讼。代表人的确认及参加诉讼活动的方式、代表人的更换等,适用前述法人的法定代表人的有关规定。其他组织的工作人员因职务行为或者授权行为发生的诉讼,以该其他组织为当事人。

三、公益诉讼原告资格

(一) 公益诉讼的概念和特征

公益诉讼是相对于私益诉讼而言的,是指特定主体对于损害社会公共利益的行为向人民法院提起的诉讼。公益诉讼致力于维护遭受损害的社会公共利益,其对于有效保护公共利益、制止和预防损害社会公共利益的行为、保障法律制度的运行质量、提升全民的法律信仰、扩大司法解决纠纷的功能,都具有重要的意义。

公益诉讼可分为行政公益诉讼和民事公益诉讼。本书所述为民事公益诉讼。民事公益诉讼除了具有民事诉讼的一般特征外,还具有以下特征:

(1) 公益诉讼的目的在于保护社会公共利益。社会公共利益是对众多人利益的抽象概括,具有整体性、普遍性、主体不特定性等特点。公益诉讼所针对的是损害社会公共利益的行为,目的在于保护社会公共利益,而非保护特定个人的私权。

(2) 公益诉讼的原告不以直接利害关系为基础,因为公共利益本身就是属于无直接利害关系的不特定主体。所以公益诉讼一般是由与侵害后果无直接利害关系的公民、公益组织或法定的国家机关提起。

（3）诉讼中国家干预较强。由于公益诉讼的目的是为了维护国家利益和社会公众的民事权利，因此，诉讼中当事人自由处分权受到较多的国家干预，如公益诉讼原告在法庭辩论终结后申请撤诉的，人民法院不予准许等。

（4）判决效力具有扩张性。公益诉讼是由国家机关或公益组织等代表公共利益及相关受害人进行诉讼，这种代表资格是由法律规定的，无须征得被害人同意。人民法院的裁判不仅对参加诉讼的当事人，而且对社会公众、特定的国家机关、公益组织等都具有拘束力。

最近十几年来，公共利益的维护一直为社会广泛关注。由于重大侵害公共利益事件时有发生，尤其是环境污染和侵害众多消费者利益的事件的发生，使得人们希望通过司法程序维护社会公共利益的诉求日益强烈。由于民事诉讼历来由有利害关系的原告提起，而公益诉讼因原告适格的限制举步维艰，尽管实践中检察机关、环保组织进行了一些有益的尝试，取得了较好的社会效果，但毕竟缺乏法律依据。我国《民事诉讼法》的修改及时回应了这种社会诉求，修改后的《民事诉讼法》第55条规定，对污染环境、侵害众多消费者合法权益等损害社会公共利益的行为，法律规定的机关和有关组织可以向人民法院提起诉讼。目前，这两类纠纷是我国实践中出现的数量最大的公益纠纷。至于其他涉及公共利益的纠纷是否应纳入公益纠纷的范畴，法律没有明确规定。不过，该条文使用了"等损害社会公共利益的行为"这样的文字表达，为以后立法和司法扩大解释公益诉讼的案件范围留下了空间。

（二）公益诉讼的原告资格

公益诉讼的原告资格，是指有权提起民事公益诉讼的主体资格。虽然社会公共利益涉及社会全体成员或多数成员，但却并非所有社会成员都具有提起公益诉讼的主体资格。只有被法律赋予公益诉权的人，才具有提起公益诉讼的资格。公益诉讼的原告资格也可称为公益诉讼权利能力，其属于一种特殊的民事诉讼权利能力。

在理论上，关于哪些主体可以作为原告提起公益诉讼，一直存在争议。大体涉及三大类主体：一是检察机关和行政机关。检察机关和行政机关代表国家利益和社会公共利益提起公益诉讼，不仅具有法律地位的保障，而且相较于社会团体和公民个人，具有人、财、物等方面的优势。二是社会团体。相对于被告而言，公益纠纷中的普通受害者无论在起诉的专业知识还是在物质保障上通常都处在弱势地位，难以与被告进行诉讼抗衡，而社会团体在我国也处在不断的发展中，其参与社会管理的能力和积极性与日俱增；社会团体在其性质和职能范围内，应有权提起公益诉讼。三是公民个人。赋予公民以公益诉权可以有效地补充公共执法所存在的不足，同时对公共执法状况进行监督。不过，为了避免公民个人滥用公益诉权,一些国家对公民个人提起公益诉讼也做了适当限制,如设置相应的前置程序,对于滥用公益诉权的行为规定相应的法律责任。

我国《民事诉讼法》第55条确定了两类主体,即"法律规定的机关和有关组织"。法律规定的机关如《海洋环境保护法》,该法第90条第2款规定:"对破坏海洋生态、海洋水产资源、海洋保护区,给国家造成重大损失的,由依照本法规定行使海洋环境监督管理权的部门代表国家对责任者提出损害赔偿要求。"法律规定的"有关组织",根据2015年新修订的《环境保护法》以及《最高人民法院关于审理环境民事公益诉讼案件适用法律若干问题的解释》的规定,符合下列条件的组织可提起环境公益诉讼:(1)依法在设区的市级以上人民政府民政部门登记的社会团体、民办非企业单位以及基金会等;(2)专门从事环境保护公益活动连续五年以上且无违法记录。修订后的《消费者权益保护法》也规定,中国消费者协会和在省、自治区、直辖市设立的消费者协会可针对侵害众多消费者合法权益的行为提起公益诉讼。

我国《民事诉讼法》对公益诉讼制度的规定,是对传统的当事人适格理论和制度的重大突破。赋予法律规定的非实体利害关系人公益诉讼的主体资格,这就表明我国立法已经承认公益诉讼适格当事人的扩张,弥补了"直接利害关系"原则在公益诉讼主体资格方面的不足,其意义十分重大。

第三节 共同诉讼人

一、共同诉讼与共同诉讼人

共同诉讼人,是指当事人一方或双方为二人以上,诉讼标的是共同的,或者诉讼标的是同一种类、人民法院认为可以合并审理并经当事人同意,一同在人民法院进行诉讼的人。共同诉讼人是当事人的一种,属广义的当事人。原告一方为二人以上的,称为共同原告。被告一方为二人以上的,称为共同被告。一同在人民法院起诉的共同原告,或一同在人民法院应诉的共同被告,统称为共同诉讼人。

共同诉讼与共同诉讼人,是两个既有紧密联系、又有区别的概念。其联系表现在:只有在共同诉讼中才能产生共同诉讼人。根据《民事诉讼法》第52条第1款的规定,"当事人一方或者双方为二人以上,其诉讼标的是共同的,或者诉讼标的是同一种类,人民法院认为可以合并审理并经当事人同意的,为共同诉讼"。可见,共同诉讼人与共同诉讼的条件相同,特征也是相适应的,即必须是当事人一方或双方为二人以上,诉讼标的是共同的,或者诉讼标的是同一种类、人民法院认为可以合并审理、并经当事人同意的。但是,二者又有明显的区别:共同诉讼,从诉的角度来讲,是诉的合并的形式之一,是诉的主体的合并,即当事人的合并。它是依据二人以上当事人与诉讼标的的关系来确认的一种诉讼制度。共同诉讼人则是从诉讼主体资格的角度来讲的,共同诉讼中的当事人也不一定都是共同诉讼人。例如,原告一方为三人,被告一方为一人的诉讼,则只有原告一方是共同诉讼人,被告一方仍是单一的被告。

共同诉讼人与单一的原告、被告相比,有两个显著特征:(1)诉讼主体人数在二人以上。作为诉讼主体的共同诉讼人可以是原告,也可以是被告,但最少有一方在二人以上,这是当事人数额上的区别。(2)诉讼标的是共同的,或者是同一种类。共同诉讼人与对方之间必须存在一个共有的法律关系,共同诉讼人在这一法律关系中要么共同享有权利,要么共同负有义务,才能有二人以上的当事人共同参加诉讼。诉讼标的为同一种类的只有人民法院认为可以合并审理,当事人也同意合并审理,人民法院予以合并后才能形成共同诉讼人共同参加诉讼。共同诉讼人之间存在着共有法律关系或同种类的法律关系,这是共同诉讼的前提和基础,也是共同诉讼的本质属性,是与单一的原告、被告的质的区别。

我国《民事诉讼法》设立共同诉讼人制度,是为了使必须共同参加诉讼的人或者有可能共同参加诉讼的人都能参加到诉讼中来,以有利于人民法院查明案件的全部事实,彻底解决当事人之间的纠纷,避免对同一问题作出互相矛盾的判决;可以节省人力、物力,符合诉讼效益原则;有利于全面保护当事人的合法权益。

二、必要的共同诉讼人

(一) 概念和特征

必要的共同诉讼人,是指当事人一方或双方为二人以上,对共同诉讼标的共同享有权利或共同承担义务的人。必要的共同诉讼人具有以下三个显著特征:

(1) 具有共同的诉讼标的。所谓共同的诉讼标的,是指共同诉讼人在同一争议的实体法律关系中享有共同的权利或负有共同的义务,或者在人民法院审结之前有某种理由被认为享有共同的权利或负有共同的义务。这一特征既是必要共同诉讼人与普通共同诉讼人的本质区别所在,也是其与第三人的根本区别。

(2) 必须一并共同进行诉讼。共同诉讼人具有共同诉讼标的时,各个当事人就不能分别提起不同的诉讼,以避免人民法院就同一民事纠纷作出相互矛盾的判决。因此,具有共同诉讼标的的所有直接利害关系人,都必须共同进行诉讼,所以,这类共同诉讼人称为必要的共同诉讼人,必要的共同诉讼是不可分的诉讼。

(3) 人民法院应当依职权追加必要共同诉讼人参加诉讼。由于必要共同诉讼人必须一并共同进行诉讼,因而,在具有共同诉讼标的的其他直接利害关系人没有共同起诉或者没有一同被诉时,人民法院有权也有责任追加其为共同诉讼人,从彻底解决纠纷和避免相互矛盾判决产生的角度出发,既是必要的,也是必需的。

(二)必要的共同诉讼人的形成及认定

必要共同诉讼人的形成,实质上取决于共同诉讼标的的形成。由于诉讼标的就是实体法律关系的纠纷,因而必要共同诉讼人的形成是由实体法决定的。具体地讲,必要共同诉讼人的形成主要有两种原因:第一,共同诉讼人在同一争议法律关系中本来就具有共同的权利或者负有共同的义务,亦即这种共同权利和共同义务在纠纷之前就业已存在。例如,合伙人对合伙财产共同享有权利,该财产被他人侵害,合伙人作为共同诉讼人起诉。这种类型的共同诉讼,在理论上亦称固有的共同诉讼。第二,基于同一事实或其他法律上的原因,使共同诉讼人对同一争议的法律关系具有或被认为具有共同的权利或共同的义务,亦即在某一事实或原因出现之前,共同诉讼人之间本来并不存在共同的权利或共同的义务。最典型的例子是,数人共同致他人损害,受害人向数个加害人主张损害赔偿。在损害发生前,各加害人既没有共同关系,也没有连带关系,但因为发生了致人损害的事实,使他们产生了共同的赔偿义务。这种类型的共同诉讼,在理论上亦称类似的共同诉讼。

根据《民诉法解释》第 54、59、60、63、65、66、70、71、72 条的规定,以下情形应列为必要的共同诉讼人参加诉讼:

(1)以挂靠形式从事民事活动,当事人请求由挂靠人和被挂靠人依法承担民事责任的,该挂靠人和被挂靠人为共同诉讼人。

(2)个体工商户在诉讼中,营业执照上登记的经营者与实际经营者不一致的,以登记的经营者和实际经营者为共同诉讼人。

(3)在诉讼中,未依法登记领取营业执照的个人合伙的全体合伙人,在诉讼中为共同诉讼人。个人合伙有依法核准登记的字号的,应在法律文书中注明登记的字号。全体合伙人可以推选代表人进行诉讼;被推选的代表人,应由全体合伙人出具推选书。

(4)企业法人分立的,因分立前的民事活动发生的纠纷,以分立后的企业为共同诉讼人。

(5)借用业务介绍信、合同专用章、盖章的空白合同书或者银行账户的,出借单位和借用人为共同诉讼人。

(6)因保证合同纠纷提起的诉讼,债权人向保证人和被保证人一并主张权利的,人民法院应当将保证人和被保证人列为共同被告。保证合同约定为一般保证,债权人仅起诉保证人的,人民法院应当通知被保证人作为共同被告参加诉讼;债权人仅起诉被保证人的,可只列被保证人为被告。

（7）继承遗产的诉讼中，部分继承人起诉的，人民法院应通知其他继承人作为共同原告参加诉讼，被通知的继承人不愿意参加诉讼又不明确表示放弃实体权利的，人民法院应把其列为共同原告。

（8）原告起诉被代理人和代理人，要求承担连带责任的，为共同诉讼人。

（9）共有财产权受到他人侵害，部分共有权人起诉的，其他共有权人应当列为共同诉讼人。

根据最高人民法院《关于适用〈中华人民共和国担保法〉若干问题的解释》，下列情形应作为必要的共同诉讼人：

（1）企业法人的分支机构为他人提供保证的，法院在审理保证纠纷案件中可将该企业法人作为共同被告参加诉讼。但是商业银行、保险公司的分支机构提供保证的除外。

（2）一般保证的债权人向债务人和保证人一并提起诉讼的，法院可将债务人和保证人列为共同被告参加诉讼。

（3）债权人向法院请求行使担保物权时，债务人和担保人应当作为共同被告参加诉讼。

（4）同一债权既有保证又有物的担保的，当事人发生纠纷提起诉讼的，债务人和担保人、抵押人或者出质人可以作为共同被告参加诉讼。

根据最高人民法院《关于审理劳动争议案件若干问题的解释》的规定，原用人单位以新的用人单位和劳动者共同侵权为由向人民法院起诉的，应将新的用人单位和劳动者列为共同被告。

（三）必要的共同诉讼人之间的关系

必要共同诉讼人之间的关系，特指他们之间的内部关系，即必要共同诉讼人中一人的诉讼行为是否对全体发生效力。

我国《民事诉讼法》第52条第2款前半段规定："共同诉讼的一方当事人对诉讼标的有共同权利义务的，其中一人的诉讼行为经其他共同诉讼人承认，对其他共同诉讼人发生效力。"该规定表明，我国民事诉讼法是采用"是否承认"为准则来判断一人的诉讼行为是否对其他共同诉讼人生效。在法律没有特别规定的情况下，必要共同诉讼人中一人的诉讼行为经其他共同诉讼人承认，便对其他共同诉讼人发生效力，反之，则不对其他共同诉讼人发生效力。

三、普通的共同诉讼人

（一）概念和特征

普通的共同诉讼人，是指当事人一方或双方为二人以上，具有同种类诉讼标的，经当事人同意，人民法院允许其在同一诉讼程序中一并进行诉讼的当事人。

普通共同诉讼人具有以下特征：

(1) 具有同种类诉讼标的。所谓同种类诉讼标的,有两层含义:一是共同诉讼人之间争议的法律关系是各自独立的法律关系,这是普通共同诉讼人与必要共同诉讼人的本质区别所在;二是各共同诉讼人之间争议的是同一种类型的法律关系,如都是房屋租赁关系,这是各自独立的争议法律关系能够形成为共同诉讼的前提条件。

(2) 普通共同诉讼人的形成源于诉的合并。由于各个普通共同诉讼人与对方当事人之间的诉讼都是基于各自独立之诉产生的,如果没有人民法院对这些独立之诉进行合并,就没有普通共同诉讼人的形成。因此,普通共同诉讼人并不是必然的主体合并,而是诉的合并的必然结果。

(3) 普通共同诉讼人具有独立性。普通共同诉讼人源于几个同种类诉讼的合并,而这种合并的目的是为了诉讼程序的简化。如果诉的合并不能达到这一目的,就不能合并,也就不会产生共同诉讼人。即使合并审理,各共同诉讼人也是各自独立的。

(二) 普通共同诉讼人的形成条件

普通共同诉讼人的构成,必须具备以下条件:

(1) 诉讼标的是同一种类。这是指诉讼标的属同一类型,具有共同的法律性质,例如,五个承租人分别与同一房屋出租人发生房屋租赁纠纷;六户村民分别与村委会发生承包合同纠纷;等等。

(2) 人民法院认为可以合并审理。这是指客观上存在合并审理的条件,主观上有合并审理的意愿。是否合并审理,首先取决于诉讼标的的情况,人民法院认为可以合并审理,并决定予以合并审理,才能有普通共同诉讼人的共同诉讼。

(3) 当事人同意合并审理。人民法院认为可以合并审理的,还必须征求当事人的意见,经当事人同意后才能予以合并审理。当事人不同意合并审理的,人民法院不能合并审理。

(4) 属同一诉讼程序,并归同一人民法院管辖。多数当事人之间同一种类的诉讼,都必须属人民法院受理民事诉讼的范围,为同一人民法院管辖,适用同一诉讼程序,人民法院才能予以合并审理。

(5) 必须符合合并审理的目的。合并审理的目的在于简化诉讼程序,节省时间、费用,避免法院对同类性质的纠纷作出相互矛盾的判决。人民法院决定合并审理,必须符合这一目的。

以上条件应同时具备,人民法院才能予以合并审理。由于普通的共同诉讼人对诉讼标的没有共同的权利义务关系,对此类案件既可以合并审理,也可以分开审理。即使合并审理,也要分别查明各当事人发生纠纷的事实,在判决书或调解书中把事实分别叙述清楚,分别确定当事人的权利义务。

我国《民事诉讼法》第52条第2款后半段规定:"对诉讼标的没有共同权利

义务的,其中一人的诉讼行为对其他共同诉讼人不发生效力。"普通共同诉讼人只具有同种类的诉讼标的,而不具有共同的诉讼标的,所以不存在共同的权利义务。普通共同诉讼人其中一人的行为只对自己有效,对其他共同诉讼人不发生效力。例如,普通共同原告中一人撤诉的,他所能撤回的只是自己的起诉,其他原告的诉继续存在,诉讼也将继续进行。

第四节 诉讼代表人

一、代表人诉讼与诉讼代表人

（一）代表人诉讼的概念与特征

代表人诉讼,是指当事人一方人数众多,由其中一人或者数人作为代表人进行的诉讼。代表人诉讼也称为群体诉讼,是当事人进行诉讼的一种形式。代表人诉讼制度的设立,是基于涉及众多人共同或同种类利益的群体性纠纷日益增多的客观需要,同时也是诉讼经济原则的体现。代表人诉讼具有以下特征：

（1）当事人一方人数众多。代表人诉讼源于共同诉讼,或者说是当事人一方人数众多的特殊的共同诉讼。它与一般共同诉讼的区别,在于一方当事人人数众多以至于实际上难以全部参加诉讼。根据《民诉法解释》第75条的规定,所谓当事人一方人数众多,一般指10人以上。

（2）由代表人代表全体当事人进行诉讼。因当事人一方人数众多,使全体当事人不可能都实际参加诉讼,所以,只从当事人中推选出2至5人作为代表人,代表全体当事人进行诉讼。这也是代表人诉讼与共同诉讼的区别所在。

（3）人民法院对代表人诉讼裁判的效力具有扩张性。所谓扩张性,是指人民法院对代表人诉讼的裁判不仅对代表人有效,而且对全体当事人都具有约束力,甚至对未参加登记、在诉讼时效内提起诉讼的权利人也有预决效力。而一般民事诉讼中的裁判,其效力只能直接约束参加诉讼的当事人。

由此可见,代表人诉讼是在共同诉讼的基础上,吸收诉讼代理人的某些特征而设立的一项诉讼制度。它与共同诉讼既有相似之处,也有明显的区别。

（二）诉讼代表人的概念与特征

诉讼代表人,是指由人数众多的一方当事人推选或与人民法院商定产生、为维护人数众多一方当事人的利益而进行诉讼活动的人。诉讼代表人具有以下特征：

（1）诉讼代表人是与案件具有直接利害关系的当事人。诉讼代表人首先是案件的当事人,其作为诉讼代表人的意义是相对于其他未实际参加诉讼的当事人而言的,基于此,诉讼代表人和其他当事人一样,必须受生效裁判的约束。这既是诉讼代表人与法定代表人的区别所在,也是与诉讼代理人的区别所在。

(2) 诉讼代表人是代表未实际参加诉讼的当事人进行诉讼的人。诉讼代表人虽然是案件的当事人,但又有别于一般的当事人。诉讼代表人在诉讼中既要保护自己的民事权益,也要维护被代表的全体当事人的民事权益,因而其本身兼有诉讼代理人的性质。

(3) 诉讼代表人须由本方当事人推选或者由本方当事人与人民法院商定产生。诉讼代表人不是法定的,也不是基于职权产生。为保证诉讼代表人能够认真负责地为维护本方当事人的民事权益而进行诉讼,根据《民事诉讼法》的规定,诉讼代表人须由本方全体当事人推选,推选不出的,由人民法院与当事人商定。

二、诉讼代表人的种类

根据《民事诉讼法》第53条和第54条的规定,诉讼代表人有两种:一种是人数确定的代表人诉讼中的诉讼代表人,一种是人数不确定的代表人诉讼中的诉讼代表人。

(一) 人数确定的诉讼中的代表人

人数确定的诉讼中的代表人,是指共同诉讼的一方人数众多,由其成员推选并授权代表人代为实施诉讼行为的人。根据《民事诉讼法》第53条的规定,当事人一方人数众多的共同诉讼,可以由当事人推选代表人进行诉讼。《民诉法解释》第76条规定,当事人一方人数众多但起诉时能够确定的,可以由全体当事人推选共同的代表人,也可以由部分当事人推选自己的代表人,推选不出代表人的当事人,在必要的共同诉讼中可由自己参加诉讼,在普通的共同诉讼中可以另行起诉。代表人代为诉讼,代表人的诉讼行为对其所代表的当事人发生效力,但代表人变更、放弃诉讼请求或者承认对方当事人的诉讼请求,进行和解,必须经被代表的当事人同意。

(二) 人数不确定的诉讼中的代表人

人数不确定的诉讼中的代表人,是指诉讼标的是同一种类,当事人一方人数众多,在起诉时人数尚未确定,由向人民法院登记的权利人推选或由人民法院与其商定代表人,并由其代表当事人进行诉讼的人。这种诉讼代表人与在起诉时当事人人数确定的诉讼代表人既有相同之处,又有明显的区别。其特征如下:

第一,诉讼标的不同。人数确定的诉讼代表人,诉讼标的既有共同的,也有同一种类的。当事人人数不确定的诉讼代表人,其诉讼标的只能是同一种类。

第二,诉讼主体人数不同。当事人一方人数众多,并且在起诉时人数尚未确定的,才能适用人数不确定的代表人诉讼制度。如果起诉时当事人人数已经确定,则只能适用我国《民事诉讼法》第53条规定的代表人诉讼制度。

三、诉讼代表人的产生、权限及若干程序规则

（一）诉讼代表人的产生

代表人诉讼的种类不同，其诉讼代表人的产生也有所不同。根据《民诉法解释》第 75 条的规定，一方当事人人数众多是指 10 人以上。被推选的诉讼代表人人数为 2 至 5 人。产生诉讼代表人的目的在于更好地进行诉讼，维护被代表的当事人的利益，简化诉讼程序，提高诉讼效益。

在人数确定的代表人诉讼中，当事人推选诉讼代表人有两种形式，一是由全体当事人推选共同的代表人，二是由部分当事人推选出自己的代表人。推选不出代表人的当事人，如果与其他当事人系共同诉讼标的的，应由自己参加诉讼；如果系同种类诉讼标的的，可以另行起诉。

在人数不确定的代表人诉讼中，根据《民事诉讼法》第 54 条和《民诉法解释》第 77 条的规定，人数不确定的诉讼代表人，由起诉和参加登记的当事人推选，当事人推选不出的，可以由人民法院提出人选与当事人协商，协商不成的，也可以由人民法院在起诉的当事人中指定。

（二）诉讼代表人的权限

诉讼代表人既是本案的当事人，又是其他当事人的诉讼代表人。诉讼代表人在诉讼中代表本方当事人进行诉讼，行使当事人享有的诉讼权利，承担诉讼义务，代表人的诉讼行为对其被代表当事人发生法律效力。但在处分当事人的实体权利时，必须征得被代表的当事人的同意。根据《民事诉讼法》第 53 条的规定，诉讼代表人变更、放弃诉讼请求或者承认对方当事人的诉讼请求，进行和解，必须经被代表的当事人同意。这是为了维护被代表的当事人的利益，防止诉讼代表人滥用诉讼代表权。诉讼代表人在诉讼中不能履行其职责或滥用代表权的，依法可以更换。更换时，被代表的当事人应首先向人民法院提出更换申请，人民法院认为申请有理由的，应裁定中止诉讼，然后通知当事人就更换诉讼代表人的事项进行商议，最终确定新的诉讼代表人。诉讼代表人更换之后，诉讼继续进行，原来的诉讼活动依然有效。

（三）人数不确定的代表人诉讼的特殊程序

与人数确定的代表人诉讼相比，审理人数不确定的代表人诉讼需遵守下列程序规定：

1. 发布公告

人民法院受理部分当事人的起诉后，如果发现起诉的一方当事人人数尚未确定的，可以发出公告。公告的目的，在于向未起诉的权利人说明案件情况、诉讼请求、管辖法院，并通知权利人在一定的期间内向人民法院登记，以便共同推选代表人进行诉讼，维护自己的权益，彻底解决纠纷。公告期由人民法院根据案

件的情况确定,但不得少于30日。公告的方式,可以根据地址不明的当事人所在地区的方位,在人民法院公告栏张贴公告,或者在当事人所在地张贴公告,或者在公开出版的报刊上登载公告。

2. 权利人登记

人民法院在开始对案件进行实体审理前,应首先确定当事人的人数,然后才能开始对案件的实体审理。同一种类的众多当事人应在公告期内向人民法院登记。登记是为了确定权利人的基本情况,例如,权利人的身份、权利人与本案诉讼标的的关系以及自己遭受损害的状况,根据《民诉法解释》第80条的规定,权利人进行登记还应提供必要的证据,对于与本案诉讼标的的关系及所受到的损害等证明不了的,不予登记。但权利人可以另行起诉。权利人未在人民法院指定的期间内向人民法院登记,且没有正当理由的,视为放弃诉讼权利,但不影响其享有的实体权利。

3. 审理和裁判

人民法院审理代表人诉讼案件,应当公开进行,被代表的当事人应当被允许到庭旁听,有权监督诉讼代表人是否在为维护被代表人的合法权益而进行诉讼。由于诉讼代表人的诉讼行为,涉及众多当事人的权益,人民法院应针对这种案件的特点,加强监督。

人民法院应对这类案件的损害事实、侵害人应承担的民事责任等进行全面审理。对经过审理后所作的判决、裁定,应确定侵害人所应赔偿标的物的种类和总数,以及赔偿的财产在权利人之间进行分配的方法。判决、裁定生效后,对参加登记的全体权利人发生效力。参加登记的全体权利人必须按照生效裁判确定的内容行使诉讼权利,承担诉讼义务,不得再行起诉。人民法院制作的法律文书,对人数众多的一方当事人,可以直接写明诉讼代表人,其他当事人列入法律文书所附的登记名单中。法律文书还应当公告,以便于未登记的权利人知晓诉讼已结束。

未参加登记的权利人在诉讼时效内提起诉讼,人民法院受理后,经审查,认为诉讼请求成立的,可以不另作判决,直接裁定适用人民法院已经作出的判决、裁定。诉讼请求不能成立的,人民法院应当判决驳回诉讼请求。超过诉讼时效期间起诉的,人民法院受理案件后可以用判决驳回诉讼请求,但侵害人愿意按生效裁判履行义务的,人民法院不予干预。

第五节 第 三 人

一、第三人的概念和特征

民事诉讼中的第三人,是指对他人之间争议的诉讼标的,具有独立的请求权,或者虽无独立的请求权,但案件的处理结果与其有法律上的利害关系,因而参加到他人之间已经开始的诉讼中进行诉讼的人。

第三人是相对于正在进行诉讼的原、被告而言的。原、被告之间已经开始的诉讼,称为本诉;第三人提起的诉讼,称为参加之诉。民事诉讼法设立第三人制度的目的在于:(1)保护第三人的合法权益。当没有参加诉讼的第三人对原告与被告之间的诉讼标的有独立请求权,或者与本案处理结果有利害关系时,为避免第三人的合法权益被本诉的处理结果所损害,允许其参加诉讼将有利于保护其合法权益。(2)简化诉讼程序,提高诉讼效益,避免矛盾裁判。第三人制度可将本诉与参加之诉合并审理,避免了多次诉讼,不仅提高了诉讼的效率,而且可以防止法院在相关联的问题上作出相矛盾的判决。

第三人具有下列特征:

第一,第三人与原、被告之间争议的诉讼标的存在联系。第三人对于原、被告之间争议的诉讼标的,或者享有独立的请求权,或者虽无独立的请求权,但与本案的处理结果有法律上的利害关系。这是第三人参加诉讼的前提和根据。第三人的这一特征,使之与共同诉讼人、证人、诉讼代理人等区别开来。正是由于第三人对他人之间争议的诉讼标的有某种联系,第三人参加之诉与本诉的合并审理才有意义。

第二,第三人具有独立的诉讼地位。第三人既不同于共同诉讼人,又不同于其他诉讼参与人,属于广义的当事人,有独立的诉讼地位。在诉讼中,他或者作为参加之诉的原告,与本诉的原、被告进行诉讼;或者辅助一方当事人,与另一方当事人进行诉讼。其目的是维护自己的合法权益。

第三,第三人是参加到他人之间已经开始的诉讼中进行诉讼的人。第三人参加诉讼的时间,是他人之间的诉讼已经开始而又尚未结束。如果他人之间的诉讼尚未开始,不存在第三人参加诉讼的问题;如果他人之间的诉讼已经终结,第三人也无必要再参加诉讼。

根据《民事诉讼法》的规定,第三人有两种:有独立请求权的第三人、无独立请求权的第三人。

二、有独立请求权的第三人

(一)有独立请求权的第三人的概念和特征

有独立请求权的第三人,是指对原告、被告之间争议的诉讼标的,认为有独立的请求权,参加到原告、被告已经开始的诉讼中进行诉讼的人。有独立请求权的第三人,可以分为对当事人之间争议的诉讼标的有全部或部分独立权利的第三人。第三人诉讼实际上是诉的合并的一种形式,原告、被告之间已经开始的诉讼是本诉,第三人提起的诉讼为参加之诉。

我国《民事诉讼法》第56条第1款规定,"对当事人双方的诉讼标的,第三人

认为有独立请求权的,有权提起诉讼"。这是关于有独立请求权的第三人的规定。有独立请求权的第三人具有以下特征:

(1) 对原告、被告之间争议的诉讼标的认为有全部或部分的独立请求权。所谓"独立请求权"是指第三人认为案件中原告和被告之间争议的诉讼标的,其合法权益全部或者部分是自己的。至于第三人是否真正具有独立请求权,只有在人民法院对案件进行审理后才能确定。

(2) 将本诉的原告、被告作为被告,以提起诉讼的方式参加诉讼。有独立请求权的第三人与正在进行诉讼的原告、被告双方对立,既不同意原告的主张,也不同意被告的主张。他认为无论原告胜诉还是被告胜诉,都是对自己合法权益的侵犯。因此,他有权以本诉的原告、被告作为被告,以提起诉讼的方式参加诉讼,请求人民法院保护自己的合法权益。

(3) 在诉讼中处于原告的诉讼地位。根据《民诉法解释》第 81 条的规定,"有独立请求权的第三人有权向人民法院提出诉讼请求和事实、理由,成为当事人"。他是以提起诉讼的方式参加诉讼的,实际上是提起一个新诉。在这个诉讼中,原告是有独立请求权的第三人,被告则是本诉中的原告和被告,诉讼标的是本诉中的诉讼标的的全部或部分,诉讼理由是有独立请求权的第三人主张的事实和理由。有独立请求权的第三人参加诉讼后,处于原告的诉讼地位,享有原告所享有的诉讼权利,承担原告所应承担的诉讼义务。

(二) 有独立请求权的第三人与必要的共同诉讼人的区别

在审判实践中,有时对必要的共同诉讼人和有独立请求权的第三人易混淆,特别是对追加的当事人,究竟是必要的共同诉讼人还是有独立请求权的第三人,难以区别,因而有必要对这两种诉讼当事人进行对比研究。其区别如下:

(1) 与争议的诉讼标的关系不同。必要的共同诉讼人争议的诉讼标的是共同的,是争议法律关系的一方当事人,在同一法律关系中共同享有权利,或者共同承担义务,对争议标的态度完全一致。有独立请求权的第三人提起的诉讼,与本诉的诉讼标的不是共同的,同本诉的原告和被告均无共同的权利、义务关系。而追加的共同原告则是与其他共同原告对诉讼标的共同享有权利或共同承担义务。

(2) 诉讼地位不同。必要的共同诉讼人一方在诉讼中只能与对方当事人发生争议,追加的共同诉讼人参加诉讼,要么属原告一方成为共同原告,要么属被告一方成为共同被告,是原告与被告之间发生争议。有独立请求权的第三人参加诉讼,既不站在本诉的原告一边,也不站在本诉的被告一边,而是独立存在于原告、被告之外,同本诉的原告和被告都有争议,只能处于原告的地位。

(3) 参加诉讼的方式不同。必要的共同诉讼人一般在原告起诉或被告应诉时一同参加诉讼,未参加诉讼的,人民法院应通知其参加诉讼,追加为原告或被告。有独立请求权的第三人是在本诉进行中以提起诉讼的方式参加诉讼的。有独立请求权的第三人提起的诉讼虽与本诉有联系,可以合并审理,但也可以分开。有独立请求权的第三人既有权提起诉讼,也有权不起诉,放弃权利,或者在本诉终结后另行起诉。人民法院在审理案件过程中发现存在有独立请求权的第三人,但其未对原告、被告争议的诉讼标的提出请求的,只能通知其参加诉讼,而不能主动追加其为当事人。

三、无独立请求权的第三人

无独立请求权的第三人,是指对原告、被告双方争议的诉讼标的没有独立的请求权,但案件的处理结果可能与其有法律上的利害关系,为维护自己利益而参加到原告、被告已经开始的诉讼中进行诉讼的人。

我国《民事诉讼法》第 56 条第 2 款规定:"对当事人双方的诉讼标的,第三人虽然没有独立请求权,但案件处理结果同他有法律上的利害关系的,可以申请参加诉讼,或者由人民法院通知他参加诉讼。人民法院判决承担民事责任的第三人,有当事人的诉讼权利义务。"据此规定,无独立请求权的第三人有以下特征:

(1) 参加诉讼的根据是案件处理结果同他有法律上的利害关系。所谓"法律上的利害关系",是指当事人双方争议的诉讼标的涉及的法律关系,与无独立请求权的第三人参加的另一个法律关系有牵连,而在后一个法律关系中,无独立请求权的第三人是否行使权利、履行义务,对前一个法律关系中的当事人行使权利、履行义务有直接影响,也可以是相反。通常是在原告、被告进行诉讼的法律关系中,因一方当事人不履行或者不适当履行义务给对方造成的损失,直接责任虽应由不履行或不适当履行义务的一方当事人承担,但造成这种损失的原因,则是源于无独立请求权的第三人的过错。如果法院判决一方当事人败诉,承担某种法律责任或履行某种义务,该当事人有权请求无独立请求权的第三人赔偿损失或履行相应的义务;如果法院判决该当事人胜诉,他也就在法律上维护了自己的某种权利。

(2) 参加到当事人一方进行诉讼。由于案件的处理结果与无独立请求权的第三人有法律上的利害关系,涉及他的合法权益,因此,他总是参加到当事人一方进行诉讼。在诉讼中总是支持参加的一方的主张,反对对方的主张,为他所支持的一方提供证据,进行辩论。无独立请求权的第三人参加诉讼,既可能参加到原告一方进行诉讼,也可能参加到被告一方进行诉讼。不论参加何方,都必须与参加的一方有法律上的利害关系。

(3) 在诉讼中具有独立的诉讼地位。无独立请求权的第三人虽然参加到当事人一方进行诉讼,但他既不是原告,也不是被告,而是一种具有独立诉讼地位的诉讼参加人。他参加诉讼虽然是支持一方当事人的主张,但实质上是维护自己的民事权益。

(4) 第三人参加诉讼的方式,可以是自己申请参加,也可以是由人民法院通知其参加。

无独立请求权第三人制度的设置,不仅有利于保护第三人的合法权益,而且有利于正确处理本案纠纷,所以无独立请求权第三人接到通知后,应当参加诉讼。但参加他人之间的诉讼毕竟是无独立请求权第三人的权利,立法并无强制其参加的意图,如果第三人不参加诉讼,实质上就是对争取于己有利的预决效果的权利的放弃,应当视之为一种处分行为。因此,人民法院的通知并不能产生第三人必须参加诉讼的约束力。无独立请求权第三人不参加诉讼的,一方面不影响法院对本案的审判,另一方面人民法院不能对无独立请求权第三人适用拘传或作出缺席判决。但是,无独立请求权第三人接到法院的通知后自愿不参加诉讼的,其日后不能针对原、被告之间诉讼的生效判决、裁定或调解协议提起第三人撤销之诉。

四、第三人撤销之诉

(一) 第三人撤销之诉的概念和意义

第三人撤销之诉,是指未参加本诉的第三人以已结束之本诉的原、被告为共同被告,向人民法院提出的、旨在全部或部分撤销或改变生效法律文书所确定的法律状态或权利义务关系的诉讼。未参加本诉的第三人,是指前述有独立请求权的第三人和无独立请求权的第三人。

我国《民事诉讼法》第 56 条第 3 款规定:"前两款规定的第三人,因不能归责于本人的事由未参加诉讼,但有证据证明发生法律效力的判决、裁定、调解书的部分或者全部内容错误,损害其民事权益的,可以自知道或者应当知道其民事权益受到损害之日起六个月内,向作出该判决、裁定、调解书的人民法院提起诉讼。"第三人撤销之诉具有如下意义:

(1) 为未参加本诉的第三人提供救济。第三人制度本来就具有保护第三人合法权益的功能,但如果第三人因故未参加诉讼,他将无法通过行使诉讼权利来维护其实体权利,人民法院在其未出庭陈述时针对本诉作出的生效裁判,有可能损害其合法权益。因此,立法赋予该第三人提起第三人撤销之诉的权利是对该第三人的救济。

(2) 防止第三人受虚假民事诉讼的侵害。司法实践中,有些当事人出于非法的动机和目的,恶意串通利用民事诉讼程序,采取虚假的诉讼主体、事实及证据的方法提起民事诉讼,诱使人民法院作出错误的判决、裁定或调解书,以损害第三人的合法权益来获得非法利益。在这种情况下,本应参加诉讼的第三人会因双方当事人恶意串通而无机会参加,因此,第三人撤销之诉的设置,在为第三人提供法律上救济的同时,也可防止虚假诉讼侵害的发生。

（二）提起第三人撤销之诉的条件

根据《民事诉讼法》第 56 条第 3 款的规定,第三人提起撤销之诉应当符合下列条件：

(1) 由特定的第三人提出。该第三人只能是原本能够成为有独立请求权第三人或无独立请求权第三人,但其却未能参加他人之间的本诉。除此之外,其他案外人不能提起第三人撤销之诉。

(2) 第三人因不能归责于本人的事由未参加诉讼。与原、被告之间的诉讼有法律上利害关系的案外人,如果已经以第三人的身份参加过诉讼,只是因为未达到目的,不能提起第三人撤销之诉。只有在第三人因不能归责于本人的事由未参加诉讼的情况下才能提起。"不能归责于本人的事由",是指没有被列为生效判决、裁定、调解书的当事人,且无过错或者无明显过错的情形。主要包括以下情形：不知道诉讼而未参加的；申请参加未获准许的；知道诉讼,但因客观原因无法参加的；因其他不能归责于本人的事由未参加诉讼的。

(3) 有证据证明生效的判决、裁定或调解书因错误而损害其民事权益。第三人撤销之诉针对的是已经发生法律效力的判决、裁定或调解书,只有在同时证明下列两方面事实的情况下,第三人才能提起撤销之诉：一是有证据证明生效的判决、裁定或调解书的部分或者全部内容错误；二是有证据证明因这些错误而损害其民事权益。

(4) 第三人撤销之诉应在法定期间内、向有管辖权的人民法院提起。我国《民事诉讼法》规定：第三人在知道或者应当知道生效判决、裁定或调解书因错误而使其民事权益受到损害之日起 6 个月内,可以向人民法院提起撤销之诉。有管辖权的人民法院是指作出该生效判决、裁定、调解书的法院。

（三）第三人撤销之诉的审理和裁判

我国《民事诉讼法》对第三人撤销之诉的具体诉讼程序没有规定,但《民诉法解释》对第三人撤销之诉作了比较详细具体的规定,据此,人民法院审理第三人撤销之诉案件应当注意以下几个程序问题：

(1) 适用普通程序审理。第三人撤销之诉有别于一般的民事案件,其立法目的和程序功能是撤销或改变已经生效的判决、裁定、调解书,因而这类诉讼的审理程序应当适用相对严谨的普通程序进行。

(2) 另行组成合议庭。第三人撤销之诉案件的诉讼结果,有可能是对生效判决、裁定或调解书的全部或部分撤销。为保证第三人撤销之诉案件的公正审判,原诉讼案件的审判法官应当回避,人民法院应当另行组成合议庭。

(3) 受理审查。根据《民诉法解释》第 293 条的规定,人民法院应当对第三人提交的起诉状、证据材料以及对方当事人的书面意见进行审查。必要时,可以询问双方当事人。由于第三人撤销之诉是对已经生效的判决、裁定、调解书进行的起诉,涉及生效裁判的既判力和稳定性,应该格外慎重。人民法院经审查,符合起诉条件的,应当在收到起诉状之日起 30 日内立案。不符合起诉条件的,应当在收到起诉状之日起 30 日内裁定不予受理。

(4) 对第三人撤销之诉案件的处理。根据《民事诉讼法》第 56 条第 3 款的规定,人民法院对第三人撤销之诉经过审理,认定诉讼请求成立的,应当改变或者撤销原判决、裁定、调解书;诉讼请求不成立的,应当驳回诉讼请求。

(5) 与再审案件的衔接。第三人撤销之诉是针对已经发生法律效力的判决、裁定、调解书提起的,再审程序也是对已生效判决、裁定、调解书发生错误时的一种救济程序,司法实践中难免会遇到两者冲突的情况,即第三人撤销之诉案件审理期间,人民法院对生效判决、裁定、调解书裁定再审的情况,《民诉法解释》规定此种情况下,受理第三人撤销之诉的人民法院应当裁定将第三人的诉讼请求并入再审程序。但是如果有证据证明原审当事人之间恶意串通损害第三人合法权益的,人民法院应当先行审理第三人撤销之诉案件,裁定中止再审诉讼。当第三人的诉讼请求并入再审程序中,其审理及裁判效果与再审案件一样,即按照第一审程序审理的,人民法院应当对第三人的诉讼请求一并审理,所作的判决可以上诉;按照第二审程序审理的,人民法院可以调解,调解达不成协议的,应当裁定撤销原判决、裁定、调解书,发回一审法院重审,重审时应当列明第三人。

思考题

1. 什么是当事人?
2. 简述诉讼权利能力与诉讼行为能力的关系。
3. 简述必要共同诉讼人与有独立请求权第三人的区别。
4. 试比较必要共同诉讼与普通共同诉讼。
5. 什么是代表人诉讼? 代表人诉讼判决的效力如何?
6. 试述无独立请求权第三人的诉讼地位。
7. 简述第三人撤销之诉。

参考文献

1. 张晋红:《民事诉讼当事人研究》,陕西人民出版社 1998 年版。
2. 肖建华:《民事诉讼当事人研究》,中国政法大学出版社 2002 年版。
3. 黄娟:《当事人民事诉讼权利研究》,北京大学出版社 2009 年版。

第十四章　诉讼代理人

> **学习目的与要求**

诉讼代理制度是民事诉讼中一项不可或缺的制度，对维护当事人的合法权益、促进诉讼正常进行和保证人民法院正确裁判有重要意义。通过本章的学习，应理解诉讼代理人与当事人的关系，掌握委托诉讼代理和法定诉讼代理的相关规定并能正确运用。

第一节　诉讼代理人概述

一、诉讼代理人的概念和特征

诉讼代理人，是指以当事人的名义，在代理权限范围内代为进行诉讼行为的人。在诉讼中，诉讼代理人代当事人进行民事诉讼活动的权限，被称为诉讼代理权。代理当事人实施的诉讼行为，主要包括代为进行诉讼行为和代为接受诉讼行为。

诉讼代理人具有以下特征：

第一，诉讼代理人必须以被代理人的名义进行诉讼。

诉讼代理人并非案件的利害关系人，诉讼代理人只能在代理权限范围内，以被代理人的名义进行诉讼，他本身并非争议的民事权利义务的担当者，民事权利义务的担当者是被代理人，他才是民事诉讼的当事人。

第二，诉讼代理人只能代理一方当事人进行诉讼活动。

设置诉讼代理制度的目的是为了维护被代理人的合法权益，为被代理人提供法律上的帮助，而诉讼中双方当事人的民事权利是互相对立的，因此，在同一诉讼中，诉讼代理人只能代理一方当事人进行诉讼活动，而不能代理双方当事人。

第三，诉讼代理人只能在代理权限范围内进行诉讼活动。

诉讼代理人与诉讼并无直接的利害关系，他参加诉讼是为了维护被代理人的权益而不是为了维护自己的利益，因此，诉讼代理人只能根据其代理权限进行诉讼活动。诉讼代理人的代理权限，来源于法律规定和当事人的授权。

第四,诉讼代理的法律后果由被代理人承担。

诉讼代理人依法或者依当事人的授权进行的诉讼活动,其法律后果由被代理人承担。

诉讼代理制度是民事诉讼中的一项重要制度,是民事诉讼制度的组成部分,在民事诉讼中具有重要意义:他既为具有诉讼权利能力而无诉讼行为能力的当事人提供进行诉讼的条件;又为那些虽然有诉讼行为能力但缺乏法律知识和诉讼经验的当事人提供法律上的帮助。他既可以协助公民和法人实现司法保护;又可以协助人民法院全面了解案情,正确审理案件,及时处理民事纠纷。

二、诉讼代理人的种类

根据《民事诉讼法》第57条、第58条的规定,诉讼代理人依其诉讼代理权产生的根据不同,可以分为法定诉讼代理人和委托诉讼代理人。诉讼代理人代理权限产生的原因不同,代理的权限范围也就不同,代理人在诉讼上的地位以及权利义务也不尽相同,因而法律对此作出了不同的规定。

我国《民事诉讼法》(试行)曾经规定,诉讼代理人有三种,即除了法定诉讼代理人和委托诉讼代理人外,还有指定诉讼代理人。但随着我国民事法律中监护制度的完善,监护制度的有关规定几乎包括了可能成为指定代理人的所有情况,使原为补充法定代理而设置的指定代理已无必要。因此,我国现行的《民事诉讼法》将诉讼代理人划分为两种,即法定诉讼代理人和委托诉讼代理人。

第二节 法定诉讼代理人

一、法定诉讼代理人的概念和特征

法定诉讼代理人,是指依照法律规定代理无诉讼行为能力的当事人进行诉讼活动的人。

法定代理是为无行为能力当事人设置的一种代理制度。无诉讼行为能力的人,是指未成年人和精神病人,他们具有诉讼权利能力,但他们尚未具备或者已经丧失了辨别行为的能力,不能亲自进行一般的民事诉讼活动,为了维护无行为能力的当事人的合法权益以及社会利益,法律规定了这种代理制度。法定诉讼代理人最显著的特征是"法定",而法律规定,包括程序法和实体法两个方面的规定。我国《民事诉讼法》第57条规定:"无诉讼行为能力的人由他的监护人作为法定代理人代为诉讼……"而有关监护人的规定,则是由《民法通则》所规定的内容。例如,我国《民法通则》第16条第1款规定:"未成年人的父母是未成年人的监护人。"第2款规定:"未成年人的父母已经死亡或者没有监护能力的,由下列人员中有监护能力的人担任监护人:(一)祖父母、外祖父母;(二)兄、姐;(三)关系密切的其他亲属、朋友愿意担任监护责任,经未成年人父、母的所在单位或者未成年人住所地的居民委员会、村民委员会同意的。"第 4 款又规定:"没有第 1 款、第 2 款规定的监护人的,由未成年人的父、母的所在单位或者未成年人住所地的居民委员会、村民委员会或者民政部门担任监护人。"第 17 条第 1 款规定:"无民事行为能力或者限制民事行为能力的精神病人,由下列人员担任监护人:(一)配偶;(二)父母;(三)成年子女;(四)其他近亲属;(五)关系密切的其他亲属、朋友愿意担任监护责任,经精神病人的所在单位或者所在地的居民委员会、村民委员会同意的。"第 3 款规定:"没有第 1 款规定的监护人的,由精神病人的所在单位或者住所地的居民委员会、村民委员会或者民政部门担任监护人。"从法律规定及司法实践看,法定诉讼代理人与法定民事代理人通常是一致的。法定民事代理人在其被代理人涉诉人民法院时,即应当成为其法定诉讼代理人。

为无行为能力的当事人代理诉讼是监护人的一项义务,监护人应当切实承担起这一义务,如果监护人不自觉履行义务或者互相推诿代理责任,人民法院有权在他们中间指定法定诉讼代理人。为此《民事诉讼法》规定:法定代理人之间互相推诿代理责任的,由人民法院指定其中一人代为诉讼。人民法院在数个互相推诿代理责任的监护人中确定某人为诉讼代理人时,应当充分考虑被代理人的利益,指定最为合适的监护人代为诉讼。

二、法定诉讼代理权的取得和消灭

(一)法定诉讼代理权的取得

根据我国法律的有关规定,一般来说,法定诉讼代理权与监护权同步取得。监护权的取得有三种情况:第一,因身份关系而产生;第二,因自愿而发生的某种扶养义务而产生;第三,基于社会保障措施而产生。监护权一旦取得,监护人同时取得了法定诉讼代理的资格,一旦被监护人与他人发生民事权利义务纠纷,监护人即可依法取得法定诉讼代理的资格。

(二)法定诉讼代理权的消灭

法定诉讼代理权依法律的规定而产生,但在诉讼进行中,法定诉讼代理权也会因其赖以存在的客观条件的消灭而消灭。引起法定诉讼代理权消灭的原因主要有:(1)被监护人取得或恢复诉讼行为能力,如被监护人年龄达到 18 岁或精神病痊愈;(2)法定诉讼代理人死亡或者丧失诉讼行为能力;(3)基于身份关系而发生的监护权解除,如因解除婚姻关系、收养关系而使一方丧失监护权。

三、法定诉讼代理人的代理权限和诉讼地位

关于法定诉讼代理人的代理权限,民事诉讼法未作具体规定,但由于被代理人为无行为能力的当事人,应当认为法定诉讼代理人的代理权限与被代理的当事人实际享有的权利是一致的,也就是说,凡是被代理的当事人享有的诉讼权利,他都有权代为行使;凡是被代理当事人应承担的诉讼义务,他也应当代为履行。法定诉讼代理人的意思表示,应视为被代理的当事人的意思表示;法定诉讼代理人所进行的一切诉讼行为,与当事人在诉讼上的行为具有同等的法律效力。因此,法定诉讼代理人实际上在诉讼中类似于当事人的诉讼地位,他既可以代理当事人进行一般的诉讼活动,也可以代理当事人处分实体权利。同时,人民法院以及对方当事人对无诉讼行为能力的当事人实施诉讼行为,也应向其法定诉讼代理人进行。

但是,法定诉讼代理人毕竟不是当事人,他与诉讼标的没有直接的利害关系,不是本案的实体权利义务的直接承担者。因此,法定诉讼代理人代为诉讼所产生的一切法律后果,仍应直接由被代理人承担。

第三节 委托诉讼代理人

一、委托诉讼代理人的概念和特征

委托诉讼代理人,是指受当事人、法定代理人的授权委托,代理当事人进行诉讼行为的人。委托诉讼代理人具有以下特征:

第一,委托诉讼代理是基于当事人、法定代理人的授权。

委托诉讼代理是一种民事法律行为,代理权限的产生,是基于当事人、法定代理人的授权委托,这是委托代理与法定代理的根本区别所在。委托代理中的被代理人是具有诉讼行为能力的人,但他们因为某种原因难以亲自进行诉讼,或者因缺乏法律经验和知识而委托律师或其他诉讼代理人代为进行诉讼,以期望能够更好地维护自己的合法权益。因此,委托代理的基础是当事人、法定代理人的授权委托。

第二,代理权限的范围一般由委托人自行决定。

除了法律规定的情形外,代理的权限范围及事项一般由委托人自己决定,也就是说,委托代理人的代理权限范围,一般应取决于委托人的意志,但是如法律另有规定,当事人及委托代理人均必须遵守,例如,离婚诉讼代理的特别规定,就应当严格依照法律规定进行。委托代理人必须根据当事人、法定代理人的授权,在受委托的权限范围内代为诉讼行为,否则是无效的。

第三,委托人必须向人民法院提交授权委托书。

委托代理权的发生是基于被代理人的意思表示,该意思表示的法定形式即被代理人的授权委托书。授权委托书既是委托人向人民法院表明委托他人代为诉讼的法律文件,也是代理人取得代理资格以及确定代理权限范围的凭证,授权委托书必须记明委托事项和权限,并由委托人签名或者盖章。侨居国外的中国公民委托诉讼代理人的授权委托书,还必须依法定程序进行公证或证明。

二、委托诉讼代理人的人数及范围

(一)委托诉讼代理人的人数

委托诉讼代理人的人数,是指当事人、法定代理人可以委托几人为自己的诉讼代理人。根据《民事诉讼法》的规定,可以委托的诉讼代理人的人数为1至2人,不得超过2人。这一规定既考虑了诉讼的需要,尊重当事人的意志,又加以适当的限制,有利于节省诉讼的时间和费用,保证诉讼的顺利进行。

(二)委托诉讼代理人的范围

委托诉讼代理人的范围,是指哪些人可以接受委托担任诉讼代理人。为维护被代理人的合法权益,许多国家的法律对委托诉讼代理人的范围都予以了某种限制。主要有两种立法模式:一种是律师强制主义,即原则上只能由律师充当诉讼代理人;另一种则对委托诉讼代理人的范围未作严格限制,律师和非律师都可以作为委托诉讼代理人。我国《民事诉讼法》基本上属于后一种模式,可以担任委托诉讼代理人的范围很广,包括:

(1)律师、基层法律服务工作者。律师是职业的法律工作者,他们具有专门的法律知识和诉讼经验,并受职业道德规范的约束,由他们担任诉讼代理人,能够更好地为当事人提供有效的法律帮助,维护当事人的合法权益,并协助人民法院查清案件事实,作出正确裁判。

(2)当事人的近亲属或者工作人员。当事人是自然人的,其近亲属可作为诉讼代理人,近亲属包括与当事人有夫妻、直系血亲、三代以内旁系血亲、近姻亲关系以及其他有抚养、赡养关系的亲属;当事人是法人或其他组织的,其工作人员可以作为诉讼代理人。

(3)当事人所在社区、单位以及有关社会团体推荐的公民。有关的社会团体如工会、妇联等,他们可以接受当事人委托,成为本团体成员的诉讼代理人。当事人所在单位推荐的人,也可以成为当事人的委托诉讼代理人。由有关社会团体和所在单位担任诉讼代理人,体现了有关社会团体和所在单位对当事人的关心和对其诉讼的支持与帮助。

我国《民事诉讼法》没有规定哪些人不可以成为诉讼代理人。但是根据有关法律和审判实践,下列人员一般不宜作为诉讼代理人:无诉讼行为能力的人;被剥夺政治权利的人；承办案件的审判人员的近亲属；非中华人民共和国的公民以及其他不宜作为诉讼代理人的人。

三、委托诉讼代理人的代理权限和诉讼地位

委托诉讼代理人的代理权限，取决于被代理人的授权范围，大体可以分为普通委托和特别委托两种。

（一）普通委托

普通委托，即当事人在授权委托书内未特别记明代理人进行某项诉讼行为的委托。在普通委托中，代理人只是对在诉讼过程中发生的事项进行代理，例如提出证据、询问证人、进行辩论、申请保全等。至于其他有关处分实体权利的事项，未经特别授权的，代理人无权代理。

（二）特别委托

特别委托，即当事人在授权委托书中特别记明代理人有权进行某些重大诉讼行为的委托。例如，记明代理人有权代为承认、放弃、变更诉讼请求，进行和解，提起反诉或者上诉。我国《民事诉讼法》第59条第2款对此有明确规定。对这些有关处分实体权利的事项，只有在授权委托书中加以特别授权的，代理人才有权进行代理。当事人委托两人代理诉讼时，授权委托书应分别记明代理人各自的代理事项和权限，以免代理人之间因意见不一致而影响诉讼的进行。

人民法院在审查授权委托书时，应当对代理权限进行认真审查，尤其是属于特别委托的，必须有当事人的特别授权。应当注意的是，实践中不少当事人在授权委托书中只写有"全权代理"，对此，应视为一般代理。之所以这样严格规范，目的是为了明确委托诉讼代理人的代理权限，防止诉讼代理人越权代理，对被代理人造成损害。

对于离婚诉讼，我国《民事诉讼法》第62条规定，离婚案件的当事人有诉讼代理人的，本人除不能表达意思的以外，仍应出庭。确因特殊情况无法出庭的，本人应向人民法院提交离婚与否的书面意见。这是因为离婚案件涉及身份关系，具有与其他案件不同的特点，这类案件涉及感情问题，应当由当事人亲自出庭表述，也便于人民法院做好双方当事人的调解工作。

四、委托诉讼代理权的变更、解除和消灭

委托代理权的变更，是指在诉讼代理权取得后，委托人改变原来的代理权限范围。例如，将普通代理改为特别代理，或者将特别代理改为普通代理。代理事项的增减，都是代理权的变更。

委托代理权的解除，是指被代理人解除代理人的代理权限，或者代理人辞去代理权。根据《民事诉讼法》的规定，代理人与被代理人均有权辞去或解除代理，

代理权的解除,意味着委托代理权的消灭。除此之外,委托诉讼代理权还会因诉讼的结束以及诉讼代理人死亡或者丧失诉讼行为能力而解除。

变更或者解除委托代理权的,根据《民事诉讼法》第 60 条的规定,当事人应当书面告知人民法院,并由人民法院通知对方当事人。这一法定程序是保护当事人的合法权益,保证诉讼顺利进行,确认代理权限的变更、解除在法律上的效力所必需的。

思考题

1. 诉讼代理制度有何意义?
2. 试比较法定诉讼代理人与委托诉讼代理人。
3. 简述诉讼代表人与诉讼代理人的区别。

参考文献

1. 江伟主编:《民事诉讼法学》(第三版),北京大学出版社 2015 年版。
2. 邵明:《民事诉讼法理研究》,中国人民大学出版社 2004 年版。

第十五章 保全和先予执行

> **学习目的与要求**

学习本章,应了解保全和先予执行的含义、意义和目的,掌握保全的种类,正确理解和适用保全的措施,掌握保全和先予执行的适用条件和法律效力。

第一节 保 全

一、保全的概念和种类

(一)保全的概念

保全,是指人民法院为了保证将来发生法律效力的判决得以执行,对当事人的财产、争议的标的物以及某种特定的行为采取的一种临时性措施。针对财产采取的保全主要表现为对标的物或争议财产的限制处分;针对行为的保全主要表现为要求当事人、利害关系人作出一定行为或者禁止其作出一定行为。保全的目的,一是防止争议的财产或物品被处分或自然灭失,确保当事人的实体权利能够得以实现;二是保证生效裁判能够顺利地得以执行,以维护人民法院生效裁判的权威性和严肃性。

我国的保全制度有一个逐步发展和完善的过程。1982年的《民事诉讼法(试行)》在普通程序中规定了"诉讼保全",仅适用于诉讼程序开始后;1991年《民事诉讼法》修改时,将诉讼保全改为财产保全,将保全的功能扩展至诉讼之前,并从分则提到了总则部分设专章加以规定;鉴于财产保全不能解决司法实践中对行为保全的需求,2012年《民事诉讼法》修改时又增加了行为保全的规定,因而不宜再称"财产保全"。现行立法的规定更具科学性和合理性,使保全制度更加完整。

(二)保全的种类

根据民事诉讼法的规定,保全依不同的标准可以作不同的分类。以保全对象为标准,可以分为财产保全和行为保全;以当事人申请保全的时间为标准,可以分为诉前保全和诉讼保全。

1. 财产保全和行为保全

财产保全，是指人民法院根据利害关系人或者当事人的申请，或者在必要时依照职权，对相关财产所采取的强制性保护措施。

行为保全，是指人民法院根据利害关系人或者当事人的申请，或者在必要时依照职权，责令行为人作出一定行为或者禁止其作出一定行为。行为保全的对象包括作为和不作为。

2. 诉前保全和诉讼保全

诉前保全，是指在起诉前因情况紧急，可能给利害关系人造成难以弥补的损失，人民法院依利害关系人的申请，对与案件有关的财产、行为采取的临时性措施。

在司法实践中，某些民事争议发生后，因情况紧急，利害关系人来不及提起诉讼，但如果不立即采取保全措施，将可能发生财产被处分或转移的情况，使利害关系人的合法权益受到难以弥补的损失，因此建立诉前保全制度十分必要。

根据《民事诉讼法》第101条的规定，采取诉前保全措施应当具备以下条件：

（1）必须是情况紧急，不立即采取保全措施，将会使申请人的合法权益受到难以弥补的损失。情况紧急通常是指债务人有可能马上要转移、处分财产，或由于某种客观原因使有关财产可能发生毁损、灭失。如果出现这些情况，申请人的合法权益就会受到难以弥补的损失，将来即使起诉、胜诉，其实体权利也难以实现。

（2）必须是利害关系人提出申请。人民法院不得依职权主动采取诉前保全的措施。利害关系人即对某项财产权益发生争议的人，诉前保全的申请只能由利害关系人提出，如果他不向人民法院请求司法保护，人民法院则实行"不告不理"的原则。

（3）申请人应当提供担保。申请人提起诉前保全的申请，必须提供与被保全财产相应的担保。这是因为诉前财产保全是在人民法院受理案件以前进行的，采取财产保全的措施后，申请人是否必然会向人民法院起诉还不确定，未经人民法院审理，利害关系人所争议的民事法律关系、双方的责任等均未确定，为了防止因财产保全发生错误，使被申请一方的合法权益遭受损失，法律要求申请人应当提供担保，申请人不提供担保的，人民法院应当驳回申请。提供担保的数额，申请诉前财产保全的，应相当于请求保全的数额；申请诉前行为保全的，担保的数额由人民法院根据案件的具体情况决定。

（4）诉前财产保全的申请应当向被保全财产所在地、被申请人住所地或者对案件有管辖权的人民法院提出。在人民法院采取诉前保全后，申请人起诉的应当向有管辖权的人民法院提起。采取诉前保全的人民法院对该案有管辖权的,应当依法受理;没有管辖权的,应当及时将采取诉前保全的全部材料移送有管辖权的人民法院。

人民法院接受申请人的申请后,必须在 48 小时内作出裁定。认为具备上述条件的,裁定采取保全措施并立即开始执行,并告知申请人必须在人民法院采取保全措施后 30 日内起诉,逾期不起诉的将解除保全。人民法院认为不具备上述条件的,裁定驳回申请人的申请。

诉讼保全,是指在诉讼过程中,出现可能因当事人一方的行为或者其他原因使判决不能执行或难以执行,或者造成当事人其他损害的情形,为了保证将来生效判决的顺利执行,人民法院依当事人的申请或者依职权对有关财产采取强制性保护措施,或者责令作出或禁止作出一定行为的制度。

根据《民事诉讼法》第 100 条的规定,诉讼保全应具备以下条件:

(1) 采取诉讼保全的案件必须具有给付内容。单纯的确认之诉和变更之诉因判决不具有给付内容,一般不会发生判决不能执行或者难以执行的危险,因而不适用这一制度。但在变更之诉中兼有给付之诉内容的,例如,离婚之诉是典型的变更之诉,在法院判决双方当事人离婚以后,夫妻共有财产的分割、子女抚育费的负担等,都存在着具体给付的问题,则可以适用诉讼保全制度。

(2) 确实存在保全的必要。即因一方当事人的行为或者其他原因,使将来的生效判决存在不能执行的可能性。这与诉前财产保全的情况紧急的条件大致相同,即当事人有将诉讼标的物出卖、毁损、转移、挥霍的可能,或者是由于某些客观因素的影响,如诉讼标的物因气候影响可能发生腐烂变质,不能长期保存。如果上述情况发生,就会造成人民法院作出的判决将来不能执行或难以执行的后果。

(3) 诉讼保全的申请应在诉讼开始后、判决作出前提出。为了保障生效判决所确定的权利能够实现,诉讼保全措施一般应在案件受理后、一审法院尚未作出裁判之前进行。但是,在特殊情况下,诉讼保全也可以发生在一审判决作出后。《民诉法解释》第 161 条规定:"对当事人不服一审判决提起上诉的案件,在第二审人民法院接到报送的案件之前,当事人有转移、隐匿、出卖或者毁损财产等行为,必须采取财产保全措施的,由第一审人民法院依当事人申请或依职权采取。第一审人民法院的保全裁定,应及时报送第二审人民法院。"

(4) 诉讼保全原则上应由当事人提出申请,当事人没有提出申请的,人民法院认为确有必要时也可以依职权采取。人民法院依职权采取财产保全措施必须慎重行事,因为一旦出现差错,该法院将要承担国家赔偿的责任。

(5) 依当事人的申请决定采取保全措施的,可以责令申请人提供担保,申请人不提供担保的,驳回其申请。担保的形式有两种:一种是保证人担保,另一种是现金、实物或有价证券担保。以财产担保的,担保财物的价值不应低于被保全财物的价值。

二、保全的范围和措施

（一）保全的范围

我国《民事诉讼法》第 102 条规定："财产保全限于请求的范围，或者与本案相关的财物。"保全的范围，不论是诉前保全还是诉讼保全，应限于诉讼请求的范围，或者是与本案有关的财物。所谓限于诉讼请求的范围，是指保全财物的价值，与诉讼请求的数额大致相等。所谓与本案有关的财物，是指被保全的财物，是本案的诉讼标的物，或者虽然不是本案的诉讼标的物，但与本案有牵连。之所以作这种限制规定，是因为：第一，在这个范围内采取保全措施，就可以达到保全的目的。第二，要全面保护申请人和被申请人双方的合法权益。采取财产保全措施时要在满足一方当事人利益需求的同时，注意维护另一方当事人以及案外人的合法权益。如果保全的财产超出诉讼请求的范围，就有可能给对方造成不应有的损害，这不符合我国法律平等保护当事人合法权益的基本精神。为了保证被申请人因财产保全不当而遭受的损害能够得到赔偿，民事诉讼法还相应规定，对于申请诉前财产保全的，申请人必须提供担保；对于申请诉讼中财产保全的，人民法院采取保全措施，可以责令申请人提供担保，申请人不提供担保的，驳回申请。申请人提供担保的数额应相当于请求保全的财产数额。申请人败诉的，应当赔偿被申请人因财产保全而遭受的财产损失。

（二）保全措施

我国《民事诉讼法》第 103 条规定："财产保全采取查封、扣押、冻结或者法律规定的其他方法。"根据这一规定，财产保全措施有以下几种：

（1）查封。是指人民法院依法对需要进行保全的财物清点后，加贴封条，就地封存或者易地封存。被查封的财物所有权不变，但任何个人或者单位都不得擅自移动和处分。

（2）扣押。是指人民法院将被保全的财产或财产的产权证明予以扣留，在财产保全期限内不准被申请人动用和处分的措施。

（3）冻结。是指人民法院依法通知被申请人开通账户的银行、信用社等金融机构，不准被申请人对该财产行使使用权和处分权。

（4）法律规定的其他方法。这一弹性条款主要包括：提取、扣留被申请人的劳动收入；禁止被申请人转让或者放弃债权；对不宜保存的鲜活商品，交有关部门作价变卖，由人民法院保存价款等；人民法院可以对抵押物、质押物、留置物采取保全措施，但抵押权人、质权人、留置权人有优先受偿权。人民法院采取财产保全的方法和措施，依照执行程序相关规定办理。

人民法院采取财产保全措施后，应当立即通知被申请人。对于已被查封、冻结的财产，其他人民法院不得就该项财产再行查封、冻结。

三、保全的解除

根据《民事诉讼法》第 104 条和第 101 条的规定,有下列情形之一的,人民法院应作出裁定,解除保全措施:

(1) 诉前保全的申请人在法定期间内不起诉的。人民法院采取诉前保全措施后 30 日内,申请人应及时向人民法院提起诉讼,逾期不起诉的,人民法院应当解除保全措施。

(2) 被申请人提供了担保的。人民法院裁定采取保全措施后,被申请人提供了担保,并且此担保可以满足申请人一方的请求,那么就消除了将来判决生效后不能执行或难以执行的可能性,财产保全的措施已无必要,因而人民法院应当解除对被申请人财产的保全措施。

(3) 保全的原因已不存在。人民法院采取保全措施是为了防止因当事人一方的恶意行为或其他原因使将来判决生效后不能执行。在采取保全措施后,如果使将来判决生效后不能执行的原因消失,那么保全的措施已无必要,应予解除。

《民诉法解释》补充规定,有下列情形之一的,应当解除保全措施:保全错误的、申请人撤回保全申请的、申请人的起诉或者诉讼请求被生效裁判驳回的、人民法院认为应当解除保全的其他情形。

四、保全的裁定及其效力

根据《民事诉讼法》第 108 条及《民诉法解释》第 171 条的规定,当事人对保全的裁定不服的,可以自收到裁定书之日起 5 日内向作出裁定的人民法院申请复议一次。人民法院应当在收到复议申请后 10 日内审查。复议期间不停止裁定的执行。诉讼保全裁定的效力,从时间上看,一般应维持到生效法律文书执行时止。如被保全的财物属于应予执行的,应维持到执行完毕才失效。

对保全的裁定有协助执行义务的有关单位或个人来说,在接到人民法院保全裁定协助执行通知书后,必须及时予以协助执行。在整个保全期间,除作出裁定的人民法院和其上级人民法院有权决定解除保全外,其他任何单位和个人均无权解除保全措施。

五、保全错误的赔偿

保全是在一定条件下人民法院所采取的临时性措施,大多发生在当事人双方实体权利义务关系确定之前,有的还是在紧急情况下,人民法院在 48 小时内作出的裁定,因而难免出现保全错误。对于保全错误的,应依据诉讼阶段,采取相应的救济措施。我国《民事诉讼法》第 105 条规定:"申请有错误的,申请人应当赔偿被申请人因财产保全所遭受的损失。"具体来说,对于诉前保全的利害关系人在人民法院采取保全措施后30日内不起诉的,人民法院应当依法解除保全措施,如果由此给被申请人造成财产损失,可以用申请人的担保财产予以赔偿。对于案件审理结束后,申请人败诉或者申请人虽未败诉,但判决确定的权利小于请求范围,以致因保全范围过大给被申请人造成损失的,也应由申请人予以赔偿。人民法院依职权决定采取财产保全措施错误的,应当根据国家赔偿法的规定,赔偿被保全人所遭受的损失。

第二节 先予执行

一、先予执行的概念

先予执行,是指人民法院受理案件以后、裁判生效之前,基于申请人生活上或者经营上的急需,根据当事人的申请,裁定被申请人先行给付申请人一定的财物或者实施、停止某种行为,并立即执行的一种诉讼制度。

在民事诉讼中,人民法院从受理案件到作出裁判并付诸执行,往往需要经过一段时间,甚至可能是相当长的一段时间。在这段时间内,如果原告生活困难,或难以维持正常的生产经营,就需要由人民法院采取一定的措施,让被告预先给付原告一定的财物,使原告的基本生活或生产经营能够继续维持。先予执行制度有利于及时保护当事人的合法权益。

二、先予执行的适用范围

民事诉讼法规定的先予执行制度,适用于特定的给付之诉。根据《民事诉讼法》第106条的规定,人民法院对下列案件,可根据当事人的申请裁定先予执行。

(一) 追索赡养费、扶养费、抚育费、抚恤金、医疗费用的案件

这类案件的权利主体多无生活来源,追索的上述费用是为了维持其基本生活及必需的治疗。人民法院在判决作出以前裁定先予支付这些费用,有利于及时保护这些权利主体的合法权益,有益于社会秩序的稳定。

(二) 追索劳动报酬的案件

劳动报酬,是当事人的劳动收入,它直接关系到当事人及其所供养的家属的基本生活,应当予以保障,裁定先予执行。

(三) 因情况紧急急需先予执行的案件

根据《民诉法解释》第170条的规定,因情况紧急需要先予执行的案件包括:

(1) 需要立即停止侵害、排除妨碍的;

(2) 需要立即制止某项行为的;

(3) 需要立即返还社会保险金、社会救助资金的；
(4) 追索恢复生产、经营急需的保险理赔费用的；
(5) 不立即返还款项,将严重影响权利人生活和生产经营的。

三、先予执行的条件

先予执行制度是针对特定案件规定的,是在判决作出以前部分地实现原告的权利。如果适用不当,可能会损害另一方当事人的合法权益,甚至可能会给将来判决的执行增加难度。根据《民事诉讼法》第107条的规定,人民法院裁定先予执行,应符合下列条件：

(一) 当事人之间权利义务关系明确

在诉讼的双方当事人之间必须存在民事法律关系,并且在这一民事法律关系中,原告是应当享有权利的一方,被告是应当履行义务的一方。比如在追索赡养费案件中,当事人双方必须存在父母子女关系,父母享有权利,而子女则应当承担义务。如果当事人之间的权利义务关系不明确,原告是否是享有权利的一方还存在争议,则不宜采取先予执行的措施。

(二) 不先予执行将会严重影响申请人的生活或生产经营

先予执行措施只能在必要时才能采用,即必须是不采取先予执行措施将使申请人难以维持甚至无法维持其基本的生活、生产经营需要。例如赡养费案件中的原告无生活来源,不先予执行难以维持基本生活;在不立即返还款项,将严重影响权利人生产经营的案件中,不先予执行将使申请人停工停产,甚至可能破产。如果不存在这样的紧迫性,就不能也没有必要采取先予执行的措施,可等待判决作出后再付诸执行。

(三) 被申请人有履行能力

采取先予执行的措施,必须以被申请人有履行能力为基础。如果被申请人没有履行能力或者暂时没有履行能力,即使作出了先予执行的裁定,也不能满足权利人的要求,不仅不具有任何实际意义,而且可能会影响到被申请人的基本生活或者生产经营。

以上条件必须同时具备,人民法院才能裁定先予执行。

四、申请人败诉后的赔偿

人民法院对案件审理终结,判决申请人败诉的,说明先予执行的申请是错误的。申请人应当按照《民事诉讼法》第233条的规定,将因先予执行取得的利益返还对方;拒不返还的,强制执行。对方因先予执行遭受损失的,可以用申请人提供的财产赔偿。民事诉讼法的这一规定既体现了保护双方当事人合法权益的原则,同时又有利于防止申请人滥用申请权。

五、先予执行的裁定及其效力

先予执行的裁定,是人民法院依申请人的申请,在其基本生活或生产经营确有困难的情况下作出的。人民法院依照法定条件所作出的先予执行的裁定,发生以下效力。

(一)时间效力

人民法院作出的先予执行的裁定,自送达当事人时即发生法律效力,并维持到人民法院将案件审理终结、判决生效时止。发生法律效力的判决如判决申请人胜诉,已先予执行的部分应在生效判决中判明,并在被告应给付的金额中扣除;反之申请人则应将先予执行的财产返还。

(二)对人的效力

对当事人来说,先予执行的裁定一经送达即发生法律效力,必须立即执行,否则人民法院可依法强制执行。当事人对先予执行的裁定不得提起上诉,可以申请复议一次,但复议期间,不停止裁定的执行。

对有关单位和个人来说,先予执行的裁定可对其产生协助执行的义务。有关单位和个人接到人民法院先予执行的协助执行通知书后,必须及时按通知要求予以协助。

思考题

1. 试比较诉前保全与诉讼保全。
2. 简述诉前保全的条件。
3. 简述先予执行的条件与适用范围。
4. 简述先予执行的裁定及其法律效力。

参考文献

1. 李仕春:《民事保全程序研究》,中国法制出版社 2005 年版。
2. 陈荣宗、林庆苗:《民事诉讼法》(修订四版),台湾三民书局 2006 年版。

第十六章 期间、送达

> **学习目的与要求**

学习本章,应了解期间的含义、意义及种类,掌握期间的计算方法及耽误期间的补救措施;掌握送达的特征和效力,正确理解和适用法律规定的各种送达方式。

第一节 期 间

一、期间的概念

期间,是指人民法院、当事人和其他诉讼参与人进行或完成诉讼活动所应遵守的时间。期间可以从广义和狭义两种意义上理解,广义的期间包括期限和期日,狭义的期间仅指期限。本节一般是从狭义上使用期间这个概念的。

期限是人民法院、当事人或其他诉讼参与人单方面地、独立进行或完成某种诉讼活动的时间。

期日是人民法院、当事人及其他诉讼参与人会合进行某种诉讼活动的时日。期日因诉讼活动的性质不同,可分为准备程序期日、调查证据期日、开庭审理期日、调解期日、宣判期日及强制执行期日等。

在民事诉讼中,当事人和其他诉讼参与人行使诉讼权利,履行诉讼义务,或者是人民法院进行审判活动,除不可抗拒的事由或其他正当理由之外,都必须在规定的时间内完成。期间在民事诉讼中具有十分重要的意义,它有利于人民法院及时解决纠纷,提高办案效率;有利于保护当事人和其他诉讼参与人的合法权益;有利于保证诉讼法律关系主体的诉讼行为的协调性,从而保证诉讼的顺利进行。

二、期间的种类

根据不同的标准,可将期间作如下分类:

(一)法定期间与指定期间

以期间是由法律直接规定的,还是由人民法院指定的为标准,可以把期间分为法定期间与指定期间。

法定期间,是指民事诉讼法直接规定的期间,它基于某种法律事实的发生而开始,例如,上诉期间是在一审判决、裁定送达后才开始计算。法定期间除法律另有规定的外,人民法院、当事人和其他诉讼参与人不得变更。诉讼主体必须在法定期间内进行或完成诉讼活动,否则就会引起相应的法律后果。

指定期间,是指人民法院根据案件的具体情况,依职权对完成某些具体事项所指定的期间。它是法定期间的一种补充,广泛适用于审判实践。例如,指定当事人补正起诉状的时间、指定鉴定人完成鉴定工作的时间等。凡是应当指定的期间,其限度既不能失之过长,使诉讼滞延;也不能失之过短,使诉讼参与人难以完成某项行为。指定期间要明确、具体,一经指定,就不要轻易变动,以免影响指定期间的严肃性。因情况变化,诉讼主体难以在指定的期间内完成某项行为时,人民法院可以根据当事人的申请或者依职权予以变更,并将变更后的指定期间通知有关诉讼参与人。

(二)不变期间与可变期间

以期间能否变动为标准,可以把期间分为不变期间与可变期间。

不变期间,是指必须严格遵守、人民法院和诉讼参与人均不得改变的期间。

可变期间,是指期间确定后,因情况发生了变化,在规定的期间内进行或完成某项诉讼活动有困难,人民法院可根据当事人的申请或者依职权变更原定期间。

指定期间属于可变期间,法定期间一般都是不变期间,但也有少数是可变期间,而且这些法定的可变期间在延长或缩短时应符合法律的规定。例如,《民事诉讼法》第149条规定:"人民法院适用普通程序审理的案件,应当在立案之日起6个月内审结。有特殊情况需要延长的,由本院院长批准,可以延长6个月;还需要延长的,报请上级人民法院批准。"

三、期间的计算

期间的开始和终结直接关系到人民法院和诉讼参与人进行或完成诉讼活动的效力,因此,期间的计算是司法实践中一项十分重要的技术性工作。根据《民事诉讼法》第82条第2款至第4款以及《民诉法解释》的规定,期间应按下列方式计算。

(一)期间以时、日、月、年计算

期间的计算单位是时、日、月、年,何种诉讼活动以时或日或月或年为计算标准,则根据法律规定或者人民法院指定的内容来确定。

(二)期间开始时刻及时限的计算

期间以时、日计算的,其开始的时和日不计算在期间内,而应从开始时、日的第二个时间单位起算;其终期应根据期间的实际时数或日数加以确定。期间以月或年计算的,其起算以日为标准并依从法律规定计算;其终期是根据期间的实际月数或年数所确定的届满月或年中的始期对应日,没有对应日的,以该月的最后一天为届满日。

(三) 期间届满时刻的计算

期间届满的时刻,应该是期间最后一日的24点(实践中通常以法院下班时间为届满时刻)。按期间实数确定的期间届满日是节假日的,应以节假日后的第一个工作日为期间标准的届满日期;如果节假日在期间开始日及中间日的则不予扣除。这里所说的节假日是法定节假日,如双休日、国庆节、元旦等等。

(四) 期间的计算应扣除诉讼文书的在途时间

期间不包括诉讼文书的在途时间,诉讼文书在期满前交邮的不算过期。至于如何确定是否在期满前交邮的,以邮寄的邮戳为标志和证明。

此外,根据《最高人民法院案件审限管理规定》和《最高人民法院关于人民法院办理执行案件若干期限的规定》的有关规定,下列期间不计入审理、执行期限:(1)因当事人、诉讼代理人申请通知新的证人到庭、调查新的证据、申请重新鉴定或者勘验,人民法院决定延期审理1个月之内的期间;延期审理超过1个月的时间,仍应计入案件的审结期限;(2)民事案件公告、鉴定的期间;(3)审理当事人提出的管辖权异议和处理人民法院之间的管辖争议的期间;(4)民事审判、执行中由有关专业机构进行审计、评估、资产清理的期间;(5)中止诉讼或中止执行至恢复诉讼或恢复执行的期间;(6)当事人达成执行和解或者提供执行担保后,人民法院决定暂缓执行的期间;(7)上级人民法院通知暂缓执行的期间;(8)执行中拍卖、变卖被查封、扣押财产的期间;(9)执行过程中就法律适用问题向上级人民法院请示的期间;(10)与其他法院发生执行争议报请共同上级人民法院协调处理的期间。

四、期间的耽误及后果

期间的耽误是指当事人或其他诉讼参与人在法定期间或指定期间内本应进行一定的诉讼活动而没有进行或没有完成。

耽误期间的原因不同,其后果也不同。如果是主观上的原因,不论出于故意还是过失,其直接后果就是当事人丧失了进行某项诉讼活动的权利,或者要承担因耽误期间而产生的其他法律后果。例如,当事人因遗忘超过了上诉期间,就意味着丧失了上诉的权利;原告经传票传唤无正当理由拒不按期到庭的,可以按撤诉处理(被告反诉的,可以缺席判决)。如果因为客观上的一些原因,致使期间耽误,可以根据民事诉讼法的规定申请顺延期限,或者由人民法院依职权决定顺延期限或重新指定期日。顺延期限不是变更法定期限,而是补足被耽误了的期限,

耽误了几天,就延展几天。耽误期限后能发生顺延之法律后果,必须具备以下条件:

(1) 耽误期限的原因是不可抗拒的事由或者其他正当理由。

(2) 由于上述法定事由耽误期限,应在障碍消除后10日内申请顺延期限。必须注意,如果障碍消除时,期限尚未届满,当事人可在剩余期限内完成诉讼活动,而不构成期限的耽误,当然也不发生顺延期限的问题。

对于当事人提出的顺延期限的申请,是否准许,由人民法院决定。

第二节 送 达

一、送达的概念和特征

送达,是指人民法院依法定方式,将诉讼文书或法律文书送交当事人或其他诉讼参与人的一种诉讼行为。送达作为一种重要的诉讼行为,具有以下特征:

(1) 送达的主体是人民法院。

送达的主体必须是人民法院,送达是人民法院的职权行为。当事人及其他诉讼参与人向人民法院、或者他们相互之间递交诉讼文书或其他文书都不叫送达。

(2) 接受送达的是当事人及其他诉讼参与人。

送达是人民法院在诉讼中对当事人及其他诉讼参与人所进行的诉讼行为,后者又称受送达人。人民法院在诉讼外或者虽在诉讼中,但是是给诉讼参与人以外的人发送或报送材料的,如上下级人民法院之间递送案件材料不是送达行为。

(3) 送达的文书主要是法律文书和诉讼文书。

在诉讼中人民法院送达的法律文书和诉讼文书主要有:判决书、裁定书、起诉状副本、答辩状副本、传票、通知书等。送达其他文件不能叫送达。

(4) 送达必须按法定程序和方式进行。

送达必须依照民事诉讼法的规定进行,否则不能产生法律效力。

送达是诉讼上的一项制度,也是人民法院诉讼上的义务。送达的意义在于:人民法院适时进行送达,将诉讼文书或法律文书及时交给受送达人,可使之了解一定的诉讼事项,以便在诉讼中确定自己的行为,确保诉讼活动顺利进行;更为重要的是,诉讼文书或法律文书的合法送达能产生诉讼上的法律后果。

二、送达的方式

根据《民事诉讼法》的规定,送达主要有六种方式。在具体适用时可根据案件的客观需要和可能,灵活择用。但应以直接送达为原则,其他送达方法为补充。

(一) 直接送达

直接送达,是指人民法院执行送达职务的人员,将诉讼文书送交给受送达人签收的送达方式。直接送达是最基本的送达方式,一般来说,应当首先采用直接送达的方式,只有直接送达无法送交受送达人时,才可以采用法律规定的其他送达方式。

直接送达一般应向受送达人本人送达。但根据《民事诉讼法》和有关司法解释的规定,以下情形也属于直接送达:

(1) 受送达人是公民的,送达时,受送达人本人不在,可交给他的同住成年家属签收。

(2) 受送达人是法人或者其他组织的,应当由法人的法定代表人、其他组织的主要负责人或者该法人或其他组织的办公室、收发室、值班室等负责收件的人签收。

(3) 受送达人已向人民法院指定了代收人的,可交给代收人签收。

(4) 受送达人有诉讼代理人的,人民法院可以向诉讼代理人送达。

《民诉法解释》第131条补充规定:"人民法院直接送达诉讼文书的,可以通知当事人到人民法院领取。当事人到达人民法院,拒绝签署送达回证的,视为送达。审判人员、书记员应当在送达回证上注明送达情况并签名。人民法院可以在当事人住所地以外向当事人直接送达诉讼文书。当事人拒绝签署送达回证的,采用拍照、录像等方式记录送达过程即视为送达。审判人员、书记员应当在送达回证上注明送达情况并签名。"

诉讼文书或法律文书的合法签收人在送达回证上签收的日期为送达日期。

(二) 留置送达

留置送达,是指受送达人拒绝签收向他送达的诉讼文书时,送达人依法将应送达的文书留置于受送达处所的送达方式。

适用留置送达的条件和程序是:

(1) 接受诉讼文书的人是特定的,包括:受送达人本人或者其同住成年家属,受送达人指定诉讼代理人为代收人的,向诉讼代理人送达时,可适用留置送达。

(2) 上述受送达人明确表示拒绝接受诉讼文书时,才可以适用留置送达。

(3) 留置的地点应当是受送达人的住所。

(4) 留置送达的过程应当经见证人见证或予以记录。有见证人的情况下可以采用见证人见证的方式留置送达,见证人可以是受送达人住所地的居民委员会、村民委员会的工作人员以及受送达人所在单位的工作人员;在无见证人的情况下,可以采取拍照、录像等方式记录送达过程。

依法定程序完成留置送达的,与直接送达产生同等法律效力。

根据《民诉法解释》第133条的规定,调解书应当直接送达当事人本人,不适用留置送达。当事人本人因故不能签收的,可由其指定的代收人签收。

(三)委托送达

委托送达,是指受诉人民法院将应由其亲自送达给受送达人的诉讼文书,委托有关人民法院代为送达的方式。委托其他人民法院送达有一个前提条件,即受诉人民法院直接送达诉讼文书有困难,如受送达人居住在外地。委托送达的委托人必须是受诉人民法院,当事人或其他诉讼参与人无权委托外地人民法院送达诉讼文书。

委托其他人民法院送达的,应当在委托函中详细说明受送达人的姓名、住址或工作单位等,以保障诉讼文书顺利送达。受委托的人民法院应自收到委托函件及相关诉讼文书之日起10日内代为送达,而且应尽量以直接送达方式送达,并将送达回证寄回委托人民法院。如果受送达人及同住成年家属拒绝接受送达的诉讼文书,可以采取留置送达的方式送达。除此之外,受委托的人民法院不应采取其他方式送达。

(四)邮寄送达

邮寄送达是指在直接送达有困难时,人民法院通过邮局,将诉讼文书或法律文书挂号寄给受送达人的送达方式。邮寄送达的,以受送达人在挂号回执上注明的收件日期为送达日期。

(五)转交送达

转交送达,是指人民法院将诉讼文书交受送达人所在机关、单位代收后转交给受送达人的送达方式。通常情况下,送达文书应交受送达人本人,但遇有下列情形之一的,法律规定不宜直接交付受送达人,而应由受送达人所在单位转交:

(1)受送达人是军人的,通过其所在部队团以上的政治机关转交;

(2)受送达人被监禁的,通过其所在监所转交;

(3)受送达人被采取强制性教育措施的,通过其所在强制性教育机构转交。

代为转交的机关、单位有义务在收到诉讼文书后,立即交送受送达人签收。转交送达,以受送达人在送达回证上签收的日期为送达日期,而不是以代为转交的机关、单位的收件日期为送达日期。

(六)电子送达

电子送达,是指人民法院利用传真、电子邮件等现代化电子手段进行的送达。现代信息技术具有覆盖面广、传输快、效率高、成本低的特点与优势,民事诉讼法规定以传真、电子邮件等电子方式送达诉讼文书的规定,有利于提高诉讼效率,降低诉讼成本。

根据《民事诉讼法》第 87 条及《民诉法解释》第 135 条的规定，采用电子送达方式应依照下列条件和程序进行：

（1）必须经受送达人同意，且应在送达地址确认书中予以确认，人民法院不得在未经受送达人同意的情况下依照职权采用此送达方式送达。

（2）电子送达方式只适用于对判决书、裁定书、调解书以外的诉讼文书的送达。

（3）电子送达的具体手段包括传真、电子邮件、移动通信等即时收悉的能够确认受送达人可以收悉的方式。

采用电子送达的，送达日期以传真、电子邮件等到达受送达人特定系统的日期为送达日期。具体是指人民法院对应系统显示发送成功的日期，但受送达人证明到达其特定系统的日期与人民法院对应系统显示发送成功的日期不一致的，以受送达人证明到达其特定系统的日期为准。

（七）公告送达

公告送达，是指在受送达人下落不明，或者以其他方式无法送达的情况下，人民法院发出公告，公告发出后经过一定的时间即视为送达的方式。

公告送达的前提条件是受送达人下落不明，或者受送达人有音讯，但行踪不定，没有通讯地址，无法联系，采用其他方式均无法送达。公告送达的受送达人不包括军人、被监禁和被采取强制性教育措施的人。因为对这些人可以委托有关机关、单位转交送达诉讼文书、法律文书。

公告送达诉讼文书、法律文书，应当在公告中说明送达法律文书或诉讼文书的内容。公告可以在人民法院专设的公告栏、受送达人原住所地张贴，也可以在报纸、信息网络等媒体上刊登。发出公告日期以最后张贴或者刊登的日期为准。人民法院在受送达人住所地张贴公告的，应当采取拍照、录像等方式记录张贴过程。

以公告方式送达的，自公告之日起，经过 60 日，有关诉讼文书或法律文书即视为送达。公告送达的应在案卷内记明公告的原因和经过。

《民诉法解释》第 140 条规定，适用简易程序的案件，不适用公告送达。

三、送达的效力和送达回证

送达的效力，是指诉讼文书和法律文书送达后所产生的法律后果。因送达的文书不同，产生的法律后果也有区别，但从总体来看，送达的效力主要表现在两个方面：

（1）产生诉讼法上的效力。首先，诉讼文书或法律文书送达后，有关诉讼参与人即具有诉讼法律关系上的权利和义务；或者使得有关法律关系归于消灭。例如，自送达起诉状副本并通知被告应诉之日起，人民法院和被告之间就产生了诉讼法律关系。又如，原告自行撤诉的，经人民法院批准，并通知当事人后，诉讼法律关系即告消灭。其次，诉讼文书或法律文书送达后，诉讼参与人进行诉讼活动的期间即可开始起算。因此，确定送达日期对于考察当事人和其他诉讼参与人诉讼活动的效力具有重要意义。此外，诉讼文书或法律文书送达后，如有关当事人不实施诉讼文书所要求的行为，就产生了由其承担相应的法律后果的效力。例如，被告经两次传票传唤拒不到庭的，可以拘传；原告经传票传唤，无正当理由拒不到庭的，按撤诉处理。可以拘传、按撤诉处理等法律后果均以向当事人依法送达传票为必要的前提条件。

(2) 产生实体法上的效力。合法送达是法律文书发生法律效力的条件之一。有的法律文书一经送达即发生法律效力，有的法律文书送达后得经过一定期间、具备一定条件才能生效。实体法上的效力即实体权利义务方面的效力，如发生法律效力的判决书、裁定书送达后，负有义务的一方当事人应当履行义务，否则，对方当事人可依法申请强制执行。

送达回证是人民法院按照法定格式制作的、用以证明人民法院完成送达行为的一种书面凭证。它能证明人民法院与受送达人之间已发生送达关系这一事实，并能以文字形式记载送达的准确日期。

由于法律文书或诉讼文书的送达都会产生相应的法律后果，因此人民法院无论采取何种送达方式，都应当有送达回证。送达回证有一定的格式，其主要内容包括：被送达文书的名称，收件人的姓名、住址、工作单位，送达的日期等。受送达人接到诉讼文书或法律文书后，应在送达回证上记明收到的日期，并签名或者盖章。送达回证上的签收日期就是送达日期。此外，送达回证还应带回人民法院或寄回人民法院附卷存查。

思考题

1. 简述送达的概念和特征。
2. 简述转交送达的情形。
3. 简述送达的法律效力。

参考文献

1. 王锡三：《民事诉讼法学研究》，重庆大学出版社1996年版。
2. 〔德〕奥特马·尧厄尼希：《民事诉讼法》（第27版），周翠译，法律出版社2003年版。

第十七章　对妨害民事诉讼的强制措施

> **学习目的与要求**

学习本章,应掌握民事诉讼强制措施的概念,了解民事诉讼强制措施的特点和性质,正确理解妨害民事诉讼的行为,掌握民事诉讼强制措施的种类和适用条件。

第一节　民事诉讼强制措施概述

一、民事诉讼强制措施的概念

对妨害民事诉讼的强制措施,又称民事诉讼强制措施,指人民法院在民事诉讼过程中,为维护正常的诉讼秩序,保障审判和执行活动的顺利进行,依法对故意妨害民事诉讼秩序的人采取的制止其继续妨害的强制手段。

对妨害民事诉讼的强制措施,不是民事诉讼中的一种程序,而是保障民事诉讼程序顺利进行的一种强制手段。就性质而言,强制措施既是一种排除妨碍的制止性强制手段,又是一种惩戒性的强制手段。对妨害民事诉讼的行为人适用强制措施,目的在于排除妨碍,同时也是通过对妨害民事诉讼行为人的惩戒来保证诉讼程序的正常进行。

对妨害民事诉讼的强制措施,是民事诉讼法的重要组成部分,是对民事诉讼程序的必要保障,其意义体现在以下几个方面:

(1) 维护正常的诉讼秩序,保障人民法院审判和执行活动的顺利进行。在民事诉讼中,人民法院审理案件和执行生效判决有赖于良好的诉讼秩序。而妨害民事诉讼的行为,阻挠和干扰了人民法院对案件的审判或判决的执行的顺利进行,破坏了民事诉讼的秩序。因此,必须依法对妨害民事诉讼的行为人采取必要的强制措施,保证诉讼活动的顺利进行。

(2) 保障当事人和其他诉讼参与人充分行使诉讼权利,保护其合法权益免受侵害。妨害民事诉讼的行为,不仅直接干扰了诉讼活动的正常进行,而且还会影响到当事人和其他诉讼参与人对诉讼权利的充分行使,使他们的合法权益受到侵害,甚至有可能会危及他们的人身安全。因此,人民法院必须依法对妨害民事诉讼的行为人采取必要的强制措施，在维护正常的诉讼秩序的同时，保障当事人和其他诉讼参与人能够充分行使诉讼权利，确保他们的合法权益在诉讼过程中免受侵害，或使所受到的侵害得到及时的制止和排除。

（3）教育公民自觉遵守法律。在民事诉讼中，及时对实施了妨害民事诉讼行为的人采取强制措施，不仅有利于及时排除妨害，保障诉讼的顺利进行，而且可以教育其他的公民自觉遵守法律、维护正常的诉讼秩序。

二、民事诉讼强制措施的特点

与其他的法律措施相比较，民事诉讼强制措施具有以下特点：

（1）民事诉讼强制措施是人民法院依职权主动采取的强制手段，不需要当事人申请，它是人民法院维护正常诉讼秩序的职责的集中体现。

（2）民事诉讼强制措施只能针对已经存在的妨害诉讼的行为，其目的在于制止或者排除这些行为对诉讼的妨害。

（3）民事诉讼强制措施只是排除妨害的手段，并不是对有关人员违法行为的法律制裁。因而，有关人员的妨害行为情节严重构成犯罪需要追究刑事责任时，其妨害诉讼受到拘留的时间不应折抵刑期；同时，因妨害诉讼而被课以罚款的数额也不能抵充作为刑事处罚的罚金。有关当事人因妨害诉讼而被罚款的，其罚款额也不应当折抵其应当承担的民事给付义务。

（4）民事诉讼强制措施的适用对象并不特定。无论是当事人还是其他诉讼参与人，甚至旁听群众以及有义务协助执行的人，只要他们实施了妨害民事诉讼的行为，都可以成为强制措施的适用对象。

（5）民事诉讼强制措施包括若干种，可以根据需要单独适用，也可以合并适用。

（6）民事诉讼强制措施适用于民事审判和民事执行的各个阶段。只要诉讼尚未彻底结束，均可以采取强制措施排除对诉讼的妨害。

三、民事诉讼强制措施与刑事诉讼强制措施的区别

我国三部诉讼法中均有关于强制措施的规定，其中民事诉讼法与行政诉讼法的强制措施基本相同，而与刑事诉讼法中的强制措施则具有明显区别，表现在：

（1）采取强制措施的主体不同。民事诉讼中的各种强制措施均由人民法院适用，而刑事诉讼中的强制措施在不同阶段可以分别由人民法院、人民检察院、公安机关、国家安全机关适用。

（2）适用目的不同。民事诉讼强制措施的目的在于排除对诉讼正常进行的妨害行为；而刑事诉讼强制措施的目的在于预防犯罪嫌疑人逃跑、串供、继续实

施其他犯罪或者自杀等。

（3）适用对象不同。民事诉讼中的强制措施是对有妨害民事诉讼行为的人采取的，不论是本案的当事人、诉讼参与人或者案外人，只要实施了妨害民事诉讼的行为，人民法院均可对其采取强制措施；而刑事诉讼中的强制措施则只能对本案的被告人、犯罪嫌疑人或犯罪分子适用，对案外人则不得适用。

（4）强制措施的具体种类不同。民事诉讼强制措施有训诫、责令退出法庭、拘传、拘留和罚款；刑事诉讼强制措施包括拘留、拘传、取保候审、监视居住、逮捕等。

（5）法律后果不同。民事诉讼强制措施只针对妨害行为进行制止和排除，与诉讼结果没有任何联系，与妨害行为的实施者应当承担的实体法责任并无关系；而刑事诉讼强制措施中的拘留和逮捕是可以折抵刑期的。

（6）适用的法律依据不同。对妨害民事诉讼的强制措施的适用依据是民事诉讼法，而刑事诉讼强制措施的适用依据是刑事诉讼法。

第二节 妨害民事诉讼的行为

一、妨害民事诉讼行为的概念与构成要件

妨害民事诉讼行为，是指在民事诉讼中当事人、诉讼参与人或其他人故意实施的干扰诉讼秩序、阻碍诉讼活动正常进行的各种行为。与不可抗力的意外事件不同，妨害民事诉讼的行为是阻碍诉讼顺利进行的人为障碍，可以通过强制措施予以排除，在诉讼中实施了妨害民事诉讼的行为是适用强制措施的基本前提。因此，正确认定妨害民事诉讼的行为，对正确适用强制措施具有重要意义。

妨害民事诉讼行为的构成要件如下：

（1）客观要件：必须已经实施了妨害行为并且在客观上妨害了民事诉讼活动正常进行。首先，行为人必须实施了妨害行为。如果行为人只有妨害诉讼的意图，而没有实施行为，不能构成妨害民事诉讼的行为。妨害民事诉讼的行为包括作为和不作为两种方式。前者如哄闹、冲击法庭的行为；后者如有义务协助执行的人，对人民法院的协助执行通知书无故推托、拒不执行的行为。其次，该行为必须足以妨害民事诉讼活动的正常进行，但尚未构成犯罪。

（2）主观要件：必须是行为人主观故意的行为。如果行为人是出于过失，其行为即便在客观上影响了民事诉讼活动的正常进行，也不能构成民事诉讼法所规定的妨害民事诉讼的行为。

（3）时间要件：必须是在诉讼过程中实施的行为。采取强制措施的目的在于排除妨碍，保障诉讼程序的正常进行，如果行为人的行为不是在诉讼过程中实施的,就不存在妨碍诉讼程序正常进行的问题,因而也就不能构成妨害民事诉讼的行为。应当强调的是,诉讼过程既包括审判程序也包括执行程序。

二、妨害民事诉讼行为的种类

根据《民事诉讼法》第109条至第117条以及《民诉法解释》的有关规定,妨害民事诉讼的行为主要有以下几种:

(一)依法必须到庭的当事人经人民法院两次传票传唤,无正当理由拒不到庭

必须到庭的当事人,是指负有赡养、扶养、抚育义务和不到庭就无法查清案情的被告以及必须到庭才能查清案件基本事实的原告。经两次传票传唤,是指传唤的方式是传票而不是其他方式,传唤的次数是两次。无正当理由,是指必须到庭的当事人不到庭参加诉讼没有法定的或者情理上可以被接受的理由。通常是指客观上并不存在不可抗力、意外事件等无法到庭的特殊情况。

(二)违反法庭规则扰乱法庭秩序的行为

这种行为包括一般违反法庭规则的行为,如未经法庭许可在庭审时录音、录像、拍照以及其他严重违反法庭规则的行为,如哄闹、冲击法庭,侮辱、诽谤、威胁、殴打审判人员、执行人员的行为。

(三)妨害人民法院调查、审理案件的行为

诉讼参与人或者其他人实施的妨害人民法院调查证据、影响案件正常审理的行为具体包括以下几种:

(1)伪造、毁灭重要证据,或妨碍人民法院调查取证,但情节较轻尚不构成犯罪的行为。这里所称的重要证据,是指足以证明当事人之间实体权利义务关系存在与否或者某一确定案件事实真伪的证据。伪造、毁灭重要证据,或者有义务协助调查的单位拒绝或者妨碍人民法院调查取证的,势必影响人民法院对案件主要事实的认定,并进而导致适用法律错误,是严重妨碍民事诉讼的行为。

(2)以暴力、威胁、贿买方法阻止证人作证或者指使、贿买、胁迫他人作伪证,但情节较轻尚不构成犯罪的行为。证人向法庭陈述自己了解的情况,是其应尽的义务,是人民法院了解案情的重要途径。阻止他人作证或者令其作伪证势必蒙蔽人民法院的视听,造成错判。

(3)隐藏、转移、变卖、毁损已被查封、扣押的财产,或者已被清点并责令其保管的财产,转移已被冻结的财产,但情节较轻尚不构成犯罪的行为。这种行为是针对已被人民法院采取保全措施的财产而实施的,如果放任这种行为,就会使人民法院将来的判决无法执行甚至造成难以弥补的损失。

(4)对司法工作人员、诉讼参与人、证人、翻译人员、鉴定人、勘验人和协助执行人员进行侮辱、诽谤、诬陷、殴打或者打击报复,但情节较轻尚不构成犯罪的行为。司法工作人员以及诉讼参与人、协助执行的人依法行使自己的诉讼权利,履行相应的诉讼义务,是诉讼程序顺利进行的标志和基本内容。任何人对其进行侮辱、诽谤、诬陷、殴打或者打击报复的,构成妨害民事诉讼的行为。

(5) 以暴力、威胁或者其他方法阻碍司法工作人员执行职务,但情节较轻尚不构成犯罪的行为。司法工作人员是指审判人员、执行人员、书记员、司法警察等。司法工作人员执行职务是诉讼程序正常进行的前提,如果以暴力、威胁或者其他方法阻碍司法工作人员执行职务,构成妨害民事诉讼的行为。

(四) 恶意诉讼

当事人之间恶意串通,企图通过诉讼、调解等方式侵害他人合法权益的;或者被执行人与他人恶意串通通过诉讼、仲裁、调解等方式逃避履行法律文书确定的义务的。

(五) 妨害执行的行为

妨害执行的行为人必须是有义务执行或者有义务协助执行的个人和有关单位、组织,妨害执行的行为有以下几种:

(1) 有履行能力而拒不履行人民法院已经发生法律效力的判决、裁定等法律文书,但情节较轻尚不构成犯罪的行为;

(2) 有关单位接到人民法院协助执行通知书后,拒不协助查询、扣押、冻结、划拨、变价财产的;

(3) 有关单位接到人民法院协助执行通知书后,拒不协助扣留被执行人的收入,拒不办理有关财产证照转移手续,转交有关票证、证照或者其他财产的;

(4) 隐藏、转移、毁损或者未经人民法院允许处分已向人民法院提供担保的财产的;

(5) 违反人民法院限制高消费令进行消费的;

(6) 其他拒绝协助执行的行为,如在法律文书生效后隐匿、转移、变卖或者损毁财产,使法院无法执行的;擅自转移或解冻已被冻结的财产的;给被执行人通风报信,协助其转移、隐匿财产的,等等。

上述种种活动,必将造成人民法院执行中的重重困难,甚至使执行活动无法进行,其对诉讼的妨害也是十分明显的。

(六) 其他妨害诉讼的行为

这类行为包括,非法拘禁他人或者非法扣押他人财物追索债务的;非法解除保全措施的;等等。

第三节 强制措施的种类及适用

根据民事诉讼法的规定,对妨害民事诉讼行为采取的强制措施有五种,即拘传、训诫、责令退出法庭、罚款、拘留。在民事诉讼中因妨害民事诉讼行为的情节不同,造成的危害后果也不同,人民法院可以根据不同妨害民事诉讼行为的情节以及特定条件,采取不同的强制措施。

一、拘传

拘传,是人民法院对必须到庭的诉讼主体依法强制其到庭应诉的措施。

(一)拘传的适用条件

(1)适用对象是必须到庭的原告、被告。

(2)经过两次传票传唤。

(3)无正当理由拒不到庭。

以上三个条件同时具备时才可以采取拘传措施。之所以严格规定其条件,是由于这种措施相对比较严厉,可能对被拘传人造成一些不良的影响,因而在适用上宜慎重行事。

(二)拘传的适用程序

适用拘传措施时,必须审查是否具备上述条件,具备上述条件确需采取拘传措施的,应当报经本院院长批准,并签发拘传票。拘传票必须直接送达被拘传人,由被拘传人签字或者盖章。拘传前应对被拘传人晓以利害,向其说明拒不到庭的后果,如果被拘传人经批评教育后仍拒不到庭的,可以拘传其到庭。

二、训诫

训诫,是指人民法院开庭审理时对于违反法庭规则情节显著轻微的人,由审判长或者独任审判员当庭进行的公开批评和告诫,并责令其加以改正或不得再犯的措施。这种措施无严格的程序要求,可以随时采取,训诫的内容应记入笔录。

三、责令退出法庭

责令退出法庭,是人民法院对开庭审理过程中违反法庭规则情节比较轻微的人,责令其退出法庭的强制措施。这种措施可以在训诫无效之后适用,也可以直接适用。责令退出法庭应当记入笔录,并可以随时适用。

四、罚款

罚款,是人民法院对于妨害诉讼或执行情节比较严重的行为人,责令其在一定限期内缴纳一定数额金钱的措施。罚款的强制程度重于训诫和责令退出法庭,轻于拘留。依照《民事诉讼法》第115条的规定,对个人的罚款金额,为人民币10万元以下;对单位的罚款金额,为人民币5万元以上100万元以下。

适用罚款措施的程序是,首先由合议庭或独任审判员提出意见,制作罚款决定书,报本院院长批准。批准后通知被罚款人在指定期限内将所罚款额交人民法院。人民法院收到罚款后,必须给交款人开具收据。如果被罚款人不服罚款决定的,有权自收到决定书之日起3日内申请上一级人民法院复议一次。复议期间不停止罚款的执行。

上级人民法院对于复议申请,应当在收到后5日内作出决定,并将复议决定通知下级人民法院和被罚款人。上级人民法院复议时认为罚款不当的,应当制作决定书,撤销或变更下级人民法院的罚款决定。情况紧急的,可以在口头通知后3日内发出决定书。

五、拘留

拘留,是人民法院对于妨害民事诉讼情节严重、但尚不构成犯罪的人依法采取的在一定期限内限制行为人的人身自由的措施,以防止其继续实施妨害民事诉讼顺利进行的行为。拘留是民事诉讼强制措施中最严厉的一种。

(一) 拘留的适用范围

拘留,是以限制被拘留人人身自由的方式排除妨害,涉及公民的人身自由和民主权利,所以在适用时必须慎重行事。只有对少数有严重妨害民事诉讼行为的人,并给民事诉讼程序的正常进行造成了严重后果,经反复教育仍坚持错误的,才能适用拘留措施。

(二) 拘留的适用程序与期限

根据《民事诉讼法》和最高人民法院的司法解释,需要采取拘留措施时,由合议庭或独任审判员提出意见,报本院院长批准,并制作拘留决定书。在执行拘留时,执行人员应向被拘留人当场宣读拘留决定书。被拘留人对决定书不服的,可以自收到决定书之日起3日内向上一级人民法院申请复议一次,复议期间不停止执行。上级人民法院应在收到复议申请后5日内作出决定,并将复议结果通知下级人民法院和当事人。上级人民法院复议时认为强制措施不当的,应当制作决定书,撤销或变更下级人民法院的拘留决定。情况紧急的,可以在口头通知后3日内发出决定书。因哄闹、冲击法庭,用暴力、威胁等方法抗拒执行公务等紧急情况,必须立即采取拘留措施的,可在拘留后,立即报告本院院长补办批准手续。院长认为拘留不当的,应当立即解除拘留。

被拘留人不在本地区的,作出拘留决定的人民法院应派员到被拘留人所在地的人民法院,请该法院协助执行,受委托的人民法院应及时派员协助执行。被拘留人申请复议或者在拘留期间承认并改正错误,需要提前解除拘留的,受委托人民法院应向委托人民法院转达或者提出建议,由委托人民法院审查决定。

拘留的期限为15日以下,被拘留的人在拘留期间承认错误并具结悔过的,人民法院可以决定提前解除拘留。提前解除拘留,也应报本院院长批准并制作决定书。

罚款和拘留两种强制措施可以单独适用，也可以合并适用。但对同一妨害民事诉讼行为的，罚款、拘留不得连续适用。

思考题

1. 对妨害民事诉讼的强制措施与刑事诉讼强制措施有何异同？
2. 如何理解妨害民事诉讼行为的构成要件？
3. 简述强制措施的种类及其适用。

参考文献

1. 廖中洪主编：《民事诉讼改革热点问题研究》，中国检察出版社2006年版。
2. 江伟主编：《民事诉讼法学》（第三版），北京大学出版社2015年版。

第十八章 诉讼费用

> **学习目的与要求**

学习本章,应了解诉讼费用的概念和分类,掌握诉讼费用的交纳范围和交纳标准,掌握诉讼费用的负担原则,以及当事人申请司法救助的条件和申请的程序。

第一节 诉讼费用概述

一、诉讼费用的概念

诉讼费用,是指当事人为进行民事诉讼而依法应当向人民法院交纳的费用。

诉讼费用有广义和狭义之别。广义的诉讼费用,是指当事人在民事诉讼中所支出的各项费用的总和,由人民法院的裁判费用和当事人费用两部分组成。其中,人民法院的裁判费用是当事人因进行民事诉讼而向法院交纳的费用,包括:当事人因提起诉讼、上诉及申请执行而在诉讼过程中向人民法院交纳的各种费用,如案件受理费、上诉费、申请执行费、公告费等;当事人费用是指当事人因进行诉讼活动而实际支出的法院裁判费用之外的其他费用,如律师费、调查取证费、差旅费等。狭义上的诉讼费用,仅指当事人在诉讼过程中应向人民法院交纳的各种费用。

民事诉讼是国家通过行使审判权解决民事纠纷的法律制度,是国家为纷争当事人提供的特别服务,其目的在于保护私权。人民法院为了解决这些私权争议,要付出一定的人力、物力和财力。过去这笔费用统一由国家财政支出,这实际上是由整个社会来为少数人进行诉讼负担开支,这显然不合理。因此,依法向当事人征收适当的诉讼费用,有利于减少国家的财政支出,减轻纳税人的财政负担。同时,由于诉讼费用制度采取的是败诉人负担原则,这也有利于促使当事人遵守法律,自觉履行自己的义务。诉讼费用制度还有利于纠纷主体理性选择纠纷解决方式,防止和减少滥用诉权的现象,促进纠纷的多元化解决,合理利用司法资源。

二、我国关于诉讼费用征收的规定

早在西周时期,我国就已经出现了有关征收诉讼费用的规定了。据《周礼·秋官·大司寇》记载,"以两造禁民讼,入束矢于朝,然后听之"。即是说,民事诉讼中的两造——原告与被告,均需缴纳束矢作为诉讼费用,否则就是"自服不直"。

新中国成立后,1982年的《民事诉讼法(试行)》:确立了诉讼费用征收制度,但"收取诉讼费用的办法另行规定",最高人民法院据此于1989年颁布实施了《人民法院诉讼收费办法》。而后,我国1991年《民事诉讼法》第118条第1款规定:"当事人进行民事诉讼,应当按照规定交纳案件受理费。财产案件除交纳案件受理费外,并按照规定交纳其他诉讼费用。"由国务院第159次常务会议通过、于2007年4月1日起开始施行的《诉讼费用交纳办法》,其第2条规定:当事人进行民事诉讼、行政诉讼,应当依照本办法交纳诉讼费用。《诉讼费用交纳办法》重新规定了诉讼费用交纳的范围,降低了诉讼费用交纳的标准,明确了诉讼费用的计算单位,对司法救助制度作了更加具体的规定,并加强了对诉讼费用的管理和监督。2015年2月4日实施的《民诉法解释》第194条至207条在此基础上作了进一步明确、具体和具有操作性的规定。

三、各国关于诉讼费用的立法例

(一)大陆法系国家关于诉讼费用的立法

在日本的立法上,诉讼费用是指为了使诉讼活动能够顺利进行而在制度上要求当事人负担的各种费用,包括"审判费用"和"当事人费用"。"审判费用"又可分为两类:一类是当事人向法院起诉或提起各种申请时依法缴纳的手续费或规费,此部分费用相当于我国的案件受理费;另一类则是法院进行送达或从事证据的审查时要求当事人承担的有关费用。而所谓当事人费用,是指当事人为法律文书的代书而支付的报酬、当事人自身或其非律师的代理出庭所需要的差旅费及住宿费等。[①] 对于一般的民事案件,诉讼费用原则上由败诉方负担。但是胜诉者为不必要的行为而产生的诉讼费用或因胜诉者的怠慢导致诉讼迟延所产生的费用,裁判者也可根据具体情况责令胜诉者承担其全部或一部分。由于未实行律师强制主义,故日本律师的报酬不包含在诉讼费用中。[②]

德国的诉讼费用包括法院费用、证据费用和律师费用。所谓法院费用,是指当事人为进行民事诉讼而向法院交纳的费用,包括司法手续费和经费两项;其

---

① 王亚新:《社会变革中的民事诉讼》,中国法制出版社2001年版,第270页。
② 参见〔日〕中村英郎:《新民事诉讼法讲义》,陈刚等译,法律出版社2001年版,第255—256页。

中,司法手续费是当事人依《法院费用法》向法院交纳的利用司法程序的费用,类似于我国人民法院收取的案件受理费。德国的诉讼费用依当事人的诉讼请求及诉讼标的额进行计算。德国的立法对证据费用的支付也作出了明确规定,不过证人的费用不由当事人直接支付,而是由法庭在收取当事人支付的证人费用之后再将该笔费用支付给证人。与日本不同的是,在德国,律师费用也属于法定诉讼费用的范畴。根据德国《民事诉讼法》的规定,由败诉方承担全部诉讼费用。如果胜诉方仅赢得诉讼请求的一部分,则诉讼费用移转的数目根据胜诉方赢得的部分占全部诉讼请求的比例来计算。

法国实行司法无偿原则,当事人起诉无须向法院交纳手续费,法官与书记官在本案中的工作费用以及邮寄送达的费用由国库负担。尽管如此,在法国仍有诉讼费用的存在,主要是案件的胜诉方当事人可要求败诉方当事人承担的各种费用的一部分,换言之,法国的诉讼费用原则上也由败诉方负担。法国民事诉讼法所规定的诉讼费用主要有:(1)诉讼文书的印花税与登记税及其他税金和手续费等。(2)由审前准备程序所引起的费用。(3)偿还律师或司法助理人员在酬劳之外支付的有一定标准的垫付款项。(4)法院助理人员与公务助理人员的酬劳。(5)律师的法定报酬及辩护税费。

(二)英美法系国家的诉讼费用

从英国《民事诉讼规则》的规定中可以看出,英国的诉讼费用包括诉讼费、法院收费、支出、开支、报酬、补偿费用,以及如在依小额索赔审理制审理的案件中,当事人由非专业诉讼代理人代理其进行诉讼行为的任何诉讼费或报酬。另外,诉讼费用还包括下列两部分:(1)由法院评定的下列费用:仲裁人或公断人所主持程序之费用、在审裁处或其他法定机构进行程序的费用、委托人应向律师支付的律师费用;(2)如法院作出评定诉讼费用命令的,一方当事人基于合同条款应向他方当事人支付的诉讼费用。

美国的诉讼费用亦由裁判费用和当事人费用所组成。根据美国《联邦民事诉讼规则》的规定,在民事诉讼中当事人应向法院交纳的裁判费用包括:(1)起诉时应支付的案件受理费。为了充分保障当事人的诉权,美国在司法方面的投入较为充足,故法院不是依案件的争议金额或诉讼标的额征收案件受理费,而是按件收取少量且固定的案件受理费。以加州为例,无论民事案件的诉讼标的额是多少,原告和被告只需分别交纳 75 美元和 50 美元作为案件受理费。[①] (2)支付给法院书记员的因庭外录取证言和制作庭审记录的费用。(3)证人出庭的费用。证人出庭作证所产生的费用由传唤该证人的当事人偿付;当法庭根据当事

---

① 〔日〕棚濑孝雄:《纠纷的解决与审判制度》,王亚新译,中国政法大学出版社 2004 年版,第 284—285 页。

人的申请或者依职权主动传唤证人时,证人出庭作证的费用可以作为审理费用的一部分,按照诉讼费用分担的原则确定由某一当事人或当事人共同负担。(4)当事人在诉讼中支付的诸如文件费、复印费等费用。(5)执行官、法庭任命的专家和翻译人员的费用。在美国,律师费一般不能纳入诉讼费用,而是由双方当事人分别负担,这就是所谓的"美国规则"。当事人和律师之间关于律师报酬可依"胜诉酬金制"达成协议,即约定律师的报酬为当事人将来胜诉可能获得的款项的一部分。不但如此,美国还对小标的额或非金钱性案件中的律师费进行了限制。

第二节 我国诉讼费用的交纳范围

根据《诉讼费用交纳办法》第二章的规定,我国当事人应当向人民法院交纳的诉讼费用具体为:

一、案件受理费

(一)需要交纳诉讼费用的案件

按照诉讼所涉及的程序不同,案件受理费包括:(1)第一审案件受理费;(2)第二审案件受理费;(3)再审案件中依照《诉讼费用交纳办法》的规定需要交纳的案件受理费。即当事人有新的证据,足以推翻原判决、裁定,向人民法院申请再审,人民法院经审查决定再审的案件;当事人对人民法院第一审判决或者裁定未提出上诉,第一审判决、裁定或者调解书发生法律效力后又申请再审,人民法院经审查决定再审的案件,当事人需要交纳案件受理费。

(二)无须交纳诉讼费用的案件

当事人无须交纳诉讼费用的案件为:(1)依照《民事诉讼法》规定的特别程序审理的案件;(2)裁定不予受理、驳回起诉、驳回上诉的案件;(3)对不予受理、驳回起诉和管辖权异议裁定不服,提起上诉的案件。

二、申请费

当事人依法向人民法院申请下列事项,应当交纳申请费:

(1)申请执行人民法院发生法律效力的判决、裁定、调解书,仲裁机构依法作出的裁决和调解书,公证机构依法赋予强制执行效力的债权文书;

(2)申请保全措施;

(3)申请支付令;

(4)申请公示催告;

(5)申请撤销仲裁裁决或者认定仲裁协议效力;

(6) 申请破产；

(7) 申请海事强制令、共同海损理算、设立海事赔偿责任限制基金、海事债权登记、船舶优先权催告；

(8) 申请承认和执行外国法院判决、裁定和国外仲裁机构裁决。

三、其他诉讼费用

其他诉讼费用主要是在民事诉讼过程中实际支出的，应当由当事人向人民法院交纳的费用，包括：

(1) 证人、鉴定人、翻译人员、理算人员在人民法院指定日期出庭发生的交通费、住宿费、生活费和误工补贴。

(2) 当事人复制案件卷宗材料和法律文书应当按实际成本向人民法院交纳工本费。

但是，诉讼过程中因鉴定、公告、勘验、翻译、评估、拍卖、变卖、仓储、保管、运输、船舶监管等发生的依法应当由当事人负担的费用，人民法院应根据谁主张、谁负担的原则，决定由当事人直接支付给有关机构或者单位，人民法院不得代收代付。

人民法院对不通晓当地民族通用的语言、文字的诉讼参与人提供翻译的，也不收取费用。

第三节 我国诉讼费用的交纳标准

一、案件受理费的交纳标准

根据《诉讼费用交纳办法》的规定，案件受理费依财产案件、非财产案件以及其他案件等分类的不同而有所区别：

(一) 非财产案件受理费

(1) 离婚案件每件交纳50元至300元。涉及财产分割，财产总额不超过20万元的，不另行交纳；超过20万元的部分，按照0.5％交纳。

(2) 侵害姓名权、名称权、肖像权、名誉权、荣誉权以及其他人格权的案件，每件交纳100元至500元。涉及损害赔偿，赔偿金额不超过5万元的，不另行交纳；超过5万元至10万元的部分，按照1％交纳；超过10万元的部分，按照0.5％交纳。

(3) 其他非财产案件每件交纳50元至100元。

(二) 财产案件受理费

财产案件根据当事人诉讼请求的金额或者价额，按照下列比例分段累计交纳：

(1) 不超过 1 万元的,每件交纳 50 元；

(2) 超过 1 万元至 10 万元的部分,按照 2.5% 交纳；

(3) 超过 10 万元至 20 万元的部分,按照 2% 交纳；

(4) 超过 20 万元至 50 万元的部分,按照 1.5% 交纳；

(5) 超过 50 万元至 100 万元的部分,按照 1% 交纳；

(6) 超过 100 万元至 200 万元的部分,按照 0.9% 交纳；

(7) 超过 200 万元至 500 万元的部分,按照 0.8% 交纳；

(8) 超过 500 万元至 1000 万元的部分,按照 0.7% 交纳；

(9) 超过 1000 万元至 2000 万元的部分,按照 0.6% 交纳；

(10) 超过 2000 万元的部分,按照 0.5% 交纳。

(三) 其他案件受理费

(1) 诉讼标的物是房屋、土地、林木、车辆、船舶、文物等特定物或者知识产权,起诉时价值难以确定的,人民法院应当向原告释明主张过高或者过低的诉讼风险,以原告主张的价值确定诉讼标的金额。

(2) 劳动争议案件每件交纳 10 元。

(3) 当事人提出案件管辖权异议,异议不成立的,每件交纳 50 元至 100 元。

(四) 特殊情形的具体规定

(1) 以调解方式结案或者当事人申请撤诉的,减半交纳案件受理费。

(2) 适用简易程序审理的案件减半交纳案件受理费。

(3) 对财产案件提起上诉的,按照不服一审判决部分的上诉请求数额交纳案件受理费。

(4) 被告提起反诉、有独立请求权的第三人提出与本案有关的诉讼请求,人民法院决定合并审理的,分别减半交纳案件受理费。

(5) 需要交纳案件受理费的再审案件,按照不服原判决部分的再审请求数额交纳案件受理费。

(6) 适用简易程序审理的案件转为普通程序的,原告自接到人民法院交纳诉讼费用通知之日起 7 日内补交案件受理费。原告无正当理由未按期足额补交的,按撤诉处理,已经收取的诉讼费用退还一半。

(7) 破产程序中有关债务人的民事诉讼案件,按照财产案件标准交纳诉讼费,但劳动争议案件除外。

(8) 既有财产性诉讼请求,又有非财产性诉讼请求的,按照财产性诉讼请求的标准交纳诉讼费。有多个财产性诉讼请求的,合并计算交纳诉讼费;诉讼请求中有多个非财产性诉讼请求的,按一件交纳诉讼费。

(9) 原告、被告、第三人分别上诉的,按照上诉请求分别预交二审案件受理费。同一方多人共同上诉的,只预交一份二审案件受理费;分别上诉的,按照上诉请求分别预交二审案件受理费。

(10) 承担连带责任的当事人败诉的,应当共同负担诉讼费用。

需要注意的是,针对某些案件中减半收取案件受理费的,只能减半一次。

二、申请费的交纳标准

(一) 强制执行申请费的交纳标准

当事人依法向人民法院申请执行人民法院发生法律效力的判决、裁定、调解书,仲裁机构依法作出的裁决和调解书,公证机关依法赋予强制执行效力的债权文书,申请承认和执行外国法院判决、裁定以及国外仲裁机构裁决的,按照下列标准交纳申请费:

(1) 没有执行金额或者价额的,每件交纳 50 元至 500 元。

(2) 执行金额或者价额不超过 1 万元的,每件交纳 50 元;超过 1 万元至 50 万元的部分,按照 1.5‰ 交纳;超过 50 万元至 500 万元的部分,按照 1‰ 交纳;超过 500 万元至 1000 万元的部分,按照 0.5‰ 交纳;超过 1000 万元的部分,按照 0.1‰ 交纳。

(3) 符合我国《民事诉讼法》第 54 条第 4 款的规定,未参加登记的权利人向人民法院提起诉讼的,按照本项规定的标准交纳申请费,不再交纳案件受理费。

(二) 保全申请费的交纳标准

当事人依法申请保全措施的,根据实际保全的财产数额按照下列标准交纳申请费:

财产数额不超过 1000 元或者不涉及财产数额的,每件交纳 30 元;超过 1000 元至 10 万元的部分,按照 1‰ 交纳;超过 10 万元的部分,按照 0.5‰ 交纳。但是,当事人申请保全措施交纳的费用最多不超过 5000 元。

(三) 支付令申请费的交纳标准

当事人依法申请支付令的,比照财产案件受理费标准的 1/3 交纳申请费。但支付令失效后转入诉讼程序的,债权人应当按照《诉讼费用交纳办法》补交案件受理费。

(四) 公示催告申请费的交纳标准

当事人依法申请公示催告的,每件交纳 100 元。

(五) 有关仲裁裁决申请费的交纳标准

当事人依法申请撤销仲裁裁决或者认定仲裁协议效力的,每件交纳 400 元。

(六) 破产案件申请费的交纳标准

破产案件依据破产财产总额计算,按照财产案件受理费标准减半交纳,但是,最高不超过 30 万元。

（七）海事案件申请费的交纳标准

在海事诉讼中，当事人的申请费按照下列标准交纳：

(1) 申请设立海事赔偿责任限制基金的，每件交纳 1000 元至 1 万元。

(2) 申请海事强制令的，每件交纳 1000 元至 5000 元。

(3) 申请船舶优先权催告的，每件交纳 1000 元至 5000 元。

(4) 申请海事债权登记的，每件交纳 1000 元。

(5) 申请共同海损理算的，每件交纳 1000 元。

三、其他费用的交纳标准

(1) 证人、鉴定人、翻译人员、理算人员在人民法院指定日期出庭发生的交通费、住宿费、生活费和误工补贴，由人民法院按照国家规定标准代为收取。

(2) 当事人复制案件卷宗材料和法律文书应当按实际成本向人民法院交纳工本费。

第四节 我国诉讼费用的交纳、负担与管理

一、诉讼费用的交纳

（一）诉讼费用的预交

案件受理费由原告、有独立请求权的第三人、上诉人预交。被告提起反诉，按规定需要交纳案件受理费的，由被告预交。追索劳动报酬的案件，当事人可以不预交案件受理费。预交案件受理费的，原告自接到人民法院交纳诉讼费用通知的次日起 7 日内交纳案件受理费；反诉案件由提起反诉的当事人自提起反诉的次日起 7 日内交纳案件受理费。上诉案件的案件受理费由上诉人向人民法院提交上诉状时预交。原告、被告、第三人分别提起上诉的，按照上诉请求分别预交。同一方多人共同上诉的，只预交一份二审案件受理费；分别上诉的，按照上诉请求分别预交二审案件受理费。上诉人在上诉期内未预交诉讼费用的，人民法院应当通知其在 7 日内预交。需要交纳案件受理费的再审案件，由申请再审的当事人预交案件受理费。双方当事人都申请再审的，分别预交。

下列案件无须预交诉讼费用：

(1) 追索劳动报酬的案件可以不预交案件受理费。

(2) 申请执行人民法院发生法律效力的判决、裁定、调解书，仲裁机关依法作出的裁决和调解书，公证机关依法赋予强制执行效力的债权文书，申请费不由申请人预交，执行申请费在执行后交纳。

(3) 申请破产的案件，破产申请费清算后交纳。

(4) 证人、鉴定人、翻译人员、理算人员在人民法院指定日期出庭发生的交通费、住宿费、生活费和误工补贴,待实际发生后由人民法院按照国家规定标准代为收取。

(5) 依照《民事诉讼法》第54条审理的案件不预交案件受理费,结案后按照诉讼标的额由败诉方交纳。

(二) 诉讼费用的补交

在诉讼过程中,当事人增加诉讼请求数额的,按照增加后的诉讼请求数额计算补交的案件受理费。

证人、鉴定人、翻译人员、理算人员在人民法院指定日期出庭发生的交通费、住宿费、生活费和误工补贴,当事人复制案件卷宗材料和法律文书按实际成本向人民法院交纳工本费等,均待实际发生后交纳。

(三) 诉讼费用的退还

退还诉讼费用的情形有:

(1) 当事人在法庭调查终结前提出减少诉讼请求数额的,按照减少后的诉讼请求数额计算退还。

(2) 人民法院审理民事案件过程中发现涉嫌刑事犯罪并将案件移送有关部门处理的,当事人交纳的案件受理费应予退还;移送后民事案件需要继续审理的,当事人已交纳的案件受理费不予退还。

(3) 第二审人民法院决定将案件发回重审的,应当退还上诉人已交纳的第二审案件受理费。

(4) 第一审人民法院裁定不予受理或者驳回起诉的,应当退还当事人已交纳的案件受理费;当事人对第一审人民法院不予受理、驳回起诉的裁定提起上诉,第二审人民法院维持第一审人民法院作出的裁定的,第一审人民法院应当退还当事人已交纳的案件受理费。

但是,中止诉讼、中止执行的案件,当事人已交纳的案件受理费、申请费不予退还。中止诉讼、中止执行的原因消除,恢复诉讼、执行的,当事人不再交纳案件受理费、申请费。依照《民事诉讼法》第151条的规定终结诉讼的案件,当事人已交纳的案件受理费不予退还。

二、诉讼费用的负担

我国对诉讼费用的负担适用的是世界各国通行的败诉方负担的原则,但胜诉方自愿承担的除外。具体规定如下:

(一) 案件受理费的负担

部分胜诉、部分败诉的,由人民法院根据案件的具体情况决定当事人各自应负担的案件受理费的数额;共同诉讼当事人败诉的,人民法院根据其对诉讼标的的利害关系,决定当事人各自负担的案件受理费的数额;第二审人民法院改变第一审人民法院作出的判决、裁定的,第二审人民法院应当在裁判文书中对原审诉讼费用的负担一并作出处理。

经人民法院调解达成协议的案件、离婚案件的案件受理费的负担由双方当事人协商解决;协商不成的,由人民法院决定。

民事案件的原告或者上诉人申请撤诉,人民法院裁定准许的,案件受理费由原告或者上诉人负担。

当事人在法庭调查终结后提出减少诉讼请求数额的,减少请求数额部分的案件受理费由变更诉讼请求的当事人负担。

(二) 申请费的负担

(1) 债务人对督促程序未提出异议的,申请费由债务人负担;债务人对督促程序提出异议致使督促程序终结的,申请费由申请人负担;申请人另行起诉的,可以将申请费列入诉讼请求。

(2) 公示催告的申请费由申请人负担。

(3) 申请执行人民法院发生法律效力的判决、裁定、调解书,仲裁机构依法作出的裁决和调解书,公证机构依法赋予强制执行效力的债权文书;撤销仲裁裁决或者认定仲裁协议效力;请求承认和执行外国法院判决、裁定和国外仲裁机构裁决的申请费由被执行人负担。

(4) 执行中当事人达成和解协议的,申请费的负担由双方当事人协商解决;协商不成的,由人民法院决定。

(5) 保全措施的申请费由申请人负担,申请人提起诉讼的,可以将该申请费列入诉讼请求。

(6) 撤销仲裁裁决或者认定仲裁协议效力的申请费,由人民法院依照诉讼费用的负担原则决定申请费的负担。

(7) 实现担保物权案件,人民法院裁定拍卖、变卖担保财产的,申请费由债务人、担保人负担;人民法院裁定驳回申请的,申请费由申请人负担。

(三) 海事案件诉讼费用的负担

海事案件中的诉讼费用依照下列规定负担:

(1) 诉前申请海事请求保全、海事强制令的,申请费由申请人负担;申请人就有关海事请求提起诉讼的,可将上述费用列入诉讼请求。

(2) 诉前申请海事证据保全的,申请费由申请人负担。

(3) 诉讼中拍卖、变卖被扣押船舶、船载货物、船用燃油、船用物料发生的合理费用,由申请人预付,从拍卖、变卖价款中先行扣除,退还申请人。

(4) 申请设立海事赔偿责任限制基金、申请债权登记与受偿、申请船舶优先权催告案件的申请费,由申请人负担。

（5）设立海事赔偿责任限制基金、船舶优先权催告程序中的公告费用由申请人负担。

（四）其他诉讼费用的负担

当事人因自身原因未能在举证期限内举证，在二审或者再审期间提出新的证据致使诉讼费用增加的，增加的诉讼费用由该当事人负担。

依照特别程序审理案件的公告费，由起诉人或者申请人负担。

依法向人民法院申请破产的，诉讼费用依照有关法律规定从破产财产中拨付。

（五）对诉讼费用负担决定的救济

当事人不得单独对人民法院关于诉讼费用的决定提起上诉。当事人单独对人民法院关于诉讼费用的决定有异议的，可以向作出决定的人民法院院长申请复核。复核决定应当自收到当事人申请之日起15日内作出。当事人对人民法院决定诉讼费用的计算有异议的，可以向作出决定的人民法院请求复核。计算确有错误的，作出决定的人民法院应当予以更正。

三、诉讼费用的管理

人民法院关于诉讼费用的交纳和收取制度应当公示。人民法院收取的案件受理费、申请费应全额上缴财政，纳入预算，实行收支两条线管理。此外，人民法院还需按照收费管理的职责分工，接受价格主管部门、财政部门的监督。

案件审结后，人民法院应当将诉讼费用的详细清单和当事人应当负担的数额书面通知当事人，同时在判决书、裁定书或者调解书中写明当事人各方应当负担的数额。人民法院据此向当事人开具缴费凭证，当事人持缴费凭证到指定代理银行交费。

需要向当事人退还诉讼费用的，人民法院应当自法律文书生效之日起15日内退还有关当事人。

第五节 司法救助

一、司法救助的概念和条件

（一）司法救助的概念

司法救助，也称诉讼救助，是指对于确有困难无力支付诉讼费用的当事人，法院准其暂缓交纳或减免诉讼费用而为诉讼行为之制度。"若当事人因贫困而其权利无法获得保护，此乃违背现代国家之法律正义思想。各国立法例，为解决此种现实社会所存在之困境，均设有诉讼救助制度，于当事人具备一定要件之情形,法院应准其暂缓交纳诉讼费用而先为一定诉讼行为,俾能伸张其权利或为防御其权利。"①对此,我国也不例外,当事人交纳诉讼费用确有困难的,可以依照《诉讼费用交纳办法》的专章规定向人民法院申请缓交、减交或者免交诉讼费用的司法救助。

(二) 司法救助的条件

在日本,依诉讼法的规定,申请司法救助需具备两个条件:一时无能力支付诉讼准备及诉讼进行所必需的费用或一旦支付将对其生活造成严重影响;有胜诉的可能。申请司法救助的既可以是原告,也可以是被告。②我国同样也对当事人申请司法救助的具体条件分别给予了规定:

1. 免交诉讼费用的条件

当事人为自然人且符合下列情形之一的,人民法院应当依其申请准予免交诉讼费用:

(1) 残疾人无固定生活来源的;

(2) 追索赡养费、扶养费、抚育费、抚恤金的;

(3) 最低生活保障对象、农村特困定期救济对象、农村五保供养对象或者领取失业保险金人员,无其他收入的;

(4) 因见义勇为或者为保护社会公共利益致使自身合法权益受到损害,本人或者其近亲属请求赔偿或者补偿的;

(5) 确实需要免交的其他情形。

2. 减交诉讼费用的条件

当事人符合下列情形之一的,人民法院应当依其申请准予减交诉讼费用,但人民法院准予减交诉讼费用的,减交比例不得低于30%:

(1) 因自然灾害等不可抗力造成生活困难,正在接受社会救济,或者家庭生产经营难以为继的;

(2) 属于国家规定的优抚、安置对象的;

(3) 社会福利机构和救助管理站;

(4) 确实需要减交的其他情形。

3. 缓交诉讼费用的条件

当事人符合下列情形之一的,人民法院应当依其准予缓交诉讼费用:

(1) 追索社会保险金、经济补偿金的;

(2) 海上事故、交通事故、医疗事故、工伤事故、产品质量事故或者其他人身伤害事故的受害人请求赔偿的;

---

① 陈荣宗、林庆苗:《民事诉讼法(中)》,台湾三民书局2005年版,第431页。
② 〔日〕中村英郎:《新民事诉讼法讲义》,陈刚等译,法律出版社2001年版,第257页。

(3) 正在接受有关部门法律援助的；

(4) 确实需要缓交的其他情形。

二、当事人申请司法救助的程序

（一）提交申请

当事人申请司法救助的，应当在起诉或者上诉时提交书面申请，并附上足以证明其确有经济困难的证明材料以及其他相关证明材料。

因生活困难或者追索基本生活费用申请免交、减交诉讼费用的当事人，还应当提供本人及其家庭经济状况符合当地民政、劳动保障等部门规定的公民经济困难标准的证明。

（二）人民法院审查决定

当事人申请缓交诉讼费用经审查符合规定的条件的，人民法院应当在决定立案之前作出准予缓交的决定。人民法院准予当事人减交、免交诉讼费用的，应当在相关法律文书中载明；对当事人的司法救助申请不予批准的，也应当向当事人书面说明理由。

（三）相关问题的处理

人民法院决定对一方当事人提供司法救助，对方当事人败诉的，诉讼费用由对方当事人负担；对方当事人胜诉的，则可以视申请司法救助的当事人的经济状况决定其减交、免交诉讼费用。

思考题

1. 简述诉讼费用的概念及分类。
2. 民事诉讼中，当事人需交纳的诉讼费用包括哪些？
3. 试述诉讼费用的负担原则及方式。
4. 当事人申请司法救助应当具备怎样的条件？

参考文献

1. 吕锡伟：《诉讼费用交纳办法释义》，中国法制出版社2007年版。
2. 廖永安等：《诉讼费用研究——以当事人诉权保护为分析视角》，中国政法大学出版社2006年版。

第四编

证据与证明

第十九章　民事诉讼证据

> **学习目的与要求**

证据制度是民事诉讼的核心制度，对当事人的诉讼活动和人民法院的审判活动都有十分重要的意义。学习本章，应理解证据的含义与特征，了解证据的分类，重点掌握我国《民事诉讼法》规定的八类证据以及证据的收集、调查、保全的相关程序规则。

第一节　民事诉讼证据概述

一、民事诉讼证据的概念和意义

民事诉讼证据，是指能够证明案件事实的依据。在民事诉讼中，案件事实是已经发生过的事实，人民法院要对当事人有争议的民事法律关系作出正确的裁判，必须建立在对该权利义务关系产生、变更和消灭的事实予以认识的基础上，而要认识这些事实，就必须借助于各种证据，因此，证据在民事诉讼中具有十分重要的作用。

首先，证据是人民法院正确认定案件事实、作出正确裁判的基础和依据。案件中的某一事实是否存在，其存在的具体状况如何，审判人员只能依据各种证据材料来认识，只有通过依法审查、判断和运用证据，才能弄清案件事实的真相，才能分清双方当事人的是非责任，除调解结案的以外，人民法院在案件审理结束后要作出裁判，正确的裁判应当建立在证据充分的基础上，没有充分的证据所作出的裁判，难以保证公正、合法。

其次，证据是当事人进行诉讼和维护其合法权益的手段。当事人进行诉讼，目的是为了维护自己的合法权益，因而在诉讼中就必然会提出各种主张或反驳对方的主张。根据法律规定，当事人提出主张或反驳对方的主张，必须提供证据加以证明，因此，任何一方当事人如果要证明自己的主张成立，就必须提供证据加以证明，唯有如此，才能达到维护其合法权益的目的。

总之，在民事诉讼中，不论是人民法院还是当事人，对于证据的运用都是一个十分重要的问题。证据是诉讼开始的基础，也是诉讼继续进行的推进器，还是引导诉讼走向终结的决定性因素。证据制度构成了民事诉讼制度中的核心。我国民事诉讼法设专章对证据问题作出了规定,最高人民法院颁布实施的《关于民事诉讼证据的若干规定》(以下简称《民事证据规定》)、《民诉法解释》等对民事诉讼法的规定作出了详细和具体的解释。

二、民事诉讼证据的特征

民事诉讼证据具有三个基本特征:

(一)客观性

证据的客观性,是指证据必须是客观存在的事实,是独立于人的主观意志之外,不以人的意志为转移的客观存在。证据本身是客观的,它是以客观事物为基础,在争议的民事法律关系发生、变更和消灭的过程中,在双方纠纷的发生过程中形成的。这些客观存在的事实可能以不同的形式表现出来,如物证、书证、证人证言等,但其内容必须是客观存在的,这一点无论是人民法院,还是当事人都是不能否认和改变的。因此,毫无根据的猜测、个人的主观想象等都不能成为证据。在民事诉讼中,应当以实事求是的态度提供、收集和运用这些客观事实,而不能用主观臆断来代替这些客观事实。证据的客观性是证据最基本的要素。

(二)关联性

证据的关联性,是指证据必须与案件中的待证事实有客观的联系,能够证明案件中的有关待证事实。待证事实就是民事诉讼中需要证明的案件事实及一切有关的事实。证据有关联性,是我国法学界和实务界普遍承认的、证据所具备的基本属性。在诉讼中,证据的关联性,突出地表现为证据与案件事实及案件中的其他有关事实之间的联系。这种联系,可以是直接、内在的联系,也可以是间接的、外在的联系,只要证据反映了一定的案件情节,能够证明案件中待证事实的一部分或者全部,该证据就具有了关联性。证据的关联性是某一客观存在的事实能够成为诉讼证据的决定性因素。

(三)合法性

证据的合法性,是指证据本身必须以法律规定的特殊形式存在,并且证据的提供、收集、调查和保全应符合法定程序。一般来说,法律规定的各种证据都可以用以证明案件情况,但在某些情况下,有些事实要成为证据,还必须具有法律规定的特殊形式,而这些特殊形式,一般是由实体法规定的。例如,物权法规定,不动产物权的变动须依法登记。因此,要想证明某不动产的权利,应当向人民法院提交该不动产登记簿。证据不仅应当具备法定的形式,而且所有证据的收集、调查、保全和运用都必须符合法律规定的程序。违反法定程序收集、调查、保全的证据,不能作为定案的根据使用。证据的合法性是法律为人们追求证据客观真实性的活动提供的基本规范,也是程序正义的必然要求。

第二节　民事诉讼证据的分类

为了便于当事人和审判人员在诉讼活动中提供、调查收集和审查核实证据，根据证据的来源、作用及特点，从不同的角度可以对证据加以分类。证据的分类是从学理层面进行的。

在诉讼法学界，有人主张把证据分为本证与反证，直接证据与间接证据；也有人主张分为独立证据与辅助证据，主要证据与次要证据；还有人主张分为一般证据与特殊证据，积极证据与消极证据，原始证据与传闻证据，事先证据、事后证据与当时证据；等等。应当说这些分类都是有一定道理的，但也有一定的缺陷。比如有的分类不能完全穷尽证据材料，有的分类标准模糊含混。从理论上对证据进行分类的目的，是为了更好地认识和运用证据。

根据诉讼实践经验和理论研究成果，民事诉讼证据在学理上可以分为以下三类。

一、本证和反证

以证明责任来划分，可把证据分为本证和反证。本证是指负有证明责任的一方当事人提出的，用以证明其主张的案件事实存在的证据。如原告就其请求的原因事实或被告就其抗辩的事实所提出的证据均系本证；反证是指不负有证明责任的当事人为推翻相对方的主张，用以证明相反事实存在的证据。值得注意的是，本证与反证的划分标准与举证人的诉讼地位无关。无论是原告还是被告，可能提出本证，也可能提出反证。

本证与反证的划分是与法律规定的举证责任紧密相连的，区分本证和反证的意义在于：法院在对系争事实进行判断时，首先应审查本证是否成立；若本证成立，则进一步比较本证和反证的证明力的大小，如本证的证明力明显大于反证的证明力，就可作出本证事实存在的判断；如反证的证明力明显大于本证的证明力，就可作出本证事实不存在的判断；如反证的证明力与本证的证明力相当，无法作出本证事实是否存在的结论时，就应依据举证责任判决本证方承担不利的诉讼后果。

二、原始证据和派生证据

以证据的来源为标准，可以把诉讼证据分为原始证据和派生证据。原始证据是指来源于原始出处的证据，即证据本身直接来源于案件的事实，也就是人们通常所说的"第一手资料"。如合同的原件、遗嘱的手稿、文件的原本、证人亲眼目睹的案件事实等，都属于原始证据。派生证据又称为传来证据，是指以原始证据为基础通过复制、转述等中介而衍生出来的证据，即通常所说的"第二手资料"。如证人根据第三人的传言而在法庭上所作的证言、物证的照片、复制品、书证的抄本、影印件等。

区分原始证据和派生证据的意义在于两者的可靠性与证明力不同。审判实践经验证明,原始证据比派生证据更具可信性。也就是说,"第一手材料"要比"第二手材料"更贴近真实。原件要比复制品或影印件更确切些。凡是人们所亲眼看到的、直接听到的有关案件事实,都比较能够准确地反映案件的真实情况;如果转述别人所说,就可能或多或少地与案件真实情况有出入,而且传转的环节越多,失真的可能性越大,可靠性越低。因此,在诉讼中,要让当事人尽量提供原始证据。在没有原始证据或原始证据不充分的情况下,派生证据也不是没有任何价值的。派生证据可以印证或补充原始证据,派生证据也可以形成证据的锁链而起到证明案件事实的作用。

三、直接证据和间接证据

以证据与证明对象的联系来划分,诉讼证据可分为直接证据和间接证据。直接证据,是指能够直接用以证明案件事实的证据。例如,结婚证可以直接证明当事人之间存在夫妻关系;借据可以直接证明双方当事人存在借贷关系;房产证可以直接证明房屋的所有权人;等等。直接证据的最大特点是能够单独、直接证明案件事实。一般说来,直接证据具有较强的证明力。

间接证据,是指不能单独或直接证明案件事实的证据,但若干个间接证据组合起来形成一个证明体系,也可以证明案件事实。由于间接证据只能间接地证明案件中的某一事实或某个片段,且必须和其他证据结合起来才能证明待证事实,因此,使用间接证据的难度更大、更复杂。要求当事人和办案人员在提供、审查核实、判断和运用间接证据时把握以下几点:(1)在运用间接证据证明案件事实时,必须有足够的数量,使诉讼中所有间接证据形成一个完整的严密的证据锁链,而且这个证明链是合乎逻辑的、无懈可击的。(2)间接证据所证明的事实与案件本身的事实之间要有关联,如果没有关联就不能成为案件的间接证据。(3)诸间接证据之间必须协调一致,都是围绕着案件中的一个主要事实加以证实;如果间接证据之间有矛盾,而且无法排除,案件事实就无法认定。(4)进行综合性的分析研究,既能从正面证实案件的事实,又能从反面排除案件的虚假成分,从而得出正确的结论。

区分直接证据和间接证据的意义在于两者的证明力不同。通常,直接证据的证明力高于间接证据。因此,在诉讼中应尽量收集和运用直接证据。同时,间接证据虽然不能直接单独证明案件事实,但是间接证据有助于发现和获取直接证据,可以印证或补充直接证据,在无法收集到直接证据的情况下,间接证据也可以形成证据链而起到证明案件事实的作用。

第三节　民事诉讼证据的种类

本节所述的证据种类,是指《民事诉讼法》第63条从证据的表现形式上规定的证据种类,包括以下八种。

一、当事人陈述

(一)当事人陈述的概念和特征

当事人陈述,是指当事人就有关案件的事实情况向人民法院所作的口头叙述和说明。此处的当事人应包括:原告、被告、共同诉讼人、第三人、诉讼代表人、法定代理人以及经特别授权的委托代理人。陈述的内容是案件的有关事实情况。

当事人陈述的明显特征是具有两重性。首先,当事人是争讼的实体法律关系的主体和直接参与者,对实体法律关系的发生、变更或消灭等情况了解最清楚、最全面,因此当事人陈述比其他证据形式更能反映案件的事实,具有可靠性。同时,当事人与案件的审理结果有直接利害关系,其陈述易受陈述者主观因素的影响。当事人可能夸大对其有利的事实,缩小或者隐瞒对其不利的事实,甚至虚假陈述。因此,对于当事人陈述,法官应充分重视其双重性,注意综合其他证据加以审查与判断。

(二)当事人陈述的分类

当事人陈述包括当事人叙述案件事实和对案件事实的承认。对案件事实的叙述,是当事人就争议的民事法律关系发生、变更或者消灭的事实所提出的各种情况的说明。当事人为了获胜,一般都要陈述对自己有利的事实,对对方陈述的不利于自己的事实,则提出不同的事实根据进行反驳。

当事人陈述的另一种形式是对案件事实的承认,即一方当事人对对方当事人主张的事实表示认可。这在证据理论上又称之为自认。《民诉法解释》第92条对此作出了规定。自认可分为诉讼上的自认和诉讼外的自认。前者是指当事人在诉讼过程中向人民法院承认对方主张的某一事实,该事实通常是不利于自己的事实。诉讼外的自认则是指发生在诉讼过程之外的自认。诉讼外的自认不具有证据法上免除举证责任的效力,但可以作为一种证据材料使用。以下所述的自认均指诉讼上的自认。

自认不同于认诺。自认的对象是事实,通常是对方主张的、对自己不利的事实;而认诺的对象则是对方的诉讼请求,是当事人依据处分原则对自己的民事权利进行处分,认诺一旦成立,将会导致法院依据该认诺作出满足对方诉讼请求的判决。

根据《民诉法解释》第 92 条的规定，诉讼上的自认，既包括在法庭审理中作出的，也包括在起诉状、答辩状、代理词等书面材料中作出的。自认具有免除对方当事人举证责任的效力，同时也具有拘束法院的效力，人民法院应当以自认的事实为裁判基础，不必进行审查，不得作出相反的认定。但根据本条的规定，对于涉及身份关系、国家利益、社会公共利益等应当由人民法院依职权调查的事实不适用自认。身份关系案件包括两大类，一类是婚姻关系案件，如离婚之诉、撤销婚姻之诉、确认婚姻成立或不成立之诉；另一类是亲子关系案件，如收养无效之诉、撤销收养之诉、终止收养关系之诉等。这类案件当事人的自认不具有法律效力。另外，如果自认的事实与查明的事实不符的，人民法院也不予确认该自认的效力。

《民诉法解释》第 92 条对自认制度的确立，是我国民事证据制度不断发展与完善的表现。确立这一制度的依据及其意义主要是：当事人自认的事实通常情况下是符合案件事实真实情况的，如果对这类事实一定要通过其他事实或证据验证，一方面没有必要，另一方面若确无其他证据验证，那么该事实将无法认定，反而更加远离客观真实。实践证明，自认规则的确立，有利于提高诉讼的效率，人民法院对一方当事人主张而另一方当事人自认的事实直接确认，也是对当事人处分权的尊重，是符合民事诉讼活动的基本规律的。

自认可以是明示的，也可以是默示的；当事人委托代理人参加诉讼的，代理人的承认视为当事人的承认，但未经当事人特别授权的直接导致承认对方诉讼请求的除外。自认应当是出于真实、自愿的，如有充分证据证明当事人的自认行为是在受胁迫或重大误解情况下作出的，则不能免除对方当事人的举证责任。

在我国民事诉讼法中，当事人陈述是一种法定的证据种类，在实践中，当事人陈述往往与自己的事实主张紧密联系在一起，是一种证明手段。为保证纠纷能够得到公正处理，当事人应当如实陈述。《民诉法解释》第 110 条规定，人民法院认为有必要的，可以要求当事人本人到庭，就案件有关事实接受询问。在询问当事人之前，可以要求其签署保证书。负有举证证明责任的当事人拒绝到庭、拒绝接受询问或者拒绝签署保证书，待证事实又欠缺其他证据证明的，人民法院对其主张的事实不予认定。

二、书证

（一）书证的概念和特征

凡是用文字、符号、图表等表达一定的思想或者行为，其内容能够证明案件真实情况的证据，称为书证。书证的特征是以它记载或表示的内容来证明案件事实。例如各种文件、文书、合同、票据、提单、商品图案、借据、委托书、房产证、法人及其他组织的函件、公民之间的来往信件等。书证自古有之。《周礼·地宫·小司徒》记载:"地讼以图正之。"注谓:"地讼争疆界,图谓邦国本图者,凡量地以制邑,初封量之时,即有地图在于官府,於后民有讼者则以本图正之。"可见,在很早的时候,古人就懂得使用书证了。

书证具有以下三个特征:(1)书证并不是一般的物品,而是用文字符号记载和表达人的思想或行为内容的物品,如信笺、图表等。它以其记录的内容来证明案件事实,这也是书证与物证的主要区别。(2)书证记载的内容明确且稳定,有较强的客观性和真实性,不论其存在的时间长短,只要该物件没有污染毁损,就能反映出它应当反映的事实。人证如证人证言、当事人陈述等容易受人的主观意识的影响,可能因时间久远而造成记忆不清或遗忘从而影响其证据的证明力。(3)书证是固定在一定物件上的思想或者行为内容,也即书证有载体。常见的载体有纸张、金属、石块、竹、木、塑料等。书证的制作方法可以是手书,可以印刷、刻制,也可以电脑排印。

(二)书证的分类

为了更好地认识和运用书证,理论上可从不同角度按不同标准对书证进行分类:

(1)按制作书证主体的不同,可分为单位制作的书证和个人制作的书证。单位制作的书证是指国家机关、法人或者其他组织依照一定程序和格式,在自己职权范围内制作的各种文书。如人民法院的调解书、判决书,公证机关制作的公证书,婚姻登记机关颁发的结婚证、离婚证等。个人制作的书证如个人信件、借据、单据、电报、传真等。

(2)按书证内容的不同,可分为处分性书证和报道性书证。处分性书证,是指书证记载的内容,是以设立一定权利义务关系为目的的书证。它能说明当事人之间发生、变更或消灭某种法律关系的事实,如委托书、遗嘱、合同等。报道性书证,是指书证记载的内容并不以产生特定的法律后果为目的,只是反映某种具有法律意义的事实,如日记、信件等。

(3)按书证的形式不同,可分为一般书证和特定书证。一般书证是指其内容记载了一定的事实,但不需要经过某种特定手续和程序的书证,如收条、借据等。特定书证是指法律规定,某一法律关系成立必须经过特定程序或履行特定手续,否则无效的书证,如公证机关公证收养关系成立的文书、涉外公证的认证书等就是特定书证。

(4)按书证的制作方式不同,可将书证分为原本、正本、副本、复印件和节录本。原本(或原件)是指文件制作人最初做成的文件;照原本全文抄录、印制并对外具有与原本同一的效力的文件,称为正本;照原本全文抄录、印刷而具有正本效力的文件,称为副本;复印件是指用复印机复制的材料;节录本是指仅摘抄原本或正本文件部分内容的文件。

对书证作上述分类,有助于掌握各种书证的不同特点并认定其法律效力,便于当事人举证,便于人民法院审查核实和判断书证。

三、物证

(一) 物证的概念和意义

物证是指以自身存在的外形、重量、规格、质量等标志来证明待证事实的一部或全部的物品或痕迹。民事诉讼中常见的物证有:所有权有争议的物品;履行合同时有争议的标的物;因侵权行为而被损害的物体和侵权所用工具;遗留在现场的痕迹等。

物证和其他证据相比,有如下特征:(1) 物证具有较强的客观性、真实性、可靠性。一切争议的案件事实都是已发生的和客观存在的。物证对案件事实的证明就是以其自身客观存在的形状、特征、规格、质量、痕迹等来证明一定事实是否发生和存在,不受人们主观因素的影响和制约。只要判明物证是真实的,不是虚假的,用其来证明案件事实,其真实性和可靠性都是较大的,因而有较强的证明力。(2) 物证具有独立的证明性。在某些案件中,物证能独立证明案件事实是否发生或存在,不需要其他证据加以印证即可作为认定事实的依据。(3) 物证具有不可代替的特定性。物证作为一种客观存在的具体物体和痕迹,具有自己的特征,而且这是特定化了的。因此,在一般情况下,它是不能用其他物品或者同类物品代替的,否则就不能保持原物的特征,故法律规定:物证必须提交原物,只有在提交原物确有困难时,才可以提交复制品、照片,但提交的复制品的一切特征必须与原物相同,照片也只能是原物的真实情况的反映。同时还需明确,这种复制品和照片,只是固定和保存原物的方法,作为物证的仍是原来的物品和痕迹,而不是复制品和照片。

物证在民事诉讼中具有十分重要的意义。首先,由于物证是以其外形特征证明案件的,它很容易为人所识别,用来证明案件事实较方便;其次,由于物证是客观存在的物品和痕迹,比较易于审查核实,有较强的可靠性,不像证人证言和当事人陈述那样,容易受主观因素和其他复杂情况的影响。故古今中外都有把物证作为最有价值的证据,有人还称之为"哑巴证人"。在某些特定诉讼中,物证可以作为直接定案的依据,如因标的物质量不符合规定而产生的购销合同纠纷,该标的物就是物证。只要查明该标的物质量是否符合要求,就可以直接认定案件事实,及时作出判断,解决当事人之间的纠纷。

(二) 书证和物证的联系和区别

物证是物体,书证的载体也是物体。二者之间的区别是:(1) 书证是记载和反映具有某种思想或者行为内容的物体,物证是以其外部特征、形状、大小、规格、质量等证明案件的物体,它并不具有思想内容;(2) 特定形式的书证,法律要求必须具备一定的法定形式和完成一定的法定手续才具有效力；而对物证来说则没有这样的特定要求；(3) 书证一般都有制作的主体，能反映制作人的思想或者主观动因，而作为物证的物体，并不具有这种特征。当然，物证与书证也有某种共性或联系。在特定情况下，根据与案件的联系和所证明的案件事实，同一物品既可以作为书证，同时又可以作为物证。如某公司的账簿，按其书写的内容来证明待证事实，它是书证；若按其外部特征来证明待证事实，则是物证。

四、视听资料

(一) 视听资料的概念及意义

视听资料，是指采用先进科学技术，利用图像、音响及电脑贮存的数据和资料来证明案件真实情况的一种证据。包括录音资料和影像资料等。这种证据是随着科学技术的发展而进入民事诉讼证据领域的。

由于视听资料是通过图像、音响等来再现案件事实，直观性较强，因此，它能较准确较全面地反映案件的真实情况，不仅可以用来检验印证其他证据的真伪，而且在某些特定情况下，只要有视听资料，就可以直接把案件中某一个事实，或者全部情况弄清楚，从而直接认定案件事实。视听资料不仅为人民法院查明案情、提高审判质量、正确处理民事纠纷提供了更为有利的证据，而且也为当事人证明自己的主张提供了更多的机会和方便。因此，不论在诉讼理论上，还是在民事诉讼活动中都有重要的价值。

(二) 视听资料的特征及分类

视听资料有以下特征：(1) 视听资料有较大的科学性、真实性、可靠性和准确性。由于视听资料是采用现代科学技术手段记录下来的有关案件的原始材料，而且通过它能够再现当事人的声音或图像。在一般情况下，它不受主观因素的影响，能较客观地反映一定法律行为和一定的法律事实。(2) 视听资料不论在来源上还是应用上，都具有广泛性。随着现代科学技术的普及和应用，录音机、录像机、电脑、传真机等已逐渐进入家庭融入人们的生活之中。人们把自己的日常活动和法律活动录音、录像，这些视听资料不仅在民事诉讼中可以应用，而且在仲裁活动和非讼案件中也得以应用。(3) 视听资料具有体积小、重量轻、信息量大等优点，易于收集、保管和使用，受到各方面的欢迎，对人民法院的审判活动及当事人和其他诉讼参与人参与诉讼活动提供了方便。(4) 视听资料是通过技术手段制作的，因而也存在利用技术手段伪造或者篡改的可能。人民法院对于视听资料的审核应当针对这一特点，结合本案的其他证据，辨别其真伪，以确定其能否作为认定案件事实的依据。

根据《民诉法解释》的规定，视听资料可分为录音资料和影像资料两大类。录音资料是指应用声、光、电和机械学等方面的科学技术，把正在进行的有关人员的对话以及自然声响等声音记录下来,通过播放再现原来的声迹,以证明案件真实情况的证据材料。录像资料是指应用光电效应和电磁转换的原理,将人或事物运动、发展、变化的客观真实情况原原本本地录制下来,再经过播放,重现原始的形象来证明案件真实情况的证据资料。视听资料的证明方法有别于传统证据的证明方法。

(三) 视听资料与书证、物证的区别

视听资料既有书证的特点又有物证的特点,但它既不同于书证又不同于物证。书证是以书面文字形式记载的思想或者行为内容来证明案件事实的,视听资料中虽然也有文字形式,可以反映人的思想内容,但并不是单纯地以文字和符号来表达思想或者行为内容,它不仅能静态地反映待证事实,而且能动态地描绘待证事实的现实情景。物证是以自己外部形态、质量、规格、特征等来证明案件事实的;视听资料虽然也能反映物的外部形状、规格、质量、特征,但却是以科技手段为载体的再现。物证与视听资料显然大有区别。因此,也不能把视听资料列入物证范畴。

五、电子数据

(一) 电子数据的概念及特征

电子数据,又称电子证据,是指通过电子邮件、电子数据交换、网上聊天记录、博客、微博客、手机短信、电子签名、域名等形式或者存储在电子介质中的信息来证明案件真实情况的一种证据。民事诉讼中常见的电子数据,有电子合同、电子提单、电子保险单、电子发票、电子邮件、QQ聊天记录、短信、微信、网页、域名等。这些电子数据不仅广泛存在于我们的日常生活中,也早已成为证明案件事实的证据在诉讼中被大量使用。

电子数据和其他证据相比,有如下特征:

(1) 电子数据具有依赖性。电子数据作为一种需要通过计算机等设备处理、生成的电子化信息,它不能直接被人所感知,而需要借助于专门的电子设备,依赖电子化的软件与硬件的"解读""还原",才能为人们所感知。

(2) 电子数据具有无形性。电子数据所记载传送的是数字化信息,这种信息与传统的纸质信息相比,其原始形态不是人们用肉眼可以识别的文字、符号或者图形,而是不可视的数字化信息,具有无形性。

(3) 电子数据具有较高的精确性。从其产生来看,电子设备的精度一般要高于人工,因此与传统证据相比,电子数据修改起来比较困难,因此安全性较高,可靠性好,不存在自然灭失或衰减的问题。

(二) 电子数据的分类

为了更好地认识和使用电子数据,有必要从不同角度、按不同标准对电子数据进行分类：

(1) 以证据的来源为标准，可分为原生电子数据和派生电子数据。原生电子数据，是指直接源于电子数据的能够准确地反映该数据内容的可感知的输出物。派生电子数据则指通过电子的再录制方法，或者通过其他能正确复制原件的相应技术而产生的复本。

(2) 以电子数据形成的方式为标准，可分为电子设备生成证据、存储证据和混成证据。电子设备生成证据，是指完全由电子设备自动生成的证据。它没有受到人的意志的干预，完全由设备内部命令自行运行。电子设备存储证据，是指由电子设备录制的人类相关信息而形成的证据，如计算机内存储的人工输入的文本、文件等形成的电子数据。电子设备混成证据，是指电子设备录制人类相关信息后，又根据内部指令而形成的证据，如财务管理软件经人工录入数据后自动形成的账目、报表等形成的电子数据。

(3) 以电子数据的载体为标准，可分为单机形式存在的电子数据、依靠计算机网络连接存在的电子数据、基于数字移动通讯技术产生的电子数据、由消费类数码产品产生的电子数据。单机形式存在的电子数据，是指电子数据产生的载体为一台计算机主机的证据，比如单一计算机主机存储的声音、文字记录、操作记录等。依靠计算机网络连接而存在的电子数据，是指电子数据的产生、传递和存储是基于计算机网络连接而存在的证据。基于数字移动通讯技术产生的电子数据，是指比如运用数字移动电话、掌上电脑等获取的能够证明案件事实的信息。由消费类数码产品产生的电子数据主要指数码摄像机、数码相机、MP3、录音笔等产品生成的数码相片、活动影像、声音文件等。

(三) 电子数据与视听资料的区别

电子数据是借用电子技术或电子设备而形成的信息来证明案件真实情况的资料，需要借助一定的设备才能为人所感知，从这个意义上来说，它与视听资料有相似之处。两者的主要区别是：

(1) 物理性质与表现手段不同。视听资料是用录音机、录像机或电子计算机等所存储的信息来证明案件真实情况的证据，对事实起证明作用的视听资料所记载的声音或形象是单纯的再现。而电子数据必须经过重新组合才能被人们所使用，即要对储存的电子信息进行必要的组合，最终以有规律的数据组合来反映案件的事实，而不是对于储存信息的简单再现。另外，电子数据在网络中的传输、转化以及储存所反映的是一个动态的连续，这是视听资料的静态储存形式所不具备的。

(2) 从法律条文的本义来看，也不能将二者等同。最初视听资料这一概念被提出来，是基于摄影、录音、录像技术的出现而产生的，是指由这些技术方式记录下来的存储在胶片、磁带等载体上的用于证明有关案件事实的信息资料。当时计算机技术虽已发展,但只是在军事、航天等尖端的领域内利用,电子数据的概念也尚未提出。随着计算机技术和网络的普及应用产生了立法上的空白点,而法律对视听资料的含义并未明确界定,才导致二者的"形似"而将其归为一类。

(四)电子数据的审查

首先,应审查电子数据的形式合法性。电子数据是以无纸化形式生成、存储的信息,它可利用多种技术,复合声音、图像、文字等多种形式,完整、准确、连续地反映案件事实。所以电子数据必须满足是以电子形式存在的并用作证据使用的材料及其派生物的形式要求。

其次,应审查电子数据的收集方法及程序的合法性。电子数据的取证主体、形式及收集程序或提取方法必须符合法律的有关规定。电子数据的合法性特别体现于其生成、传递、存储、显现等方面,它在运行各环节容易出现对言论自由权、隐私权等公民基本权利的侵犯,比如,通过窃录方式获得的电子数据,秘密侵入他人计算机系统而取得他人计算机内的资料,因侵害了他人的合法权益违反了法律的禁止性规定而排除在证据之外。因此,合法性是电子数据可采性的一个重要标准。无论是当事人还是人民法院,收集证据的方式、手段及程序不应违反法律的强制性规定,否则该证据不能作为定案的根据。

六、证人证言

(一)证人的概念

民事诉讼中的证人,是指受当事人调查和人民法院询问或传唤到庭作证的人。《民事诉讼法》第72条第1款规定:"凡是知道案件情况的单位和个人,都有义务出庭作证。有关单位的负责人应当支持证人作证。……"该条第2款规定:"不能正确表达意思的人,不能作证。"以上规定大致说明了证人的范畴:(1)证人主要指自然人,包括中国人、外国人和无国籍人。至于单位能否作为证人是一个有待争论的问题。有人认为单位可以作为证人。因为某些单位因业务了解案件事实,不是以个人身份作证,而是以单位代表身份作证。有人认为单位不可以作为证人,因为单位没有感觉器官。(2)证人必须知道案件情况。从宪法的角度说作证是每一个公民的义务,但具体到一个案件里并不是每一个公民都能作证,只有知道案情的人才能作证。(3)证人要能够正确表达意思。不能正确表达意思的人,不能作为证人。例如精神病人或未成年人。但间歇性的精神病人在间歇期间,如能辨别是非,正确表达意志,可以作为证人。对未成年人,如果他所表达的内容与其认识力大体一致,也应当允许其作为证人。某些有生理缺陷的人,如聋哑人、盲人、弱智人等,不影响其正确表达意志能力的,也可以就其感知到的事实作证。

(二) 证人的权利义务

在民事诉讼中,证人是诉讼参与人,依法享有一定的诉讼权利,也承担一定的诉讼义务。

证人享有的诉讼权利主要有:(1) 使用本民族语言文字作证的权利;(2) 要求宣读、查阅、补充、更正自己证言笔录的权利;(3) 请求费用补偿的权利,即对于因作证而产生的合理费用如误工工资、误工补贴、差旅费等,有请求给予补偿的权利;(4) 请求人民法院保障人身及财产安全的权利。鉴于目前打击报复证人的现象时有发生,一些证人因作证致使自身的人身和财产受到威胁或侵害的实际情况,立法上应加大证人保护力度,可以考虑设立专门的保护机制,具体包括设立专门机构、健全保护措施、强化证人的个人信息保密等。

证人的诉讼义务主要有:(1) 按时出庭并接受当事人的质询的义务。但证人确有困难或其他正当理由不能出庭的,经人民法院许可,可以提交书面证言或通过其他方式作证。(2) 如实作证的义务。证人无论是出庭作证还是提交书面证言都必须如实客观地陈述其所知道的案件情况。(3) 有保守国家机密的义务。值得注意的是,对于证人的上述义务,民事诉讼法鲜见明确具体的条款加以约束。(4) 签署保证书,在证人作证前,法院应告知其如实作证的义务及作伪证的法律后果,并责令其签署保证书,但是无民事行为能力人、限制民事行为能力人除外。

(三) 证人证言

证人证言是指证人就所了解的案件事实向法庭所作的陈述。这里所说的陈述包括口头陈述也包括文字陈述,但应以口头陈述为主。在口头陈述中还应当包括特殊证人的"动作陈述",例如聋哑人所用的"哑语"。

证人证言有三个特征:(1) 证人之所以提供证言,是因为他知道案件的一定情况,这是案件本身所决定的。不知道案件情况的单位和个人,则不能作为证人提供证言。(2) 证人证言只能是证人对自己耳闻目睹的案件情况进行陈述,而不是对这些事实作出的分析评价。(3) 证人证言是证人主观对客观的认识和反映,比较容易受主观因素影响,由于客观事物本身较为复杂,人们主观反映客观的情况又有所不同,加之各种主观因素,这就使证言情况甚为复杂,真假交错,因此对证人证言必须结合本案的其他证据进行认真的审查核实。

七、鉴定意见

(一) 鉴定人

鉴定人是指接受聘请或指派,凭借自己的专门知识对案件中的疑难问题进行科学研究并作出鉴定意见的人。鉴定人不是案件事实发生、进行或终结的见证人。他们感知案件往往是在案后而不是案前。在某种意义上可以说鉴定人是专家证人。

鉴定人和证人有相同之点也有不同之处。相同之处在于二者都是民事诉讼参与人；在诉讼中二者都要享有一定的诉讼权利；在某种意义上可以说鉴定人和证人在诉讼中具有相同的作用，都有助于人民法院查明案件真实。鉴定人又与证人存在诸多不同之处：

首先，法律对他们知识结构的要求不同。法律要求鉴定人必须具备某种专门知识，且能够解决案件中的专门性问题。证人则不一样，法律并未要求他们具备专门知识，只要他了解案情即使是文盲也可出庭作证。

其次，知悉案件的时间不同。证人是在案件发生的过程中，凭其眼、耳、鼻、舌、身感知案件的；而鉴定人是案件发生后，通过阅卷和访谈以及相关的技术手段才了解案件情况的。一个发生在诉讼前，一个发生在诉讼中，时间上有明显差异。

再次，主体的特定性不同。鉴定人是用专门知识对某些专门性问题进行分析判断的人，而这种能承担鉴定任务的人在不同的机关甚至在同一机关内是不乏其人的。因此，如果鉴定人鉴定不公，或与案件存在回避情由，当事人可申请更换；也就是说，鉴定人具有可替代性。证人则不同。无论证人有无工作，也无论他在何处工作，无论证人有无专门知识，也无论证人是否与本案当事人有利害关系，只要了解案件情况就可以做证人。主体的特定性决定了证人具有不可更替性。

根据鉴定人的特征和与证人的不同点，人民法院在选择鉴定人时必须充分考虑两个条件：(1)必须要有解决所鉴定问题的能力。即能够运用自己的专门知识对所鉴定的专门性问题作出科学判断，否则不能选任为鉴定人。(2)必须能够客观公正地进行鉴定。为了确保鉴定人能够作出公正的鉴定结论，对于本人是案件当事人或是当事人的近亲属的，本人或者近亲属与案件有利害关系的，本人与案件当事人有其他关系可能影响公正地进行鉴定的以及是本案的证人或代理人的，都不应指定其为鉴定人。

(二) 鉴定人的诉讼权利与义务

为了保证鉴定人能顺利地进行鉴定和认真地作出科学鉴定意见，鉴定人在鉴定活动中应依法享有一定的权利并承担一定的义务。

鉴定人的主要诉讼权利包括：有权查阅进行鉴定所需要的案件材料；有权询问当事人或证人；有权参加现场勘验；同一问题的鉴定可以互相讨论，意见一致的可共同写出鉴定意见，如不一致，各人均有权写出自己的鉴定意见；有权拒绝鉴定；对以威胁、收买、欺骗等非法手段强迫自己作违心结论的行为有权向有关部门提出控告；因鉴定受到侮辱、诽谤、诬陷、殴打或者其他方法打击报复的，有权请求法律给予保护；有权用本民族语言字作鉴定意见和有权要求给付相应的鉴定报酬等。

鉴定人的主要诉讼义务是：对接受鉴定的事项须按时写出鉴定意见，应最大限度地保证鉴定意见的科学性，并在意见上签名盖章；在收到人民法院的出庭通知书后应按时出庭，在法庭上应对鉴定事项作出如实陈述，实事求是地回答审判人员、当事人及其诉讼代理人针对鉴定意见提出的询问；经人民法院通知鉴定人拒不出庭作证的，鉴定意见不得作为认定事实的根据，并应返还鉴定费用；要遵守鉴定纪律，妥善保管提交鉴定的物品等材料；不允许徇私情、受贿或弄虚作假；对故意作假鉴定用以陷害他人的，应承担法律责任等。

（三）鉴定意见

鉴定人运用自己的专门知识，对民事案件某些专门性问题进行分析研究所得出的结论性意见，称为鉴定意见。民事诉讼中的鉴定意见，通常有医学鉴定意见、文书鉴定意见、痕迹鉴定意见、事故鉴定意见、产品质量鉴定意见、会计鉴定意见、行为能力鉴定意见等。

鉴定意见是诉讼证据之一，具有三个基本特点：(1) 独立性。它是鉴定人根据案件的事实材料，按科学技术标准，以自己的专门知识，独立对鉴定对象分析、研究、推论，最后作出判断的一种高智力活动。(2) 结论性。其他证据仅就某一个方面或某几个方面作证，通常不可能有结论性意见。结论只能由法官去作。鉴定意见则不然，它不仅要求鉴定人叙述根据案件材料所观察到的事实，而且更重要的是必须对这些事实作出结论性的鉴别和判断。在"对"与"错"、"真"与"假"、"是"与"非"问题上作出明确表态。(3) 客观性。对这种专门性问题所作出的鉴别和判断，只限于就应查明的案件事实本身，而不直接涉及对案件的有关法律问题作出评价。对法律问题的评价，应由审判人员去解决，不属于鉴定意见的范围。

鉴定意见不同于证人证言。证人证言是证人就其所知的案件事实所作的陈述，而鉴定意见则是鉴定人根据案件事实运用专门技术进行分析鉴别后所作出的意见。鉴定意见也不同于勘验笔录。勘验笔录是勘验人员对有争议的现场或物品，进行勘查检验所作的记录，并不包括勘验人员对所见情况的分析和判断。

在一些专业性很强的案件中，如对鉴定意见有疑问，可借助专家辅助人的知识对案件的专门性问题作解释和说明。专家辅助人，是指由当事人聘请，帮助当事人向审判人员说明案件事实中的专门性问题，协助当事人对案件中的专门性问题进行质证的人。《民事诉讼法》第79条规定："当事人可以申请人民法院通知有专门知识的人出庭，就鉴定人作出的鉴定意见或者专业问题提出意见。"《民诉法解释》第122条进一步规范了专家辅助人的活动和权限。经当事人在举证期限届满前申请，并经法庭准许后，专家辅助人可以出庭，代表当事人对鉴定意见进行质证，或者对案件事实所涉的专业问题提出意见，该意见视为当事人的陈述。但是专家辅助人不得参与专业问题之外的法庭审理活动，专家辅助人出庭时，法庭可以对其进行询问；经法庭许可，当事人也可以对专家辅助人进行询问，双方的专家辅助人也可以就案件中的有关问题进行对质。

八、勘验笔录

(一) 勘验笔录的概念和意义

勘验是人民法院审判人员,在诉讼过程中,为了查明一定的事实,对与案件争议有关的现场、物品或物体亲自进行或指定有关人员进行查验、拍照、测量的行为。对查验的情况与结果制成的笔录叫勘验笔录。

在民事诉讼中,常常会遇到与案件有关的物证或者现场,由于某种原因不便于或根本不可能拿到法庭,为了弄清事实真相,就要求审判人员必须到现场勘验。如房屋纠纷、宅基地纠纷、相邻关系纠纷、土地山林纠纷等。通过勘验,以便对现场情况有清楚的了解,并将勘验情况制成笔录,使与案件有关的现场和物品得以再现。

对现场或者物证进行勘验时,勘验人员必须出示人民法院的证件,并邀请当地基层组织或者当事人所在单位派员参加。当事人或者他的成年家属应当到场,拒不到场的,不影响勘验的进行。有关单位和个人根据人民法院的通知,有义务保护现场,协助勘验工作。勘验时除用文字制成笔录,还可以用拍照、录像、测量、绘图、检验和询问有关人员等方式进行。勘验中遇有科学技术问题时,可以聘请鉴定人参加勘验,必要时还可以要求鉴定人在勘验中进行鉴定。

在开庭审理时,应当庭宣读、出示勘验笔录和照片、绘制的图表,使当事人都能了解勘验的事实情况,并听取他们的意见。当事人要求重新勘验的,如要求合理确有必要的,可以重新勘验。

(二) 勘验笔录与书证的区别

勘验笔录是以其文字、图表等记载的内容来说明一定案件事实,也表达了一定的内容,从这个意义上来说,它与书证有相似之处,但不能认为它是书证。两者主要区别是:

(1) 产生的时间不同。书证一般是在案件发生前或在发案过程中制作的;而勘验笔录则是在案件发生后、在诉讼过程中,为了查明案件事实,对物证或者现场进行检验后制作的。

(2) 制作主体不同。书证一般是由当事人或有关单位及公民制作的,不具有诉讼文书的性质;而勘验笔录则是办案人员或人民法院指定进行勘验的人,执行公务依法制作的一种诉讼文书。

(3) 反映的内容不同。书证一般是用文字、符号表达其内容,本身能直接证明案件的事实情况,是制作人主观意志的外部表现;而勘验笔录的文字、图片记载的内容,是对物证或者现场的再现,其内容不能有制作人的主观意思表示,完全是一种对客观情况的如实记载。

(4) 能否重新制作不同。书证不能涂改,也不能重新制作,要保持其原意;

而勘验笔录则不同,若记载有误或不明确,可以重新勘验,并作出新的勘验笔录。

(三)制作勘验笔录应当注意的事项

勘验笔录是对物证或者现场情况的客观再现,是独立的重要证据,因此要求制作时全面客观、认真细致,千万不能粗枝大叶、简单行事。具体应注意以下几点:(1)笔录内容必须保持客观真实。勘验时的情况应如实记载,不扩大、不缩小、不走样,不能掺入勘验人员的任何主观推测和分析判断。(2)笔录文字用语必须确切肯定,不能模棱两可、含混不清,切忌使用"大概""可能""较高""较远"等不确定的词句。(3)笔录必须是勘验过程中当场制作,不能事后追忆。对某个物证或者现场进行勘验时,应分别制作每次的笔录,不能采用在原笔录上补充修改的办法。(4)必须完成法定的手续。勘验笔录制作完成后,要由勘验人、当事人和被邀请参加的人签名或者盖章。

第四节 证据的收集调查与保全

一、证据的收集、调查

(一)概念和意义

证据的收集、调查,是指诉讼主体对进行诉讼所需要的各种证据,依照法定程序收集和调查的活动及程序。在民事诉讼中,证据的收集、调查是一项最基础的工作,对于当事人来说,它与举证责任紧密相关,当事人提供证据证明自己的主张,需以获取并占有一定的证据为前提;对于人民法院来说,它是人民法院审查、核实证据的基础,并且关系到人民法院对案件的最终裁判。证据的收集、调查活动主要解决证据的来源问题,是当事人承担举证责任、质证以及人民法院审查核实证据的基础。如果由于制度上的原因,使应当收集调查的证据没能进入诉讼程序,势必会影响对当事人合法权益的保障,会影响诉讼程序公正价值目标的实现。所以,证据的收集、调查对于诉讼主体进行民事诉讼、对于人民法院作出正确的裁判意义重大,是证据制度的一个重要组成部分。

《民事诉讼法》第64条第2款以及《民诉法解释》第94条至97条明确界定了人民法院收集、调查证据的范围,规范了当事人申请人民法院收集、调查证据的方法和程序,同时也为当事人获取证据提供了必要手段。

(二)证据收集、调查的规则

根据我国民事诉讼法的规定,证明案件事实的证据原则上应由当事人提供,由此所需的收集、调查证据的活动也应由当事人进行。人民法院只是在当事人及其诉讼代理人自行收集证据有困难时,或者人民法院认为审理案件需要的证据,才能够收集。《民诉法解释》分别对这两种情形作出了具体规定。

《民诉法解释》第94条规定,当事人及其诉讼代理人因客观原因不能自行收集的下列证据,可申请人民法院收集调查:

(1) 证据由国家有关部门保存,当事人及其诉讼代理人无权查阅调取的;

(2) 涉及国家秘密、商业秘密或者个人隐私的;

(3) 当事人及其诉讼代理人因客观原因不能自行收集的其他证据。

当事人及其诉讼代理人收集上述证据有困难的,可以在举证期限届满前书面申请人民法院调查收集。但当事人申请调查收集的证据,与待证事实无关联、对证明待证事实无意义或者其他无调查收集必要的,人民法院不予准许。

《民诉法解释》第96条规定,人民法院认为审理案件需要的下列证据,可以依职权调查收集:

(1) 涉及可能有损于国家利益、社会公共利益的;

(2) 涉及身份关系的;

(3) 涉及《民事诉讼法》第55条规定的公益诉讼的;

(4) 当事人有恶意串通损害他人合法权益可能的;

(5) 涉及依职权追加当事人、中止诉讼、终结诉讼、回避等与实体争议无关的程序事项。

人民法院调查收集证据,应当由两人以上共同进行。调查材料要由调查人、被调查人、记录人签名、捺印或者盖章。

二、证据保全

(一) 证据保全的概念

证据保全,是指在证据可能灭失或以后难以取得的情况下,人民法院根据当事人的请求或依职权采取措施对证据加以固定和保护的制度。

根据《民事诉讼法》第81条的规定,证据保全的适用情形包括:一是证据可能灭失。如物证可能因腐烂或变质而丧失证明力;证人因年老、疾病,有可能死亡的。二是证据在将来难以取得。如证人马上要出国留学或到国外定居。在这种情况下,如果不及时进行证据保全,证据将可能灭失,当事人证明自己的主张将十分困难,证据保全的目的就是为了使证据的证明作用提前保存下来。

(二) 证据保全的程序和方法

(1) 证据保全一般应由当事人申请,在必要时人民法院也可以依职权采取保全措施。简言之,以当事人申请证据保全为主,人民法院依职权采取证据保全措施为辅。

(2) 提出证据保全申请的时间可以在诉讼开始前,也可以在起诉之后。根据《民事诉讼法》第81条的规定,在诉讼开始前,因情况紧急,利害关系人可以向人民法院申请证据保全;在诉讼开始后但尚未开始证据调查时,当事人可申请证据保全,必要时也可由受诉人民法院依职权采取保全措施。《民诉法解释》第98条规定,当事人申请证据保全的,可以在举证期限届满前书面提出。

(3) 受理申请并采取证据保全措施的人民法院。诉前的证据保全,利害关系人应向证据所在地、被申请人住所地或者对案件有管辖权的人民法院提出申请;诉讼中的证据保全则应向受诉法院提出申请。人民法院依法对该申请审查后,认为符合民事诉讼法规定的,应当及时采取措施对证据进行保全。

(4) 证据保全可能给他人造成损失的,人民法院应责令申请人提供相应的担保。这一规定主要是为了保证被申请人的合法权益,防止其因不当证据保全遭受损失。

人民法院进行证据保全,可以根据具体情况,采取查封、扣押、拍照、录音、录像、复制、鉴定、勘验、制作笔录等方法。例如,对证人证言的保全,用制作证人证言笔录或录音的方法。对物证的保全,可以由人民法院直接勘验并制作勘验笔录或采用绘图、拍照、摄像等其他方法。不管采取何种方法,均应客观、真实地反映证据情况。证据保全的材料,由人民法院存卷保管。

人民法院进行证据保全,可以要求当事人或者诉讼代理人到场。

思考题

1. 什么是证据?如何理解证据的特征?
2. 试述派生证据与间接证据的价值。
3. 简述书证与物证、勘验笔录、视听资料的联系和区别。
4. 如何完善我国证人作证制度?
5. 什么是自认?其法律效力如何?
6. 鉴定意见与证人证言有哪些不同?
7. 如何处理当事人取证与法院调查收集证据之间的关系?
8. 简述证据保全的条件、程序与方法。

参考文献

1. 何家弘、刘品新:《证据法学》,法律出版社2011年版。
2. 〔英〕麦克埃文:《现代证据与对抗式程序》,蔡巍译,法律出版社2006年版。
3. 〔美〕米尔建·R.达玛斯卡:《漂移的证据法》,李学军等译,中国政法大学出版社2003年版。
4. 李学灯:《证据学比较研究》,台湾五南图书出版公司1992年版。

第二十章　民事诉讼中的证明

学习目的与要求

本章主要从证明对象、证明责任、证明标准及证明过程等方面阐述诉讼证明的基本理论。学习本章,应明确证明对象的概念与范围,理解证明责任的概念及分配规则,领会民事诉讼证明标准的含义、与证明责任的关系,掌握取证、质证、认证等证明过程的相关法律规定。

第一节　证明对象

一、证明对象及其范围

证明对象,又称待证事实,是指证明主体运用证据予以证明的对审理案件有重要意义的事实。在民事诉讼中,当事人提出诉讼请求或反驳对方的诉讼请求,都应当提出相应的事实主张,这些事实主张是需要用证据来证明的。当事人在诉讼中提出的其他主张也应当加以证明。这些都是证明对象。具体地说,证明对象包括以下几个方面:

(1) 案件的主要事实。民事案件的主要事实总是同当事人的实体权利义务相关联的。证明的对象首先就在于要用证据查明当事人之间到底有无权利义务关系、权利义务的具体内容及范围如何、为什么权利义务会出现分歧、现状如何、谁真正享有权利、谁确实负有义务。按诉的种类分析,在确认之诉中,应重在证明当事人间是否存在某种权利义务;在变更之诉中,应重在证明当事人间是否存在消灭、变更某种权利义务关系的原因;在给付之诉中,应重在证明当事人权利义务关系的现状,义务人不履行义务的原因等等。

(2) 当事人主张的程序法律事实。这些事实虽不直接涉及实体问题,但在具体案件中,如不加以证明,就会影响诉讼活动的顺利进行,影响实体问题的正确解决,因而也属于证明对象。这类事实包括:有关当事人资格的事实;有关主管和管辖的事实;有关审判组织形式的事实;有关回避的事实;有关审判方式的事实;适用强制措施的事实;有关诉讼期间的事实等等。

(3) 证据事实。证据事实是否作为证明对象,理论界有不同意见。有人认为,证据是证明手段,对证据事实本身的审查核实,归根到底是为了证明案件事实,不能将证明手段和证明对象混为一谈。本书认为,认定案件事实,首先就涉及对作为定案依据的证据事实进行审查核实。我国《民事诉讼法》第63条第2款规定:"证据必须查证属实,才能作为认定事实的根据。""查证属实"的过程就是证明过程。在审判实践中,常常把证据事实作为证明对象,特别是遇到使用间接证据时,就更应把证据事实作为证明对象之一。

(4) 外国法律和地方性法规。在涉外民事诉讼中,如果当事人要求援引外国法律来解决纠纷时,该项外国法律应作为证明的对象。另外,我国地方性法规较多,审判人员不可能全部了解,如诉讼中涉及地方性法规时,有时也会成为诉讼证明对象。

明确证明对象,有助于当事人有目的地进行证明活动,也有助于人民法院进行审理活动。

二、免证的事实

以上事实是民事诉讼中应当证明的对象。但在特定的情况下,这些事实的全部或局部也可不必证明即视为成立,这些事实称之为免证事实或无须证明的事实。显然,无须证明的事实本身应属证明对象,只是因某种原因不必加以证明罢了。无须证明的事实有:

(1) 众所周知的事实。即在一定范围内众所知晓的事实。如2008年发生的汶川大地震、1998年的长江特大洪涝灾害、2003年春季爆发的非典型肺炎等。上述事实如果出现在诉讼中,可视为众所周知的事实,不必加以证明。

(2) 自然规律及定理、定律。自然规律和定理、定律是指已为科学证明并得到大家承认的规律和定理,如日出东方而没于西方、生物有机制的新陈代谢、作用与反作用等。由于其已为科学证明并经过了实践的反复验证,其客观性和真实性不至于有误,因此无须证明。

(3) 推定的事实。推定的事实是指根据法律规定或已知事实,能推定出的另一事实。《民诉法解释》将推定的事实分为根据法律规定推定的事实以及根据已知的事实和日常生活经验法则推定出的另一事实,即法律的推定和事实的推定。根据法律规定,运用严密的逻辑推理视为成立的事实为法律推定的事实。如原告未经法庭许可中途退庭的,按撤诉处理。依民众在生活中形成的经验和公认的规则,运用严密的逻辑推理视为成立的事实即为事实上的推定。如置于债务人实际控制之下的某项财产,在他方未提出反证前视该财产为债务人所有。

(4) 已为人民法院发生法律效力的裁判所确认的事实。这类事实又叫预判的事实。由于人民法院的生效裁判具有既判力,因而对当事人之间争议的实体权利义务关系及相关事实的确认应是终局的,后续法院不得就确定裁判的既判事项为相矛盾的判决,确定裁判确认的事实对后续法院具有预决的效力。例如,法院已生效的确定判决确认甲、乙双方存在收养关系,在此后甲诉乙不尽赡养义务并要求其履行赡养义务的诉讼中,甲乙之间存在收养关系的事实就不必再证明,后续法院可以在确认该事实存在的基础上作出相应的判决。

(5) 已为仲裁机构的生效裁决所确认的事实。仲裁机构依法作出的仲裁裁决,与确定的判决一样具有既判力,因而其确定的事实也具有预决的效力,其他仲裁机构或法院均不得作出与生效的仲裁裁决书确认的事实相反的判断。

(6) 已为有效的公证书证明的事实。公证机关是国家的法律机关,公证行为属国家的证明行为,公证机关依法对有关的法律行为、法律事实和文书所作的证明,具有很强的证据效力。因此,当事人提出公证文书证明其所主张的事实后,人民法院就不必对该事实进行审查,可以将它直接作为认定案件事实的根据。

(7) 自认的事实。即一方当事人对对方当事人主张的案件事实予以承认,当事人承认的事实即自认的事实。自认的对象只能是事实,不能是法律法规、经验法则、法律解释、法律问题。自认的法律后果可以免除对方当事人的举证责任,属于免证事实。

以上免证的事实,除自然规律及定理、定律外,如果对方当事人提出了足以推翻或者足以反驳这些事实的证据,则这些事实仍需由负有举证责任的当事人举证证明。

第二节 证 明 责 任

一、证明责任的概念

证明责任最初是德国民事诉讼法中的术语,后经日本传入中国。其基本含义是:在民事诉讼中,应当由当事人对其主张的事实提供证据并予以证明,若在诉讼终结时根据全案证据仍不能判明当事人主张的事实之真伪,则由该当事人承担不利的诉讼后果。证明责任又称举证责任、立证责任。我国诉讼法学理论上多采用举证责任的概念,最高人民法院的《民事证据规定》也使用了举证责任这一概念,但《民诉法解释》使用了举证证明责任这一概念。

从国外法学界对证明责任的研究来看,在证明责任理论发展的初始阶段,一般将证据提出责任理解为证明责任的本质。德国学者格尔查在1883年首次将证明责任区分为证据提出责任和证明责任;美国《联邦证据规则》第301条首次以制定法形式将证明责任区分为证据提出责任和说服责任。在此以前,两大法系无论是在理论上还是司法实践中,均因未对证明责任的两种含义加以明确区分,致使在理论和实践中出现概念混用现象,这给证明责任理论的发展造成了障碍。目前,两大法系的学者一般都认为,证据提出责任和证明责任是两个不同的概念。

所谓证据提出责任,是指在诉讼进行的各个阶段,当事人为避免败诉危险而承担的向法院提出证据的责任,又称"行为意义上的举证责任"。提出证据责任在案件审理过程中,受对方当事人提出证据和法院对事实认识程度或状况的支配。在通常情况下,提出证据责任并非是证明责任承担者一方负担的责任,这种责任在诉讼过程中可以发生转换或转移。证据提出责任以证明责任的存在为前提,在诉讼中,它相对于承担证明责任的当事人而言,表现为随证明责任存在的必须提出证据的行为责任;相对于作为相对方的防卫方而言,是提出反证的行为责任。可以说,提出证据责任是基于证明责任并以此为前提所进行的证明或反证的责任。

所谓证明责任,是指引起法律关系发生、变更或者消灭的构成要件事实处于真伪不明状态时,当事人因法院不适用以该事实存在为构成要件的法律而产生的不利于自己的法律后果的负担,又称"结果意义上的举证责任"。民事诉讼法设置证明责任的目的是为了防止法院拒绝裁判。从认识论角度出发,无论是适用辩论主义还是职权调查主义,民事诉讼中均难免出现案件事实处于真伪不明的情形。虽然法院对事实的真伪不明无法作出主观确定,但不能以此为由拒绝对案件作出裁判。所以,客观上要求法院通过一种装置将真伪不明的事实拟制成"真"或"伪"并作出裁判。证明责任就是这样一种装置。

证明责任的含义应包括以下几方面:(1)证明责任是在主要事实真伪不明时所承担的责任。主要事实,是指引起法律关系发生、变更或消灭的构成要件事实。将主要事实是否存在作为承担证明责任的理由是:民事诉讼是根据引起民事权利发生、变更或消灭的构成要件是否具备,来裁判民事权利的归属,而判断构成要件是否存在,必须以事实为依据。(2)证明责任是一方当事人承担的责任。在民事诉讼中,对主要事实真伪不明引起的后果只能由一方当事人承担,不可能由双方当事人共同承担。具体由谁承担属于证明责任的分配问题。(3)法院在民事诉讼中不承担证明责任。证明责任是指当事人在主要事实真伪不明时承担的败诉风险负担,法院只是根据法律规定裁判一方当事人承担不利后果。(4)证明责任要以一定的事实主张为基础。只有在当事人提出了事实主张后,才产生证明责任。没有事实主张,则无证明的必要,证明责任成了无本之木。若该主张的事实陷于真伪不明状态,其不利后果由负有证明责任的一方当事人承担。

二、证明责任的分配

(一) 证明责任分配的含义及学说

证明责任的分配又叫举证责任的分担,它所要解决的问题是:由哪一方当事人负责收集、提供证据,当诉讼即将终结时若案件事实仍然真伪不明,由谁承担不利的诉讼后果。大陆法系各国的法律一般都是预先规定举证责任分配的原则,以方便当事人为维护自己的合法权益而积极举证,同时也为法院在案件事实真伪不明时如何裁判提供依据。

证明责任分配的法则,早在罗马法中就已经有了明确规定。以后在历史的岁月中又形成了不同的学派。

(1) 法规分类说。此说认为,在实体法内有原则规定与例外规定的分别,以原则规定或例外规定来适用其证明责任分配的标准。一般来说,实体法中的本文为原则规定,但书为例外规定。因此,它主张:凡要求适用原则规定的当事人,仅应就原则要件事实的存在负证明责任,无须进一步证明例外规定要件事实的不存在,如果对方当事人主张例外规定要件事实的存在,就应由他负担证明责任。

(2) 待证事实分类说。此说主张,依待证事实的性质来确定证明责任的分配标准。认为凡主张积极事实、外界事实的当事人,应当负担证明责任;凡主张消极事实、内界事实的当事人,不负担证明责任。

(3) 法律要件分类说。此说主张,凡主张法律关系存在的当事人,应就该法律关系发生所需具备的要件负担证明责任;主张法律关系变更或消灭的当事人,应就法律关系变更或消灭所需具备的要件负担证明责任。

上述三种证明责任分配的传统学说,各有所长,也各有所不足,不能以为只用其中某一个学说,就可以确定证明责任分配标准。在第二次世界大战后,法律要件分类说受到了"危险领域说"和"盖然性说"等的挑战。①

(二) 我国民事诉讼中证明责任的分配

在我国,在相当长的一段时期里,证明责任及其分配的问题未受到应有的重视,这与我国民事诉讼实行高度的职权主义诉讼模式有密切的关系。根据《民事诉讼法(试行)》的规定,人民法院应当全面地、客观地收集与本案有关的证据材料,以保证正确处理民事案件,因而当事人的举证责任以及如何分配举证责任就显得没有太大必要了。随着民事审判方式的改革以及我国证据理论的发展,举证责任的分配以及与之相关的一系列证据理论日益受到重视,在1991年的《民事诉讼法》中以及随后最高人民法院的司法解释中,逐步确立并发展了举证责任

---

① 参见李浩:《民事证明责任研究》,法律出版社2003年版,第109页。

分配的原则。《民事诉讼法》第64条第1款规定:"当事人对自己提出的主张,有责任提供证据",确立了"谁主张、谁举证"这一举证责任分配的一般原则,有关的民事实体法及最高人民法院的司法解释则作出了一些例外规定。

但实践证明,"谁主张、谁举证"这一原则从理论上讲并非完全科学、合理,仅停留在行为意义上的举证责任而忽视了结果意义上的举证责任,在立法上也不够明确,实践中更难以操作。为此,《民事证据规定》在总结审判实践经验和理论研究成果的基础上,着重从证明责任分配的一般原则和证明责任倒置规则两个方面对《民事诉讼法》关于证明责任分配的原则作出了完善,《民诉法解释》则进一步细化了举证证明责任的含义、举证责任分配的一般原则。根据《民事证据规则》及《民诉法解释》的相关规定,证明责任分配的规则为:

第一,证明责任分配的一般规则。

《民事证据规定》第2条、《民诉法解释》第90条规定,当事人对自己提出的诉讼请求所依据的事实或者反驳对方诉讼请求所依据的事实负有证明责任。这一规定比"谁主张、谁举证"更明确、更合理。《民诉法解释》第91条进一步规定:"人民法院应当依照下列原则确定举证证明责任的承担,但法律另有规定的除外:(1)主张法律关系存在的当事人,应当对产生该法律关系的基本事实承担举证证明责任;(2)主张法律关系变更、消灭或者权利受到妨害的当事人,应当对该法律关系变更、消灭或者权利受到妨害的基本事实承担举证证明责任。"这一规定引入了大陆法系国家的法律要件分类说,德国、日本等国的司法实践表明,该说从实体法规定的法律要件出发,与本国实体法协调一致,也容易为法律工作者所接受和掌握,具有可操作性。

第二,证明责任倒置的规则。

证明责任的倒置是相对于证明责任分配的一般原则而言的,即按证明责任分配的一般原则本应由主张方承担的证明责任,分配给对方当事人承担。证明责任的倒置是证明责任分配的重要内容,是对一般规则的必要补充。在一些特殊侵权案件中,如果也由提出诉讼请求的一方承担证明责任,该当事人将会因无法举证而失去胜诉机会,法律的公正性将无法实现。为此,有必要将侵权行为构成要件中的部分要件倒置。

根据有关实体法和《民事证据规定》第4条的规定,下列侵权诉讼,实行特殊的举证责任分配规则:

(1)因新产品制造方法发明专利引起的专利侵权诉讼,由制造同样产品的单位或个人对其产品制造方法不同于专利方法承担举证责任。此类诉讼如由专利权人举证证明对方使用了与自己相同的产品制造方法是十分困难的,显然不利于保护专利权人的合法权益,而对于制造同样产品的单位或个人来说,由其证明该产品的制造方法不是专利方法却应当是容易的。我国《专利法》第57条第

2款规定:"专利侵权纠纷涉及新产品制造方法的发明专利的,制造同样产品的单位或个人应当提供其产品制造方法不同于专利方法的证明。"据此,专利权人只需证明其专利被侵害即可,被告要免责就必须证明自己的制造方法并非专利方法,否则应推定为专利侵权并由其承担侵权法律责任。

(2) 高度危险作业致人损害的侵权诉讼,由加害人就受害人故意造成损害的事实承担举证责任。根据《民法通则》第123条、《侵权责任法》第九章的规定,高度危险作业造成他人损害的,不论作业人是否有过错,只要损害事实发生,都要承担侵权责任,因而在诉讼中实行举证责任倒置。如果被告希望免责,应根据法律对减免责任的事由承担举证责任。

(3) 因环境污染引起的损害赔偿诉讼,由加害人就法律规定的免责事由及其行为与损害结果之间不存在因果关系承担举证责任。环境污染损害赔偿责任应适用无过错责任原则,受害人起诉无须对加害人的主观过错进行证明,加害人也不得以自己没有过错进行抗辩。因此,此类诉讼的原告只需证明被告有污染行为和自己受损害的事实,被告若要免责,则必须就不承担责任或者减轻责任的情形及其行为与损害之间不存在因果关系承担举证责任。

(4) 建筑物或者其他设施以及建筑物上的搁置物、悬挂物发生倒塌、脱落、坠落致人损害的侵权诉讼,由所有人或者管理人对其无过错承担举证责任。根据《民法通则》第126条的规定,其所有人或管理人应当承担民事责任,除非他能够证明自己没有过错。在诉讼中应由所有人或管理人承担证明自己没有过错的举证责任。

(5) 饲养动物致人损害的侵权诉讼,由动物饲养人或管理人就损害结果是由受害人或第三人的过错造成的承担举证责任。根据《民法通则》第127条、《侵权责任法》第十章的规定,此类诉讼的受害人只需证明自己受到了由加害人饲养或管理的动物伤害的事实,被告如要免责,则必须证明损害结果是由受害人或第三人的过错造成的。

(6) 因缺陷产品致人损害的侵权诉讼,由产品的生产者就法律规定的免责事由承担举证责任。根据《产品质量法》第34条的规定,缺陷产品是指产品存在危及人身、财产安全的不合理的危险,包括设计缺陷、制造缺陷和销售缺陷。此类诉讼的原告指控被告的缺陷产品对其人身权、财产权造成了损害,只需证明损害事实,如果被告要免责,则应就法律规定的免责事由承担举证责任。例如《产品质量法》第41条第2款规定:"生产者能够证明下列情形之一的,不承担赔偿责任:(一)未将产品投入流通的;(二)产品投入流通时,引起损害的缺陷尚不存在的;(三)将产品投入流通时的科学技术水平尚不能发现缺陷的存在的。"

(7) 因共同危险行为致人损害的侵权诉讼,由实施危险行为的人就其行为与损害结果之间不存在因果关系承担举证责任。共同危险行为是指两人或两人以上实施了危害他人权利的危险行为,但对所造成的损害后果不能确定具体侵权人的情形。《侵权责任法》第 10 条对此作了规定。在共同危险行为致人损害的侵权诉讼中,原告往往无法证明究竟谁是加害者,因此他只需证明自己所受的损害是具有危险性质的行为所致,被告若要免责,须对损害并非自己的行为所致承担举证责任,如不能证明,则应被推定为有共同过失,并承担连带责任。

(8) 因医疗行为引起的赔偿诉讼。医疗侵权行为是医疗机构在医治和护理等活动中因过错而损害受害人生命、健康的行为。根据《民事证据规定》,在医患纠纷诉讼中,医疗行为是否与损害结果之间存在因果关系、医疗行为有无过错,应由医疗机构承担举证责任。但《侵权责任法》第 54 条规定:"患者在诊疗过程中受到损害,医疗机构及其医务人员有过错的,由医疗机构承担赔偿责任。"据此,如患者提起侵权赔偿诉讼,原则上应由原告承担过错的举证责任。只有在特殊情况下如医务人员有违规治疗行为或者有隐匿、拒绝提供与纠纷有关的医学资料,才适用过错推定责任原则,发生举证责任倒置。[1]

除以上八种情况外,该条还规定:"有关法律对侵权诉讼的举证责任有特殊规定的,从其规定。"有关举证责任分配的规定主要是由民事实体法来完成的,因此必须关注有关实体法的规定。《侵权责任法》由全国人大常委会通过并于 2010 年 7 月 1 日实施,其对侵权民事责任的规定,关系到侵权诉讼举证责任的分配。《民事证据规则》与其不一致的,以《侵权责任法》为准。

除了上述特殊侵权纠纷,劳动争议纠纷案件也实行举证责任倒置。《民事证据规定》第 6 条规定:"在劳动争议纠纷案件中,因用人单位作出开除、除名、辞退、解除劳动合同、减少劳动报酬、计算劳动者工作年限等决定而发生劳动争议的,由用人单位负举证责任。"

根据《民事证据规定》第 7 条的规定,在法律没有具体规定,依本规定及其他司法解释无法确定举证责任承担时,人民法院可根据公平原则和诚实信用原则,综合当事人举证能力等因素确定举证责任的承担。

第三节 证 明 标 准

一、证明标准及其意义

证明标准,是指证明主体对案件事实及其他待证事实的证明所应达到的程度。证明标准是证据法中的一个基本问题,同时也是诉讼实践不能回避的问题。

---

[1] 全国人大常委会法制工作委员会民法室编:《〈中华人民共和国侵权责任法〉条文说明、立法理由及相关规定》,北京大学出版社 2010 年版,第 224 页。

在证明的过程中,各证明主体对证据的提供、收集及其运用,当事人通过运用证据证明自己的主张,人民法院审查认定证据,都会遇到证明的标准问题。

证明标准与举证责任有密切的关系,证明标准的存在以举证责任为基础,如果法律只规定证明责任而不规定证明标准,将难以确定证明的程度是否已经达到,证明是否还应继续;而证明责任因为证明标准而更加充实,更具有操作性。当确定证明标准已经达到,即可认为当事人的举证任务已完成,人民法院即可依照已被证明的事实作出裁判。

二、国外的证明标准及评述

对于西方国家的证据标准,英国大百科全书概括为:"在普通法国家中,民事案件要求占优势的盖然性,刑事案件要求盖然性超过合理怀疑。在大陆法系国家中,则要求排除合理怀疑的盖然性。"[①]这是对两大法系证明标准的大致描述。在英美法系国家,对刑事案件与民事案件的证明要求采取不同的标准,对刑事案件的证明标准,要求控诉一方必须对其指控的犯罪事实证明到排除一切合理怀疑的程度。关于"排除一切合理怀疑",我国台湾地区学者李学灯教授在《证据法比较研究》一书中指出:"所谓无合理怀疑,谓系适于良知和道义上的确信,是以排除一切合理之怀疑。如自其反面言之,本于道义或良知,对于追诉之事实不能信以为真。所谓合理,亦即其怀疑须有理由,而非纯出于想象或幻想之怀疑。"[②]也就是说,法官和陪审团应站在一个公正的立场上,对本案的证据进行全面的审查、认定,确实排除了有根据的怀疑而不是臆测、幻想和强词夺理的怀疑之后,才认为是达到了证明的标准。对于民事案件,一般来说最低的证明标准是要求"盖然性占优势的证明",也就是说,民事诉讼当事人对其所负担的举证责任,应当以其证据优势使法庭能够确信其主张的成立,对方没有证据,或是有证据但不足推翻其主张,据此,该当事人即可免除举证责任,否则就可能败诉。所谓盖然性,是一种可能性而非一种必然的性质,盖然性占优势,就是要求一方证明其主张的根据与另一方主张的根据相比占优势,此时其主张便可成立。但对于某些特殊类型的民事案件,则采取比这一证明标准更高的标准,如口头遗嘱、口头信托、以错误欺诈为理由请求更正文件等,审理这类案件要求主张的一方当事人必须以明确的及使人信服的证据来加以证明。

在大陆法系国家,其证据法对刑事、民事证据标准原则上没有区别,两者都要求达到高度的盖然率。但事实上,其刑事诉讼中的证明要求仍高于民事诉讼,至少在某些类型的民事案件中,其证明要求要低于刑事诉讼,例如在交通事故、

---

① 转引自陈一云主编:《证据学》,中国人民大学出版社1991年版,第115页。
② 李学灯:《证据学比较研究》,台湾五南图书出版公司1992年版,第393页。

产品责任、医疗纠纷、环境污染等诉讼中,为了减轻原告举证上的困难,德国最高法院规定了"表见证明"这种经验推定的证明法①,而这种方法在刑事诉讼证明中是不可以被采用的。

不论是英美法系国家还是大陆法系国家,对刑事、民事诉讼的证明标准都分别采用了不同的原则,是有区别对待的,只是区别的大小和具体做法不同而已。这种差异来自于诉讼的性质不同、目的不同和证明对象等不同,这种区别是必要的,也是有根据的。

三、我国证明标准的立法和理论

我国诉讼法学界对证明标准的研究是近二十年兴起的,而我国的三部诉讼法对此所作出的规定也是比较零散、不明确和不成熟的。有的学者认为,我国三大诉讼的证明标准是一样的,即都是指证据必须确实、充分。这一证明标准既包括对证据质的要求,也包括对证明量的要求。主要指:(1) 据以定案的证据均已查证属实;(2) 案件事实均有必要的证据加以证明;(3) 证据之间、证据与案件事实之间的矛盾得到合理排除;(4) 得出的结论是唯一的,排除了其他可能性。这四点必须同时具备,也即证据的质和量都符合要求,才能认为证据已达到确实、充分的程度。刑事诉讼、民事诉讼、行政诉讼概莫能外。② 这一主张的理论根据是:首先,从马克思主义的世界观和方法论的立场上讲,客观世界是可以认识的,人类具有认识客观世界的能力,经过努力,人的主观认识能够与客观实际相一致;其次,从诉讼的过程看,不论是刑事、民事还是行政案件的发生,必然要在客观世界留下各种痕迹,或者为他人所感知,司法机关办案的过程,就是主观认识与客观实际相一致的过程,通过证据来认识案件事实的过程。所以,查明案件事实、追求客观真实,这应当是我国三种类型的诉讼中共同的证明标准。

针对传统的证明的标准理论,有些学者提出了不同的看法,认为有必要对刑事、民事诉讼采取不同的证明标准。③ 认为在刑事诉讼中,为了证明刑法所规定的犯罪构成的实体要件,应采取严格的证明标准,仅仅证明某人可能实施了犯罪行为是不够的,要认定其有罪或者无罪,就必须进一步得出唯一的结论,要达到排除一切可能的标准。而在民事诉讼中,如果全案证据显示某一民事法律关系存在的可能性,明显地大于其不存在的可能性,尽管还没有完全排除其他可能,但在没有其他证据的情况下,法官也应当可以根据现有的证据,认定这一事实。

主张对刑事、民事诉讼采取不同的证明标准,已引起了越来越多的学者及实

---

① 李浩:《民事举证责任研究》,中国政法大学出版社1993年版,第221页。
② 陈一云主编:《证据学》,中国人民大学出版社1991年版,第117页。
③ 韩象乾:《刑、民事举证责任比较研究》,载《政法论坛》1996年第5期。

务界人士的共鸣。这种观点充分地考虑到了两种诉讼在性质上的重大区别。首先，从诉讼的性质上看，刑事诉讼要解决的是被告人的刑事责任，涉及打击犯罪，保护国家利益及人民生命、财产安全，以及被告人的人身自由甚至生命这样重大的问题，而民事诉讼要解决的则是民事主体之间的财权、人身权益的争议，置这种差别于不顾而采取同等的证明标准显然是不合适的。其次，从两种诉讼的追诉原则及举证责任看，刑事诉讼法强调国家公诉，民事诉讼则实行"私权自治"的处分原则，公诉机关是国家司法机关，不仅拥有宪法、法律赋予其的公诉权、法律监督权，而且具有与行使这些国家权力相适应的法律手段及必要的装备，要求其达到较高的证明标准是有保障的；民事诉讼主要由双方当事人承担举证责任，其证明的手段、装备以及证明主体的法律职业水平一般都会弱于公诉机关，达到与刑事诉讼同等的证明标准是很困难的，也是不合理的。我国《刑事诉讼法》明确规定，重证据、重调查研究，不轻信口供，只有被告人口供，没有其他证据的，不能认定被告人有罪和处以刑罚，而根据《民事诉讼法》和《民事证据规定》，当事人陈述中对对方主张事实的承认，即可免除对方当事人的举证责任，提出该主张者不必证明就被认定为完成了证明的任务，达到了证明标准。即使该承认与客观实际情况有出入，由于免证的原理，同时也是由于民事诉讼实行处分原则的原因，该自认是可以产生法律效力的。

　　基于上述缘由，《民事证据规定》确立了"高度盖然性"的证明标准。该规则第73条规定："双方当事人对同一事实分别举出相反的证据，但没有足够的依据否定对方证据的，人民法院应当结合案件情况，判断一方提供证据的证明力是否明显大于另一方提供证据的证明力，并对证明力较大的证据予以确认。《民诉法解释》则从反证和本证相互比较的角度出发对盖然性规则进行了界定，该解释第108条规定："对负有举证证明责任的当事人提供的证据，人民法院经审查并结合相关事实，确信待证事实的存在具有高度可能性的，应当认定该事实存在。对一方当事人为反驳负有举证证明责任的当事人所主张事实而提供的证据，人民法院经审查并结合相关事实，认为待证事实真伪不明的，应当认定该事实不存在。法律对于待证事实所应达到的证明标准另有规定的，从其规定。"根据这一规定，对待证事实负有举证责任的当事人所进行的本证，需要使法官的内心确信达到高度盖然性的程度才能视为完成证明责任；而对于反证，则只需要使本证对待证事实的证明处于真伪不明的状态，即达到了证明标准。

　　高度盖然性的证明标准具有普遍的适用性。但基于实体法的规定和案件的特殊情况，《民诉法解释》规定了严格证明标准，即高于高度盖然性的标准。《民诉法解释》第109条规定，当事人对欺诈、胁迫、恶意串通事实的证明，以及对口头遗嘱或者赠与事实的证明，人民法院确信该待证事实存在的可能性能够排除合理怀疑的，应当认定该事实存在。

第四节 证明过程

一、证据的提供

(一) 提供证据的方式和要求

证明的过程以当事人向人民法院提供证据而开始。民事诉讼的主要功能即解决当事人之间的民事权利义务争议。根据"私法自治"原则,当事人请求人民法院解决他们之间的纠纷,应当向人民法院提交相关证据。当事人向人民法院提供证据应注意以下几个方面:

(1) 当事人应当按照自己承担的证明责任的范围提供证据。

(2) 当事人收集和提供证据应符合法律规定。以侵害他人合法权益或者违反法律禁止性规定的方法取得的证据不能被采纳。

(3) 当事人向人民法院提供证据,应当提供原件和原物。提供原件和原物确有困难的,可以提供经核对无误的复印件或者复制品。

(4) 当事人应当对提交的证据材料逐一分类编号,对证据材料的来源、证明对象和内容作简要说明。人民法院收到当事人提交的证明材料,应当出具收据,并由经办人签名。

(二) 提供证据的期限

提供证据的期限,又称举证时限,是指法律规定或法院指定当事人提供证据的期限,当事人若无正当理由逾期举证,将产生一定的法律后果。该法律后果视案件的具体情况而定,或者不予采纳(即证据失权),或者虽采纳但要对逾期举证的行为进行程序上的制裁。

我国《民事诉讼法》第65条规定:"当事人对自己提出的主张应当及时提供证据。""人民法院根据当事人的主张和案件审理情况,确定当事人应当提供的证据及其期限。当事人在该期限内提供证据确有困难的,可以向人民法院申请延长期限,人民法院根据当事人的申请适当延长。当事人逾期提供证据的,人民法院应当责令其说明理由;拒不说明理由或者理由不成立的,人民法院根据不同情形可以不予采纳该证据,或者采纳该证据但予以训诫、罚款。"《民诉法解释》第99条至102条也对举证期限及逾期举证的相关问题进行了规定。对此,应把握以下几点:

(1) 为保障诉讼的顺利进行,人民法院应当在审理前的准备阶段根据当事人的主张和案件审理情况,确定当事人应提供的证据及其期限。举证期限也可以由当事人协商确定,但是要经过人民法院准许。根据《民诉法解释》第99条的规定,人民法院在确定举证期限时,应注意一审普通程序案件举证期限举证不得少于15日,当事人提供新证据的二审案件不得少于10日。当事人在该期限为应当及时提供证据。

(2) 当事人在该期限内提供证据确有困难的,应当在举证期限届满前向人民法院书面申请延长期限,人民法院对申请理由进行审查后,依法作出准许和不予准许的处理。准许延长的,要通知其他当事人,对其也适用延长的期限。

(3) 当事人逾期提供证据的,应向人民法院说明理由,必要时还要提供相应证据证明,当事人因客观原因逾期提供证据,或者对方当事人对逾期提供证据未提出异议的,视为未逾期,该证据并不失权。

(4) 当事人无正当理由逾期举证的,人民法院根据不同情形采取不予采纳该证据,或者采纳该证据但予以训诫、罚款的措施。根据《民诉法解释》规定,当事人因故意或重大过失逾期举证,人民法院不予采纳;但如果该证据对于案件基本事实的关联度大,人民法院应允许这样的证据进入诉讼。但逾期举证的当事人毕竟有过错,因而人民法院应对其进行训诫、罚款。当事人非因故意或者重大过失逾期提供的证据,人民法院应当采纳,并对当事人予以训诫。

我国《民事诉讼法》及《民诉法解释》的这一规定,克服了当事人无正当理由逾期举证一律失权的弊端,同时,视具体情况决定失权或训诫、罚款,对当事人也能够起到督促和警示作用。对逾期举证的当事人来说,不论是证据失权还是训诫、罚款,都是不利于自己的法律后果,若想避免这种不利后果的发生,当事人就应当及时举证。

二、证据交换

证据交换是当事人获取证据的重要途径。对于比较复杂的民事案件,为了保证开庭审理的顺利进行,可通过证据交换,相互了解证据信息,进一步明确争执焦点,还可促使当事人进行和解或调解。

并非任何案件都需要进行证据交换。根据《民事证据规定》,对于证据较多或者复杂疑难的案件,人民法院可根据当事人的申请,在答辩期满后、开庭审理前组织当事人交换证据,具体时间既可由当事人协商,也可由人民法院指定。但证据交换期间受举证时限的限制,即证据交换的时间应安排在举证时限内。当事人申请延期举证,经人民法院准许的,证据交换的时间可顺延。

证据交换在审判人员的主持下进行。在证据交换的过程中,当事人除了相互交换所持有的证据,还应审查对方的证据并表明是否有异议。审判人员对当事人无异议的事实、证据应当记录在卷,经审判人员在庭审中说明后,可以作为认定案件事实的依据;对有异议的证据,按照需要证明的事实分类记录在卷,并记载异议的理由,庭审中由双方进一步质证。司法实践中,证据交换之日通常是举证时限届满之日。但当事人收到对方交换的证据后提出反驳并提出新证据的,人民法院应当通知当事人在指定的时间再次进行交换。

根据《民事证据规定》,证据交换一般不超过两次。但重大、疑难和案情特别复杂的案件,人民法院认为确有必要再次进行证据交换的除外。

三、质证

(一) 质证的概念和意义

质证,是指在法庭审理过程中,双方当事人通过采用质疑、辩驳、对质、辩论以及其他方法证明证据效力的活动。质证是诉讼中一项十分重要的活动,《民事诉讼法》第68条规定:证据应当在法庭上出示,并由当事人互相质证;《民诉法解释》第103条规定:证据应当在法庭上出示,由当事人相互质证。未经当事人质证的证据,不能作为认定案件事实的依据。

质证制度不仅是民事诉讼证据中的一项重要制度,而且也是民事诉讼庭审阶段的重要环节,因而为民事诉讼程序所不可或缺。质证制度在我国民事诉讼中的作用主要有:

(1) 质证是民事冲突双方当事人实现诉权的重要手段。质证是冲突主体双方通过采用质疑、对质、辩驳等方式对各种证据材料进行审查判断,以确认或排斥证据材料的证据能力和证明力,从而影响法官自由心证的诉讼活动。冲突主体利用质证这一程序充分展示其举证、质证能力,有助于使案情朝着有利于自己的方面发展。

(2) 质证是人民法院审查证据、认定案件事实的前提。人民法院对案件事实的认定应以坚实可靠的证据为依托,而坚实可靠的证据又来源于质证程序对证据材料的遴选,《民事诉讼法》第68条明确规定:证据应当在法庭上出示,并由双方当事人互相质证。由此可见,质证是人民法院审查证据是否属实的必经程序,故而成为人民法院认定案件事实的前提。

(3) 质证是法庭辩论程序得以顺利进行的基础。法庭辩论是在法官的主持下双方当事人根据法庭调查所认定的事实和经过质证的证据来证明自己的观点,并反驳对方当事人诉讼主张的一种诉讼活动。显然,如果没有经过质证的证据,当事人在法庭辩论阶段就丧失了攻击或防御的有效手段而无法证明自己的主张或驳诘对方当事人的诉讼主张。由此可见,质证是当事人进行法庭辩论的有力武器,是法庭辩论发挥作用的基础性程序。

(二) 质证的主体

质证的主体是指在质证程序中有资格对在法庭上以出示、宣读、播放等方式展现的证据材料,提出质疑,进行对质、辩驳、辩论等行为,以影响法官对证据材料的审查判断之人。质证主体作为质证活动的实施者,构成了质证程序不可或缺的基本要素。

在质证程序中,质证主体为原告、被告及诉讼第三人;法官作为审判职权的享有者则不能成为质证的主体。这是因为,作为诉讼当事人;其与案件审理结果有着直接的利害关系,具有成为质证主体的内在动因,而且将其界定为质证主体亦有助于强化庭审功能,促进程序的公正性,以有效维护当事人的合法权益。对于法官来说,其作为审判主体与案件审理结果并无直接利害关系,因而不具备作为质证主体的内在动因;法官参与质证进程,从本质上讲是其履行审判职能的体现,属于查证行为而非质证行为;且法官作为质证主体,必然令其丧失中立地位,有损程序的公正性,故而法官不能成为质证的主体。

(三) 质证的对象

质证的对象是质证主体从事质证活动所指向的客体,它为质证主体指明了具体的质证目标,因而也是构成质证程序所必需的基本要素之一。质证的对象又叫质证的客体。

对于质证的客体,在质证程序上应予以具体而明确的规定,即凡是由当事人提供的和人民法院依职权调查收集的而尚未经过质证程序查证核实的一切证据材料,包括书证、物证、视听资料、证人证言、当事人的陈述、鉴定意见和勘验笔录等为我国《民事诉讼法》第63条所规定的全部八种证据形式,都应界定为质证的客体;但是证人不能作为质证的客体,将证人视为质证的客体是把证据材料与证据材料的载体混同起来了。

需要明确的是,除当事人提供的证据材料外,人民法院调查收集的证据也应当在法庭上出示,并由当事人相互质证。因为人民法院调查收集的证据在未经质证之前也只是一种证据材料,而不能直接成为定案的根据,只不过它比当事人提供的证据材料更有可能成为认定案件事实根据的证据罢了。在司法实践中,当事人提供的证据否定了人民法院调查收集的证据的现象并不鲜见。这从另一个侧面证明了对法院调查收集的证据进行质证的必要性。

但当事人在审理前的准备阶段认可的证据,经审判人员在庭审中说明后,视为经过质证的证据。对于涉及国家秘密、商业秘密和个人隐私或者法律规定的其他应当保密的证据,不得在开庭时公开质证。

(四) 质证的内容和顺序

质证的内容是指体现某种证据材料具有证据能力的根据。质证程序正是围绕质证的内容来展开的,因此,质证的内容就成了质证程序必不可少的构成要素。

质证程序的设置,其直接目的在于就证据的真实性、相关性和合法性提出质疑,从而最终确定证据的证据能力和证明力,这与质证内容是紧密相关的。因此,在质证程序上有必要对质证的内容加以明确规范,即质证应当围绕证据的真实性、合法性以及与待证事实的关联性进行,并针对证据有无证明力和证明力大小进行说明和辩论。

应当明确的是,证据的"真实性"在这里是指作为未经质证的证据材料本身是真实的,而非伪造的,而不论其是否客观如实地反映了案件事实;质证的相关性则是指民事证据应与证明的案件事实之间存在内在的必然联系;证据的合法性是指取得证据的主体、证据的内容、证据形式以及证据的取得方式都要符合法律规定,否则就不具有可采信。

庭审中的质证应当紧密围绕这些方面进行,人民法院作为审判主体应引导质证主体对各个争议的证据围绕这些方面进行质证,以提高质证的质量和效率。经过质证,如果证据能够反映案件真实情况、与待证事实相关联、来源和形式符合法律规定,就应当将其作为认定案件事实的根据。

关于质证的顺序,我国《民事证据规定》第 51 条作出了明确规定:(1)原告出示证据,被告、第三人与原告进行质证;(2)被告出示证据,原告、第三人与被告进行质证;(3)第三人出示证据,原告、被告与第三人进行质证。

第五节 证据的审核认定

一、审核认定证据的概念和意义

审核认定证据,是指审判人员对各种证据材料进行审查、分析研究、鉴别其真伪,找出它们与案件事实之间的客观联系,确定其真实性和证明力,从而对案件事实作出结论的活动。审核认定证据的过程,就是对各种证据材料进行"去粗取精,去伪存真,由此及彼,由表及里"的过程。通过这一过程,使审判人员对案件基本事实的认识,由感性认识上升为理性认识,进而对案情作出有根据、符合客观真实情况的结论。

审核认定证据是人民法院行使审判职权的重要活动,也是证明案件事实的决定性步骤。审核认定证据在整个诉讼过程中是在不断进行的,如前所述,对证据的审查判断和证据的收集,常常是相伴随而进行的,但就认识过程来看,审核认定证据毕竟是进入到了理性认识阶段,是认识活动的高级阶段,审判人员对案件事实的正确认识,正是在不断收集证据的基础上,在审核认定证据的过程中逐步实现的。可见,对证据的审查判断在整个诉讼过程具有十分重要意义,具体表现在以下几个方面:

第一,通过审核认定证据,有利于对各种证据材料进行鉴别真伪、去伪存真的工作,从而保障证据的客观性、关联性、合法性。不经过审核认定证据这个阶段,对证据材料不加分析地加以运用,难免会导致对案件产生错误认识,最终导致对案件事实的判断出现错误。

第二,通过审核认定证据,有利于准确、及时地查明案件的真实情况,为人民法院正确认定事实提供可靠的依据,从而对案件作出正确的裁判,以保障当事人的合法权益。

二、审核认定证据的标准和原则

我国民事诉讼法对审核认定证据的标准没有作出规定,因此在相当长的一段时间里,审判人员一直是依"客观真实"的原则来确定证明标准和人民法院审核认定证据的标准。为了保证依证据认定的案件事实与实际发生的案件事实相一致,不仅要求当事人为此而不断地收集、提出证据,同时人民法院也不得不花大量时间和精力收集调查证据,结果不仅在许多案件的审理上依然无法达到"客观真实",反而导致审判效率低下,法官也因过多地收集调查证据而在审核认定证据时难免先入为主,影响了程序的公正。

《民事证据规定》第63条规定:人民法院应当以证据能够证明的案件事实为依据作出裁判。时任最高人民法院副院长的曹建明在该规则新闻发布会上的讲话中指出,本条规定正式确立了"法律真实"的标准。"法律真实"是相对"客观真实"而言的,是指审判人员运用证据认定的事实达到了法律所要求的程度即可视为真实的标准。

"法律真实"与"客观真实"并非对立关系,而是辩证统一的。"客观真实"是司法证明活动追求的终极目标,立法以及司法活动应当努力追求"法律真实"与"客观真实"的一致性。在诉讼中,"法律真实"就是相对真理意义上的客观真实。人的认识是一个无限发展的过程,人对事物的终极认识有无限接近客观真理的可能性。但在特定的条件下,人对于发生在过去的事实的认识往往不可能绝对反映该事实的原貌。在民事诉讼中,裁判者对案件事实的认识是依照诉讼程序以及所掌握的证据来进行的,这必然要受到各种条件的限制(例如非法证据的排除规则)。因此,诉讼中所达到的真实只能是法律真实,这是符合民事诉讼以及诉讼证明的客观规律的。

确定"法律真实"的审核认定证据的标准与"高度盖然性"的证明标准是协调一致的。在民事诉讼中,由当事人提供证据证明自己的主张,当其提供的证据达到了证明标准时,证明的任务完成,其主张能够成立;反之,若未能达到证明标准,人民法院将依照举证责任作出裁判。人民法院对证据的审核认定,必须考虑证明标准这个重要因素。如果证据充分,案件事实的真伪得到了证明,那么提出诉讼请求的一方当事人不仅达到了证明标准,而且案件事实达到或接近了"客观真实",人民法院即可判该当事人胜诉;如果双方当事人均没有足够的依据否定对方的证据,但一方当事人提供证据的证明力明显大于另一方当事人提供证据的证明力的,人民法院依照高度盖然性的证明标准,可确认优势证据的证明力,在这种情况下，虽然"客观真实"并未完全实现，但由于依法已达到了"法律真实"，人民法院可判具有优势证据的一方当事人胜诉。

《民事证据规定》第64条、《民诉法解释》第105条确立了法官依法独立审查判断证据的原则，即审判人员应当依照法定程序，全面、客观地审核证据，依照法律的规定，运用逻辑推理和日常生活经验，对证据有无证明力和证明力大小独立进行判断，并公开判断的理由和结果。

三、审核认定证据的具体规则

审核认定证据的规则，又称狭义的证据规则。明确规定证据规则是程序公正的体现，有利于保证对案件事实的认定符合客观的认识规律，保证各法院对证据的审核认定按照统一的标准进行，同时也更加有利于保护当事人的合法权益。审核认定证据的规则是对法官依法独立判断证据原则的重要补充。

证据规则是人类经过长期的司法实践反复检验后总结的经验性法规。《民事证据规定》《民诉法解释》规定的证据规则主要有：非法证据排除规则、补强证据规则、最佳证据规则、推定规则等。

（一）非法证据排除规则

非法证据排除规则，是指证据虽具有客观性、关联性，但按照法律规定和诉讼程序的要求应当予以排除的规则。

非法证据的排除规则在西方国家的证据立法中早已确立，但哪些证据应予排除，却有着较大的差异。在英美法系国家，由于有陪审团审理案件的传统，为了保障缺乏足够法律知识的陪审员能够妥善地对事实问题作出裁判，证据的排除规则规定得非常具体。与案件事实没有关联的证据、非法手段取得的证据、可能损害法律保护的更大利益的证据（如特权证据）、可能破坏诉讼的某些原则及程序规范的证据（如传闻证据、品格证据等），都被认为是应予排除的。

在大陆法系国家，案件的事实审理是由法官进行的，法官有足够的经验和专业知识对证据以及证据与待证事实的关联性作出准确的判断，不易受当事人及其律师的误导。因此，法律上对应予排除的证据规定得很少，主要是指排除通过非法手段取得的证据。其他证据的取舍由法官根据"自由心证"来确定。

我国民事诉讼法没有明确规定非法证据的排除规则，但最高人民法院1995年3月6日在《关于未经对方当事人同意私自录制其谈话取得的资料不能作为证据使用的批复》中指出，未经对方同意私自录制的谈话录音资料，不具有合法性，不能作为证据使用。这是比较典型的非法证据的排除规则，这一规定体现了在发现真实与保护人权、保障程序正当性发生冲突时的价值选择。但该批复在非法证据的判断标准上过于严格，给当事人提供证据设置了难以克服的障碍，因为经对方同意而取得录音资料的可能性几乎不存在，从而造成了审判人员即使确信该录音证据真实也不得采纳，对权利人无法提供保护的局面。有鉴于此，最高人民法院《民事证据规定》第68条对这类证据的排除性规则规定了更为科学、合理的判断标准，即："以侵害他人合法权益或者违反法律禁止性规定的方法取得的证据，不能作为认定案件事实的依据"，《民诉法解释》在此基础上进一步明确了非法证据的判断标准："对以严重侵害他人合法权益、违反法律禁止性规定或者严重违背公序良俗的方法形成或者获取的证据，不得作为认定案件事实的根据。"由此可见，对于非法证据的排除范围，已被明确地限定在以严重侵害他人合法权益、违反法律禁止性规定或者严重违背公序良俗的方法形成或取得的证据。这一规定兼顾了实体公正和程序公正，兼顾了国家、社会公共利益和个人利益，既降低了当事人举证的难度，又保障了证据的合法性。

（二）补强证据规则

补强证据规则，是指某一证据不能单独作为认定案件事实的依据，只有在其他证据以佐证方式予以补充的情况下，才能作为本案的定案根据。

我国《民事诉讼法》及最高人民法院的司法解释都有补强证据规则。如《民事诉讼法》第71条规定："人民法院对视听资料，应当辨别真伪，并结合本案的其他证据，审查确定能否作为认定案件事实的根据。"《民事证据规定》第69条的规定，下列证据不能单独作为认定案件事实的依据：(1)未成年人所作的与其年龄和智力状况不相当的证言；(2)与一方当事人或者其代理人有利害关系的证人出具的证言；(3)存有疑点的视听资料；(4)无法与原件、原物核对的复印件、复制品；(5)无正当理由未出庭作证的证人证言。上述这些证据的证明力均需其他证据补充，否则不能单独作为认定案件事实的根据。

补强证据规则在英、美、法、日等国的证据法或诉讼法中均有规定，不过原则上补强证据规则多用于言词证据，适用范围比我国《民事证据规定》要小。补强证据规则是对审判实践经验的总结，所针对的证据都是证明力明显比较薄弱的证据，该规则的设置旨在通过补强增强这些证据的证明力，防止法官依据证明力有缺陷的证据认定事实并导致裁判错误。

（三）最佳证据规则

最佳证据规则是英国普通法上最古老的一项规则，其原义是指原始文字材料作为证据优先于它的复印品，以及对材料的内容回忆所作的陈述。后发展为英美法系证据法中一个著名的证据规则，其含义是：在诉讼中当事人应提供最直接的和最有说明力的证据。最佳证据规则在本质上是要解决证据的可采性问题。美国著名学者摩根教授认为，最佳证据规则在当今是关于文书的内容的证据可采性的规则。该规则要求提出文书的原本。如不能提出原本，在作出令人满意的说明之前,应拒绝其他证据。其理由是显而易见的。① 但在书证的原本因毁损、遗失、对方当事人或第三人控制、对方自认事由发生时,会使提供原本出现困难或不必要,所以复制件也可被法官采纳。

我国《民事证据规定》第 77 条确立了最佳证据规则:"人民法院就数个证据对同一事实证明力,可以依照下列原则认定:(一)国家机关、社会团体依职权制作的公文书证的证明力一般大于其他书证;(二)物证、档案、鉴定结论或勘验笔录或者经过公证、登记的书证,其证明力一般大于其他书证、视听资料和证人证言;(三)原始证据的证明力一般大于传来证据;(四)直接证据的证明力一般大于间接证据;(五)证人提供的对与其有亲属或者其他密切关系的当事人有利的证言,其证明力一般小于其他证人证言。"由此可见,我国的最佳证据规则与英美法系证据法上的最佳证据规则有所不同,有其自身的特点:第一,该规则不仅适用于书证,而且适用于其他证据;第二,我国最佳证据规则的适用以有"数个证据对同一事实的证明力"的存在为前提;第三,该条文各项中均有"一般"二字,这意味着对证明力大小的规定不是绝对的,如果受此规定不利益的当事人不服,可以允许其在证据交换阶段提出反证的反驳,或者在其他诉讼阶段依法提出"新证据"进行反驳。《民诉法解释》第 114 条也作了类似规定。

(四)推定规则

推定,是指根据法律规定或者法院按照经验法则,从已知的事实推断未知的事实的一种证据规则。推定规则是证据法上一个古老的、同时也是在不断完善的证据规则。推定规则是在长期反复的实践中依据事物之间因果关系形成的经验法规,因而从推定的结果看,它往往与案件事实的真相相符,具有盖然性优势。推定有利于降低人们认识案件事实的难度,减轻当事人的举证负担,符合公平原则。推定规则不仅与当事人的举证责任有关,而且与法院审核认定证据有密切关系。

我国《民事证据规定》第 75 条规定:"有证据证明一方当事人持有证据无正当理由拒不提供,如果对方当事人主张该证据的内容不利于证据持有人,可以推定该主张成立。"这一规定是"妨碍举证的推定",从性质上讲属法律上的推定。根据这一规定,负有证明责任的一方当事人主张事实所依据的证据,由对方当事人所持有,在法院要求其提供的情况下,持有人无正当理由拒绝提供的,可适用本条的规定,推定该持有人的行为构成"妨碍举证的行为",并进而推定一方当事人主张该证据的内容成立。但如果证据的持有人认为该推定对自己不利,该证据的持有人就可将持有的证据向法庭出示,证明推定的主张不能成立,或者用其他证据推翻这一推定。

---

① 参见〔美〕摩根:《证据法之基本问题》,我国台湾地区"教育部"1982 年版,第 385 页。

思考题

1. 什么是证明对象？如何确定证明对象的范围？
2. 如何理解证明责任？
3. 简述我国民事诉讼中证明责任的分配规则。
4. 试比较我国民事诉讼与刑事诉讼中的证明标准。
5. 什么是举证时限？举证时限有何意义？
6. 简述质证的主体、对象、内容与程序规则。
7. 简述审核认定证据的具体规则。

参考文献

1. 李浩：《民事证明责任研究》，法律出版社2003年版。
2. 〔德〕莱奥·罗森贝克：《证明责任论》（第四版），庄敬华译，中国法制出版社2002年版。
3. 〔德〕汉斯·普维庭：《现代证明责任问题》，吴越译，法律出版社2000年版。
4. 叶自强：《举证责任》，法律出版社2011年版。
5. 包冰锋：《民事诉讼证明妨碍制度研究》，厦门大学出版社2011年版。

第五编

诉讼程序论

第二十一章　第一审普通程序

> **学习目的与要求**

第一审普通程序是诉讼程序的主体程序,具有完整、规范和适用性强的特点,是诉讼程序的基础。把握第一审普通程序的理论及法律规定,是把握我国民事审判程序的重要环节,也是研究民事司法改革问题的基础和前提。因此,应系统掌握第一审普通程序从当事人起诉到法院作出裁判的各个环节,以及诉讼中可能出现的特殊问题(如撤诉等)及相关制度。

第一节　第一审普通诉讼程序概述

一、普通诉讼程序的概念

第一审普通诉讼程序,通称普通程序,是指人民法院审理和裁判第一审民事案件通常适用的程序。

普通程序是诉讼程序的一种。我国民事诉讼法规定的诉讼程序包括第一审普通程序、简易程序,第二审程序,审判监督程序。与诉讼程序相对的是非讼程序。从立法体例上讲,各国的民事诉讼法一般都是先集中规定诉讼程序,再规定非讼程序和其他程序。以日本民事诉讼法为例,在第一编总则之后,便接着规定了第一审程序、上诉、再审;然后规定公示催告程序、人事诉讼程序、家事审判法、非讼案件审判法等。① 我国民事诉讼法也是在审判程序部分先规定诉讼程序,而在诉讼程序中又首先规定第一审普通程序,并将它作为诉讼程序的基础。

二、普通程序的特点

与其他诉讼程序相比,普通程序具有以下特点:

（一）普通程序具有完整性

普通程序的完整性表现在:从体系上看,普通程序包括了当事人起诉、人民法院受理、审理前准备、开庭审理、裁判等各个法定诉讼阶段,每一个诉讼阶段按

---

① 参见白绿铉编译:《日本新民事诉讼法》,中国法制出版社 2000 年版。

顺序相互衔接，体系完整科学，反映了审判活动和诉讼活动的基本规律。从内容上看，普通程序对各个诉讼环节的具体内容均作出了具体明确的规定，并且对一些必要的诉讼制度也作出了规定，如撤诉、缺席判决、诉讼中止和诉讼终结等。它们虽不属于某一个诉讼阶段，但对于处理诉讼中可能出现的特殊问题，却是必不可少的。

（二）普通程序具有相对的独立性

普通程序的独立性体现在：适用普通程序审理民事案件，除贯彻民事诉讼法总则部分的基本原理、基本制度外，不需要适用其他任何一种诉讼程序的规定，是不依赖于简易程序、第二审程序、审判监督程序的独立的诉讼程序。人民法院无论是审理一般的诉讼案件，还是重大、复杂的诉讼案件，都可以只适用普通程序就将其审结。

（三）普通程序具有广泛的适用性

普通程序适用于各级各类人民法院审理诉讼案件。中级以上的人民法院和各专门人民法院审理第一审民事案件，必须适用普通程序；基层人民法院除审理简单民事案件适用简易程序和小额诉讼程序外，审理其他案件也必须适用普通程序。

同时，由于普通程序完整、系统，可广泛适用于人民法院审理一审民事案件、上诉案件和再审案件。我国民事诉讼中的简易程序、第二审程序、审判监督程序是专门用于处理简单民事案件、上诉案件和再审案件的诉讼程序，针对性强但不系统完整，人民法院在审理这些案件的过程中，凡是相应的程序没有规定的，就要适用普通程序的有关规定。普通程序的这一特点反映了普通程序和其他诉讼程序的关系。

第二节 起诉与受理

一、起诉

（一）起诉的概念

起诉，是指公民、法人和其他组织认为自己的民事权益受到侵犯或与他人发生争议，以自己的名义向人民法院提出诉讼，要求人民法院予以审判的诉讼行为。民事诉讼实行"不告不理"的原则，没有当事人的起诉，人民法院不能启动诉讼程序。因此，当事人的起诉不仅对于保护自己的合法权益具有重要意义，而且对于诉讼程序的发生也具有重要意义。

从起诉的性质上看，起诉是原告诉讼法上的单方行为，该行为一旦实施，第一审普通程序会发生一系列的法律后果，但将发生何种法律后果，我国民事诉讼法没有作出明确规定。我国民事诉讼法上将"起诉与受理"列为普通程序的第一节,学理上也通常以"起诉与受理的结合"作为诉讼程序开始的标志,而对于原告起诉的效力少有研究。实际上,原告一旦起诉就会引起一定的法律后果,即使法院经审查后认为不符合起诉条件而不予受理。在日本,"诉讼以原告进行起诉开始,并系属于法院"①;德国民事诉讼法也有类似规定,均承认起诉发生诉讼系属的法律后果。

实际上,原告提起诉讼之时,即诉讼系属发生之时,诉讼法律关系由此产生:原告有权提起诉讼并应遵守关于起诉条件的规定;法院有权并且有责任对原告的起诉进行审查,符合条件的予以受理,不符合条件的予以驳回。如果按照诉讼程序从法院受理时开始计算,那么在法院受理之前发生的当事人与法院诉讼上的权利义务关系将无法解释,原告起诉行为与法院的审查、决定行为为什么要受民事诉讼法的调整也将无法解释。因此,"起诉是单方行为、不是双方行为,只要原告提起诉讼,诉讼系属就发生,诉讼程序就开始,法院就负担审查起诉是否合法和决定是否受理等一系列诉讼权利和诉讼义务"②。

根据我国民事诉讼法的规定,原告的起诉行为实际上在诉讼法上也会引起一定的法律后果,这些法律后果包括:第一,根据《民诉法解释》,人民法院接到当事人提交的民事起诉状时,对符合条件的应当登记立案;对当场不能判定是否符合起诉条件的,应当接收起诉材料,并出具注明收到日期的书面凭证,及时告知当事人是否需要补充材料,在材料补齐后七日内决定是否立案。决定立案的,案件的审理将进入下一环节;人民法院决定不立案的,应作出裁定并说明理由,当事人不服可向上一级法院提出上诉。第二,对原告来说,诉讼系属的效力还意味着禁止其二重起诉,禁止原告向正在审查其起诉的法院之外的其他任何法院依同一事实、同一理由再行起诉。第三,原告起诉所引起的程序除民事诉讼法规定的情形(如不符合起诉条件法院不立案、撤诉、裁判)之外,任何人不得随意解除和终止。

由此可见,原告起诉必然地要引起一定诉讼上法律后果的产生,诉讼程序实际上已经发生。但原告的起诉要引起法院对其诉讼标的进行实体审查而不是被驳回,还必须符合民事诉讼法规定的起诉条件。

(二)起诉的条件

根据我国《民事诉讼法》第119条的规定,起诉应当具备下列条件:

(1)原告是与本案有直接利害关系的公民、法人和其他组织。

所谓"有直接利害关系",是指原告诉请人民法院保护或确认的民事权益,应

---

① 〔日〕中村英郎:《新民事诉讼法讲义》,陈刚等译,法律出版社2001年版,第145页。
② 同上书,第309页。

当是原告自己的民事权益,或者依法由自己管理、支配的民事权利。这是起诉的第一个法定条件,也是我国立法上有关起诉主体资格的要求。但是,将"原告与本案有直接利害关系"作为起诉条件,不可避免地会导致法官过早地进行实体审查与判断,而尚未开庭审理即作实体审查与判断,不仅不合理、不科学,而且会加剧"起诉难"现象。从原告的主体资格上看,立法在此显然采取的是"利害关系人说"。

(2) 有明确的被告。

根据《民诉法解释》,原告提供被告的姓名或者名称、住所等信息具体明确,足以使被告与他人相区别的,就可以认定为有明确的被告。只要原告在起诉状中写明了被告,就不应妨碍原告行使诉权。至于该被告是否必须是正当的被告,法律并未苛求。但是如果根据起诉状不足以认定明确的被告的,人民法院应告知原告补正,补正后仍不能确定的,裁定不予受理。

(3) 有具体的诉讼请求和事实、理由。

原告向人民法院提起诉讼,必须指出请求人民法院予以保护的民事权益的具体内容,同时,还必须指出这些诉讼请求赖以存在和应受到法律保护的事实根据和理由。

(4) 属于人民法院受理民事诉讼的范围和受诉人民法院管辖。

向人民法院提起诉讼的案件,应当是依法由人民法院主管的案件,并且受诉人民法院对案件有管辖权。

原告起诉时必须同时具备以上四个条件,缺一不可。

(三) 起诉的方式和内容

我国《民事诉讼法》第120条规定:"起诉应当向人民法院递交起诉状,并按照被告人数提出副本。书写起诉状确有困难的,可以口头起诉,由人民法院记入笔录,并告知对方当事人。"根据这一规定,起诉可以采取两种方式,即口头起诉或书面起诉。按普通程序审理的一审案件,内容一般比较复杂,采用书面的起诉方式,有利于原告详尽表述诉讼请求,说明起诉的事实、理由和根据。同时,也有利于人民法院对原告的起诉进行审查。只有在原告书写起诉状确有困难的情况下,才可以口头的方式向人民法院起诉,人民法院应当将当事人口诉的内容记入笔录,并告知对方当事人。

根据《民事诉讼法》第121条的规定,起诉状应当包括以下内容:

(1) 当事人的基本情况。即原告的姓名、性别、年龄、民族、职业、工作单位、住所和联系方式;原告是法人的或其他组织的,应写明法人或其他组织的名称、住所和法定代表人或者主要负责人的姓名、职务和联系方式。被告的姓名、性别、工作单位、住所等信息,是法人或其他组织的,应写明其名称、住所等信息。有诉讼代理人的,应写明代理人的基本情况和代理权限。

(2) 诉讼请求和所根据的事实与理由。诉讼请求应当明确具体,以便于受诉人民法院明确当事人的诉讼要求。所依据的事实应当客观,理由应当充分,以利于人民法院对案件的审理和裁判。

(3) 证据和证据的来源,证人姓名和住所。由于证据是证明案件事实的根据,诉讼中当事人要说服法官支持自己的诉讼主张,必须提供确实可靠的证据。我国法律规定,当事人对自己的诉讼主张有责任提供证据。为此,原告在诉状中应当写明证明自己诉讼主张的证据。同时为便于审查和查证事实,还应当提交或记明证据的来源和相关证人的姓名、住所,以便诉讼审理中对于相关事实的查证。

起诉状除要写明上述法律规定的内容外,还应写明受诉人民法院的全称和起诉的具体日期,并由原告签名或盖章。根据权利义务相一致的原则,原告有起诉权,被告有答辩权。起诉状是被告答辩的依据。因此,法律要求原告按照被告人数提供起诉状副本,由人民法院将副本分别送达被告,以便被告答辩。起诉状所记载的事项若有欠缺,受诉人民法院应通知原告,限期予以补正。

二、受理

(一) 受理的概念与程序

受理,是指受诉人民法院认为原告的起诉符合法定条件,启动诉讼程序,决定对案件立案进行审理的一种诉讼活动。

在我国民事诉讼的立法与实践中,当事人的起诉需经人民法院进行审查之后予以受理(即立案),诉讼程序才能启动。而出于种种原因,人民法院较为严格甚至苛刻的审查常常导致起诉难、立案难。主要表现在:第一,立不上案。包括属于人民法院主管范围的纠纷,难以被人民法院受理;第二,立案拖沓。对于当事人提起的诉讼,受理案件时间长,手续繁杂,等待时间长;第三,在立案阶段,需要当事人或代理人往返的次数太多。人为设置障碍,互相推诿,为难当事人。[①] 立案难现象的长期存在已成为影响当事人寻求司法救济的障碍,以至于成为社会关注的焦点问题。为此,2014 年召开的党的十八届四中全会在《决定》中明确指出,"改革法院案件受理制度,变立案审查制为立案登记制,对人民法院依法应该受理的案件,做到有案必立,有诉必理,保障当事人诉权。"2015 年 4 月,中央全面深化改革领导小组第十一次会议审议通过了《关于人民法院推行立案登记制改革的意见》(以下简称《意见》)。该《意见》为充分保障当事人诉权,切实解决人民群众反映的立案难问题,改革法院案件受理制度,变立案审查制为立案登记制。自 2015 年 5 月 1 日起施行。

---

① 薛峰:《以法治思维和法治方式落实立案登记制》,载《人民法院报》2015 年 4 月 15 日。

立案登记制的主要内容包括:

(1) 实行当场登记立案。对符合法律规定的起诉一律接收诉状,当场登记立案。对当场不能判定是否符合法律规定的,应当在法律规定的期限内决定是否立案。

(2) 实行一次性全面告知和补正。起诉材料不符合形式要件的,应当及时释明,以书面形式一次性全面告知应当补正的材料和期限。在指定期限内经补正符合法律规定条件的,人民法院应当登记立案。

(3) 对不符合法律规定的起诉,应当依法裁决不予受理或者不予立案,并载明理由。当事人不服的,可以提起上诉。禁止不收材料、不予答复、不出具法律文书。

(4) 严格执行立案标准。禁止在法律规定之外设定受理条件,全面清理和废止不符合法律规定的立案"土政策"。

为防止立案登记带来的当事人虚假诉讼、恶意诉讼、无理缠诉等滥用诉权的行为,《意见》有针对性地规定了制裁措施,并要求进一步完善配套制度。

(二) 特殊情况的处理

根据《民事诉讼法》第124条及《民诉法解释》的有关规定,人民法院针对当事人的起诉,如遇下述特殊情况的案件,应依法作出是否受理的决定,并根据不同情况分别作出相应的处理。

(1) 依照《行政诉讼法》的规定,属于行政诉讼受案范围的,不予受理,告知原告提起行政诉讼。

(2) 依照法律规定,双方当事人达成书面仲裁协议申请仲裁、不得向人民法院起诉的,告知原告向仲裁机构申请仲裁。

(3) 依照法律规定,应当由其他机关处理的争议,告知原告向有关机关申请解决。

(4) 对不属本院管辖的案件,告知原告向有管辖权的人民法院起诉。

(5) 对判决、裁定、调解书已经发生法律效力的案件,当事人又起诉的,告知原告申请再审,但人民法院准许撤诉的裁定除外。

(6) 依照法律规定,在一定期限内不得起诉的案件,在不得起诉的期限内起诉的,不予受理。

(7) 判决不准离婚和调解和好的离婚案件,判决、调解维持收养关系的案件,原告撤诉或按撤诉处理的离婚案件,没有新情况、新理由,原告6个月内又起诉的,不予受理。

(三) 受理的法律效果

受理意味着原告的起诉被人民法院接受,是原告的起诉行为与人民法院受理行为相结合的标志。人民法院受理,诉讼程序才能正式开始并继续向前推进。

没有原告的起诉,就谈不上人民法院的受理;但原告起诉后,如果人民法院认为不符合起诉条件,决定不予受理的,诉讼程序也无法继续。所以一个诉讼程序的开始,这两方面的行为缺一不可。起诉和受理相结合,开始诉讼程序之后,人民法院才有权对这一具体案件进行实体审理和裁判。受理在程序法上具有以下法律效果:

(1)受诉人民法院对该案取得了审判权,非经法定原因,不得中止对该案件的审判。此外,受诉人民法院依法受理原告的起诉后,即排除了其他人民法院对该案行使审判权的可能。

(2)确定了双方当事人的诉讼地位,各民事诉讼法律关系主体将依法进行诉讼活动。在人民法院受理原告的起诉后,争议双方与人民法院的民事诉讼法律关系得以发生,争议双方分别取得原告和被告的诉讼地位,从而各自享有法律赋予的诉讼权利,并承担相应的诉讼义务。

(3)诉讼时效中断。根据我国《民法通则》第140条的规定,诉讼时效因当事人提起诉讼而中断。人民法院受理当事人起诉的,诉讼时效重新计算。人民法院裁定不予受理的,从不予受理的裁定生效之日起,诉讼时效连续计算,但应当扣除从当事人起诉到人民法院作出不予受理的裁定生效这段时间。

第三节 审理前的准备

一、审理前准备的概念和意义

审理前的准备,是指人民法院在决定受理原告的起诉后,在开庭审理之前,为保证案件审理的顺利进行,由承办案件的审判人员所进行的必要的准备活动。

审理前的准备是普通程序中开庭审理前的一个法定的必经阶段,是民事诉讼活动顺利进行尤其是庭审顺利进行的必备前提,对于整个案件的审理和程序的进行都具有十分重要的意义:第一,充分的审理前准备能够使法官了解案件的基本情况,掌握必要的证据;第二,充分的审理前准备有利于当事人双方明确争执的焦点和各自的主张,以及相对方所拥有的证据材料,防止诉讼中的证据突袭;第三,充分的审理前准备能够保证各方当事人、证人都准时出庭,提高庭审的效率;第四,通过法官与当事人以及当事人之间的交流与互动,促进和解或调解,推动案件的繁简分流。

二、审理前准备的内容

根据我国《民事诉讼法》第125条至第133条的规定,开庭审理前应当进行的准备工作有以下几项:

（一）在法定期限内送达诉讼文书

我国《民事诉讼法》第 125 条规定："人民法院应当在立案之日起 5 日内将起诉状副本发送被告，被告在收到之日起 15 日内提出答辩状。被告提出答辩状的，人民法院应当从收到之日起 5 日内将答辩状副本发送原告。"向当事人送达受理通知书和应诉通知书，是告知双方当事人原告起诉的案件人民法院已正式立案受理，当事人应做好参加诉讼的准备。向被告发送起诉状副本和向原告发送答辩状副本，是人民法院贯彻辩论原则、保护当事人辩论权的重要方面。

（二）通知必须共同进行诉讼的当事人参加诉讼

通知必须共同参加诉讼的当事人参加诉讼，是全面保护当事人的合法权益，彻底解决当事人之间争议的需要。必须参加诉讼的当事人不论是原告还是被告，凡没有参加诉讼的，人民法院都应当通知其参加诉讼。如果人民法院通知后该当事人不愿参加诉讼的，可按下列情况处理：(1) 如被追加（通知）的是共同原告，该原告表示放弃实体权利的，可以不追加其为原告，诉讼继续进行。如该原告未表示放弃实体权利，又不参加诉讼，经传票传唤又不到庭的，可以缺席审判。(2) 如通知追加的是共同被告，人民法院通知其参加诉讼，经传票传唤拒不到庭的，可缺席判决。

（三）告知当事人有关诉讼权利和义务、合议庭组成人员

人民法院接到原告的起诉，决定受理后，应当及时告知当事人有哪些诉讼权利和诉讼义务。这是人民法院维护当事人合法权益，保障当事人正确、平等地行使诉讼权利的一项重要措施，也是当事人的一项重要权利。

《民事诉讼法》第 128 条规定：合议庭人员确定后，应当在 3 日内告知当事人，以便于当事人及时行使申请审判人员回避的权利。同时，也可以减少在开庭审理时因当事人申请回避而延期审理的现象，提高诉讼效率。

（四）审查有关的诉讼材料，调查收集必要的证据

审判人员应认真审阅原告提交的起诉状和被告提交的答辩状，核实当事人双方各自提供的事实和证据，明确双方当事人争执的焦点。

在民事诉讼中，证据的调查、收集和提供主要是当事人自己的事情，人民法院原则上不负有调查和收集证据的责任。但是，《民事诉讼法》第 64 条第 2 款规定："当事人及其诉讼代理人因客观原因不能自行收集的证据，或者人民法院认为审理案件需要的证据，人民法院应当调查收集。"人民法院调查和收集证据，是人民法院行使国家审判权的职能需要，被调查的有关单位和个人有义务协助人民法院的调查工作，如果无故推托、拒绝或者妨碍调查的，人民法院可以根据其行为的情节轻重，采取相应的强制措施，以保证调查工作的顺利进行。证据经人民法院调查未能收集到的，仍由负有举证责任的一方当事人承担举证不能的法律后果。

(五)当事人没有争议,并且符合督促程序适用条件的案件,转入督促程序

督促程序是一种适用于解决以金钱和有价证券为标的的债务纠纷的程序,这些纠纷权利义务关系明确,一般无须严格复杂的诉讼程序即可确定。督促程序只做形式审查,省略了答辩、调查、开庭、辩论、上诉等程序,具有简便、迅速的特点。如当事人起诉到法院的案件符合督促程序的适用条件,当事人没有争议,可转入督促程序。

(六)先行调解

民事诉讼法规定的调解原则适用于诉讼程序全过程。在正式开庭之前先行调解,有利于充分发挥调解在化解纠纷、促进合意、提高效率方面的优势,人民法院应当根据案件的具体情况,结合审前程序的其他准备工作,适时安排和主持调解。经调解,当事人达成调解协议的,人民法院应当制作调解书,诉讼程序即告结束。一旦当事人之间达成调解协议,尚未完成的准备工作以及开庭审理就不必继续进行。但先行调解同样应当尊重当事人的意愿,贯彻自愿合法原则,当事人拒绝调解的,应当及时开庭。

(七)交换证据、明确争议焦点

需要开庭审理的案件,应当在审前准备阶段,围绕本案当事人的诉讼请求和答辩意见,交换证据,明确争议焦点,为双方当事人在开庭审理时的证明、质证、辩论做充分准备,也为人民法院顺利审理和裁判案件奠定基础。实践证明,交换证据、明确争议焦点的过程,不仅有助于提高庭审的质量和效率,而且也为在充分展示证据和交流诉辩意见的基础上,双方当事人进一步协商与和解创造了条件。

除上述主要的准备工作外,还应当确定审理案件适用的程序。民事诉讼法对普通程序和简易程序的适用范围作了规定,同时也赋予当事人依法选择程序的权利。普通程序和简易程序的开庭审理具有不同的特点及要求,因此,在正式开庭前的准备阶段,应当根据案件情况确定适用普通程序或者简易程序。

第四节 开庭审理

开庭审理,是指人民法院在当事人及其他诉讼参与人出庭的情况下,对所受理的民事案件进行审理和裁判的活动。开庭审理是诉讼活动的重要阶段,也是第一审普通程序的必经阶段。民事诉讼法为了保证案件的审判质量,对开庭审理各阶段作了详细的规定,人民法院必须严格按照法定的程序进行。

一、庭审准备

庭审准备是开庭审理的预备阶段,其主要内容是:

(1) 决定案件是否公开审理。我国《民事诉讼法》第 134 条规定："人民法院审理民事案件，除涉及国家秘密、个人隐私或者法律另有规定的以外，应当公开进行。离婚案件，涉及商业秘密的案件，当事人申请不公开审理的，可以不公开审理。"不论是否公开审理，人民法院在开庭审理前应作出决定。

(2) 决定是否派出法庭巡回就地开庭审理。巡回审理就地办案是一项重要的便民措施，人民法院应当根据案件的实际情况，实事求是地决定是在本院审理还是下基层巡回审理。

(3) 传唤、通知当事人和其他诉讼参与人。人民法院审理民事案件，应当在开庭 3 日前将传票送达当事人，将出庭通知书送达其他诉讼参与人。

(4) 发布公告。对于公开审理的案件，人民法院应当在开庭审理前公告当事人的姓名、案由和开庭的时间、地点，以便群众旁听、新闻记者或电视台参访，接受监督。公告地点一般是法院门前的公示栏，巡回审理的案件，也可以在案发地或其他相关地点发布公告。

(5) 查明当事人和其他诉讼参与人是否到庭。开庭审理前，书记员应当查明当事人和其他诉讼参与人是否到庭。如有当事人或其他诉讼参与人未到庭，则应查明传票、通知书是否已经合法送达，以及未到庭的原因，并报告审判长，由审判长根据不同情况依法作出决定。如果当事人和其他诉讼参与人都已到庭，则由书记员宣布法庭纪律，进行遵守法庭规则的教育，以保障开庭审理的顺利进行。

二、审理开始

首先由审判长宣布开庭，然后依次核对当事人，宣布案由，宣布审判人员和书记员名单，告知当事人有关的诉讼权利和义务，询问当事人是否提出回避申请。如果当事人不提出回避申请，那么继续开庭审理。如果当事人提出回避申请，就应当宣布暂时休庭，以决定是否准予回避。审查诉讼代理人的代理资格和代理权限，律师担任代理人时，审查其代理权限。

三、法庭调查

法庭调查阶段是人民法院审理案件的重要阶段，法庭调查将案件的审理引入到实质，它为后来的法庭辩论、合议庭评议等阶段奠定基础。法庭调查的重要任务是：通过当事人提供、展示证据以查清案件事实，审查、核实各种证据。根据民事诉讼法的规定，法庭调查按下列顺序进行：

(一) 当事人陈述

当事人陈述的顺序是：(1) 由原告口头陈述事实或者宣读起诉状，讲明具体诉讼请求和理由。(2) 由被告口头陈述事实或者宣读答辩状，对原告诉讼请求提出异议或者反诉的,讲明具体请求和理由。(3)有独立请求权的第三人陈述诉讼请求和理由,无独立请求权的第三人针对原、被告的陈述提出承认或者否认的答辩意见。(4)原告或者被告对第三人的陈述进行答辩。

当事人陈述时,审判人员可以发问,查清当事人之间争议的焦点,弄清当事人各自所持的理由。当事人陈述结束后,审判长应归纳本案争议的焦点或者法庭调查的重点,并征求当事人的意见。

(二)告知证人的权利义务,证人作证,宣读未到庭的证人证言

证人作证以前,审判长应告知证人如实作证的义务以及作伪证的法律后果,并责令具有完全民事行为能力的证人签署保证书,以便证人正确行使诉讼权利,自觉履行诉讼义务。告知证人权利义务,签署保证书后,由证人当庭作证。如有数个证人,应分别作证。如果数个证人提供的证言不一致,可以由他们质证。当事人及其诉讼代理人经审判长许可,可以向证人发问,当事人可以互相发问。

证人出庭有困难而依《民事证据规定》提交书面证言的,由审判人员当庭宣读其证言,并允许当事人质证。未在法庭上宣读的证人证言,不能作为认定案件事实的根据。

(三)出示书证、物证、视听资料和电子数据

书证、物证、视听资料和电子数据可以是当事人提供的,也可以是审判人员依法收集的。证据一般先由原告出示,被告进行质证。然后由被告出示证据,原告进行质证。原、被告对第三人出示证据进行质证,第三人对原告或者被告出示证据进行质证。审判人员出示人民法院调查收集的证据,原告、被告和第三人进行质证。

案件有两个以上独立存在的事实或者诉讼请求的,可以要求当事人逐项陈述事实和理由,逐个出示证据并分别进行调查和质证。

(四)宣读鉴定意见

鉴定意见可以由鉴定人宣读,也可以由审判人员宣读,当事人及其代理人有意见的,经法庭许可,可以向鉴定人提问并进行质证。

(五)宣读勘验笔录

勘验笔录是审判人员对案件现场物品等勘验时所作的笔录。审判人员要将勘验笔录当庭宣读,拍摄的照片或绘制的图纸,应当场展示,询问当事人是否有异议,当事人有权对勘验笔录进行质证。

法庭决定再次开庭的,审判长或者独任审判员对本次开庭情况应当进行小结,指出庭审已经确认的证据,并指明下次开庭调查的重点。第二次开庭时,只就未经调查的事项进行调查和审理,对已经调查、质证并已认定的证据不再重复审理。

合议庭认为全部事实查清以后,审判长或者独任审判员应当就法庭调查认

定的事实和当事人争议的问题进行归纳总结,由审判长宣布法庭调查结束,进入法庭辩论阶段。

四、法庭辩论

辩论是法律赋予当事人的一项重要的诉讼权利。根据辩论原则的要求,未经法庭质证和辩论的事实不能作为人民法院认定案件事实的根据。在这一阶段,法庭必须保障当事人双方充分地、平等地行使辩论权。通过当事人以及其他诉讼参与人的相互辩论和质证,进一步查清事实,分清是非责任,为正确适用法律、作出裁判打下基础。根据《民事诉讼法》第141条的规定,法庭辩论按下列顺序进行:

(1) 原告及其诉讼代理人发言;

(2) 被告及其诉讼代理人答辩;

(3) 第三人及其诉讼代理人发言或者答辩;

(4) 互相辩论。

法庭辩论中,审判人员应当引导当事人围绕争议焦点进行辩论。当事人及其诉讼代理人的发言与本案无关或者重复的,审判人员应当予以制止。一轮辩论结束后当事人要求继续辩论的,可以进行下一轮辩论。如果发现新的事实需要进一步调查时,审判长可以宣布停止辩论,恢复调查,待事实查清后再继续辩论。法庭辩论和法庭调查不仅可以根据实际情况进行转换,而且根据《民诉法解释》的规定,法庭根据案件具体情况,并征得当事人同意,可以将法庭调查和法庭辩论合并进行。法庭辩论时,审判人员不得对案件性质、是非责任发表意见,不得与当事人辩论。

法庭辩论终结,由审判长按原告、被告、第三人的先后顺序征询各方的最后意见。同时,如有调解可能的,在征得各方当事人同意后,人民法院还可以依法再行调解;经调解不能达成协议的,应当及时判决。

五、评议宣判阶段

法庭辩论终结,由审判长宣布休庭,合议庭进行评议。合议庭评议的任务,是综合分析和研究经过法庭调查和辩论的事实,分清是非,正确适用法律,用判决的形式确认当事人之间的权利义务关系,并依法确定诉讼费用的负担。合议庭评议案件,实行少数服从多数的原则。评议的情况应当制成笔录,由合议庭成员签名。评议中的不同意见,必须如实记入笔录。

合议庭在评议结束前,应根据案件审理的实际情况,决定是当庭宣判还是定期宣判。根据《民事诉讼法》第148条的规定,人民法院对公开审理或者不公开审理的案件,一律公开宣告判决。当庭宣判的,应当在10日内发给判决书;定期宣判的,宣判后立即发给判决书。宣告判决时,人民法院必须告知当事人上诉权利、上诉期限和上诉的人民法院。宣告离婚判决,还必须告知当事人在判决发生法律效力前不得另行结婚。

六、审理期限

审理期限,是指一个民事案件从立案到审结所能持续的最长时间。根据《民事诉讼法》第149条的规定,人民法院适用普通程序审理的案件,应当在立案之日起6个月内审结。遇有特殊情况需要延长的,必须由受诉人民法院院长批准,可以延长6个月。如果确因情况特殊还需延长的,需报请上级人民法院批准。审理期限是法定期间,人民法院必须严格遵守。《民诉讼解释》第243条规定,《民事诉讼法》第149条规定的审限,是指从立案的次日起至裁判宣告、调解书送达之日止的期间,但公告期间、鉴定期间、双方当事人和解期间、审理当事人提出的管辖权异议以及处理人民法院之间的管辖权争议期间不应计算在内。

第五节 公益诉讼

(一)公益诉讼的起诉条件

《民诉法解释》第284条在《民事诉讼法》第119条规定的基础上,对公益诉讼的起诉条件作了规定。公益诉讼案件的起诉条件包括:一是有明确的被告,二是有具体的诉讼请求,三是有社会公共利益受损害的初步证据,四是属于人民法院受理民事诉讼范围和受诉法院管辖。与通常民事诉讼的起诉条件相比,公益诉讼的原告无须与案件有直接利害关系,但要求原告在提起公益诉讼时,应提交社会公共利益受损害的初步证据。社会公共利益是否受到损害是公益诉讼与私益诉讼的本质区别。如果社会公共利益未受损害就不能提起公益诉讼。社会公共利益受到损害的初步证据应当由原告负责提供,具体包括以下两个方面:第一,要举证证明被告实施了侵权行为;第二,要举证证明有损害结果发生。至于侵权行为与损害结果之间的因果关系,由原告举证难度较大,应当由被告承担举证证明责任。这是起诉之后,审判过程中应当解决的问题。

(二)公益诉讼的管辖法院

关于公益诉讼案件的级别管辖,《民诉法解释》第285条规定,公益诉讼案件由中级人民法院管辖。公益诉讼案件数量不会太多,但通常社会影响大,审理难度也较大,由中级人民法院作为一审法院比较合适。但《民诉法解释》并没有将公益诉讼级别管辖绝对化,如果上级法院认为将某一具体的公益诉讼案件交给基层人民法院审理更方便当事人诉讼,更有利于纠纷解决的,可根据《民事诉讼法》第38条和《民诉法解释》第42条规定交由下级人民法院审理。

关于公益诉讼案件的地域管辖,《民诉法解释》规定,公益诉讼案件由侵权行为地或者被告所在地人民法院管辖。侵权行为地包括侵权行为发生地和侵权结果发生地。因公益诉讼案件管辖的连接点较多,为避免发生管辖争议,《民诉法解释》第285条确定了先立案原则和指定管辖原则。通过指定管辖可以将一定数量的案件统一交由最适合审理的人民法院管辖,以便统一司法尺度。

关于公益诉讼案件的专属管辖,根据《民诉法解释》和《海事诉讼特别程序法》的有关规定,因污染海洋环境提起的公益诉讼,由污染发生地、损害结果地或者采取预防污染措施地海事法院管辖。在我国司法实践中,此类案件由海事法院专属管辖并审判已经积累的较为丰富的经验,既方便诉讼也方便审判。

(三) 公益诉讼与私益诉讼的关系

针对同一个侵权行为既侵害了公共利益,又侵害了私人利益的情形,《民诉法解释》第288条规定:"人民法院受理公益诉讼案件,不影响同一侵权行为的受害人根据民事诉讼法第一百一十九条规定提起诉讼。"这一规定是基于公益诉讼和私益诉讼在性质、功能上的区别而作出的,公益诉讼是为了保护社会公共利益,而私益诉讼是为了维护私益主体的个体利益,二者在客观上可能会有重叠,但不能互相代替。其他国家在处理公益诉讼和私益诉讼关系时,一般也是采取并行的方法。

这意味着公益诉讼和私益诉讼可以分别进行,无须合并审理。最高人民法院《关于审理环境民事公益诉讼案件适用法律若干问题的解释》第10条第3款规定:"公民、法人和其他组织以人身、财产受到损害为由申请参加诉讼的,告知其另行起诉。"排除了私益诉讼并入公益诉讼一并审理的可能。但由于公益诉讼和私益诉讼源自于同一侵权行为,即使分别审理、分别判决,仍应处理好二者的关系,避免在认定事实和适用法律上的矛盾。

(四) 公益诉讼中调解、和解和撤诉的处理方式

公益诉讼的目的及其特点与私益诉讼不同,当事人不能与私益诉讼中的当事人一样享有实体处分权,因而公益诉讼中的调解与和解应受到一定的限制。为保证和解、调解协议不违反社会公共利益,在程序上,和解或者调解协议应当向社会公告,公告期不得少于30日,以便于公众知晓并行使监督权。公告期满后,人民法院经审查不违反社会公共利益的,出具调解书;否则继续对案件进行审理并依法作出裁判。

《民诉法解释》第290条规定,公益诉讼案件的原告在法庭辩论终结后申请撤诉的,人民法院不予准许。因为在法庭辩论终结后,是否侵害社会公共利益的事实已经查清,人民法院应当依法作出判决。此时如果允许原告撤诉,就可能损害社会公共利益。但如果原告在法庭辩论终结前就申请撤诉,人民法院可根据具体情况判断是否准许其撤诉。

第六节　撤诉、诉讼和解

一、撤诉

撤诉,是指人民法院对已经受理的案件,在作出判决之前,原告向人民法院要求撤回自己的诉讼请求的行为。从广义上讲,撤诉泛指当事人向人民法院撤回诉讼请求,不再要求人民法院对案件进行审理的行为,包括被告撤回反诉、第三人撤回参加之诉、上诉人撤回上诉等。

我国《民事诉讼法》在"普通程序"一章中,仅对狭义的撤诉作出了规定。根据民事诉讼法的规定,狭义的撤诉又可以分为申请撤诉和按撤诉处理两种。前者是原告起诉后,自愿放弃要求人民法院对案件进行审判,而向人民法院申请撤回诉讼请求,它是当事人对自己诉讼权利的积极处分;后者是人民法院在原告没有主动申请撤诉的情况下,根据法律规定,对原告之诉按撤诉处理。它是当事人对自己诉讼权利的一种消极处分。

(一) 申请撤诉

申请撤诉,是指在案件受理后一审判决宣告前,原告向人民法院申请撤回其起诉的一种诉讼行为。

我国《民事诉讼法》第 145 条第 1 款规定:"宣判前,原告申请撤诉的,是否准许,由人民法院裁定。"申请撤诉是原告的一项诉讼权利,但应符合以下条件:

(1) 有权申请撤诉的只能是处于原告地位的当事人。原告、有独立请求权的第三人有权撤回起诉。在反诉的情况下,反诉中的原告也有权撤回自己的反诉请求。

(2) 撤诉必须出于自愿。撤诉是原告对自己诉讼权利的处理,因此,必须是原告人本人自愿的行为,其他人未经原告特别授权或者是在受胁迫下的撤诉行为,都不能成立。

(3) 申请撤诉的目的必须符合法律的规定。原告人申请撤诉不得侵犯国家、集体或者他人的合法权益,不得规避法律或者企图逃避法律的制裁。

(4) 必须在人民法院宣判前提出。宣判后原告不能再提出撤诉,即使提出也已无意义。但原告在法庭辩论终结后申请撤诉的,须征求被告意见,被告不同意的,法院可以不予准许。

原告申请撤诉,应向人民法院递交撤诉申请书,按简易程序审理的案件,也可以口头申请撤诉。对原告的撤诉申请,人民法院应当进行审查。经审查,认为符合法律规定的,应当裁定准予撤诉;违反法律规定或者法庭辩论终结后被告不同意撤诉的,裁定不准撤诉。

（二）按撤诉处理

按撤诉处理，是指人民法院依照法律的明确规定，对于原告的某些行为裁定按撤诉对待。包括下列情形：

（1）原告经传票传唤，无正当理由拒不到庭的，或者未经法庭许可中途退庭的。

（2）无诉讼行为能力的原告的法定代理人，经传票传唤，无正当理由拒不到庭。

（3）有独立请求权的第三人经人民法院传票传唤，无正当理由拒不到庭或未经法庭许可中途退庭的。

（三）撤诉的法律后果

人民法院裁定准许撤诉或按撤诉处理后，将产生以下法律后果：

（1）诉讼程序终结。人民法院裁定准许撤诉或按撤诉处理后，诉讼程序便告终结，人民法院不能对案件再继续进行审理和作出判决。这是撤诉最直接的法律后果。

（2）当事人可以在诉讼时效内再行起诉。当事人撤诉只表明其处分了自己的诉讼权利，并没有处分自己的实体权利，人民法院对当事人之间的实体权利义务争议仍未予以认定。因此，人民法院裁定准许撤诉后，当事人就同一诉讼标的、同一事实和理由再次起诉的，只要未超过诉讼时效，人民法院应予以受理。

（3）诉讼时效重新开始计算。原告起诉后，诉讼时效中断，自人民法院裁定准予撤诉之日起，诉讼时效重新开始计算。

二、诉讼和解

（一）诉讼和解的概念和特征

诉讼和解，是指双方当事人在诉讼过程中自愿协商解决民事纠纷、结束诉讼的一种制度。其特征主要有：一是和解的主体是具有实体处分权的诉讼参加人；二是和解是双方当事人之间自愿达成协议的行为；三是和解的目的为解决纠纷、终结诉讼。

由于诉讼和解具有体现当事人合意、尊重当事人的处分权、解决纠纷彻底、节约司法资源等优点，因而它普遍存在于国外以及我国港澳台地区的民事诉讼中。在美国，诉讼和解在民事诉讼中占有重要地位，有超过90％的案件是以和解方式解决的。在诉讼中，和解不论是当事人自行达成还是在法院主持下达成，都被视为是以双方当事人之间订立的新的契约代替发生纠纷的旧契约。因此，在和解契约里要先记载当事人之间争执的纠纷，然后记明他们达成和解的事项。

而且，当事人还要在和解契约中写明对同一案件不准重复起诉、终了诉讼等内容。① 双方当事人还可以和解协议为基础，向法院申请合意判决，"合意判决与应诉判决相同。尽管事实上没有经过审理，但就同一诉讼原因来说，产生既判力"②。在英国，诉讼和解也是一项重要的诉讼制度并被广泛应用。在民事诉讼中，当事人达成的和解协议并不当然具备强制执行力，要获得这种效力，必须申请合意判决。合意判决有两种形式，一种是申请法院把和解事项记载在判决上，这是一种通常形式的判决，具有强制执行力；另一种是申请所谓"Tonlin"的裁定，按此裁定，如一方当事人不履行和解协议，对方须先申请法院作出令违反和解条件的一方当事人履行义务的裁定，如果该当事人仍不按裁定履行义务，对方才可申请法院强制执行。③

在大陆法系国家及我国台湾地区，诉讼和解是一项重要的诉讼制度。不仅在立法上有系统的规定，在解决纠纷的实践中也发挥了积极作用。从立法上看，大陆法系及我国台湾地区的诉讼和解制度与我国民事诉讼法上的法院调解制度有类似之处：可在诉讼的任何阶段由双方当事人自行和解，法院也可试行和解；在和解协议的效力上，双方当事人的和解协议一经依法进入法院笔录，即可产生与判决相同的法律效力，而不必像英美等国那样，必须制作"合议判决"。与整个诉讼模式相适应，在大陆法系的诉讼和解制度中，法官一般都采取比较主动的态度，并可促成达成和解协议的达成。

（二）诉讼和解的性质

关于诉讼和解的性质，比较有代表性的观点有以下几种：第一种为"私法行为说"，认为诉讼上的和解是双方当事人就诉讼标的达成的私法上的和解契约，法院对此加以登记只是对和解契约予以公证而已，双方当事人就诉讼标的达成了和解协议，争执不再存在，法院也已公证，诉讼程序当然就不必进行下去了。第二种观点为"诉讼行为说"，认为诉讼上的和解与私法上的和解具有完全不同的性质，纯私法上的行为不应产生诉讼法上之后果，它充其量只是诉讼法上和解之缘由，诉讼和解的效力应该当从诉讼法角度来考察。第三种观点是"一行为两性质说"，具体又可分为"合体说""竞合说""两面说"，主张诉讼和解虽然是一个行为，但其具有诉讼法与实体法两个方面的性质，在诉讼和解发生诉讼效力的同时，也产生实体法上的效力。在德国、日本以及我国的台湾地区，持"一行为两性质说"的学者居多。

在诉讼和解的法律性质和效力上，应采"两种性质说"，即诉讼和解具有诉讼

---

① 参见白绿铉：《美国民事诉讼法》，经济日报出版社1998年版，第111页。
② 沈达明：《比较民事诉讼法初论》（下册），中信出版社1991年版，第165页。
③ 同上书，第163页。

行为与民事法律行为并存的两种法律性质,并赋予诉讼和解以诉讼法上的效力。理由如下:

第一,诉讼和解之所以能在诉讼中进行,是因为民事诉讼法赋予了当事人和解的诉讼权利,当和解实际地完成于诉讼过程中时,其行为当然具有诉讼行为的性质。对当事人而言,诉讼和解不仅仅是为了平息纠纷和代之以双方合意形成的新的法律关系,而且也是为了终结诉讼程序。从客观上看,和解成立意味着原纠纷已经消失,原诉讼标的已不复存在,诉讼也无必要继续进行。因此,基于诉讼和解当事人的主观意图和客观效果,《民事诉讼法》应当确认诉讼和解的诉讼行为性质,并以此为根据,赋予诉讼和解终结诉讼的诉讼法上的效力。

第二,诉讼和解制度的立法基础是民事法律上的意思自治原则和诉讼权利的可处分性原则。和解协议的内容合法与否得以民事实体法为审查依据,诉讼和解实质上是当事人通过新的契约变更原有的实体法律关系,因而具有民事法律行为的性质。同时,和解协议的达成是双方当事人行使诉讼权利的结果,并可引起诉讼法上一定效果的产生,符合"两性质说"。

第三,"私法行为说"无法解释和解协议可以禁止再诉和可作为执行根据的效力的问题,"诉讼行为说"无法解释实体法上的事由可导致协议无效的问题,因而这两种学说都有一定的片面性,"两种性质说"更为合理。基于此,为使诉讼和解与"案结事了"的宗旨相一致,我国民事诉讼法应当赋予诉讼和解以更适当的法律效力。

(三) 我国民事诉讼法上的诉讼和解制度

我国《民事诉讼法》第 50 条规定"双方当事人可以自行和解",但没有进一步规定和解的程序、效力等问题。可见,我国民事诉讼法虽然对和解作了原则规定,但显然是作为当事人的诉讼权利而不是作为一项诉讼制度规定的,这与国外以及我国台湾地区的诉讼和解有所区别。

我国诉讼法学界近年来在对法院调解制度进行全面研究的过程中,不少学者主张应在我国的民事诉讼中建立诉讼和解制度[①],认为这样一方面有助于克服我国法院调解中存在的种种弊端,另一方面又可使我国的民事诉讼建立起科学、合理的以双方当事人合意来解决争议的诉讼机制。以当事人合意为内在机制和品格的诉讼和解制度,在整个程序结构中具有重要的价值和意义:首先,它充分体现对双方当事人主体地位的尊重,使当事人通过协商自主解决纠纷成为可能;其次,它使处分原则得到了充分的体现,民事诉讼所解决的毕竟是私权之

---

① 参见章武生:《论诉讼和解》,载《法学研究》1998 年第 2 期;张晋红:《法院调解的立法价值探究》,载《法学研究》1998 年第 5 期;蔡虹:《大陆法院调解与香港诉讼和解之比较》,载《中国法学》1999 年第 4 期。

争,法律赋予当事人以处分权,当事人在诉讼中通过和解解决彼此间的纠纷,往往是行使处分权的结果,只要是依法进行,应当得到法律的认可;再次,以和解解决民事纠纷,程序简便易行,节省时间和费用,这在重效率、效益的市场经济条件下,无疑是非常重要的优点;最后,以诉讼和解解决纠纷与以判决解决纠纷相比,当事人合意的形成过程即通过沟通、交流、协商化解矛盾、解决纠纷的过程,因此纠纷的解决结果更容易为当事人接受,也更有利于执行。

根据我国现行《民事诉讼法》的有关规定,当事人在诉讼中自愿达成和解协议,可由审判人员将当事人的和解加以记录,并在双方同意的情况下制作调解书送达当事人签收,从而获得调解结案的效力;双方达成和解协议后,也可由原告申请撤诉。但由于法院依法作出的准予撤诉的裁定书不具有既判力和强制执行力,和解协议也不具有调解书一样的法律效力,因此,如当事人协议离婚的,需到婚姻登记机关登记并由该机关颁发离婚证[①];当事人协议解除收养关系的,需到民政部门办理解除收养关系的登记[②];当事人还可申请公证机关根据和解协议,依法制作公证债权文书。[③]《民诉法解释》第 339 条规定:"当事人在第二审程序中达成和解协议的,人民法院可以根据当事人的请求,对双方达成的和解协议进行审查并制作调解书送达当事人;因和解而申请撤诉,经审查符合撤诉条件的,人民法院应予准许。"上诉人在第二审程序中因和解而撤诉,所产生的效果是撤销第二审程序,一审裁判随之生效,和解协议不具有既判力和执行力。

第七节 缺 席 判 决

一、缺席判决的概念与适用

缺席判决,是指人民法院开庭审理案件时,在一方当事人没有到庭的情况下,依法作出的判决。缺席判决是相对对席判决而言的,缺席判决作出后,与对席判决具有同等法律效力。

按照我国民事诉讼法的规定,缺席判决制度的功能,并不在于惩罚缺席的一方当事人,相反,缺席判决制度的建立,旨在促使当事人积极参加庭审并积极完成举证、质证、辩论等诉讼行为,保障当事人充分行使诉讼权利,使法官最大限度地通过庭审发现客观真实,对案件事实作出准确判断。同时,为了保障诉讼程序的正常进行,不致因一方当事人的缺席而陷入困境,缺席判决制度的建立与完善也是具有重要意义的。

---

① 参见我国《婚姻法》第 31 条。
② 参见我国《收养法》第 28 条。
③ 参见我国《公证法》第 37 条。

根据《民事诉讼法》第143条、第144条和第145条第2款的规定,缺席判决适用于下列情形:

(1) 原告在被告反诉的情况下,经人民法院传票传唤,无正当理由拒不到庭或者未经法庭许可中途退庭的。

(2) 被告经传票传唤,无正当理由拒不到庭,或者未经法庭许可中途退庭的。

(3) 人民法院裁定不准许撤诉,原告经传票传唤,无正当理由拒不到庭的。

(4) 人民法院对无诉讼行为能力的被告的法定代理人,经传票传唤,无正当理由拒不到庭,又不委托诉讼代理人的,可以缺席判决。

人民法院在作出缺席判决时,应当在案件事实已经查清的前提下进行。同时,要注意保护缺席一方当事人的合法权益,不得因当事人未到庭而使其合法权益受到损害。人民法院所作的缺席判决与对席判决具有同等效力,缺席一方当事人不得以未到庭为借口,拒绝履行判决所确定的义务。

二、缺席判决的立法模式

从近代以来的各国民事诉讼立法看,缺席判决有两种基本模式:缺席判决主义和一方辩论判决主义。

缺席判决主义是指原告缺席时,拟制为原告放弃诉讼请求,法院判决驳回起诉;被告缺席时,拟制为被告自认原告主张的事实,根据原告的申请,法院作出缺席判决。传统意义上的缺席判决主义还包括异议制度,即缺席的一方在一定的期间提出异议申请,使缺席判决失去效力,诉讼恢复到缺席以前的状态。缺席判决主义能够保障诉讼程序尽可能地不因当事人的缺席而陷入僵局,有利于达到简化程序、诉讼经济的目的。同时,设异议制度来保障公正价值的实现,它通过赋予有正当理由而缺席的一方当事人以异议权,来保障该当事人享有充分的防御权,并因此使诉讼程序的对立、辩论恢复,以实现实体正义。但缺席判决主义也存在诸多问题,比如,当被告缺席时,拟制为被告自认原告的诉讼主张,即使被告已经提供了载有确能成立的抗辩事实及根据的答辩状,法院也不能予以考虑。从这一点分析又与公正价值不符。异议制度虽然希望为缺席一方提供补救,但却常常被某些没有合法理由的被告恶意利用,造成诉讼拖延,使其在诉讼经济方面也存在难以克服的问题。

缺席判决的另一立法模式是一方辩论判决主义,即一方当事人在开庭审理期日不到庭时,由到庭的一方当事人进行辩论,法院将当事人已辩论的事实以及法院所得到的证据、缺席方已提供的诉讼资料作为判决的基础。这种立法模式为现在西方大多数国家所采用。鉴于缺席判决主义在公正与效益方面存在的一些缺陷,一方辩论判决主义试图对此加以弥补和完善。根据这种模式,在当事人一方缺席的情况下,不得根据缺席的情况作出对缺席方不利的判决;缺席方在诉状或答辩状中所主张的事实、所记载的事项,均被视为缺席方的陈述,该陈述对法院是有约束力的,这就避免了缺席判决主义完全不考虑缺席方所提供的诉状及抗辩事实的弊端,较好地体现辩论主义,更有利于实现程序公正;同时一方辩论判决主义由于抛弃了异议制度,因此也就避免了因提起异议而导致诉讼迟延的弊端。但一方辩论判决主义绝非完美无缺,它所体现的辩论主义毕竟是不完整的,法官所掌握的证据也是不可能完整的,在此基础上所作出的判决同样可能会出现与案件事实不符的情形,在简化程序方面的作用也显得操作一刀切,缺乏灵活性。

三、我国缺席判决制度的完善

显然,我国的缺席判决制度从立法模式上看,既不同于缺席判决主义,也不同于一方辩论判决主义。我国的诉讼理论比较缺乏对缺席判决制度的深入研究,在我国的民事诉讼立法及司法实践中,缺席判决制度也还存在一些不完善之处。从立法上讲,我国民事诉讼法对缺席判决制度的规定过于简略,对缺席判决制度的审理原则、审理方式以及具体程序操作均未作出明确规定;从司法实践看,存在着错误理解缺席判决制度功能,将缺席判决单纯看做是对缺席一方当事人的惩罚制裁措施的做法。为此,有必要从立法上进一步完善。第一,应当从立法上确立体现当事人诉讼地位平等的缺席判决原则,明确法律要件,对于符合该要件的当事人,无论是原告还是被告,均适用缺席判决处理,而不是像现行民事诉讼法所规定的原告缺席按撤诉处理(除被告反诉外),被告缺席的就作缺席判决。目前这种规定使原告可能为规避败诉而不到庭,从而导致撤诉的法律后果,而案情决定了被告又不可能反诉,那么他就会因此而丧失胜诉的机会。第二,应明确规定,符合法律要件的要严格按缺席判决制度处理,不得改期开庭或再次传票传唤,以保障法院的办案效率。第三,应从立法上要求被告在一定期限内提出答辩状,以便于更好地贯彻辩论原则,使法院在作缺席判决时认真审查被告已提出的辩论意见和其他有关证据材料,并充分考虑缺席一方当事人的合法权益,尽可能地发现真实,作出正确、合法的裁判。

第八节 延期审理、诉讼中止和诉讼终结

一、延期审理

延期审理,是指人民法院决定了开庭审理的日期后,或者在开庭审理的过程中,由于出现了某种法定的事由,使诉讼不能如期进行,或者已经开始的诉讼无

法继续进行,从而决定推延审理的一种诉讼制度。

根据《民事诉讼法》第146条的规定,延期审理的情形有以下四种:

(1)必须到庭的当事人和其他诉讼参与人有正当理由没有到庭。必须到庭的当事人一般是指追索赡养费、扶养费、抚育费、抚恤金、医疗费、劳动报酬以及解除婚姻关系案件中的当事人。其他诉讼参与人没有到庭,一般是指必须到庭的证人、翻译人员等。

(2)当事人临时提出回避申请的。合议庭组成后,应当立即将合议庭组成人员通知当事人,以便于其行使申请回避的权利,如果回避事由是在案件开始审理后知道的,当事人也可以在法庭辩论终结前申请回避。如果人民法院无法立即作出决定,或者虽然决定应当回避但一时无法重新指定审判员、书记员或其他人员,开庭审理就无法继续进行,人民法院应当决定延期审理。

(3)需要通知新的证人到庭,调取新的证据,重新鉴定、勘验,或者需要补充调查的。在案件审理过程中,当事人提出新的证人、证据后,如果不通知其到庭或不去调取这些证据,或者虽已做过鉴定和勘验,但如不重新鉴定、勘验会影响对事实的认定和案件的正确判断。由于需要一定的时间才能处理好这些工作,所以应当延期审理。

(4)其他应当延期的情形。这是一项弹性条款,供人民法院审判人员在实践中根据具体情况灵活运用。例如:开庭审理的过程中,审判人员、当事人、证人等突发急病,致使诉讼无法继续进行的。

在开庭审理中,出现上述情形的,人民法院应当决定延期审理。同时,当事人也可以要求延期审理,但必须由人民法院依法决定。决定延期审理的案件,合议庭能确定下次开庭日期的,可以当庭通知,一时不能确定的,也可以在确定后另行通知。

二、诉讼中止

诉讼中止,是指在诉讼进行中,由于某种法定事由的出现,使诉讼无法继续进行,由人民法院裁定暂时停止诉讼程序,待引起中止的原因消除后再恢复诉讼程序的制度。根据《民事诉讼法》第150条的规定,有下列情形之一的,中止诉讼:

(1)一方当事人死亡,需要等待继承人表明是否参加诉讼的;

(2)一方当事人丧失诉讼行为能力,尚未确定法定代理人的;

(3)作为一方当事人的法人或者其他组织终止,尚未确定权利义务承受人的;

(4)一方当事人因不可抗拒的事由,不能参加诉讼的;

(5)本案必须以另一案的审理结果为依据,而另一案尚未审结的;

(6) 其他应当中止诉讼的情形。

人民法院中止诉讼,应当作出裁定。诉讼中止的裁定一经作出即发生法律效力,当事人不能上诉,也不能申请复议。裁定作出后,当事人应停止本案的一切诉讼行为,人民法院除依法采取保全措施外,应停止对本案的审理。中止诉讼的原因消除后,可以由当事人申请,或者由人民法院依职权恢复诉讼程序。恢复诉讼程序时,不必撤销原裁定,从人民法院通知或者准许双方当事人继续进行诉讼时起,原裁定即失去效力。诉讼程序恢复后,中止前的诉讼行为仍然有效。

诉讼中止与延期审理是不同的两项制度,不能混淆。诉讼中止是诉讼程序的暂时停止,而延期审理只是推延了审理案件的期日,诉讼活动并未停止;诉讼中止的期限一般较长,什么时间恢复诉讼,人民法院难以确定;而延期审理一般时间较短,在决定延期审理时,一般就能确定下次开庭审理的时间。

三、诉讼终结

诉讼终结,是指在诉讼进行中,由于某种法定事由的出现,使诉讼继续进行已无必要或者不可能时,由人民法院裁定结束诉讼程序的制度。根据《民事诉讼法》第151条的规定,有下列情形之一的,终结诉讼:

(1) 原告死亡,没有继承人,或者继承人放弃诉讼权利的;
(2) 被告死亡,没有遗产,也没有应当承担义务的人的;
(3) 离婚案件一方当事人死亡的;
(4) 追索赡养费、扶养费、抚育费以及解除收养关系案件的一方当事人死亡的。

人民法院终结诉讼,应当作出裁定,裁定一经作出即发生效力。对终结诉讼的裁定,当事人不能上诉,也不能申请复议。诉讼终结是诉讼程序的非正常结束,正常情况下,诉讼应当以法院审理结束并作出判决或双方当事人达成调解协议而结束,所有诉讼程序进行完毕;而诉讼终结是因为特殊原因致使诉讼程序不能继续进行,或者没有必要继续进行而结束,诉讼程序并没有进行完毕,法院对当事人之间争议的实体权利义务关系也没有作出结论。诉讼终结也不同于诉讼中止,诉讼中止是诉讼程序的暂时停止,待法定事由消除后再恢复原程序;诉讼终结则是诉讼程序的永久结束,不可能恢复。

思考题

1. 简述普通程序在民事审判程序中的地位。
2. 简述起诉的条件及立案登记制的意义。
3. 如何完善我国的审前准备程序?

4. 简述开庭审理的程序及意义。
5. 撤诉应具备什么条件？
6. 简述公益诉讼的特殊程序规则。
7. 如何理解我国民事诉讼法规定的缺席审判制度？

参考文献

1. 柯阳友：《起诉权研究》，北京大学出版社2012年版。
2. 熊跃敏：《民事审前准备程序研究》，人民出版社2007年版。
3. 詹森林：《民事法理与判决研究》，中国政法大学出版社2002年版。
4. 傅郁林：《民事司法制度的功能与结构》，北京大学出版社2006年版。

第二十二章 简易程序与小额诉讼

> **学习目的与要求**

简易程序是指基层人民法院和它的派出法庭审理简单民事案件所适用的程序。通过本章的学习,应掌握简易程序的概念和意义,简易程序的适用范围;了解简易程序相对于第一审普通程序的特殊规定及具体的处理方式;理解小额诉讼程序的概念、特征和程序规则。

第一节 简易程序概述

一、简易程序的概念

简易程序,是指基层人民法院及其派出法庭审理简单民事案件所适用的程序。简易程序是与普通程序并存的一种独立的简便易行的诉讼程序,是第一审程序的一种。

简易程序与普通程序是并存的,同属于第一审程序。二者的关系表现为:普通程序是简易程序的基础,而简易程序则是普通程序的简化。在适用简易程序审理案件时,简易程序中未规定的,适用普通程序的规定。已经按照简易程序审理的案件,发现案件复杂,需要转为普通程序审理的,可以转为普通程序。

简易程序与普通程序的区别表现在:第一,简易程序比较简单、方便,而普通程序则完整、系统;第二,简易程序的适用范围较窄,只有基层人民法院及其派出法庭审理简单的民事案件时才能适用,而普通程序,适用于除简单的民事案件外的一切民事案件,是各级人民法院审理第一审民事案件所适用的审判程序。

适用简易程序审理民事案件,是我国人民司法工作的优良传统。我国历来十分重视诉讼程序的简便易行。早在新民主主义革命时期,民事审判工作就坚持"方便群众诉讼、方便法院审判"的"两便"原则,陕甘宁边区提倡的"马锡五审判方式"是这一精神的集中体现。新中国成立后,1950年中央人民政府政务院发布的《关于加强人民司法工作的指示》明确指出,人民法院审理民事案件,"一方面应尽量采取群众调解的方法,以减少人民讼争。另一方面,司法机关在工作中应力求贯彻群众路线,推行便利人民,联系人民和依靠人民的诉讼程序和各种审判制度"。我国民事诉讼法总结了长期以来审判工作的经验，专章规定了简易程序，从而确立了简易程序在法律上的地位，继承和发扬了人民司法工作的优良传统。

最高人民法院《关于适用简易程序审理民事案件的若干规定》（以下简称《简易程序规定》），规范了简易程序的适用范围及包括起诉与答辩、审理前准备、审理、送达等整个审判程序，并且明确赋予当事人在自愿的基础上协商适用简易程序的程序选择权，丰富完善了我国《民事诉讼法》规定的简易程序。《民诉法解释》则设专章详细地规定了简易程序的相关问题，对民事诉讼法的有关规定作出了具体解释。

二、简易程序的意义

随着市场经济体制的确立和发展，民事纠纷日趋增多。在审判实践中简单的民事案件大量存在，民事诉讼法规定简易程序，有利于"两便"原则的贯彻执行。我国地域辽阔，人口众多，如何方便人民群众诉讼，便于人民法院及时审结民事案件，是一个至关重要的问题。简易程序规定了简便的起诉方式、简便的传唤方式和简化的审理程序，能够提高人民法院的办案效率。适用简易程序及时审结简单民事案件，可以使人民法院抽出更多的时间和人力，更好地审结其他案件，保证办案质量；可以有效地为当事人减轻诉讼往返之劳，节省人力、财力和时间，使当事人之间的民事纠纷及时得到解决，防止矛盾激化。因此，民事诉讼法及司法解释规定的简易程序，在理论上和实践上都具有重要的意义。

第二节 简易程序的适用范围

一、适用简易程序的人民法院

适用简易程序的人民法院，仅限于基层人民法院和它的派出法庭。中级人民法院以上的法院审理第一审民事案件，不得适用简易程序。

简易程序是第一审程序的一种，人民法院只有在审理第一审民事案件时，才能适用简易程序。依照第二审程序审理的上诉案件，以及依照再审程序审理的案件，均不能适用简易程序。所谓派出的法庭，包括固定的人民法庭和巡回审理就地办案时临时组成的审判组织。人民法庭是基层人民法院的组成部分，其审判活动以及所作出的判决、裁定与基层人民法院的审判活动及其作出的判决、裁定具有同等效力。

二、适用简易程序的案件

根据我国《民事诉讼法》第157条的规定，简易程序一般适用于审理事实清楚、权利义务关系明确、争议不大的简单的民事案件。

根据《民诉法解释》第256条的规定,所谓"事实清楚",是指双方当事人对争议的事实陈述基本一致,并能提供相应的证据,无须人民法院调查收集证据即可查明事实,分清是非;"权利义务关系明确",是指能明确区分谁是责任的承担者,谁是权利的享有者;"争议不大",是指当事人对案件的是非、责任以及诉讼标的的争执无原则分歧。

三、不能适用简易程序的案件

为保证办案质量,保障当事人的合法权益,《民诉法解释》第257条规定,下列案件不能适用简易程序审理:

(1) 起诉时被告下落不明的。
(2) 发回重审的。
(3) 当事人一方人数众多的。
(4) 法律规定应当适用特别程序、审判监督程序、督促程序、公示催告程序和企业法人破产还债程序的。
(5) 涉及国家利益、社会公共利益的。
(6) 第三人起诉请求改变或者撤销生效判决、裁定、调解书的。
(7) 其他不宜适用简易程序的案件。

四、程序选择与程序转换

根据《民事诉讼法》第157条第2款的规定,当事人双方自愿选择适用简易程序,经人民法院审查同意的,可以适用简易程序;但人民法院不得违反当事人自愿原则,将普通程序转为简易程序。这一规定将程序选择权赋予当事人,双方当事人可以自愿选择适用简易程序,即本应适用普通程序的案件,当事人选择适用简易程序的,也可适用简易程序。根据《简易程序规定》和《民诉法解释》第264条的规定,当事人行使程序选择权应具备下列条件:第一,必须是当事人一致同意适用简易程序;第二,为防止当事人双方恶意串通,损害他人合法权益,当事人行使程序选择权必须经人民法院同意;第三,未经当事人一致同意,人民法院不得依职权将普通程序转为简易程序;第四,对不适用简易程序的案件,当事人不得约定适用简易程序;第五,必须在开庭前提出。

为保障当事人的合法权益,《民诉法解释》第269条规定,当事人有权就适用简易程序提出异议,人民法院经审查,异议成立的,裁定转为普通程序;异议不成立的,口头告知当事人,并记入笔录。由简易程序转为普通程序审理的一审民事案件的期限,从立案之日起连续计算。

第三节　简易程序的具体规定

一、起诉与答辩

对于适用简易程序的民事案件,原告本人不能书写起诉状,委托他人代写起诉状有困难的,可以口头起诉,不需要向人民法院递交起诉状和起诉状副本。人民法院应当将原告起诉的内容,包括当事人的姓名、性别、工作单位、住所、联系方式等基本信息,诉讼请求、事实及理由等准确记录,由原告核对无误后签名或捺印,并告知被告,被告可以口头答辩,人民法院可以当即开庭;被告要求书面答辩的,人民法院可在征得其同意的基础上,合理确定答辩期间。人民法院应当将举证期限及开庭日期告知当事人,并向当事人说明逾期举证以及拒不到庭的法律后果,由各方当事人在笔录和送达回证上签名或捺印。双方当事人均表示不需要举证期限、答辩期间的,人民法院可以立即开庭审理或确定开庭日期。

受理案件后,人民法院可以采取捎口信、电话、传真、电子邮件等简便方式传唤双方当事人、通知证人和送达裁判文书以外的诉讼文书。在时间上也不受普通程序开庭前3日通知当事人和其他诉讼参与人规定的限制,可以随时传唤当事人和通知其他诉讼参与人。采用形式多样的传唤方式符合简单民事案件的特点,但为了保障当事人的诉讼权利,以简便方式送达的开庭通知,未经当事人确认或者没有其他证据足以证明当事人已经收到的,人民法院不得缺席判决。

二、审理前的准备

适用简易程序审理民事案件,应在开庭前做好下列准备工作:

(一) 审判组织

根据我国《民事诉讼法》第160条的规定,按照简易程序审理简单的民事案件,由审判员一人独任审理,书记员担任记录。不能由审判员自审自记。在适用简易程序审理案件的过程中,如果发现案情复杂,需要转为普通程序审理的,应当在审理期限届满前作出裁定并将合议庭组成人员及相关事项书面通知双方当事人。

(二) 举证期限

在简易程序中,举证期限由人民法院确定,也可以由当事人协商一致并经人民法院准许,但不得超过15日。人民法院应当将举证期限和开庭日期告知双方当事人,并向当事人说明逾期举证以及拒不到庭的法律后果,由双方当事人在笔录和开庭传票的送达回证上签名或者捺印。

当事人双方都表示不需要举证期限、答辩期间的,人民法院可以立即开庭审理或者确定开庭日期。

三、开庭审理

适用简易程序审理案件,也应当开庭审理。但开庭审理的方式和步骤比普通程序简便。依照普通程序审理案件,必须按照法律规定的程序进行,不能打乱法律规定的诉讼阶段。按照简易程序审理案件,审判人员可以根据案件的具体情况,灵活掌握案件审理的进程,不受《民事诉讼法》第 136 条、第 138 条、第 141 条规定的限制。

简易程序赋予当事人更大的程序选择权,程序的便利性特征也更加突出。《民诉法解释》第 259 条规定,当事人可以就开庭方式向人民法院提出申请,由人民法院决定是否准许。经当事人双方同意,可以采用视听传输技术等方式开庭。在司法实践中,有些法院在适用简易程序审判事实清楚、权利义务关系明确、争议不大的案件时,尝试采用视听传输技术如语音通信、视频通信等方式开庭,为不在受案法院所在地的当事人提供了方便,节约了交通、食宿等费用,提高了诉讼效率。随着电信、网络技术的快速发展与普及,这种新的开庭方式可在简易程序中发挥更大的作用,但要尊重当事人的程序选择权,应当经双方当事人的同意方可采用。

四、裁判

(一) 宣判与送达

庭审结束时,审判人员可以根据案件的审理情况对争议焦点和当事人各方的举证、质证和辩论的情况进行简要的总结,并就是否同意调解征询当事人的意见。

简易程序审理的民事案件,除人民法院认为不适宜当庭宣判的以外,应当当庭宣判,并应当公开宣判。当庭宣判的,除当事人要求邮寄送达的以外,应告知当事人领取裁判文书的时间和地点,当事人在指定期限内领取裁判文书之日即为送达之日;当事人在指定期限内未领取的,指定期届满之日即为送达之日。上诉期应从领取或届满之次日计算。定期宣判的案件,定期宣判之日即为送达之日,上诉期从定期宣判之次日计算,当事人在定期宣判之日无正当理由未到庭的,不影响该裁判上诉期的计算。

(二) 判决书的简化

由于适用简易程序审理的案件是简单民事案件,因此根据《民诉法司法解释》,有下列情形之一的,人民法院在制作裁判文书时对认定事实或者判决理由部分可以适当简化:(1) 当事人达成调解协议并需要制作调解书的;(2) 一方当事人在诉讼过程中明确表示承认对方全部或者部分诉讼请求的;(3) 涉及个人隐私或者商业秘密的案件,当事人一方要求简化裁判文书中的相关内容,人民法院认为理由正当的;(4)当事人双方一致同意简化裁判文书的。

五、审结案件的期限

根据《民事诉讼法》第 161 条的规定,人民法院适用简易程序审理案件,应当在立案之日起 3 个月内审结。《民诉法解释》第 258 条第 1 款规定:"适用简易程序审理的案件,审理期限到期后,双方当事人同意继续适用简易程序的,由本院院长批准,可以延长审理期限,延长后的审理期限累计不得超过六个月。"适用简易程序审理的案件是简单的民事案件,不需要大量的调查取证工作,就能够查清事实,分清是非。加之当事人之间权利义务关系明确,争议不大,在一般情况下,人民法院不需要花费太长的时间就可以审结。

第四节 小额诉讼程序

一、小额诉讼程序的概念和特征

小额诉讼程序是近些年在世界各国得到极大重视和广泛应用的一种诉讼制度,其在解决小额事件、实现有效益的公正方面发挥着重大的作用。我国《民事诉讼法》第 162 条对小额诉讼程序作出了原则规定:"基层人民法院和它派出的法庭审理符合本法第 157 条第 1 款规定的简单的民事案件,标的额为各省、自治区、直辖市上年度就业人员年平均工资百分之三十以下的,实行一审终审。"根据这一规定,小额诉讼程序,是指基层人民法院以及派出法庭审理小额事件所适用的比普通简易程序更为简化的一种程序。从世界各国民事诉讼法的规定看,与其他程序相比,小额诉讼程序有以下几个特点:

(1)小额诉讼程序审理的案件为小额事件。所谓的小额事件,是指情节轻微、标的金额特别小的事件。当然小额事件并非专指小额金钱给付请求,还包括请求给付金钱以外的其他替代物的情况,诸如小额消费交易产品瑕疵的救济、零售商的价金请求、小额的消费借贷等。小额诉讼程序是由于小额事件的特殊性而兴起的一种特殊程序。

(2)小额诉讼程序更加简化。对于小额诉讼的当事人来讲,简易程序所需要的时间和费用仍然是难以承受的。他们需要更为简化的程序使成本与收益平衡。当事人的这种合理的需求催生了小额诉讼程序。

(3)审理形式的非正式化。由于小额诉讼性质轻微,使得引入非职业化法官成为了可能,而且像假日法庭、夜间法庭这样非正式的审理组织出现,在这些组织中可以吸收具备一定资格的优秀律师担任临时法官从事审理活动。

(4)注重调解,调解和审判一体化。法官直接引导双方当事人对话设立专门的调解程序,主动提出和解方案,这在临时法官主持审理时更为明显,临时法官只有在调解不成的时候才可进行审理。

(5)快捷、低廉、高效。纵观世界各国的立法,其中小额诉讼案件审限都较短,其审理从受理到裁判一般不得超过30日,多数案件可以当时受理,当时宣判。这极大地缩短了审限,也降低了法院和当事人的诉讼成本,提高了诉讼效率。

(6)一般来讲原告无上诉权,被告无反诉权。在小额诉讼中为防止诉讼的拖延,各国在此程序中取消了原告的上诉权和被告的反诉权。

二、我国小额诉讼程序的适用范围

根据《民事诉讼法》的规定,适用小额诉讼程序的法院为基层人民法院和它派出的法庭。适用小额诉讼程序的案件则需同时符合两个条件,一是属于事实清楚、权利义务关系明确、争议不大的简单的民事案件;二是争议的标的额为各省、自治区、直辖市上年度就业人员年平均工资30%以下的民事案件。《民诉法解释》第272条规定,上年度就业人员年平均工资是指已经公布的各省、自治区、直辖市上一年度就业人员年平均工资,在上一年度就业人员平均工资公布前,以已经公布的最近年度就业人员年平均工资为准。

根据《民诉法解释》第274条的规定,小额诉讼程序适用于审理下列金钱给付案件:(1)买卖合同、借款合同、租赁合同纠纷;(2)身份关系清楚,仅在给付的数额、时间、方式上存在争议的赡养费、抚育费、扶养费纠纷;(3)责任明确,仅在给付的数额、时间、方式上存在争议的交通事故损害赔偿和其他人身损害赔偿纠纷;(4)供用水、电、气、热力合同纠纷;(5)银行卡纠纷;(6)劳动关系清楚,仅在劳动报酬、工伤医疗费、经济补偿金或者赔偿金给付数额、时间、方式上存在争议的劳动合同纠纷;(7)劳务关系清楚,仅在劳务报酬给付数额、时间、方式上存在争议的劳务合同纠纷;(8)物业、电信等服务合同纠纷;(9)其他金钱给付纠纷。

在理解和掌握小额诉讼程序的适用范围时,还应注意掌握有关排除条款,即不能适用小额诉讼程序的案件。首先,不能适用简易程序审理的案件当然不能适用小额诉讼程序审理;其次,根据《民诉法解释》第275条的规定,下列类型的案件不论金额是否属于小额均不得适用小额诉讼程序审理:(1)人身关系、财产确权纠纷;(2)涉外民事纠纷;(3)知识产权纠纷;(4)需要评估、鉴定或者对诉前评估、鉴定结果有异议的纠纷;(5)其他不宜适用一审终审的纠纷。

三、我国小额诉讼程序的规则

根据民事诉讼法的规定,我国的小额诉讼程序属于简易程序的一部分,但在审理程序上较简易程序更为简便灵活,《民诉法解释》对其特有的程序规则作了规定。

(1) 审理与裁判程序简便。首先,小额诉讼案件的举证期限由人民法院确定,也可以由当事人协商一致并经人民法院准许,但一般不超过7日。其次,被告可以口头答辩,被告要求书面答辩的,人民法院可以在征得其同意的基础上合理确定答辩期间,但最长不得超过15日。当事人到庭后表示不需要举证期限和答辩期间的,人民法院可立即开庭审理。再次,小额诉讼案件的裁判文书可以简化,主要记载当事人基本信息、诉讼请求、裁判主文等内容。

(2) 告知与异议。为保障当事人的合法权益,人民法院应当向当事人告知该类案件的审判组织、一审终审、审理期限、诉讼费用交纳标准等相关事项。当事人如果对按照小额诉讼案件审理有异议的,应当在开庭前提出。人民法院经审查,异议成立的,适用简易程序的其他规定审理;异议不成立的,告知当事人,并记入笔录。

(3) 实行一审终审。小额诉讼程序实行一审终审,当事人不得上诉,这是该程序的特征和独特功能决定的。但如果裁判确有错误,根据《民诉法解释》第426条的规定,小额诉讼案件可适用再审程序纠错,以实现对当事人合法权益的救济。

(4) 程序的转化。因当事人申请增加或者变更诉讼请求、提出反诉、追加当事人等,致使案件不符合小额诉讼案件条件的,应当适用简易程序的其他规定审理。如果案件应当适用普通程序审理的,裁定转为普通程序。适用转换后的程序审理案件时,对双方当事人之前已确认的事实,可以不再进行举证、质证。

《民事诉讼法》和《民诉法解释》对人民法院审理小额诉讼案件的程序没有规定的,适用简易程序的其他规定。

思考题

1. 试述简易程序与普通程序的关系。
2. 简述简易程序的适用范围。
3. 试述小额诉讼程序的概念及特征。
4. 简述我国小额诉讼程序的完善。

参考文献

1. 邱联恭:《司法之现代化与程序法》,台湾三民书局1992年版。
2. 章武生:《民事简易程序研究》,中国人民大学出版社2002年版。
3. 〔日〕棚濑孝雄:《纠纷的解决与审判制度》,王亚新译,中国政法大学出版社2004年版。

第二十三章 法院裁判

> **学习目的与要求**

裁判是人民法院行使民事审判权处理民事案件的结果。人民法院依法作出裁判的表现形式主要有：判决书、裁定书、决定书、调解书等。通过本章的学习，应掌握法院裁判的性质、种类以及各自的适用范围、法律效力，掌握各类裁判文书的制作。

第一节 法院裁判概述

一、法院裁判的概念和性质

法院裁判，是指人民法院在审理民事案件过程中，根据案件事实和法律规定，对诉讼中所发生的各种问题依职权所作出的判定。这些判定的书面形式，主要为人民法院依职权作出的判决书、裁定书、决定书、调解书等。

民事诉讼是人民法院行使审判权解决民事争议的活动，如果说民事诉讼程序的启动取决于当事人，审判权的行使具有被动性，那么诉讼程序一经启动，人民法院就应依法行使审判权；对于诉讼中出现的程序问题、实体问题作出决断。这些决断将会产生相应的法律效力，会对诉讼程序的发生、变更和消灭产生重要影响，也会对当事人的诉讼权利、义务以及实体权利、义务产生重要影响。例如，人民法院作出准予撤诉的裁定，对双方当事人均可有约束力，诉讼程序将由此而结束。第二审人民法院对上诉案件所作出的判决，一经作出即具有法律效力，不仅具有结束诉讼程序的效力，而且对双方当事人产生实体上的约束力，负有义务的一方当事人必须自动履行义务，否则人民法院可以依法强制执行。法院裁判不论其形式如何，都是人民法院依职权作出的，是人民法院依法行使审判权的结果，体现着国家的意志，体现着司法审判的权威。

二、法院裁判的种类

根据民事诉讼法的规定以及所需处理的问题的性质，人民法院在诉讼中所作出的裁判应采取不同的形式。具体来说，裁判的种类主要有判决、裁定、决定、调解书；从裁判的表现形式看，可以是书面形式，也可以是口头形式。裁判的种类不同，其适用范围、适用条件以及法律效力也必然不同，在一个具体民事案件的审理过程中，人民法院审结案件，必然要作出一个结论性的判定，这种结论性的判定必须以法院裁判的形式表现出来，除此之外，人民法院在审理民事案件的过程中，对于诉讼中出现的其他需要依职权作出判定的问题，也应当作出裁判，人民法院审理一个民事案件，可能会作出多个裁判。

人民法院在民事诉讼中所作出的裁判，主要有判决、裁定、决定、调解书。以下对这几种裁判分别阐述。

第二节 民事判决

一、民事判决的概念

民事判决，是人民法院代表国家行使审判权，依法对审理终结的诉讼案件和非讼案件，对当事人民事权利义务的争议，或者对具有法律意义的事实作出的权威性判定。民事判决的书面形式，就是民事判决书。

判决是人民法院行使审判权的重要标志之一。民事判决只能由人民法院的审判组织依法作出，任何国家机关、团体和个人都无权审理民事案件，无权对民事案件作出判决。在民事诉讼中，民事诉讼只要不是非正常结束，当事人之间又没有达成调解协议，人民法院对于所审理的民事案件、非讼案件都应当依法作出判决。判决是针对案件的实体问题即当事人之间发生的争议作出的，或者是针对具有法律意义的事实作出的。判决既体现了人民法院对案件行使审理和裁判的职能，同时也是当事人进行民事诉讼所要求的结果。人民法院通过作出判决，对当事人之间的权利义务关系进行确认，对纠纷加以解决，从而维护当事人的合法权益、制裁民事违法行为。判决是民事诉讼的基本结案方式，判决书是民事诉讼中最重要的法律文书。

二、民事判决的种类

对于民事判决，可以依照不同的标准，划分为不同的种类，对民事判决进行分类，目的在于揭示各种判决的特点，以便在司法实践中更好地加以运用。

（1）以判决所要解决的案件的性质为标准，可以将判决分为确认判决、给付判决和变更判决。确认判决，是指人民法院针对当事人之间是否存在某种法律关系、法律事实以及存在的状况如何所作的判决；给付判决，是指人民法院判令负有义务的人向权利人履行一定民事义务的判决；变更判决是对当事人双方现存的某种实体法律关系加以变更或消灭所作出的判决。

（2）以判决对诉讼请求事项解决的范围为标准，可以将判决划分为全部判决和部分判决。全部判决，是人民法院根据案件事实和法律对整个案件进行处理后作出的判决。部分判决，是人民法院就审理的案件中事实清楚的部分所作出的判决，而对于尚未查清的事实则暂时不作结论。在司法实践中，判决大部分都是全部判决，部分判决数量较少。

（3）以当事人是否全部出庭参加诉讼为标准，可以将判决划分为对席判决和缺席判决。对席判决，是指人民法院在双方当事人及其诉讼参与人都参加诉讼的情况下所作出的判决；缺席判决，是在部分当事人无正当理由拒不到庭或中途退庭的情况下，人民法院所作出的判决。

（4）以判决是否发生法律效力为标准，可以将判决分为确定判决和未确定判决，也可称为生效判决和未生效判决。确定判决，是指人民法院作出的已经发生法律效力的判决；未确定判决，是第一审人民法院作出的、法律规定可以上诉而未超过上诉期的判决，也就是尚未发生法律效力的判决。

（5）以判决作出的时间为标准，可以将判决分为原始判决和补充判决。原始判决，是指人民法院依照民事诉讼法的规定，对案件审理终结后制作的判决；补充判决，是指在原始判决作出后，发现原始判决有遗漏或不明确的，由人民法院对有关实体问题及有遗漏的、不明确的问题所作的补充性判决。补充判决应当由作出原始判决的人民法院作出，补充判决作出后，如果是由第一审人民法院作出的，当事人可以上诉；如果是由第二审人民法院作出的，为终审判决。补充判决和原始判决具有同等法律效力。

（6）以判决所适用的程序及审理对象为标准，可以将判决分为诉讼案件判决和非讼事件判决。诉讼案件判决，是指当事人以民事权利义务争议向人民法院起诉，人民法院适用诉讼程序审理后所作出的判决；非讼事件判决，是指申请人就某种事实状态的存在和不存在，请求人民法院予以确认的，人民法院根据特别程序的规定所作出的判决。

根据上述标准，对民事判决所作的基本分类，是民事诉讼中常见的判决种类，从理论上依据不同的标准，还可将判决进行不同的划分。对判决的种类进行研究，有利于我们了解各种不同判决的特点，有利于人民法院正确制作不同类型的判决书，也有利于当事人行使诉讼权利。

三、民事判决的内容

判决是由审判组织以人民法院的名义作出的。在民事诉讼中，审判组织所作的判决都应当依法制作判决书。根据我国《民事诉讼法》第152条的规定，判决书的内容包括以下四个部分：

（1）案由、诉讼请求、争议的事实和理由。案由是案件内容的概括，包括民事案件的名称、类别、纠纷的性质及内容。判决书应当首先有案由,还应写明审判组织和审判方式。诉讼请求是当事人向人民法院提出的实体权利主张,判决书中应如实反映;争议的事实和理由,是指双方当事人对案件事实、双方争执的权利义务关系以及证据等方面的争执点及各自的理由,判决书应当对这部分内容客观、概括地加以反映。

(2) 判决认定的事实和理由、适用的法律和理由。判决认定的事实和理由,是指人民法院经过审理,予以查明的案件事实以及对案件性质、双方当事人之间的权利义务关系的认定及其依据;应当适用的法律,即应当适用的民事诉讼法的有关规定,应当适用的有关实体法律规定。这一部分内容是民事判决的重点内容,人民法院在制作判决书时,应当做到认定案件事实清楚,证据确凿,理由充分,权利义务关系明确,适用法律正确。

(3) 判决结果和诉讼费用的负担。判决结果是人民法院根据案件事实及法律规定,对案件的实体问题所作出的最后结论。判决的事项应当与当事人诉讼请求的事项及范围相一致,判决的结果应当确定当事人的实体权利义务,明确诉讼费用的负担。这部分内容必须准确、清楚、具体,以利于当事人履行或强制执行。

(4) 上诉期间和上诉的法院。除最高人民法院制作的第一审民事判决、依小额诉讼程序和依特别程序审理制作的判决外,地方各级人民法院制作的第一审民事判决都允许上诉。因此,本部分应写明当事人上诉的期限和上诉的法院,以便于当事人行使上诉的权利。

四、民事判决的效力

判决的效力,是指判决自何时对何人以及判决事项产生法律上的作用和效果。判决的效力自判决生效时产生,因作出判决的法院不同,适用的程序不同,审级不同,因而判决生效的时间也有所不同。具体来说,判决的生效时间有以下四种情况:

第一,地方各级人民法院作出的、法律允许上诉的第一审判决,在上诉期内当事人不上诉的,上诉期届满,判决即发生法律效力。

第二,基层人民法院适用特别程序作出的判决、适用小额诉讼程序作出的判决、适用公示催告程序作出的除权判决,自判决书送达之日起,即发生法律效力。

第三,最高人民法院作出的第一审判决,自判决书送达之日起,即发生法律效力。

第四,中级人民法院、高级人民法院和最高人民法院作出的第二审民事判决,自判决送达之日起,即具有法律效力。

判决在发生法律效力后,将产生以下法律上的作用和效果:

(一) 判决的约束力

判决的约束力,是指生效判决对人的效力。首先,生效判决对当事人有约束力。民事判决生效后,当事人必须履行判决所确定的义务。判决中确定的义务人应当在判决书所载明的期间内按时履行义务,判决书中确定的诉讼费用,有关当事人也必须及时缴纳。负有义务的当事人拒不履行义务时,对方当事人可以申请人民法院强制执行。其次,生效判决对人民法院具有约束力。生效判决对人民法院的约束力体现在:人民法院在判决作出后,必须切实维护生效判决的权威和稳定,非经法定程序不得随意更改,必要时可依法移送强制执行。再次,生效判决对社会具有约束力。对社会的约束力主要体现在:机关、企事业单位、社会团体以及其他组织和个人,必须遵守和维护人民法院作出的生效判决,不得违反判决的有关规定,对判决所保护的民事权利予以侵害,有协助执行义务的单位和个人应当积极协助人民法院执行,不得拒绝或者推诿。

(二) 判决的确定力

判决的确定力,是指判决对事的效力。从判决的理论上讲,判决的确定力可以分为形式上的确定力和实质上的确定力。形式上的确定力,是指生效判决所确定的案件事实及双方当事人之间的民事法律关系,具有不可争议性,当事人即使不服,也不得再通过上诉,请求法院撤销或变更该判决的效力。实质上的确定力,即判决的既判力,是指作为诉讼标的的法律关系一经确定,当事人不得再提出与该确定判决内容不一致的主张,不得就已经判决的事项提起诉讼,在其他诉讼的进行中,当事人也不得再提出与该判决内容不一致的主张。对于当事人和其他人提出的与确定判决内容一致的主张,人民法院不仅应当以违反"一事不再理"的原则为由不予受理或驳回起诉,而且人民法院自身也受此约束,表现在:后诉法院不得就前诉法院确定判决的事项作出不同的判断,除非是前诉确定判决依法定程序被撤销或变更。

(三) 判决的执行力

判决的执行力,是指具有给付内容的判决在负有义务的一方当事人没有自动履行义务的情况下,人民法院根据享有权利的一方当事人的申请,予以强制执行的效力。判决的执行力是为了保障生效的给付判决所确定的权利、义务能够付诸实现。判决的执行力是给付判决所特有的效力,确认判决和变更判决不必执行,也不可能强制执行,因而确认判决、变更判决不具有执行力。

第三节 民事裁定

一、民事裁定的概念

裁定,是指人民法院对民事审判和执行中的程序问题以及个别实体问题所作出的权威性判定。民事诉讼中的程序问题,包括从当事人起诉直到诉讼结束的整个过程中所涉及的程序问题。裁定主要是解决诉讼中的程序问题,个别实体问题人民法院在对其进行处理时也依法使用裁定,例如保全。但即使是对保全作出裁定,也并不是对实体问题的最终确认,因此,民事裁定仍然是以解决程序问题为其主要特征的。

裁定是人民法院指挥、组织诉讼的有效方式。民事诉讼活动是在人民法院的主持下进行的,在审判过程中,可能会有各种各样的程序问题需要解决,人民法院解决程序问题应当依法使用裁定。可见,正确适用裁定,对于及时解决诉讼程序中的若干问题,保障诉讼的顺利进行,保障人民法院正确行使审判权,都具有重要作用。

裁定与判决有明显的区别,主要表现在:

(1)解决的问题不同。裁定主要解决诉讼中的程序性问题,是人民法院有效管理、指挥诉讼,及时解决诉讼中的障碍,推进诉讼进行的重要手段。而判决所要解决的是当事人双方争执的权利与义务问题,即实体法律关系问题,目的是通过行使审判权解决民事权益纠纷。

(2)依据不同。裁定所要解决的是程序性问题,因而主要是依据民事诉讼法的规定,并且可以在诉讼的任何阶段根据需要作出。在一个民事案件的审理和执行过程中,人民法院可能会作出多个裁定。而判决所要解决的是实体问题,判决所依据的法律是民法、合同法、婚姻法、继承法等实体法,判决只能在案件审理的最后阶段作出,一个民事案件通常只有一个判决,在执行程序中不能作出判决。

(3)采用的形式及其法律效力不同。人民法院作出裁定,可以采取书面形式,也可以采取口头形式;而判决必须采用书面形式。根据民事诉讼法的规定,裁定除不予受理、对管辖权有异议的和驳回起诉的以外,其余裁定均不得提起上诉,一经作出,立即发生法律效力;而判决则大部分可以上诉,根据民事诉讼法的规定,除特别程序和小额诉讼程序外,对于地方各级人民法院作出的第一审判决,在判决作出后15日内准许当事人提起上诉。

二、民事裁定的适用范围

根据我国《民事诉讼法》的规定,应当采用裁定解决的程序问题主要包括下列范围:

(一)对原告的起诉不予受理

人民法院对当事人提起的诉讼,应当依照民事诉讼法规定的起诉条件进行审查,凡是不符合起诉条件的,人民法院应裁定不予受理。

(二)当事人对管辖权有异议

人民法院对于当事人提出的管辖异议应当依法进行审查,经审查,认为异议确有理由的,应裁定将案件移送到有管辖权的人民法院;经审查,认为异议无理的,应当用裁定驳回该当事人提出的管辖异议。

(三) 驳回原告起诉

人民法院立案之后,发现原告的起诉不符合法定条件的,应当作出裁定,驳回起诉。驳回起诉与不予受理不同,驳回起诉发生在人民法院受理案件之后,而不予受理则发生于人民法院立案之前。

(四) 保全和先予执行

保全和先予执行都涉及本案件的有关实体问题,但又是十分重要的程序问题。因为保全和先予执行制度的设立,目的是为了保障诉讼的顺利进行,而不是对实体问题的最终解决,所以,人民法院决定采取保全和先予执行措施,应当使用裁定。

(五) 是否准予当事人撤诉

对于当事人的撤诉申请,人民法院不论允许与否,都应当作出裁定。撤诉关系到诉讼程序能否继续进行,因此不论对当事人来说,还是对于诉讼程序来说,都事关重大。人民法院准予或者不准当事人撤诉,都必须作出裁定。

(六) 中止或终结诉讼

中止或终结诉讼,都是诉讼程序问题,民事诉讼法对于诉讼中止和诉讼终结,明确地规定了条件,人民法院应当根据民事诉讼法规定的法定情形,决定作出是否中止或终结诉讼的裁定。

(七) 补正判决书中的笔误

判决书中的笔误,是指判决书中的误写、误算、诉讼费用漏写或误算以及其他笔误。例如,判决书将当事人名称写错、赔偿数额计算错误或打印错误等。这些都属于判决书制作中的程序问题,依照法律规定,纠正判决书中的笔误应当使用裁定。人民法院对已经送达的判决书发现有上述错误的,应及时收回,并以裁定书的形式予以补正,人民法院不得直接改动判决书。

(八) 中止或终结执行

中止或终结执行涉及的是执行程序的问题,其本身不涉及实体问题,因此,中止或终结执行应当适用裁定。

(九) 撤销或者不予执行仲裁裁决

当事人申请撤销仲裁裁决或者申请不予执行仲裁裁决的,人民法院经审查,认定仲裁裁决存在应当撤销的法定事由,或者认定仲裁裁决存在不予执行的法定情形,应当裁定撤销仲裁裁决,或者裁定不予执行仲裁裁决。

(十) 不予执行公证机关赋予强制执行效力的债权文书

公证机关制作的赋予强制执行效力的债权文书,可作为执行的根据。但如果确有错误,人民法院应当裁定不予执行,并将裁定书送达双方当事人和公证机关。

（十一）其他需要裁定解决的事项

这是一条灵活性的规定，其目的在于适应民事审判中出现的、上述各种情况所没有包括的程序性问题的解决，对人民法院正确处理民事诉讼中的若干程序问题是必要的。

三、民事裁定的形式和主要内容

根据我国《民事诉讼法》的规定，裁定有两种形式：一种是口头形式，一种是书面形式。从司法实践看，一般涉及程序的重要问题时，应采用书面形式。例如，法律规定可以上诉的裁定、能够导致诉讼程序终结的裁定等。书面形式的裁定，即民事裁定书。

裁定书的内容由两部分组成：第一，当事人的基本情况。包括本案当事人及其诉讼代理人的基本情况。第二，裁定的具体事项、事实、理由和结论。这部分是裁定书的正文。裁定的具体事项是指需要解决的有关程序问题；事实是指需要裁定的事项所依据的事实，通常指诉讼中所遇到的客观情况；理由是指审判组织根据民事诉讼法规定所认定的裁定理由；结论是指人民法院根据事实和法律对需要裁定的事项所作出的判定。口头形式的裁定，也应当具备这些内容，由书记员将这些内容记入笔录后，由审判人员、书记员署名，加盖人民法院印章。

四、民事裁定的法律效力

裁定生效的时间，因裁定的内容、形式和制作的法院不同而有所不同。根据民事诉讼法的规定，最高人民法院和第二审人民法院制作的民事裁定，一经送达便产生法律效力；地方各级人民法院制作的第一审裁定，除不予受理、对管辖权有异议、驳回起诉的裁定允许上诉外，其他裁定一经送达立即发生法律效力；地方各级人民法院制作的允许上诉的裁定，在上诉期内当事人不上诉的，上诉期届满，该裁定即发生法律效力。

民事裁定发生法律效力后，对人民法院和当事人均会产生法律效力，表现在：第一，人民法院未经法定程序不得随意改变裁定的内容，不得随意中止裁定的法律效力；第二，当事人必须遵守裁定，不允许对同一事项的裁定再提出相同请求。

由于裁定是人民法院用于指挥诉讼、解决程序问题的手段，因此，裁定的效力一般不会涉及诉讼外的有关单位或个人。也就是说，裁定对社会一般不具有像判决那样的约束力，裁定的约束力只限于人民法院、当事人和其他诉讼参与人。但有时裁定的内容也会涉及有关单位和个人，比如保全的裁定，如需要银行冻结当事人的存款，这时裁定就对有关银行产生了约束力，该银行应当依据保全裁定的规定,履行协助执行义务。个别裁定还具有执行力,如先予执行的裁定,人民法院有权依照权利人的申请强制执行。一般来说,只有具有给付内容并由法律特别规定的裁定,才具有这种执行力。

第四节 民事决定

一、民事决定的概念

民事决定,是指人民法院对诉讼中的某些特殊事项依法作出的权威性判定。所谓特殊事项,一般是在诉讼中发生的、与诉讼程序有关的问题。

决定不同于判决,也不同于裁定。决定与判决的区别在于:决定是解决法定的特殊事项的,而判决则是解决案件中的实体问题的;决定与裁定的区别在于:决定是对特殊事项的判定,而裁定则主要是解决诉讼中的各种程序问题。从适用范围上来看,裁定适用的范围较宽,而决定只适用于诉讼中的法定特殊事项,适用范围较窄;对裁定法律允许当事人对其中的一部分提起上诉,而当事人对决定则一律不得提出上诉。

人民法院在民事诉讼中作出决定,是其行使审判职权、指挥、维护诉讼秩序以及处理有关诉讼上的特殊事项的必要权能,其作用是保障诉讼程序中的特殊事项的解决,从而保障诉讼程序的顺利进行。

二、民事决定的适用范围

根据我国《民事诉讼法》的有关规定,决定主要适用于解决下列事项:

(1) 处理是否回避的问题。当事人根据民事诉讼法的规定,提出回避申请或者有关人员自行要求回避的,人民法院要依法进行审查,审查后应当作出回避或者不回避的决定。

(2) 处理妨害民事诉讼行为的问题。对妨害民事诉讼的行为需要采取强制措施的,应当由人民法院作出决定,被处罚的人对于人民法院作出的罚款、拘留决定不服的,依法可以申请复议一次,但复议期间不停止执行。

(3) 处理当事人诉讼期间的顺延问题。当事人因为客观原因耽误诉讼期间的,可以依法向人民法院提出顺延诉讼期间的申请,是否准许,由人民法院决定。

(4) 处理诉讼费用的缓、减、免问题。当事人交纳诉讼费用确有困难的,可以申请缓交、减交或免交。是否同意,由人民法院决定。

(5) 处理案件的再审问题。根据审判监督程序的有关规定,各级人民法院院长对本院已经发生法律效力的判决、裁定发现确有错误,需要提交审判委员会讨论决定是否再审的,审判委员会应当作出是否再审的决定。但人民法院对当事人提起再审以及检察机关抗诉引起再审的处理,应当使用裁定。

从上述规定中可以看出,决定适用的事项有两个特点:第一,适用决定的事项具有亟须解决的紧迫性,如不及时解决,民事诉讼就难以顺利进行。第二,适用决定的事项与诉讼程序有关,但又不是单纯的程序问题。例如,妨害民事诉讼的行为,属于诉讼中的特定事项,其本身并不是诉讼程序的一个阶段或一个构成部分,但如果不及时采取强制措施,诉讼程序将难以顺利进行。

三、民事决定的内容和效力

人民法院作出决定,可以采用书面形式,也可采用口头形式,根据民事诉讼法的规定,人民法院决定对妨害民事诉讼的人实施罚款和拘留措施的,应当采用书面形式。对其他事项的决定,由人民法院根据具体情况决定是采用书面形式还是口头形式。

书面形式的决定即决定书,应当由首部、正文和尾部组成。其内容应当包括:人民法院的名称、决定书种类和案号,决定所依据的事实、理由和决定的具体内容,是否允许申请复议。决定书最后应加盖人民法院印章。人民法院口头作出决定的,应当记入笔录。

决定解决的是诉讼中的特殊事项,具有紧迫性,其法律效力从时间上讲,一经作出立即发生法律效力。当事人对于申请回避、罚款、拘留的决定依法可以申请复议一次,但复议期间不停止原决定的执行。决定的法律效力,一般是针对诉讼中的人民法院、当事人及其他诉讼参与人,上述人员必须严格遵守,决定对社会不具有普遍的约束力。

第五节 调 解 书

一、调解书与调解协议的含义

调解是人民法院行使审判权解决民事纠纷的一种方式。经人民法院主持双方当事人调解,达成调解协议的,可以作为一种结案方式。

调解协议,是指在人民法院主持下,双方当事人就他们之间的争议即实体权利义务所达成的、并经过人民法院批准的协议。根据民事诉讼法的规定,调解协议的形式有两种:需要制作调解书的调解协议和不需要制作调解书的调解协议。

根据我国《民事诉讼法》的规定,下列案件达成调解协议的,人民法院可以不制作调解书:第一,调解和好的离婚案件;第二,调解维持收养关系的案件;第三,能够即时履行的案件;第四,其他不需要制作调解书的案件。

对于法律规定不需要制作调解书的调解协议,应当由人民法院书记员记入笔录，经当事人、审判人员、书记员签名或者盖章后，即可发生法律效力。

除此之外，人民法院主持调解达成协议后，均应制作调解书，第二审人民法院调解结案的，必须制作调解书。该调解书生效后，一审判决视为撤销。

根据《调解规定》第4条的规定，当事人在诉讼过程中自行达成和解协议的，人民法院可以根据当事人的申请，依法对和解协议予以确认，并制作调解书。

二、调解书的内容

调解书，是指由人民法院制作的、记载当事人之间调解协议或和解协议内容的法律文书。调解书的内容应包括三个部分：

（1）首部。这是调解书的开头部分。应当记明：受诉人民法院的全称，民事调解书的案件编号，当事人和诉讼代理人的基本情况。在这一部分，应当详细记明原告、被告的姓名、年龄、性别、职业、住址，诉讼代理人的情况；当事人是法人或其他组织的，还应当列出法定代表人或主要负责人的基本情况；案件中有第三人参加诉讼的，应当列出第三人的基本情况。

（2）正文。调解书的正文是调解书的核心部分。在正文中，应详细记明调解书的内容，包括双方当事人争议的主要事实、调解的过程、双方协商的意见以及协议的结果。

（3）尾部。这是调解书的结束部分，应当包括：主持调解的人民法院及其具体经办案件的审判人员、书记员。应特别注明："调解书与发生法律效力的判决书具有同等效力。"最后应由审判员、书记员署名，制作调解书的时间，并加盖人民法院的印章。

三、调解协议的法律效力

调解协议的生效时间，因是否需要制作调解书而有所不同。对于当事人达成调解协议后不需要制作调解书的案件，书记员应将双方调解协议的内容记入笔录，由双方当事人、审判人员、书记员签名或盖章后，调解协议即具有法律效力。

调解协议达成后需要制作调解书的，调解书必须经双方当事人签收后，才能发生法律效力。调解协议经无独立请求权的第三人同意而确定其承担义务的，调解书还应当送达第三人签收，在其签收后才发生法律效力。调解书送达前一方当事人反悔的，或者送达时当事人一方拒绝签收的，调解书不发生法律效力，人民法院不得适用留置送达的方式送达调解书，对于当事人拒绝签收的，人民法院要及时通知对方当事人并转入审判。

调解书在经双方当事人签收后，产生与发生法律效力的判决同等的法律效力。具体来说，这种法律效力包括以下几个方面：

（1）结束诉讼程序。调解既是人民法院审理民事案件的方式，同时也是一种结案方式。调解书发生法律效力后，标志着人民法院最终从法律上解决了双方当事人之间的权利义务纠纷，结束了诉讼程序。对生效的调解书，非经审判监督程序，不得随意撤销或改变，也不得再作出与该调解书相抵触的裁判。第二审人民法院主持的调解，双方当事人达成调解协议，必须制作调解书，调解书一经送达由双方当事人签收后，原审裁判即视为撤销。

（2）确定权利与义务关系，不得再行起诉。经法院调解结案后，表明双方当事人之间的民事权利义务争议已经得到解决，诉讼程序结束，当事人不得以同一诉讼标的、同一事实、对同一被告再行起诉。但调解不准离婚或者调解和好的离婚案件，以及追索赡养费、扶养费、抚育费等人身关系的案件除外。

（3）不得提起上诉。法院调解所达成的协议，是在双方当事人自愿的基础上经过充分协商后形成的，在调解书送达之前，法律还允许当事人反悔。反悔意见一经提出，人民法院将继续审理并作出裁判。因此，对于调解书，双方当事人不得提起上诉。

（4）具有强制执行的效力。具有给付内容的调解书与发生法律效力的判决书一样，具有强制执行的效力，可以作为执行的根据，如负有义务的一方当事人拒不履行调解书中所确定的义务，对方当事人可以向人民法院申请强制执行。

思考题

1. 简述法院裁判的性质和意义。
2. 简述判决的适用范围及法律效力。
3. 简述裁定、决定的特点和适用范围。
4. 简述调解协议与调解书的关系以及法律效力。

参考文献

1. 王亚新：《对抗与判定：日本民事诉讼的基本结构》，清华大学出版社2002年版。
2. 傅郁林：《民事司法制度的功能与结构》，北京大学出版社2006年版。
3. 刘青峰：《司法判决效力研究》，法律出版社2006年版。

第二十四章　第二审程序

学习目的与要求

第二审程序即上诉审程序,在两审终审制的审级制度中具有独特的功能。通过本章的学习,应掌握第二审程序的概念和意义;第二审程序与第一审程序的关系;上诉案件的提起、受理、撤回;上诉案件的审理范围和方式以及法院对上诉案件的裁判。

第一节　第二审程序概述

一、第二审程序的概念

第二审程序,是指当事人不服地方各级人民法院未生效的第一审判决、裁定,在法定的期限内向上一级人民法院提起上诉,上一级人民法院对案件进行审理所适用的程序。第二审程序是由于当事人的上诉引起的,所以又称上诉审程序。我国实行两审终审制,一个案件经过两级法院审判即宣告终结,当事人不能再提起上诉,因此,第二审程序又称终审程序。

在我国,由于实行两审终审制,所以有第一审程序和第二审程序的划分。但是,第二审程序并非每个案件的必经程序。按照非讼程序审理的案件、按照普通程序和简易程序审理的在上诉期限内当事人没有上诉的案件以及经过第一审程序当事人达成了调解协议的案件、小额诉讼案件、最高人民法院审理的第一审案件,都不会引起第二审程序的发生,也就不需要经过第二审程序。

第二审程序与第一审程序同属于审判程序,有着密切的关系。二者的联系主要表现在:第一审程序是第二审程序的前提和基础,第二审程序是第一审程序的继续和发展。二者实质上是对同一法律关系案件的审判。二者的区别主要是:第一,程序发生的原因不同。第一审程序的发生,是基于当事人的起诉权和人民法院的管辖权;第二审程序的发生,是基于当事人的上诉权和第二审人民法院审判上的监督权。第二,审级不同。第一审程序是案件在第一审人民法院审理的程序,第二审程序是案件在第二审人民法院审理的程序。他们是两个不同审级的人民法院的审理程序。第三,任务不同。第一审程序的任务主要是通过对案件的审理确认当事人之间的民事权利义务关系,解决民事纠纷。第二审程序不仅要对当事人之间争议的民事法律关系予以确认,而且担负着监督检查下级法院审判工作的任务,以保证审判活动的正确性。

二、第二审程序的性质

第二审程序的性质,关系到对第二审程序作用的认识,并且关系到该程序的构建。对此,学术界有三种不同的学说:

(1) 复审制。又称更新主义或第二次的第一审,该学说认为,第二审是对案件的重新审理,第二审法院应全面地收集一切诉讼资料,当事人可以提出新事实及新证据,第二审法院也可重新收集诉讼资料,并在此基础上作出裁判。复审制以确保裁判的正确性为宗旨,但从诉讼经济的角度看,复审制完全可能否定第一审程序,使其形同虚设。民事诉讼不宜采取这一学说。

(2) 事后审制。又称限制主义,该学说是与复审制相对立的一种学说。该学说认为,第二审法院应以审理第一审法院裁判内容及其诉讼程序有无错误为目的。第二审法院仅能就与第一审所适用诉讼资料及当事人之主张为审查对象,不允许当事人在第二审程序中提出新事实、新证据。事后审制避免了复审制的弊端,但走向了另一个极端,即当事人有正当理由在一审中未提出的证据和事实,在二审中也不能提出,这是有违诉讼公正的。在现代诉讼中,事后审制在二审中已不适用,但适用于三审。

(3) 续审制。亦称续审主义,通常被认为是上述两种学说的折中。该学说认为,第二审是一审的继续和发展,因此,第二审的诉讼资料并不限于第一审原有的诉讼资料。当事人在第二审还可以提出新事实及新证据。

目前世界上大多数国家的第二审程序采用续审制。从审级制度看,大陆法系国家原则上实行三审终审制,第二审法院也做事实审,同样涉及认定事实问题,但对当事人在二审程序中提出的新证据是否加以限制的问题上则有不同的规定。部分大陆法国家对于向二审法院提出新证据不加任何限制,而另一部分大陆法国家则对向二审法院提出新证据加以限制,如德国、意大利。德国法之所以对采纳新的证据加以限制,其主要目的是为提高第一审程序的威信,阻止诉讼当事人把主要精力放到第二审程序上。英国判例法对向二审法院提出新证据作了两项限制:第一,新证据必须是表面上可信的。第二,采纳这些新证据至少应能对案件的结果产生重大的影响。[①] 我国民事诉讼法基本上亦采续审制,但最高人民法院的《民事证据规定》对当事人向上诉法院提出新证据作了必要限制。

---

① 沈达明:《比较民事诉讼法初论》(下册),中信出版社1991年版,第341页。

三、第二审程序的意义

第二审程序是我国民事诉讼程序的重要组成部分,其意义在于:

(1) 有利于保护当事人的合法权益。审判人员在审判时由于受客观条件及主观认识水平的限制,不可能完全避免错判,有了第二审程序,当事人就可以在不服第一审人民法院判决、裁定的时候,行使法律赋予的上诉权利,要求上一级人民法院对第一审判决、裁定的正确性进行审查,原判决、裁定错误的,可以及时得到纠正。

(2) 有利于上级人民法院对下级人民法院的审判工作进行有效监督。上级人民法院通过对上诉案件的审理,可以发现下级人民法院在认定事实、适用法律和审判程序中存在的问题并加以纠正,指导下级人民法院总结审判工作的经验,提高审判工作水平和办案质量。对于原裁判认定事实不清的,可以撤销原判发回重审;对于适用法律错误的,可以自行改判。

第二节 上诉的提起和受理

一、上诉的提起

上诉是法律赋予当事人的一项重要的诉讼权利,是上一级人民法院开始第二审程序的依据。但提起上诉必须具备一定的条件,即通常所说的上诉要件。只有符合法律规定的上诉条件,才能引起第二审程序的发生。上诉的条件是:

(1) 提起上诉的客体必须是依法允许上诉的判决或裁定。根据我国民事诉讼法的规定,可以上诉的裁判包括:地方各级人民法院适用普通程序、简易程序作出的尚未生效的判决,第二审人民法院发回重审后作出的判决以及法律规定可以上诉的裁定。除此之外,当事人对其他判决、裁定不得提起上诉。

(2) 提起上诉的主体必须是依法享有上诉权的人。根据民事诉讼法的规定,享有上诉权的人是第一审程序中的当事人,包括原告、被告、共同诉讼人、诉讼代表人、有独立请求权的第三人和判决其承担民事责任的无独立请求权第三人。他们在案件中是具有民事实体权利或者义务的人,依法可以提起上诉。与上诉人的上诉请求有利害关系的当事人为被上诉人。双方当事人和第三人都上诉的,均为上诉人。

在必要的共同诉讼中,其中一人提起上诉的,经其他共同诉讼人同意,对全体发生效力,但每个共同诉讼人也有权单独提起上诉。必要共同诉讼人中的一人或部分人提出上诉的,根据《民诉法解释》第 319 条的规定,按下列情况处理:第一,上诉仅对与对方当事人之间权利义务分担有意见,不涉及其他共同诉讼人利益的,对方当事人为被上诉人,未上诉的同一当事人依原审诉讼地位列明;第二,上诉仅对共同诉讼人之间权利义务分担有意见,不涉及对方当事人利益的,未上诉的同一方当事人为被上诉人,对方当事人依原审诉讼地位列明;第三,上诉对双方当事人之间以及共同诉讼人之间权利义务承担有意见的,未提出上诉的其他当事人均为被上诉人。在普通的共同诉讼中,共同诉讼人之间没有共同的权利义务,每个人都有权单独提起上诉;但其中一人提起上诉,对其他共同诉讼人不发生效力。

无独立请求权的第三人是否有权独立提起上诉,取决于一审是否判决其承担民事责任。根据我国《民事诉讼法》及《民诉法解释》的规定,无独立请求权的第三人,一般无权独立提起上诉;如果一审判决结果不涉及他承担一定的实体义务,他就没有独立的上诉权,但可以随所参加的当事人一方提起上诉;判决其承担民事责任的,则可以独立提起上诉。

具有上诉权的双方当事人,均不服第一审判决,并在上诉期限内依法提起上诉的,应当都列为上诉人,并互以对方为被上诉人。

(3) 必须在法定的上诉期限内提起上诉。当事人对第一审人民法院的判决、裁定提起上诉,必须在法律规定的期限内进行,超过法律规定的上诉期限,当事人就丧失了上诉权。根据《民事诉讼法》第 164 条的规定,当事人不服地方人民法院第一审判决的,有权在判决书送达之日起 15 日内向上一级人民法院提起上诉。当事人不服地方人民法院第一审裁定的,有权在裁定书送达之日起 10 日内向上一级人民法院提起上诉。根据我国《民事诉讼法》第 82 条规定,期间开始的时和日,不计算在期间内。上诉期限应从判决书、裁定书送达当事人的第二日起算。当事人各自接受裁判书的,从各自的起算日开始。任何一方均可在自己的上诉期限内提起上诉。上诉期届满后,所有当事人均未上诉的,一审裁判发生法律效力。

(4) 必须递交上诉状。上诉状是上诉人表示不服第一审人民法院裁判,而请求第二审人民法院变更原审人民法院裁判的诉讼文书。它和原告向第一审人民法院提起诉讼的起诉状的共同之处在于:目的都是引起一定诉讼程序的开始,以保护自己的合法权益。上诉状与起诉状所不同的是:上诉人不仅同被上诉人在民事权利义务上有争执,而且对第一审裁判有异议。因此,上诉状不仅要求对自己民事权益的确认,而且要求改变第一审人民法院的裁判。这是上诉状不同于起诉状的一个特点。

依据《民事诉讼法》第 165 条的规定,当事人提起上诉,应递交上诉状。上诉状包括下列内容:第一,当事人的姓名,法人的名称及其法定代表人的姓名或者其他组织的名称及其主要负责人的姓名;第二,原审人民法院名称、案件的编号和案由;第三,上诉的请求和理由。其中,上诉的请求和理由是上诉状的主要内容。上诉的请求是上诉人通过上诉所要达到的目的。上诉请求应明确表明要求上诉审法院全部或部分变更原审裁判的具体意见,因为这关系到第二审程序的审理范围。上诉的理由,则是上诉人提出上诉请求的具体根据。上诉人应当提出自己认为一审裁判认定事实和适用法律不当或者错误所根据的事实和理由,包括在第一审未提供的新事实、理由和证据。

提起上诉必须同时具备以上四个条件,上诉才能成立,才能引起上诉审程序的发生。此外,依法应交纳诉讼费的,在递交上诉状时,应同时缴纳诉讼费,未在指定的期限内交纳上诉费的,按自动撤回上诉处理。

二、上诉的受理

我国《民事诉讼法》第166条和第167条分别规定了怎样提起上诉和人民法院怎样受理上诉。

(1)当事人提起上诉,原则上应通过原审人民法院提出上诉状,并按照对方当事人人数提出上诉状副本。这样既便于当事人提出上诉,又便于原审法院进行审查。经审查,如有不符合之处,可以通知上诉人及时修改或补正。对已逾上诉期限的,可直接作出裁定驳回上诉。但是,有些当事人由于某种原因,不愿通过原审法院提起上诉,而直接向第二审法院提起,这也是允许的,是上诉状通过原审法院提出原则的例外。对此,二审法院应予接受,并依法将收到的上诉状及其副本,在5日内发交原审人民法院。

(2)原审人民法院收到上诉状、答辩状以后,应当在5日内连同全部案卷和证据报送第二审人民法院。第二审人民法院收到全部案卷、书状和证据后,认为符合法律规定条件的,应当予以受理。

三、上诉的撤回

我国《民事诉讼法》第173条规定:"第二审人民法院判决宣告前,上诉人申请撤回上诉的,是否准许,由第二审人民法院裁定。"《民诉法解释》第337条规定:"在第二审程序中,当事人申请撤回上诉,人民法院经审查认为一审判决确有错误,或者当事人之间恶意串通损害国家利益、社会公共利益、他人合法权益的,不应准许。"根据上述规定,在第二审人民法院受理上诉人的上诉后至宣告判决前的整个审理过程中,上诉人都可以向第二审人民法院申请撤回上诉。这是当事人对诉讼权利的处置,但是否准许,应由第二审人民法院裁定,以防止不正当的撤诉对国家、社会和他人合法权益造成损害。《民诉法解释》还规定,在第二审程序中,原审原告可以撤回起诉,在经其他当事人同意,且不损害国家利益、社会公共利益及他人合法权益的情况下,人民法院可以准许。准许撤诉的,应当一并裁定撤销一审判决。

裁定准予当事人撤回上诉,上诉程序即告结束。裁定不准撤回上诉的,诉讼继续进行。对准予上诉人撤回上诉的裁定,应当制作书面裁定,由合议庭组成人员签名,并加盖人民法院印章。该裁定为终审裁定,是第一审判决发生法律效力的依据。

第二审人民法院裁定准予上诉人撤回上诉后,上诉人放弃上诉权的处分行为产生法律上的后果,不能反悔,即使上诉期未满,上诉人也不能再行上诉。

第三节　上诉案件的审理

我国《民事诉讼法》第174条规定:"第二审人民法院审理上诉案件,除依照本章规定外,适用第一审普通程序。"因此,第二审人民法院审理上诉案件,首先适用该章关于第二审程序的规定;该章没有规定的,适用第一审普通程序的有关规定。

一、上诉案件的审理前准备

根据《民事诉讼法》第169条的规定,第二审人民法院在审理上诉案件前,应做好以下几项准备工作:

(一)组成合议庭

上诉案件应由审判员组成合议庭进行审理。这是上诉案件审判组织的法定形式,也是与第一审程序的不同之处。也就是说,上诉审不能由审判员一人独任审判,也不允许由审判员和陪审员共同组成合议庭,而只能由审判员组成合议庭。

(二)审查案卷,调查和询问当事人

由于上诉案件是在第一审法院审理的基础上进行的,各种材料都已比较齐全,因此,审查案卷十分重要。在审查案卷中,合议庭应审查当事人提起上诉是否具备了行使上诉权的四个条件,如果经审查符合上诉条件的,应进一步对上诉请求的有关事实和适用法律进行审查,审查有关事实是否清楚,证据是否确实充分,适用法律是否恰当,双方当事人争议的焦点和所持的理由,以明确在哪些问题上事实已查清,哪些问题上事实不清楚,证据不充分。然后根据案件的具体情况,有重点、有计划地采取调查、询问当事人、核实证据等方式,进一步查明案情,为开庭审理和判决做好必要的准备工作。

二、上诉案件的审理范围

根据《民事诉讼法》第168条规定,第二审人民法院应当对上诉请求的有关事实和适用的法律进行审查。这意味着上诉案件的审理范围受当事人上诉请求的限制,因为第二审程序是基于当事人的上诉而提起的,当事人对第一审人民法院裁判的内容,哪些服判、哪些不服还要求上诉,应当由当事人决定。但是,《民事诉讼法》第168条的规定对第二审人民法院审理范围的限制不应是绝对的,《民诉法解释》第323条第2款规定:"当事人没有提出请求的,不予审理,但一审判决违反法律禁止性规定,或者损害国家利益、社会公共利益、他人合法权益的除外。"这是第二审程序的职能决定的,它不仅要通过上诉案件的审理保护当事人的合法权益,而且要通过对上诉案件的审理纠正原判中的错误,保证人民法院正确行使审判权。

三、上诉案件的审理方式

根据《民事诉讼法》第169条的规定,第二审人民法院审理上诉案件,应当以组成合议庭开庭审理为原则,以不开庭审理为例外。第二审合议庭经过阅卷、调查和询问当事人,对没有提出新的事实、证据或者理由,认为不需要开庭审理的,可以不开庭审理。《民诉法解释》第333条对可以不开庭审理的案件作出了具体规定:(1)不服不予受理、管辖权异议和驳回起诉裁定的;(2)当事人提出的上诉请求明显不能成立的;(3)原判决、裁定认定事实清楚,但适用法律错误的;(4)原判决严重违反法定程序,需要发回重审的。开庭审理是上诉案件审理的基本方式,第二审人民法院不得自行扩大不开庭审理的适用范围。

四、上诉案件的调解

第二审人民法院审理上诉案件,可以进行调解。这是我国第二审程序的重要特点之一,也是贯彻调解原则的具体体现。

第二审人民法院审理上诉案件,可根据自愿、合法原则主持当事人进行调解,对经过调解达成协议的案件,应当制作调解书,由审判人员、书记员署名,并加盖人民法院印章。调解书经合法送达并经当事人签收后,即与生效判决具有同等的法律效力,原审人民法院的判决视为撤销。

五、上诉案件的审理期限

为了保证上诉案件的及时审理,民事诉讼法对上诉案件的审理期限作了明确规定。人民法院对判决的上诉案件,应当在第二审立案之日起3个月内审结,如果遇有特殊情况,不能在规定的3个月内审结,需要延长审限的,应当报请本院院长批准。院长对申请延长审结时限的案件应严格把关,认为确有必要延长审限的,才能批准延长审限,以避免随意延长审结时限,违反立法本意。

人民法院审理对裁定的上诉案件,应当在第二审立案之日起30日内作出终审裁定,不得申请延长。因为裁定主要用于解决诉讼程序问题,不涉及实体法律关系的确认,需解决的问题也比较单一。所以审理期限较短。

第四节 上诉案件的裁判

根据我国《民事诉讼法》第170条和最高人民法院的有关规定,第二审人民法院对上诉案件经过审理,应分别情况,作如下处理:

一、驳回上诉,维持原判

第二审人民法院对上诉案件经过审理,认为原判决、裁定认定事实清楚,适用法律正确,上诉理由不能成立的,应依法判决、裁定驳回上诉,维持原判决、裁定。原判决、裁定认定事实或者适用法律虽有瑕疵,但裁判结果正确的,第二审人民法院可以在判决、裁定中纠正瑕疵后,维持原判决或裁定。这种处理方式,否定了上诉人提出的上诉理由,肯定了原审人民法院判决的正确性和合法性,承认了原审判决、裁定的法律效力。

二、自行改判

第二审人民法院对上诉案件经过审理,认为原判决、裁定认定事实错误或者适用法律错误的,应当在查明事实的基础上,正确适用法律,根据具体案情以判决、裁定方式依法改判、撤销或者变更。

三、撤销原判,发回重审

撤销原判、发回重审适用于两种情况:

(1)原判决认定事实有错误,或者原判决认定事实不清、证据不足,在这样的情况下,根据法律规定,第二审法院除自行改判外,亦可裁定撤销原判,发回重审。

(2)原判决违反法定程序,可能影响案件正确判决的,发回原审人民法院重审。根据《民诉法解释》第325条规定,第二审人民法院发现第一审人民法院有下列法定情形之一的,可以认为原判决严重违反法定程序,发回原审人民法院重审:第一,审判组织的组成不合法的;第二,应当回避的审判人员未回避的;第三,无诉讼行为能力人未经法定代理人代为诉讼的;第四,违法剥夺当事人辩论权利的。

但下列案件是否发回重审,应当分别不同情况处理:第一,对当事人在一审中已经提出的诉讼请求,原审人民法院未作审理、判决的,第二审人民法院可以根据当事人自愿的原则进行调解,调解不成的,发回重审。第二,必须参加诉讼的当事人、有独立请求权第三人在一审中未参加诉讼,第二审人民法院可以根据当事人自愿的原则予以调解,调解不成的,发回重审。第三,在第二审程序中,原审原告增加独立的诉讼请求或原审被告提出反诉的,第二审人民法院可以根据当事人自愿的原则就新增加的诉讼请求或反诉进行调解,调解不成的,告知当事人另行起诉,不应发回重审。第四,一审判决不准离婚的案件,上诉后,第二审人民法院认为应当判决离婚的,可以根据当事人自愿的原则,与子女抚养、财产问题一并调解,调解不成的,发回重审。第五,人民法院依照第二审程序审理的案件,认为依法不应由人民法院受理的,可以由第二审人民法院直接撤销原判,驳回起诉,不应发回重审。上述第三、四种情形,双方当事人同意由第二审人民法院一并审理的,第二审人民法院可以一并裁判。

凡决定发回重审的案件,人民法院应当在裁定书中概括地提出发回重审的根据和理由,以便下级法院重新审理。

根据《民事诉讼法》第40条的规定,发回重审的案件,原审人民法院应当按照第一审程序另行组成合议庭进行审理,原合议庭成员或者独任审判员,不得参加新组成的合议庭。原审人民法院对发回重审的案件所作的判决,仍属于第一审判决,当事人对重审后的判决、裁定不服,仍有权提起上诉。《民事诉讼法》第170条规定,原审人民法院对发回重审的案件作出判决后,当事人提起上诉的,第二审法院不得再次发回重审。

四、对第一审裁定提起上诉的裁定

根据我国《民事诉讼法》的规定,当事人不服不予受理的裁定、对管辖权有异议的裁定、驳回起诉的裁定,可以依法上诉。第二审人民法院对不服第一审人民法院裁定的上诉,经过审查,认为原裁定认定事实清楚,适用法律正确的,可以作出裁定,驳回当事人的上诉,维持原裁定;认为原裁定认定事实不清,或适用法律错误的,应分别不同情况处理:(1)第二审人民法院查明第一审人民法院作出的不予受理的裁定有错误的,应在撤销原裁定的同时,指令第一审人民法院立案受理;(2)查明第一审人民法院作出的驳回起诉的裁定有错误的,应在撤销原裁定的同时,指令第一审人民法院进行审理;(3)查明第一审人民法院作出的对管辖权异议的裁定错误的,第二审人民法院应在依法撤销原裁定的同时,根据不同情况,分别指令第一审人民法院移送管辖或进行审理。根据《民诉法意见》第330条的规定,人民法院依照第二审程序审理的案件,认为依法不应由人民法院受理的,可以由第二审人民法院直接裁定撤销原判,驳回起诉。

思考题

1. 第二审程序的主要功能是什么?
2. 第一审程序与第二审程序的关系如何?

3. 上诉应具备什么条件?
4. 上诉案件的审理有何特点?
5. 第二审法院对上诉案件应如何处理?

参考文献

1. 齐树洁:《民事上诉制度研究》,法律出版社 2006 年版。
2. 〔美〕弗兰克·M.柯芬:《美国上诉程序——法庭·代理·审判》,傅郁林译,中国政法大学出版社 2009 年版。

第二十五章 审判监督程序

学习目的与要求

通过本章的学习,应了解再审程序的基本原理。具体掌握我国民事诉讼法规定的审判监督程序的概念和意义;审判监督程序与第二审程序的关系;当事人申请再审的条件;人民法院决定再审的条件和程序;检察院抗诉的条件和程序;人民法院对再审案件的审理。

第一节 审判监督程序概述

一、审判监督程序的概念

审判监督程序,是指人民法院对于已经作出确定裁判的民事案件,在有法律规定的情形时,对案件再次进行审理和裁判的程序。审判监督程序又称再审程序。

再审程序作为民事诉讼程序中的一项补救制度,各国民事诉讼法对此都作了规定。一般来说,对确定的终局判决的救济程序,在设置上既要考虑维护终局判决的稳定性、权威性,又要考虑通过纠错来实现法的正义。从实施与获得补救的途径和程序看,再审程序的设置大体上可分为三类:一类是基于当事人的诉权,由当事人提起再审之诉引起对案件的再行审理。大陆法系国家的民事诉讼法一般采取这种救济方式。第二类是基于法定机关、组织和人员行使监督权引起再审程序的发生而对案件再行审理。如蒙古、越南等国家的民事诉讼法一般设立这种补救方式。第三类则同时适用上述两种补救方式,既有审判监督程序,又有当事人启动的再审程序,后者只有在法律严格规定的条件下才能进行。我国民事诉讼法采取的就是这种方式。

我国《民事诉讼法》第十六章规定了"审判监督程序",从内容来看,审判监督程序既包括启动再审程序的方式,也包括对再审案件的审判。根据我国《民事诉讼法》的规定,审判监督程序的启动方式包括:基于人民法院行使审判监督权引起的再审;基于人民检察院行使检察监督权而引起的再审;基于当事人行使诉权申请再审而引起的再审。前两种为基于审判监督引起的再审,后一种为基于当事人申请再审而引起的再审程序。

在我国两审终审制的审级制度下,审判监督程序并不是每一个民事案件必经的程序,而是对于已经发生法律效力而且符合再审条件的判决、裁定、调解协议才能适用的一种特殊审判程序。由于民事裁判是法官在一定条件下就过去发生的事实,根据当事人提供的诉讼资料、适用法律所作出的判断,司法实务中存在错误在所难免。为了保护当事人的合法权益,保障司法裁判的正当性,我国《民事诉讼法》设专章规定了审判监督程序。

二、审判监督程序与第二审程序的关系

审判监督程序和第二审程序,都是为了保证判决、裁定的正确性,纠正原判决、裁定错误的法定程序。但二者有明显的区别:

(1) 审理的对象不同。依再审程序审理的对象是已经发生法律效力的判决、裁定、调解书。既包括第二审人民法院生效的判决、裁定、调解书,也包括第一审人民法院生效的判决、裁定、调解书;而第二审程序审理的对象,只能是地方各级人民法院尚未发生法律效力的第一审判决、裁定。

(2) 提起的主体不同。按照民事诉讼法的规定,有权提起再审程序的,是各级人民法院院长,最高人民法院和上级人民法院,最高人民检察院和上级人民检察院以及符合申请再审条件的当事人;而有权提起上诉程序的,则是原一审程序中的双方当事人和有独立请求权的第三人以及一审裁判中被确定负有实体义务的无独立请求权的第三人。

(3) 提起的期限不同。再审程序的发动,除当事人申请再审原则上须在判决、裁定、调解书生效后 6 个月内提出以外,人民法院和人民检察院按照审判监督程序提起再审的,不受时间限制,任何时候发现已生效的判决、裁定、调解书有错误的,都可以提起。而上诉人提起上诉则必须在第一审判决、裁定尚未生效期限内提起。

三、审判监督程序的特征

审判监督程序是一种补救性程序,目的在于保护当事人的合法权益,及时纠正人民法院生效裁判的错误,是一种不增加审级的具有特殊性质的审判程序,它既不是一、二审程序的继续和发展,也不是民事诉讼的必经程序。审判监督程序具有下列特征:

第一,审理对象是生效的法律文书。

生效法律文书具有强制性、排他性和稳定性,对人民法院和当事人具有约束力,任何人都无法改变。只有当人民法院、人民检察院行使监督权引起再审程序的发生或者当事人依法申请再审引起再审程序的发生时,才能对该判决、裁定再

次进行审理并作出裁判。然而,一审程序的审理对象是双方当事人发生争议的民事权利义务关系;二审程序审理的对象,是未发生法律效力的判决或裁定。

第二,启动程序的主体具有特殊性。

审判监督程序的提起,只能是特定的机关和人员。包括各级人民法院院长、上级人民法院、最高人民法院依法定的方式提起再审;有诉讼监督权的人民检察院提起抗诉;当事人依照法定的条件申请再审。而一审程序和二审程序的启动主体只限于当事人。

第三,审判监督程序的提起必须具有法定事由。

提起再审程序,意味着不再受原确定裁判既判力的拘束,所以提出再审必须具备法定条件。即必须限于法律明确规定的情形;当事人提出起诉或者上诉则无须受此限制。

第四,没有设置完整独立的审判程序。

对于再审案件的审判,《民事诉讼法》并没有为此单独设立一个审判程序。人民法院适用的程序取决于原生效裁判的情况。如果原生效裁判是由第一审法院作出的,按照第一审程序审理;如果生效裁判是由第二审法院作出的,按照第二审程序审理。如果是上级法院提审的,也适用第二审程序。

四、审判监督程序的意义

在我国的民事诉讼中,人民法院行使国家审判权作出的判决和裁定,一经发生法律效力,任何机关、团体、单位和个人都无权变更和撤销,以维护法律的严肃性,确认当事人之间权利义务关系的稳定性。但生效裁判的稳定性应当建立在正确性的基础上。由于民事案件的复杂性和其他原因,如司法人员的工作失误或有意偏袒一方当事人等,都在客观上决定了生效裁判即使经过了第一审、第二审,仍有可能出错。如果确实有错误并达到了必须纠正的程度,就应当通过审判监督程序来改变它,而没有理由去维护这种错误裁判的稳定性。

审判监督程序的意义在于:第一,审判监督程序是针对已经发生法律效力的判决、裁定或调解书中的错误发动的,因而它使发生法律效力的裁判中的错误,仍有通过法律程序得到纠正的机会,是对合法民事权益的更完善的保护。第二,审判监督程序的设立有利于保证办案质量,维护人民法院的司法权威,保证国家法律的统一实施,以维护法律的尊严。第三,审判监督程序是对我国两审终审制的一种必要补充。世界上多数国家和地区实行三审终审制,三审终审制显然使错误裁判得到纠正的机会多于两审终审制。我国实行两审终审制,故有必要以审判监督程序作为其补充。

第二节 当事人申请再审

一、申请再审的概念和意义

申请再审,是指当事人对已经发生法律效力的判决、裁定、调解书,认为有错误,向上一级人民法院申请再行审理的行为。当事人,包括原生效裁判中的原告、被告、共同诉讼人、诉讼代表人、第三人。民事诉讼法赋予当事人申请再审的权利,有着重要的意义,这种启动方式符合民事诉讼的规律及本质特征。纵观世界各国的民事诉讼法,绝大多数国家将发动再审程序的权利主要赋予当事人,这是因为当事人是生效判决、裁定、调解书所产生法律后果的实际承受者,往往更容易感受判决、裁定、调解书的正确与错误,同时,当事人对民事权利和诉讼权利享有处分权,理应有权决定是否需要再审。

审判监督程序的最初设立,是以公权力对存在缺陷的生效裁判进行干预为特征的,当事人仅享有宪法意义上的申诉权。我国1991年《民事诉讼法》通过第178条的规定,赋予了当事人申请再审的权利,使当事人得以通过行使申请再审的权利,启动再审程序,纠正错误的生效裁判。然而它并没有将当事人申请再审设计为独立的再审之诉,在赋予当事人申请再审权利的同时,没有建立一套公开、系统的程序规则,不能保证当事人申请再审权利的有效实现,从而使本应具有诉权地位的当事人申请再审权利淹没于传统的职权监督的色彩中。2007年修改《民事诉讼法》时,对当事人申请再审权利的相关程序进行了诉权化改造,确立了当事人的诉讼地位,疏通了当事人申请再审的渠道,从制度上保障当事人申请再审权利的落实,并能够促使法律问题回归司法领域,在一定程度上缓解了当事人"申诉难"的问题。2012年《民事诉讼法》修改对当事人申请再审的管辖、申请再审的条件等方面作了进一步明确的规定,2015年《民诉法解释》对当事人申请再审的程序性问题规定得更加具体,为当事人行使再审权提供了程序性保障,并有利于促进再审程序功能的发挥。

二、当事人申请再审的条件

申请再审和起诉、上诉一样,均属于当事人的诉讼权利,只要符合法定条件,就可以引起诉讼程序的发生。但申请再审所针对的毕竟是已经生效的判决、裁定、调解书,因此,申请再审的条件理应比起诉、上诉的条件更为严格,以平衡民事诉讼的公正价值和秩序价值。根据《民事诉讼法》和相关司法解释的规定,当事人申请再审必须同时具备以下条件:

(一)申请再审的对象限于法律规定的范围

申请再审的对象必须是已经发生法律效力的判决、裁定和调解书。如果判决、裁定和调解书没有生效,则不能申请再审。在特定情况下,对于已经生效的判决、裁定和调解书,当事人也不能申请再审。包括:第一,当事人对已经发生法律效力的解除婚姻关系的判决书和调解书,不得申请再审。但当事人在离婚案件中就生效判决涉及财产的部分,可以申请再审。第二,根据《民诉法解释》第380条的规定,按照特别程序、督促程序、公示催告程序、破产程序等非讼程序审理的案件,当事人不得申请再审。第三,除不予受理和驳回起诉的裁定外,当事人对其他裁定不得申请再审。

(二) 申请再审必须具有法定事由

当事人申请再审必须符合法定情形,这是对当事人申请再审理由的限制,也是人民法院审查的重点。根据我国《民事诉讼法》第200条的规定,当事人对判决、裁定申请再审,符合下列情形之一的,人民法院应当再审:

(1) 有新的证据,足以推翻原判决、裁定的;

(2) 原判决、裁定认定的基本事实缺乏证据证明的;

(3) 原判决、裁定认定事实的主要证据是伪造的;

(4) 原判决、裁定认定事实的主要证据未经质证的;

(5) 对审理案件需要的证据,当事人因客观原因不能自行收集,书面申请人民法院调查收集,人民法院未调查收集的;

(6) 原判决、裁定适用法律确有错误的;

(7) 审判组织的组成不合法或者依法应当回避的审判人员没有回避的;

(8) 无诉讼行为能力人未经法定代理人代为诉讼或者应当参加诉讼的当事人,因不能归责于本人或者其诉讼代理人的事由,未参加诉讼的;

(9) 违反法律规定剥夺当事人辩论权利的;

(10) 未经传票传唤,缺席判决的;

(11) 原判决、裁定遗漏或者超出诉讼请求的;

(12) 据以作出原判决、裁定的法律文书被撤销或者变更的;

(13) 审判人员审理该案件时有贪污受贿、徇私舞弊、枉法裁判行为的。

当事人对发生法律效力的调解书申请再审的,应当提出证据证明调解违反自愿原则或者调解协议的内容违反法律,经人民法院审查属实的,应当再审。

根据《民诉法解释》第383条的规定,当事人申请再审,有下列情形之一的,人民法院不予受理:(1) 再审申请被驳回后再次提出申请的;(2) 对再审判决、裁定提出申请的;(3) 在人民检察院对当事人的申请作出不予提出再审检察建议或者抗诉决定后又提出申请的。

(三) 再审申请可以向上一级人民法院或原审人民法院提出

根据我国《民事诉讼法》第199条的规定,当事人对已经发生法律效力的判决、裁定,认为有错误的,可以向上一级人民法院申请再审;当事人一方人数众多或者当事人双方为公民的案件,也可以向原审人民法院申请再审。但不停止判决、裁定的执行。根据这一规定,申请再审原则上应向上一级人民法院提出,但如当事人一方人数众多或者双方当事人均为公民的,为避免因交通、住宿等因素增加其申请再审的成本,法律也允许他们选择向原审人民法院申请再审。如果当事人分别向原审人民法院和上一级人民法院申请再审且不能协商一致的,应该由原审人民法院受理。

(四)申请再审须在法定期限内提出

我国《民事诉讼法》第205条规定:"当事人申请再审,应当在判决、裁定发生法律效力后6个月内提出;有本法第200条第1项、第3项、第12项、第13项规定情形的,自知道或者应当知道之日起6个月内提出。"根据这一规定,当事人申请再审一般应在判决、裁定生效后6个月内提出,期间从判决、裁定生效之日起算。但有下列情形之一的,期间从知道或应当知道之日起计算:有新的证据,足以推翻原判决、裁定的;原判决、裁定认定事实的主要证据是伪造的;据以作出原判决、裁定的法律文书被撤销或者变更的;审判人员审理该案件时有贪污受贿、徇私舞弊、枉法裁判行为的。

当事人申请再审应当同时具备以上四个条件。

为合理配置司法资源,避免当事人多头申请再审,民事诉讼法规定,当事人认为生效裁判确有错误,应当首先向人民法院申请再审,只有在下列三种情况下可向检察机关申请抗诉或检察建议:(1)人民法院驳回再审申请的;(2)人民法院逾期未对再审申请作出裁定的;(3)再审判决、裁定有明显错误的。

三、当事人申请再审的程序

(一)当事人的申请方式

根据《民事诉讼法》第203条及《民诉法解释》的规定,当事人申请再审的,应当提交再审申请书等材料。包括:

(1)再审申请书。再审申请书应当记明下列事项:申请人与对方当事人的姓名、住所、身份证明及有效联系方式等基本情况;法人或其他组织的名称、住所、营业执照、组织机构代码证书和法定代理人或主要负责人的姓名、职务及有效联系方式等基本情况;原人民法院的名称,原判决、裁定、调解书案号;申请再审的法定情形及具体事实、理由;具体的再审请求。

(2)已经发生法律效力的判决书、裁定书、调解书及相关证据材料。

(3)原一、二审判决书,裁定书等法律文书,经过人民法院复查或再审的,应当附有驳回通知书、再审判决书或裁定书。

(4)以有新证据证明原裁判认定的事实确有错误为由申请再审的,应当同时附有证据目录、证人名单和主要证据复印件或者照片;需要人民法院调查取证的,应当附有证据线索。

申请再审人提交的再审申请书或者其他材料不符合要求或者有人身攻击等内容,可能引起矛盾激化的,人民法院应当要求再审人补充或改正。

(二) 人民法院的审查程序和期限

人民法院应当自收到符合条件的再审申请书之日起5日内将再审申请书副本发送对方当事人。对方当事人应当自收到再审申请书副本之日起15日内提交书面意见;不提交书面意见的,不影响人民法院审查。人民法院可以要求申请人和对方当事人补充有关材料,询问有关事项。这里人民法院对再审申请的审查,是审查是否符合再审条件,是否应当再审,这与起诉和上诉是有本质区别的,所以对方当事人提交的是"书面意见",即表明是否同意对案件进行再审的态度及相应的事实和理由,而不是"答辩状"。

根据我国《民事诉讼法》第204条的规定,人民法院应当自收到再审申请书之日起3个月内审查,作出是否再审的裁定。

(三) 人民法院审查过程中特殊情况的处理

根据《民诉法解释》的有关规定,当事人提出再审申请后,人民法院在审查再审申请的过程中遇到特殊情况的,应当按照如下程序处理:

(1) 在审查再审申请的过程中,对方当事人及原审其他当事人也申请再审的,人民法院应当将其列为再审申请人,对其提出的再审申请一并审查。审查期限重新计算。经审查,其中一方再审申请人主张的再审事由成立的,应当裁定再审。各方再审申请人主张的再审事由均不成立的,一并裁定驳回再审申请。

(2) 再审申请人在案件审查期间撤回再审申请的,是否准许,由人民法院裁定;再审申请人经传票传唤,无正当理由拒不接受询问的,可以裁定按撤回再审申请处理。人民法院准许撤回再审申请或者按撤回再审申请处理后,再审申请人再次申请再审的,不予受理,但有《民事诉讼法》第200条第1项、第3项、第12项、第13项规定情形,自知道或者应当知道之日起六个月内提出的除外。

(3) 有下列情形之一的,人民法院裁定终结审查:第一,再审申请人死亡或者终止,无权利义务承受人或者权利义务承受人声明放弃再审申请的;第二,在给付之诉中,负有给付义务的被申请人死亡或者终止,无可供执行的财产,也没有应当承担义务的人的;第三,当事人达成执行和解协议且已履行完毕的,但当事人在和解协议中声明不放弃申请再审权利的除外;第四,他人未经授权以当事人名义申请再审的;第五,原审或者上一级人民法院已经裁定再审的;第六,有《民诉法解释》第383条第1款规定情形的,即再审申请被驳回后再次提出申请的;对再审判决、裁定提出申请的;在人民检察院对当事人的申请作出不予提出再审检察建议或者抗诉决定后又提出申请的。

四、案外人申请再审

案外人申请再审，是指符合法定条件的案外人对已经发生法律效力的判决、裁定、调解书，认为损害其合法权益，向人民法院申请再行审理的行为。《民事诉讼法》第227条和《民诉法解释》第423条、第424条对此作出了规定。

案外人申请再审，其目的是救济其被生效法律文书所损害的实体权利。此种案外人没有参加生效裁判所涉案件的审理，没有机会在程序中维护自己的合法权益，而生效裁判又确实损害了其实体权益。例如，原告甲与被告乙因继承纠纷诉至法院，受诉法院根据当事人的诉讼请求、证据、事实和法律将被继承人的存款和股份分别判归甲、乙继承，而被继承人名下的一处房屋则由二人共同继承。在执行程序中，被继承人的弟弟丙提出证据证明，作为执行标的物的房屋系兄弟二人共同出资购买，因而对该房屋主张部分实体权利。在这种情况下，丙可依法申请再审。

根据《民事诉讼法》227条的规定，案外人申请再审需满足下列条件：（1）申请再审应当在执行程序开始以后。如果执行程序尚未开始，案外人认为生效裁判损害了自己的实体权益，可依照该法第56条提起第三人撤销之诉。（2）案外人申请再审应以执行异议为前置程序。即应先对执行标的提出书面异议，人民法院审查后，认为理由不成立裁定驳回。案外人对裁定不服，认为作为执行根据的原裁判错误的，可申请再审。（3）案外人应当自收到驳回异议的裁定之日起6个月内，向作出原裁判的人民法院申请再审。

案外人申请再审与第三人撤销之诉都是为了保护受生效裁判损害的案外第三人的合法权益而设立，都是针对生效裁判，程序的适格主体可能存在重合。为便利当事人诉讼和受诉法院审理案件，合理利用司法资源，案外人不能重复使用两种程序，而应根据具体案情择一而行。如果案外人选择提起第三人撤销之诉，那么不能在该案判决作出后向人民法院再申请再审，反之亦然。

第三节 法院决定再审

人民法院发现已经发生法律效力的判决、裁定确有错误的，基于审判监督权应当决定对案件再行审理。人民法院决定再审，是我国再审程序启动的三种方式之一。

一、人民法院决定再审的条件

根据《民事诉讼法》的规定，人民法院决定再审，必须具备以下条件：
（1）提起再审的主体必须是法定的机关，即本法院、上级人民法院和最高人民法院。

（2）提起再审的客体必须是人民法院已经发生法律效力的、确有错误的判决、裁定、调解书。这里包括三层含义：第一，判决、裁定、调解书已经发生法律效力。第二，判决、裁定确有错误。这里的"确有错误"仅是人民法院初步审查后认为裁判有错误，是否真正有错误，还必须经过再审加以确定。第三，再审的客体限于判决、裁定和调解书，不包括其他法律文书。

二、人民法院提起再审的程序

（一）本法院提起再审

我国《民事诉讼法》第198条第1款规定："各级人民法院院长对本院已经发生法律效力的判决、裁定、调解书，发现确有错误，认为需要再审的，应当提交审判委员会讨论。"按照我国现行法律的规定，各级人民法院享有审判监督权的是法院院长和审判委员会，他们对本院审判人员和合议庭的审判工作进行监督。因此，当院长发现本院已生效的判决、裁定、调解书确有错误时，应当提交审判委员会讨论，由审判委员会决定是否再审。具体程序如下：

（1）院长认为生效裁判确有错误，应当向审判委员会提出，由审判委员会讨论并作出是否对案件进行再审的决定；决定再审的，应当另行组成合议庭。

（2）以本法院的名义作出对案件进行再审的裁定，中止原判决、裁定、调解书的执行，该裁定由院长署名并加盖人民法院的印章。

（二）最高人民法院提起再审

我国《民事诉讼法》第198条第2款规定，最高人民法院对地方各级人民法院已经发生法律效力的判决、裁定、调解书，发现确有错误的，有权提审或者指令下级人民法院再审。此即最高人民法院提起的再审。最高人民法院是国家的最高审判机关，对地方各级人民法院的审判工作享有审判监督权。因此，最高人民法院发现地方各级人民法院已生效的判决、裁定、调解书确有错误时，应根据具体情况决定将案件提到本院自行审判，或者指令下级人民法院再审。自己提审时，应在提审的裁定中同时写明中止原判决、裁定、调解书的执行，并向原审人民法院调取案卷，进行再审。指令下级人民法院再审的，下级人民法院接到指令后，应当依法再审，并将审判结果上报最高人民法院。

（三）上级人民法院提起再审

上级人民法院对下级人民法院已经发生法律效力的判决、裁定、调解书发现确有错误的，有权提审或指令下级人民法院再审。根据法律规定，上级人民法院对下级人民法院的审判工作享有审判监督权。因此，上级人民法院发现辖区内的下级人民法院的生效判决、裁定、调解书确有错误，既可以调取案卷自行审理，也可以指令下级人民法院再审，具体程序与最高人民法院提审或指令再审的程序相同。

最高人民法院和上级人民法院决定提审或者指令下级人民法院再审的,应作出对案件进行再审的裁定,该裁定中应同时写明中止原判决、裁定的执行;情况紧急的,可以将中止执行的裁定口头通知负责执行的人民法院,但应在口头通知 10 日内发出裁定书。裁定应通知案件的双方当事人。

第四节 检察院抗诉启动再审

一、民事抗诉的概念

抗诉,是指人民检察院对人民法院的判决、裁定认为符合法定抗诉条件,或者发现调解书损害国家利益、社会公共利益的,依法提请人民法院对案件重新进行审理的一种诉讼行为。我国民事诉讼中的抗诉仅限于对生效民事裁判的抗诉,对尚未生效的民事裁判,人民检察院没有抗诉权。根据我国宪法规定,检察机关是我国的法律监督机关,对生效民事裁判提起抗诉,是其法律监督职能在民事诉讼中的具体体现,有利于维护国家法律的统一正确实施,促进司法公正,遏制司法腐败,更好地维护当事人的合法权益。

除抗诉外,检察建议也是诉讼监督的一种方式。这种检察机关在实践中经常使用的方式被上升至民事诉讼立法中。根据我国《民事诉讼法》第 208 条、第 209 条的规定,检察建议可用于地方各级检察院对同级法院的民事诉讼活动进行监督。这种监督较为直接,程序也相对简便,但不能直接引起再审程序的启动。如果法院接受检察建议依职权启动再审纠正错误,可不必提起抗诉;如法院对检察建议不予采纳,则可由上级检察院提起抗诉。在适用的范围上,检察建议的适用范围显然大于抗诉,它除了可在审判监督程序中适用,还可对审判监督程序以外的其他审判程序中审判人员的违法行为以及在执行监督时适用。

二、提起民事抗诉的条件

根据《民事诉讼法》第 208 条的规定,人民检察院依照审判监督程序提起民事抗诉应具备以下条件:

(一)人民法院的判决、裁定、调解书已经生效

民事诉讼中的抗诉是一种事后监督,因此人民法院的判决、裁定、调解书必须已经生效。未生效的判决、裁定即使有错误,或者调解书虽然损害国家利益、社会公共利益但尚未送达和签收,检察院不能通过抗诉的方式进行监督。

(二)具有法定的事由

人民检察院对生效的判决、裁定提起抗诉的法定事由是:

(1) 有新的证据,足以推翻原判决、裁定的;
(2) 原判决、裁定认定的基本事实缺乏证据证明的;
(3) 原判决、裁定认定事实的主要证据是伪造的;
(4) 原判决、裁定认定事实的主要证据未经质证的;
(5) 对审理案件需要的主要证据,当事人因客观原因不能自行收集,书面申请人民法院调查收集,人民法院未调查收集的;
(6) 原判决、裁定适用法律确有错误的;
(7) 审判组织的组成不合法或者依法应当回避的审判人员没有回避的;
(8) 无诉讼行为能力人未经法定代理人代为诉讼或者应当参加诉讼的当事人,因不能归责于本人或者其诉讼代理人的事由,未参加诉讼的;
(9) 违反法律规定,剥夺当事人辩论权利的;
(10) 未经传票传唤,缺席判决的;
(11) 原判决、裁定遗漏或者超出诉讼请求的;
(12) 据以作出原判决、裁定的法律文书被撤销或者变更的;
(13) 审判人员审理该案件时有贪污受贿、徇私舞弊、枉法裁判行为的。

人民检察院对生效的调解书提起抗诉的法定事由是:调解书损害国家利益、社会公共利益的。

三、抗诉的程序

(一) 抗诉的提出

根据《民事诉讼法》第208条的规定,民事抗诉的提出,包括两种情况:

(1) 最高人民检察院对各级人民法院已经发生法律效力的判决、裁定提出抗诉。最高人民检察院是国家的最高法律监督机关,它有权对任何级别法院的生效裁判进行法律监督,并依法提出抗诉。所以,最高人民检察院可以直接对地方各级人民法院和专门人民法院发生法律效力的判决、裁定提出抗诉,也可以对最高人民法院已经发生法律效力的判决、裁定按照审判监督程序提出抗诉。

(2) 上级人民检察院对下级人民法院已经发生法律效力的判决、裁定提出抗诉。地方各级人民检察院不得对同级人民法院的生效裁判提出抗诉,但其发现同级人民法院的生效裁判具有法定的抗诉事实和理由的,可以建议同级人民法院再审或提请上级人民检察院按照审判监督程序提出抗诉。

(二) 抗诉的程序

根据我国《民事诉讼法》第212条的规定,人民检察院决定对人民法院的判决、裁定、调解书提出抗诉的,应当制作抗诉书。有证据的,人民检察院向人民法院提交抗诉书的同时,可以向人民法院提供证据,或者提供证据来源。抗诉书是人民检察院对人民法院生效裁判提出抗诉的法律文书,也是引起对案件再审的法律文书。抗诉书应当写明:抗诉的检察院和接受抗诉的法院;当事人的基本情况;抗诉的案件,原审裁判结果;抗诉的事实和理由等。抗诉书由检察长签字,并加盖人民检察院的印章。抗诉的检察院应将其抗诉书抄送上一级人民检察院,上级人民检察院认为抗诉不当的,有权撤销下级人民检察院的抗诉,并通知下级人民检察院。

人民检察院是国家的法律监督机关,人民检察院对人民法院生效的民事判决、裁定、调解书的抗诉必然引起再审程序的发生,这是检察院抗诉与当事人申请再审的重要区别之一。我国《民事诉讼法》第211条规定,检察院提出抗诉的案件,接受抗诉的人民法院必须在30日内作出再审的裁定。检察院提出抗诉的案件,人民法院进行再审时,应当通知检察院派员出庭。检察人员出席抗诉案件再审法庭的职责是:(1)宣读抗诉书;(2)发表出庭意见;(3)说明抗诉的根据和理由;(4)对法庭审判活动是否合法实行监督。

检察院因履行法律监督职责提出检察建议或者抗诉的需要,可以向当事人或者案外人调查核实有关情况。

为了保障和规范人民检察院依法履行民事诉讼监督职责,最高人民检察院于2013年9月颁布实施了《人民检察院民事诉讼监督规则(试行)》,对人民检察院通过抗诉、检察建议等方式实行民事诉讼监督的原则、程序等作出了全面规定。

第五节 再审案件的审判

一、裁定中止原生效裁判的执行

凡进行再审的案件,人民法院均应作出裁定,中止原生效裁判的执行,但追索赡养费、抚养费、抚育费、抚恤金、医疗费用、劳动报酬等案件,因涉及当事人的基本生活或医疗,可以不中止执行。该裁定由院长署名,加盖人民法院印章。法律之所以要"中止原判决"的执行,是因为再审的案件,有可能在审结后撤销或者变更原裁判,为了避免因继续履行或强制执行可能给当事人的合法权益造成更大的损害,减少和制止由于错判造成的不良后果,所以在再审期间要中止原判决的执行。至于法律规定决定再审的案件,只"中止原判决"的执行,而不是"撤销原判",是因为尽管决定再审时已经"发现"原生效裁判有错误,但不经实体审理就撤销原判,是不符合诉讼程序的,也是不严肃的。

二、另行组成合议庭

人民法院审理再审案件,为保证案件的公正审理,应当另行组成合议庭,原合议庭组成人员或独任审判员,不得参加再审案件的审理和裁判。

三、再审案件的审判程序

审判监督程序并无独立的、专门的审判程序,根据我国《民事诉讼法》第207条的规定,人民法院按照审判监督程序再审的案件,发生法律效力的判决、裁定是由第一审法院作出的,按照第一审程序审理,所作的判决、裁定,当事人可以上诉;发生法律效力的判决、裁定是由第二审法院作出的,按照第二审程序审理,所作的判决、裁定,是发生法律效力的判决、裁定。上级法院按照审判监督程序提审的,按照第二审程序审理,所作的判决、裁定是发生法律效力的判决、裁定。

四、再审案件的裁判

人民法院对再审案件进行实体审理后,应根据情况分别作出下列处理:

（1）原判决、裁定认定事实清楚、适用法律正确的,应予维持;原判决、裁定在认定事实、适用法律方面虽有瑕疵,但裁判结果正确的,人民法院应在再审判决、裁定中纠正上述瑕疵后予以维持。

（2）原判决、裁定认定事实、适用法律错误,导致裁判结果错误的,应当依法改判、撤销或者变更。

（3）人民法院按照第二审程序审理再审案件,人民法院经审理认为不符合《民事诉讼法》规定的起诉条件或者符合《民事诉讼法》第124条规定的不予受理情形的,应当裁定撤销一、二审判决,驳回起诉。

（4）新的证据证明原判决、裁定确有错误的,人民法院应予改判。当事人提出新的证据致使再审改判,因再审人申请或者申请检察监督的当事人的过错未能在原审程序中及时举证,被申请人等当事人请求补偿其增加交通、住宿、就餐等必要费用的,人民法院应当支持;请求赔偿其由此扩大的直接损失,可以另行提起诉讼解决。

（5）人民法院以调解方式审结的案件裁定再审后,经审理发现再审申请人提出的调解违反自愿原则的事由不成立,且调解协议的内容不违反法律强制性规定的,应当裁定驳回再审。人民检察院抗诉或再审检察建议所主张的调解书损害国家利益、社会公共利益的理由不成立的,裁定终结再审程序。人民法院裁定中止执行的调解书需要继续执行的,自动恢复执行。

> **思考题**
>
> 1. 简述审判监督程序的概念和意义。
> 2. 简述审判监督程序与第二审程序的关系。

3. 如何理解当事人申请再审的条件?

4. 如何理解人民检察院在审判监督程序中的作用?

参考文献

1. 〔日〕谷口安平:《程序的正义与诉讼》(增补本),王亚新、刘荣军译,中国政法大学出版社2002年版。

2. 王亚新:《对抗与判定:日本民事诉讼的基本结构》,清华大学出版社2002年版。

第二十六章　海事诉讼特别程序法

> **学习目的与要求**

海事诉讼是具有海事专业特点的特殊民事诉讼形式。通过本章的学习,重点把握海事诉讼的概念、特点以及与民事诉讼的关系;了解海事诉讼特别程序法的主要内容:海事诉讼的管辖、海事请求保全的特点及程序、海事强制令、证据保全、海事担保、送达以及海事案件的特殊审理程序等。

第一节　海事诉讼法概述

一、海事诉讼的含义

海事诉讼,是指当事人就海事纠纷诉争至法院,由法院在诉讼参与人的参加下进行裁判等活动的总和。从语源的角度考查,海事 admiralty 是由拉丁语的 admirae 变体而来,与此相关的另一词汇是 maritime,即海商。

在英美国家,长期以来围绕何为海事纠纷争论不休,至今尚无定论。在我国,理论上对何为"海事纠纷"也是颇有争议的。《中华人民共和国海事诉讼特别程序法》(以下简称《海事诉讼特别程序法》)出台后,对这一问题予以了澄清。《海事诉讼特别程序法》将海事案件概括为海事法院受理的"海事侵权纠纷、海商合同纠纷以及法律规定的其他海事海商纠纷案件"。因此,在我国,海事诉讼具体是指当事人就海事侵权纠纷、海商合同纠纷以及法律规定的其他海事海商案件诉至海事法院,海事法院作出裁判的诉讼活动的总和。有关海事诉讼的范围,各国有不同规定,英美国家除包括海事和海商索赔案件以外,还包括捕获物诉讼案件等。在我国,最初设立海事法院时,海事诉讼法的范围除民商事性质的案件外,还包括了海事行政案件、海事执行案件等。

二、海事诉讼的基本原则

(一)公正和效率原则

公正和效率永远是诉讼的生命基础和灵魂支柱。我国《海事诉讼特别程序法》第 1 条指出:为维护海事诉讼当事人的诉讼权利,保证人民法院查明事实,分清责任,正确适用法律,及时审理海事案件,制定本法。这一规定既是我国《海事诉讼特别程序法》的立法宗旨,同时也体现了我国海事诉讼的公正和效率原则。

(1) 海事诉讼的公正原则。海事诉讼的公正原则不仅承袭了民事诉讼的基本特点,而且更具特色:首先是从法律规范角度充分维护了当事人权利。我国《海事诉讼特别程序法》对有关海事诉讼特别程序中涉及当事人行使诉讼权利的环节都作了明确的规定,其目的在于使当事人切实地行使其享有的各项诉讼权利,从而有更多机会陈述自己的主张,保护自己的合法权益。如规定海事请求人可以就其具有的海事请求在有管辖权的海事法院申请海事请求保全、海事强制令、海事证据保全令等,同时也规定海事案件的当事人对法院的海事请求保全、海事强制令、海事证据保全、海事赔偿责任限制等裁定不服的,可以在一定的期间内提出复议或者上诉。其次是法院适用法律过程中的公正性。查明事实,分清责任,正确适用法律,是海事法院审理海事案件的基本前提和必要条件。我国《海事诉讼特别程序法》根据海事诉讼的特点和规律,规范了各项程序、制度,为海事法院审理海事案件提供了科学的手段和依据,从而使海事审判工作做到了有章可循。

(2) 海事诉讼的效率原则。我国海事诉讼起步虽晚,但将效率原则奉为司法的基本理念。我国《海事诉讼特别程序法》充分吸收了国际上民事诉讼改革的基本趋向,始终贯彻效率原则。它在第1条中即明确规定"及时审理海事案件",其他章节中也毫不含糊,如因采取海事诉讼保全而取得案件的管辖权,将极大减少当事人参诉阻力、法院审判难度;规定海事请求保全应在48小时内作出裁定,对海事请求保全裁定的复议应在5日内决定;对于较复杂的船舶碰撞案件和共同海损案件应在1年期限内审结,这些规定都是海事法院及时解决纠纷的保障。

(二) 特别法优于普通法原则

我国《海事诉讼特别程序法》第2条规定:"在中华人民共和国领域内进行海事诉讼,适用《中华人民共和国民事诉讼法》和本法。本法有规定的,依照其规定。"显然,《海事诉讼特别程序法》是对《民事诉讼法》的补充和发展,对于《海事诉讼特别程序法》与《民事诉讼法》的共有部分,《海事诉讼特别程序法》处于优先适用的地位。从执行法律的角度讲,《民事诉讼法》是普通法,《海事诉讼特别程序法》是特别法。我国《海事诉讼特别程序法》第2条即充分体现了特别法优先于普通法的原则。

(三) 国际公约优先原则

根据"条约必须遵守"的国际法原则,我国《海事诉讼特别程序法》第3条与我国《民事诉讼法》第260条作了类似规定,即中华人民共和国缔结或参加的国际条约与《海事诉讼特别程序法》《民事诉讼法》对涉外海事诉讼有不同规定的,适用该国际条约的规定,但中华人民共和国声明保留的条款除外。

在涉外海事诉讼中应正确处理《海事诉讼特别程序法》与相关国际条约的关系,既要尊重和信守国际条约的规定,加强国际间的司法协助;同时又应坚守、维护国家主权基本立场,以迎接我国对外经贸交往中 WTO 时代来临的巨大挑战。

(四)海事案件由海事法院专门管辖原则

按各国通例,一般都将海事案件交由特定的法院或机构管辖,如美国由联邦地区法院管辖海事案件,日本由运输省的海事审判厅管辖海事案件。我国则设有专门的海事法院受理海事案件。

(五)《海事诉讼特别程序法》的专门适用原则

我国《海事诉讼特别程序法》第 2 条、第 5 条对其"专门"的适用范围予以了明确规定:

1. 对人的适用范围

《海事诉讼特别程序法》对在我国法院进行海事诉讼活动的一切人均具有约束力,根据国家主权原则,无论是中国人、外国人、或是无国籍人,只要在我国领域内提起海事诉讼,就必须受我国《海事诉讼特别程序法》的约束。

2. 对事的适用范围

根据"程序法适用法院地法"的国际私法原则,在我国法院进行的一切海事诉讼活动(包括审判活动、执行活动),无论其案件性质如何,也不管案件所涉的纠纷发生地是在远洋、沿海还是内河,均无无一例外地适用我国《海事诉讼特别程序法》。

3. 对执法主体的适用范围

凡在中华人民共和国领域内进行的海事诉讼,不管司法主体是海事法院还是海事法院的上诉审高级法院,或者是最高人民法院,都要适用《海事诉讼特别程序法》的规定。这体现了国家法制统一的原则。

三、我国《海事诉讼特别程序法》的特点及主要内容

(一)我国《海事诉讼特别程序法》的特点

1999 年 12 月 25 日,我国规范海事诉讼的特别程序法即《海事诉讼特别程序法》的颁布实施,揭开了我国海事法制史上崭新的一页。作为民事诉讼领域中一块特殊的土地,我国海事审判工作在近五十年的探索道路上可谓艰难曲折,而又顽强不息。如今,作为民事诉讼法的特别法、海事诉讼法学的灵魂,《海事诉讼特别程序法》的诞生将会极大地推动我国海事诉讼法学的渐臻完善。我国的海事诉讼法有以下基本特点:

(1)海事诉讼法是民事诉讼法的特别法。海事诉讼法属于民事诉讼法的范畴,仍然遵循民事诉讼法的基本原则。在两者的关系上,民事诉讼法是普通法,海事诉讼法作为特殊的民事诉讼规范,是对民事诉讼法的必要补充和发展。

（2）海事诉讼法充分体现了海事诉讼的特点。海事案件具有专业技术性强、涉外因素复杂、相关因素繁多等特点。海事诉讼法的各章节就是在考虑海事诉讼特点的基础上所作的特别规定。如，海事诉讼法在确定管辖时，又增加了一些有海事特点的联系点，例如船籍港、转运港、交船港、还船港、船舶扣押地等，大大方便了海事诉讼。

（3）科学地吸收了国际海事诉讼立法的优秀成果。在国际海事法制的统一化进程中，我国海事立法非常注重与国际接轨，以开放的姿态，认真考查各国海事诉讼的优秀立法成果和实践经验。如海事诉讼法中颇有特色的海事强制令是借鉴了普通法系中禁令（injunction）的内涵，基本上参照了1999年扣船公约的内容，大大地拓宽了我国法律的救济途径。对于海事请求保全、海事强制令和海事证据保全更是强调依当事人申请而启动，强化了当事人主义色彩，体现了审判方式改革的基本走向。

（二）海事诉讼法的内容与结构体系

我国《海事诉讼特别程序法》共分为12章、127条。其总体结构的设置，基本上是沿用民事诉讼法的结构布局。大体分为五个部分：一是总则，规定基本原则性的内容；二是审判程序之前的有关问题，包括海事诉讼案件的管辖、海事请求保全、海事强制令、海事证据保全、海事担保和送达；三是审判程序，对船舶碰撞案件、共同海损案件的审理程序和保险人行使代位求偿权作了特别规定；四是几种特殊的程序规定，包括设立海事赔偿责任限制基金程序、债权登记与受偿程序、船舶优先权催告程序；五是附则，即对该法生效时间的规定。这样的结构布局，首先体现了《海事诉讼特别程序法》与《民事诉讼法》的对应补充关系；其次，适应了海事案件专业性特点，符合海事诉讼法规律。

第二节 海事诉讼管辖

一、海事诉讼管辖的概念及特点

海事诉讼管辖（admiralty jurisdiction），是指法院主管的海事案件在各海事法院之间，海事法院与上级人民法院之间和海事法院与地方各级法院之间的分工、确定哪些案件由海事法院行使管辖权，以及哪个海事法院与其上级法院具有审理第一审海事案件的权限。

与一般民事诉讼相比，海事诉讼管辖具有以下特点：

第一，海事诉讼管辖具有专门性。

我国海事诉讼管辖的专门性，集中体现于设立了专门管辖海事案件的法院——海事法院。其中，案件性质是确定海事法院与其他法院对第一审案件是否具有管辖权的实质要件。如果案件属海事案件,则排除其他法院对该案的管辖权。从这一意义上讲,海事法院及其上级人民法院对海事案件实行专门管辖,故海事诉讼管辖又可称为海事诉讼专门管辖(admiralty special jurisdiction)。大多数海事案件(如船舶碰撞损害赔偿案件、油污损害赔偿案件、共同海损分摊案件等)均涉及复杂的专业技术性问题,应由具备航海经验及精通专业知识的法官进行审理,以便准确、及时地审结。

第二,海事诉讼管辖的范围具有特定性。

受海事案件的内在性质以及航运业的特点限制,与其他法院相比,海事法院管辖的案件范围较为狭窄,对那些与海事案件相关的并发性的海事刑事案件及除此之外的其他民事、经济案件,海事法院均不享有管辖权。

第三,海事诉讼管辖具有涉外性。

据有关资料统计,海事法院受理的案件中,涉外案件以及涉我国香港、澳门特别行政区和台湾地区的案件占了1/3。这个比例远远高于地方中级人民法院受理的涉外案件。

第四,海事诉讼管辖中特殊地域管辖所占比例较大。

海事案件的诉讼标的物具有较强的流通性,其流转所在地法院均可能对案件具有管辖权。若单纯采用"原告就被告"原则,很难针对案件的性质进行灵活、便利的审理。针对这一特点,我国《海事诉讼特别程序法》对涉外或非涉外的海事案件均规定了诸多连接点,使诉讼当事人有权在法律规定的范围内选择其认为合适的法院审理案件(forum slopping)。

第五,海事诉讼管辖不以行政区划分为基准。

我国海事法院的设立及相互之间地域管辖的划分,并非以行政区划分为基准,而是以我国海域(主要是沿海)或流域(长江流域)的分布状况为基础,并且集中设于大连、青岛、厦门和北海四个区域。海事法院以所在城市命名,但是与所在城市的行政区划无关。

第六,海事诉讼管辖范围呈扩大趋势。

近年来,我国海事法院受理海事案件的范围有扩大趋势,这是由海事案件具有涉外因素及择地行诉等特点决定的。这一管辖范围的逐步扩大,将有利于维护国家主权,进一步提升国家的国际地位和声誉。

二、海事主管与海事法院受案范围

(一)海事主管

海事主管是确定海事法院行使海事审判权的范围,解决海事法院与其他机关、团体之间处理海事纠纷的分工和权限。

海事法院与其他国家机关之间(如海事局、海关、边防等)就主管方面的分工通常明确的。例如在一例走私货物案件中,未参与走私的船舶所有人就其船舶受损的事实提起的诉讼属海事法院的主管范围,而没收走私货物并对货主进行处分,则是海关行使行政主管权能的体现。

海事法院与社会团体之间在主管上的分工,是由民事诉讼的"或裁或审"的原则确定的,海事纠纷通常应由海事法院主管,但若当事人之间签订了有效的仲裁协议,案件的管辖权则交由仲裁机构。

(二)海事法院受案范围

海事法院受案范围,又称海事法院收案范围,是指海事法院受理海事案件的规模与程度。根据最高人民法院2001年9月11日发布的《关于海事法院受理案件范围的若干规定》(以下简称《受案范围》)的规定,海事案件共分为以下四大类:

(1)海事侵权纠纷案件。这类案件泛指在海上或者通海水域发生的、涉及船舶的,或者在航运、生产、作业过程中发生的非合同关系的人身、财产权益损害所提起的民事纠纷。根据《受案范围》第1条的规定,包括:船舶碰撞损害赔偿案件;船舶触碰海上、海底、空中、通海水域、港口设施损害赔偿案件;船舶排放、泄漏、倾倒油类或其他有害物质;以及海上、港口作业,拆船、修船以及其他污染源,造成水域污染损害赔偿案件;等等。

(2)海商合同纠纷案件。海商合同泛指民事主体之间达成的在海上或者通海水域及其港口进行民商事活动的权利义务关系的协议。基于海商合同法律关系发生争议提起的诉讼请求即为海商合同纠纷案件。根据《受案范围》第2条的规定,包括:海上货物运输合同纠纷案件;船舶租用合同纠纷案件;海上旅客及其行李运输合同纠纷案件;等等。

(3)其他海事海商纠纷案件。根据《受案范围》第3条的规定,包括:共同海损纠纷案件;港口作业纠纷案件;海运欺诈纠纷案件;申请认定海上或者通海水域财产无主的案件;申请因海事事故宣告死亡的案件;海事强制令案件;海事证据保全案件;等等。

(4)海事执行案件。根据《受案范围》第4条的规定,主要就是申请执行海事法院及其上诉审高级人民法院和最高人民法院就海事请求作出的生效法律文书的案件;申请执行海事仲裁裁决书、海事行政处罚决定书以及与船舶和船舶营运有关的公证债权文书等相关案件。

三、级别管辖

(一)级别管辖概述

级别管辖(grade jurisdiction)是指海事法院与上级法院之间受理第一审海事案件的分工和权限,是法院内部对第一审海事案件的纵向分工。

海事案件的审理为"三级两审制",与一般民事案件的"四级两审制"不同。其中,受理第一审海事案件的海事法院与中级人民法院属于同一级别。具体而言,海事案件的三级审级为海事法院,海事法院所在省、自治区、直辖市高级人民法院和最高人民法院。

(二)海事法院及其上级人民法院管辖的第一审海事案件

为方便当事人诉讼和解决海事纠纷,同时也考虑到海事案件的特殊性和专业性,一般来说,第一审海事案件由海事法院受理,当事人对海事法院的一审裁判不服,可上诉至海事法院所在省、市、自治区、直辖市的高级法院。海事法院内设海事庭、海商庭和派出法庭。派出法庭是海事法院陆续在沿海各大港口设立的派出机构。

根据《民诉法解释》第273条的规定,海事法院可以审理海事、海商小额诉讼案件。案件标的额应当以实际受理案件的海事法院或者其派出法庭所在的省、自治区、直辖市上年度就业人员年平均工资30%为限。

四、地域管辖

地域管辖(regional jurisdiction),是指各海事法院就第一审海事案件的分工和权限。它解决的是各海事法院之间受理第一审海事案件的范围划分,属于海事法院之间的横向分工。

(一)一般地域管辖

一般地域管辖是以当事人住所地与海事法院辖区的隶属关系来确定诉讼管辖。我国《海事诉讼特别程序法》未就一般地域管辖作出规定,根据《海事诉讼特别程序法》第2条的规定,应适用于《民事诉讼法》的有关规定。尽管《海事诉讼特别程序法》的特殊地域管辖相对较多,但在海事审判实践中,一般地域管辖仍是海事诉讼管辖最为常见和重要的方式之一。一般地域管辖以被告住所地法院为原则(即"原告就被告"原则),以原告住所地法院管辖为例外。

(二)特殊地域管辖

特殊地域管辖是以诉讼标的所在地或海事事实发生地为标准,同时考虑被告住所地而确定的管辖。海事案件所具有的涉外因素多、涉及面广、专业技术性强、诉讼标的流动等特点,决定了只有对大多数海事案件采用特殊地域管辖,才能更科学高效地解决海事纠纷,保护各方当事人的合法权益。根据我国《民事诉讼法》的有关规定、《海事诉讼特别程序法》第6条就海事案件的特殊地域管辖作出的七项规定和自2003年2月1日起实施的最高人民法院《关于适用〈中华人民共和国海事诉讼特别程序法〉若干问题的解释》(以下简称《海事诉讼解释》),海事诉讼的特殊地域管辖有以下几种案件:

(1)因船舶碰撞或其他海事损害事故请求损害赔偿提起的诉讼,由碰撞发生地、碰撞船舶最先到达地、加害船舶被扣留地、船籍港所在地或被告住所地海事法院管辖。根据《海事诉讼解释》第 4 条的规定,船籍港指被告船舶的船籍港。被告船舶的船籍港不在中华人民共和国领域内,原告船舶的船籍港在中华人民共和国领域内的,由原告船舶的船籍港所在地的海事法院管辖。

(2) 因海上或者通水海域发生事故请求损害赔偿提起的诉讼,由事故发生地、船舶最先到达地、船籍港所在地或被告住所地海事法院管辖。

(3) 因上述 1、2 项之外其他海事侵权行为提起的诉讼,由侵权行为地、船籍港所在地或被告住所地海事法院管辖。

(4) 因海上运输合同纠纷提起的诉讼,由运输始发地、目的地、转运港所在地或被告住所地海事法院管辖。根据《海事诉讼解释》第 5 条的规定,起运港、转运港和到达港指合同约定的或者实际履行的起运港、转运港和到达港。合同约定的起运港、转运港和到达港与实际履行的起运港、转运港和到达港不一致的,以实际履行的地点确定案件管辖。

(5) 因海船租用合同纠纷提起的诉讼,由交船港、还船港、船籍港所在地,被告住所地海事法院管辖。根据《海事诉讼解释》第 3 条的规定,海船指适合航行于海上或者通海水域的船舶。

(6) 因海上保险合同纠纷提起的诉讼,由被告住所地或海上标的物所在地海事法院管辖。

(7) 因海上保赔合同纠纷提起的诉讼,由保赔标的物所在地、事故发生地、被告住所地海事法院管辖。根据《海事诉讼解释》第 6 条的规定,保赔标的物所在地指保赔船舶的所在地。

(8) 因海船的船员劳务合同纠纷提起的诉讼,由原告住所地、合同签订地、船员登船港或离船港所在地、被告住所地海事法院管辖。根据《海事诉讼解释》第 8 条的规定,因船员劳务合同纠纷直接向海事法院提起的诉讼,海事法院应当受理。

(9) 因海事担保纠纷提起的诉讼,由担保物所在地、被告所在地海事法院管辖;因船舶抵押纠纷提起的诉讼,还可以由船籍港所在地海事法院管辖。

(10) 因海船的船舶所有权、占有权、使用权、优先权纠纷提起的诉讼,由船舶所在地、船籍港所在地、被告住所地海事法院管辖。根据《海事诉讼解释》第 7 条的规定,船舶所在地指起诉时船舶的停泊地或者船舶被扣押地。

(11) 根据《海事诉讼解释》第 10 条的规定,与船舶担保或者船舶优先权有关的借款合同纠纷,由被告住所地、合同履行地、船舶的船籍港、船舶所在地的海事法院管辖。

(12) 因海难救助费用提起的诉讼,由救助地或被救助船舶最先到达地海事法院管辖;根据《海事诉讼解释》第 9 条的规定,还可以由被救助的船舶以外的其他获救财产所在地的海事法院管辖。

(13) 因共同海损提起的诉讼,由船舶最先到达地、共同海损理算地或航程终止地海事法院管辖。

(14) 因其他海商合同纠纷提起的诉讼,由被告住所地海事法院管辖。

(三) 专属管辖

专属管辖(exclusive jurisdiction),是指法律规定的海事案件只能由特定的海事法院管辖。专属管辖具有很强的排他性,既排除外国法院、非海事法院、国内其他海事法院的管辖权,也排除协议管辖、一般地域管理和特殊地域管辖的适用。它是根据诉讼标的及其诉讼标的物来确定管辖,目的在于方便诉讼,利于执行。

对于海事案件专属管辖,我国《民事诉讼法》仅对港口作业纠纷作了专属管辖的规定。为了维护国家主权和国家利益。我国《海事诉讼特别程序法》第7条作了如下发展:

(1) 因沿海港口作业纠纷提起的诉讼,由港口所在地海事法院管辖;

(2) 因船舶排放、泄漏、倾倒油类或其他有害物质,海上生产、作业或拆船、修船作业造成海域污染损害提起的诉讼,由污染发生地、损害结果地或采取预防污染措施地海事法院管辖;

(3) 因在中华人民共和国领域和有管辖权的海域履行的海洋勘探开发合同纠纷提起的诉讼,由合同履行地海事法院管辖。根据《海事诉讼解释》第11条的规定,"有管辖权的海域"指中华人民共和国的毗连区、专属经济区、大陆架以及有管辖权的其他海域。根据《海事诉讼解释》第12条的规定,"合同履行地"指合同的实际履行地;合同未实际履行的,为合同约定的履行地。

(四) 协议管辖

协议管辖(agreement jurisdiction)可分为一般协议管辖、特殊协议管辖和默示协议管辖。一般协议管辖和默示协议管辖是国际上普遍承认的管辖原则之一,我国《民事诉讼法》对此已予以明确规定。我国《海事诉讼特别程序法》仅就特殊协议管辖作出规定。

我国《海事诉讼特别程序法》第8条规定:"海事纠纷的当事人都是外国人、无国籍人、外国企业或者组织,当事人书面协议选择中华人民共和国海事法院管辖的,即使与纠纷有实际联系的地点不在中华人民共和国领域内,中华人民共和国海事法院对该纠纷也具有管辖权。"这一规定有条件地突破了民事诉讼法对当事人协议选择管辖的法院应与纠纷有实际联系的要求,体现了当事人意思自治的原则,符合国际通行做法,而且在海事法院的审判实践中已有多宗成功的案例。

(五) 共同管辖与选择管辖

根据我国《海事诉讼解释》第 16 条的规定,两个以上海事法院都有管辖权的诉讼,原告可以向其中一个海事法院起诉;原告向两个以上有管辖权的海事法院起诉的,由最先立案的海事法院管辖。

五、管辖权争议、管辖权异议、移送管辖及指定管辖

(一) 管辖权争议

管辖权争议(dispute on jurisdiction),是指各海事法院之间、海事法院与地方人民法院之间为争夺对同一案件的管辖权,或对同一案件互相推诿都不愿意具体行使管辖权而引起的争议。

法院之间因管辖权发生争议,在审判实践中一般有两种情况:一种是双方法院争夺对同一案件的管辖权,另一种是两个有管辖权的法院对同一案件互相推诿都不愿意具体行使管辖权。由于对案件的定性不同,使同一区域内的海事法院和地方法院容易关于案件是否为海事案件、是否应由海事法院管辖等问题产生争议。即使是典型的海事案件,也由于海事纠纷所具有的船舶及船载货物的流动性强、海事特殊地域管辖所占比例大、管辖连接点多等特点,而容易引起海事法院之间发生管辖权争议。

海事法院与地方人民法院之间因管辖权发生争议的,首先应当进行协商,尽量争取以协商方式解决争议,以免拖延审期,影响当事人的权利。对于经协商仍然不能解决争议的,应当逐级上报,由共同的上级法院指定管辖。

(二) 管辖权异议

管辖权异议(dissention on jurisdiction),是指海事法院或地方人民法院受理案件后,当事人提出该受诉法院对案件没有管辖权的主张。当事人异议不仅可针对受诉海事法院的地域管辖和级别管辖等法定管辖的正确性提出,还可以针对协议管辖的有效性提出。

海事司法实践中,常见的管辖权异议的情形有:

(1) 就案件是否属于海事法院专门管辖提出异议;

(2) 就协议管辖的有效性提出异议;

(3) 以存在合法有效的仲裁协议为由提出管辖权异议。

(三) 移送管辖

移送管辖,是指海事法院或地方各级人民法院发现已受理的海事案件不属于本院管辖而将案件移送给其他有管辖权或应当对案件进行管辖的海事法院管辖的行为。司法实践中,移送管辖通常发生在同级海事法院之间,用来纠正地域管辖的错误,但有时也发生在海事法院与其上级法院之间。根据我国《民事诉讼法》第 37 条的规定,移送管辖的构成要件包括:

(1) 有关法院已受理案件;
(2) 受诉法院对其已受理的案件没有管辖权或不应当对其进行管辖;
(3) 受诉法院应将案件移送给有管辖权的海事法院;
(4) 受诉法院应按法定程序移送案件。

(四) 指定管辖

在海事司法实践中,经常会发生人民法院就海事案件的管辖权发生争议的情形,主要有三种类型:一是海事法院之间存在管辖权争议而协商不成的;二是海事法院与地方人民法院之间存在管辖权争议而协商不成的;三是有管辖权的海事法院因特殊原因不能行使管辖权的。针对此,我国《海事诉讼特别程序法》第10条规定:"海事法院与地方法院之间因管辖权发生争议,由争议双方协商解决;协商解决不了的,报请他们的共同上级人民法院指定管辖。"指定管辖的最大特点为其所涉及的共同上级人民法院级别较高,海事法院之间的共同上级人民法院是最高人民法院,海事法院与地方人民法院之间的共同上级人民法院是高级人民法院和最高人民法院。《海事诉讼解释》第17条规定:"海事法院之间因管辖权发生争议,由争议双方协商解决;协商解决不了的,报请最高人民法院指定管辖。"

六、执行管辖

我国《海事诉讼特别程序法》第11条规定:"当事人申请执行海事仲裁裁决,申请承认和执行外国法院判决、裁定以及国外海事仲裁裁决的,向被执行的财产所在地或者被执行人住所地海事法院提出。被执行的财产所在地或者被执行人住所地没有海事法院的,向被执行的财产所在地或者被执行人住所地的中级人民法院提出。"《海事诉讼解释》第13条规定:"当事人根据海事诉讼特别程序法第11条的规定申请执行海事仲裁裁决,申请承认和执行国外海事仲裁裁决的,由被执行的财产所在地或者被执行人住所地的海事法院管辖;被执行的财产为船舶的,无论该船舶是否在海事法院管辖区域范围内,均由海事法院管辖。船舶所在地没有海事法院的,由就近的海事法院管辖。前款所称财产所在地和被执行人住所地是指海事法院行使管辖权的地域。"《海事诉讼解释》第14条规定:"认定海事仲裁协议效力案件,由被申请人住所地、合同履行地或者约定的仲裁机构所在地的海事法院管辖。"《海事诉讼解释》第15条规定:"除海事法院及其上级人民法院外,地方人民法院对当事人提出的船舶保全申请应不予受理;地方人民法院为执行生效法律文书需要扣押和拍卖船舶的,应当委托船籍港所在地或者船舶所在地的海事法院执行。"

七、申请认定财产无主和宣告死亡的管辖

我国《海事诉讼特别程序法》第9条规定:"当事人申请认定海上财产无主的,向财产所在地海事法院提出;申请因海上事故宣告死亡的,向处理海事事故主管机关所在地或者受理相关海事案件的海事法院提出。"

第三节 海事请求保全

一、海事请求保全概述

(一)海事请求与海事请求保全

海事请求(maritime claim)是海商法和海事诉讼领域中经常使用的概念。相联系的还有海事请求权、海事赔偿请求、海事请求人等概念。

海事请求的概念比较集中地出现在有关扣船的国际公约和国内立法中。在这些国际公约和国内立法中,海事请求的范围常常采用封闭式或开放式的定义方式。由于我国《海事诉讼特别程序法》中有关扣船的规定主要是借鉴了1999年《国际扣船公约》的有关规定,同时对可申请扣船的海事请求范围采用了公约的列举封闭式的形式和内容,扣押当事船和姊妹船以及重复扣船的条件也与公约基本一致。

海事请求保全是海事诉讼领域的专用概念,我国《海事诉讼特别程序法》第12条是如此定义的:"海事请求保全是指海事法院根据海事请求人的申请,为保全其海事请求,对被请求人的财产所采取的强制措施。"从其定义中可以看出,海事请求保全具有如下特点:

(1)海事请求保全案件由海事法院专门管辖。这是我国《海事诉讼特别程序法》中的一条重要的管辖原则。海事请求保全的决定及具体执行是由审理海事案件的专门海事法院或高级人民法院或最高人民法院独立完成的。

(2)海事请求保全必须根据海事请求人的申请。无论诉前还是诉讼中的海事请求保全,均必须由海事请求人提出申请,海事法院不依职权采取海事请求保全措施。我国《海事诉讼特别程序法》的这一做法舍弃了《民事诉讼法》关于法院依职权采取财产保全的规定,顺应了民事审判方式改革的趋向,充分调动了诉讼当事人的积极主动性。

(3)海事请求保全的目的是保全海事请求。保全海事请求,实际上是通过申请海事法院对被请求人的财产采取强制措施,迫使被请求人提供担保,或通过拍卖该财产保存价款,以实现保全诉讼时效和保证将来法院的判决、仲裁裁判、当事人之间的协议得以顺利执行的根本目的。

(4) 海事请求保全的对象是被请求人的财产。与我国《民事诉讼法》中规定的财产保全相同,海事请求保全的对象也是财产,其中扣船是一种典型的、常用的海事请求保全措施。此外,为保全海事请求而对船舶以外的其他财产如船载货物及其他动产、房地产、银行存款乃至诸如知识产权、股权等无形财产所作的保全也都属于海事请求保全的范围。

(5) 海事请求保全属于法院的强制措施。从性质上看,海事请求保全是一种司法强制措施,是海事法院按其作出的裁定对应申请人财产所实施的一种临时强制行为,而非当事人的诉讼行为,属于公力救济的范畴。

(二) 海事请求保全与财产保全、留置权

1. 海事请求保全与财产保全

海事请求保全是我国《海事诉讼特别程序法》的一个新概念,虽采用"保全"一词,但未沿用财产保全的概念,因此,有关海事请求保全与财产保全两者的关系,成为人们的一大困惑。从逻辑关系上看财产保全和海事请求保全是包含与被包含的关系,海事请求保全是财产保全的一种特殊形态;从性质上讲,两者并无实质上的区别,都属于保全措施,都是为保障债权人(未确定的)利益,而对债务人(未确定的)财产采取的强制措施。

2. 海事请求保全与海事留置权

海商法上的留置权具有民法上担保物权的特性,主要有两类:一是船舶留置权,二是因海上货物运输而产生的船载货物留置权。

从海事留置权与海事请求保全的法律特征和行使条件来看,两者既有共性又各有特点。就共性而言:

(1) 海事留置权所担保的债权与海事请求保全所保全的海事请求有重叠。船舶留置权所担保的债权如船舶建造或修理费用及货物留置权所担保的如运费、滞期费的费用请求均属于海事请求的范畴,是海事请求保全所依据的海事请求的一部分。

(2) 目的相同。海事留置权和海事请求保全的目的都是为了保全海事请求,即保证债权的实现。

(3) 采用的手段相似。两者都是通过控制(不交付)财产以达到保全海事请求的目的。当债务人或被请求人在规定期限内不履行债务或未提供适当担保时,债权人或海事请求人可以变卖或申请拍卖货物,清偿债务。

从两者的差异来看,其中最本质的区别是,行使海事留置权属于私力救济,申请海事请求保全属于公力救济。前者是债权人通过自己的行为,以不交付船舶或货物的方式行使,海事法院不介入。后者通过向海事法院申请扣押船或货物,由国家审判机关行使司法强制力来保障实施。此外,海事留置权以占有为条件,债权人失去对相关财产的占有即丧失对该财产的留置权,而海事请求保全不受占有的约束,只要海事请求人对被请求人具有海事请求,即可申请海事法院予以保全;同时,特定的留置权担保特定的债权,债权人所留置的财产必须与所依据的债权有关联,而海事请求保全不受这一限制,即使所要扣押的船舶或货物与所依据的海事请求没有关联,也可申请扣押。

(三)海事请求保全的管辖

海事请求保全案件的管辖是海事请求保全制度的重要组成部分,具有不同于一般财产保全管辖的特殊性。需要遵循几个特殊原则:

(1)属地管辖原则。就诉前海事请求保全的管辖而言,我国《海事诉讼特别程序法》以财产所在地作为管辖的唯一连结点,《海事诉讼特别程序法》第13条明确规定:"当事人在起诉前申请海事请求保全,应当向被保全的财产所在地海事法院提出。"关于诉讼中的海事请求保全的管辖,我国《海事诉讼特别程序法》未作规定,而是承继了《民事诉讼法》的相关做法,由受理案件的法院裁定实施。

(2)不受诉讼管辖或仲裁协议约束原则。我国《海事诉讼特别程序法》第14条规定:"海事请求保全不受当事人之间关于该海事请求的诉讼管辖协议或者仲裁协议的约束。"这是我国《海事诉讼特别程序法》中一项颇具特色的原则,实际上仍是对海事请求保全属地管辖原则的进一步延伸。其含义是指当事人之间关于海事请求实体争议的诉讼管辖协议或仲裁协议(如果存在)不影响财产所在地海事法院行使属地管辖权。当事人在合同中订有管辖权条款、仲裁条款,或订有诸如此类的协议的,只约束对海事请求实体争议的管辖,而海事请求保全的管辖仍应遵循属地管辖原则。

(3)海事法院专门管辖原则。海事请求保全案件由海事法院管辖。对因海事请求以外的其他请求而申请扣押船舶,是否也应由海事法院管辖这一问题,最高人民法院副院长李国光《在全国民事审判工作会议上的讲话》中指出:当事人申请扣押船舶必须只有《海事诉讼特别程序法》第21条所规定的海事请求内容,海事法院方可应其申请采取扣押船舶措施。地方人民法院不得对船舶采取保全措施;如果为执行案件需要扣押船舶的,应当委托就近的海事法院执行。据此,非因海事请求扣押船舶已被彻底杜绝。

(四)海事请求保全的基本程序

我国《海事诉讼特别程序法》第三章"海事请求保全"第一节"一般规定"中规定了海事请求保全的基本程序,将原先诉讼前扣押船舶的程序扩大适用于所有的海事请求保全。海事请求保全的程序主要有以下几个步骤:

1. 申请

我国《海事诉讼特别程序法》规定不论是诉讼前还是诉讼中,海事诉讼保全都是由当事人提出申请,法院不再主动采取保全措施。

(1)申请必须以书面形式提出。海事诉讼实践中,海事法院一般要求以申请书的形式提出,有的海事法院也接受其他形式的申请,常见的是传真,但同时要求海事请求人随后提供申请书的原件。

(2) 申请书的内容包括:海事请求事项、申请理由、保全的标的物以及要求提供担保的数额。

(3) 被申请人的名称。在我国对人诉讼的制度下,海事请求保全申请应有明确的相对方。但在扣押船舶的情形中,海事请求人有时难以知晓被请求人的名称,紧急情况也不容许请求人在查明了被请求人的名称后再申请扣船。因此,《海事诉讼特别程序法》第25条对此作了特殊规定,即海事请求人申请扣押当事船舶,不能立即查明被请求人名称的,不影响申请的提出。

(4) 有关证据。我国《海事诉讼特别程序法》第15条规定申请书应附有有关证据。至于何为"有关证据",实践中应视具体情况而定。一般而言,有关证据是指证明产生海事请求的事实、被请求人的责任、保全标的物的情况等方面的证据。应当指出的是,提出海事请求保全申请时附送证据,不同于实体案件中的举证责任,只要求提供初步的证据即可。

2. 担保

我国《海事诉讼特别程序法》第16条规定:"海事法院受理海事请求保全申请,可以责令海事请求人提供担保。海事请求人不提供的,驳回其申请。"这一规定相当于《民事诉讼法》关于诉讼中财产保全的规定,与该法关于诉讼前财产保全应当提供担保相比,《海事诉讼特别程序法》放宽了海事请求人提供担保的要求。

3. 审查

海事法院对申请的审查只能是程序性审查,与对案件的实体审查有本质区别。这一方面是因为海事请求保全通常是在情况比较紧急时作出的,时间上不允许彻底审查,而且保全裁定建立在海事请求人单方面陈述的基础上,缺少被请求人的抗辩;另一方面是因为存在海事请求人提供担保和申请错误的赔偿保障机制。

4. 裁定

经海事法院审查,认为海事请求人的申请符合海事请求保全条件的,不论是诉讼前还是诉讼中的海事请求保全,海事法院均应在接受申请后的48小时内作出裁定。而我国《民事诉讼法》仅要求情况紧急的诉讼中财产保全和诉讼前财产保全裁定必须在48小时内作出。

对海事请求保全裁定不服的,不能提起上诉,但可以在收到裁定书之日起5日内向作出保全裁定的海事法院申请复议一次。海事法院应当在收到复议申请之日起5日内作出复议决定。复议期间不停止裁定的执行。与保全有关的利害关系人对裁定也可以提出异议。

5. 执行

海事法院准予海事请求人的保全申请,裁定采取海事请求保全措施的,应当立即执行。

6. 解除保全

根据我国《海事诉讼特别程序法》第18条的规定,海事法院应当在下列情况下解除海事请求保全措施:(1)被请求人提供了担保;(2)当事人有正当理由申请解除海事请求保全的,当事人包括海事请求人和被请求人;(3)申请人在规定的期间内(扣押船舶的期限为30日,扣押船载货物的期限为15日),未提起诉讼或者未按照仲裁协议申请仲裁的。《海事诉讼解释》第25条规定:"海事请求保全扣押船舶超过30日、扣押货物或者其他财产超过15日,海事请求人未提起诉讼或者未按照仲裁协议申请仲裁的,海事法院应当及时解除保全或者返还担保。海事请求人未在期限内提起诉讼或者申请仲裁,但海事请求人和被请求人协议进行和解或者协议约定了担保期限的,海事法院可以根据海事请求人的申请,裁定认可该协议。"《海事诉讼解释》第26条规定:"申请人为申请扣押船舶提供限额担保,在扣押船舶期限届满时,未按照海事法院的通知追加担保的,海事法院可以解除扣押。"

(五)申请海事请求保全的法律后果

海事请求保全,不论诉讼前还是诉讼中,均是在事实尚未完全查清、法律关系不完全确定、当事人的责任不完全明确的情况下作出的,因此,申请海事请求保全错误的可能性是存在的。我国《海事诉讼特别程序法》第20条规定:"海事请求人申请海事请求保全错误的,应当赔偿被请求人或者利害关系人因此所遭受的损失。"《海事诉讼解释》第23条规定:"被请求人或者利害关系人依据海事诉讼特别程序法第20条的规定要求海事请求人赔偿损失,向采取海事请求保全措施的海事法院提起诉讼的,海事法院应当受理。"根据海事审判实践,申请海事请求保全错误的主要表现形式有:(1)申请人不具有海事请求,如申请人不具有申请海事请求保全的主体资格,或保全所依据的海事请求不成立;(2)被申请人对海事请求不负责任;(3)海事请求保全的对象错误,即申请保全的财产不属于法律规定的可供保全的财产范围;(4)是要求提供的担保过高,这是广义上的保全错误。海事请求保全错误是一种严重的侵权行为,申请人应对被申请人或利害关系人承担相应的责任。

二、扣押与强制拍卖船舶

(一)扣押船舶

扣押船舶是最典型的海事请求保全方式。我国《海事诉讼特别程序法》有关扣押船舶的规定,是以1999年《国际扣船公约》为蓝本起草的,在较大程度上完成了与国际海事立法与实践的接轨。

1. 申请扣押船舶的条件

（1）扣押船舶的实质要件

① 申请人具有海事请求。海事请求是申请扣押船舶的唯一依据。我国《海事诉讼特别程序法》第22条明确规定："非因第21条规定的海事请求不得申请扣押船舶，但为执行判决、仲裁裁决以及其他法律文书的除外。"

② 被申请人对海事请求负有责任。首先，要求被申请人是海事请求所涉法律关系的主体，或是合同关系的一方当事人，或是侵权行为人。其次，根据合同和法律，被申请人对海事请求应负有责任。

③ 有保全的必要。海事请求保全也具有一般财产保全的共性，即存在因当事人一方的行为或其他原因使判决不能执行或难以执行的情况。至于何种情况下符合这一条件，一般而言，扣押外国当事人所有的船舶被认为是符合这一条件的，而对我国当事人所有的船舶进行保全的必然性则小得多。

（2）扣押船舶的形式要件

扣押船舶的形式要件包括申请、担保、审查、裁定、执行、解除保全六个步骤。扣押船舶与其他海事请求保全措施相比有一个特殊之处，即申请扣押当事船舶（不包括姊妹船）而不能立即查明被申请人名称的，不影响申请的提出。这实际上是在充分考虑了船舶经营的特殊性的基础上，吸收了对物诉讼的优点。

2. 扣押船舶的范围

扣押船舶的范围，是指可以作为海事请求保全对象加以扣押的船舶的范围，这是扣押船舶的核心问题。

（1）扣押当事船舶的范围

我国的《海事诉讼特别程序法》将扣押当事船舶的范围界定为对海事请求负有责任的人所有的船舶和光船租用的船舶。在特殊情况下，为行使船舶的优先权、抵押权或其他同样的权利、船舶所有权或占有权请求而申请扣押当事船舶时，不以实施扣押时船舶此时属于对海事请求负有责任的人所有为条件，即同样可以将此船舶纳入申请扣押人范围。这一规定，我国《海事诉讼特别程序法》与1999年《国际扣船公约》的内容基本吻合。

（2）扣押姊妹船舶的范围

一般而言，船舶的姊妹关系体现为两艘船舶同属一人所有，姊妹船舶之所以可以作为扣押的对象，正是基于这种同一的所有权关系。在扣押姊妹船舶的问题上，主体范围较当事船舶大，无论对海事请求负有责任的是当事船舶的所有人还是承担人，其所有的船舶均可扣押。同时，我国《海事诉讼特别程序法》也规定了两种例外情形：因船舶所有权或占有权产生的海事请求只能扣押当事船，而不能扣押姊妹船。

3. 扣押船舶的方式与期限

（1）扣押船舶方式

扣押船舶是限制船舶处分和使用的一种严厉措施，我国《海事诉讼特别程序法》规定的分为"死扣押"（又叫即地扣押）和"活扣押"两种。目前，扣押船舶较多采用的是"死扣押"方式，即船舶在扣押期间，既不能处分或设置抵押，也不能投入营运。此种扣押方式虽然保全效果较佳，对债权人较为有利，但由于缺乏灵活性，往往给船舶所有人造成难以挽回的经济损失。另一种扣押方式——"活扣押"则较为温和，船舶在被扣押期间虽不准处分，不准设置抵押权，但可以投入营运，创造利润。这样可以有效地降低申请人的责任风险，避免其不必要的经济损失。然而，这种扣押方式的弊端也不少，一是无法对船舶进行有效控制，二是船舶营运中可能发生海难而灭失或损坏，或产生优先权债务，将影响扣船申请人海事请求权的实现。

（2）扣押船舶的期限

有关扣押船舶的期限，我国《海事诉讼特别程序法》作了不同于《民事诉讼法》的规定，不论是国内还是涉外扣船案件，海事请求保全扣押船舶的期限均统一为30日。海事请求人在30日内提起诉讼或者申请仲裁以及在诉讼或仲裁过程中申请扣押船舶的，扣船不受前款30日期限的限制。

4. 重复扣船与多次扣船

重复扣船，是指其基于同一海事请求扣押已被扣押过的船舶或者被申请人所有或者光船租赁的其他船舶。多次扣船，是指基于不同的海事请求扣押同一船舶。重复扣船和多次扣船的主要区别在于扣船所依据的海事请求是否相同。

（1）重复扣船

重复扣船，法律原则上是禁止的。但我国《海事诉讼特别程序法》第24条确定了三种例外情形：① 被请求人未提供充分的担保；② 担保人有可能不能全部或部分履行担保义务；③ 海事请求人因合理的原因同意释放被扣押人船舶或者返还已提供的担保，或者不能通过合理措施阻止释放被扣押的船舶或者返还已提供的担保。

（2）多次扣押

1999年《国际扣船公约》和《海事诉讼特别程序法》都没有专门规范多次扣押船舶的问题。理论上，不同的海事是独立的。只要符合扣押船舶的条件，不同的申请人基于各自不同的海事请求都可以申请扣押船舶。多次扣船的情形在实践中是常见的，通常的做法是将多次扣船分别单独处理，即在被申请的人就前一次扣押提供担保解除扣押的同时，执行第二次扣押。

（二）强制拍卖船舶

强制拍卖船舶与扣押船舶有着密切的联系，是扣押船舶在一定条件下的发展和延续。强制拍卖船舶可分为两种：一是保全程序的拍卖船舶，它是在实体纠纷案件判决前作出的，目的是保全海事请求；二是执行程序的扣押船舶，是在实体纠纷案件判决后作出的，目的是执行发生法律效力的判决。在具体操作上，两者有许多相似之处。从性质上而言，强制拍卖船舶仍然是海事请求保全。

1. 强制拍卖船舶的特点

(1) 强制性。强制拍卖船舶，是海事法院行使国家赋予的强制力，依法将被扣押的船舶拍卖的一种强制措施。它既不以申请人的意志为转移，也不受船舶所有人意志的约束，具有明显的强制性。

(2) 公开性。我国《海事诉讼特别程序法》规定：拍卖船舶应当通过报纸或其他新闻媒体发布公告，向被拍卖船舶登记国的登记机关和已知的船舶优先权人、抵押权人和船舶所有人发出通知，符合条件的人均可以登记为竞买人，拍卖前应当展示船舶，等等，均体现了拍卖船舶的公开性。

(3) 法定性。拍卖有法定拍卖和意定拍卖之分。强制拍卖船舶属于法定拍卖。其法定性主要表现在拍卖条件法定和拍卖程序法定上。

(4) 程序性。强制拍卖船舶是扣押船舶在一定条件下的转化形式。在性质上仍属保全措施，此时，当事人之间的债权债务关系尚未确定，被申请人是否对该海事请求负有责任，还有待最终裁判确定。

2. 强制拍卖船舶的条件

强制拍卖船舶并非扣押船舶的必然延续，通常情况下，扣押船舶已能够充分保全申请人的海事请求。为避免拍卖船舶制度被滥用，以致侵害船舶所有人或光船租船人的合法权益，我国《海事诉讼特别程序法》对拍卖船舶的条件作出了严格规定：(1) 船舶扣押期间，被请求人不提供担保。(2) 船舶不宜继续扣押。一般是指船舶因自身缺陷存在毁损危险而不宜扣押和船舶监管费用过高而不宜扣押两种情形。(3) 海事请求人提起诉讼或申请仲裁。这是针对诉前扣押船舶而言。(4) 海事请求人已提出申请。这是强制拍卖程序启动的先决条件。

3. 强制拍卖船舶的程序

(1) 申请人提出申请；(2) 法院审查和裁定；(3) 复议（这里复议的对象是海事法院作出的准予或不准拍卖船舶的裁定）；(4) 成立拍卖委员会；(5) 公告和通知；(6) 鉴定、估价和确定底价；(7) 竞买登记；(8) 展示被拍卖的船舶；(9) 拍卖；(10) 拍卖成交和移交船舶。

三、扣押和强制拍卖船载货物

(一) 扣押船载货物

扣押船载货物（以下简称扣押货物），是指海事法院依据海事请求人的申请，为了保全海事请求人的海事请求，扣押船舶运载货物的强制措施。扣押货物是与扣押船舶性质相同的海事请求保全措施,但与扣押船舶相比,具有许多特点。例如,扣押货物与留置权的联系比较密切;货物多数是可分的;不存在优先权问题等。在某些方面,扣押货物与扣押船舶是相对应的,例如,扣押船舶所依据的海事请求,一般是货主对船舶所有人的请求,扣押货物的请求则是船舶所有人对货主的请求;扣押船舶的申请人一般是货主,扣押货物的申请人则多为船舶所有人。

1. 申请扣押船载货物的条件

(1) 申请人具有海事请求;

(2) 被申请人对该海事请求负有责任;

(3) 申请扣押的货物属于被申请人所有。

2. 扣押船载货物的范围

扣押货物的范围,就是对扣押货物所依据的海事请求负有责任的人所有的货物。只有被扣押货物属于被申请人所有,该货物才可纳入可扣押的范围。根据这一原则,扣押货物的主要类型有如下几种:

(1) 因运费请求而申请扣押货物;

(2) 因定期租船合同租金请求而申请扣押货物;

(3) 因滞期费请求而申请扣押货物;

(4) 因共同海损分摊请求而申请扣押货物;

(5) 因救助款项请求而申请扣押货物;

(6) 因其他费用而申请扣押货物。

3. 扣押船载货物的数量与期限

与扣押船舶相比,被扣押的货物大多数为可分之物,这一特点决定了扣押货物应当有数量上的限度。我国《海事诉讼特别程序法》第45条就此作出了原则性规定:海事请求人扣押船载货物的价值,应当与其债权数额相当。确定扣押货物的数量,在原则上是明确的,但在实际操作中还要把握以下几点:(1)扣押不可分货物的数量确定。我国《海事诉讼特别程序法》未作明确规定,从司法实践来看,当所要扣押的货物系不可分之物时,即使货物的价值大大超过申请人的债权数额,仍然可以申请扣押,但申请人应承担由此带来的要求担保过高的责任。(2)非因当航次海事请求而申请扣押货物。不同于行使留置权情形的是,申请法院扣押货物,即使是非因当航次产生的海事请求也可以申请扣押当航次的货物。而海事请求人留置船载货物则只能留置产生海事请求的当航次的船载货物。

我国《海事诉讼特别程序法》规定诉前扣押货物的期限为15日,较扣押船舶的期限短。扣押船舶的期限对申请人和被申请人均具有约束力。《海事诉讼特别程序法》第46条规定:"海事请求保全扣押船载货物的期限为15日。海事请求人在15日内提起诉讼或者申请仲裁以及在诉讼或者仲裁过程中申请扣押船载货物的,扣押船载货物不受前款规定期限的限制。"

(二) 强制拍卖船载货物

由于强制拍卖船载货物与强制拍卖船舶的程序在总体上十分相似,我国《海事诉讼特别程序法》没有对拍卖货物作出详细的规定,而仅就几个特殊的方面予以规定:

(1) 可以突破扣押货物的期限限制,申请提前拍卖。由于货物具有不同于船舶的易腐烂变质、有保质保鲜期等特点,我国《海事诉讼特别程序法》第47条规定:"对无法保管、不易保管或者保管费用可能超过其价值的物品,海事请求人可以申请提前拍卖。"

(2) 准予或者不准予拍卖货物的裁定必须在7日内作出。对于拍卖货物的申请,我国《海事诉讼特别程序法》第48条规定:海事法院应当在收到拍卖申请后进行审查,并在7日内作出准予或不准予拍卖货物的裁定。而对拍卖船舶申请的审查和裁定,《海事诉讼特别程序法》并未限定具体期限。

(3) 除由海事法院组成拍卖组织拍卖外,还可委托其他机构拍卖。与拍卖船舶相比,拍卖货物的专业性没有那么强,涉及的法律问题也没有那么多,我国《海事诉讼特别程序法》未对拍卖货物的机构作出严格规定,原则上应由海事法院实施,特殊情况下也可委托拍卖机构执行。

第四节 海事强制令

一、海事强制令的概念

海事强制令,是指海事法院根据海事请求人的申请,为使其合法权益免受侵害,责令被请求人作为或不作为的强制措施。

海事强制令是一个全新的概念,中国现行的诉讼立法和诉讼理论中均未出现过,在我国民事诉讼法上也仅有财产保全这一种。在海事审判实践中,有时当事人提出不能归属于财产保全的申请,如货主要求承运人对已装船的货物签发提单或及时交付货物,船舶所有人要求租船人交还船舶等,类似请求不方便通过民事诉讼法规定的财产保全或先予执行程序得到解决。为合理解决这一问题,避免或减少损失,保护当事人的合法权益,海事诉讼法借鉴了国外海事立法的合理内容,设立了海事强制令这一全新制度。从其性质上看,海事强制令具有鲜明的行为保全的性质,它为强制被申请人在诉前或诉讼中为一定行为或不为一定行为提供了保障。

二、海事强制令的条件

海事强制令措施是在未经判决确定被请求人有履行该义务的情况下,直接处分被请求人的行为,通常是即时执行的,而且,海事强制令一旦执行,回转是很困难的。因此对海事强制令应持比海事请求保全更加审慎的态度。正是基于这一点的考虑,我国《海事诉讼特别程序法》规定了较严格的构成要件:

（一）请求人有具体的海事请求

这里的海事请求应作宽泛理解,不同于我国《海事诉讼特别程序法》第21条列明的作为扣船依据的22种请求,它是单方面针对船方的。而海事强制令中的海事请求既可能是货方针对船方的请求,也可能是船方针对货方的请求,还可能是其他方面的请求。

（二）需要纠正被请求人违反法律规定或合同约定的行为

海事强制令的基本宗旨是通过法律强制力制止被请求人的行为,保护请求人的合法权益,避免造成损失或损失扩大。因此,被请求人的行为应属于违法或违约行为,否则,被请求人的行为不仅不应制止,而且应得到保护。这里的行为包括作为和不作为两种。

（三）情况紧急,应立即作出海事强制令以避免损害发生或扩大

这一条件是海事请求保全未作要求的,可见海事强制令较海事请求保全在条件上更为严格。至于情况紧急的标准,从我国《海事诉讼特别程序法》第56条第3款的规定看,是以不立即作出海事强制令是否会造成损害或使损害扩大为标准的。

三、海事强制令的程序

海事强制令与海事请求保全性质相同,程序上也十分相似,如请求人提出申请、请求人提出担保、海事法院审查和裁定、申请错误的赔偿责任等。但是,适用情形、强制措施的对象不同决定了两者在程序上也存在差异,如被请求人的担保、不执行裁定的处罚等。

（一）申请

海事请求人申请海事强制令,应当向海事法院提交书面申请。申请书应当载明申请理由,并附有关证据。申请书应附的证据,主要是证明我国《海事诉讼特别程序法》第56条规定的海事强制令的3个条件的有关证据。

（二）担保

与海事请求保全一样,为了防止因海事强制令申请错误而给被请求人造成重大损失,无论诉前海事强制令,还是诉讼中的海事强制令都有要求请求人提供担保的必要。我国《海事诉讼特别程序法》第55条规定:"海事法院受理海事强制令申请,可以责令海事请求人提供担保。海事请求人不提供的,驳回其申请。"原则上,只能由请求人提供担保,担保数额应相当于因申请海事强制令错误可能造成被请求人的经济损失,被请求人以提供担保代替其作为或不作为的义务一

般是不允许的。同时，考虑到个案的具体差异，《海事诉讼特别程序法》对海事强制令申请人提供担保的义务也没有绝对化，而是将是否要求请求人提供担保的权利赋予了海事法院。

（三）审查和裁定

海事法院应当对请求人的申请进行审查。审查的内容主要是围绕海事强制令的条件进行，审查请求人是否有具体的海事请求，是否需要纠正被请求人的行为，情况是否紧急以及申请书的形式和担保的可兑性。对此，我国《海事诉讼特别程序法》第57条规定："海事法院接受申请后，应当在48小时内作出裁定。裁定作出海事强制令的，应当立即执行；对不符合海事强制令条件的，裁定驳回其申请。"

（四）复议和异议

根据我国《海事诉讼特别程序法》第58条的规定，当事人对海事强制令裁定不服的，不能上诉，只能申请复议，而且复议期间不停止裁定的执行。海事强制令虽然是针对被请求人责令其作出或不作出一定的行为，也可能侵害或影响到其他人的利益，因此《海事诉讼特别程序法》设立了利害关系人就海事强制令有权异议这一制度。

（五）执行

海事强制令的对象是被请求人的行为，必须通过被请求人自觉履行才能实现。通常，被请求人慑于法律的强制力，会依强制令作出行为或停止行为，但为防止被请求人少数情形下的抗拒履行，我国《海事诉讼特别程序法》第59条规定了相应的处罚措施，即："被请求人拒不执行海事强制令的，海事法院可以根据情节轻重处以罚款、拘留；构成犯罪的，依法追究刑事责任。对个人的罚款金额，为1000元以上3万元以下。对单位的罚款金额，为3万元以上10万元以下。拘留的期限，为15日以下。"

（六）申请海事强制令错误的责任

被请求人认为请求人申请的海事强制令有错并造成了损害结果，可以对请求人提出索赔诉讼，经海事法院审理属实的，应判决请求人赔偿被请求人因此所遭受的经济损失。

第五节　海事证据保全

一、海事证据保全概述

海事证据保全，是指海事法院根据海事请求人的申请，对有关海事请求的证据予以提取、保存或封存的强制措施。

有关证据保全制度，我国《民事诉讼法》第81条作出了原则性的规定，但缺乏针对海事审判特殊性的相应的操作程序。为了弥补这一不足，针对海事诉讼中船舶流动性大，证据收集、保存的时间性强的特点，我国《海事诉讼特别程序法》设立了诉前证据保全程序，并对海事证据保全的管辖、申请、条件、裁定及复议、对利害关系人异议的审查程序、保全的方式、错误申请的责任等作出了详细规定。

与我国《民事诉讼法》中的证据保全相比，海事证据保全具有以下特征：

（1）海事证据保全只能依据海事请求人的申请，海事法院不能依职权启动。我国《海事诉讼特别程序法》取消了《民事诉讼法》中规定的法院依职权采取证据保全的这种形式，有利于保持海事法院在诉讼中的中立地位，符合民事审判方式改革的趋势。

（2）海事证据保全仅适用于对有关海事请求的证据进行保全，不适于对其他证据的保全。有关海事请求的证据即可以证明海事请求的证据，这里不仅包括请求人提出的证明其具有海事请求的证据，还应当包括被申请人提出的证明请求人不具有海事请求的证据。

（3）海事依据保全包括了诉前证据保全，不仅限于诉讼中的证据保全。在海事诉讼实践中，尽管大多数的证据保全申请是在诉前提出，但我国《海事诉讼特别程序法》并未排斥诉讼中的证据保全这一形态。

二、海事证据保全的管辖

从我国《海事诉讼特别程序法》条文上可以看出，在管辖方面，海事证据保全与海事请求保全、海事强制令的规定完全相同，可以归纳为四个原则：（1）海事法院专门管辖原则；（2）属地管辖原则；（3）不受诉讼管辖协议或仲裁协议约束原则；（4）作出海事证据保全的海事法院取得实体案件管辖权的原则。有关这四个原则的内涵，前节已作介绍，此处不赘。

三、海事证据保全的条件

我国《海事诉讼特别程序法》第67条规定了海事证据保全的条件：

（一）请求人是海事请求的当事人

这里的当事人应作宽泛理解，不仅限于海事请求人，还包括被请求人和有利害关系的第三人。在诉讼中，用以证明海事请求的证据可能由海事请求人掌握，可能由被请求人掌握，也可能由第三方掌握，因此保全证据对于当事人来说都是必要的，是海事请求人和被请求人双方的权利，只要该证据存在灭失或难以取得的可能，就不应剥夺被请求人一方申请海事证据保全的机会。

(二) 请求保全的证据对该海事请求具有证明作用

海事证据保全所要保全的证据是为了证明海事请求,包括从正面证明海事请求成立,也包括从反面证明海事请求不成立。

(三) 被请求人是与请求保全的证据有关的人

与请求保全的证据有关的人,范围是十分广泛的,包括保存证据的人,例如提单持有人;也包括作出证据的人,例如作出船舶检验报告的船检部门;还包括对有关事实知情的证人,只要该人与请求保全的证据有关即符合此条件。

(四) 情况紧急,不立即采取证据保全就会使该海事请求的证据灭失或者难以取得

这是海事证据保全最本质的条件。这一规定修正了《民事诉讼法》关于证据保全的条件要求,回避了其中规定的"只要存在证据可能灭失或以后难以取得,便满足证据保全的基本条件"中的"可以"一词,增加了"情况紧急"的表述,与《民事诉讼法》相比显然更加严密,更符合证据保全的本旨。

四、海事证据保全的程序

我国《海事诉讼特别程序法》关于海事证据保全的程序规定与海事请求保全、海事强制令程序十分相似,有关三个程序中具有相同内容的条款不再重复论述,仅就海事证据保全程序的特别之处作简要介绍。

(一) 申请

当事人的申请是启动海事证据保全程序的唯一的、必要的步骤。对于申请书应载明的内容,我国《海事诉讼特别程序法》第 65 条列明了 3 项:请求保全的证据、该证据与海事请求的联系、申请理由。请求保全的证据即海事证据保全的标的,在申请时应当明确,这是毫无疑义的。申请理由一般应包括有关海事请求人的基本情况,更重要的是应当说明证据保全的必要性,这是申请是否被准许的关键因素。请求保全的证据与海事请求的联系,这一规定与第 67 条在表述上不统一,属于立法上的不严密。严格地说,申请书中所要叙述的也应当是该证据对海事请求的证明作用,而不仅仅是与海事请求的联系。

(二) 担保

海事证据保全中,担保仅是就申请人而言,被申请人不存在担保的问题。在这一点上,海事证据保全与海事强制令相同。由于存在申请错误的可能性以及造成损失的可预测性,关于申请人的担保问题,海事证据保全、海事请求保全、海事强制令是完全相同的,都采用"可以责令"的字眼。申请海事请求保全和海事强制令错误可能造成被请求人的损失,通常是可以预见的,因此,一般情况下,责令请求人提供担保是必要的。海事证据保全虽然也可能错误,但申请错误在多数情况下并不会造成被请求人的损失,因此,责令申请人提供担保的必要性远不如海事请求保全和海事强制令大。

（三）审查和裁定

审查的内容主要是海事证据保全的四个条件，以及申请的形式要件。在责令请求人提供担保的情况下，还应对担保进行审查。经审查，认为申请符合海事证据保全的条件和形成要件，提供的担保符合要求的，海事法院应当作出裁定并立即执行，对不符合条件的，也应以裁定的方式驳回。但是，对于法院没有接受的申请，譬如起诉前申请海事证据保全没有立案的，则不一定以裁定方式驳回，可以采用通知的方式。

（四）复议和异议

对于海事证据保全裁定，无论准许申请还是驳回申请，当事人均不可上诉，只能申请复议，利害关系人也可以提出异议。应当注意的是，被申请复议的对象应是与请求保全的证据有关的人如保管证据的人，而不仅限于海事请求的被请求人。

对于当事人申请复议，无论复议理由是否成立，海事法院都应当在收到复议申请之日起5日内作出复议决定。经审查，认为复议理由成立的，并且已经执行的，海事法院应当解除保全。对于利害关系的提出异议，经审查认为理由成立的，应以裁定的方式撤销海事证据保全，将保全的证据返还给原保管证据的人，即被申请人。

（五）执行

根据我国《海事诉讼特别程序法》第70条的规定，海事证据保全的措施是灵活多样的，包括对证据予以封存、提取证据的复制件或副本、对证据进行拍照或录像、制作节录本或调查笔录、提取证据原件。从立法本意上看，应尽可能少采用提取证据原件的方式，这种方式仅在"确存必要"时采用，体现了减少损失的原则。

（六）申请错误及其责任

判断海事证据保全是否错误应把握两个标准：一是主体错误，包括请求人不具有申请保全的资格，即不是海事请求的当事人，以及被请求人不合格，即与请求保全的证据无关；二是请求保全的证据对海事请求不具有证明作用。至于申请错误的赔偿责任，应根据具体情况而定，主要是考虑申请保全的行为与被请求人或者利害关系人的损失之间的因果关系，一般而言，海事证据保全错误的可能性比海事请求保全和海事强制令小得多，即使发生错误，赔偿责任也小得多。

第六节 海事担保

一、海事担保概述

(一)海事担保的概念

海事领域中所涉及的担保,包括两种:一是海商领域中的一般债权担保,二是海事诉讼及其相关活动所涉及的担保。我国《海事诉讼特别程序法》所规定的海事担保仅指后者,即在海事诉讼及其相关活动中,依照法律规定或当事人的约定,为保障当事人的海事诉讼请求得以实现而提供的担保。广义的海事担保应包括采取保全措施所涉及的担保和采取执行措施所涉及的担保。狭义的海事担保仅指采取保全措施所涉及的担保。

(二)海事担保的特点

海事担保与海事诉讼程序密切相关,与民事债权担保相比,在担保的设定、方式等方面都有着明显差别,主要特点如下:

第一,海事担保的主债权通常是不确定的债权。

民事债权担保的主债权,通常表现为既存的、确定的形式。而海事担保的设定不以被担保债权的存在为必要,只要可能存在或将来有可能发生债权债务关系即可,故海事担保人的主债权通常表现不确定的债权。如海事请求人提交担保,是担保因可能发生的保全错误所致的损害赔偿之债,这一损害赔偿之债是否会发生或然性很大。

第二,海事担保具有很强的法定性。

债权担保一般是由当事人意定设立的。海事担保如何设定,我国《海事诉讼特别程序法》有明确规定,具有很强的法定性,尤其是海事请求人提交的反担保。

第三,海事担保具有程序性。

一般债权担保的设立,目的在于督促债务人及时履行义务、保障主债权的实现,主要体现为实体法上的意义。海事担保是诉讼或与诉讼相关的活动中设立的担保,与诉前或诉讼保全等程序紧密相连,其意义主要体现在程序层面上。

第四,海事担保具有充分性、可靠性、时限性。

一般债权担保由当事人自由协商设定,法律对如何设定未作强制性要求。

海事担保与诉讼程序联系在一起,因此,法律对海事担保有特殊的要求,特别是对与保全措施相关的海事担保,如要求提供的担保是充分的、可靠的,并要求在一定的时限内提供等。

第五,海事担保方式具有特定性。

一般债权担保的方式有多种,如留置权、抵押权、所有权保留、连带债务等。

而海事担保的方式相对较少,我国《海事诉讼特别程序法》仅规定了四种担保方式:现金、保证、抵押或质押,在海事请求保全的司法实践中,现金和保证应用较多。

二、海事担保的方式、债权范围及数额

(一)海事担保的方式

从不同的角度,海事担保可以有多种分类。以担保标的物的类别来分析,可以把海事担保分为金钱担保、信誉担保、实物担保。[①] 在国外,海事担保的方式主要是现金担保和保函。我国《海事诉讼特别程序法》确立的海事担保形式分为四种:现金、保证、抵押、质押。

(1) 现金担保。现金担保,是指一方向法院或对方预交一定数额的现金以保证履行确定债务的担保方式。实践中,设立现金担保是把现金直接提交法院或对方当事人,或划入被担保的债权人的账户或法院的指定账户。这种担保方式一般比较可靠,被担保的债权人比较乐意接受,因此较为常见。

(2) 保证。海事担保中的保证,是指保证人向被保证人承诺或与被保证人约定,当被保证人所负责任明确、债务确定且又不履行时,保证人按照自己的承诺或约定履行债务或承担责任的行为。保证是海事司法实践中应用得最多的一种担保形式。海事担保中的保证人是请求人或被请求人以外的第三人。自然人一般不能作为保证人,对于法人或其他组织一般也限于具有良好的商业信誉并具有相当经济实力的银行或其他金融机构及资信较好的企业、事业单位等,除非请求人与被请求人另有约定。关于保证方式,在司法实践中,海事法院一般要求担保人提供连带保证,但也允许双方合意以一般保证的方式设定担保。

(3) 抵押。海事担保的抵押,是指海事请求人、被请求人或第三人以一定的财产作为抵押物,在债务人逾期不履行债务时,债权人有权从抵押物折价或变卖的价款中得到优先受偿的一种担保方式。在海事诉讼中,由于确认抵押物是否清洁、办理抵押物登记比较费时费力,抵押担保一般不易为海事法院或当事人接受。

(4) 质押。海事担保中的质押,是指海事请求人、被请求人或第三人将动产或财产权利移交给主债权人占有,在债务人逾期不履行债务时,债权人以该动产或财产权利受偿的一种担保形式。质押包括动产质押和权利质押。由于海事担保与海上货物运输密切相关,因此,在我国《海事诉讼特别程序法》实施以后的海事司法实践中,以表彰财产权利的提单或仓单等单证作为质押标的物的情形将会增加。

---

① 金正佳、翁子明:《海事请求保全专论》,大连海事大学出版社1996年版,第92—93页。

(二) 海事担保的债权范围及数额

我国《海事诉讼特别程序法》对海事担保的范围未作规定,仅就海事担保的数额予以了规定,这是立法上的缺漏。因为海事担保的范围不仅关系到担保数额的估算和确定,而且,还关涉执行阶段承担担保责任范围的确定。

1. 反担保所担保的债权范围及数额

关于反担保的债权范围,从以往的司法实践中来看,对于扣押船舶应包括:船期损失及与扣船有因果关系的其他损失;对于扣押船载货物,所担保的最直接的债权为货物的堆存费用。

关于反担保的数额,我国《海事诉讼特别程序法》吸收了1994年最高人民法院《关于海事法院诉讼前扣押船舶的规定》的做法,其第76条规定:"海事请求人提供担保的数额,应相当于因其申请可能给被请求人造成的损失。具体数额由海事法院决定。"这里未明确指出"损失"包括哪些具体项目。实践中法官实际上要对损失的具体项目和金额两方面进行裁量,先估算损失的范围,后确定数额。

2. 担保的债权范围及数额

我国《海事诉讼特别程序法》对被请求人所担保的债权范围未作规定,应参照《担保法》的规定,即包括主债权及其利息、违约金、损害赔偿金和实现债权所需的费用等(如财产保全申请费、执行费)。

关于担保的数额,我国《海事法诉讼》第75条至第78条作了如下规定:一是从立法上规定了海事请求人提供的担保,其方式、数额由海事法院决定。被请求人提供的担保,其方式、数额由海事请求人和被请求人协商;协商不成的,由海事法院决定。二是海事请求人要求被请求人就海事请求保全提供担保的数额,应当与其债权数额相当,但不得超过被保全的财产价值。海事请求人提供担保的数额,应当相当于因其申请可能给被请求人造成的损失。具体数额由海事法院决定。三是担保提供后,提供担保的人有正当理由的,可以向海事法院申请减少、变更或取消该担保。四是海事请求人要求提交的担保过高,造成被请求人损失的,应承担损害赔偿责任。

三、海事担保的减少、变更及取消

在以往的海事司法实践中,担保提供以后,担保人向海事法院申请减少、变更或取消的情况时有发生,但因法律和司法解释对此问题未作出明确规定,实践中也往往不易把握,海事法院一般不予准许。

1999年《国际扣船公约》增设了海事担保的减少、变更和取消制度。我国《海事诉讼特别程序法》吸收了这一制度,其第77条规定:"担保提供后,提供担保的人有正当理由的,可以向海事法院减少、变更或取消担保。"在担保人提出申请后,海事法院应进行程序意义上的审查。该规定适用于请求人提供的担保和被请求人提供的反担保。在实践中应注意把握以下几点:第一,申请的时间必须是在提供了担保之后;第二,申请的主体是"提供担保的人",包括提供担保的请求人、被请求人和第三人;第三,申请必须有正当理由。这里的"正当理由",根据《海事诉讼解释》第 52 条的规定,是指:(1) 海事请求人请求担保的数额过高;(2) 被请求人已采取其他有效的担保方式;(3) 海事请求人的请求权消灭。

四、海事担保的期限与发还

(一) 海事担保的期限

海事担保的期限,是指海事请求人、被请求人或第三人以其提供的担保承担责任的有效期间。海事担保责任期限分为两种基本情况:一是诉前保全是否进入诉讼或仲裁等解决实体纠纷的程序,从而决定是否解除担保责任;二是进入诉讼程序后,担保责任是否要承担及何时承担。我国《海事诉讼特别程序法》吸取了实践经验,第 18 条对诉前保全未进入诉讼或仲裁等解决实体争议程序的情形下,被请求人担保责任的期限作了相应规定,但对于进入诉讼或仲裁程序的,担保责任的期限未明确规定。

1. 反担保的期限

对于反担保的期限问题,海事司法实践中区分两种情况处理:一是对诉前申请保全,但未进入诉讼、仲裁程序或进入诉讼、仲裁程序后,又申请撤诉的,担保责任期限应依据被保全人是否争诉而确定。二是对于诉前申请保全,并进入诉讼或仲裁程序的,一般要待海事法院或仲裁机构作出实体裁决后才能确定。

2. 担保的期限

对于海事担保的期限,我国《海事诉讼特别程序法》仅就海事诉前保全未进入诉讼或仲裁程序的担保责任期限予以规定:诉前扣船的,应自裁定扣船之日起 30 天;扣押船载货物的,应自裁定之日起 15 天。而对于诉前海事请求保全转入诉讼的担保责任期限,从实践中来看,一般是规定自提供担保之日起至法院生效的判决或仲裁裁决规定的履行期届满后 6 个月,判决或裁定判定被请求人不承担责任的,担保的有效期至该判决或裁决生效之日止。

(二) 海事担保的发还

海事担保的发还与担保责任期限是紧密联系在一起的,海事担保人不承担担保责任,或已过担保责任期限的,担保也应及时发还。

1. 海事担保发还的情形

(1) 反担保的发还

① 诉前请求人申请海事请求保全等程序,但未进入诉讼或仲裁,海事请求人申请发还反担保的。② 采取诉前保全措施且进入诉讼或仲裁中的情形:

a. 请求人与被请求人达成庭外和解,请求人申请撤诉的;b. 请求人与被请求人经调解结案的;c. 请求人胜诉,其申请保全的数额与仲裁裁决或法院判定的债权数额相当的;d. 请求人胜诉,其申请保全的数额高于仲裁裁决或法院判定的债权数额,但被请求人未在诉讼时效内就保全造成的损失起诉的。

(2) 担保的发还

① 诉前被请求人提供担保后,双方争议未进入诉讼或仲裁程序的,海事法院应及时发还担保。② 诉前采取保全措施且进入诉讼或仲裁,或诉讼中采取保全的情形:a. 请求人与被请求人达成庭外和解,请求人申请撤诉的;b. 请求人与被请求人经调解结案的;c. 被请求人胜诉无须承担民事责任的;d. 请求人胜诉,但被请求人已自动履行完毕,无须执行担保的。

2. 海事担保发还的程序

担保与反担保的发还,一般应由请求人或被请求人向法院提出申请,并附相关证据,海事法院审查后及时作出准许与否的决定。在反担保发还的情形下,当仲裁裁决或法院判定的请求人的债权远低于被保全数额时,法院在作出判决前,应向被请求人发出通知,询问其有无异议。在担保发还的情形下,当生效裁决判定请求人应承担责任,但被请求人已履行完毕时,若担保提交给海事法院的,法院可直接发还;若担保提供给海事请求人的,可在双方协商后直接发还。

五、海事担保的执行

对于海事请求人或被请求人自行提供的担保,债务确定且履行期届满后不履行的,可以直接执行其担保,但是,由第三人提供的海事担保,如何执行尚值得探讨。我们认为,此时海事担保已转化为执行担保。因此如果第三人是以抵押或质押的方式提供担保,可以直接执行其担保;如果第三人是以保证的方式提供担保,根据最高人民法院的有关司法解释,应裁定追究保证人为被执行人,按照其保证责任的范围执行其财产。

六、海事担保过高的责任

我国《海事诉讼特别程序法》第78条规定:"海事请求人担保的数额过高,造成被请求人损失的,应承担赔偿责任。"这一规定确立了海事担保过高责任制度,意在抑制请求人滥用诉权,索要过高担保,给被请求人造成损失,弥补了民事诉讼担保程序上的空白。海事担保责任的具体构成如下:

(1) 海事担保过高损害赔偿法律关系的主体。其责任主体为海事请求人,权利主体为被请求人。在第三人提供担保时,权利主体仍为被请求人,被请求人与第三人之间的关系应由委托合同解决。

(2) 海事请求人要求提供的担保过高。海事请求人请求提交担保的数额应相当于其债权数额。但是,请求权是否过高,一般要等到法院作出终审判决并生效后才能确定,且只发生在海事请求人请求的债权远远高于最终裁决确定的数额的情形。

(3) 造成被请求人损失且这种损失与海事请求人要求提交担保过高的行为有因果关系。这里所指的"损失"应限于直接的经济损失,主要包括以下两种:一是收益损失;二是费用损失,如被请求人委托第三人提供担保的,依委托合同的支出等。此外,对于债权人的主观要件只要求有过失即可,不强调恶意。

第七节 送 达

一、一般原则

海事诉讼文书的送达,除具有民事诉讼文书送达的一般共性之外,还具有如下特点:送达特别困难,送达时间紧迫,域外送达较为常见,需要送达的当事人众多,可以向受送达人在国内设立的代表机构、分支机构和业务代办人送达,扣船文书送达具有特殊性,等等。在海事诉讼中,海事请求人可选择在不同法院申请扣押船舶,受理申请的法院可直接将扣押船舶的诉讼文书送达给船长或拟人化的船舶。

诉讼文书的送达在审判活动中占据重要地位,文书送达的有效与否,直接影响程序的合法性以及审判效率的高低。文书送达一般应包括以下四项原则:

(一) 合法性原则

合法性原则是文书送达有效的最根本原则。这一原则要求海事法院、当事人及其诉讼代理人在送达文书时应当严格按照法律规定进行。一般而言,规定诉讼文书的法律包括国内法中的实体法与程序法、国际条约中的公约与双边条约。

(二) 引起受送达人注意原则

引起受送达人注意是确立送达方式的重要立法原则之一。向当事人送达诉讼文书的目的在于引起受送达人的注意,使其可以按照文书中的要求行使权利、履行义务。如果文书送达方式足以引起受送达人的注意,使其知悉自己的权利和义务,则送达方式可以被视为有效。

(三) 文书代收人的义务性原则

各国法律均规定:可以通过向代收人送达诉讼文书来实现对受送达人的有效送达。代收人之所以承担转交文书的义务,是基于法律的规定或代收人与受送达人之间的约定。前者是法定义务,如成年家属、法人或其他组织负责收件的人、代表机构等代收文书的义务;后者是约定义务,源于受送达人与诉讼代理人、分支机构或业务代办人等之间的约定。

（四）送达方式的适当性原则

送达方式的适当性，是指海事法院在送达诉讼文书时，应当根据有关法律规定或者当事人的约定，适当考虑案件性质和诉讼当事人各方的实际情况等因素，作出符合实际、切实可行、公平合理、合法有效的送达。司法实践中，在法院以适当的原则确定是否已经进行了有效的送达时，应当考虑原、被告各方诉讼利益的平衡。

二、海事诉讼文书的送达

我国《海事诉讼特别程序法》实施前，海事诉讼文书的送达适用《民事诉讼法》有关诉讼文书的送达规定。随着民事审判实践的发展，这些规定逐渐显现出某些方面的不适应性。主要表现在：第一，对代收人是否有权接受文书送达的规定存在很大的不确定性；第二，邮寄方式送达的效率不高；第三，对国内送达方式范围的规定过于狭窄，这一问题主要体现在《海事诉讼特别程序法》未对文书有效送达的原则及弹性条款进行相应规定，未给高效率的送达方式预留一定的发展空间。

（一）我国《海事诉讼特别程序法》对诉讼文书送达规定的完善

针对海事案件涉外因素复杂、船舶流动性大、时间紧迫、航运企业经营方式灵活隐蔽、诉讼文书送达特别困难的实际情况，我国《海事诉讼特别程序法》在《民事诉讼法》的基础上对送达方式作了补充与发展。

第一，删除《民事诉讼法》第267条第4项、第5项中的"有权接受送达"的字样，将"接受送达"确定为海事诉讼代理人及外国企业驻华代表机构、业务代办人在行使诉讼权利、经营权利时应当履行的法定义务，以实现"合法、有效、方便"的诉讼文书送达的基本要求。

第二，修改《民事诉讼法》第86条的规定，将留置送达的成立条件由"应当邀请有关基层组织或者所在单位代表到场，说明情况"字样删除，修改为"经送达人、见证人签名或盖章确认"。我国《海事诉讼特别程序法》第81条规定："有义务接受法律文书的人拒绝签收，送达人在送达回证上记明情况，经送达人、见证人签名或者盖章，将法律文书留在其住所或者办公处所的，视为送达。"

（二）我国《海事诉讼特别程序法》创设的送达方式

我国《海事诉讼特别程序法》根据海事审判实践中送达的经验教训，并借鉴国际通常做法，创设了下述几种行之有效的送达方式。

（1）有关扣押船舶的法律文书可以向当事船舶的船长送达。我国《海事诉讼特别程序法》第80条第2款明确规定，有关扣押船舶的法律文书可以向当事船舶的船长送达。此处"当事船舶"的内涵应作宽泛理解，不仅包括《海事诉讼特别程序法》第 23 条所指的"发生海事请求的船舶",还包括"可以被扣押的其他船舶",即当事船舶的姊妹船。这一规定是对我国《民事诉讼法》送达规定的突破,符合我国司法和航运实践的发展。

(2) 有关海事强制令、海事证据保全法律文书的送达。《海事诉讼解释》第 53 条规定:"有关海事强制令、海事证据保全的法律文书可以向当事船舶的船长送达。"结合我国《海事诉讼特别程序法》及其司法解释有关送达规定的立法精神和海事司法经验,以及国外做法,应该认为,除了扣船文书以外,其他财产请求保全的文书也可以向被扣押物的所有人、当事船舶或载货船舶的船长、货物管理人和证据保存人送达。货物管理人包括货物仓储保管人及集装箱管理人等。

(3) 向被扣押的被告船舶的船长送达。《海事诉讼解释》第 54 条规定:"应当向被告送达的开庭传票等法律文书,可以向被扣押的被告船舶的船长送达,但船长作为原告的除外。"

(4) 通过能够确认收悉的其他适当方式送达。这一规定源于 1993 年《船舶优先权和抵押权国际公约》。[①] 它符合现代国际通信事业的发展水平,是国际上利用现代通信手段送达法律文书的新做法。

其一,对"其他适当送达方式"含义的理解。

这里的"其他适当送达方式",根据《海事诉讼解释》第 55 条的规定,包括传真、电子邮件(包括受送达人的专门网址)等送达方式。通过以上方式送达的,应确认受送达人确已收悉。还应当包括:第一,合同约定的送达方式;第二,向负有连带责任的担保人送达的方式;第三,向负有连带责任的一方当事人送达的方式;第四,通过一方当事人向另一方当事人送达诉讼文书(除裁判文书外)的方式,但送达文书的当事人必须提交受送达当事人已经收悉的证明;第五,通过律师事务所为法院之间的约定,将律师事务所律师代理案件的文书向指定人员送达的方式。

其二,如何理解和确认"能够确认收悉"。

依据我国法律规定的送达制度,诉讼文书的送达一般是由法院完成,确认送达的收悉与否通常情况下依赖于法院所采用的送达方式(包括直接送达、留置送达、邮寄送达或电子手段送达等)。上述送达方式中,直接送达和留置送达的确定性比较高,邮寄送达的有效与否以受送达人是否签发送达回证或法院是否收到邮政回执为准。我国《海事诉讼特别程序法》第 80 条中"能够确认收悉"字眼的采用主要是针对电子手段的送达方式而言。采用传真或其他电子手段送达诉讼文书,由于传真或电子邮件地址等可能受系统本身的易于乱码等不确定性因

[①] 该公约第 11 条第 3 款规定,强制出售的通知应当采用书面形式,并以签收邮件或者能够确认收悉的任何电子或其适当手段发给已知的有关人员。

素的影响,送达的有效性有时难以估计,送达的确定性相对较差。在实践中,是由法院来把握通过电子手段送达的文书确已被受送达人收悉情况的尺度。将传真与电子邮件送达相比较,后者确已被受送达人收悉的情况更难以证明。在海事诉讼中,一般通过两种途径予以解决:一是注意对已经发出的电子邮件存档备查,并在案卷中备注;二是通过电子回执的方式,即通过"功能性回执"的传递来证明受送达人"确已收悉"的事实。

第八节　审判程序

我国《海事诉讼特别程序法》关于审判程序的规定,是在《民事诉讼法》的基础上,结合海事诉讼的特有规律,对几类特殊案件作出的补充规定,其他基本问题仍应遵循《民事诉讼法》规定的程序。

一、船舶碰撞诉讼程序

(一)船舶碰撞程序的特点及适用范围

1. 船舶碰撞程序的特点

(1)程序规定具有很强的针对性。船舶碰撞诉讼程序主要是结合船舶碰撞案件的具体特点,对该类案件的公正审理作出的具有针对性的规定。

(2)限期申报事故情况。原告在起诉时,被告在答辩时,应当如实填写《海事事故调查表》。

(3)送状不附证。海事法院向当事人送达起诉状或答辩状时,不附送有关证据材料。

(4)先举证后阅卷。当事人完成举证并向海事法院出具完成举证证明书后,可以申请查阅有关船舶碰撞的事实证据材料。

(5)规定举证期限并建立证据适时提出原则。当事人不能推翻其在《海事事故调查表》中的陈述和已完成的举证,但有新的证据,并有充分理由说明该证据不能在举证期间内提交的除外。

(6)审理延长。海事法院审理船舶碰撞案件,应当在立案后1年内审结。

2. 船舶碰撞诉讼程序的适用范围

我国《海商法》第165条规定:"船舶碰撞,是指船舶在海上或者与海相通的可航水域发生接触造成损害的事故。前款所称船舶,包括与本法第3条所指船舶碰撞的任何其他非用于军事的或政府公务的船艇。"船舶碰撞诉讼程序适用于船舶之间引起的一般的侵权民事赔偿纠纷。但下列几类案件不应适用船舶碰撞诉讼程序而应适用普通程序:

第一,船舶碰撞码头、灯塔、灯船、防波堤、非可航的钻井平台或其他固定建筑物案件。此类案件是船舶单方的行为引起的,一般情况下仅由船方承担全部责任即可。

第二,在与海不相通的水域上发生的船舶碰撞案件。主要是指设备比较简单的内河船、湖泊船在内河(该区域不属于海事法院的管辖范围)或在湖泊上所发生的碰撞案件。

第三,碰撞一方或双方为政府公务船舶或军事船舶的碰撞案件。

值得注意的是,司法实践中,以下两类案件应当适用船舶碰撞诉讼程序进行审理:一是锚泊船舶被航行船舶碰撞引起的案件;二是发生我国《海商法》第170条规定的船舶因操作不当或不遵守航行规章,虽然实际上没有同其他船舶发生碰撞,但是使其他船舶以及船上的人员、货物或者其他财产遭受损失的情形。

(二) 审理船舶碰撞案件的特别规定

1. 填写《海事事故调查表》

我国《海事诉讼特别程序法》第82条规定:"原告在起诉时、被告在答辩时,应当如实填写《海事事故调查表》。"这一程序的设置参照了英美法系国家海事诉讼程序法关于初步文书的规定,与我国《民事诉讼法》关于起诉与答辩的规定不大相同。首先,对填写主体与填写时间的规定。《海事事故调查表》的填写主体是船舶碰撞案件的原、被告,还包括了诉讼各方当事人的律师和船员。填写时间是在起诉或答辩时。其次,对"如实填写"的要求。诉讼当事人应按碰撞当时的实际情况,特别是根据值班船员反映的情况客观填写海事事故调查表,一旦查实当事人未如实填写或为减轻责任故意编造事实,则应承担相应的法律责任。最后,对被告答辩的时间要求。根据我国《海事诉讼特别程序法》第82条的规定,被告可以在开庭答辩时才填写《海事事故调查表》。这一规定在放宽了被告答辩的时间限制的同时,也放宽了对被告填写《海事事故调查表》的期限要求,有悖于设置填写调查表程序的初衷,无法体现调查表的价值。鉴此,被告如果在答辩期间内(国内被告为15天,国外被告为30天,自被告收到起诉状副本之日起算),未予答辩并填写《海事事故调查表》,法院可以作出缺席判决。

2. 起诉状、答辩状的送达

我国《海事诉讼特别程序法》第83条规定:"海事法院向当事人送达起诉状或者答辩状时,不附送有关证据材料。"这一规定在《民事诉讼法》规定的基础上进一步明确了"送达不附证"原则,有助于防止当事人篡改、伪造证据。同时《海事诉讼特别程序法》第83条没有涉及起诉状或答辩状的内容要求。这是因为:第一,碰撞的详细情况均已包含在调查表中,为避免引起内容的重复,因此无须要求起诉状或答辩状包含碰撞的详细情况;第二,从保密原则出发,起诉状或答辩状的内容也不宜过于详尽,只需具备起诉状或答辩状的基本要素即可。

3. 举证规则

有关举证时限的问题,在我国《民事诉讼法》未作规定之前,《海事诉讼特别程序法》率先以法律的形式对船舶碰撞案件审理的举证时限作出了规定,并根据船舶碰撞案件的特点,明确"举证完成后才可阅卷"。其具体内容包括:

(1) 当事人完成举证的时限。当事人完成举证的时限为开庭审理前的一段时间,具体至何日,由受诉海事法院根据实际情况决定。

(2) 完成举证说明书。当事人出具完成举证说明书产生如下法律后果:① 当事人已经完成举证;② 当事人可以申请查阅对方的证据材料;③ 禁止翻供。

(3) 查阅证据材料。一方当事人出具完成举证说明书后,可以申请查阅有关碰撞的事实证据材料,包括对方已经提交的证据材料、日后可能提交的证据材料以及法院收集的证据材料。

(4) 禁止翻供及其例外原则。禁止翻供,是指诉讼当事人不能以任何借口否定已经向法院作出的供述。在船舶碰撞案件的审理中,当事人出具完成举证说明书后,不能继续收集新的证据材料推翻其在《海事事故调查表》中的陈述和已经完成的举证。

禁止翻供的例外,是指当事人向法院提供有充分理由说明不能在举证期限内提交的新的证据,推翻已经在诉讼文书及证据材料中作出的对其不利的主张或自认。海事法院应当严格适用禁止翻供的例外原则,注意把握对"新证据"的认定标准。这里的"新证据"一般是指非当事人自己所有(如卫星控制记录的证据、其他船舶的证据、对方的证据以及有关单位或个人所有的证据等)及当事人在出具完成举证说明书之前尚未掌握的证据,不包括能在举证期间内提交而当事人不提交的证据。

4. 关于船舶检验、估价的规定

碰撞事故发生后,诉讼当事人通常会对损害船舶进行检验、估价和修理。根据我国《海事诉讼特别程序法》第86条的规定,非经国家授权或者未取得专业资格的机构或者个人所作的检验或者估价结论不具有法律效力,不能作为证据被海事法院采信,对于已经取得专业资格的机构或者个人所作的检验或者估价结论,也需经过质证才能作为证据使用。这里,应对"具有专业资格的个人"作狭义的理解,即指那些取得船舶检验和估价资格的个人。

5. 关于审限的规定

依据我国《海事诉讼特别程序法》第87条的规定,船舶碰撞案件的审限不区分是否具有涉外因素,一律为1年。有特殊情况需要延长的,由受诉法院的院长批准。

二、共同海损诉讼程序

(一)共同海损诉讼程序的特点

(1)案情复杂、专业性强,涉及共同海损理算问题。

(2)案件具有相对独立性。这里是指案件的提出,不以同一事故的其他非共同海损案件已经协商解决或者已经诉诸法院为前提。

(3)共同海损案件与非共同海损案件并存。

(4)案件的审限相对较长。一般为1年,有特殊情况需延长的,由受诉法院院长批准。

(二)审理共同海损案的特别规定

1. 共同海损诉讼与共同海损理算的关系

在通常情况下,海损事故发生后,提起海事诉讼之前,海损事故的利害关系人(通常是承运人)会在事故发生后(事故发生在港口)或者船舶到达港口后宣告共同海损,并将损失提交给共同海损理算机构进行理算。然而,这一过程也并非是所有海损案件的必经程序。在共同海损金额不大的情况下,也可以不进行理算。司法实践中,海损事故的利害关系人提起共同海损,不以根据提单、租船合同中的共同海损格式条款或者利害关系人签订的协议委托有关理算机构理算为条件,而直接向海事法院提起共同海损诉讼的情形大致包括以下两种:

(1)海损事故的各方利害关系人未能就选择共同海损理算机构或者理算规则达成协议,难以实现共同海损理算;

(2)承运人虽然宣告共同海损,但其他利害关系人认为共同海损是由于承运人不可免责的过失所引起的。

对于已经受理尚未经理算的共同海损纠纷,海事法院一般可以根据实际情况,决定是否委托理算机构及委托哪一家理算机构理算。诉讼当事人也可以在起诉后,根据协议自行委托理算机构理算。

2. 共同海损理算报告的法律地位

依据我国《海事诉讼特别程序法》的有关规定,理算机构作出的共同海损理算报告能否作为当事人分摊责任的依据,取决于当事人对现算报告是否存有异议。若无异议,则可采用,海事法院无须对理算报告的合法性及合理性作出分析或定性;若存有异议,则由海事法院决定是否采纳,认为异议成立的,可根据实际情况决定自行变更或交由理算机构变更。由此可见,理算机构作出的共同海损理算报告的法律地位相当于一份证据材料,其效力并不是绝对的,需要经过质证与认证才能予以确定,而以个人名义作出的理算报告通常不具有法律效力。

3. 共同海损案件与同一事故其他相关案件的合并审理

在共同海损中,同一事故的其他相关案件主要是指同一事故中的非共同海损案件和共同海损追偿案件。前者又包括单独海损案件和以共同海损案件为本诉的反诉案件。共同海损案件与同一事故其他相关案件之间具有相对独立性,共同海损事故的利害关系人可以根据实际情况提起共同海损诉讼、非共同海损诉讼和共同海损追偿诉讼。为了更好地查明事实,确定损失及分清责任,海事法院受理上述案件后,可以合并审理。

我国《海商法》第263条规定,有关共同海损分摊的请求权,时效期间为1年,自理算结束之日起计算。而对非共同海损损失及未进行共同海损理算的共同海损请求权的时效问题,法律未作规定,应当适用《民法通则》的2年诉讼时效,从知道或者应当知道权利被侵害时起计算。

4. 共同海损案件的审限

我国《海事诉讼特别程序法》第92条规定,共同海损案件的审限为1年,从立案之日起算。1年的审限并没有区分案件是否具有涉外因素,有特殊情况需要延长的,由受案法院院长批准。考虑到共同海损的理算较为复杂、繁琐,理算的期间也相对较长,为避免审理期间过短、影响审理结果的公正性,共同海损案件的1年审限应扣除共同海损的理算期间。

三、海上保险人行使代位求偿权的程序

(一)概述

海上保险代位求偿权,是指海上保险人在其保险责任范围内赔付被保险人保险标的的全部或部分损失后,在赔偿金额范围内享有的向海上保险事故的责任方即第三人请求赔偿的权利。我国的代位求偿权的概念没有包括物上代位,仅指权利代位。

海上保险人行使代位求偿权是海事审判程序之一,适用于相关的海事、海商案件。具体而言,分别适用于下述两种情况:

(1)适用于海上保险事故引起的海上保险人行使代位求偿权向第三人提起的索赔诉讼。

(2)适用于船舶油污损害受害人提起的索赔诉讼。

(二)海上保险人行使代位求偿权的程序

1. 海上保险人行使代位求偿权的条件

(1)被保险人因海上保险事故对第三人有损害赔偿请求权:① 发生的事故必须是海上保险事故;② 保险事故的发生是由第三人的行为引起的;③ 海上被保险人对第三人有损害赔偿请求权。

(2)海上保险人已经向被保险人实际支付保险赔偿。

(3)海上保险人行使代位求偿权以保险赔偿范围为限。

(4)海上保险人应当在保险责任范围内赔偿被保险人的损失。

2. 海上保险人行使代位求偿权的方式

我国《海事诉讼特别程序法》第 94 条和第 95 条规定了海上保险人行使代位求偿权的三种方式:

(1) 海上保险人得以自己的名义提出代位求偿诉讼。海上保险人作出实际赔偿后,被保险人如果未向第三人提出索赔诉讼,海上保险人应当以自己的名义向第三人提起代位求偿诉讼。

(2) 海上保险人得以向法院提出变更当事人的请求,以自己的名义行使代位求偿权。海上保险人作出实际赔付取得代位求偿权之前,被保险人已经以自己的名义对第三人提起索赔诉讼的,海上保险人支付保险赔偿后可以向受理案件的法院提出变更当事人的请求,并进而以自己的名义行使代位求偿权。

(3) 海上保险人得以作为共同原告向第三人请求赔偿。被保险人如果因为投保不足额保险、协议取得的保险金额不足以弥补损失、保险合同约定有免赔额等原因未能从保险人处取得足以弥补第三人造成损失的保险赔偿的,保险人和被保险人可以作为共同原告向第三人请求赔偿。

3. 提起代位求偿诉讼的文件及权益转让书

(1) 海上保险人提起代位求偿权的文件

根据我国《海事诉讼特别程序法》第 96 条的规定,保险人依照该法第 94 条、第 95 条的规定提起诉讼或者申请参加诉讼的,应当向受理该案的海事法院提交下列文件:① 海事保险人已经作出实际赔付的凭证,包括银行转账单据、收取现金后出具的收据等;② 参加诉讼应当提交的其他文件,主要是指诉讼方面所需要的文件,包括诉讼文书和诉讼证据材料等。

(2) 权益转让书

依据我国《海事诉讼特别程序法》《海商法》和《保险法》的有关规定,被保险人向保险人出具的权益转让书并非保险人取得代位求偿权的必要条件。然而,在司法实践中,权益转让书仍然具有重要的作用,海上保险人为了确保己方代位求偿权的实现,通常情况下,会在作出实际赔付后要求被保险人向其出具权益转让书,并在向第三人提起的追偿诉讼中将权益转让书作为重要证据材料之一提交给法院,以求更充分地证明自己确实已经在相关的案件中取得代位求偿权。

4. 船舶油污损害受损害人请求赔偿权利的规定

根据我国加入的 1969 年《国际油污损害民事责任公约》,我国《海事诉讼特别程序法》按照公约的精神对船舶油污损害赔偿诉讼问题予以规定:对船舶造成油污损害的赔偿请求,受损害人可以向造成油污损害的船舶所有人提出,也可以直接向承担船舶所有人油污损害责任的保险人或者提供财务保证的其他人提出。油污损害责任的保险人或者提供财务保证的其他人被起诉的,有权要求造成油污损害的船舶所有人参加诉讼。

第九节 海事特别程序

一、海事赔偿责任限制基金程序

(一) 概述

海事赔偿责任限制是海商法的一项特殊制度,其目的是为了保证船舶所有人、船舶承担人、船舶经营人、救助人、保险人对法律规定的海事请求可以依法享受的责任限制权利。为规范这一制度的实施,我国《海事诉讼特别程序法》在总结实践经验的基础上,参照有关国际条约,设立了海事赔偿责任限制基金程序。

1. 申请设立海事赔偿责任限制基金程序与海事赔偿责任限制程序的关系

在理论上,两者可以相互独立,设立海事赔偿责任限制基金不是责任人限制赔偿责任的必经程序和前提条件,责任人设立基金只能表明其申请限制责任的意向,并不能表明其有权限制责任;责任人是否丧失限制责任的权利也不能影响其设立基金。两者在内容和目的上有重大区别:

(1) 在内容上,设立基金程序仅审查申请人的主体资格、所申请限制的债权性质(是否为限制性债权)、当事船的类型、计算的基金数额是否符合法定标准等;海事赔偿责任限制程序主要审查责任人的行为,看责任人是否具有丧失责任限制的情形。

(2) 在目的上,责任人设立海事赔偿责任限制基金主要是为了使其财产免受扣押;申请海事赔偿责任限制程序的目的,则在于限制责任人的赔偿责任。

2. 管辖

对于起诉前申请设立基金的管辖,根据我国《海事诉讼特别程序法》第102条的规定,应当向事故发生地、合同履行地或者船舶扣押地海事法院提出。事故发生地和船舶扣押地通常比较容易确定。而合同履行地常常不止一个,起运港、目的港、转运港、交船港、还船港、船员登船港、船员离船港等均可视为合同履行地。

对于诉讼中申请设立基金的管辖,我国《海事诉讼特别程序法》虽未具体规定,但考虑到设立基金与有关海事诉讼应尽量由同一法院管辖,以方便审理和分配基金,因此由已受理诉讼的海事法院一并管辖为宜。如果申请设立基金以前因同一海事事故引起的若干海事纠纷分别在不同的海事法院起诉,则应允许责任人任意选择一个受诉法院提出设立基金的申请。

(二) 设立基金程序

1. 申请

(1) 申请的期限

责任人的申请是海事赔偿责任限制基金设立的前提,是设立基金程序的启动,一般可以在诉讼前提出,也可以在诉讼中提出,但最迟应当在一审判决前提出。

(2) 申请的形式要件

申请人应当提出书面申请,并附有关证据。申请书一般应载明:

① 申请人的名称、地址和通信方式,当事船舶的船名、国籍、吨位等;

② 引起海事赔偿责任的海事事故的经过,可能产生的责任及预计的损失情况,有关海事索赔的债权性质、金额等;

③ 申请设立海事赔偿责任限制基金的数额、理由,已知的利害关系人的名称、地址、通信方法等。

申请人应按规定缴纳申请费。

(3) 申请的实质要件

① 申请设立海事赔偿责任限制基金的人是法律规定的适格主体。我国《海事诉讼特别程序法》第101条将申请人限定为:船舶所有人、承担人、经营人、救助人、保险人。

② 申请设立海事赔偿责任限制基金所针对的债权为特定海事事故引起的限制性债权。申请人仅可对我国《海商法》第207条规定的赔偿项目即通常所称的"限制性债权"申请设立基金,并以《海商法》第208条为例外项目和该法第209条为除外情形。

③ 申请设立基金的数额符合有关法律的规定。

④ 当事船为《海商法》意义上的船舶。

2. 受理

海事法院收到责任人的申请后,应就上述申请的形式和实质要件进行审查。其中,重点审查的对象是申请的主体是否合格、申请所针对的债权是否属于限制性债权以及申请设立基金的数额是否符合有关法律规定等。经审查符合条件的,应予立案受理;不符合条件的,裁定不予受理。对于证据不足和基金数额计算错误的,可限期由申请人补正。

3. 公告与通知

海事法院受理申请后,应当在7日内向已知的利害关系人发出通知,同时通过报纸或者其他新闻媒体发出公告。通知和公告的内容包括:(1) 申请人名称;(2) 申请的事实和理由;(3) 设立海事赔偿责任限制基金事项;(4) 办理债权登记事项;(5) 需要告知的其他事项。

4. 利害关系人异议的提出及审查

(1) 利害关系人提出异议的形式、内容和期限

利害关系人可以对责任人的申请是否符合形式和实质要件提出异议;提出异议应采用书面形式;提出异议的期限为:收到通知之日起7日内,未收到通知

的在公告之时起 30 日内。

(2) 对利害关系人异议的审查

我国《海事诉讼特别程序法》第 106 条第 2 款规定:"海事法院收到利害关系人提出的书面异议后,应当进行审查,在 15 日内作出裁定。异议成立的,裁定驳回申请人的申请,异议不成立的,裁定准予申请人设立海事赔偿责任限制基金。"若有几个利害关系人先后分别提出异议,海事法院对异议的审查期限应从最后一个收到通知的利害关系人异议期 7 日满和对未收到通知的利害关系人的公告期 30 日满起算,并可一次裁定解决。当事人对裁定不服的,可以在收到裁定书之日起 7 日内提起上诉。第二审人民法院应当在收到上诉状之日起 15 日内作出裁定。

5. 基金的设立

(1) 设立基金的条件、限期与数额

设立基金应满足三方面条件:① 在海事法院发布海事赔偿责任限制公告后;② 利害关系人没有异议或异议不成立;③ 准予设立基金的裁定已生效。

我国《海事诉讼特别程序法》未规定申请人设立基金的期限及逾期不设立基金的法律后果,但从司法定践中来看,为使当事人的权利义务状态尽快趋于稳定,海事法院通常可在准予设立基金的裁定中限定申请人在一定期限内设立基金,申请人逾期不设立的,视为放弃设立基金的权利,海事法院裁定终结本程序,该申请人以后不得再次申请设立基金,也不能向其他有管辖权的法院申请设立基金。

有关基金的数额为依海商法等实体法计算的赔偿责任限额加上事故发生之日起至基金设立之日止的利息。这里,利率一般按银行同期存款利率确定,基金数额一般以特别提款权为计算单位。

(2) 基金的形式及设立基金的法律效果

申请人设立基金的方式有两种:现金和经海事法院认可的担保。以现金设立基金的,基金应支付到海事法院指定的账号,基金到达海事法院指定账户之日为基金设立之日;以担保设立基金的,海事法院接受担保之日为基金设立之日,担保是否可接受由海事法院决定。

海事赔偿责任限制基金设立后,一般会产生如下法律效果:

第一,任何人不得为可向基金索赔的债权扣押责任人的财产。

第二,设立基金对有关海事诉讼管辖的影响。当事人在起诉前申请设立基金的,以后就有关海事纠纷提起的诉讼应由裁定设立基金的海事法院管辖,不再遵循有关地域管辖的规定,但当事人之间订有管辖协议或仲裁协议的除外。

第三,设立基金对船舶优先的影响。设立基金后,将对船舶优先权所担保的限制性债权产生影响,此种债权不能通过扣押船舶来行使,只能请求从基金中清偿；若船已被扣，则被扣船舶应予释放，而船舶优先权所担保的非限制性债权，则不受设立基金的影响，权利人仍然可申请扣船，行使优先权。

(3) 申请设立基金错误的后果

我国《海事诉讼特别程序法》第 110 条规定：申请人申请设立海事赔偿责任限制基金错误的，应当赔偿利害关系人因此所遭受的损失。在责任人设立基金前，利害关系人申请扣押过责任人的船舶，但因设立基金而被撤销保全措施，在责任人设立基金被确认为错误后，利害关系人再次扣船或其他保全费用应由责任人负担，纳入利害关系人的损失范围，但前次因设立基金而申请保全未果所发生的费用由利害关系人自行承担。

二、债权登记与受偿程序

债权登记与受偿是强制卖船和设立海事赔偿责任限制基金的一个非常重要的环节，直接关系到拍卖船舶价款和责任限制基金的分配。

(一) 债权登记

为促使债权人及时行使权利，避免当事人的权利义务关系长期处于不确定状态，我国《海事诉讼特别程序法》规定了债权人应在卖船公告或准予设立责任限制基金公告发布后的一定期间内，就相关债权向海事法院登记。

1. 债权登记的管辖

从我国《海事诉讼特别程序法》第 111 条和第 112 条的规定看，债权登记应由实施强制拍卖船舶或受理设立海事赔偿责任限制基金申请的海事法院管辖。

2. 可登记的债权范围

按照我国《海事诉讼特别程序法》第 111 条的规定，对强制拍卖船舶所得价款，可申请登记清偿的债权为"与被拍卖船舶有关的"债权。根据《海事诉讼解释》第 87 条的规定，与被拍卖船舶有关的债权指与被拍卖船舶有关的海事债权。按照《海事诉讼特别程序法》第 112 条的规定，对设立的海事赔偿责任限制基金，可申请登记清偿的债权为"与特定场合发生的海事事故有关"的债权。

3. 债权登记的申请

(1) 申请登记的期限

有关债权人必须在海事法院强制拍卖船舶的公告期间或受理设立海事赔偿责任限制基金的公告期间内申请登记债权。① 与被拍卖船舶有关的债权的登记期间。无论在保全程序、还是在执行程序中，卖船公告期均为海事法院指定期间，不少于 30 天。② 与海事赔偿责任限制基金有关的债权的登记期间。与基金有关的债权人应当在海事法院发布受理设立海事赔偿责任限制基金申请的公告之日起 30 日内申请登记债权。

(2) 申请债权登记的形式要件

① 书面申请;② 提供债权证据;③ 缴纳登记费。

(二) 债权审查和确认

根据申请人提供的债权证据,海事法院对债权的审查确认分两种情况处理。

1. 对由生效法律文书证明的债权的审查与确认

审查的主要内容,一是生效法律文书的真实性、合法性;二是生效法律文书确定的债权是否属"与被拍卖船舶有关的债权"或"与特定场合发生的海事事故有关债权",即对登记的债权能否参与船舶拍卖价款和基金的受偿分配予以认定。经审查,符合上述要求的,海事法院裁定予以确认,否则裁定予以驳回。

2. 对登记债权的确权诉讼

有的申请人在申请债权登记时,没有提供具有法律效力的确权文书,而是其他证明海事请求的证据。这些申请人与被申请人的债权债务关系是否成立,债权的数额及性质,必须按法定程序审批。对此,我国《海事诉讼特别程序法》第116条规定:"债权人提供其他海事请求证据的,应当在办理债权登记以后,在受理债权登记的海事法院提起确权诉讼。当事人之间有仲裁协议的,应当及时申请仲裁。海事法院对确权诉讼作出的判决、裁定具有法律效力,当事人不得提起上诉。"

(三) 债权受偿

我国《海事诉讼特别程序法》第117条规定:"海事法院审理并确认债权后,应当向债权人发出债权人会议通知书,组织召开债权人会议。"第118条规定:"债权人会议可以协商提出船舶价款或者海事赔偿责任限制基金的分配方案,签订受偿协议。受偿协议经海事法院裁定认可,具有法律效力。债权人会议协商不成的,由海事法院依照《中华人民共和国海商法》以及其他有关法律规定的受偿顺序,裁定船舶价款或者海事赔偿责任限制基金的分配方案。"由此可以看出,债权受偿的方式有两种:债权受偿方案可以由债权人协商;协商不成的,由海事法院依照法定的受偿顺序裁定债权受偿方案。

三、船舶优先权催告程序

船舶优先权催告是海事法院根据船舶受让人的申请,以公示方法,催促船舶优先权人于一定期间内主张权利,如不主张,即发生该船附有的船舶优先权消灭的后果。船舶优先权催告程序与我国《民事诉讼法》中的公示催告具有一定的相似性,如,相对当事人不明确、催告程序的申请人特定、公告是必经程序等。

(一) 申请船舶优先权催告的条件

1. 申请人为船舶受让人

根据《海事诉讼解释》第93条的规定,这里的"受让人",是指船舶转让中的买方和有买船意向的人,但受让人申请海事法院作出除权判决时,必须提交其已经实际受让船舶的证据。

2. 申请应当在规定期限内提出

我国《海事诉讼特别程序法》第120条将受让人申请催告的时间限定为"船舶转让时",这一时间概念不够具体,应通过相关司法解释予以明确,如限定为:受让人在受让船舶1个月内可以申请船舶优先权催告。

3. 书面申请并提供相应证据

船舶优先权催告必须采用书面形式,申请人应向海事法院提交申请书、船舶转让合同、船舶技术资料等文件。

4. 按规定交纳申请费和公告费

公告费应由申请人预定,公告完毕后,据实与海事法院结算。

(二) 船舶优先权催告的程序

1. 受理

根据我国《海事诉讼特别程序法》第123条的规定,海事法院收到申请书及有关文件后,应当进行审查,在7日内作出准予或不准予申请的裁定。受让人对裁定不服的,可以申请复议一次。《海事诉讼解释》第94条规定:"船舶受让人对不准予船舶优先权催告申请的裁定提出复议的,海事法院应当在7日内作出复议决定。"

2. 公告

船舶优先权催告,应载明以下内容:

(1) 催告申请人的名称或姓名;

(2) 申请人所受让的船舶名称、船籍等;

(3) 催促优先权人主张权利,在海事法院办理登记,并规定办理船舶优先权登记的期间;

(4) 在规定期间优先权人不主张优先权的法律后果。

我国《海事诉讼特别程序法》规定船舶优先权的催告期间为60日。《海事诉讼解释》第95条规定:"海事法院准予船舶优先权催告申请的裁定生效后,应当通过报纸或者其他新闻媒体连续公告3日。优先权催告的船舶为可以航行于国际航线的,应当通过对外发行的报纸或者其他新闻媒体发布公告。"

3. 船舶优先权登记与审查

我国《海事诉讼特别程序法》第125条规定:"船舶优先权催告期间,船舶优先权人主张权利的,应当在海事法院办理登记;不主张权利的,视为放弃船舶优先权。"对船舶优先权人提出的主张,海事法院应进行表面审查。《海事诉讼解释》第96条规定:"利害关系人在船舶优先权催告期间提出优先权主张的,海事法院应当裁定优先权催告程序终结。"

4. 除权判决

船舶优先权催告期间届满,无人主张船舶优先权的,海事法院应当根据当事人的申请作出判决,宣告该转让船舶不附有船舶优先权。判决内容应当公告。

5. 终结

除在正常情况下经过除权判决并公告而终结催告程序外,在以下特殊情况下,海事法院应当裁定终结催告程序:

(1) 受让人在催告期满前撤回申请的;

(2) 受让人没有在规定的期限内申请除权判决的。

(三) 船舶优先权催告的法律效果

船舶优先权催告的意义包括两方面:一方面,催促船舶优先权人主张权利,以明确船舶是否附有优先权;另一方面,如果催告期间没有人主张船舶优先权,申请人就可以申请海事法院作除权判决,消灭船舶附有的优先权。

思考题

1. 海事诉讼的性质和特点如何?
2. 海事诉讼法与民事诉讼法是什么关系?
3. 海事诉讼管辖有哪些种类?
4. 海事诉讼中有哪些特殊的保全程序?
5. 简述海事审判程序。

参考文献

1. 金正佳主编:《海事诉讼法》,大连海事出版社 2001 年版。
2. 邢海宝:《海事诉讼特别程序研究》,法律出版社 2002 年版。

第二十七章 涉外民事诉讼程序的特别规定

> **学习目的与要求**

涉外民事诉讼程序是民事诉讼程序的有机组成部分,是针对涉外民事案件的特殊性并适应审理这些特殊案件的需要所作出的特别规定。通过本章的学习,应掌握涉外民事诉讼程序的概况及其特点;涉外民事诉讼应当坚持的一般原则;涉外程序中关于管辖、期间、送达及司法协助的特别规定。

第一节 涉外民事诉讼程序概述

一、涉外民事案件与涉外民事诉讼

(一)涉外民事案件

涉外民事案件,即具有涉外因素的民事案件,是指具有下列情形之一,并且由我国人民法院审理的民事案件:

第一,法律关系的主体方面具有涉外因素,即当事人一方或双方是外国人、无国籍人、外国企业和组织。例如,中国公民与某个外国人在我国人民法院进行的离婚诉讼,中国某企业与外国某公司因合同纠纷在我国人民法院进行的诉讼。

第二,法律关系的客体方面具有涉外因素。例如,当事人之间争议的财产在国外。我国人民法院审理这类案件,判决后需要外国法院协助执行,因而这类案件也具有涉外因素。

第三,法律关系的内容方面具有涉外因素,即当事人之间的民事法律关系发生、变更或者消灭的法律事实存在国外。例如,当事人之间的合同是在国外签订的,或者是在国外履行的;当事人一方的侵权行为是在国外实施的。

凡具有以上三种因素之一的民事案件,就是涉外民事案件。

(二)涉外民事诉讼

涉外民事诉讼,是指人民法院在当事人和其他诉讼参与人的参加下,审理具有涉外因素的民事案件的活动以及由此产生的诉讼法律关系的总和。涉外民事诉讼具有民事诉讼的一般特征,同时又因为具有涉外因素而在法律适用方面有自己的特点。人民法院审理涉外民事案件,在实体法方面,根据国际私法中的法律适用原则,既有可能适用中国法律,也有可能适用外国法律;但在程序法方面,根据国际上公认的原则,只能适用法院地法,即我国的民事诉讼法。我国《民事诉讼法》第 4 条明确规定:凡在我国领域内进行民事诉讼,必须适用我国的民事诉讼法。

二、涉外民事诉讼程序

涉外民事诉讼程序,是指一国司法机关受理、审判和执行具有涉外因素的民事案件所适用的程序。我国《民事诉讼法》第四编对涉外民事诉讼程序作了特别规定。

民事诉讼法之所以对涉外民事诉讼作出特别规定,是因为涉外民事诉讼具有与国内民事诉讼不同的特点和需要,这些特点主要表现为:

(1)涉外民事诉讼往往涉及国家主权,当事人之间民事纠纷的解决可能会涉及几个主权国家,而非仅仅依靠一国所能完成。世界各国应当在相互尊重对方国家主权和当事人利益的前提下,进行司法协助;而在国内民事诉讼中,由于完全由人民法院在行使国家审判权的前提下,依靠国内力量解决,因此依照民事诉讼法的一般规定即可。

(2)涉外民事诉讼由于涉及外国因素,在诉讼文书的送达、当事人的传唤等程序上,所花费的时间相对于国内民事诉讼而言更长,所需要采取的方式也更为特殊,因此需要作出一些特殊规定,比如在期间、送达等问题上就需作出不同于国内民事诉讼的规定。

(3)涉外民事案件的审判在法律的适用上,会涉及准据法问题,即在法律的选择上,既可能涉及选择适用程序法的问题,又会涉及选择适用实体法的问题。而国内民事诉讼在法律的适用上不存在这些问题,一律适用我国统一的实体法和程序法。

从法律渊源看,涉外民事诉讼程序的法律渊源由国内法和国际法两个部分构成,其中国内法应该是涉外民事诉讼程序的主要渊源。国内法渊源是指我国《民事诉讼法》第四编的规定以及最高人民法院的有关司法解释;国际法渊源主要包括国际条约和国际惯例,目前,我国与相当多的国家签订了双边或多边条约,同时我国法律也明确规定了对国际惯例的适用,人民法院在处理涉外民事案件时,应当适用。

三、涉外民事诉讼程序与一般民事诉讼程序的关系

鉴于涉外民事诉讼程序具有上述特征,因而立法上需要对涉外民事诉讼作出一些特别的、补充性的规定。

各国民事诉讼法都将涉外民事诉讼程序作为其重要组成部分,但在立法体

例上却有所不同。大体上有三种形式：第一，制定与民事诉讼法并列的单行涉外民事诉讼法，作为处理涉外民事案件的专门法律。这种立法体例多为早期的民事诉讼立法所采用。其缺点是立法上重复过多，因为涉外民事诉讼程序与国内民事诉讼程序共同的内容远远多于特殊的内容。第二，将民事诉讼法作为处理涉外民事诉讼的基本法，并对需要作出特别规定的有关涉外民事诉讼部分分别列入相关章节的条款，作为对民事诉讼法的补充和例外规定。这种立法体例的缺陷是：对有关涉外民事诉讼程序的规定过于分散，不利于法院办案和当事人遵循。第三，在民事诉讼法中对涉外民事诉讼程序设专章或专节作出个别规定，以适应处理涉外民事诉讼的特别需要。这种立法体例，既突出了涉外民事诉讼程序的特别需要，同时又能够与国内民事诉讼程序较好地协调统一，也方便了法院和当事人进行涉外民事诉讼。我国就属于这种立法体例。

我国《民事诉讼法》设第四编即"涉外民事诉讼程序的特别规定"，专门对涉外民事诉讼程序问题作出了特别规定。但涉外民事诉讼程序并不是与民事审判程序和执行程序一样的完全独立的程序。这种特别规定与通常诉讼程序的规定以及某些国际条约的规定，共同构成审理涉外民事案件的诉讼程序。人民法院在审理涉外民事案件时，应当首先适用涉外民事诉讼程序的特别规定；没有特别规定的，适用民事诉讼法其他各编中的有关规定。

第二节 涉外民事诉讼程序的一般原则

涉外民事诉讼程序的一般原则，是指对涉外民事诉讼有指导意义并必须遵循的原则。它是根据我国民事诉讼法的基本原则和对外政策的基本精神，参考国际惯例、国家之间的司法协助及互惠关系，结合涉外民事诉讼的某些特殊情况制定的。

我国《民事诉讼法》第四编第二十三章对涉外民事诉讼程序的一般原则作了规定。这些原则包括：适用我国民事诉讼法原则；信守有关国际条约原则；尊重外交特权与豁免原则；使用我国通用的语言文字原则；委托律师代理诉讼必须委托中国律师的原则。这些原则，虽然各有其不同的内容，具有各自的相对独立性，但都是建立在维护国家主权这个原则的基础之上的，是维护国家主权原则在诉讼上的具体体现。

主权原则是涉外民事诉讼程序的根本原则，是一般原则的核心。我国人民法院对涉外民事案件行使审判权，正是基于国家主权独立的原则进行的，人民法院审理涉外民事案件，从根本上讲就是维护国家主权和人民利益，而一般原则则是从不同的方面起着维护国家主权的作用。

一、适用我国民事诉讼法原则

根据国际惯例，审理涉外民事案件，原则上适用法院所在地国家的民事诉讼法。根据我国《民事诉讼法》第 259 条的规定，涉外民事案件的当事人及其他诉讼参与人的诉讼活动，要以我国民事诉讼法的规定为依据；人民法院审理涉外民事案件，要以我国的民事诉讼法为准则。由此，可以说适用我国民事诉讼法的原则反映了我国民事诉讼法对涉外民事诉讼的效力，这种效力主要体现在三个方面：

第一，任何外国人，包括无国籍人、国籍不明的人以及外国企业和组织，在我国领域内进行民事诉讼，均应按照我国民事诉讼法规定的程序进行诉讼活动。

第二，凡属我国人民法院管辖的案件，我国均有司法管辖权，由我国具有管辖权的人民法院管辖。根据民事诉讼法的规定由我国专属管辖的案件，任何外国法院均无权进行审判。

第三，任何外国法院的裁判，在我国领域内均不直接发生法律效力。只有经我国人民法院依法进行审查并裁定予以承认后，才具有效力，有执行内容的裁判才能够按照我国法律规定的执行程序予以执行。

二、信守有关国际条约原则

我国《民事诉讼法》第 260 条规定："中华人民共和国缔结或者参加的国际条约同本法有不同规定的，适用该国际条约的规定，但中华人民共和国声明保留的条款除外。"这一规定确立了信守国际条约、条约优先的国际法原则。

条约必须信守，是国际关系中公认的一项基本原则。但信守条约规定的义务，往往又与独立行使司法权、适用本国法律相龃龉，从而引起维护国家主权与保证国际条约实施的矛盾。对此矛盾，国际上一般的解决办法是变国际法为国内法，然后按国内法的有关内容执行。这种变换方式有两种：一种是承认一个国际条约，就在国内制定相应的法律，使国际条约的内容以国内法的形式出现，适用了国内法就等于适用了国际条约；一种是在国内法中确立承认和适用国际条约的原则，凡符合原则的就承认其效力，并付诸实施。现在世界上多数国家采用后一种形式。从我国《民事诉讼法》第 260 条的规定看，我国也是采用后一种形式。该条规定凡是我国缔结或者参加的国家条约，包括多边的国际公约和双边的条约，我国法律即确认其效力；如果该国际条约同我国民事诉讼法有不同规定的，应当适用国际条约的规定，但是我国声明保留的条款除外。

三、尊重外交特权与豁免原则

外交特权与豁免，是指一国或国际组织派驻在他国的外交代表免受驻在国司法管辖的一种制度,又称司法豁免或司法豁免权。司法豁免权最早只适用于外交代表,以后逐步扩大到其他主体,以及某些国家的组织和国际组织。

我国《民事诉讼法》第 261 条规定,对享有司法豁免权的外国人、外国组织或者国际组织提起的民事诉讼,人民法院应当根据我国法律和我国缔结或者参加的国际条约的规定办理。

该规定所指我国有关法律,主要指《中华人民共和国外交特权与豁免条例》和《中华人民共和国领事特权与豁免条例》。该规定所指国际条约主要有《维也纳外交关系公约》《维也纳领事关系公约》等。

根据上述法律和国际条约,享有豁免权的主体包括:(1) 外交代表和与其共同生活的配偶及未成年子女;(2) 使馆行政技术人员、领事官员和领事馆行政技术人员;(3) 来华访问的外国元首、政府首脑、外交部长及其他具有同等身份的官员;(4) 其他依照我国参加和缔结的国际条约享有司法豁免权的外国人、外国组织或国际组织。

凡依照上列法律和国际条约规定享有司法豁免权的外交代表,我国人民法院不受理对他们提起的民事诉讼。应当注意的是根据有关国际条约和惯例,民事司法豁免权不同于刑事司法豁免权,它具有相对性、限制性和不完全性。例如,根据《中华人民共和国外交特权与豁免条例》的规定,有下列情形的,人民法院可以受理相关诉讼:(1) 派遣国明示放弃豁免的;(2) 外交代表以私人身份进行的遗产诉讼,对与本诉有关的反诉不享有豁免权;(3) 外交代表在中国境内从事公务范围以外的职业或者商业活动引起的诉讼,对与本诉有关的反诉不享有豁免权。在具体的民事诉讼中,即使外交代表等人员的派遣国明确表示放弃司法豁免权,诉讼的结果是作为被告的外交代表人员败诉的,如果执行,还需要其派遣国另行明确表示放弃司法豁免权。

我国民事诉讼法没有规定外国国家的主权豁免。但是,我们认为国家及其财产的豁免是公认的国际法原则。一个国家不得对另一个国家行使审判权,即"平等者之间无管辖权",这是国家主权原则和平等原则在司法方面的具体体现。

因此,我国人民法院不受理以外国国家或政府为被告的民事诉讼,除非得到该外国政府的同意。在外国政府同意应诉的情况下,如被判决败诉,非经外国政府的同意,不得对其国家财产强制执行。在审判实践中,人民法院也要注意严格区分国家的行为和作为独立法人的企业、组织的商业活动。对于我国具有独立法人资格的国有企业、国有公司在外国进行商业活动引起的诉讼,我国也不主张主权豁免。

四、使用我国通用的语言、文字的原则

外国人、外国企业和组织在一个国家进行诉讼,使用受诉法院所在国的语言文字,这是世界各国公认的一项原则。

外国人、外国企业和组织在我国境内进行民事诉讼,使用我国通用的语言文字,这也是我国独立行使司法权的内容之一。如果外方当事人不通晓中国的语言文字,要求提供翻译的,人民法院可以提供,费用由当事人负担。这既是为了方便当事人进行诉讼,也是人民法院审理涉外民事案件的需要。在涉外民事诉讼中,外国当事人提出的诉讼文书,或者外国法院委托我国人民法院代为送达、协助执行的诉讼文书,必须附有中文译本。

五、委托中国律师代理诉讼的原则

委托中国律师代理诉讼原则,是指外国当事人在我国人民法院起诉、应诉,如果需要委托律师代理诉讼,必须委托中国的律师,外国律师不得独立、直接参加中国的诉讼活动。当今各国法律都规定了类似原则,其基本依据是,律师活动是一国司法活动的组成部分,主权国家不允许他国司法活动在本国渗透。我国司法部、外交部、外国专家局于1981年10月20日联合签发的《关于外国律师不得在我国开业的联合通知》中明确规定,外国律师不得在我国开业、设立事务所和办事处,不得与我国法律顾问处联合开业;不得以律师名义在我国代理诉讼和出庭。《民事诉讼法》第263条规定:"外国人、无国籍人、外国企业和组织在人民法院起诉、应诉,需要委托律师代理诉讼的,必须委托中华人民共和国的律师。"第264条规定:"在中华人民共和国领域内没有住所的外国人、无国籍人、外国企业和组织委托中华人民共和国律师或者其他人代理诉讼,从中华人民共和国领域外寄交或者托交的授权委托书,应当经所在国公证机关证明,并经中华人民共和国驻该国领馆认证,或者履行中华人民共和国与该国订立的有关条约中规定的证明手续后,才具有效力。"这些规定都否定了外国律师在我国直接代理诉讼的可能性,体现了我国的主权原则。

根据《民诉法解释》第528条的规定,在涉外民事诉讼中,外籍当事人需要委托代理人进行诉讼的,可以委托本国人为诉讼代理人,也可以委托本国律师以非律师身份担任诉讼代理人。外国驻华使、领馆官员,受本国公民的委托,可以个人名义担任诉讼代理人,但在诉讼中不得享有外交或领事特权与豁免。

国务院在2002年1月1日施行的《外国律师事务所驻华代表机构条例》规定,经国务院批准,外国律师事务所可以在我国设立代表机构、派驻代表,但只能从事不包括中国法律事务在内的活动,如向当事人提供该外国律师事务所获准从事的国家法律咨询;提供有关国际条约、国际惯例的咨询;提供有关中国法律环境影响的信息;等等。但依然不能作为外国律师直接参加我国的民事诉讼。

第三节 涉外民事诉讼的管辖

一、涉外诉讼管辖权

涉外民事诉讼管辖权,是指一国法院受理涉外民事案件的范围或权限。在涉外民事诉讼中,管辖的含义与国内民事诉讼管辖并不相同,它不仅要在法院系统内部确定各级和同级法院受理第一审民事案件的分工和权限,而且首先要解决一国法院受理涉外民事案件的范围问题,涉外民事诉讼管辖是一种特殊的管辖制度。

在涉外民事诉讼中,首先遇到并须解决的问题,就是对某一涉外民事案件我国人民法院有无管辖权。这个问题在涉外民事诉讼中具有头等重要的意义,因为这是国家主权的具体体现。不同国家管辖的案件,不但审判结果有很大的差别,有时还会影响到判决的执行,因而各国对这个问题都十分重视。我国民事诉讼立法依据我国缔结和参加的国际条约,参照国际惯例,并结合我国的审判实践经验,在民事诉讼法第四编中对涉外民事案件的管辖问题作出了明确的规定,这对于通过我国人民法院正确地行使对涉外民事案件的管辖权,维护国家主权,扩大我国在国际上的影响,以及正确、合法、及时地解决涉外民事纠纷,保护当事人的合法权益,促进我国对外经济贸易关系和友好往来的不断发展,都具有重要的意义。

我国人民法院是否对某一或某类涉外民事案件有管辖权,往往要适用三个方面的规定才能确定下来:第一,《民事诉讼法》第二章管辖的各项具体规定。管辖一章中对人民法院的管辖问题作了全面规定,其中有些管辖的原则和具体规定具有普遍的适用性。第二,《民事诉讼法》第二十四章规定的涉外管辖。它与第二章的规定是特别与一般的关系,在确定涉外民事诉讼管辖权时,应当优先适用特别规定,即第二十四章有规定的,适用二十四章的规定,第二十四章没有规定的,可以适用第二章中的有关规定,如普通管辖、特别管辖、协议管辖、应诉管辖、选择管辖、移送管辖等规定。第三,国际条约。确定涉外民事案件的管辖权,一般应适用我国民事诉讼法第二十四章、第二章的规定。但根据《民事诉讼法》第260条的规定,如果我国缔结或参加的国际条约中对管辖权有不同规定的,应当优先适用国际条约。近年来,我国缔结和参加了一些国际条约,因而在确定涉外民事案件的管辖权时,应当考虑这些条约中的有关条款。

在确定涉外民事案件的管辖权时,应当综合考虑以上三个方面的规定。本教材第十二章对管辖问题作了全面的阐述,有关国际条约的适用则应结合具体案件情况去查找我国缔结或参加的国际条约。在本节中,重点阐述《民事诉讼法》第二十四章对涉外民事案件管辖的特别规定。

二、涉外民事诉讼管辖的原则

世界各国在涉外民事诉讼管辖的确定上，普遍实行国家主权原则，并一般都要求具体案件同本国必须具有某种联系因素或联结因素。但是，由于各国所强调的联系因素不同，因此形成了不同的涉外民事诉讼管辖权的确定原则。主要有以下三种：

（一）属地管辖权原则

属地管辖权原则，是指以当事人的住所地、居所地和事物的存在地（如合同履行地、侵权行为地、争议的标的物所在地）等作为行使管辖权的联系因素而形成的原则。这一原则主张以涉外民事诉讼中的案件事实和当事人双方与有关国家的地域联系作为确定法院涉外民事诉讼管辖权的标准，即在涉外民事诉讼中，如果当事人的住所、财产、诉讼标的物、产生争执的法律关系和法律事实，其中有一个因素存在于一国境内或发生于一国境内，该国就具有对该案的司法管辖权。这一原则最早确立于1877年的德国民事诉讼法。

属地管辖权原则以国家主权原则为基础，特别强调在涉外民事案件管辖权问题上国家的领土主权，强调有关法律行为的地域性质或属地性质，侧重于有关案件及其双方当事人与有关国家的地域联系，强调一国法院对于涉及其所属国境内的一切人和物以及法律事件和行为的诉讼案件都具有司法管辖权。在属地管辖权的原则中，通常以被告的住所地作为行使管辖权的依据。采取属地管辖权原则的国家主要有德国、日本、奥地利、希腊以及亚洲的泰国、缅甸、巴基斯坦等国。

（二）属人管辖权原则

属人管辖权原则，是指以当事人的国籍作为连结因素而行使管辖权的原则。属人管辖权原则强调涉外民事案件中的双方当事人与有关国家的联系，侧重于当事人的国籍，强调一国法院对于涉及本国国民的诉讼案件都具有受理、审判的权力。即在某一涉外民事案件中，只要当事人一方具有本国国籍，无论他是原告还是被告，也不论他现在居住在何处，该国法院对此都有管辖权。

属人管辖权原则同样是国家主权原则在涉外民事案件管辖权问题上的具体体现。这一原则有利于保护本国公民和法人的利益，但这种管辖权原则有时也会使外国人处于不利地位，有失公平。实行属人管辖权原则的国家主要有法国、意大利、比利时、西班牙、荷兰、埃及等国。

（三）实际控制管辖权原则

实际控制管辖权原则又叫"有效原则"，是指法院对涉外民事案件是否具有管辖权，应看它是否能够对被告或者其财产实行直接的控制，能否作出有效的判决。实际控制管辖权原则是英美普通法国家普遍采取的管辖权原则。

根据实际控制管辖权原则行使管辖权时，英美法系国家又将其分为对人诉讼和对物诉讼两种管辖权。对人诉讼，是指解决双方当事人对于所争执的标的物的权利与义务的诉讼。对人诉讼的实际控制体现为：只要在诉讼开始时，被告在一国境内出现，不论其在该国是否有住所或居所，也不论其是居住还是路过，只要法院能够有效地将起诉书和传票送达给被告，该国法院对该被告的对人诉讼管辖权就已确立。这种管辖权一经确立，就会持续有效，直至诉讼结束，即使被告人随后离开了这个国家。

对物诉讼，是指为维护物权而提起的诉讼，诉讼的目的在于请求法院通过判决确定某一特定物的所有权和其他权益。对物诉讼的实际控制体现为：只要有关财产处于一国境内或有关被告的住所处于该国境内，该国法律就对有关案件具有管辖权。也就是说，法院是以争议标的物在本国境内为准来行使管辖权的。只要在诉讼开始时，该特定物位于某国境内，法院将传票张贴在该特定物上，那么法院对该案就可以行使对物诉讼管辖权。

三、我国民事诉讼法确定涉外民事案件管辖权的原则

（一）维护国家主权原则

维护国家主权原则，是我国涉外民事诉讼程序的重要原则，在管辖的规定中也对这一原则给予充分体现。维护国家主权原则，要求法律在确立涉外民事案件的管辖权时，应正确地确定我国民事司法审判权的范围。民事诉讼法对涉外民事诉讼案件行使专属管辖权的规定，就是维护国家主权原则在涉外管辖中的重要体现。

（二）诉讼与法院所在地实际联系原则

这一原则意味着只要诉讼与我国法院所在地存在一定的实际联系，我国人民法院都有管辖权。根据《民事诉讼法》第265条的规定，我国在确定涉外案件的管辖时，主要考虑案件与我国法院所在地是否存在实际联系，包括属人因素和属地因素。如我国民事诉讼法以被告住所地为确定人民法院对涉外民事案件的管辖标准，即只要被告在我国领域内有住所，不论该被告是外国人、无国籍人，或者是外国企业、组织，我国人民法院均有管辖权。当事人在我国境内如果没有住所，但提起的是有关身份关系的诉讼，我国人民法院也享有管辖权。与此同时，我国民事诉讼法也考虑属地因素，如依合同签订地或者履行地、诉讼标的物所在地、可供扣押财产所在地、代表机构所在地为标准确定人民法院的管辖权，体现的就是属地因素。

四、我国涉外民事诉讼管辖的特别规定

我国《民事诉讼法》第265条、第266条分别对涉外民事案件的地域管辖、专属管辖作了规定。

(一) 地域管辖

我国《民事诉讼法》第265条规定："因合同纠纷或者其他财产权益纠纷，对在中华人民共和国领域内没有住所的被告提起的诉讼，如果合同在中华人民共和国领域内签订或者履行，或者诉讼标的物在中华人民共和国领域内，或者被告在中华人民共和国领域内有可供扣押的财产，或者被告在中华人民共和国领域内设有代表机构，可以由合同签订地、合同履行地、诉讼标的物所在地、可供扣押财产所在地、侵权行为地或者代表机构住所地人民法院管辖。"

这一规定属于地域管辖的规定，它的适用条件是：第一，必须是限于合同纠纷或其他财产权益纠纷。此外，其他民事纠纷如婚姻纠纷等，不适用本条规定。第二，必须是此类案件的被告在中华人民共和国领域内没有住所，否则也不适用本条规定，而应适用管辖的一般规定。从涉外地域管辖的规定中，可以归纳出决定我国人民法院有管辖权的因素，主要是物和行为。物包括作为诉讼标的物的财产或被告在我国境内可供扣押的财产；行为指法律行为，包括签订和履行合同的行为、侵权行为等。被告在我国境内的代表机构住所地，是划分法院管辖的又一个根据。上述这些因素作为确定涉外地域管辖的标准，是国际上普遍的做法，与我国民事诉讼法中管辖的一般原则也是相一致的。在适用这一规定确定人民法院对涉外民事案件的管辖权时，应很好地掌握适用这一规定的前提、根据以及具体规定。这样，不仅能够确定我国人民法院对某一涉外民事案件有无管辖权，而且能够进一步确定该案件应当由哪一个人民法院受理。

(二) 专属管辖

我国《民事诉讼法》第266条规定："因在中华人民共和国履行中外合资经营企业合同、中外合作经营企业合同、中外合作勘探开发自然资源合同提起的诉讼，由中华人民共和国法院管辖。"这一条是涉外管辖中对专属管辖的特别规定。

关于专属管辖，各国民事诉讼法都有规定，但具体内容有所不同。一个国家之所以要把某些性质的案件列入本国法院专属管辖的范围，是因为这类案件同本国的社会制度、经济制度、法律制度以及公共利益和当事人的利益，都有着极为密切的关系。当事人双方不得通过协议来改变这种管辖。一国法院对外国法院作出的属于本国法院专属管辖案件的判决、裁定是不予承认的。这不仅关系到案件本身，也关系到国家主权这一原则问题。

民事诉讼法规定的属于我国人民法院专属管辖的案件，均属于合同纠纷案件。由于这几类合同纠纷的内容比较特殊，是因在我国境内履行中外合资经营

企业合同、中外合作经营企业合同以及中外合作勘探开发自然资源合同而引起的诉讼,这几类案件不适用一般地域管辖和协议管辖的规定,不允许双方当事人约定外国法院管辖,而只能由我国人民法院专属管辖,但当事人协议选择仲裁裁决的除外。这是为了更好地保护合资或合作的双方当事人的合法权益,切实保障这类合同的履行,从而在平等互利的基础上,更多更好地吸引外国投资,以进一步扩大经济合作和技术交流。

(三) 集中管辖

根据2002年最高人民法院《关于涉外民商事案件诉讼管辖若干问题的规定》,我国对涉外民商事案件的受案法院作出了较大的调整,将以往分散由各基层人民法院、中级人民法院管辖的涉外民商事案件集中由少数受案较多、审判力量较强的中级人民法院和基层人民法院管辖。此规定包括的案件有:涉外合同和侵权案件;信用证纠纷案件;申请撤销、承认与强制执行国际仲裁裁决的案件;审理有关涉外民商事仲裁条款效力的案件;申请承认和强制执行外国法院民商事裁决、裁定的案件。对于这五类案件实行集中管辖,由下列人民法院管辖:第一,国务院批准设立的经济技术开发区的人民法院;第二,省会、自治区首府、直辖市所在地的中级人民法院;第三,经济特区、计划单列市的中级人民法院;第四,最高人民法院指定的其他中级人民法院;第五,高级人民法院。对于发生在与外国接壤的边境省份的边境贸易纠纷案件、涉外房地产案件和涉外知识产权案件,不适用上述规定。

(四) 涉及国外华侨离婚案件的管辖

涉及国外华侨的案件,原则上按照我国《民事诉讼法》关于地域管辖的规定,由人民法院积极、主动地行使管辖权。同时,也要参照涉外案件管辖权的规定以及我国其他有关规定办理。具体而言,主要是关于涉及国外华侨离婚案件的管辖。根据《民诉法解释》第13—17条的规定,涉及国外华侨的离婚案件的管辖法院为:

(1) 在国内结婚并定居在国外的华侨,如定居国法院以离婚诉讼须由婚姻缔结地法院管辖为由不予受理,当事人向人民法院提出离婚诉讼的,由婚姻缔结地或一方在国内最后居住地人民法院管辖。

(2) 在国外结婚并定居在国外的华侨,如定居国法院以离婚诉讼须由国籍所属国法院管辖为由不予受理,当事人向人民法院提出离婚诉讼的,由一方住所地或在国内的最后居住地人民法院管辖。

(3) 中国公民一方居住在国外,一方居住在国内的,不论哪一方向人民法院提起离婚诉讼,国内一方住所地的人民法院都有权管辖。如国外一方在居住国法院起诉,国内一方向人民法院起诉的,受诉人民法院有权管辖。

(4) 中国公民双方在国外但未定居,一方向人民法院起诉离婚的,应由原告或被告住所地的人民法院管辖。

(5) 已经离婚的中国公民双方均定居国外，仅就国内财产分割提起诉讼的，由主要财产所在地法院管辖。

(五) 不方便法院原则

不方便法院原则，又称"非方便法院原则"或"不便管辖原则"，是英美法系民商事管辖中的一项重要制度。这项制度赋予法院一定的自由裁量权，对一些因法律规定或当事人选择而有管辖权的案件，通过抑制管辖权的行使而不予受理，从而缓解国际民商事管辖权的冲突，同时防止原告挑选法院给被告造成诉讼上的困难，促使当事人在更为方便的法院寻求纠纷的解决。我国《民诉法解释》引入英美法系国家"不方便法院原则"，规定涉外民事案件同时符合下列情形的，人民法院可以裁定驳回原告的起诉，告知其向更方便的外国法院提起诉讼：(1) 被告提出案件应由更方便外国法院管辖的请求，或者提出管辖异议；(2) 当事人之间不存在选择中华人民共和国法院管辖的协议；(3) 案件不属于中华人民共和国法院专属管辖；(4) 案件不涉及中华人民共和国国家、公民、法人或者其他组织的利益；(5) 案件争议的主要事实不是发生在中华人民共和国境内，且案件不适用中华人民共和国法律，人民法院审理案件在认定事实和适用法律方面存在重大困难；(6) 外国法院对案件享有管辖权，且审理该案件更加方便。需要注意的是在适用该条规定时，要以我国法院对案件有管辖权为前提，且必须同时满足上述条件方可拒绝行使管辖权，不能滥用该项权利。

第四节 涉外民事诉讼的期间、送达

一、涉外民事诉讼的期间

(一) 涉外民事诉讼期间的概念和特点

涉外诉讼期间，是指受诉人民法院、当事人和其他诉讼参与人进行涉外民事诉讼活动所必须遵守的时间。涉外诉讼期间与一般诉讼期间相比，具有自身的特点，即由于有些涉外案件当事人居住在国外，诉讼文书的往来、办理委托诉讼和代理人代为诉讼等事项，都需要较长的时间；同时，为了便于当事人了解受诉法院所在国的有关法律规定，便于进行诉讼，涉外民事诉讼中所规定的期间较国内民事诉讼期间要长，如有特殊情况需要延长，还可向受诉人民法院申请延长。

在涉外民事诉讼中，当事人在我国领域内有住所的，适用《民事诉讼法》总则中关于期间的一般规定；当事人在我国领域内没有住所的，适用《民事诉讼法》第四编第二十五章有关期间的特别规定。

（二）涉外民事诉讼期间的特别规定

1. 答辩期间

根据我国《民事诉讼法》第268条的规定，被告在我国境内没有住所的，人民法院应当将起诉状副本送达被告，并通知被告在收到起诉状副本后30日内提出答辩状。被告申请延期的，是否准许，由人民法院决定。根据我国《民事诉讼法》第269条的规定，被上诉人在收到上诉状副本后，应当在30日内提出答辩状。被上诉人不能在法定期限内提出答辩状，申请延期的，是否准许由人民法院决定。

由此可见，一审被告和二审被上诉人提出答辩的期间均为30日，比国内当事人提出答辩的期间要长，并且在必要时还可以申请延长。

2. 上诉期间

我国《民事诉讼法》第269条规定，在我国境内没有住所的当事人，不服第一审人民法院判决、裁定的，有权在判决书、裁定书送达之日起30日内提起上诉。当事人不能在30日内提出上诉而申请延期的，是否准许，由人民法院决定。

适用上述规定，有一个前提，即当事人必须在我国境内没有住所。当事人在我国领域内居住的，即使是外国人、外国企业和组织，也不适用诉讼期间的特别规定。相反，当事人不在我国领域内居住的，即使是中国公民、法人和组织，也应当适用特别规定，不适用诉讼期间的一般规定。特别规定的适用是以这种特别情况的存在为前提的。

3. 审理期间

我国《民事诉讼法》第270条规定："人民法院审理涉外民事案件的期间，不受本法第149条、第176条的限制。"即不受国内民事诉讼审理期限的限制。由于审理涉外民事案件常常需与外国发生联系，所需周期较长，因此，为保障案件的正确处理，有必要适当放宽对涉外案件审理期限的限制。《民诉法解释》还规定，人民法院对涉外民事案件的当事人申请再审审查的期间也不受再审案件立案审查期间的限制。但尽管如此，人民法院仍然应当尽可能地提高办案效率，及时结案，以实现民事诉讼的价值目标。

4. 公告期间

根据我国《民事诉讼法》第267条第8项的规定，涉外公告送达期间是自公告之日起满3个月。

二、涉外送达

涉外送达，是指在涉外民事诉讼中，人民法院依照法定程序，将诉讼文书送交当事人或者其他诉讼参与人的行为。人民法院依法送达诉讼文书，是保障涉外民事诉讼顺利进行的重要一环。诉讼文书送达后，可以为当事人行使诉讼权利和履行诉讼义务、安排自己的诉讼活动提供保障,同时,诉讼文书依法送达后即产生一定的法律后果,从而使整个诉讼程序得以正常、有序的运行。

在涉外民事诉讼中,人民法院送达诉讼文书较国内民事诉讼更为复杂,作为受送达人的诉讼主体,既可能是中国公民、法人和其他组织,也可能是外国人、无国籍人以及外国的企业和组织;受送达人既可能居住在中国境内,也可能居住在国外。因此,人民法院应当根据案件的具体情况以及受送达人的具体情况,依法选用送达方式。

(一) 对在我国领域内居住的当事人的一般送达

在涉外民事诉讼中,不论受送达人是中国公民、法人和其他组织,还是外国人、无国籍人或外国企业和组织,只要在我国领域内有住所的,应当按照《民事诉讼法》总则规定的送达方式进行送达,也就是分别采用直接送达、留置送达、委托送达、转交送达、邮寄送达、电子送达、公告送达。因为受送达人在我国境内有住所,所以在送达上不存在障碍,不需要使用特别的送达方式。这也是各国民事诉讼法在涉外送达中的普遍做法。

(二) 对在我国领域内没有住所的当事人的特殊送达

根据我国《民事诉讼法》第267条的规定,人民法院审理涉外民事案件,对在我国领域内没有住所的当事人,包括中国籍的当事人和外国籍的当事人,送达诉讼文书需要根据当事人所在国以及当事人本人的不同情况,选用下列送达方式:

1. 依照条约规定的方式送达

受送达人所在国与我国有缔结或者共同参加的国际条约的,可依照该国际条约中规定的方式送达。但与我国没有条约关系的国家不得采用这一送达方式。这种送达方式由于以双方缔结或共同参加的国际条约为基础,因而双方可以直接采用条约中规定的方式送达,这对双方都比较方便,处理案件也比较及时。

1961年3月,我国加入的《关于向外国送达民事或商事司法文书和司法外文书》(即《海牙公约》)规定,各缔约国和参加国都要指定一个机关作为中央机关和有权接受外国通过领事途径转递的文书的机关。我国人民法院向其他缔约国或参加国的当事人送达诉讼文书,可依该公约的规定,将请求书及需送达的诉讼文书送交往国的中央机关,由其安排一适当的机构送达。如果我国与其他国家签订了司法协助条约或协定的,可依司法协助条约或协定中约定的方式送达,例如我国与波兰、法国等国签订的司法协助条约及协定中,就有关于代为互相送达诉讼文书以及送达方式的规定。

2. 通过外交途径送达

在受送达人所在国与我国没有订立双边司法协助条约,也不是《海牙公约》的缔约国或参加国时,则可通过外交途径送达。

通过外交途径送达,是国际公认最正规的一种送达方式。其前提是:两国之间已经建立了外交关系。其过程是:(1)由省、自治区、直辖市高级人民法院对需送达的诉讼文书进行审查;(2)由人民法院将需要送给当事人的诉讼文书交我国外交部领事司,由其负责转递给我国驻当事人所在国的外交机构,再由其转交该国外交机关;(3)由该国外交机关转交该国司法机关送达当事人。人民法院应将需送达的诉讼文书准确注明受送达人的姓名、性别、年龄、国籍及其在国外的详细外文地址,需送达的诉讼文书应附有该国文字或者该国同意使用的第三国文字的译文。这种送达方式的具体操作手续繁复,费时较长,在诉讼实践中,为了节省时间和手续,实际上用得较少。

3. 委托我国驻外使、领馆代为送达

对于具有我国国籍的受送达人,可以委托我国驻受送达人所在国的使领馆代为送达。这种送达方式是1963年《维也纳领事关系公约》所承认的,我国已于1979年参加了这一公约。我国驻外使、领馆可以接受我国司法机关的委托,向所在国的中国籍当事人送达诉讼文书。如果受送达人所在国不是该公约的成员国,但根据该国法律的规定允许我国使领馆直接送达的,也可以委托我国驻该国使领馆代为送达。

4. 向受送达人委托的代理人送达

这种送达方式通常用在受送达人所在国与我国没有外交关系的情况下。受送达人委托的有权代理其接受送达的诉讼代理人,是以个人身份接受我国人民法院送达的诉讼文书,因而这种方式不仅方便有效,而且可以避免某些国际争端的发生,这是我国审判实践中长期运用的一种送达方式。人民法院向受送达人委托有权代表其接受送达的诉讼代理人送达,视为向受送达人送达。

5. 向受送达人在我国设立的代表机构、分支机构、业务代办人送达

在涉外民事诉讼中,受送达人是外国企业和组织,并在我国领域内设有代表机构,或者虽没有代理机构,但委托了接受送达的分支机构、业务代办人的,可以适用这类送达方式。我国人民法院向受送达人在我国境内设立的代表机构或有权接受送达的分支机构、业务代办人送达,视为向受送达人送达,但送达日期应当以代表机构或分支机构、业务代办人转交受送达人的日期为准。

6. 邮寄送达

受送达人所在国的法律允许邮寄送达的,可以邮寄送达。现今世界许多国家已经不再反对邮寄送达,所以邮寄送达已被普遍使用,但是否反对邮寄送达,各国有权自己决定。因各国的规定可能不一样,一个国家的规定在不同的时期也可能发生变化,因此,运用这种方式必须十分慎重,在并不确知受送达人所在国法律允许邮寄送达的情况下,不要轻易地运用这种送达方式。以邮寄送达方式送达诉讼文书,自邮寄之日起满3个月,送达回证没有退回,但根据各种情况

可以认定已经送达的,期间届满之日即视为送达;如果未收到送达的证明文件,且根据各种情况不足以认定已经送达的,视为不能用邮寄方式送达。

7. 电子送达

电子送达,即采用传真、电子邮件等能够确认受送达人收悉的方式进行的送达。2006年最高人民法院《关于涉外民事或商事案件司法文书送达问题若干规定》第10条明确规定了这种送达方式,在司法实践中已经取得了较好的效果,积累了一定的经验。在涉外民事诉讼中采取传真、电子邮件等送达方式具有可行性。

8. 公告送达

在不能用上述七种方式送达的情况下,受诉人民法院可以将需要送达的有关诉讼文书的内容,在出口报纸上或其他适宜的场所进行公告,向受送达人送达。自公告之日起满3个月,即视为送达。

根据《民诉法解释》第534条的规定,对在我国领域内没有住所的当事人,经用公告方式送达诉讼文书,公告期满不应诉,人民法院可缺席判决,缺席判决后,仍应将裁判文书依照我国《民事诉讼法》第267条第8项的规定公告送达。自公告送达裁判文书满3个月的次日起,经过30日上诉期当事人没有上诉的,一审判决即发生法律效力。

第五节 司法协助

一、司法协助的概念、意义

司法协助,是指不同国家的法院之间,根据本国缔结或参加的国际条约,或者按照互惠原则,互相委托,代为送达文书、调查取证以及承认并执行对方法院的判决、裁定或仲裁机构仲裁裁决的制度。

一国司法机关本应只在本国领域内行使司法审判权,不能在其他国家行使这种权力,因此,其所作出的判决和裁定没有域外效力。但是,不管哪个国家的法院,进行涉外民事诉讼,发生与外国有关的诉讼活动是不可避免的,这就需要由外国法院代为某些诉讼行为。同时,我国人民法院也接受符合我国法律规定的外国法院请求协助的事项。这种协助,是国际上必要的和有益的协作。因此,民事诉讼中的司法协助制度具有十分重要的意义:

第一,有利于维护国家主权。

通过司法协助,有利于我国人民法院以及仲裁机构作出的生效判决或裁决在国外得到承认和执行,从而使我国人民法院或仲裁机构的判决或裁决付诸实现,维护我国法律的统一,维护国家主权。

第二,有利于保障涉外民事案件审理和执行的顺利进行。

在涉外民事诉讼中,人民法院必须将诉讼文书及其他法律文书及时、合法地送达住在国外的当事人手中,才能对他产生法律上的约束力,也才能够保证当事人参与诉讼活动。人民法院只有通过一定途径调取在国外的证据,才能保障人民法院对案件作出正确的裁判。而这一切都需要借助司法协助。

第三,有利于维护当事人的合法权益,促进对外经济交往。

国与国之间的司法协助,有利于及时、公正地审理涉外民事案件,并有利于生效法律文书得到外国的承认和执行,从而使当事人的合法权益得到及时、切实的保护,并因此而更好地促进对外经济交往。

二、司法协助的根据

不同国家法院之间的这种司法上的协作关系,必须存在一定的根据,只有存在这样的根据,才有不同国家法院之间的协作往来,否则没有协作的义务。司法协助的根据是:

(一)国与国之间存在有关司法协助的国际条约

国与国之间的司法协助活动是以缔结或者参加的有关国际条约为依据的,这是国家间进行司法协助最正式的依据。由于各主权国家之间是平等的,各国的司法权是独立的,因此,如果没有司法协助的国际条约,就没有理由请求别国接受其司法协助的要求。我国参加的有关司法协助的国际条约,有1954年的《民事诉讼程序公约》、1968年的《关于国际管辖权和执行法院判决的公约》、1958年的《承认及执行外国仲裁裁决公约》等。我国还先后与法国、波兰、蒙古等国签订了《中法关于民事、商事司法协助的协定》《中波关于民事、刑事司法协助的协定》《中蒙关于民事和刑事司法协助的协定》等双边协定。这些国际条约对司法保护和协助的范围、文书送达和调查取证、法院裁判和仲裁裁决的承认与执行等问题都作出了规定。

(二)国家间存在事实上的互惠关系

互惠关系是进行司法协助的另一重要根据。国与国之间如果没有订立司法协助条约,又没有共同参加的国际条约,那么国家间的司法协助就只能依据互惠原则进行。根据互惠原则,一国法院为他国法院代为一定的诉讼行为,他国法院也应当为对方法院代为一定的诉讼行为。这是以事实上存在的互惠关系为前提的。我国《民事诉讼法》第276条和第280条也规定了我国人民法院和外国法院可以在没有国际条约的情况下,按照互惠原则相互提供司法协助。

三、司法协助的种类

关于司法协助的种类,各国在理论上以及实践中对其解释有所不同。一般来说,对司法协助作狭义解释的居多,即认为司法协助仅限于送达诉讼文书、调查取证及其他有关的诉讼行为。如德国的传统观点认为,司法协助只能在送达诉讼文书和收集证据的范围内进行,除非在有关的国家之间存在一个现行的特别条约,一般都排除对司法判决的执行。[①] 广义的司法协助,除了包括送达诉讼文书、调查取证等程序性问题外,还包括相互承认和执行法院作出的生效判决、仲裁机关作出的仲裁裁决。

虽然在国际司法协助的理论与立法中,对司法协助是作广义的解释还是狭义的解释,一直存在不同的观点,但从司法协助的实践看,由于世界经济一体化进程的加快,国与国之间的联系与交往越来越密切,因此实际上司法协助的范围是在不断地扩大。

我国在民事司法协助的立法与实践中,显然采用的是对司法协助作广义解释的方法。从我国《民事诉讼法》第二十七章对司法协助所作出的规定看,不仅包括我国法院与外国法院之间在送达诉讼文书和调查取证方面的协助,还包括对外国法院判决在我国的承认与执行这种形式的协助,甚至还包括仲裁裁决的承认和执行。在诉讼理论上,我国也一向将司法协助的范围和种类分为一般司法协助和特殊司法协助两种,前者指代为一般的诉讼行为,后者指接受外国法院的委托,代为执行外国法院的判决、裁定和仲裁机构的裁决,或者请求外国法院代为执行我国法院的判决和裁定。

(一) 一般司法协助

一般司法协助,是指根据我国缔结或参加的国际条约,或者按照互惠原则,人民法院和外国法院互相请求,代为送达文书、调查取证等诉讼行为。

1. 一般司法协助的条件

根据我国民事诉讼法的规定,一般司法协助必须具备下列条件:

(1) 一般司法协助的法院所在国之间,必须有缔结或共同参加的国际条约,或者事实上存在互惠关系,这是一般司法协助的根据。两国法院之间协助的原则是互相尊重主权,平等互惠,否则就没有互相协助的基础和义务。

(2) 外国法院请求的事项不得有损于我国的主权、安全或者社会公共利益,否则,人民法院不予执行、不予协助。例如,外国法院要求我国法院代为调查的事项涉及国家机密,我国法院就不能接受。我国人民法院委托外国法院进行协助时,同样也应尊重该国的国家主权、安全和社会公共利益。

(3) 请求和提供司法协助,应当依照我国缔结或参加的国际条约所规定的途径进行,如两国间没有条约关系的,通过外交途径进行。

(4) 外国法院请求人民法院提供司法协助的请求书及其所附文件,应当附

[①] 李双元、谢石松:《国际民事诉讼法概论》,武汉大学出版社1990年版,第421页。

有中文译本或者国际条约规定的其他文字文本。同样，人民法院请求外国法院提供司法协助的请求书及其所附文件，应当附有该国文字译本或者国际条约规定的其他文本。

2. 一般司法协助的内容

一般司法协助，主要是相互协助进行有关诉讼程序方面的行为，主要包括：

（1）代为送达诉讼文书。诉讼文书的送达在涉外民事诉讼中具有十分重要的意义，是保证涉外民事诉讼能够顺利进行的重要保障。例如，送达起诉状副本将关系到被告应诉和答辩；送达传票或出庭通知书，关系到当事人以及有关诉讼参与人的出庭、辩论。目前，在我国已有的司法协助实践中，代为送达诉讼文书所占的比例最大。

（2）代为调查取证。代为调查取证，是指一国法院与另一国法院相互请求，代为调取必要的证据。其调查取证方法一般依本国民事诉讼法的规定进行。代为调查取证，具体又包括获取有关的物证、书证、视听资料等；询问当事人、证人、鉴定人；代为审查商业账户；对文书、物品等进行勘验、保全和管理等。

3. 一般司法协助的程序

一般司法协助的程序是：我国人民法院同外国法院之间请求和提供司法协助，首先应当依照我国同外国签订的国际条约，司法协助的途径和程序也应当以这些国际条约所规定的途径、程序为依据；在两国之间没有签订司法协助条约、又不是多边国际公约的共同参加国的情况下，按照互惠原则进行一般司法协助，此时，一般司法协助的途径和程序依照提供协助国家的程序法进行。

根据我国《民事诉讼法》第277条的规定，我国人民法院与外国法院之间进行的一般司法协助，有三种途径，其程序有所不同：

（1）根据国际条约规定的途径进行。

依照我国缔结或参加的国际条约规定的途径和程序进行一般司法协助，通常是通过各自国家指定的代为协助的中央机关进行。这里的中央机关一般是指一国为司法协助的目的而指定或者成立、统一负责对外转递有关司法文书和司法外文书的机关。各国指定或建立的机关不完全一样，但大多数国家都是指定司法部为中央机关。1987年6月，我国国务院正式批准在司法部门设立司法协助局，从而确立了司法部为我国进行司法协助的中央机关。中国与比利时、意大利、西班牙有关民商事司法协助协定中也是指定我国司法部为中央机关。其他国家有的是以司法部作为中央机关，有的以最高法院作为中央机关。

（2）通过外交途径进行。

在我国与外国没有条约关系，但已建立了外交关系的情况下，请求和提供一般司法协助应当通过外交途径进行。同时，我国与有关国家在司法协助协定中有约定，适用司法协助协定有困难时，也可通过外交途径请求和提供一般司法协助。通过外交途径进行一般司法协助,是我国人民法院同外国法院进行司法协助的重要途径,同时也是国际上通行的惯例。

(3) 通过外国驻我国的使领馆进行。

外国驻我国的使领馆也可以向该国公民送达诉讼文书、调查取证,但必须遵守我国法律。第一,外国驻我国的使领馆只能向其在我国的本国公民送达文书和调查取证,不能向其他国家的公民和无国籍人送达诉讼文书和调查取证。根据我国《民事诉讼法》第 277 条第 3 款的规定,未经我国主管机关批准,任何外国机关或者个人不得在我国领域内送达文书、调查取证。第二,禁止外国驻我国使领馆送达诉讼文书和调查取证时采取强制措施,这是国家主权原则的重要体现,在我国境内有权采取强制措施的只能是我国的司法机关。

进行一般司法协助的具体程序,应主要依据三个方面的规定:第一,我国民事诉讼法涉外民事诉讼的有关规定;第二,我国与有关国家签订的司法协助协定中的一般司法协助有关规定;第三,我国最高人民法院、外交部、司法部 1986 年颁布的《关于我国和外国法院通过外交途径相互委托送达法律文书的若干问题的通知》、最高人民法院 1988 年颁布的《关于执行中外司法协助协定的通知》。

根据上述规定,我国人民法院委托外国法院代为送达诉讼文书和调查取证,应由委托的人民法院提出申请书和所附文件,经所属高级人民法院审核后报最高人民法院,由最高人民法院审核并译为外文,然后连同请求书和所附文件一并转司法部,最后由司法部转交外交部。委托与我国未订立司法协助协定的国家进行一般司法协助的,由委托的人民法院提出委托书和所附文件(并附对方国家或该国同意的第三国的文字译本),经所属高级人民法院审查后,由最高人民法院交由外交部领事司负责转递,然后由该国安排一般司法协助的进行和完成。

我国人民法院为外国法院代为一般司法协助事项,按下列程序进行:司法部将对方的请求书和所附文件转交最高人民法院,最高人民法院审查后送交有关高级人民法院,再由高级人民法院指定有关中级人民法院或专门人民法院(如海事法院)办理。请求事项办理完毕后,依原途径报回最高人民法院,转司法部交回申请国一方。外国法院按照外交途径委托我国人民法院进行一般司法协助时,由该国驻我国使领馆将委托书及所附文件交外交部领事司,由领事司转交有关高级人民法院,再由高级人民法院指定有关中级人民法院办理。办理完毕后,按原途径报回。

对于外国法院一般司法协助的请求,我国人民法院审查后认为符合条件的,依照我国法定的程序予以协助。若外国法院请求采用特殊方式予以协助的,在不违背我国法律的前提下,可以按照其请求的特殊方式进行。

(二) 特殊司法协助

特殊司法协助,是指不同国家的法院之间,根据本国缔结或参加的国际条约，或者按照互惠原则，相互接受对方法院的委托，承认并且执行对方法院的判决、裁定。从执行对象上看，广义的特殊司法协助还包括对仲裁裁决的承认和执行。

不同国家的法院之间相互协助代为执行生效的法律文书，是一个十分重要的法律问题。一个主权国家，所作出的生效法律文书本应只在本国领域内生效，而要在境外生效就必须得到有关国家的承认，并在此基础上获得该国法院的协助执行。同样，一个主权国家不能允许外国法院直接在本国境内执行该外国法院或仲裁机构作出的生效法律文书。因此，不同国家的法院之间实施这种特殊的司法协助就显得非常必要。

特殊司法协助，包括两个方面：一是承认；二是执行。承认是指承认对方法院的判决、裁定在本国境内具有法律效力。执行则是指将外国法院判决、裁定的内容在本国境内按照民事诉讼法规定的执行程序付诸实现。承认与执行关系密切，其中承认是执行的前提，不承认其效力自然不可能执行。但也有一些法律文书只需要承认，承认并不必然导致对它的执行。例如，对那些仅仅涉及变更或者解决当事人之间某种民事权利义务关系的外国法院判决，如离婚、解除收养关系、变更监护关系的判决，只要为本国法律所承认即可。

承认和执行外国生效的法律文书，根据我国民事诉讼法以及有关国际条约的规定，作为承认与执行对象和执行根据的法律文书必须是依法作出的、终局的并且是有民事性质的，作为执行根据的法律文书还必须具有给付内容。由于各国的国内法及参加的国际条约、双边条约的具体内容不同，承认和执行的具体对象不同，其条件也是有差异的。

根据我国《民事诉讼法》第282条的规定，我国人民法院接到请求承认和执行外国法院判决、裁定的申请后，必须依法进行审查。符合我国法律规定的，裁定承认其效力，需要执行的，依照我国民事诉讼法规定的执行程序予以执行；否则不予承认和执行。

我国人民法院承认和执行外国法院的判决、裁定，应当依照下列条件和程序进行：

（1）委托法院所在国必须与我国有条约关系或互惠关系。这是承认与执行外国法院判决、裁定的基础，否则我国人民法院没有协助的义务。

（2）申请承认和执行的外国法院的判决、裁定，必须是终局的；需要执行的，必须具有给付内容。

（3）外国法院的判决、裁定，不得违反我国法律的基本原则。外国法院的裁判是依照本国法或者本国冲突法援引外国法作出的，除非冲突法援引的正好是我国的法律，否则不可能符合我国法律的具体规定。因此，只要不违反我国法律的基本原则即可。外国法院的裁判如果违反了我国法律的基本原则，不论属于哪种情况,均不予承认和执行。

(4) 外国法院的判决、裁定不得有损于我国的主权、安全和社会公共利益。外国法院的裁判要得到我国法院的承认和执行,不能损害我国的主权、安全和社会公共利益。

(5) 承认和执行的申请,必须向中国有管辖权的中级人民法院提出。有管辖权的中级人民法院,是指被执行人住所地或被执行财产所在地的中级人民法院。外国法院或当事人的申请书及其所附文件,应当附有中文译本或者有关国际条约规定的其他文字文本。

(6) 承认和执行的申请必须在法定的期限内提出。根据《民诉法解释》第547条的规定,当事人申请执行和承认外国法院作出的发生法律效力的判决、裁定或者外国仲裁裁决的期间,适用民事诉讼法申请执行的期间规定,即两年内提出申请,适用中止、中断规定。

人民法院接到申请书或请求书后,应予以审查,并根据我国法律及我国缔结或参加的国际条约的规定,或者根据互惠原则审查。我国人民法院对外国法院的裁判应组成合议庭进行审查,重点审查外国法院的裁判是否符合我国法律规定的承认和执行外国法院裁判的条件,即只进行程序上的审查。对外国法院裁判中的事实认定和法律适用是否正确不予审查,不能要求该裁判符合被执行国的法律,这是国际上通行的做法。

经审查,外国法院的判决、裁定符合上述条件的,我国人民法院应作出裁定,承认其效力,然后将我国人民法院作出的裁定作为执行的根据。从理论上讲,人民法院执行的是我国人民法院的裁定,而内容则是外国法院的判决、裁定。这是国家主权原则的具体体现。需在承认的基础上协助执行的,依照我国民事诉讼法第三编执行程序的规定进行。

经审查,承认与执行的申请不符合上述条件的,应当依法予以拒绝,并说明理由。此外,根据有关国际条约和双边协定的规定,如果存在排除承认和执行的情形,也应当予以拒绝。例如,我国参加的相互承认与执行外国法院判决内容的《国际油污损害民事责任公约》,我国与波兰、法国等国签订的司法协助协定,都有排除承认和执行的条款。根据这些国际条约和双边协定的规定,有下列情形之一的,不予承认和执行:

(1) 按照被请求一方国家法律有关管辖权的规定,该裁决是由无管辖权的法院作出的;

(2) 根据作出裁决一方的法律,该裁决尚未发生法律效力或不具有执行力的;

(3) 败诉的一方当事人未经合法传唤,因而没有出庭参加诉讼的,即该当事人未获得合理的通知和陈述其立场的机会;

(4）被请求一方法院对于相同的当事人之间就同一事实和要求的案件已经作出确定的裁判,或者被请求一方法院已经承认了第三国法院对于相同的当事人之间就同一事实和要求的案件所作的发生法律效力的裁判。

关于我国人民法院的判决、裁定在外国的承认与执行,我国《民事诉讼法》第280条规定,人民法院作出的发生法律效力的判决、裁定,如果被执行人或者被执行财产不在中华人民共和国领域内,当事人请求执行的,可以由当事人直接向有管辖权的外国法院申请承认和执行,也可以由人民法院依照我国缔结或参加的国际条约的规定,或者按照互惠原则,请求外国法院承认和执行。

我国人民法院的判决和裁定委托外国法院执行,应当符合以下条件:

(1) 判决和裁定是已经发生法律效力的终审判决和裁定,在国内已经具有强制执行效力。

(2) 必须由申请人提出强制执行的申请。

(3) 被申请人或者被要求执行的财产不在我国境内。

(4) 由当事人直接向有管辖权的外国法院申请承认和执行,或者由我国有执行权的人民法院根据我国与被申请执行国之间的条约规定,或依照互惠原则请求外国法院的承认和执行。但有下列情形之一的,应当由当事人直接申请:

(1) 我国与该外国既不存在司法协助的条约关系,又无互惠关系;

(2) 我国与该外国的司法协助协定明确规定应由当事人申请的,如我国与法国的司法协助就是这样规定的;

(3) 该外国法院将申请承认和执行法院裁决作为当事人诉权的内容的。

请求外国法院执行本国法院的判决和裁定,按照国际惯例,一般有三种途径:其一是外交途径。即委托法院将委托书提交外交部,由外交部将其交给被请求国的外交机构,再由被请求国的外交机构交管辖法院。其二是领事途径。委托法院把委托书寄给中国驻被请求国的领事馆,再由领事馆交给驻在国的管辖法院。这种方式在国际条约中采用较多。其三是法院途径。由法院直接将委托书寄给被请求国法院。这种方式一般只有在两国间有司法协助条约的情况下才能适用。

外国法院接到申请或请求后,应按照与我国签订的国际条约或者按照互惠原则进行审查。经审查同意承认和执行的,按其本国法律程序进行。

思考题

1. 什么是涉外民事诉讼?什么是涉外民事诉讼程序?
2. 涉外民事诉讼程序的一般原则有哪些?
3. 涉外民事诉讼管辖有哪几项特殊规定?

4. 涉外民事诉讼的送达方式有哪几种？
5. 涉外民事诉讼中的保全有什么特点？
6. 什么是司法协助？司法协助有哪几种？

参考文献

1. 汪祖兴主编:《民事诉讼法·涉外与仲裁篇》,厦门大学出版社2007年版。

2. 徐卉:《涉外民商事诉讼管辖权冲突研究》,中国政法大学出版社2001年版。

3. 肖建华:《中国区际民事司法协助研究》,中国人民公安大学出版社2006年版。

第六编

非讼程序论

第二十八章 特别程序

学习目的与要求

通过本章的学习,应掌握特别程序的概念和意义;特别程序的适用范围和特别程序规则;特别程序与普通程序、简易程序的关系;掌握选民资格案件,宣告公民失踪、死亡案件,认定公民无行为能力或限制行为能力案件以及认定财产无主案件的审判程序的要点;学习和掌握确认调解协议案件和实现担保物权案件的特别程序。

第一节 特别程序概述

一、特别程序的概念与分类

特别程序,是指人民法院用以处理民事非讼案件的特殊程序。民事非讼案件,是指利害关系人或起诉人在没有民事权益争议的情况下,请求人民法院确认某种事实或权利是否存在,从而引起一定的民事法律关系发生、变更或消灭的案件。人民法院审判非讼案件的特别程序属于非讼程序,是民事审判程序的重要组成部分。

从理论上科学界定特别程序,应当确立两个基本前提:首先,特别程序是相对于通常诉讼程序而言的,它是民事审判程序的一种,通常诉讼程序与特别程序是民事审判程序的基本分类。[①] 因此,特别程序具有作为民事审判程序的一般属性。其次,特别程序的设置,体现了程序设置与解决民事案件需要的适应性,它与通常诉讼程序都有着各自要解决的问题。由于案件的性质不同,人民法院行使审判权的前提及目的不同,因而程序的具体设置也就必然不同。总之,诉讼案件与非讼案件的客观存在,是通常诉讼程序与特别程序设立的客观基础,人民法院处理诉讼案件适用通常诉讼程序,处理非讼案件则适用特别程序。

二、特别程序的适用范围

世界各国的民事诉讼法一般都设有特别程序,以审理一些特殊类型的案件。

---

① 王强义:《民事诉讼特别程序研究》,中国政法大学出版社1993年版,第7页。

但在特别程序的适用范围方面却有较大的差异。世界各国的民事诉讼法,一般都把认定公民失踪和宣告失踪人死亡、认定公民行为能力受限或无行为能力、认定财产无主等案件,列入适用特别程序的适用范围。此外,有些国家的民事诉讼法将丢失不记名凭证的复权(公示催告程序)、对遗嘱文件的验证、对死者或无行为能力的人财产的管理、婚姻亲子关系案件等也列入适用特别程序的范围。总之,外国民事诉讼法中特别程序的适用范围是比较广泛的。①

根据以上对特别程序概念的界定,特别程序是法院审理民事非讼案件的程序,因而特别程序的适用范围应当是民事非讼案件,即没有民事权益之争,没有对立的双方当事人,法院应利害关系人或起诉人的请求确认某种权利和事实状态的案件。从我国现行民事诉讼立法上看,符合这一特征的程序包括《民事诉讼法》第十五章、第十七章至第十八章规定的特别程序、督促程序、公示催告程序。

本章论述的特别程序,是传统的、典型的特别程序,从理论上讲是狭义的特别程序。适用该程序的案件包括:选民资格案件;宣告公民失踪、死亡案件;认定公民无行为能力、限制行为能力案件;认定财产无主案件、确认调解协议案件、实现担保物权案件。其中选民资格案件并非严格意义上的非讼案件,首先它不具有"民事性",涉及的不是公民的人身权、财产权,而是选民的选举资格以及正常的选举秩序;其次,选民资格案件因具备双方当事人(即起诉人与选举委员会)而不具备非讼案件的基本特征,因此民事诉讼法虽将其规定在特别程序中,只是立法技术的需要,而缺乏理论上的合理性与科学性。其他几类非讼案件为典型的非讼案件,符合非讼案件的特征,应当适用特别程序审理。

三、我国立法上特别程序的共同规则

依特别程序审理的非讼案件,不是解决民事权利义务争议,也不具备对立的双方当事人,利害关系人与起诉人启动程序的目的,是确认某种法律事实是否存在,确认某种权利的实际状态。针对非讼案件的这些特点,我国《民事诉讼法》除规定了每一种非讼案件的审理程序外,还规定了一些共同规则,这些规则是:

(一) 优先适用特别程序

特别程序是相对于通常诉讼程序而言的,我国的特别程序是对人民法院审理各种非讼案件所适用的程序的总和,不同的非讼案件适用的具体程序也不同。可见,特别程序具有"特别法"的性质,应当优先适用,只有在特别程序没有规定的情况下,才适用民事诉讼法的其他规定,例如回避、期间、期日、送达的规定。这一规则同时意味着,人民法院在适用特别程序审理非讼案件的过程中,如发现有民事权益争议,应当裁定终结特别程序,并告知利害关系人另行起诉。

---

① 王强义:《民事诉讼特别程序研究》,中国政法大学出版社1993年版,第13—14页。

（二）审判组织适用特别规定

按照特别程序审理案件，审判组织原则上采用独任制，只有选民资格案件和重大疑难的非讼案件，在法律有明文规定的情况下，才由审判员组成合议庭进行审理。这是因为非讼案件一般比较简单，请求解决的事项单一，有关法律规定了较为明确的条件及处理原则，法官依此审理和裁判的难度不大，独任制一般能够保证办案质量。

（三）特别程序实行一审终审

按照特别程序审理案件，实行一审终审，判决书一经送达，立即发生法律效力，申请人或起诉人不得提起上诉。不论哪一种非讼案件的审理程序，均未设置上诉审，这正是案件的非讼性质决定的，判决依申请人的申请作出，无必要为此再设置上诉程序，如果在程序进行中出现了与申请人持对立主张的人，那么特别程序通常要终结，然后按通常诉讼程序解决双方当事人之间的争执。

（四）不适用审判监督程序

按照特别程序审理的案件，在判决发生法律效力以后，如果发现判决在认定事实或适用法律方面有错误，或者是出现了新情况、新事实，人民法院根据有关人员的申请，查证属实之后，可依特别程序的规定撤销原判决，作出新判决。一般无须通过审判监督程序纠错。

（五）案件审结期限较短

按照特别程序审理案件，审理期限一般较短。例如，选民资格案件，必须在选举日前审结；宣告公民失踪、死亡等非讼案件，应当自立案之日起1个月内或者公告期满后1个月内审结。督促程序也是以简洁、快速地解决债权债务问题为其特点的。

（六）实行特殊的诉讼费用规定

根据我国《诉讼费用交纳办法》的规定，按《民事诉讼法》第十五章特别程序审理的案件，一律免交诉讼费用。对于非讼案件未像诉讼案件那样收费，主要是因为非讼案件只是确认一种法律事实，不解决民事权益之争，申请人请求人民法院确认某种事实，并不完全是为了自己的利益，因此理应与诉讼案件采取不同的诉讼费用规定。

四、特别程序的特殊法理

从理论上讲，诉讼案件与非讼案件性质及特点不同，因而决定了人民法院审理诉讼案件与非讼案件的程序、目的、方式、原则也必然不同。对此，我国民事诉讼法虽然对特别程序的一些特殊规则作了必要的规定，但理论上对此研究不够，呈现出通常诉讼程序与特别程序的程序理论发展失衡的状况。对特别程序的法理进行总结与研究，是我国民事诉讼法学理论发展的需要，同时也是进一步完善我国特别程序立法的重要前提。

关于处理非讼案件的特别程序具有何种性质,国外程序法理论对此有不同看法。有人认为,特别程序具有形成司法秩序的性质;有人认为它具有预防私法上权利纷争的性质;还有人认为它具有司法行政性质。① 总之,与通常诉讼程序在性质上有着明显的区别,因此,特别程序在原则与制度上有自己的独到之处,主要表现在以下几方面。

(一) 采取职权原则

职权原则与当事人处分原则相对应。处分原则是通常诉讼程序的重要原则,它包括诉讼中对立着的双方当事人均享有处分自己民事实体权利和诉讼权利的自由。处分实体权利即在诉讼中当事人可决定实体法层面上的各种事项,如是否请求法院行使审判权、行使审判权的范围有多大、能否接受法院调解以及是否与对方当事人和解等;处分诉讼权利即当事人有权决定程序法层面上的一些事项,例如,是否起诉、是否提出管辖异议、是否提出回避申请、是否撤诉、是否上诉和申请再审等。在诉讼程序中,处分原则的适用受私权自治原则的决定与支配。而在处理非讼案件的特别程序中,不存在私权之争以及对立的双方,非讼案件往往直接涉及的是他人权益甚至公益,申请人或起诉人无权行使实体法上的处分权,案件的审理范围、裁判依据的证据以及裁判结果,均由人民法院在法律规定的基础上依职权进行审理并作出决定,程序的进行也主要由人民法院控制,利害关系人或起诉人对程序的控制作用仅体现在特别程序的启动上,另外,依法提出的撤回程序的申请,也应准许。

(二) 书面审理兼言词审理原则

书面审理与言词审理相对应。言词审理原则是通常诉讼程序所采用的一项重要原则,它要求诉讼主体的诉讼行为,均应采用口头方式表达,否则不产生诉讼法上的效果。这一原则体现并贯彻了诉讼程序的公开性、民主性,适应了对立着的私权争议的双方当事人对程序公正的追求,同时也保障了法官在充分听取双方当事人陈述与辩论的基础上明辨是非、形成心证。而在特别程序中,非讼案件不具备对立着的双方当事人,也无私权之争,客观上不存在法官听取双方辩论与陈述的可能,法官只需在申请人或起诉人提供的书面材料及有关证据的基础上依法进行形式审查,并且按照特别程序设置的具体步骤(如公告、送达等)完成审判行为,即可达到特别程序设置的目的。当然,在特别程序中,书面审理原则并不绝对排除言词原则,在选民资格案件的审理中,言词原则的适用也是有意义的,因此总体上讲,特别程序以书面审理为原则,以言词审理原则为补充。

---

① 江伟主编:《民事诉讼法学原理》,中国人民大学出版社 1999 年版,第 718—719 页。

(三) 不采取公开审理原则

在诉讼程序中,公开审理原则与言词审理紧密相连,而不公开审理原则与书面审理密切联系。公开审理是通常诉讼程序中一项重要的诉讼制度,其立法价值主要在于保障诉讼程序的公开、透明,使人民法院的审判活动置于当事人与社会公众的监督之下,保障当事人及诉讼参与人能够通过行使诉讼权利保护实体权利,获得公正的裁判结果。而在特别程序中,非讼案件只有一方当事人,不存在诉讼案件那样的实体利益的对立,人民法院审理非讼案件只需依照一方的申请及相关的书面材料,依照实体法的相关要求及必要的程序要件,即可作出某种事实及权利是否存在的裁判,因而特别程序一般采取书面审理方式,实行不公开审判的原则,这样做不仅符合非讼案件审理上的特点及要求,而且能够满足高效、快速地确认非讼争议的某种事实及权利状态的设立特别程序的目的及要求。

(四) 证明及证明标准规则

依通常诉讼程序审理民事案件,实行"谁主张、谁举证"的证明责任分配原则以及严格的证明标准,这是诉讼结构的模式及双方当事人实体利益上的对立、对抗所决定的。而在特别程序中,当事人并未提出实体权益争议意义上的主张,因而当事人只需提供满足其非讼请求的书面材料,而并非要求其证明某一事实确实发生和存在。例如,申请宣告公民死亡的利害关系人,只需提供该公民有失踪的事实并已达到法定年限的材料,而不必提供该公民确已死亡的证据。依特别程序审理案件采取职权原则而非当事人处分原则和辩论原则,因而在审理过程中,除当事人提供必要的证据材料外,人民法院也可以依职权调查证据及有关事实,并大量使用推定的方法对有关法律事实及权利状态作出确认判决。由于特别程序所要解决的问题比较单纯,案情明确,问题集中,其证明活动及负担大为减少,这决定了证明责任及证明标准必然采用与通常诉讼程序不同的规则。

第二节 选民资格案件的审理程序

一、选民资格案件的概念

选民资格案件,是指公民对选举委员会公布的选民资格名单有不同意见,向选举委员会申诉后,对选举委员会就申诉所作的决定不服,而向人民法院提起诉讼的案件。

选民资格案件是一种独立的案件种类。在这种案件中,处于非正常状态的法律关系并非民事法律关系,而是选举法律关系;起诉人诉请人民法院保护的并非私人的民事权益,而是选民的选举资格和正常的选举秩序;起诉人与选举委员会之间事实上存在着直接的冲突与对抗,因而它具有不同于一般的诉讼案件和非讼案件的特点。在一些西方国家,选民资格案件是一种公法诉讼案件或民众诉讼案件,审理这类案件的机构也各有不同,法国规定由行政法院审理,德国规定由宪法法院或行政法院审理。① 根据我国民事诉讼法的规定,人民法院审理选民资格案件,依照民事诉讼法规定的特别程序审理。

选举权和被选举权是我国《宪法》赋予公民的一项政治权利。根据我国《选举法》的规定,选举前,应当按选区进行选民登记,并在选举日前30日公布选民资格名单,发给选民证。公民对选举委员会公布的选民资格名单有不同意见,可以向选举委员会提出申诉。选举委员会对申诉必须在3日内依法作出决定。申请人如果对申诉决定不服,可以向人民法院起诉。

公民对选民资格名单有不同意见,是指公民认为选举委员会公布的选民资格名单有错误,如应当列入选民资格名单的人没有列入,不应列入选民资格名单的人却列入了选民资格名单。根据我国《选举法》的规定,我国公民中有两种人没有选民资格:一种是未满18岁的公民,一种是依法被剥夺政治权利的人。此外,无法行使选举权的精神病患者,不能列入选民资格名单。如果公民认为选举委员会公布的选民资格名单有错误,就可依法申诉并可向人民法院起诉,最后由受诉人民法院来判决某公民有无选民资格。可见,人民法院审理选民资格案件,是通过审判程序解决选举委员会公布的选民资格名单有无错写、漏写的问题,不解决对有破坏选举的违法犯罪行为予以制裁的问题。对于破坏选举的违法犯罪行为,应当根据《选举法》和《刑法》的有关规定,按照刑事诉讼程序处理。

二、审理选民资格案件的意义

选举权和被选举权是我国公民依法享有的一项参与国家事务管理的庄严的政治权利。人民法院审理选民资格案件的意义就在于:保护有选举资格的公民享有选举权和被选举权,使他们能够依法参加选举活动,行使神圣的选举权利,选举自己的代表管理国家事务。同时也使没有选举权和被选举权的人不能非法参加选举,从而保障选举工作的顺利进行。

三、选民资格案件的审理程序

(一) 申诉和起诉

根据我国《选举法》和《民事诉讼法》的有关规定,公民对选举委员会公布的选民资格名单有不同意见,应当先向选举委员会提出申诉,选举委员会应在3日内对申诉作出决定。申诉人对处理决定不服的,可以在选举日的5日以前向人民法院起诉。选民资格案件的起诉人既可以是选民本人,也可以是有关的组织

---

① 王洪俊主编:《中国审判理论研究》,重庆出版社1993年版,第252页。

或其他公民。

（二）管辖

根据我国《民事诉讼法》第181条的规定，选民资格案件，由选区所在地的基层人民法院管辖。这样规定不仅方便公民起诉，而且便于受诉人民法院与选举委员会取得联系，及时向选举委员会和有关公民进行调查，查明情况，作出正确的判决。

（三）审理和判决

根据我国《民事诉讼法》第178条的规定，依照该章程序审理的案件，实行一审终审。选民资格案件或者重大、疑难的案件，由审判员组成合议庭审理；其他案件由审判员一人独任审理。这是因为选民资格案件关系到公民的政治权利问题，必须严肃、慎重对待。根据我国《民事诉讼法》第182条的规定，人民法院受理选民资格案件后，必须在选举日前审结，否则就不能保障公民选举权的行使和选举工作的顺利进行，审判就会失去意义。开庭审理时，起诉人、选举委员会的代表和有关公民必须参加。人民法院在充分听取意见、查明事实的基础上进行评议和判决。人民法院的判决书应当在选举日前送达选举委员会和起诉人，并通知有关公民。判决书一经送达立即发生法律效力。

第三节 宣告公民失踪、死亡案件的审理程序

一、宣告公民失踪案件

（一）宣告公民失踪案件的概念和意义

宣告公民失踪案件，是指公民离开自己的住所下落不明，经过法律规定的期限仍无音讯，经利害关系人申请，人民法院宣告该公民为失踪人的案件。

公民长期下落不明，与其相关的各种民事法律关系必然处于不稳定状态，这对社会生活的稳定与发展是不利的。法律设立宣告公民失踪制度具有多方面的意义：第一，这一制度有利于保护失踪人的合法权益。公民失踪以后，其财产无人管理，因而难免会造成毁损、流失或者被他人侵犯。宣告公民失踪以后，即可为其指定财产代管人，以保护失踪人的合法权益。第二，有利于保护与失踪人有利害关系的第三人的利益。财产代管人有权依法清理与失踪人有关的债权债务，例如，财产代管人可以从失踪人的财产中支付其所欠的债款或其他费用（如扶养费、抚育费等），这就避免了因公民失踪而对有关利害关系人的合法权益造成损害。第三，有利于贯彻《民法通则》规定的宣告失踪制度。我国《民事诉讼法》将宣告失踪案件规定为一种独立的案件，使之与《民法通则》的规定衔接起来，从而为实体法的实施提供了保障。

(二) 宣告公民失踪案件的审理程序

1. 申请

根据《民事诉讼法》第 183 条的规定,申请人民法院宣告公民失踪,必须具备三个条件:

(1) 必须有公民下落不明满 2 年的事实。所谓下落不明,是指公民最后离开自己住所或居所地后,去向不明,杳无信讯。认定公民下落不明的起算时间,应当从公民离开自己的最后住所地或居所地之日起,连续计算满 2 年,中间不能间断,如有间断,应从最后一次出走或最后一次来信时计算;战争期间下落不明的,从战争结束之日起计算;因意外事故下落不明的,从事故发生之日起计算;登报寻找失踪人的,从登报之日起计算。

(2) 必须是与下落不明的公民有利害关系的人向人民法院提出申请。利害关系人,是指与下落不明的公民有人身关系或者民事权利义务关系的人。包括失踪公民的配偶、父母、子女、祖父母、外祖父母、成年兄弟姐妹以及其他与之有民事权利义务关系(如债权债务关系)的人。

(3) 必须采用书面形式提出申请。申请书应写明失踪的事实、时间和申请人的请求,并附有公安机关或者其他有关机关关于该公民下落不明的书面证明。其他有关机关,是指公安机关以外的能够证明该公民下落不明的机关。

宣告失踪案件,人民法院可以根据申请人的请求,清理下落不明人的财产,指定案件审理期间的财产代管人。

2. 管辖

根据我国《民事诉讼法》第 183 条的规定,宣告公民失踪的案件,由下落不明人住所地的基层人民法院管辖。这样便于受诉人民法院就近调查被申请人下落不明的事实,便于人民法院发出寻找失踪人的公告,也便于人民法院审理案件。

3. 公告

根据我国《民事诉讼法》第 185 条的规定,人民法院受理宣告失踪案件后,应当发出寻找失踪人的公告。公告期为 3 个月。公告期间是寻找该公民、等待其出现的期间。公告寻找失踪人,是人民法院审理宣告公民失踪案件的必经程序。因为宣告失踪是一种推定,而这一推定又将给宣告失踪的公民带来重大的影响。所以,为了充分保护该公民的民事权益,使判决建立在慎重、准确的基础上,人民法院必须发出公告。

4. 判决

公告期满,该公民仍然下落不明的,人民法院应确认该公民失踪的事实存在,并依法作出宣告该公民为失踪人的判决。如公告期内该公民出现或者查明下落,人民法院则应作出判决,驳回申请。

（三）宣告失踪的法律后果

人民法院判决宣告公民失踪的同时，应按照我国《民法通则》的规定，为失踪人指定财产代管人。我国《民法通则》第21条第1款规定：失踪人的财产由他的配偶、父母、成年子女或者关系密切的亲戚朋友代管。如果没有上述代管人或者对代管人有争议的，应由人民法院指定代管人。根据《民诉法解释》第344条的规定，失踪人的财产代管人经人民法院指定后，代管人申请变更代管的，应比照《民事诉讼法》特别程序的有关规定进行审理。申请有理的，裁定撤销申请人的代管人身份，同时另行指定财产代管人；申请无理的，裁定驳回申请。失踪人的其他利害关系人申请变更代管的，人民法院应告知其以原指定的代管人为被告起诉，并按普通程序进行审理。

公民被宣告为失踪人以后，其民事权利能力并不因此而消灭，与失踪人人身有关的民事法律关系（如婚姻关系、收养关系等）也不发生变化。例如，在宣告失踪以后涉及继承问题时，仍然应当为失踪人保留其应继承的份额。

公民被宣告为失踪人以后，为失踪人设立财产代管人，并由其以失踪人的财产清偿失踪人的债务。对于失踪人所欠税款、债务和应付的其他费用，由代管人负责从失踪人的财产中支付。

（四）宣告失踪判决的撤销

人民法院宣告失踪的判决，是根据法定的条件所作的法律上的判定，因而被宣告失踪的人有重新出现的可能。被宣告失踪的公民重新出现或者确知了他的下落的，宣告失踪的判决就不能继续有效。该公民本人或其他利害关系人有权申请人民法院撤销原判决，以恢复该公民失踪前的事实和法律状态。人民法院查证属实后，应当作出新判决，撤销原判决。原判决撤销后，财产代管人的职责终止，他应当把代管人的财产及时返还给该公民。

二、宣告死亡案件

（一）宣告公民死亡案件的概念和意义

宣告公民死亡案件，是指公民下落不明满法定期限，人民法院根据利害关系人的申请，依法宣告该公民死亡的案件。

公民的死亡对于他的民事权利能力，以及他所参与的各种民事法律关系具有十分重要的影响。尽管根据我国法律规定，可以将下落不明满法定期间的公民宣告为失踪人，但是，宣告失踪的法律后果并不能结束下落不明的公民所参与的各种民事法律关系，财产代管人对财产的代管也只是一项临时性措施，失踪人的权利义务仍处于不确定状态。因此，我国法律规定了宣告公民死亡制度。这一制度的意义在于，通过宣告失踪人死亡，结束因公民长期下落不明而使某些法律关系不稳定的状态，从而保护该公民及利害关系人的合法权益，维护正常的社会秩序和生活秩序。

（二）宣告公民死亡案件的成立条件

根据我国《民法通则》第23条和《民事诉讼法》第184条的规定，宣告公民死亡案件必须具备下列条件：

1. 公民失踪后必须生死不明

公民最后离开自己的住所后，去向不明、生死未卜、杳无音讯。如果确知该公民健在或者已经死亡，都不能宣告该公民死亡。被申请宣告为死亡的公民，可以是已被宣告为失踪的人，也可以是未经宣告失踪的失踪人。

2. 生死不明的状态须达到法定的期限

根据我国《民事诉讼法》的规定，宣告死亡的期限有三种：第一，在通常情况下，公民下落不明满4年的。其期间的计算，从该公民最后离开自己的住所地之日起，连续4年生死未卜、杳无音讯。第二，因意外事故下落不明满2年的。意外事故包括：交通事故，如海难、空难等；自然灾害，如地震、山洪暴发等。期间从意外事故发生之日起计算，下落不明的状态持续时间须满2年。因意外事故下落不明的公民，其死亡的可能性比第一种情况要大，因而法定的期限相对较短。因战争下落不明的，期间应从战争结束之日起计算，期间也为2年。第三，因意外事故下落不明，经有关机关证明该公民不可能生存的。在这种情况下，死亡的可能性最大，因而可不受"4年"或"2年"法定期间的限制。具备上述任何一种情况，利害关系人都可以向人民法院申请宣告死亡。

（三）宣告公民死亡案件的审理程序

1. 申请

根据我国《民事诉讼法》的规定，宣告公民死亡案件必须由利害关系人提出书面申请。利害关系人包括：被宣告死亡人的配偶、父母、子女、兄弟姐妹、祖父母、外祖父母、孙子女、外孙子女以及其他与申请人有利害关系的人。符合法律规定的多个利害关系人提出宣告死亡申请的，列为共同申请人。需要注意的是宣告死亡的利害关系人存在申请顺序，能够列为共同申请人的只能是顺序在前的同一顺序的数个申请人。书面申请的内容包括：申请人的姓名、性别、年龄、与被申请人的关系，被申请人下落不明的事实、时间；申请人的请求；公安机关或者其他有关机关关于该公民下落不明的书面证明。如果被申请人已经被人民法院宣告为失踪人，申请人应附上人民法院宣告失踪的判决。

应当明确，宣告失踪不是宣告死亡的必经程序，只要符合宣告死亡的条件，利害关系人就可以直接向人民法院申请宣告失踪人死亡。另外，同一顺序的利害关系人，有的申请宣告死亡，有的不同意宣告死亡的，人民法院应当按照宣告死亡案件审理。

2. 管辖

根据我国《民事诉讼法》第184条的规定，宣告死亡案件，由下落不明人住所地的基层人民法院管辖。这样规定便于人民法院调查案件事实，寻找失踪人，及时作出判决。

3. 公告

根据我国《民事诉讼法》第185条的规定，人民法院受理宣告公民死亡案件后，必须发出寻找下落不明公民的公告，公告期间为1年；因意外事故下落不明，经有关机关证明其不可能生存的，公告期间为3个月。公告期间是等待失踪人出现的期间，也是宣告公民死亡的必经程序。

根据《民诉法解释》第345条的规定，人民法院判决宣告公民失踪后，利害关系人向人民法院申请宣告失踪人死亡，从失踪的之日起满4年的，人民法院应当受理，宣告失踪的判决即是该公民失踪的证明，审理中仍然应依照《民事诉讼法》第185条的规定进行公告。

4. 判决

在公告期间，如果失踪人出现，或者确知其下落的，人民法院应作出驳回申请的判决，终结案件的审理。如果公告期间届满，失踪人仍然下落不明的，人民法院应依法作出宣告失踪人死亡的判决。判决书除应送达申请人外，还应在被宣告死亡公民住所地和人民法院所在地公告。判决一经宣告，即发生法律效力，并以判决宣告的这一天为该公民的死亡日期。

（四）宣告公民死亡的法律后果

公民被宣告死亡和自然死亡的法律后果基本相同。表现在：宣告死亡结束了该公民以自己的住所地或经常居住地为活动中心所发生的民事法律关系，该公民的民事权利能力因宣告死亡而终止，与其人身有关的民事权利义务也随之终结，如原有的婚姻关系自然消灭，继承因宣告死亡而开始。但是，宣告死亡与自然死亡毕竟不同，如果该公民在异地生存，他仍然享有民事权利能力，仍可在那里进行民事活动，因为公民的民事权利能力与人身是不可分割的。也正因为如此，被宣告死亡的公民有重新出现的可能。

（五）宣告公民死亡判决的撤销

宣告公民死亡，是人民法院依照法定的条件和程序对失踪人作出的死亡推定，并不意味着失踪人确已死亡，如果被宣告死亡的公民重新出现或者查有下落，经本人或利害关系人申请，人民法院应当作出新判决、撤销原判决。新判决生效后，被宣告死亡公民的民事权利随之恢复。被撤销死亡宣告的公民有权请求返还财物，原物在的应当返还原物；原物不在或者原物受损的，应给予适当的补偿。该公民因死亡宣告而消灭的人身关系，有条件恢复的，可以恢复；原配偶在该公民被宣告死亡期间，尚未再婚的，夫妻关系从撤销宣告死亡判决之日起自行恢复;如果原配偶再婚,或者再婚后又离婚及再婚后配偶又死亡的,其夫妻关系不能自行恢复。如果其子女为他人收养,宣告死亡的判决撤销后,该公民不得单方面解除收养关系,但收养人与被收养人以此为由同意解除收养关系的,不在此限。

第四节 认定公民无民事行为能力、限制民事行为能力案件的审理程序

一、认定公民无民事行为能力、限制民事行为能力案件的概念和意义

认定公民无民事行为能力、限制民事行为能力案件,是指人民法院根据利害关系人的申请,对不能正确辨认自己行为或不能完全辨认自己行为的精神病人,按照法定程序,认定并宣告该公民无民事行为能力或限制民事行为能力的案件。

根据《民法通则》的规定,18周岁以上的公民,以及16周岁以上不满18周岁,但以自己的劳动收入为主要生活来源的公民,为完全民事行为能力的人。《民法通则》同时还规定,如果公民为精神病患者,不能辨认或者不能完全辨认自己的行为,即使已经成年,也不具有民事行为能力,或者只具有限制民事行为能力。法律确立认定公民无民事行为能力或限制民事行为能力的制度,其意义就在于:有利于保障精神病人的合法权益;有利于保护与精神病人有民事权利义务关系的有关利害关系人的合法权益;有利于保障民事流转的安全,进而维护社会的正常经济秩序。

二、认定公民无民事行为能力、限制民事行为能力案件的审理程序

(一) 申请

根据《民事诉讼法》第187条的规定,申请人民法院认定公民无民事行为能力、限制民事行为能力,必须具备下列条件:第一,必须由近亲属或者其他利害关系人提出申请。具体包括:该精神病患者的配偶、父母、子女、兄弟姐妹、祖父母、外祖父母、孙子女、外孙子女,或者与该精神病人关系密切的其他亲属、朋友,愿意承担监护责任,经精神病人的所在单位或所在居民委员会、村民委员会同意的。第二,申请必须采用书面形式。申请书的内容应包括:申请人的姓名、性别、年龄、住所,与被认定为无民事行为能力、限制民事行为能力人的关系;被申请认定为无民事行为能力、限制民事行为能力人的姓名、性别、年龄、住所,该公民无民事行为能力或限制民事行为能力的事实和根据。如果有医院出具的诊断证明或鉴定结论,也应当一并提交人民法院。

根据《民诉法解释》第349条的规定,在民事诉讼中,当事人的利害关系人提出该当事人患有精神病,要求宣告该当事人无民事行为能力或限制民事行为能

力的,应由利害关系人向人民法院提出申请,由受诉人民法院按照特别程序立案审理,原诉讼中止。

(二)管辖

根据我国《民事诉讼法》第187条的规定,认定公民无民事行为能力或限制民事行为能力案件,由其近亲属或者其他利害关系人向该公民住所地的基层人民法院管辖。这样规定便于人民法院就近调查该公民的健康状况和日常表现,收集有关证据,作出正确的判决,以保护该公民的合法权益。

(三)鉴定

根据我国《民事诉讼法》第188条的规定,人民法院受理申请后,必要时应当对被请求认定为无民事行为能力或限制民事行为能力的公民进行鉴定;申请人已提供鉴定意见的,应当对鉴定意见进行审查,如对鉴定意见有怀疑的,可以重新鉴定。

(四)审理

根据我国《民事诉讼法》第189条第1款的规定,人民法院审理认定公民无民事行为能力或限制民事行为能力的案件,应由该公民的近亲属担任代理人,但申请人除外,因为他可能与该公民有利害冲突。近亲属互相推诿的,由人民法院指定其中一人为代理人。该公民健康状况许可的,还应当询问本人意见,以便进一步了解该公民的患病情况和精神状态,从而作出正确的判决。

(五)判决

根据我国《民事诉讼法》第189条第2款的规定,人民法院经审理,认定申请有事实根据的,判决该公民为无民事行为能力或者限制民事行为能力人;认定申请没有事实根据的,应当判决予以驳回。

根据《民诉讼法解释》第351条的规定,被指定的监护人不服指定,应当在接到通知的之日起30日内向人民法院提出异议。经审理,认为指定并无不当的,裁定驳回异议;指定不当的,判决撤销指定,同时另行指定监护人。判决书应当送达异议人、原指定单位及判决指定的监护人。

三、认定公民无民事行为能力、限制民事行为能力判决的撤销

公民被宣告为无民事行为能力或限制民事行为能力的人后,如果经过治疗病情痊愈,精神恢复正常,能够判断自己行为的后果,清醒地处理自己的事务,在这种情况下,被认定为无民事行为能力、限制民事行为能力的人或者他的监护人有权向人民法院提出请求撤销原判决的申请。人民法院根据该公民本人或者监护人的申请,经查证后,证实该公民无民事行为能力或者限制民事行为能力的原因已经消除的,作出新判决、撤销原判决,从法律上恢复该公民的民事行为能力,同时撤销对他的监护。判决一经宣告,立即发生法律效力。

第五节　认定财产无主案件的审理程序

一、认定财产无主案件的概念和意义

认定财产无主案件，是指人民法院根据公民、法人或者其他组织的申请，依照法定程序将某项归属不明的财产认定为无主财产，并将其判归国家或集体所有的案件。

任何财产都既是权利主体拥有的财富，又是社会财富。财产所有人有依法占有、使用、收益、处分其财产的权利，同时有义务合理使用财产，发挥财产的经济效益，为社会扩大财富。但是，在社会生活中，有时财产会与主体脱离，形成无主财产，使财产处于无人管理的状态。法律规定认定财产无主的制度，其意义就在于：人民法院通过对这类案件的审理，可将确认的无主财产收归国家或集体所有，使之物尽其用，既有利于对社会财富的保护和利用，也有利于稳定社会的经济秩序。

二、认定财产无主案件的审理程序

（一）申请

根据我国《民事诉讼法》第191条的规定，认定财产无主案件，由公民、法人或其他组织向人民法院提出申请。我国《民事诉讼法》对申请人的范围规定得很广，凡是知道财产无主情况的有关机关、团体、企业事业单位及公民个人，都有权提出申请。申请应采用书面形式，申请书应具体写明财产的种类、数量、所在地以及请求认定财产无主的根据。

（二）管辖

根据我国《民事诉讼法》第191条的规定，认定财产无主的案件，应当由无主财产所在地的基层人民法院管辖。这样规定有利于人民法院调查该项财产的状况，寻找财产所有人，及时审理和判决。

根据我国《民事诉讼法》第192条的规定，人民法院受理认定财产无主案件后，应发出财产认领公告，寻找该财产的所有人。公告期限为1年。在公告期间，因财产仍处于无主状态，人民法院可根据财产的具体情况，指定专人看管，或委托有关单位代管。

（三）公告

根据我国《民事诉讼法》第192条的规定，人民法院受理申请后，经审查核实，应当发出财产认领公告，公告期满1年无人认领的，判决认定财产无主，收归国家或集体所有。在公告期间，因为财产仍处于无主状态，人民法院可根据财产

的具体情况,指定专人看管,或委托有关单位代管。

(四)判决

在公告期间,如果财产所有人出现,人民法院应作出裁定,驳回申请,并通知财产所有人认领财产。公告期满仍无人认领的,人民法院即应作出判决,认定该项财产为无主财产,并判归国家或集体所有。

在公告期间,如果有人对财产提出请求,人民法院应裁定终结特别程序,告知申请人另行起诉,适用普通程序审理。

三、认定财产无主判决的撤销

根据我国《民事诉讼法》第193条的规定,认定财产无主的判决生效后,原财产所有人或者继承人出现,在《民法通则》规定的诉讼时效期间内,可以对财产提出请求。人民法院查证属实后,应当作出新判决,撤销原判决。原判决撤销后,已被国家或集体取得的财产,应将其返还原主。原财产尚在的,应返还原财产;原财产不存在的,可以返还同类财产,或者按原财产的实际价值折价返还。

第六节 调解协议的司法确认程序

一、调解协议司法确认程序的概念与特征

(一)调解协议司法确认程序的概念

调解协议司法确认程序,是指人民法院根据双方当事人的申请,对人民调解委员会主持下达成的解决纠纷的调解协议,依法予以确认并赋予其强制执行力的程序。

人民调解是我国多元化纠纷解决机制的重要组成部分。根据我国《人民调解法》及相关司法解释的规定,经人民调解委员会调解后,双方当事人达成的解决纠纷的调解协议,具有合同效力,对纠纷双方具有约束力,但不具有司法上的效力,没有强制执行力。这是调解委员会自身的性质决定的。为了更好地发挥人民调解制度在化解民事纠纷方面的作用,巩固调解组织解决纠纷的成果,提升调解协议的约束力,我国《人民调解法》规定,经人民调解委员会调解达成协议的,双方当事人可以自调解协议生效之日起30日内共同向人民法院申请司法确认,人民法院应当及时对调解协议进行审查,依法确认调解协议的效力并赋予其强制执行力。我国2012年《民事诉讼法》修订时在特别程序中增加了调解协议的司法确认程序,实现了与人民调解法的程序衔接。2015年《民诉法解释》对此作了更加详细具体的规定,进一步促进了纠纷解决机制多元化及诉调对接的规范化、制度化和体系化。

根据《民事诉讼法》第 194 条、第 195 条的规定,调解协议的司法确认程序目前主要适用于人民调解委员会的调解。对于其他非讼调解,如行政机关的治安调解、交通事故赔偿调解,消费者协会等社会组织的调解等,如果将来有关法律作出了类似于《人民调解法》的规定的,应当允许当事人提出司法确认的申请,人民法院可以依照民事诉讼法规定的特别程序对其调解协议进行司法确认。

(二)调解协议司法确认程序的特征

相对于通常意义上的诉讼程序,司法确认程序具有下列特点:

(1)司法确认的主体是人民法院。人民法院对非讼调解协议的确认权属于司法权的性质,对调解协议的司法确认属于民事司法活动的范畴,必须依照民事诉讼法规定的特别程序进行。正因为如此,人民法院基于司法权对调解协议所作出的确认,赋予了调解协议以司法意义上的止争效力和强制执行力,一方当事人不履行经司法确认程序确认过的调解协议,另一方当事人就可以申请人民法院强制执行。

(2)司法确认的客体是人民调解协议的效力。司法确认并不直接针对民事纠纷本身,而是对具有解决纠纷意义的调解协议的法律效力进行确认。根据我国《民事诉讼法》第 195 条的规定,经审查,人民法院认为符合法律规定的,裁定调解协议有效,一方当事人拒绝履行或者未全部履行的,对方当事人可以向人民法院申请执行;不符合法律规定的,裁定驳回申请。驳回后,当事人可以通过调解方式变更原调解协议或者达成新的调解协议,也可以向人民法院提起诉讼,以普通程序或简易程序解决当事人之间的民事纠纷。

(3)司法确认程序具有非讼性质。双方当事人共同向人民法院申请对调解协议进行司法确认,表明当事人对民事纠纷的解决已无争议,民事纠纷事实上已不复存在,这意味着司法确认程序不具有对抗性质,人民法院只需对当事人达成的调解协议是否自愿与合法进行审查,对符合法律规定的予以确认,否则不予确认并驳回。可见,人民法院对非讼调解协议的司法确认属于非讼性质的司法活动。

二、司法确认的具体程序

根据《民事诉讼法》第 194 条、第 195 条以及最高人民法院《关于人民调解协议司法确认程序的若干规定》《民诉法解释》,人民法院对调解协议进行司法确认,应当按下列程序进行:

1. 申请。根据《人民调解法》和《民事诉讼法》的规定,司法确认须由达成调解协议的当事人共同申请,只有一方当事人申请的,不能产生启动司法确认程序的效果。

《民诉法解释》第 357 条规定,当事人不得对下列调解协议申请司法确认:

(1)不属于人民法院受理范围的;(2)不属于收到申请的人民法院管辖的;(3)申请确认婚姻关系、亲子关系、收养关系等身份关系无效、有效或者解除的;(4)涉及适用其他特别程序、公示催告程序、破产程序审理的;(5)调解协议内容涉及物权、知识产权确权的。受理申请后发现有上述情形之一的,应当裁定驳回当事人的申请。

2. 管辖。确认调解协议案件的级别管辖为基层人民法院,地域管辖为主持当事人达成调解协议的调解组织所在地的人民法院。故此,当事人请求对调解协议进行司法确认的,应当向调解组织所在地的基层人民法院或者派出法庭提出申请。两个以上调解组织参与调解的,各调解组织所在地基层人民法院均有管辖权。双方当事人可以共同向其中一个调解组织所在地基层人民法院提出申请;双方当事人共同向两个以上调解组织所在地基层人民法院提出申请的,由最先立案的人民法院管辖。

3. 期限。当事人申请确认调解协议,须在自调解协议生效之日起30日内向有管辖权的人民法院提出申请。逾期提出申请的,人民法院不予受理。

经审查,调解协议符合法律规定的,裁定调解协议有效;调解协议有下列情形之一的,人民法院应当裁定驳回申请:违反法律强制性规定的;损害国家利益、社会公共利益、他人合法权益的;违背公序良俗的;违反自愿原则的;内容不明确的;其他不能进行司法确认的情形。

根据最高人民法院《关于人民调解协议司法确认程序的若干规定》第5条的规定,人民法院应当自受理司法确认申请之日起15日内作出是否确认的裁定;因特殊情况需要延长的,经本院院长批准,可以延长10日。

三、司法确认裁定及其效力

人民法院作出的确认调解协议有效的裁定,在理论上可以称之为司法确认裁定。目前,我国《民事诉讼法》第195条只对司法确认裁定规定了执行力。但从理论上讲,司法确认裁定应当具有以下三方面的效力:

(1)止争效力。非讼调解协议的合法性一经人民法院确认,就产生了司法意义上的止争效力,任何一方当事人都不得对该调解协议已解决的民事纠纷另行向人民法院起诉。止争效力其实就是既判力的消极效力,亦即"一事不再理"的效力。对司法确认能否产生"一事不再理"的消极既判力,虽然学界存在着不同的认识,但基于司法确认的立法意图和性质,以及基于解决民事纠纷的宏观性成本与效益的理性考量,人民法院对非讼调解协议的司法确认应当具有司法意义上的止争效力。

(2)形成力。亦即使原民事法律关系变更或使新民事法律关系产生的效力。对于司法确认能否产生形成力的问题,学界存在着不同的观点。但从实践的角度审视,当事人通过调解协议改变或者消灭现存的法律关系的事实一经人民法院司法确认,就应当产生形成力。

(3) 执行力。司法确认的执行力表现在,对于具有给付内容的调解协议,一方当事人逾期拒绝履行或者未全部履行的,对方当事人可以向人民法院申请执行。赋予司法确认裁定以执行力,不仅能够提升非讼调解协议解决民事纠纷的力度,而且有利于及时保护当事人的合法权益。

人民法院作出驳回确认调解协议申请的裁定,就其本质而言,应当是对调解协议合法性的否定,亦即人民法院拒绝对调解协议的合法性进行确认。由于驳回申请裁定建立在对调解协议进行实体性审查的基础之上,因而该裁定与民事诉讼中一般的裁定不同,其并非只是对程序事项的处理,同时也是对调解协议的实体事项的处理。所以,驳回申请的裁定具有阻止当事人对同一调解协议再行向人民法院申请确认的效力。

人民法院驳回申请的裁定,在客观上将导致该调解协议解决纠纷的功效丧失或弱化。为此,当事人可以通过调解方式变更原调解协议或者达成新的调解协议,以解决他们之间的纠纷,也可以就该纠纷向人民法院提起诉讼。对人民法院作出的确认调解协议的裁定,当事人有异议的,应当自收到裁定之日起 15 日内提出;利害关系人有异议的,自知道或者应当知道其民事权益受到侵害之日起 6 个月内提出。

第七节 实现担保物权的特别程序

一、实现担保物权特别程序的概念和特点

(一) 实现担保物权特别程序的概念

实现担保物权的特别程序,是指担保物权人以及其他有权请求实现担保物权的人依照《物权法》等法律,向人民法院申请拍卖或变卖担保财产,人民法院审查并作出裁定的程序。

担保物权,是指为确保债权的实现,在债务人或者第三人的物上设定的以直接取得或者支配其交换价值为内容的权利。[①]担保物权不以对标的物的占有、使用、收益、处分为目的,而在于以标的物的价值确保债权的实现,因此,担保物权最终是以标的物的交换价值能够由债权人取得或支配为目的。至于担保物权的实现方式可以由当事人约定,一般为以标的物折价、拍卖或变卖的价款优先受偿。依照我国《担保法》的规定,如果当事人对抵押权的实现方式没有达成协议

---

① 魏振瀛主编:《民法》(第四版),北京大学出版社、高等教育出版社 2010 年版,第 301 页。

的,只能由一方当事人向人民法院提起民事诉讼,然后再根据生效判决申请执行,其结果是实现担保物权的时间长、成本高,不利于担保物权作用的发挥。而我国《物权法》对实现担保物权的方式进行了修正,规定当事人如果未就担保物权的实现方式达成协议的,可以直接申请人民法院拍卖或变卖担保财产。但是,无论是当事人之间的担保协议还是当事人的执行申请,都不是民事执行的根据,不能直接启动民事执行程序。因此,我国《民事诉讼法》规定实现担保物权的特别程序具有十分重要的意义。根据本章规定,特定当事人有权向人民法院提出拍卖或变卖担保财产的申请,经审查,符合法律规定的,人民法院可依法作出拍卖、变卖担保财产的裁定,该裁定即可成为人民法院的执行根据。《民事诉讼法》的这一规定实现了与《物权法》相关规定的程序衔接。

(二)实现担保物权特别程序的特点

实现担保物权的特别程序,不同于以诉讼方式和其他方式实现担保物权,其特点是:

(1)实现担保物权的特别程序没有对立的双方当事人,没有他们之间对实体问题的争议,而是由特定当事人一方向人民法院提出拍卖、变卖担保财产的申请,由人民法院审查并作出裁定。在程序进行中,如果被申请人对实现担保物权的主张提出抗辩或异议,从而形成了对实现担保物权的争议,则该特别程序不能继续进行,争议双方当事人可通过诉讼程序寻求纠纷的解决。

(2)我国《民事诉讼法》确立实现担保物权的程序,目的在于将当事人之间设立私权的担保协议通过司法确认的方式获得执行的效力,因而相比诉讼程序而言,该程序免去了复杂的开庭、辩论及证据的调查审核认定等环节,可以迅速、高效、简易地实现担保物权,节约了司法资源和当事人的成本投入。

(3)申请实现担保物权的案件在性质上为非讼案件,人民法院受理这类案件后,主要是根据物权法、担保法、合同法的规定审查申请人与被申请人之间关于抵押、质押的约定是否符合法律的规定,申请人行使留置权是否符合法律的规定,如合同是否成立和有效、抵押物是否为法律禁止抵押的财产等。符合法律规定的,人民法院可直接作出拍卖、变卖的裁定,申请人可依据该裁定申请强制执行。

二、实现担保物权程序的具体规则

(一)适用条件

启动该程序的条件是具备可以直接向人民法院申请实现担保物权的法定情形。该条件具有两方面的含义:其一,当事人申请实现的权利必须是担保物权,担保物权包括抵押权、质权和留置权;其二,只有在具有法定情形时,当事人才能直接向人民法院申请实现担保物权。根据我国《物权法》的规定,直接申请实现担保物权的法定情形有:(1)抵押权人与抵押人未就抵押权实现方式达成协议的;(2)债务履行期限届满后,债务人请求质权人及时行使质权,但质权人不行使质权的;(3)债务履行期限届满后,债务人请求留置权人行使留置权,但留置权人不行使留置权的。值得注意的是,依照我国《物权法》的规定,申请人民法院对质物或留置物进行拍卖或变卖的,须以出质人或债务人已经请求质押权人或留置权人行使权利为前提条件。

(二)申请主体

该程序应由具有申请权的当事人提出申请。担保物权的种类不同,法律赋予直接向人民法院申请实现担保物权的主体也不同。根据我国《物权法》的规定,如果欲实现的是抵押权,由抵押权人享有申请权;如果欲实现的是质权或留置权的,享有申请权的则分别是出质人和债务人。法律之所以作如此的规定,是因为抵押物不转移占有,抵押权人无法掌控抵押权的实现,而质物必须转移占有,质权的实现由质权人掌控,一旦质权人不行使质权,就有可能给出质人造成损失。同样,留置物由债权人占有,也可能因其不行使权利而给债务人造成损失。其他有权请求实现担保物权的人,包括抵押人、出质人、财产被留置的债务人或者所有权人等。

当事人申请实现担保物权,应当向人民法院提交申请书。申请书的内容主要有:申请人和被申请人的基本情况;申请实现担保物权的具体请求;申请实现担保物权的事实和理由。同时,申请人应当提交相关资料:(1)证明担保物权存在的材料,包括主合同、担保合同、抵押登记证明或者他项权利证书,权利质权的权利凭证或者质权出质登记证明等;(2)证明实现担保物权条件成就的材料;(3)担保财产现状的说明;(4)人民法院认为需要提交的其他材料。

(三)管辖

根据我国《民事诉讼法》第196条的规定,申请实现担保物权的案件由担保财产所在地或者担保物权登记地的基层人民法院管辖。实现票据、仓单、提单等有权利凭证的权利质权案件,可以由权利凭证持有人住所地人民法院管辖;无权利凭证的权利质权,由出质登记地人民法院管辖。

(四)审判组织和审判方式

实现担保物权案件可以由审判员一人独任审查。担保财产标的额超过基层人民法院管辖范围的,应当组成合议庭进行审查。

(五)对实现担保物权审查的内容

人民法院对实现担保物权的案件进行审查,主要考虑下列内容:主合同的效力、期限、履行情况,担保物权是否有效设立、担保财产的范围、被担保的债权范围、被担保的债权是否已届清偿期等担保物权实现的条件,以及是否损害他人合法权益等。

三、实现担保物权案件的裁定及其效力

人民法院对实现担保物权案件经过审查,应当根据审查的结果依法作出裁定:

(1) 裁定准许拍卖或变卖担保财产。人民法院经过审查,认定申请人的申请符合法律规定的,应当裁定拍卖或变卖担保财产。符合法律的规定一般是指:其一,申请实现的担保物权所依据的主债合同以及担保合同合法有效;其二,担保物权的实现条件已经成就;其三,申请实现的担保物权所担保主债的范围和数额清楚明确。

根据《民事诉讼法》第197条的规定,人民法院作出拍卖或变卖担保财产的裁定后,该裁定产生下列法律效力:第一,实现担保物权的程序结束。由于实现担保物权的案件实行一审终审,且拍卖或变卖担保财产的裁定不能直接启动执行程序,因而拍卖或变卖担保财产的裁定一经作出,该裁定即发生法律效力,实现担保物权的案件就告审结。当事人日后申请执行的,应当另行按照执行案件立案。第二,对当事人产生约束力。拍卖或变卖担保财产的裁定生效后,当事人须按照人民法院所裁定的方式和期限实现担保物权。第三,执行力。一方当事人拒绝按照人民法院的裁定实现担保物权的,另一方当事人有权向人民法院申请对担保财产进行执行。

(2) 裁定驳回申请。人民法院经过审查,对下列两种情况应当裁定驳回申请:

第一,申请不符合法律规定。人民法院经过审查,认定申请人的申请不符合法律规定的,应当裁定驳回申请。不符合法律规定的情形主要有三种:一是主债合同和担保合同均无效,或者担保合同无效;二是担保物权的实现条件尚未成就;三是申请实现的担保物权所担保主债的范围和数额不明确。

第二,被申请人对申请人实现担保物权的主张提出抗辩或者异议。抗辩,是指一方当事人针对对方主张的事实而主张不同的事实,用以排斥对方当事人主张的法律效果。被申请人对申请人主张实现担保物权的抗辩主要有:主债合同或担保合同效力抗辩;担保物权消灭抗辩;抵押权顺位抗辩等等。异议,特指被申请人对担保物权所担保的主债的范围和债务数额或者债务人清偿债务的情况持有不同的事实主张,并已提供相应的证据材料。无论被申请人对实现担保物权的主张是提出抗辩还是提出异议,都意味着双方当事人担保物权的实现存在争议。从实现担保物权的程序定性来看,实现担保物权程序属于非讼程序,不具有解决民事纠纷的功能,如当事人之间出现上述争议,人民法院应当裁定驳回申请。

人民法院针对上述两种原因裁定驳回申请的,都具有终结实现担保物权程

序的效力。驳回申请的裁定生效后,原则上具有阻止申请人对同一担保物权再行向人民法院提出申请的效力。但是,裁定驳回申请后,当事人之间的民事纠纷可以向人民法院提起诉讼。

思考题

1. 简述特别程序的概念及其适用范围。
2. 特别程序有哪些特殊的程序规则?
3. 宣告失踪与宣告死亡的法律后果有何不同,为什么?
4. 简述审理选民资格案件的审理程序。
5. 如何理解法院对非讼调解协议司法确认权的性质?
6. 确立实现担保物权程序的立法原因和目的是什么?

参考文献

1. 王强义:《民事诉讼特别程序研究》,中国政法大学出版社1993年版。
2. 赵蕾:《非讼程序论》,中国政法大学出版社2013年版。

第二十九章 督促程序

> 学习目的与要求

通过本章的学习，应掌握督促程序的概念和意义；督促程序的适用要件；申请支付令的条件；督促程序与简易程序的关系；支付令的作用和效力；督促程序终结。

第一节 督促程序概述

一、督促程序的概念和特点

（一）督促程序的概念

督促程序，是指人民法院根据债权人提出的要求债务人给付一定的金钱或者有价证券的申请，向债务人发出附有条件的支付命令，以催促债务人限期履行义务；如果债务人在法定期间内不提出异议又不履行支付义务的，该支付命令即具有执行力的一种程序。督促程序又称支付令程序，是一种简便、迅速地催促债务人偿还债务的程序。

许多国家和地区的民事诉讼法都有督促程序的规定，如德国、日本、奥地利、匈牙利以及我国台湾地区等。实践中，客观上存在一些债权债务关系简单明确的给付金钱和有价证券的案件，这些案件固然可以通过通常诉讼程序解决，但毕竟诉讼程序程序较为复杂，成本也比较高。督促程序是根据我国社会生活的客观需要，并借鉴其他国家和地区立法经验，结合我国的诉讼体制作出的。其目的在于通过比较简便的方式催促法律关系明确的债务人履行义务。

（二）督促程序的特点

与我国《民事诉讼法》所规定的其他审判程序相比，督促程序具有以下显著特点：

（1）适用案件的特定性。根据我国《民事诉讼法》第214条的规定，债权人请求债务人给付金钱、有价证券，可以向有管辖权的基层人民法院申请支付令。督促程序仅仅适用于债权人请求给付金钱和有价证券的案件。金钱，是指货币，包括人民币和外国货币。有价证券，是指汇票、本票、支票、股票、债券、国库券以及可以转让的存单。

(2) 程序的开始和终结具有特殊性。督促程序因债权人的申请而开始,人民法院在依督促程序处理债务纠纷的过程中,没有对立的双方当事人参加诉讼,也不经过辩论、调解和裁判等程序对案件的事实和实体权利义务作出评判,而是通过书面审查,发布支付令以催促债务人履行给付义务。支付令发出后,债务人可在15日内提出异议或履行义务,债务人依法提出异议的,导致督促程序的终结。

(3) 审判组织、审理方式的特殊性。人民法院适用督促程序,审判组织原则上实行独任制,而无须组成合议庭,这是由督促程序的性质决定的。在督促程序中,人民法院处理的是债权债务关系明确的债务纠纷,审理方式简便,由审判员独任审判即可。与普通程序和简易程序相比,人民法院在适用督促程序时,无须询问债务人,无须开庭审理和辩论,仅以债权人单方请求和提供的事实证据为基础,根据不同情况处理案件。

(4) 支付令的强制性。发生法律效力的支付令与人民法院的生效判决、裁定具有同等拘束力。根据我国《民事诉讼法》第216条第3款的规定,债务人在法定期间内对支付令不提出异议又不履行支付令的,债权人可以向人民法院申请执行。

(5) 督促程序具有程序上的可转换性。在法定的情形下,督促程序与通常诉讼程序可以相互之间进行转换,表现在:第一,根据我国《民事诉讼法》第133条的规定,当事人按照通常诉讼程序起诉的、请求判决被告给付金钱或有价证券的民事案件,人民法院受理起诉后,如果当事人没有争议,且符合督促程序规定条件的,可以转入督促程序;第二,根据我国《民事诉讼法》第217条的规定,支付令因债务人的异议成立而失效的,案件即转入通常诉讼程序,但申请支付令的一方当事人不同意提起诉讼的除外。

此外,督促程序还具有支付令的附条件性和期限性等特点。人民法院审理这类案件时,首先要适用我国《民事诉讼法》关于督促程序的规定,督促程序没有规定的,才适用《民事诉讼法》和其他法律的有关规定。

二、督促程序与简易程序的关系

督促程序具有简便、快速的特点,要解决的问题不是当事人之间的权利义务纠纷,而是权利义务明确却没有得到履行的法律问题,处理问题简要而迅速,有人称其为略式的诉讼程序。简易程序是第一审人民法院及其派出法庭解决简单民事案件所适用的程序。虽然两者都追求程序的简便和效率,具有相似的价值追求,从广义上讲,督促程序也是一种简易程序,但督促程序具有非讼特征,与作为通常诉讼程序的简易程序是有区别的,表现在:

（1）适用的案件性质不同。督促程序以非讼法理为基础，是人民法院以非讼的方式处理并不存在争议的法律问题，即它适用的民事案件并不存在争议，利害关系人只是请求人民法院确认事实并实现权利。而简易程序以诉讼法理为基础，是普通程序的简化，审理的是当事人之间存在争议的民事法律关系。

（2）适用范围和条件不同。督促程序只适用于请求给付金钱、有价证券的债权债务诉讼，只包括给付之诉案件中的一部分。而简易程序适用于任何事实清楚、权利义务关系明确、争议不大的简单民事诉讼，包括给付之诉、确认之诉和变更之诉的案件；同时，起诉和申请支付令的条件也不相同。

（3）审理方式不同。督促程序只要求债权人按法律规定的方式提出申请，人民法院对此主要进行程序上的审查，并不开庭进行实质审理就可发出支付命令。而简易程序虽然采用简便易行的方式进行，但人民法院还是要进行直接的和实际的调查取证、开庭审理工作，必须执行各种必要的诉讼制度。

（4）受当事人行为的影响程度不同。督促程序因债务人对支付命令提出异议而终结，简易程序不因被告有不同实体意见而受到影响。

（5）处理方式不同。人民法院适用督促程序发出的支付命令，对当事人之间的债权债务关系并未作出实体上的评判，只是依法适用支付令这种特殊方式作出处理。而适用简易程序审理的案件人民法院要对当事人之间争执的实体权利义务关系作出评判，因此在处理方式上适用判决。

三、督促程序的意义

我国《民事诉讼法》规定的督促程序，是为了适应市场经济进一步发展的需要，它对于迅速解决社会生活中大量存在的、当事人之间对法律关系的存在无可争执的债权债务案件，避免进行费时耗力的诉讼，具有重要意义。具体表现在以下几个方面：

（一）扩大当事人利用司法资源的途径，体现"两便"原则

当事人可以通过诉讼的方式解决纠纷，对于无争议的法律问题则可以申请利用督促程序。督促程序在不需询问债务人和开庭审理的情况下，人民法院就可以发出支付命令，从而取得执行的名义。这对于人民法院来说，简化了诉讼程序和办案手续；对于当事人来说，减轻了讼累，达到了当事人和人民法院双方力求迅速受偿和提高办案效率的目的，使司法资源得到了更有效的利用，充分体现了我国民事诉讼法便利当事人诉讼、便于人民法院办案的原则。

（二）及时便捷地保护债权人的合法权益，利于预防纠纷

现实存在的债务案件，其主要问题往往在于债务人拖欠债权人的债款或怠于履行债务，给债权人造成不必要的经济损失。而督促程序则是专门规定归还金钱、有价证券的法律程序，它使得这一问题简单化、明朗化，便于债权人掌握并

且用来维护自己的合法权益。因债权债务的及时清结,有利于稳定当事人之间的民事法律关系,保证民事法律关系的安全,从而保障社会主义的经济秩序,预防纠纷的发生。

第二节 支付令的申请与受理

一、支付令的申请

督促程序由债权人申请支付令而开始。有权提起支付令申请的,是依法享有债权的公民、法人及其他组织。被申请人是负有清偿义务的债务人。

(一) 支付令申请的条件

我国《民事诉讼法》第214条第1款规定,债权人请求债务人给付金钱、有价证券,符合下列条件的,可以向有管辖权的基层人民法院申请支付令。根据这一规定和《民诉法解释》第429条的规定,债权人申请支付令必须具备以下条件:

(1) 债权人的请求必须是以金钱、有价证券为标的的给付请求。金钱,是指作为流通手段和支付手段的货币,如我国的人民币。有价证券包括本票、汇票、支票、股票、债券、国库券及可转让的存单、提货单、抵押单等。因为这类请求较之其他请求更有尽快清偿的可能性和必要性,同时顾及到督促程序不进行实体审理,不询问债务人就可直接发出支付命令的特点,为慎重起见,并在出现错误时得以补救,故限于以金钱、有价证券为标的。其他标的物的给付请求比较复杂,当事人双方往往互有责任,需要通过诉讼程序解决。

(2) 请求给付的金钱或者有价证券已到期且数额确定。当事人请求给付的金钱或有价证券,必须是已经到期并且数额确定,否则不能向人民法院申请支付令。当事人向人民法院申请支付令时,应向人民法院说明债权债务的情况,并说明其请求所根据的事实、证据。

(3) 申请的债权人与被申请的债务人没有其他债务纠纷。在有些国家的法律中称为没有对待给付义务。对待给付,是指须债权人向债务人为给付后,债务人才有给付的义务,或者债权人与债务人应同时给付的情形。如果债权人与债务人有其他债务纠纷的,那么不仅债权债务关系不易明确,人民法院以支付令命债务人向债权人为给付是不公正的。而且,往往还会使债务人以债权人没有履行相应的对待给付义务为理由提出异议,从而导致督促程序的终结,达不到迅速彻底解决纠纷的目的。因此,债权人与债务人存在其他债务纠纷的,不能申请支付命令。

(4) 支付令能够送达债务人。能够送达债务人,一般是指按法律规定的直接送达的方式客观上能实际送达到债务人。这是因为,支付命令主要是以债权人的请求为基础,不经询问债务人而发出的。直接送达有利于债务人在法定期限内及时提出对支付令的异议。基于这个原理,如果债务人不在我国领域内,或者债务人下落不明的,不能适用督促程序。

(5) 债权人未向人民法院申请诉前保全。

以上条件必须同时具备。不符合上述条件的,人民法院应当在收到支付令申请书后5日内通知债权人不予受理。

(二) 申请支付令的程序

根据《民事诉讼法》第214条第2款的规定,债权人申请发出支付令的,应当按下列程序进行:

1. 提交申请书

支付令的申请书是债权人向人民法院提出的借以引起督促程序发生的文书。此项申请书应当表明下列事项:

(1) 债权人和债务人的姓名、性别、年龄、民族、职业、工作单位和住所;法人或其他组织的名称、住所和法定代表人或者主要负责人的姓名、职务。有诉讼代理人的,还应写明诉讼代理人的上述情况。

(2) 请求给付金钱或者有价证券的数量和所根据的事实、证据。对于数量,应写明金钱或者有价证券的具体数额,如果请求有数项时,应将各个请求分别写明;对于事实和证据,应写明债权发生原因的事实和证据或证据来源。

(3) 应发支付令的陈述,即写明申请的目的是请求发支付令,而不是起诉。

申请书除应写明上述事项外,还应当表明一般诉讼要件及督促程序特别要件的其他事项,如指出债务人的住所,说明债务履行期已到或条件已成熟。又如基于双务合同而申请时,陈述自己已先为对待给付或债务人应先为给付。人民法院收到债权人的支付令申请书后,认为申请书不符合要求的,可以通知债权人限期补正。人民法院应当自收到补正材料之日起5日内通知债权人是否受理。

2. 向有管辖权的基层人民法院提出申请

有管辖权的人民法院,是指被申请的债务人所在地的基层人民法院,即被申请的债务人为公民的,由债务人住所地基层人民法院管辖,债务人住所地与经常居住地不一致的,由经常居住地基层人民法院管辖;被申请的债务人为法人或者其他组织的,由其主要办事机构所在地的基层人民法院管辖。

3. 依法交纳申请费用

债权人在提出支付令申请的同时,应当依照《诉讼费用交纳办法》的规定,比照财产案件受理费标准的1/3交纳申请费。债务人对支付令未提出异议的,申请费由债务人负担。债务人对支付令提出异议致使督促程序终结的,申请费由申请人负担。

(三) 支付令申请的效力

申请效力是指支付令的申请在法律上的效果。支付令申请的法律效力在于：债权人提出支付令申请，引起督促程序的发生、请求权的时效中断，以及人民法院对支付令案件取得了管辖权。

(四) 支付令申请的驳回

根据《民诉法解释》第430条的规定，有下列情形之一的，人民法院应当裁定驳回申请：(1) 申请人不具备当事人资格的；(2) 给付金钱或者有价证券的证明文件没有约定逾期给付利息或者违约金、赔偿金，债权人坚持要求给付利息或者违约金、赔偿金的；(3) 要求给付的金钱或者有价证券属于违法所得的；(4) 要求给付的金钱或者有价证券尚未到期或者数额不确定的。

二、支付令申请的受理

支付令申请的受理，是指有管辖权的人民法院对债权人要求签发支付命令的申请，予以接收立案的行为。债权人提出支付令后的申请后，有管辖权的人民法院应当按照民事诉讼法规定的申请条件，由审判员一人对申请进行书面审查。

根据我国《民事诉讼法》第215条的规定，债权人提出申请后，人民法院应当在5日内通知债权人是否受理。根据这一规定，收到债权人要求签发支付命令的申请后，人民法院应当进行审查。审查的方法与对起诉的审查大致相同，除应对一般诉讼要件进行审查外，还应着重对督促程序的特别要件进行审查。具体来说，审查主要从以下几个方面进行：

(一) 审查主体资格

申请主体的资格包括申请人是否为依法享有债权的公民、法人或其他组织。申请人是公民的，还应审查其有无当事人资格或诉讼行为能力；申请人是法人或其他组织的，应提交营业执照复印件、法定代表人或主要负责人的身份证明书。

(二) 审查请求内容

此项审查具体包括：第一，审查债权债务关系是否明确、合法；第二，审查债权人的请求是否属于给付金钱、有价证券的请求。《督促程序规定》规定，基层人民法院受理债权人依法申请支付令的案件，不受争议金额的限制。

(三) 审查程序性材料

此项审查具体包括：第一，审查是否属于受诉法院管辖；第二，审查申请手续是否完备，申请书的内容是否明确。对于手续不完备、内容不明确的，人民法院可以限期债权人补正。

(四) 审查请求事实和证据

人民法院收到债权人的申请后，应对其申请的请求、依据的事实和证据进行审查,审查有无证据或证据来源。如对债权人提交的合同(还款协议)、发票、发货凭证、运货单等文件,以及请求给付的金钱、有价证券是否已到履行期限,应予以审查。

(五)审查支付令能否送达债务人

申请书应当具体明确写明债务人的住所,住所不明者不能适用督促程序。

通过以上方面的审查,如果符合条件的应当在5日内通知受理;如果不符合条件的应当在5日内通知不予受理,并说明理由,告知申请人如何办理。支付令的发布在时间上有较高的要求,以便真正达到迅速实现权利的目的,所以人民法院应当严格遵守法律规定,在债权人提出申请后的5日内决定是否受理。

第三节 支付令的发出及效力

支付令是人民法院根据债权人的申请,督促债务人限期清偿债务的法律文书。

一、支付令的发出

(一)发出支付令的条件

人民法院受理符合条件的支付令申请后,应当进行审查,法律规定对债权债务关系明确合法的,即可向债务人发出支付令。因此债权债务关系明确合法并且符合督促程序的一般要件和特殊要件,是人民法院发出支付令的法定条件。债权债务关系明确,是指债权人与债务人的债权债务关系事实清楚、数额确定,双方没有实质争议,债权的存在无须确认,债务人对债权人有给付的义务;债权债务关系合法,是指引起债权债务关系发生的事实以及债权债务关系的内容不违反法律的规定。对于不符合条件的,人民法院应于受理申请后15日内裁定驳回申请,不予签发支付令。人民法院驳回债权人申请的裁定,应附理由,依职权送达于债权人,而不必送达债务人。债权人对此不得上诉,并应承担督促程序的申请费用。

(二)发出支付令的程序

人民法院在受理债权人提出的申请后,无须询问债务人和开庭审理,仅就债权人提供的事实、证据进行审查,只要债权人提出申请的程序和内容符合法律要求和条件,债权债务关系明确、合法,人民法院并不对债权的内容进行其他实质性的审查,就可以自受理申请之日起15日内发出支付令,督促债务人履行债务。

一般情况下,支付令应载明以下事项:(1)债权人、债务人姓名或名称等基本情况;(2)债务人应当给付的金钱、有价证券的种类、数量;(3)清偿债务或者提出异议的期限;(4)债务人在法定期间不提出异议的法律后果。支付令由审判员、书记员署名，加盖人民法院印章。人民法院应将支付命令及时送达债权人和债务人。在送达债务人后，人民法院还应通知债权人支付命令送达于债务人的日期，以方便债权人确定申请执行的时间。

二、支付令的效力

（一）具有督促力

督促力，是指督促债务人限期清偿或者提出异议的效力。督促力自债务人收到支付令之日始发生。根据我国《民事诉讼法》第216条第2款的规定，债务人自收到支付令之日起15日内应当清偿债务，或者向人民法院提出书面异议。

（二）具有执行力

我国《民事诉讼法》第216条第3款规定，债务人自收到支付令之日起15日内，既不提出异议，又不清偿债务的，债权人有权向人民法院申请强制执行。申请执行的期限为2年。

债务人在收到支付令后，不在法定期间提出书面异议，而向其他人民法院起诉的，不影响支付令的效力。债权人基于同一债权债务关系，在同一支付令申请中向债务人提出多项支付请求，债务人仅就其中一项或者几项请求提出异议的，不影响其他各项请求的效力。债权人基于同一债权债务关系，就可分之债向多个债务人提出支付请求，多个债务人中的一人或者几人提出异议的，不影响其他请求的效力。

第四节 支付令的异议和督促程序的终结

一、支付令的异议

支付令的异议，是指债务人就支付命令所记载的债务，向发出支付令的人民法院提出不同意见，旨在使支付令不发生确定效力的行为。

支付令异议是债务人维护自己合法权益的一项法律手段。支付令是人民法院以债权人一方提出的主张和理由为根据，未经债务人答辩而发出的，所以法律允许债务人以异议的方式对支付令提出自己的不同意见。支付令异议可以不附实体理由，即债务人不必提供事实和证据来证明异议的成立，只要在异议书中针对该债权作出异议的陈述即可。

（一）异议成立的条件

异议成立的条件，是指债务人对人民法院的支付令提出异议的程序要件。包括以下几个方面：

（1）异议应在法定期限内提出。债务人收到人民法院发出的支付令，如认为不应当清偿债务的,应在收到支付令之日起15日内向人民法院提出异议。超过法定期限提出异议的,异议不能成立,人民法院可以裁定驳回异议。我国《民事诉讼法》规定15日异议期限为不变期间,人民法院不得任意变更,债务人也必须遵守。

(2)债务人的异议必须针对债权人的请求,即异议应针对债务关系。如果债务人对债务本身没有异议,只是陈述自己无力偿还债务,或者对清偿期限、清偿方式等提出不同意见的,异议不能成立。根据《督促程序规定》第8条、第9条的规定,债务人异议的情况如下:第一,债权人基于同一债权债务关系,向债务人提出多项支付请求,债务人仅就其中一项或几项请求提出异议的,不影响其他各项请求的效力;第二,债权人基于同一债权债务关系,就可分之债向多个债务人提出支付请求,多个债务人中的一人或几人提出异议的,不影响其他请求的效力。

(3)异议必须以书面方式提出,债务人以口头方式提出的异议无效。因为支付令异议关系到支付令能否产生强制执行力和督促程序是否终结的问题,所以以书面异议为宜。

(二)异议的效力

支付令异议的效力,是指债务人对支付令提出异议在法律上所产生的后果。债务人在法定期间提出异议,经人民法院审查符合异议条件的,应当裁定终结督促程序,支付令即为失效,债权人可以起诉。据此,债务人异议的效力体现在:

(1)支付令失去效力,债务人无须根据支付令为给付,申请人也不能要求人民法院强制执行。

(2)因债务人的异议,导致督促程序的终结。人民法院应当依法作出终结督促程序的裁定。

(3)债权人因支付令异议的生效,可以向人民法院起诉另行主张权利。

二、督促程序的终结

督促程序的终结,是指在督促程序中,因发生法律规定的情况或某种特殊原因而结束督促程序。有下述情况之一的,应终结督促程序:

第一,债务人在法定期间未提出异议。

债务人收到人民法院发出的支付令,未在法定期间提出异议的,支付令依法生效,债务人履行债务,督促程序自然终结。

第二,债务人在法定期间提出异议。

根据我国《民事诉讼法》第217条的规定,债务人在法定期间对支付令提出书面异议的,支付令自行失效,人民法院无须审查异议是否有理由,应当直接裁定终结督促程序。支付令失效的,转入诉讼程序,但申请支付令的一方当事人不同意提起诉讼的除外。

第三,支付令无法送达债务人。

支付令发出之日起 30 日无法送达债务人的,督促程序无法进行,人民法院依职权裁定终结督促程序。督促程序终结后,债权人起诉的,由有管辖权的人民法院受理。

第四,支付令的撤销。

根据《督促程序规定》第 11 条的规定,人民法院对本院已发生法律效力的支付令,发现确有错误,认为需要撤销的,应当提交审判委员会讨论决定后,裁定撤销支付令,驳回债权人的申请。

第五,人民法院受理支付令申请后,债权人就同一债权债务关系又提起诉讼的。

督促程序的适用不具有强制性,在同时符合和具备督促程序适用范围和条件时,当事人可以自由选择适用督促程序还是诉讼程序,但是只能择一适用,否则会出现"一案两诉"的违法情形,所以此时应该尊重当事人的选择权,及时终结督促程序。

第六,债务人收到支付令前,债权人撤回申请的。

撤回申请是当事人一项重要的诉讼权利,人民法院应该充分尊重并保证其得以实现,所以当债权人在法定期间内撤回申请的,人民法院就应该终结督促程序。

思考题

1. 简述督促程序的概念和特点。
2. 支付令能否留置送达?为什么?
3. 简述申请支付令的条件和程序。
4. 简述督促程序终结的几种情形。
5. 督促程序与简易程序有何区别?

参考文献

1. 王强义:《民事诉讼特别程序研究》,中国政法大学出版社 1993 年版。
2. 赵蕾:《非讼程序论》,中国政法大学出版社 2013 年版。

第三十章　公示催告程序

> **学习目的与要求**

通过本章的学习,应掌握公示催告程序的功能和特点;公示催告程序的申请与受理;公示催告的主要流程;掌握除权判决的申请、内容、法律效力以及除权判决的撤销。

第一节　公示催告程序概述

一、公示催告程序的概念和意义

公示催告程序,是指人民法院根据当事人的申请,以公示的方法,催告利害关系人在法定期间内申报权利,逾期无人申报的,即依法作出除权判决的程序。根据我国《民事诉讼法》第十八章的规定,我国民事诉讼中的公示催告程序,主要指可以背书转让的票据持有人,因票据被盗、遗失或者灭失,而向人民法院提出申请,人民法院以公示的方法,催促利害关系人在一定期间内申报权利,如不申报权利,人民法院即依法作出判决,宣告票据无效的程序。依照法律规定可以申请公示催告的其他事项,也适用这一程序。

根据我国民事诉讼法的规定,公示催告程序的适用前提是票据或其他类似事项被盗、遗失、灭失。票据上的权利,与对票据的占有,在票据法律关系上有不可分离的联系。持有票据才能行使票据上的权利。在现实生活中,票据的持有人可能因票据被盗、遗失或者灭失而丧失对票据的实际占有。一旦失去票据,正当权利人的权利难免受到损害。另一方面还可能出现非法持有票据的人向负有支付义务的人主张权利的情况,从而获得不应有的利益。因此,设立公示催告程序对于保护有关权利人的合法权益、维护正常的经济关系和社会经济秩序具有重要意义。人民法院通过公示催告程序,宣告票据无效,有利于及时解决因丢失票据造成的法律关系不稳定的问题,使正当权利人的票据权利得以行使,免受因票据被盗、遗失或者灭失而可能遭受的财产损失。

二、公示催告程序的特点

公示催告程序与民事诉讼的其他程序相比具有以下特点:

(一) 案件的非讼性

公示催告程序是根据票据最后持有人(即失票人)的申请而开始,没有特定的对方当事人,人民法院所要解决的不是当事人之间的有关票据实体权利义务的争议。如果对法律关系有争议,则应当依诉讼程序由当事人提起诉讼加以解决。公示催告程序的唯一目的,仅在于利害关系人如不在一定期间内申报权利即宣告票据无效。适用公示催告程序的案件中,没有确定的对方当事人。只有申请人,没有被申请人,即使有可能出现与申请事项有利害关系的人,在公示催告期间也处于不确定状态。所以就其性质而言,公示催告程序属于非讼程序而不是诉讼程序。

(二) 申请人的特定性

公示催告程序的申请人,即指票据被盗、遗失或者灭失前的最后持有人,而不是所有与票据有某种关系的人都可以作为公示催告程序的申请人。公示催告程序的主要目的是使持票人在丧失票据的情况下,能够重新取得票据权利,它不同于票据的挂失。挂失,是指遗失票据时,失主向有关单位办理声明遗失、宣布遗失物无效的手续。而公示催告程序是在持票人与票据分离的情况下,向人民法院提出申请,其目的在于通过公示催告程序,用法律手段即由人民法院作出判决的方式,排除其他利害关系人的权利,使失票人重新获得票据上的权利,保护自己的申请支付权。

(三) 适用范围的限定性

根据我国《民事诉讼法》第 218 条的规定,公示催告程序适用于因可以背书转让的票据被盗、遗失或者灭失引起的非讼事件以及法律规定可以申请公示催告的其他事项,如《中华人民共和国公司法》(以下简称《公司法》)第 150 条规定,记名股票被盗、遗失或者灭失的,股东可以依照《民事诉讼法》规定的公示催告程序,请求人民法院宣告该股票失效。除此之外的其他民事纠纷,不能适用公示催告程序。

(四) 审理方式的特殊性

公示催告程序的审理方式,其特殊性表现在两个方面:第一,公示催告案件的处理比较简单,人民法院无须对案件进行实质性审查,主要是通过公告、通知等方式,寻找利害关系人并催促其申报权利。第二,若在公示催告期间有人申报权利,即利害关系人出现,人民法院对此审查后即作出终止公示催告程序的裁定;只有无人申报权利,人民法院才可以依申请人的申请和法律规定作出除权判决。

第二节 公示催告的申请与受理

公示催告程序是非讼程序,具有简便易行的特点,依申请人的申请而开始,人民法院不开庭审理,只根据申请人提供的事实、证据进行书面和形式审查。

一、公示催告的申请

公示催告的申请,是指票据的最后持有人依照法律规定,向有管辖权的人民法院提出公示催告的请求,从而引起公示催告程序发生的行为。公示催告程序依申请人申请而开始,人民法院不能依据职权提起公示催告程序。

(一)申请公示催告的条件

申请公示催告必须具备以下条件:

(1)申请对象。公示催告的申请对象必须是可以背书转让的票据或法律规定的其他事项。票据,是指以无条件支付一定金额为目的,依据《票据法》的规定发行的有价证券,它是按照规定的格式,载明收款人可于指定日期向付款人支取款项的凭证。票据分为汇票、支票和本票。所谓背书转让,是指票据权利人(背书人)在所持票据上记载应记事项,然后将票据交付相对人(被背书人),从而将票据上的权利转让给相对人的一种行为。这些票据与持有人相分离时,持有人可以申请公示催告。法律规定的其他事项则取决于有关实体法的规定。如《公司法》第144条规定,记名股票被盗、遗失或者灭失的,股东可以依照《民事诉讼法》规定的公示催告程序,请求人民法院宣告该股票失效。

(2)申请主体。有权申请公示催告的只能是可以背书转让的票据或法律规定的其他事项的最后持有人,即在票据被盗、遗失、灭失之前最后持有该票据的人,包括记名票据的权利人以及依票据手续取得的无记名票据的占有人。票据关系中的其他人无权申请公示催告。

(3)申请原因和事实依据。申请公示催告的理由和事实根据,必须是可以背书转让的票据或其他事项被盗、遗失或者灭失。因为公示催告程序的目的,是在没有利害关系人申报权利的情况下,依法宣告票据无效。所以,如果不是票据被盗、遗失或者灭失使相对人不明确,而是当事人在票据关系中产生的争议,当事人就可以通过提起诉讼程序加以解决。

(4)向有管辖权的人民法院提出申请。根据我国《民事诉讼法》第218条的规定,申请公示催告只能向票据支付地的基层人民法院提出,其他人民法院无权管辖。票据支付地,是指票据上载明的付款机构所在地或票据付款人的住所地。由票据支付地的基层人民法院管辖,便于人民法院及时通知支付人停止支付,也便于利害关系人及时了解公告内容,及时申报权利。

(5) 依法交纳申请费用。申请公示催告的,每件交纳申请费 100 元。公示催告的申请费由申请人负担。

(二) 公示催告申请的提出和撤回

公示催告程序依申请人的申请开始,人民法院不能依职权提起公示催告程序。公示催告的申请人,应当以书面形式向人民法院提出申请。申请书应当包括以下内容:(1) 票面金额。票面金额,是指票据上记载的,付款人应支付的金钱数额。(2) 发票人或称出票人。发票人,是指制成票据并交付收款人,而使收款人得以向付款人请求支付票据票面金额的人。(3) 持票人。持票人,是指丧失票据前的最后票据持有人。(4) 背书人。背书人,是指在票据上记明应记事项从而转让票据权利的人。(5) 申请的理由、事实。主要写明本人如何获得票据,款项的主要用途、票据被盗、遗失或灭失的时间、地点、经过以及证据材料,同时还应写明申请公示催告的法律依据。(6) 其他票据的主要内容。如汇票的收款人、付款的账号、开户银行、到期日、汇票号码等。

公示催告申请人撤回申请,应在公示催告前提出。公示催告期间申请撤回的,人民法院可以径行裁定终结公示催告程序。

二、公示催告的受理

(一) 审查受理

受理,是指人民法院接到申请人的公示催告申请后,经审查认为符合申请条件的,予以接受的行为。适用公示催告程序审理的案件,可由审判员一人独任审理;判决宣告票据无效的,应当组成合议庭审理。

人民法院接到申请人的申请后,应当立即审查,并决定是否受理。根据《民诉法解释》的规定,人民法院应该结合票据存根、丧失票据的复印件、出票人关于签发票据的证明、申请人合法取得票据的证明、银行挂失止付通知书、报案证明等证据,决定是否受理。认为符合受理条件的,通知予以受理并同时通知支付人停止支付;认为不符合受理条件的,七日内裁定驳回申请。

(二) 通知支付人停止支付

通知支付人停止支付,是人民法院为了保护票据关系人的合法权益而采取的一项保全性措施。票据被盗、遗失以后,非法持有人有可能向支付人申请支付,如果这种情况发生,即使申请公示催告,宣告票据无效已无实际意义。所以,为了防止非法持有人向支付人主张权利,保证公示催告的正常进行,依据我国《民事诉讼法》第 219 条的规定,人民法院在决定受理申请人申请的同时,向支付人发出通知,令其停止支付。人民法院发出的停止支付通知,支付人必须执行。根据《民诉法解释》第 456 条的规定,支付人收到停止支付通知后拒不停止支付的,除可以依照我国《民事诉讼法》的规定采取强制措施外,在判决后,支付人仍应承担支付义务。公示催告程序终结,停止支付通知的保全措施自行解除。

第三节 公示催告案件的审理

一、公告

(一)公告的概念

公告,是指人民法院决定受理申请人的申请后,向社会发出的催促利害关系人在法定期间向人民法院申报权利的告示。公示催告程序处理的是权利人处于不明确状态的民事案件,人民法院在受理申请时没有证据可以证明持票人与权利人分离的事实,以及申请人即为权利人的事实,因此只有发布公告,催促利害关系人申报权利。这样,如果在一定期间无人申报权利,就可推定票据归申请人所有,从而作出除权判决而不作实质性的审理。因此公告是公示催告程序中的关键环节。根据我国《民事诉讼法》第219条的规定,人民法院决定受理申请人申请的,应当在3日内发出公告,催促利害关系人申报权利。公示催告的期间,由人民法院根据情况决定,但不得少于60日,且公示催告期间届满日不得早于票据付款日后15日。

(二)公告的内容

(1)申请人的姓名或名称,即表明谁申请公示催告。自然人应记载其姓名及住所,法人及其他组织应记载其名称和主要管理机构所在地。

(2)被盗、遗失或灭失的票据的种类、号码、票面金额、出票人、持票人、背书人、付款人及付款日期、收款人以及其他可以申请公示催告的权利凭证的种类、号码、权利范围、权利人、义务人、行权日期等事项。

(3)申报权利的期间以及在期间内应为申报的催告。根据《民事诉讼法》第221条的规定,利害关系人应当在公示催告期间申报权利。根据《民事诉讼法》第219条及《民诉法解释》的规定,公示催告的期间不得少于60日且公示催告期间届满日不得早于票据付款日后15日。期间的计算,应从公告张贴或者登载于报纸之日起计算。期间届满后人民法院将根据申请人的申请作出判决,宣告票据无效。

(三)公告的方式

根据《民诉法解释》的有关规定,公告应在有关报纸或其他宣传媒介上刊登,并于同日公布于法院公告栏内;人民法院所在地有证券交易所的,还应当同日将公告张贴于证券交易所。

(四)公告的效力

人民法院在公示催告程序中发布的公告具有以下效力:

(1) 禁止票据权利转让。根据我国《民事诉讼法》第 220 条第 2 款规定,公示催告期间,转让票据权利的行为无效。因为公示催告期间,票据处于相对静止状况,不得承兑、贴现和转让。所以,转让票据权利的行为无效。

(2) 公告具有诉讼法上的推定效力。公告期间没有人申报权利的,人民法院可以根据当事人的申请作出除权判决,宣告票据无效。申请人自除权判决公告之日起有权向支付人请求支付。实际上公告期间无人申报权利的,人民法院即可据此推定被申请公示催告的票据归申请人所有,因而作出除权判决。由此可见公告具有推定效力。

(3) 公告具有随时终止的可能性。在公告期间,若有利害关系人申报权利,人民法院应当裁定终止公示催告程序,并通知申请人和被申请人。

二、申报权利

申报权利,是指票据的利害关系人在公示催告期间向人民法院主张票据权利的行为。所谓利害关系人,是指当前持有申请人认为已经被盗、遗失或灭失的票据的人。根据票据法的一般原理,持票人即是债权人。因此,如果人民法院依申请人的申请,宣告票据无效,那么利害关系人持有票据并享有的票据权利就会消灭,申请人将获得票据上的权利。这将直接影响到利害关系人的利益,并可能产生新的纠纷。我国《民事诉讼法》第 221 条第 1 款规定:"利害关系人应当在公示催告期间向人民法院申报。"利害关系人在公示催告期间向人民法院申报权利的法律结果是引起公示催告程序的终结。第 2 款规定:"人民法院收到利害关系人的申报后,应当裁定终结公示催告程序,并通知申请人和支付人。"

(一) 申报权利的条件

利害关系人必须向作出公示催告的人民法院申报权利,并以书面的形式提出。同时应向人民法院提交票据,人民法院收到利害关系人提出的申报权利和所催告的票据后,应通知申请人在指定的期间内到人民法院阅览该票据。申请人阅览票据后,认为该票据确系被盗、遗失的票据的,人民法院即作出裁定,终结公示催告程序。当事人之间有争议的,可以向人民法院起诉。如果申请人申请公示催告的票据与申报人提交的票据不一致的,人民法院应裁定驳回利害关系人的申报。

申报权利一般应在公示催告期间提出。利害关系人应在公示催告期间或除权判决前申报权利。根据《民事诉讼法》第 219 条的规定,公示催告期间不得少于 60 日,利害关系人应当在该期间内向人民法院主张票据权利。

(二) 申报权利的效力

申报权利的效力,是指利害关系人向人民法院主张权利在法律上所产生的后果,即利害关系人申报权利成立,在法律上产生终结公示催告程序的效力。公示催告程序的目的是在没有人申报权利时,宣告票据无效,并不确认谁享有票据权利,不解决实体权利义务的争议。根据《民事诉讼法》第 221 条第 2 款、第 3 款的规定,人民法院收到利害关系人的申报后,应当裁定终结公示催告程序,并通知申请人和支付人。利害关系人在申报期届满后,除权判决作出之前申报权利的,同样应裁定终结公示催告程序。申请人如不服人民法院终结公示催告程序的裁定,可以向票据支付地的基层人民法院提起诉讼。经审查,认为利害关系人的申报不符合申报条件的,裁定驳回利害关系人的申报。利害关系人如不服人民法院驳回申报的裁定,也可以向票据支付地的基层人民法院提起诉讼。

第四节 除权判决

一、除权判决的概念和条件

除权判决,也叫宣告票据或其他事项无效的判决,是指人民法院在公示催告期间届满后,由于无人申报权利或者申报被驳回的,根据申请人的申请作出的宣告失票或其他事项无效的判决。人民法院作出除权判决,必须根据公示催告申请人的申请,人民法院不能依职权主动作出除权判决。除权判决不确认票据关系人之间的权利义务,只解决票据是否有效的问题。

根据我国《民事诉讼法》第 222 条和《民诉法解释》第 452 条的规定,人民法院作出宣告票据无效的除权判决应具备以下条件:

(1) 公示催告期间届满无人申报权利或者申报被驳回的。无论是否有利害关系人,只要公示催告期间届满没有人申报权利,或者申报了权利但被法院依法驳回的,即符合法定条件。

(2) 申请人在法定期间内提出申请。申报权利的期间没有人申报权利的,或者申报被驳回的,申请人应向人民法院提出申请,要求人民法院作出宣告票据无效的除权判决。公示催告申请人应从申报权利期间届满之日起 1 个月内向人民法院提出申请,逾期不申请的,终结公示催告程序,并应当通知申请人及支付人。

具备以上条件的,人民法院应当组成合议庭来审理是否具备作出除权判决的申请要件。经审理,认为不具备作出除权判决的申请要件的,应裁定驳回申请;认为具备作出除权判决的申请要件的,人民法院应当作出判决宣告票据无效。人民法院的判决应当公告,并通知支付人。

二、除权判决的法律效力

除权判决的法律效力,是指除权判决所产生的法律上的效果。体现在以下方面:(1)除权判决作出后,该票据不再具有法律效力。即持有该票据的任何人不能行使票据上的权利。而申请人重新获得票据权利。如果票据已经到期的,申请人从除权判决生效起即可向支付人请求付款;如果票据尚未到期,待票据到期后,申请人有权向支付人请求付款。

(2)停止支付的通知失去效力,申请人有权依据人民法院的判决向负有票据义务的人主张票据上的权利,请求支付。申请人以外的人不再享有票据上的任何权利。

(3)公示催告程序实行一审终审制,除权判决作出后,公示催告程序结束,当事人不得提起上诉。

三、除权判决的撤销

利害关系人在公示催告期间和作出除权判决之前,未申报权利的,丧失了公示催告的票据上的权利。人民法院作出判决后,利害关系人不得再申报权利,也不能上诉。但在利害关系人有正当理由而不能在作出判决前申报权利的情况下,不利于对利害关系人权利的保护。针对这种情况,我国《民事诉讼法》第223条规定:"利害关系人因正当理由不能在判决前向人民法院申报的,自知道或者应当知道判决公告之日起1年内,可以向作出判决的人民法院起诉。"超过法定期间,票据利害关系人的诉讼请求不再受法律保护。利害关系人向人民法院起诉的,人民法院可按票据纠纷适用普通程序审理。

根据此条的规定,在除权判决作出后,利害关系人可以向人民法院起诉的法定条件,是因有正当理由不能在判决前向人民法院申报权利。何谓正当理由,一般指两种情况:其一是由于客观上的原因致使利害关系人未申报权利;其二是指人民法院工作中的差错。具体包括以下情形:(1)因发生意外事件或者不可抗力致使利害关系人无法知道公告事实的;(2)利害关系人因被限制人身自由而无法知道公告事实,或者虽然知道公告事实,但无法自己或者委托他人代为申报权利的;(3)不属于法定申请公示催告情形的;(4)未予公告或者未按法定方式公告的;(5)其他导致利害关系人在判决作出前未能向人民法院申报权利的客观事由。

利害关系人向人民法院起诉的期间是自知道或者应当知道判决公告之日起1年内。提起诉讼的人民法院是作出除权判决的人民法院。利害关系人向人民法院起诉,应以原公示催告申请人为被告,起诉请求的事项是要求人民法院撤销宣告票据无效的判决,恢复自己享有的票据上的权利。人民法院接到利害关系人的起诉后,应当认真进行审查,认为没有正当理由的,可以裁定驳回起诉;有理由的,人民法院应予以受理,并作出新判决,撤销宣告无效的判决。判决撤销以后,票据上的权利自行恢复。

思考题

1. 简述公示催告程序的概念和特点。
2. 简述公示催告程序的适用范围。
3. 公示催告程序中,法院应当遵守哪些规则?
4. 简述除权判决及其法律效力。

参考文献

1. 〔日〕高木丰三:《日本民事诉讼法论纲》,陈与年译,中国政法大学出版社2006年版。
2. 赵蕾:《非讼程序论》,中国政法大学出版社2013年版。

第七编

执行程序论

第三十一章 执行程序概述

> 学习目的与要求

执行程序是以实现生效法律文书所确定的义务为目的,规范人民法院、执行当事人和其他执行参与人进行民事执行活动的程序。通过本章的学习,应掌握执行的概念和特征、执行程序的概念和特征、执行程序和审判程序的关系;理解执行过程中应当遵循的原则。

第一节 执行程序的概念

一、执行的概念与特征

执行,是指人民法院的执行组织依照法定程序,运用国家强制力,根据人民法院已经生效的判决、裁定和调解协议以及其他生效法律文书的规定,强制被执行人实现法律文书确定的义务的活动。执行具有下列特征:

第一,执行具有法定性。

执行的法定性表现在:执行是人民法院运用国家的强制力量,强制被执行人履行义务的行为,是行使民事执行权的活动。不论对何种生效法律文书的执行,都必须严格按照《民事诉讼法》的有关原则与规定进行,不得违反法定程序进行执行活动,也不允许人民法院以外的其他任何机关、团体和企事业单位实施民事执行权。

第二,执行具有强制性。

民事判决、裁定和调解协议生效后,负有义务的一方当事人若能自觉履行义务,就不会发生执行问题,只有当负有义务的一方当事人拒绝履行法律文书所确定的义务时,才有必要依国家强制力促使其履行义务。因此,执行活动具有强制性。

第三,执行根据的有效性。

执行必须有执行根据,民事执行必须根据法律文书所确定的义务进行。作为执行根据的法律文书,不论是人民法院生效的判决、裁定,还是其他机关的法律文书,都必须是已经发生法律效力,尚未生效的法律文书不论是何种机关制作的,都不能作为执行根据。

由于执行具有法定性、强制性和执行根据的有效性,因而执行是民事诉讼法律制度的重要组成部分,是实现民事诉讼目的的不可缺少的重要手段。法律文书发生法律效力后,负有义务的一方当事人拒不履行义务的,只有通过人民法院的执行机构,迫使拒不履行义务的当事人履行法律文书所确定的义务,才能使当事人通过公力救济获得保护的权益得以实现,才能维护法律的尊严和法治的统一。因此,执行有利于保证人民法院依法作出的判决、裁定和调解协议以及其他机关制作的生效法律文书得以实现,以维护社会经济秩序和当事人的合法权益,并且能够从经济上制裁民事和刑事违法行为,并有助于教育公民自觉遵守法律,自动履行法律文书中确定的义务,维护法律文书的严肃性。

二、执行程序的概念与特征

执行程序,是以实现生效法律文书所确定的义务为目的,规范人民法院、执行当事人和其他执行参与人进行民事执行活动的程序。

执行程序是民事诉讼法中的法定程序,与民事诉讼法中的其他程序一样,具有层次性和规范性。但执行程序又不同于民事诉讼法所规定的其他程序,执行程序具有以下特征:

第一,执行程序以司法执行权为基础。

司法执行权是人民法院法定职权的一部分,其实施的目的是为了使生效的法律文书得以实现。司法执行权不同于人民法院确认民事权利义务关系的审判权,但与审判权有密切的联系。执行程序是实现生效法律文书的程序。因此,执行程序必须体现人民法院的职能和职权,如果没有司法执行权,法律文书的实施就没有保障,也难以体现保护当事人合法权益的职责。

第二,执行程序以强制义务人履行义务为宗旨。

执行程序的宗旨,就是迫使负有义务的一方当事人履行法律文书所确定的义务,因此,尽管执行程序具有渐进性,但是法律文书的实现并不以完成全部程序为限。在执行程序开始后,只要义务人履行了法律文书确定的义务,执行程序即可结束。例如,有些法律文书的执行,在执行员采取了查封、扣押财产的措施后,义务人在指定期限内履行了义务,执行程序可以到此结束。

第三,执行程序以执行措施为主要内容。

执行生效的法律文书,是以强制执行措施为基础和后盾的,执行措施既可促使当事人自动履行法律文书所确定的义务,又可通过采取执行措施直接实现生效法律文书的内容,同时还可以实现对某些违法行为的法律制裁。针对不同的执行对象,我国《民事诉讼法》《民诉法解释》以及最高人民法院《关于人民法院执行工作若干问题的规定(试行)》(以下简称《执行规定》)规定了一系列具体的执行措施,这是执行程序的主要内容,是执行程序必不可少的强制手段。

三、执行程序与审判程序的关系

执行程序是保证生效法律文书得以实施的程序,是审判程序完成之后的一个独立的程序,它与审判程序既有联系又有区别。

执行程序与审判程序的联系表现在:第一,二者在某些基本原则和制度上有相似之处,如审判权和执行权由人民法院独立行使,当事人处分原则、同等与对等原则,以及期间、送达、强制措施等制度对二者也都适用。第二,执行程序与审判程序虽然侧重点不同,但在根本目的上具有一致性。民事审判程序是对民事权利的存在及其内容加以确定,而执行程序则是要使这种已被确定的权利义务关系在事实上得到实现,只有审判程序没有执行程序,许多生效法律文书就难以实现;但没有审判程序,执行程序就缺乏基础和前提。因此,审判程序是执行程序的基础和前提,执行程序是审判程序的继续和保障,对于完成民事诉讼的任务,实现民事诉讼的目的,这两种程序缺一不可。

执行程序与审判程序的区别主要是:第一,程序的权力基础不同。执行程序是以司法执行权为基础的法定程序,是由人民法院的执行组织进行的执行活动;审判程序则是以审判权为基础的法定程序,它是由人民法院的审判组织、审判人员进行的审判活动。因此,执行程序与审判程序所根据的权力基础不同,是相对独立的两个不同的程序。第二,程序的作用和任务不同。执行程序和审判程序虽然都是完成民事诉讼任务的法定程序,是保障民事实体法贯彻实施的司法程序,但是二者的具体任务和作用是有区别的,执行程序的主要任务和作用是要使法律文书确认的权利义务关系付诸实现;审判程序的主要任务和作用则是查明事实、分清是非、依法确认权利义务关系。第三,程序的具体内容不同。执行程序是由多种执行方式和执行措施构成的单一程序;审判程序则是由多种审理不同案件的程序组成的,其中既有审判诉讼案件的各种程序,又有审理非讼案件的各种特别程序。

由此可见,审判程序与执行程序之间既有联系又有区别,是在行使不同的国家权力的基础上,相辅相成,共同完成保护当事人合法权益的任务。

四、执行程序的立法体例

对执行程序选择何种立法体例,各国和地区的做法不同,大致上有四种做法。

(1) 将执行程序规定在本国的民事诉讼法中,作为民事诉讼法的一个组成部分,如德国。

(2) 将执行程序规定在破产法中,形成混合式法典,如瑞士、土耳其等国。

（3）将执行程序的内容分别在民事诉讼法和民法中规定，其中民事诉讼法侧重规定程序问题，如意大利。

（4）单独制定强制执行法，如日本、法国、奥地利和我国台湾地区。

在立法上，我国采取的是第一种体例，在1991年《民事诉讼法》中设专编即第三编规定执行程序，共4章30条。执行工作非常复杂、具体，最高人民法院根据实践需要作出了大量的司法解释，如《民诉法适用意见》《执行规定》《加强和改进委托执行工作的若干规定》等。为解决人民群众反映强烈的"执行难"问题，2007年《民事诉讼法》的修订，对执行程序的条文进行修改和补充，条文增加至34条。2008年11月3日最高人民法院又公布了《关于适用〈中华人民共和国民事诉讼法〉执行程序若干问题的解释》（以下简称《执行程序解释》），自2009年1月1日起施行。2012年修改后的《民事诉讼法》及2015年最高人民法院《民诉法解释》进一步完善了执行程序的有关规定。针对我国长期以来关于执行程序的立法较为分散、体系不完善、重要内容缺位等方面的问题，理论界和实务界均有制定单独的强制执行法的呼声。[1]我国有必要对执行程序立法模式加以研究，考虑采取单独立法的模式。

第二节 执行程序的原则

执行程序的原则，是指在执行程序中起指导作用的准则。执行原则的确立，必须体现法治的要求，遵循执行活动的客观规律，贯穿于执行程序的全过程，对所有执行工作及所有执行主体起指导作用。根据《民事诉讼法》和最高人民法院《民诉法解释》《执行规定》等有关规定，执行程序应遵循以下原则：

一、依法执行的原则

依法执行原则，是指在执行程序中，必须以生效的法律文书为依据，并且依照法定程序和方式进行执行工作。根据这一原则：首先，执行程序必须有生效的法律文书为依据。其次，执行必须依照法定程序进行，不得恣意妄为。强制执行必须以生效法律文书为执行根据，强制执行的开始、延缓、中止、终结都必须依法进行，采取何种执行措施，应当根据法定程序来定。在操作各种执行措施时，还要符合各自相关的程序规定，如查封的程序、执行强制管理的程序、拍卖被执行人财产的程序等。执行员在采取强制执行措施之前，应当依法向被执行人发出执行通知书，要求其在指定的期限内履行义务，逾期不履行的，才能强制执行；只有在被执行人不履行法律文书确定的义务，并有可能隐匿、转移财产时，执行员

---

[1] 参见杨荣馨主编：《强制执行立法的探索与构建》，中国人民公安大学出版社2005年版。

才可以立即采取强制措施。又如,采取强制执行措施时,执行员应当出示证件,执行完毕后,应当将执行情况制作笔录,由在场的有关人员签名或者盖章。

在执行程序中,要尊重当事人的处分权,当事人可以对自己的实体权利和程序权利进行处分并承担相应的法律后果。执行活动一般采当事人进行主义,如一般因当事人申请启动执行程序;在执行过程中,当事人有权撤回强制执行申请、进行和解、申请中止执行等。程序的进行与权利的处分在一定意义上以当事人的意志为转移,执行机构应当充分听取和尊重当事人的意见。

二、保护双方当事人合法权益的原则

在执行过程中,人民法院应全面保护双方当事人的合法权益。既要通过强制被执行人履行义务来保障法律文书中所确定的债权人的合法权益得以实现,同时又要兼顾义务人的利益,保证其能够维持正常的生产和生活。根据《民事诉讼法》第244条、第245条的有关规定,在采取执行措施时,要保留被执行人及其所扶养的家属的生活必需费用和生活必需品;在采取查封、扣押、强制迁出房屋和强制退出土地等强制措施时,应当通知被执行人或者其成年家属到场,以免损害被执行人的合法权益;拍卖、变卖被执行人的财产时,要依照有关规定进行,不能贱价出售。

三、执行标的有限原则

执行标的有限原则,是指民事执行的对象只能是一定的财产和民事行为,不包括人身。即使是对财产的执行也不得超出一定的范围。例如,人民法院冻结、划拨被执行人的储蓄存款时,不得超出被执行人应当履行义务的范围;对财物执行时,应保留被执行人及其供养家属的生活必需费用等。

四、强制执行与说服教育相结合的原则

强制执行与说服教育相结合的原则,是指执行工作既要采取强制手段,同时也应做好当事人的思想教育工作,并给予自动履行的机会,以促使其自觉履行义务。这一原则贯穿在执行程序的整个过程中。强制执行既以强制措施为后盾,但也应重视说服教育工作,尽可能地让义务人理解和掌握法律规定,自觉履行法律文书所确定的义务。坚持这一原则,有利于减少执行的阻力,顺利完成执行工作,我国《民事诉讼法》执行程序一编中的许多条文都体现了该原则的精神。

五、执行权独立行使与分工制约原则

民事强制执行权是国家统一行使的一项公权力,一般认为兼具司法权与行政权的性质。因此,在权力体系中,首先是执行权的独立行使;其次是在执行权

的内部结构中,建立执行裁判权与执行实施权的分工制约机制。

执行活动包含裁判性事项与单纯执行事项,独立、完整的执行权由裁判权与实施权有机结合而成。执行裁判权,仍然具有被动性、中立性和终局性特征;执行实施权,则具有主动性、单方性和非终局性特征。

执行裁判权与执行实施权分别由执行法官与执行员行使,这便是执行权行使的分工。按照裁判性事项与单纯执行事项的分类,一般应由执行法官行使的权力有:债务人异议、案外人异议、第三人异议、代位请求权异议的裁决权;变更被执行主体的裁决权以及其他重大事项的裁决权。一般应由执行员直接行使的权力有:对执行依据形式上的审查权,执行过程中的调查权、搜查权、决定实施强制措施权,被执行财产的处分权及其他属于实施的执行权。执行权行使的制约包括:第一,执行裁判权对执行实施权的监督,纠正其中的程序违法和实体违法;第二,在单纯执行事项中产生的裁判性问题,必须由执行员移交给执行法官来解决。通过制约来实现执行权的公正、合法、正确行使。

思考题

1. 简述民事执行的特征。
2. 民事执行程序有何特点?
3. 试述民事执行程序与审判程序的关系。
4. 如何理解执行权的分工与制约?

参考文献

1. 杨荣馨主编:《强制执行立法的探索与构建》,中国人民公安大学出版社2005年版。
2. 谭秋桂:《民事执行法学》,北京大学出版社2005年版。

第三十二章　执行程序的一般规定

> **学习目的与要求**

执行程序的一般规定,是指强制执行中具有共同适用性的规范。通过本章的学习,应掌握执行根据、执行的主体与客体、执行管辖、执行异议、执行的担保与承担、委托执行与协助执行、执行和解与执行回转。

第一节　执　行　根　据

一、执行根据的概念和特征

执行根据,是指执行主体据以执行的生效法律文书,又称执行文书。执行根据是执行开始的凭证,没有执行根据,当事人不能申请执行,执行组织不能移交执行,人民法院也不能立案执行。作为执行根据的法律文书,必须发生了法律效力,并且具有给付内容,即法律文书中具有规定义务人向权利人交付一定财物或履行一定义务的内容。

执行根据具有以下法律特征:第一,它是已经生效(即确定)的法律文书;第二,它是具有给付内容的、属于人民法院强制执行的法律文书。不具有给付内容,或虽有给付内容但法律规定不属于人民法院强制执行的法律文书,不能成为执行依据。

二、执行根据的种类

根据法律文书制作主体的不同,执行根据可分为两种类型:一是由人民法院制作的法律文书,包括民事判决、裁定、调解书和刑事判决、裁定中的财产部分等;二是法律规定由人民法院强制执行的其他法律文书。根据我国《民事诉讼法》的规定,具体包括:

(一)人民法院制作的发生法律效力并具有给付内容的法律文书

(1)判决书。可以作为执行根据的判决有民事判决和刑事判决中有关财产部分的内容。刑事判决中,有关财产部分的判决包括对被告人科以财产刑的刑事判决,以及附带民事诉讼确定被告人承担民事赔偿责任的判决。(2)裁定书。

根据相关规定,保全和先予执行的裁定;执行回转的裁定、执行担保人财产的裁定、追究协助执行人民事责任的裁定;人民法院依照特别程序作出的对人民调解协议进行司法确认的裁定、实现担保物权的裁定;依据我国缔结或参加的国际条约、双边的司法协助协定,或根据互惠原则,人民法院承认外国法院判决或外国仲裁机构的裁决的裁定,均可以成为执行根据。(3)调解书。调解书经双方当事人签收后,即具有法律效力。一方当事人拒不履行的,另一方可申请执行。(4)依督促程序向债务人发出的支付令,该支付令必须是已过异议期且债务人没有提出异议的,否则不能作为执行根据。

(二)其他机关制作的依法应当由人民法院负责执行的生效法律文书

(1)仲裁机关的裁决书和调解书。根据我国《仲裁法》第六章的规定,当事人不履行仲裁机关的裁决书和调解书的,另一方可以依照《民事诉讼法》的规定向人民法院申请执行。

(2)公证机关依法赋予强制执行效力的债权文书。公证机关是国家的证明机关,依法统一行使公证权。经公证证明赋予强制执行效力的债权文书,债务人若不履行,对方当事人可以申请人民法院强制执行。

(3)依法应当由人民法院执行的行政处罚决定、行政处理决定。

作为执行生效的法律文书,无论是人民法院制作的,还是其他机关依法制作的,应该同时具备权利义务主体明确、给付内容明确这两个条件。如果法律文书确定继续履行合同的,应当明确继续履行的具体内容。只有符合上述条件,人民法院才能够将该生效法律文书作为强制执行的依据。

第二节 执行主体与客体

一、执行主体

执行主体,是指在执行法律关系中,依照法律规定,享有权利和承担义务,并且能够引起执行程序发生、变更或终结的组织或个人,包括执行机构、执行当事人和执行参与人。

(一)执行机构

执行机构,是指人民法院内部专门从事执行工作、履行执行职责的组织或者机构。我国《人民法院组织法》第41条规定,地方各级人民法院设执行员,办理有关的执行事项。《民事诉讼法》第228条规定,执行工作由执行员进行。人民法院根据需要,可以设立执行机构。《执行规定》第1条规定:"人民法院根据需要,依据有关法律的规定,设立执行机关,专门负责执行工作。"随着民事执行工作重要性的加强,执行机构的地位也日趋重要与独立。目前,我国各级人民法院都设立了专门的执行机构:执行局或执行庭。

执行机构的组成人员包括执行员、书记员和司法警察。其中执行员是代表国家行使执行权的专职人员,负责执行措施的实施、对执行异议的审查以及决定是否执行仲裁裁决等,地方各级人民法院设执行员办理执行事项,执行工作由执行员持执行公务证进行。在执行工作中,执行人员应当依法实行回避,回避理由和审判人员相同。对于执行程序中的重大事项,应由三名以上的执行员讨论决定。在执行程序中,执行员实施拘传、拘留、罚款、中止执行程序等行为,须经院长批准;实施搜查,须由院长签发搜查令。书记员负责执行笔录,并协助执行员办理有关事项。司法警察参加执行程序主要是为了维持执行秩序,保证执行措施的顺利实施。采取重大措施的,必须有司法警察参加。

(二)执行当事人

执行当事人,是指在执行程序中依法享有程序权利和承担程序义务,能够引起执行程序发生、变更或终结的组织和个人。享有程序权利的一方一般是执行根据所载明的权益人,称申请执行人;其对方为执行义务人或被执行人。

原则上,执行当事人依执行根据来确定。但是在执行过程中,由于法定的特殊事由或者情形,人民法院可以根据民事诉讼法和相关司法解释的规定变更执行当事人,以保障债权人的合法权益得到实现。这是法定的当事人变更在执行程序中的具体体现。被执行人发生执行承担的情形有:当事人死亡和被执行主体的变更和追加。

(三)执行参与人

执行参与人,是指执行机构和执行当事人以外的参与执行工作的组织和个人,包括协助执行人、执行见证人、被执行人的家属以及代理人和翻译人员等。

在执行程序中,按照人民法院的协助执行通知书配合执行机构进行执行工作的单位和个人,称为协助执行人。金融机构及其管理部门、房地产管理部门、工商管理部门、电信部门、车辆管理部门、税务机关、海关、公安机关、用人单位以及其他有关部门,都可能成为具体案件中依法负有协助执行义务的人。

在执行程序中,人民法院采取某些执行措施时,可依法通知有关人员到场见证和监督执行活动,这些人称为执行见证人。例如,根据《民事诉讼法》第245条、第250条的规定,人民法院查封、扣押财产以及强制迁出房屋或退出土地时,可以通知下列人员作为执行见证人:被执行人为公民的,其工作单位或被查封扣押的财产以及房屋、土地所在地基层组织指派的人员。这些人员接到人民法院的通知后,应当及时到达执行现场,见证执行过程,并在执行笔录上签名或盖章。

二、执行客体

执行客体,是指民事执行工作所指向的对象,又叫执行对象、执行标的。执行客体视人民法院具体的执行根据所确定的内容而定。根据《民事诉讼法》有关执行措施的规定，执行客体主要包括两个类型：

（一）财产

作为执行根据的法律文书，必须是其内容涉及财产关系，即具有给付性质才会发生执行的效力。执行根据的这种特性，决定了执行客体主要是财产，如金钱、物品、票证等。无形财产中如商标、专利、著作权中的财产权也可成为执行客体。

（二）行为

作为执行客体的行为，是指生效法律文书所确立的义务人应当向对方履行的特定行为。如修理房屋、拆除违法建筑等。

一般来说，禁止以人身作为执行对象，即不得以羁押被执行人或者限制其人身自由的方法代替法律文书的履行。因为对于财产上的权利义务关系，只有通过对财产性对象的执行，才能满足权利人的要求，对人身的执行是不能满足权利人的利益要求的。在执行实践中，有时会发生人民法院对被执行人或者案外人处以拘留的情形，但这是在行为人的行为构成了妨害民事诉讼的行为时，对其所采取的排除妨害行为的强制措施，并非强制执行的手段。其目的在于保证执行工作的顺利进行，它与执行措施本身不同，不可混为一谈。

第三节 执行管辖

一、执行管辖的概念

执行管辖，即确定人民法院之间受理执行案件的分工和权限。执行案件的管辖与诉讼案件的管辖有一定的联系，但确定的标准不同。确定执行管辖的目的，是为了明确各人民法院之间的分工，防止因管辖不明导致各法院之间互相推诿或争抢执行权，影响执行工作的正常进行，同时也是为了更好地保障当事人的合法权益。

根据法律和有关司法解释的规定，作为执行根据的法律文书不同、案件的性质不同，执行管辖也有所不同。

二、执行管辖的有关规定

依执行根据的不同性质，执行案件的管辖可分为两种情况：

（一）对于人民法院制作的发生法律效力并有给付内容的法律文书的执行

我国《民事诉讼法》第224条第1款规定："发生法律效力的民事判决、裁定，以及刑事判决、裁定中的财产部分，由第一审人民法院或者与第一审人民法院同级的被执行的财产所在地人民法院执行。"第一审人民法院是就案件的审级而言,不一定就是基层人民法院。法律之所以如此确定这类执行案件的管辖,是因为第一审人民法院一般距离被执行人所在地或者执行标的物所在地比较近,由其执行,既便利当事人参加执行程序中的有关活动,也便利人民法院行使执行权。应当说明的是,最高人民法院作出的第一审裁判,往往是由有关地方人民法院负责执行的。这是因为最高人民法院要担负对全国的审判和执行工作进行指导、对有关法律适用问题进行解释等重任,考虑到工作职责、压力等因素,所以一般情况下不具体进行执行工作,执行工作总是要在某个地方人民法院的辖区进行的,因此,最高人民法院可以指定有关地方人民法院负责执行工作。另外,根据《民诉法解释》第426条的规定,发生法律效力的实现担保物权裁定、确认调解协议裁定、支付令,由作出裁定、作支付令的人民法院或与其同级的被执行财产所在地的法院负责执行。认定财产无主的判决,由作出判决的人民法院将无主财产收归国家或集体所有。

(二)法律规定由人民法院执行的其他法律文书

《民事诉讼法》第224条第2款规定:"法律规定由人民法院执行的其他法律文书,由被执行人住所地或者被执行的财产所在地人民法院执行。"这里的"其他法律文书",是指由仲裁机关、公证机关依法制作的发生法律效力的执行根据。这类法律文书,依法应当由被执行人住所地或者被执行的财产所在地人民法院执行。对于中华人民共和国涉外仲裁机关的裁决书、调解书以及为承认并协助执行外国仲裁机关裁决而制作的裁定书的执行,应由中级人民法院管辖。

三、执行管辖争议的解决

根据《民事诉讼法》《民诉法解释》《执行规定》和《执行程序解释》的有关规定,应按照下列原则解决执行中的管辖争议:

(一)人民法院的管辖权争议

当两个以上人民法院对某执行案件都有管辖权时,当事人可以向其中一个人民法院申请强制执行;当事人向两个人民法院申请执行的,由最先收到申请的人民法院受理。两个或者两个以上的人民法院因管辖发生争议的,先协商解决,协商不成的,报请共同的上级法院指定管辖。根据《执行规定》第17条的规定,对执行案件有管辖权的人民法院因特殊情况需要上级法院执行的,可以报请上级法院执行。人民法院发现受理的执行案件不属本院管辖的,应当移送有管辖权的人民法院,受移送的人民法院不得再自行移送。但确有异议的,可报请上级人民法院指定管辖。上级法院协调处理有关执行争议的案件,认为必要时,可以决定将有关款项划到本院指定的账户。上级法院协调下级法院之间的执行争议所作出的处理决定,有关人民法院必须执行。

对人民法院采取保全措施的案件，申请执行人向采取保全措施的人民法院以外的其他有管辖权的人民法院申请执行的，采取保全措施的人民法院应当将保全的财产交执行法院处理。

(二) 当事人的管辖权异议

人民法院受理执行申请后，当事人对管辖权有异议的，应当自收到执行通知书之日起10日内提出。人民法院对当事人提出的异议，应当审查。异议成立的，应当撤销案件，并告知当事人向有管辖权的人民法院申请执行；异议不成立的，裁定驳回。当事人对裁定不服的，可以向上一级人民法院申请复议。管辖权异议审查和复议期间，不停止执行。

第四节 执 行 异 议

从理论上讲，执行异议属于执行救济制度的一部分。执行救济包括程序上的救济和实体上的救济，前者是指执行当事人或案外人认为执行机构的执行行为在程序上违法或不当，请求执行机构予以纠正；后者是指债务人或者第三人（案外人）对执行标的主张实体权利，其主要的救济方式即提起异议之诉。

一、对执行行为的异议

为了规范执行行为，促进司法公正，切实保护当事人的合法权益，《民事诉讼法》第225条规定："当事人、利害关系人认为执行行为违反法律规定的，可以向负责执行的人民法院提出书面异议。当事人、利害关系人提出书面异议的，人民法院应当自收到书面异议之日起15日内审查，理由成立的，裁定撤销或者改正；理由不成立的，裁定驳回。当事人、利害关系人对裁定不服的，可以自裁定送达之日起10日内向上一级人民法院申请复议。"根据该条规定，在执行行为违法的情况下可以提出异议的主体包括当事人和利害关系人。这里的"当事人"，是指执行当事人，即申请执行人和被执行人。申请执行人和被执行人的合法权益都可能因违法的执行行为受到侵害，因此，对双方当事人都有必要赋予提起异议的权利。这里的当事人不仅指执行根据上所列明的当事人，还包括在执行过程中，被人民法院依法变更、追加为当事人的公民、法人或其他组织。本条所说的"利害关系人"，是指执行当事人以外，因强制执行行为而侵害到其法律上权益的公民、法人或其他组织。

违反法律规定的执行行为主要表现为以下几类：第一，执行法院所采取的执行措施违法；第二，执行法院在强制执行时违反了法定的程序；第三，强制执行中作出的某些法律文书违法；第四，其他侵害当事人、利害关系人合法权益的执行行为。当事人、利害关系人对违法执行行为提出异议的，必须采取书面形式。如果当事人、利害关系人口头提出异议的,人民法院应当告知其采取书面形式;未提交书面异议的,视为未提出异议。当事人、利害关系人提出异议的,执行法院必须依法审查,并应自收到书面异议之日起15日内作出裁定。

根据《执行程序解释》的规定,当事人、利害关系人申请复议的书面材料,可以通过执行法院转交,也可以直接向执行法院的上一级人民法院提交。执行法院收到复议申请后,应当在5日之内将复议所需的案卷报送上一级人民法院;上一级人民法院收到复议申请后,应当通知执行法院在5日内报送复议所需的案卷材料。上一级人民法院对当事人、利害关系人的复议申请,应当组成合议庭进行审查。当事人、利害关系人按照《民事诉讼法》第225条规定申请复议的,上一级人民法院应当自收到复议申请之日起30日内审查完毕,并作出裁定。有特殊情况需要延长的,经本院院长批准,可以延长,延长的期限不得超过30日。执行异议审查和复议期间,不停止执行。被执行人、利害关系人提供充分、有效的担保请求停止相应处分措施的,人民法院可以准许;申请执行人提供充分、有效的担保请求继续执行的,应当继续执行。

二、申请变更执行法院

为了解决执行实践中存在的执行不力而非执行不能的现象,《民事诉讼法》第226条规定:"人民法院自收到申请执行书之日起超过6个月未执行的,申请执行人可以向上一级人民法院申请执行。上一级人民法院经审查,可以责令原人民法院在一定期限内执行,也可以决定由本院执行或者指令其他人民法院执行。"

有权申请变更执行法院的主体只能是申请执行人,被执行人和案外第三人均不能提出申请。"申请执行人"包括执行根据中所列明的申请执行人,以及人民法院依法变更、追加为申请执行人的公民、法人或其他组织。"未执行"是指"未依法实施相应的执行行为"或"未依法采取相应执行措施",例如,查明被执行人有可供执行的财产后,人民法院却不依法及时予以查封,查封后不依法及时进行拍卖。根据《执行程序解释》的规定,有下列情形之一的,上一级人民法院可以根据申请执行人的申请,责令执行法院限期执行或者变更执行法院:

(1)债权人申请执行时被执行人有可供执行的财产,执行法院自收到申请执行书之日起超过6个月对该财产未执行完结的;

(2)执行过程中发现被执行人有可供执行的财产,执行法院自发现财产之日起超过6个月对该财产未执行完结的;

(3)对法律文书确定的行为义务的执行,执行法官自收到申请执行书之日起超过6个月未依法采取相应执行措施的;

(4)其他有条件执行但超过6个月未执行的。

更换执行法院属于程序性事项,不涉及实体争议,因此,申请执行人依法向执行法院的上一级人民法院申请执行后,应当由上一级人民法院的执行机构具体负责处理。经过审查,针对不同情况可作出三种不同的处理:一是责令原人民法院在一定期限内执行;二是决定由本院执行;三是指令本辖区执行法院以外的其他人民法院执行。责令原执行法院限期执行的,应当向其发出督促执行令,并将有关情况书面通知申请执行人;决定由本院执行或者指令本辖区其他人民法院执行的,应当作出裁定,送达当事人并通知有关人民法院。上一级人民法院责令执行法院限期执行,执行法院在指定期间内无正当理由仍未审理完结的,上一级人民法院应当裁定由本院执行或者指令本辖区其他人民法院执行。

三、对执行标的的异议

对执行标的的异议,是指在执行过程中,案外人对执行标的提出的旨在主张实体权利的不同意见。案外人,是指没有参加执行程序的人,即执行案件当事人以外的其他人。例如,人民法院的执行员根据某甲的申请,执行生效判决中的金钱给付内容。由于被执行人某乙无现金可供执行,于是查封、变卖某乙的一台电冰箱。某丙称这台电冰箱不是某乙的,而是他存放在某乙家中的,并且提供了证据。本案中,某甲、某乙是执行案件的当事人,某丙是案外人,某丙请求的内容即执行异议。

我国《民事诉讼法》第227条规定:"执行过程中,案外人对执行标的提出书面异议的,人民法院应当自收到书面异议之日起十五日内审查,理由成立的,裁定中止对该标的的执行;理由不成立的,裁定驳回。案外人、当事人对裁定不服,认为原判决、裁定错误的,依照审判监督程序办理;与原判决、裁定无关的,可以自裁定送达之日起十五日内向人民法院提起诉讼。"根据这一规定,案外人异议应符合以下条件:

(1) 执行异议的内容是对执行标的主张实体权利。

案外人提出异议,是对执行标的主张实体权利,包括所有权或者其他足以阻止执行标的转让、交付的实体权利。民事诉讼法设置案外人异议制度的目的,是使因错误执行而至实体权益遭受侵害的案外人能够获得司法救济。

(2) 案外人异议必须提供证据,说明理由。

案外人对执行标的主张实体权利,应向人民法院提供证据,说明理由,否则其执行异议不能成立。

(3) 执行异议应在执行程序开始后、执行程序终结前提出。

案外人提出执行异议的时间,应当在执行程序开始后、尚未结束之前提出,在执行程序尚未发生时,对生效法律文书的异议不具有执行异议的性质;而在执行终结后,案外人异议已属新的争议,应通过新的诉讼程序加以解决。

(4) 执行异议应以书面形式提出。

执行异议因涉及生效法律文书的效力问题,因此,案外人应当采取书面形式向执行员提出,只有当书写确有困难时,才可以提出口头异议,由人民法院记录在案。

对于案外人提出的执行异议,执行员应当自收到书面异议之日起15日内进行审查。经审查案外人对执行标的享有足以排除强制执行的权益的,裁定中止对该标的的执行;不享有足以排除强制执行的权益的,裁定驳回。驳回执行异议的裁定送达案外人之日起15日内,人民法院不得对执行标的进行处分。案外人如对驳回异议的裁定不服,可根据不同情形继续寻求救济:若认为作为执行根据的法律文书错误的,依照审判监督程序申请再审;若作为执行根据的法律文书无错误,只是执行程序中的错误损害了自己的实体权利,不能申请再审,但可以自裁定送达之日起15日内向人民法院提起诉讼,此诉讼为案外人执行异议之诉。

根据《民诉法解释》的有关规定,案外人提起执行异议之诉还应循序下列程序规则:(1) 该诉由执行法院管辖;(2) 该诉以申请执行人为被告,被执行人反对案外人异议的,被执行人为共同被告,不反对的,可以列为第三人;(3) 该诉的举证证明责任,应由案外人就其对执行标的享有足以排除强制执行的民事权益承担举证责任;(4) 该诉适用普通程序审理,经审理,案外人就执行标的享有足以排除强制执行的民事权益的,判决不得执行该执行标的,不享有足以排除强制执行的民事权益的,判决驳回诉讼请求,案外人同时提出确认其权利的诉讼请求的,人民法院可以在判决中一并作出裁判。

第五节 执行担保与执行承担

一、执行担保

(一) 执行担保的概念

执行担保,是指在执行过程中,被执行人确有暂时困难缺乏偿付能力时,经申请执行人同意,向人民法院提供担保而暂缓执行的制度。我国《民事诉讼法》确立这一制度,是为了适应实践中存在的被执行人因暂时没有偿还能力,实际上无法执行的情况,而采取的一种变通方法,这一制度有利于保障权利人的权利切实得到实现,同时又有利于促使义务人履行义务。

(二) 执行担保的条件

根据《民事诉讼法》第231条的规定,执行担保应具备下列条件:

(1) 被执行人向人民法院提出申请,说明自己因暂时困难没有偿还能力,请求暂缓执行。被执行人提出申请一般应采用书面形式,以便人民法院审查确定。

(2) 被执行人必须提供可靠的担保。被执行人可以向人民法院提供财产担保,也可以由第三人出面作担保,还可以由他人提供保证。以财产作担保的,应提交保证书;由第三人担保的,担保人应当具有代为履行或者代为承担赔偿责任的能力,并应提交担保书。

(3) 由于暂缓执行将使申请执行人的权利不能立即实现,因此执行担保必须经申请执行人的同意,否则被执行人提出暂缓执行的申请不能得到满足。

对于被执行人提出的申请,人民法院审查后认为符合上述条件的,可以决定暂缓执行。人民法院核准担保,同意暂缓执行的,应当制作准予担保的裁定书。暂缓执行的期限应与担保期限一致,但最长不得超过 1 年。

(三) 执行担保的效力

准予担保的裁定书送达双方当事人和担保人后即发生法律效力。其效力表现在:中止执行程序,在暂缓执行期内,申请执行人不得要求恢复执行程序;暂缓执行期满后,被执行人应主动履行义务,人民法院也应促使其履行义务。但是,如果被执行人或者担保人对担保财产在暂缓期内有转移、变卖、毁损等行为,申请执行人可以要求恢复执行,人民法院也可以强制执行。执行担保期满后,被执行人仍不履行法律文书所确定的义务时,人民法院可以直接执行担保财产,或者裁定执行担保人的财产,但执行担保人的财产以担保人应当履行义务部分的财产为限。《执行规定》第 85 条规定:"人民法院在审理案件期间,保证人为被执行人提供保证,人民法院据此对被执行人的财产采取保全措施或解除保全措施的,案件审结后如果被执行人无财产可供执行或其财产不足清偿债务时,即使生效法律文书中未确定保证人承担责任,人民法院有权裁定执行保证人在保证范围内的财产。"

二、执行承担

(一) 执行承担的概念

执行承担,是指在执行过程中,由于出现了特殊情况,由其他公民、法人和组织履行被执行人义务的制度。这一制度对于保障申请执行人的合法权益,保证法律文书所确定的义务能够实际履行,具有积极意义。

(二) 执行承担的内容

根据《民事诉讼法》第 232 条、《民诉法解释》第 472 条至第 475 条的规定,执行承担有以下几种情况:

(1) 作为被执行人的公民死亡,继承人继承了遗产的,人民法院裁定变更被执行人,由继承人在所继承的遗产范围内偿还债务。继承人放弃继承的,人民法院可以直接执行被执行人的遗产。

(2) 作为被执行人的法人或者其他组织分立、合并的,其权利义务由变更后的法人或者其他组织承受；被注销的，如果依有关实体法的规定有权利义务承受人，人民法院可以裁定该权利义务承受人为被执行人。

(3) 其他组织在执行中不能履行法律文书确定的义务的，人民法院可以裁定执行对该其他组织依法承担义务的法人或者公民个人的财产。

(4) 在执行中，作为被执行人的法人或者其他组织名称变更的，人民法院可以裁定变更后的法人或者其他组织为被执行人。

《执行规定》第76条至第82条也规定了执行当事人变更和追加的几种情形：

(1) 被执行人为无法人资格的私营独资企业，无能力履行法律文书确定的义务的，人民法院可以裁定执行该独资企业业主的其他财产。

(2) 被执行人为个人合伙组织或合伙型联营企业，无能力履行法律文书确定的义务的，人民法院可以裁定追加该合伙组织的合伙人或参加该联营企业的法人为被执行人。

(3) 被执行人为企业法人的分支机构不能清偿债务的，可以裁定企业法人为被执行人。企业法人直接经营管理的财产仍不能清偿债务的，人民法院可以裁定执行该企业法人其他分支机构的财产。若必须执行已被承包或租赁的企业法人分支机构的财产时，对承包人或承租人的投入及应得收益应依法保护。

(4) 被执行人按法定程序分立为两个或多个具有法人资格的企业，分立后存续的企业按照分立协议确定的比例承担债务；不符合法定程序分立的，裁定由分立后存续的企业按照其从被执行企业分得的占原企业总资产的比例对申请执行人承担责任。

(5) 被执行人无财产清偿债务的，如果其开办单位对其开办时投入的注册资金不实或抽逃注册资金，可以裁定变更或追加其开办单位为被执行人，在注册资金不实或抽逃注册资金的范围内，对申请执行人承担责任。

(6) 被执行人被撤销、注销或歇业后，上级主管部门或开办单位无偿接受被执行人的财产，致使被执行人无遗留财产清偿债务或遗留财产不足清偿债务的，可以裁定由上级主管部门或开办单位在所接受的财产内承担责任。

(7) 被执行人的开办单位已经在注册资金范围内或接受的财产范围内向其他债权人承担了全部责任的，人民法院不得裁定开办单位重复承担责任。

第六节　委托执行与协助执行

一、委托执行

(一) 委托执行的概念

委托执行，是指被执行人或者被执行财产不在受诉人民法院辖区内，受诉人民法院委托当地人民法院代为执行的制度。我国《民事诉讼法》确立这一制度，有助于通过人民法院之间的协作，更好地完成执行工作，保障当事人的合法权益能够得到及时、彻底的实现。

委托执行是建立在平等的司法互助关系基础上的。在统一的司法制度下，各法院间的互助不仅是必要的，而且是具有强制性的义务，受托人民法院不能拒绝或拖延提供协助。

（二）委托执行的程序

根据《民事诉讼法》第229条及有关司法解释的规定，委托执行应按下列程序进行：

（1）在被执行人或被执行财产在外地的情况下，受诉人民法院可向该外地人民法院出具委托函，写明被执行人或被执行财产的情况，提出具体的执行要求，并附具作为执行根据的法律文书。与此同时，受诉人民法院还应将委托执行的情况告知申请执行人。

（2）受委托人民法院收到委托函件后，必须在15日内开始执行，不得拒绝。执行完毕后，应当将执行结果及时函复委托人民法院，在30日内如果未执行完毕，也应将情况函告委托人民法院。如果受委托人民法院收到委托函件后15日内不执行的，委托人民法院可以请求受委托人民法院的上一级人民法院指令受委托人民法院执行。上级人民法院在收到委托人民法院指令执行的请求后，应当在5日内书面指令受委托人民法院执行，并将这一情况及时告知委托的人民法院。受委托人民法院在接到上一级人民法院的书面指令后，应当立即执行，并将这一情况报告上一级人民法院及委托人民法院。

（3）受委托人民法院对委托执行的生效法律文书无权进行实体审查，应当按照委托人民法院的具体要求执行。在执行过程中，如遇需要中止或终结执行的情况，案外人对执行标的提出异议的情况，发现执行的法律文书确有错误的情况以及需要对妨害民事诉讼采取强制措施的情况等，均应及时函告委托人民法院，由委托人民法院审查并作出裁定。

二、协助执行

协助执行，是指在执行过程中，有关单位和个人按照人民法院的通知，完成人民法院指定的行为，以使法律文书所确定的内容得以实现的制度。在实践中，执行标的物有时不在被执行人手中，而由有关单位或个人保管、使用，在这种情况下，人民法院就需要通知有关单位或个人协助执行。这一制度对于保障生效法律文书所确定的内容得以实现，具有重要作用。

协助执行生效的法律文书，是有关单位或个人的一项义务。有关的单位，通常是指有关的银行等金融机构、有关办理财产权证照转移手续的机构以及被执行人的所在单位等。比如被执行人的存款、证照、工资和其他收入并不在被执行人手中,而由上述有关单位保存和管理,这些单位就是有义务协助执行的单位;有关的个人,通常是保管、使用执行标的物的公民,比如被执行人的钱、物或车辆等在其他公民的手中,这些公民就是有协助执行义务的个人。

人民法院认为需要协助执行时,应向有关单位或个人发出协助执行通知书,写明协助执行的具体内容、方式和完成的期限,并附上作为执行根据的法律文书。收到协助执行通知书的单位和个人,应当遵照人民法院的要求积极协助执行;或者将所扣留的执行标的物直接交付权利人,或者交由人民法院转交权利人。如果无故拒不协助执行,甚至抗拒执行,有义务协助执行的单位或个人应承担相应的法律责任,人民法院应依照民事诉讼法的有关规定处理。

第七节 执行和解与执行回转

一、执行和解

(一) 执行和解的概念

执行和解,是指在执行过程中,双方当事人就执行根据所确定的权利义务的具体内容,自行协商,达成协议,以结束执行程序的活动。执行和解是双方当事人处分自己所享有的民事权利和程序权利的行为,这种处分行为只要不损害国家、社会和他人的合法权益,人民法院应当予以尊重。

执行和解与法院调解不同,执行和解是双方当事人在没有第三方主持的情况下,自愿协商、达成执行和解协议的行为,体现了当事人的意思自治;而法院调解则是在法院审判员的主持下,达成解决权利义务纠纷、结束诉讼的行为。二者适用的领域不同、性质不同、法律效力也不同。

(二) 执行和解的条件

根据《民事诉讼法》的有关规定,执行和解应具备下列条件:

(1) 执行和解必须出于双方当事人的自愿。和解协议是双方当事人自主协商,在平等互利的基础上达成的,而不是威胁和欺诈的结果。值得注意的是,在执行程序中,人民法院不得主持双方当事人的调解,不得改变生效法律文书的效力,人民法院在执行阶段的任务,是保障生效法律文书的实现和当事人民事权利的实现。但执行和解是双方当事人的处分行为,双方当事人享有对生效法律文书已确认的法律关系的给付内容、给付金额、给付方式及期限等作出变更及处分的权利。

(2) 和解协议的内容不得违反法律的禁止性规定,不得有损于社会公共利益和他人合法权益。执行和解虽然是双方当事人的自愿行为,但因其涉及双方对实体权利和诉讼权利的处分,所以应受我国处分原则的制约,即应以不违反法律的禁止性规定为前提,并且不得损害他人的合法权益。

(3)和解协议一般应采用书面形式,以便于附卷,没有书面协议的,必须由执行员记入笔录。和解协议是由双方当事人自主协商达成的,是在法律程序中双方当事人对自己权利的处分,因此,应由双方当事人签名或盖章。

(三)执行和解的效力

和解协议成立后,产生下列法律效力:执行程序中止或者终结。申请执行人与被执行人达成和解协议后请求中止执行或者撤回执行申请的,人民法院可以裁定中止执行或者终结执行。应该注意的是执行程序中止或者终结并不是自动的,应经申请执行人向人民法院提出请求,这表现了人民法院对申请执行人处分权的充分尊重。但由于和解协议不是法律文书,因而不具有强制执行的效力,在一方当事人对和解协议反悔的情况下,另一方当事人不得将和解协议作为执行根据向人民法院申请强制执行。

根据《民事诉讼法》第230条的规定,申请执行人因受欺诈、胁迫与被执行人达成和解协议,或者当事人不履行和解协议的,人民法院可以根据当事人的申请,恢复对原生效法律文书的执行。但如果和解协议已经履行完毕,当事人又申请按生效的法律文书执行的,人民法院不予准许。由于申请执行期间因达成执行和解协议而中断,因此当事人申请恢复执行的期间自和解协议约定履行期限的最后一日起重新计算。

二、执行回转

(一)执行回转的概念

执行回转,是指在执行过程中或执行完毕之后,由于出现了某种特殊原因,由执行人员采取措施,将因执行取得利益的一方当事人所得利益的一部分或全部返还给对方当事人,以恢复执行程序开始前的状态。

执行回转的原因,通常是因为作为执行根据的法律文书有错误并被撤销。例如,人民法院制作的先予执行的裁定书执行完毕后,被本院的生效判决或者上级人民法院的终审判决所撤销;已被人民法院执行的其他机关制作的法律文书,被制作机关撤销。在实践中,作为执行根据的法律文书有错误并被撤销的情况尽管并不多见,但如已执行完毕,因错误的法律文书的执行而获得利益的一方,就应将其所获得的利益返还对方,如果其拒不返还,人民法院就应通过执行回转措施,强制该当事人履行返还义务。因此,执行回转是执行程序中的一项补救性制度,其目的在于保护当事人的合法权益,纠正法律文书的错误。

(二)执行回转的条件

根据《民事诉讼法》第233条及《执行规定》第109条对执行回转作的规定,

执行回转必须同时具备三个条件：

（1）必须有对原执行根据作出明确否定的新的具有给付内容的生效法律文书。

（2）必须是原执行根据已被人民法院执行了一部分或者全部。这是产生执行回转的形式要件。如果尚未执行，不发生执行回转的问题。如果是在执行进行过程中，发现执行根据有错误，执行人员可以报院长批准中止执行，也就不会产生执行回转的问题。

（3）必须是经原执行而取得利益的一方当事人，在丧失其合法根据时拒不返还其所得的财产权益。如果有关当事人自动退还了其所得的财产权益，也不需要采取执行回转措施。

（三）执行回转的措施

执行回转的目的在于保护原被执行人的权益，本质上仍然是特殊情况下的执行。所不同的是，当事人的地位发生了变化，原被执行人在执行回转中成为执行权利人，原执行中的权利人则成为被执行人。《执行规定》第109条规定，执行回转应重新立案，以新的法律文书和人民法院执行回转的裁定为依据，并适用执行程序的有关规定和措施执行。

思考题

1. 什么是执行根据？
2. 民事执行管辖与民事诉讼管辖有何区别？
3. 什么是执行机构？
4. 简述执行异议的概念和条件。
5. 执行和解与法院调解的区别？
6. 简述执行回转和执行担保的概念与条件。

参考文献

1. 童兆洪：《民事执行权研究》，法律出版社2004年版。
2. 翁晓斌：《民事执行救济制度》，浙江大学出版社2005年版。

第三十三章　执行程序的开始、中止和终结

> **学习目的与要求**

通过本章的学习,应理解民事执行程序的发生,主要是由当事人向法院提出申请而开始,但对某些案件也须由审判员移送执行。重点掌握执行中止和终结的概念、情形及二者的区别,裁定执行中止和终结的效力。

第一节　执行程序的开始

根据我国《民事诉讼法》的规定,执行程序可因当事人的申请而开始,也可由审判员移送给执行员而开始。作为执行根据的法律文书不同,执行程序开始的方式也有所不同。因此,这一节的内容包括执行程序开始的两种方式:申请执行和移送执行,同时还包括执行程序开始阶段所应当进行的具体工作。

一、申请执行

(一)申请执行的概念

申请执行,是指根据生效的法律文书,享有权利的一方当事人,在对方当事人拒不按法律文书履行义务时,在法定期限内向有管辖权的人民法院提出强制执行的申请,从而引起执行程序发生的行为。申请执行是执行程序开始的主要方式。在民事诉讼中,凡是依照生效法律文书享有民事权益的当事人,都有权提出强制执行的申请。在执行程序中,申请执行的一方当事人称为申请执行人;对方当事人称为被申请人或被执行人。

(二)申请执行的条件

根据《民事诉讼法》的有关规定,当事人向人民法院申请执行判决、裁定、调解书,应具备下列条件:

(1)已经发生法律效力的法律文书所规定的履行义务的期限已经届满,而负有义务的一方当事人拒绝履行义务。

(2)当事人必须在法定期限内提出申请。根据《民事诉讼法》第239条的规定,申请执行的期间为2年。申请执行时效的中止、中断,适用法律有关诉讼时效中止、中断的规定。根据《执行程序解释》的规定,在申请执行时效最后6个月

内,因不可抗力或者其他障碍不能行使请求权的,申请执行时效中止。从中止时效的原因消除之日起,申请执行时效期间继续计算。申请执行时效因申请执行、当事人双方达成和解协议、当事人一方提出履行要求或者同意履行义务而中断。申请执行的期限应从法律文书规定的履行期的最后一日开始计算;法律文书规定分期履行的,从规定的每次履行期限的最后一日起算。生效法律文书规定债务人负有不作为义务的,申请执行时效期间从债务人违反不作为义务之日起计算。

(3)当事人向人民法院申请执行,应当提交申请执行书和申请执行所根据的法律文书,书写申请书有困难的,也可以口头申请,由审判人员记入笔录。申请执行书应当记明申请执行的事项和理由,并尽量提供被执行人的经济状况和可供执行的财产的实际情况。

(4)当事人必须向有管辖权的人民法院申请强制执行。

根据民事诉讼法的规定,发生法律效力的民事判决、裁定,以及刑事判决、裁定中的财产部分,由第一审人民法院或者与第一审人民法院同级的被执行的财产所在地法院执行;法律规定由法院执行的其他法律文书,由债务人住所地或者被执行的财产所在地法院执行。

人民法院对当事人申请执行的案件,应当依法进行审查,认为符合法定条件的,予以立案;不符合法定条件的,予以驳回。

当事人向人民法院申请执行执行仲裁裁决书和调解书的,应当受理。但有下列情形之一的,人民法院裁定不予执行:

(1)当事人在合同中没有订有仲裁条款或者事后没有达成书面仲裁协议的;

(2)裁决的事项不属于仲裁协议的范围或者仲裁机构无权仲裁的;

(3)仲裁庭的组成或者仲裁的程序违反法定程序的;

(4)裁决所根据的证据是伪造的;

(5)对方当事人向仲裁机构隐瞒了足以影响公正裁决的证据的;

(6)仲裁员在仲裁该案时有贪污受贿、徇私舞弊、枉法裁决行为的。

人民法院认定执行该裁决违背社会公共利益的,裁定不予执行。

裁定书应当送达双方当事人和仲裁机构。

对仲裁裁决裁定不予受理后,裁定书应送达双方当事人和仲裁机关,当事人收到裁决书后,可以根据其双方新达成的书面仲裁协议重新申请仲裁,也可以在没有仲裁协议时直接向人民法院起诉;对公证债权文书裁定不予执行的,应将裁定书送达双方当事人和公证机关。

(三)申请执行应提交的文件和证件

债权人申请执行,应向人民法院提交下列文件和证件:(1)申请执行书;(2)

生效法律文书副本;(3)申请执行人的身份证明;(4)继承人或权利承受人申请执行的,应当提交继承或承受权利的证明文件;(5)其他应当提交的文件或证件。申请执行仲裁裁决,应当向人民法院提交有仲裁条款的合同书或仲裁协议书。申请执行国外仲裁机构的仲裁裁决的,应当提交经我国驻外使领馆认证或我国公证机关公证的仲裁裁决书的中文本。按照《诉讼费用交纳办法》第20条的规定,申请人民法院强制执行的费用,人民法院执行后交纳,不由申请执行人预交。

二、移送执行

(一)移送执行的概念

移送执行,是指人民法院的判决、裁定发生法律效力后,负有义务的一方当事人拒不按法律文书履行义务时,不经对方当事人申请,人民法院审理此案的审判员即可依职权将案件直接交付执行组织执行,并以此而引起执行程序的发生。移送执行也是执行程序开始的一种方式。我国执行程序的开始,除以申请执行为主外,移送执行可作为一种补充,二者共同构成我国执行程序开始的完整制度。

(二)移送执行案件的范围

根据法律的有关规定,移送执行的案件主要有两大类:一类是追索赡养费、扶养费、抚育费、抚恤金、医疗费用和劳动报酬的案件。这类案件与执行权利人的生活密切相关,被执行人如不及时履行义务,将会使执行权利人难以甚至无法维持生活。同时,这类案件的执行权利人一般缺乏自我保护能力,不便申请执行,人民法院应移交执行。另一类是刑事裁判中有关财产部分的执行,这类案件不仅关系到受害人的合法权益,需要及时加以保护,而且还关系到国家、集体的利益,需要人民法院主动予以维护。此外,人民法院作出的民事制裁决定书及其他确应移送执行的法律文书,如人民法院对妨害民事诉讼进行的行为人所作的罚款、拘留的决定,审判庭采取保全或者先予执行的裁定书等,依法适用移送执行。

审判人员移送执行,应依法填写移送执行书。移送执行书应当写明:需要执行的事项和具体要求;被执行人的经济状况、偿付能力以及履行义务的情况等。同时应附送据以执行的生效法律文书,必要时,还应移送有关的案卷材料。移送执行通知书经庭长或院长批准后,连同生效的判决书、裁定书、支付令、调解协议书交给执行庭或者执行员。如有必要,也可以将案卷一并移交。无论是申请执行还是移送执行,执行员应认真阅卷,熟悉案情,决定是直接执行还是委托执行,以及确定协助执行的单位或者个人。

三、执行程序开始后的准备工作

执行程序因当事人申请或审判人员移送而开始后,人民法院执行员应当对有关事项进行审查,如当事人提出的申请是否符合法律规定的条件,是否有不予执行的情况,提起执行的手续是否完备等。经审查,认为符合条件的,应当开始执行,并做好下列准备工作:

(1) 向被执行人发出执行通知书,再次指定履行义务的期限,责令被执行人履行义务,并说明逾期不履行义务的法律后果。

(2) 查阅有关案卷材料,了解案情,明确需要执行的事项。

(3) 进行必要的调查,了解被执行人拒不履行义务的原因和履行义务的实际能力。

(4) 被执行人及被执行的财产在外地,需要委托当地人民法院代为执行的,应发出委托执行函件。

(5) 根据案件的具体情况,确定执行的具体措施。

第二节 执 行 中 止

一、执行中止的概念

执行中止,是指在执行过程中,由于某种特殊情况的发生,使执行程序无法继续进行而暂时停止,待特殊情况消除后再恢复执行程序的制度。

执行工作一般应持续进行,以尽快实现法律文书所确定的内容,保护权利人的合法权益。执行中止是针对执行工作中发生的一些特殊现象规定的,这些特殊现象会导致执行工作不能进行,执行中止是一种必要的临时性措施。

二、执行中止的适用情形

根据《民事诉讼法》第256条的规定,有下列情形之一的,执行组织应裁定中止执行:

(1) 申请人表示可以延期执行的;

(2) 案外人对执行标的提出确有理由的异议的;

(3) 作为一方当事人的公民死亡,需要等待继承人继承权利和承担义务的;

(4) 作为一方当事人的法人或者其他组织终止,尚未确定权利义务承受人的;

(5) 人民法院认为应当中止执行的其他情形。

根据《执行规定》第102条的规定,其他情形包括:(1) 人民法院已受理以被执行人为债务人的破产申请的;(2) 被执行人确无财产可供执行的;(3) 执行的标的物是其他法院或仲裁机构正在审理的案件争议标的物,需要等待该案件审理完毕确定权属的;(4)一方当事人申请执行仲裁裁决,另一方当事人申请撤销仲裁裁决的;(5)仲裁裁决的被申请执行人依据我国《民事诉讼法》第237条第2款的规定向人民法院提出不予执行的请求,并提供适当担保的。另外,《执行规定》第103条规定,按照审判监督程序提审或再审的案件,执行机构根据上级法院或本院作出的中止执行裁定书中止执行。

遇有上述中止执行的情况,应当由执行人员提出书面或口头意见,在人民法院院长批准后,书面裁定中止执行。裁定书应写明中止执行的原因,并加盖人民法院的印章。裁定书送达当事人后立即生效,当事人不得以上诉或申请复议等形式声明不服。中止执行后,应停止一切执行活动,但如果确实需要,应允许采取具有保全性质的执行措施,如查封、扣押、冻结等。

执行程序在人民法院裁定中止后,即暂时停止执行工作。执行程序一经中止,执行人员在未决定恢复执行程序之前,不得进行执行活动;任何一方当事人以及其他执行程序的人,不得改变执行中止前的财产状况和事实状况,如权利人不得自行采取行动向被执行人追索债务,被执行人不得自行使用和处分已被查封、扣押的财产,协助执行人不得推卸协助执行的义务。

三、执行程序的恢复

中止执行只是执行程序的暂时停止,不是执行程序的结束。当执行中止的原因消除后,即可由人民法院依职权主动恢复执行程序,也可以根据当事人的申请,人民法院审查同意后恢复执行。恢复执行应书面通知当事人。从恢复执行程序时起,原中止执行的裁定失去效力,执行中止前所进行的一切执行活动,依然有效。恢复后的执行活动是中止前执行活动的继续,执行程序是继续进行而不是重新开始。人民法院在决定恢复执行程序时,要及时通知双方当事人及其他参加执行程序的人。中止执行的裁定,自执行程序恢复时自行失效。

第三节 执 行 终 结

一、执行终结的概念

执行终结,是指在执行过程中,由于出现了某种特殊情况,致使执行工作无法进行或者没有必要继续进行,由此而停止执行程序,以后也不再恢复的制度。

执行的目的在于实现生效法律文书确定的内容,一般应在当事人的权利义务关系全面实现后结束。但由于某种情况的发生,也可能在法律文书尚未实现时即使得执行成为不必要或不可能,而导致执行程序的结束。

二、执行终结的适用情形

根据《民事诉讼法》第 257 条的规定,有下列情形之一的,执行组织应裁定终结执行:

(1) 申请人撤销申请的;

(2) 据以执行的法律文书被撤销的;

(3) 作为被执行人的公民死亡,无遗产可供执行,又无义务承担人的;

(4) 追索赡养费、扶养费、抚育费案件的权利人死亡的;

(5) 作为被执行人的公民因生活困难无力偿还借款,无收入来源,又丧失劳动能力的;

(6) 人民法院认为应当终结执行的其他情形。如《执行规定》第 105 条规定,在执行中,被执行人被人民法院裁定宣告破产的,执行法院应当依照《民事诉讼法》第 257 条第 6 项的规定,裁定终结执行。

终结执行应由执行法院下达裁定书,裁定书应当写明终结执行的理由和法律依据。

三、执行终结的效力

执行工作是一项十分复杂的工作,在执行过程中,可能发生一些难以预料的情况,法律作出这一灵活性的规定,有利于人民法院实事求是地解决出现的问题。终结执行应由人民法院作出裁定。裁定书送达当事人后,立即生效,不得声明不服。至此,当事人之间因原法律文书所确定的权利义务不复存在,执行程序不再恢复,当事人也不得就同一标的和理由重新起诉。另外,在执行程序中如果有协助执行人的,终结执行的裁定也应对其送达,或者采取其他方式予以告知。

思考题

1. 简述执行中止的具体情形及其效力。
2. 试述移送执行的范围。
3. 执行终结与执行中止的区别何在?

参考文献

1. 谭秋桂:《民事执行法学》,北京大学出版社 2005 年版。
2. 董少谋:《民事强制执行法学》,法律出版社 2011 年版。

第三十四章 执行措施

> **学习目的与要求**

执行措施是人民法院根据法律规定,依照法定程序,强制义务人履行生效法律文书所确定义务的方法和手段。通过本章的学习,应掌握各种法定执行措施;掌握对动产、不动产和行为的执行措施及其条件和程序;学习和掌握特殊的执行措施与制度。

第一节 执行措施概述

一、执行措施的概念

执行措施,是指人民法院根据法律的规定,依照法定程序,强制义务人履行生效法律文书所确定义务的方法和手段。

执行措施是人民法院强制义务人履行义务的手段,这是执行工作的关键所在。民事诉讼法及相关司法解释对此作出了明确规定,人民法院必须严格按照法律规定的程序和方式,针对不同的执行标的,采取与之相适应的不同的强制执行措施,这是人民法院执行机构完成执行任务的根本保证。执行措施在执行程序中具有重要意义。强制执行的实施过程,实际上也就是采取执行措施的过程。完备、系统的执行措施是执行组织完成执行任务的根本保证。从立法上完善执行措施、在实践中正确适用执行措施,是实现强制执行的目的与功能、体现强制执行价值的重要内容。

二、执行措施的特征

执行措施具有以下特征:

(1)强制性。执行措施由人民法院的执行组织依职权实施,以国家公权力为后盾,因此其首要特征就是具有强制性,它是强制被执行人履行义务的手段。虽然执行程序主要依当事人的申请开始,但执行措施的采用则是人民法院的职权行为,实施何种执行措施既不取决于申请人,也不以被执行人的同意为条件。

(2) 法定性。执行措施由民事诉讼法及相关司法解释明确规定,执行组织实施各种执行措施必须严格按照法定的条件和程序进行。这是实现生效的法律文书、保护当事人合法权益所必需的,执行组织不得采取法律或司法解释没有规定的措施。

(3) 多样性。民事诉讼法及相关司法解释针对不同的执行根据、执行对象规定了多种执行措施,以适应实践中不同的需要。除现有的执行措施外,各地执行组织为解决"执行难"问题,还摸索和总结出一些行之有效的执行措施,有待于立法完善时加以补充。执行措施的多样性是执行工作得以顺利开展的重要保障。

三、执行措施的分类

为了正确理解立法规定的执行措施,并保证在司法实践中正确适用,可根据执行标的、执行内容、执行具体目的等情况,将执行措施进行分类。按照不同的标准,执行措施可分为以下三类:

(一) 对动产的执行措施和对不动产的执行措施

根据执行标的的具体内容不同,可将执行措施分为对动产的执行措施和对不动产的执行措施。对动产的执行措施所针对的是金钱、存款、劳动收入、财物或债权等对象,对不动产的执行措施所针对的则是土地、房屋、山林等对象。

(二) 对财产的执行措施和对行为的执行措施

根据执行标的的不同,可将执行措施分为对财产的执行措施和对行为的执行措施。对财产的执行措施,包括对动产的执行措施和对非动产的执行措施;对行为的执行措施则是以债务人或第三人的行为,如赔礼道歉、排除妨害、修理房屋、拆除障碍等为对象的执行措施。

(三) 实现权利的执行措施和保障性的执行措施

根据采取执行措施的具体目的不同,可将执行措施分为实现权利的执行措施和保障性的执行措施。

实现权利的执行措施,是指直接实现当事人权利的执行措施,包括上述对财产(动产和不动产)的执行措施和对行为的执行措施;保障性的执行措施则是指以保障、强制、配合、制裁为特征的措施,如搜查、强制支付延期利息或迟延履行金等措施。

以下主要介绍对动产的执行措施、对不动产的执行措施、对行为的执行措施和特殊的执行措施和制度四大类。

第二节 对动产的执行措施

对动产的执行措施,是指以动产为标的的执行措施。作为执行标的的动产包括:存款、收入、财物和债权等。一般来讲,给付判决所确定的义务多半是通过对动产的执行实现的。被执行人有现金的,执行其现金;没有现金或现金不足清偿的,执行其存款;没有存款或存款不足清偿的,执行其他动产。对动产的执行措施有以下几种:

一、查询、冻结、划拨被执行人的存款

根据《民事诉讼法》第242条第1款的规定,被执行人未按执行通知履行法律文书确定的义务,人民法院有权向有关单位查询被执行人的存款、债券、股票、基金份额等财产情况。人民法院有权根据不同情形扣押、冻结、划拨、变价被执行人的财产。人民法院查询、扣押、冻结、划拨、变价的财产不得超出被执行人应当履行义务的范围。《执行规定》第34条规定:被执行人是金融机构的,对其交存在人民银行的存款准备金和备付金不得冻结和扣划,但对其在本机构、其他金融机构的存款,及其在人民银行的其他存款可以冻结、划拨。其中,查询存款,是指向银行、信用社等单位调查、询问和了解被执行人的存款情况,目的是为了了解其履行能力,为冻结和划拨存款作准备。冻结存款,是指人民法院向有被执行人存款的银行、信用社等单位发出协助执行通知书,不准被执行人在一定期限内提取和转移其存款的执行措施。这是一项临时性措施,目的是为了促使被执行人履行义务,确保法律文书所确定的权利能够得以实现。冻结存款后,被执行人如果履行了义务,应当及时解除冻结,否则即可划拨存款。划拨存款,是指人民法院通过有关银行、信用社等单位将被执行人账户上的存款,划入权利人账户的措施,这是一种直接处分被执行人财产的行为,也是一项最终的执行措施,但划拨存款必须以双方当事人均在有关金融机构立有账户为前提。

根据《民事诉讼法》的有关规定,人民法院采用这一执行措施时,为了保护被执行人的合法权益,应当严格依法定程序进行:人民法院必须作出冻结、划拨存款的裁定,并向有关单位发出协助执行通知书,在进行冻结和划拨时,不得超出被执行人应当履行义务的范围,并且应为被执行人保留其生活必需的费用。《民事诉讼法》第242条第2款规定:人民法院决定冻结、划拨存款,应当作出裁定并发出协助执行通知书,银行、信用社和其他有储蓄业务的单位必须办理。

二、扣留、提取被执行人的收入

被执行人的收入,是指其应当获得而尚未收取的财产,通常是金钱,包括工

资、奖金、报酬、农副业收入、股息或者红利收益等。一般来说，这部分收入应由其所在单位给付或者由银行、信用社等单位支付。当被执行人未按执行通知书履行法律文书确定的义务时，人民法院有权扣留、提取被执行人应当履行义务的部分收入。

扣留被执行人的收入，是由人民法院依法强行留置被执行人的收入，禁止其支取和处分，这是一项临时性措施，其目的是为了促使被执行人主动履行义务，并为提取其收入作准备；提取收入，则是人民法院依法直接支取被执行人的收入，并转交给权利人的执行措施。这一措施可以直接实现权利人的权利。

根据《民事诉讼法》第243条的规定，人民法院适用扣留、提取被执行人收入的措施时，应当严格依照法定程序进行：首先，扣留、提取收入，应当作出裁定，并向有关单位发出协助执行通知书，由被执行人所在单位或者有关的银行、信用社及其他有储蓄业务的单位办理，这些单位有义务协助执行；其次，扣留、提取收入，应当以被执行人应履行义务部分的收入为限，并且应当保留被执行人及其所扶养家属的生活必需费用，"生活必需费用"通常是指被执行人所在地的中下等生活水平。

根据《执行规定》第35—37条及第51条的规定，作为被执行人的公民，其收入转为储蓄存款的，应当责令其交出存单。拒不交出的，人民法院应当作出提取其存款的裁定，向金融机构发出协助执行通知书，并附生效法律文书，由金融机构提取被执行人的存款交人民法院或存入人民法院指定的账户；被执行人在有关单位的收入尚未支取的，人民法院应当作出裁定，向该单位发出协助执行通知书，由其协助扣留或提取；对被执行人从有关企业中应得的已到期的股息或红利等收益，人民法院有权裁定禁止被执行人提取和有关企业向被执行人支付，并要求有关企业直接向申请执行人支付。对被执行人预期从有关企业中应得的股息或红利等收益，人民法院可以采取冻结措施，禁止到期后被执行人提取和有关企业向被执行人支付，到期后人民法院可从有关企业中提取，并出具提取收据。有关单位收到人民法院协助执行被执行人收入的通知后，擅自向被执行人或其他人支付的，人民法院有权责令其限期追回，逾期未追回的，应当裁定其在支付的数额内向申请执行人承担责任。

三、查封、扣押、冻结并依照规定拍卖、变卖被执行人的财产

查封、扣押、冻结、拍卖是世界各国民事执行中最基本的执行措施。其中查封是一种临时性措施，是人民法院对被执行人的有关财产贴上封条，就地封存，不准任何人转移和处理的措施；扣押，是指被执行人的财产由人民法院运送到有关场所加以扣留，不准被执行人占有、使用和处分的措施。查封和扣押都属于临时性执行措施。其区别在于：查封一般是针对不易搬动的物品（如机器、设备等）

采用的；查封多为就地进行，扣押则多为移地进行。冻结，是指对被执行人的存款采取的措施，即人民法院通知有关银行和信用社，不准被执行人提取和使用自己存款的措施。拍卖即竞卖，是指在执行程序中，人民法院对已经查封、扣押的物品，用公开的方式，让买受人以公平竞争的形式出价，确定被拍卖财产的价金，并将其出卖给出价最高的买受人，最后就卖得价金分配给执行案件的申请人的措施；变卖，是指在查封、扣押的基础上，对被执行人的财产强制出卖的一种措施。拍卖和变卖是我国《民事诉讼法》规定的两项并列的执行措施，但从保护当事人合法权益、保障人民法院执法的客观公正出发，能够拍卖的应当先作拍卖，如无法拍卖或者债权人、债务人同意不作拍卖的，再作变卖。被执行人未按执行通知书履行法律文书确定的义务时，人民法院有权根据具体情况查封、扣押、冻结、拍卖及变卖被执行人的财产，并交付给权利人。

根据《民事诉讼法》的有关规定，在执行中，如果发现被查封、扣押的财产被被执行人或其他人毁损、变卖、转移、灭失的，除应依法对行为人采取强制措施外，人民法院有权责令责任人限期追回财产或承担相应的赔偿责任。被执行人的财产经查封、扣押后在人民法院指定的期间内履行义务的，人民法院应及时解除查封、扣押措施。人民法院对被执行人的已被查封、扣押的财产进行拍卖、变卖时，应当制作裁定书，拍卖或变卖应以被执行人应当履行义务部分的财产为限，同时应保留被执行人及其扶养家属的生活必需品。经申请执行人和被执行人同意，且不损害其他债权人合法权益和社会公共利益的，可以不经拍卖、变卖，直接将被执行人的财产作价交申请执行人抵偿债务，对剩余债务，被执行人应当继续清偿。被执行人的财产无法拍卖或者变卖的，经申请执行人同意，且不损害其他债权人合法权益和社会公共利益，人民法院可以将该项财产作价后交付申请执行人抵偿债务，或者交付申请执行人管理；申请执行人拒绝接收或管理的，退回被执行人。

第三节 对不动产的执行措施

对不动产的执行措施，是指以不动产为执行标的的执行措施。作为执行标的的不动产主要包括：房屋、土地及其附着物。根据我国《民事诉讼法》第250条的规定，对不动产的执行措施，主要是强制迁出房屋和强制退出土地的执行措施。

一、强制迁出房屋和强制退出土地的概念

强制迁出房屋或退出土地，是指人民法院强行搬迁被执行人在所占房屋内和土地上的财物，并将腾出的房屋和土地交付权利人的一种执行措施。强制迁

出房屋可以适用于房屋拆迁、买卖、租赁等案件的执行。强制退出土地可以适用于强占耕地、宅基地纠纷、土地使用权纠纷、相邻关系中阻塞通道及排除妨害等案件的执行。

二、强制迁出房屋和强制退出土地的程序

强制迁出房屋或退出土地,是一项比较重大、复杂的执行措施,因此,必须严格依照我国《民事诉讼法》第250条的规定,按照下列法定程序进行:

(1) 由人民法院院长签发公告。人民法院决定采取强制迁出房屋或退出土地的措施,应由执行员对被执行人进行必要的法制宣传工作,动员其自动迁出房屋或退出土地。如果被执行人拒不履行义务,由人民法院院长签发公告,责令被执行人在指定的期限内迁出房屋或退出土地,并在公告中指出如在指定期间内不自动搬迁将产生的法律后果。公告应由院长署名,加盖人民法院印章,公开张贴在人民法院的公告栏以及被执行人占有的房屋和土地附近。被执行人在公告指定的期限内搬出财物,将该房屋和土地交付权利人的,执行即告结束。被执行人逾期拒不搬迁的,人民法院开始强制执行。

(2) 由执行员强制执行。强制迁出房屋或退出土地,应由执行员、书记员及司法警察参加。执行时,被执行人是公民的,人民法院应通知被执行人的工作单位和房屋、土地所在地的基层组织派人参加,同时,人民法院还应当通知被执行人或者他的成年家属到场;被执行人是法人或者其他组织的,应当通知其法定代表人或者主要负责人到场。没有通知的,不得强制采取执行措施。通知后,拒不到场的,不影响执行。

在执行过程中,书记员应将执行情况,包括所运的财物、实践中出现的问题、采取的措施等记入强制执行笔录,由执行人员、有关组织的协助执行人、当事人以及其他在场人签名或者盖章。对于强制迁出的财物,要逐件编号、登记、造具清单,然后将其运送至指定处所,交给被执行人或者他的成年家属,如其拒绝接受,由此造成的损失由被执行人承担。

强制执行完毕后,执行人员应将腾出的房屋或者退出的土地及时交给权利人,结束执行程序。采取这一措施所支出的费用,由被执行人负担。

第四节 对行为的执行措施

当生效的法律文书所确定的义务,是某人必须为一定行为或不得为一定行为,而其不予履行时,民事诉讼法规定了专门的执行措施。主要有以下三种:

一、强制被执行人交付法律文书指定交付的财物或者票证

生效法律文书所确定的义务是要求被执行人交付一定的财物或者票证,而被执行人又拒绝履行时,可以采用这一措施。法律文书指定交付的财物,可以是种类物,也可以是特定物;交付的票证,是有关机关制发的用以表明某种事实和用以购买某种商品的有一定权利内容的凭证,如股票、存款单、国库券等。

人民法院执行员在采取强制交付法律文书指定交付的财物或者票证的强制措施时,应在做好被执行人思想工作的基础上,传唤双方当事人到庭或到指定场所,由被执行人将法律文书指定交付的财物和票证,当面直接交付,由被交付人即申请人签收。被执行人不愿当面交付的,也可以将应交付的财物和票证交给执行员,由执行员转交申请人签收。当事人以外的公民持有该项财物或者票证的,人民法院应通知其交出,经教育仍不交出某项财物或者票证的,人民法院应采取强制交付措施,抗拒执行的,可按妨害诉讼的行为论处。当事人以外的公民交出的财物和票证,可由执行员转交,转交时应由被交付人签收。有关单位持有该项财物或者票证的,人民法院应向其发出协助执行通知书,由有关单位转交,并由被交付人签收。

对于特定物的交付,被执行人不但有在法定期限内交付特定物的义务,而且不得以交付他物代替履行,只有在应交付的特定物已经灭失,无法交付原物时,执行员才可以在做好双方当事人思想工作的基础上,经双方同意,交付替代品或者折价赔偿。

二、要求有关单位办理财产权证照转移手续

在执行中,有些财产的执行除需将某一财物交付权利人之外,还必须将该标的物的财产权证照转移给权利人,否则,其财产权不能得到实现。例如,转移车辆、船舶的所有权,除应将车辆、船舶交付权利人之外,还需要办理登记并取得证明等手续,所有权才能在法律上实际得到转移。

在执行过程中,对有关财产权的证照需要办理转移手续的,人民法院应向与制发该证照有关的主管单位发出协助执行通知书,要求该单位协助办理。有关单位接到人民法院的协助执行通知书后,应当积极协助,并按照人民法院的要求,为权利人办好有关财产权证照的转移手续。如有关单位拒不办理的,人民法院可依照《民事诉讼法》第114条的规定处理,即有关单位接到人民法院协助执行通知书后,拒不办理有关财产权证照手续的,人民法院可以对其主要责任人或者直接责任人员予以罚款;还可以向监察机关和有关机关提出予以纪律处分的司法建议。

三、强制执行法律文书所指定的行为

强制执行法律文书指定的行为,是以人的行为作为执行标的的一种特殊的执行措施。法律文书指定的行为,是指判决、裁定和其他法律文书确定负有义务的一方当事人必须完成的某种行为。这种行为可以是作为,也可以是不作为。所谓作为,就是法律文书确定一方当事人为了对方当事人的利益,必须在一定的时间内完成某种特定的行为,如拆除违法建筑等;所谓不作为,就是法律文书确定一方当事人不得进行某种行为,如不得构筑阻塞对方出门通道的建筑物等。对于法律文书指定的行为,被执行人必须履行,否则人民法院可以强制执行。

强制执行法律文书指定的行为,主要是用于相邻关系纠纷以及加工、定作、修缮等合同纠纷案件的执行。对于法律文书指定由被执行人完成一定的行为的,执行员应向被执行人发出通知,限期按照法律文书指定的行为自动履行。被执行人无正当理由逾期仍不履行的,若能够由有关单位和其他人代为完成某种行为的,人民法院可以采取相应措施,强制执行其财产或由其支付他人替代完成某行为的费用,或者责令被执行人偿付权利人因此而遭受的损失。

第五节 特殊的执行措施和制度

一、搜查被执行人的财产

搜查,是指人民法院的执行人员在被执行人逾期不履行生效法律文书确定的义务,并有线索或证据表明其隐匿或转移财产时,而对被执行人的人身及其住所或者财产隐匿地进行搜寻和查找的一种执行措施。

搜查,是民事执行程序中较为严厉的一种执行手段,它不仅涉及公民的人身权、财产权,而且具有较大的社会影响。因此,人民法院采取搜查措施时,必须严格审查其条件,依照法律规定的程序进行。根据《民事诉讼法》的规定,搜查必须符合下列条件:(1)生效法律文书确定的履行期限已经届满;(2)被执行人拒不履行法律文书确定的义务;(3)有线索或证据表明被执行人隐匿或转移财产。

采取搜查措施时,应当由院长批准并签发搜查令。搜查时必须向被搜查人出示搜查证,并令其在搜查证上签名;拒不签名的不影响搜查措施的实施,参加搜查的人员必须有两人以上。搜查人身应当由被搜查人或者被搜查处所的基层组织和公安机关派员参加。此外还应当通知被搜查人或其成年家属到场;拒不到场的,不影响搜查工作的进行。搜查结束后,执行员应将搜查情况记录在案,并由在场人员签名、捺印或者盖章,对于与查封、扣押财物等执行措施同时进行的搜查活动,必须造具查封或扣押财物的清单,由在场人员签名、捺印或者盖章。

清单应送达被执行人,被执行人是公民的也可以交给其成年家属一份。

二、强制被申请人支付延期利息、迟延履行金

责令被执行人支付延期利息,主要适用于执行金钱债务的案件。在某些情况下,也可以适用于对行为和财产执行的案件。我国《民事诉讼法》第253条规定:"被执行人未按判决、裁定和其他法律文书指定的期间履行给付金钱义务的,应当加倍支付迟延履行期间的债务利息……"所谓迟延履行期间,是指生效法律文书指定的履行期间届满后,到实际履行日这一段时间;如果生效法律文书没有指定履行期间,就从法律文书生效之日起到实际履行日止。关于迟延履行期间债务利息的计算方法,2014年8月1日起施行的《最高人民法院关于执行程序中计算迟延履行期间的债务利息适用法律若干问题的解释》作了具体规定,迟延履行期间的一般债务利息,根据生效法律文书确定的方法计算;生效法律文书未确定给付该利息的,不予计算。加倍部分债务利息的计算方法为:加倍部分债务利息=债务人尚未清偿的生效法律文书确定的除一般债务利息之外的金钱债务×日万分之一点七五×迟延履行期间。

责令被执行人支付迟延履行金,适用于给付金钱以外的其他执行案件。我国《民事诉讼法》第253条规定:"……被执行人未按判决、裁定和其他法律文书指定的期间履行其他义务的,应当支付迟延履行金。"迟延履行金,是指因迟延履行而应支付的一定金额。关于迟延履行金的计算,《民诉法解释》第507条规定:"被执行人未按判决、裁定和其他法律文书指定的期间履行非金钱给付义务的,无论是否已经给被执行人造成损失,都应当支付迟延履行金。已经造成损失的,双倍补偿申请人已经遭受的损失;没有造成损失的,迟延履行金可以由人民法院根据具体案件情况决定。"

延期利息和迟延履行金,既具有赔偿损失的性质,又有制裁性质。当被执行人不履行义务的行为给权利人造成一定的损失时,应由其支付延期利息和迟延履行金作为赔偿;而要求被执行人加倍支付延期利息以及在权利人并未因延期履行而受到损失时被执行人仍要支付迟延履行金,则是对被执行人迟延履行义务的一种制裁。民事诉讼法作此规定,目的在于追究被执行人迟延履行的责任,制裁不按期履行义务的行为,保护权利人的合法权益,保证生效法律文书的执行。

三、继续执行

继续执行,是指在采取一定的执行措施后,被执行人仍不能履行偿还债务的义务,在具备某种条件时,人民法院可采取一定的执行措施,让被执行人继续履行义务。

根据《民事诉讼法》第254条的规定,人民法院在采取法定执行措施之后被执行人仍然不能履行法律文书确定的义务的,其义务不能免除,如果债权人发现被执行人有其他财产的,可以随时请求人民法院执行。这一措施对权利人来说,只要生效法律文书确定的权利没有全部实现,其申请执行权就可依法保留,随时可以请求人民法院执行;对被执行人来说,只要还有剩余债务存在,就要负责清偿,直至全部清偿完毕。这一规定使被执行人的债务,即使在采取有关执行措施仍不能全部履行的情况下也不能予以豁免。

我国《民事诉讼法》关于继续执行的规定,对于保障债权人的合法权益,解决"执行难"问题,具有积极意义。

四、对第三人债权的执行

对第三人债权的执行,在理论上称为代位申请执行或代位执行,是指被执行人不能清偿债务,但对第三人享有到期债权的,根据当事人的申请,人民法院对该第三人财产进行强制执行的制度。《民诉法解释》第501条对此作出了明确规定。对第三人债权的执行制度,在被执行的主体和执行的客体上均具有特殊性。被执行主体的特殊性表现在:被执行主体与审判程序中的诉讼主体有承接性与连续性,被执行人就是诉讼中败诉的一方当事人,而这里则表现为被执行主体的扩大,即在原被执行主体的基础上,将案外的第三人也作为被执行的主体,该第三人对债务没有异议但又不履行义务的,人民法院可以依法强制执行。执行客体的特殊性表现在:执行的客体,通常表现为物和行为,而这里,执行的客体则表现为债权,即被执行人对第三人所享有的到期债权。这部分债权实质上是可供执行的债务人财产的组成部分,是以债权形式存在的财产。

对第三人债权的执行制度是一项特殊的执行制度,除了必须具备一般申请执行的条件外,还需具备一些特殊条件:(1)被执行人暂时没有履行能力、不能清偿债务;(2)被执行人对第三人享有债权并已到期;(3)被执行人对第三人享有的债权是可以代位执行的,即该债权不是专属于被执行人的。

在符合上述条件的情况下,人民法院可以根据申请执行人提出的申请,作出冻结被执行人对他人的到期债权的裁定,并通知该他人(第三人)向申请执行人履行。但如果该他人(第三人)对到期债权有异议,申请执行人请求对异议部分强制执行的,人民法院不予支持。其他相关利害关系人对到期债权有异议的,人民法院应当按照《民事诉讼法》第227条关于执行异议的规定处理。对第三人债权的执行,应当以对该债权无异议为前提,如果该第三人或者利害关系人对此提出了异议,说明该债权存在争议,需要通过诉讼或者执行异议解决,不能通过执行程序强制执行。

五、参与分配

（一）参与分配的概念

参与分配，是指被执行人为公民或者其他组织，在执行程序开始以后，被执行人的其他已经取得执行根据的或者已经起诉的债权人，发现被执行人的财产不能清偿所有债权，申请参与执行程序，并将执行所得在各债权人中公平分配的一种执行制度。参与分配制度的建立，旨在最大限度地、平等地保护被执行人的所有债权人的合法权益，使他们的债权能够在同一执行程序中得到公平的清偿。

我国《民诉法解释》第508—512条，《执行规定》第88—96条，《执行程序解释》第25、26条规定了参与分配制度。我国现行的参与分配制度在功能及原理上有类似于破产制度之处，可通过个别破产程序解决企业法人之外的民事主体资不抵债的问题。也就是说，在被执行人的财产执行完毕后，其他没有起诉的债权人将难以实现债权，为保护所有债权人的权益，设置参与分配制度，使其都能够进入已经开始的执行程序并公平受偿。

（二）参与分配的适用条件

参与分配制度依法应具备以下条件：

(1) 被执行人应当是公民或者其他组织，并且必须有两个以上的债权人请求清偿。如果被执行人是法人，可适用破产程序；如果被执行人只有一个债权人或者只有一个债权人请求清偿，则只需用执行所得清偿该申请执行人即可。

(2) 参与分配的财产必须属于被执行人。因为只有当数个债权人对同一债务人提出清偿债权的请求时，才需要实行参与分配；否则，可以分别对各债务人申请执行，没有必要也不可能实行参与分配制度。

(3) 参与分配的前提是被执行人的财产不能清偿债权人的全部债权。如果被执行人的财产除了清偿申请执行人的债权外，还有足够的财产清偿其他债权人的债权，那么已经取得执行根据的其他债权人可以另外申请执行，已经起诉的其他债权人也可以等到取得执行根据后再申请执行。

(4) 参与分配的标的应当是金钱债权或者已经转换为金钱请求的债权。民事执行可分为金钱债权的执行、物的交付请求权的执行和行为请求权的执行。由于参与分配的一个重要特征就是执行所得的金额在各债权人之间按比例公平分配，而只有对金钱才能够做到按比例平均分配，因此，只有在金钱债权的执行中才能实行参与分配。

(5) 参与分配的申请必须在执行开始后，被执行人的财产清偿前提出。

其他债权人申请参与分配的，应当向人民法院提交申请书。申请书应写明参与分配和被执行人不能清偿所有债权的事实和理由，并附有执行根据或其他有关材料。经人民法院审查并受理后，对于人民法院查封、扣押或冻结的财产有优先权、担保物权的债权人,可以直接申请参加参与分配程序,主张优先受偿权。参与分配案件中,执行所得价款扣除执行费用,并清偿应当优先受偿的债权后,对于普通债权,原则上按照其占全部申请参与分配债权数额的比例受偿。清偿后的剩余债务,被执行人应当继续清偿。债权人发现被执行人有其他财产的,可以随时请求人民法院执行。

《执行程序解释》规定了参与分配之分配方案的异议制度,其第25条、第26条规定,多个债权人对同一被执行人申请执行或者对执行财产申请参与分配的,执行法院应当制作财产分配方案,并送达各债权人和被执行人。债权人或者被执行人对分配方案有异议的,应当自收到分配方案之日起15日内向执行法院提出书面异议。债权人或者被执行人对分配方案提出书面异议的,执行法院应当通知未提出异议的债权人或被执行人。未提出异议的债权人、被执行人收到通知之日起15日内未提出反对意见的,执行法院依异议人的意见对分配方案审查修正后进行分配;提出反对意见的,应当通知异议人。异议人可以自收到通知之日起15日内,以提出反对意见的债权人、被执行人为被告,向执行法院提起诉讼;异议人逾期未提起诉讼的,执行法院依原分配方案进行分配。

六、财产申报制度

财产申报制度,是指人民法院对不履行义务的被执行人,强制其向执行法院如实报告财产状况的制度。我国《民事诉讼法》第241条规定:"被执行人未按执行通知履行法律文书确定的义务,应当报告当前以及收到执行通知之日前1年的财产情况。被执行人拒绝报告或者虚假报告的,人民法院可以根据情节轻重对被执行人或者其法定代理人、有关单位的主要负责人或者直接责任人员予以罚款、拘留。"

查明债务人可供执行的财产是强制执行的关键,同时也是执行的难点之一。我国《民事诉讼法》确立了被执行人财产申报制度,这是对国外先进立法经验的借鉴,也是对我国法院在执行实践中成功经验的总结。为使财产申报制度得到统一、规范的运用,《执行程序解释》对其作了进一步的具体规定:

(1)人民法院责令被执行人报告财产状况的,应当向其发出报告财产令。报告财产令中应当写明报告财产的范围、报告财产的时间、拒绝报告或者虚假报告的法律后果等内容。

(2)被执行人应当书面报告下列财产状况:收入、银行存款、现金、有价证券;土地使用权、房屋等不动产;交通运输工具、机器设备、产品、原材料等动产;债权、股权、投资收益、基金、知识产权等财产性权利;其他应当报告的财产。

被执行人自收到执行通知之日前1年至当前财产发生变动的,应当对该变动情况进行报告。被执行人在报告财产期间履行全部债务的,人民法院应当裁定终结报告程序。

(3) 被执行人报告财产后,其财产情况发生变动,影响申请执行人债权实现的,应当自财产变动之日起10日内向人民法院补充报告。

(4) 对被执行人报告的财产情况,申请执行人请求查询的,人民法院应当准许。申请执行人对查询的被执行人财产情况,应当保密。

(5) 对被执行人报告的财产状况,执行法院可以依申请执行人的申请或依职权调查核实。

被执行人拒绝报告或不如实报告的,人民法院可以视情节轻重对被执行人或者主要责任人予以罚款、拘留。

七、限制出境、在征信系统记录、通过媒体公布不履行义务的信息、限制高消费

在我国,"执行难"已超出人民法院范围而成为一个社会问题,因此,仅增加人民法院的执行措施是不够的,需要动用社会力量综合治理。我国《民事诉讼法》第255条规定:"被执行人不履行法律文书确定的义务的,人民法院可以对其采取或者通知有关单位协助采取限制出境,在征信系统记录、通过媒体公布不履行义务信息以及法律规定的其他措施。"根据这一规定,此类特殊的执行措施有三种情形:

(一) 限制出境

限制出境,是指法院对拒不履行生效法律文书确定义务的被执行人,通过公安机关等有关部门协助采取限制其出境的措施,旨在促使被执行人履行义务。

《执行程序解释》对此作出了进一步的具体规定:

(1) 对被执行人限制出境的,应当由申请执行人向执行法院提出书面申请;必要时,执行法院可以依职权决定。

(2) 被执行人为单位的,可以对其法定代表人、主要负责人或者影响债务履行的直接责任人员限制出境;被执行人为无民事行为能力人或者限制民事行为能力人的,可以对其法定代理人限制出境。

(3) 在限制出境期间,被执行人履行法律文书确定的全部债务的,执行法院应当及时解除限制出境措施;被执行人提供充分、有效的担保或者申请执行人同意的,可以解除限制出境措施。

(二) 在征信系统记录

在征信系统记录,是指人民法院将被执行人不履行生效法律文书确定义务的行为在有关部门加以记录,以促使被执行人履行义务的措施。有关部门,是指金融、工商、税务、房地产、交通、出入境管理等与人们生活紧密相关的部门。通过与社会信用体系网络连接,有关部门相互配合,形成合力,使不履行义务的被

执行人的生活、工作以及进入市场进行交易均受到严格限制,以达到促使其履行义务的目的。这一措施的有效实施,有赖于我国社会诚信机制的健全和完善,不依法履行生效法律文书确定的义务是严重的违背诚信原则的行为,被执行人不履行义务的行为一旦被记录在征信系统中,他就应当为此付出沉重的代价。

(三)通过媒体公布不履行义务的信息

通过媒体公布不履行义务的信息,是指执行法院依职权或者依申请执行人的申请,将被执行人不履行法律文书确定义务的信息,通过报纸、广播、电视、互联网等媒体公布,以促使被执行人履行义务的措施。这一措施的实施,将使被执行人不履行义务的信息为社会公众所知晓,对其形成一种社会压力,从而促使被执行人履行义务。

最高人民法院于2013年10月1日颁布实施的《最高人民法院关于公布失信被执行人名单信息的若干规定》,建立了失信被执行人名单制度。这个司法解释一方面细化和丰富了《民事诉讼法》第255条的规定,另一方面加强了对形形色色的逃债者进行信用惩戒的力度。该司法解释较为详细地规定了适用范围、适用情形以及具体的适用程序。《民诉法解释》第518条也对其作出了明确规定。

(四)限制高消费

限制高消费,是指被执行人未按执行通知书指定的期间履行生效法律文书确定的给付义务的,人民法院依照法定程序限制其高消费的措施。

在现实生活中,有履行能力却拒绝履行生效法律文书确定的义务,不仅使债权人的合法权益不能实现,而且极大地挑战了法律的权威,危及公平正义。最高人民法院根据《民事诉讼法》的有关规定,结合人民法院民事执行工作的实践经验,于2010年7月1日颁布了《关于限制被执行人高消费的若干规定》,该司法解释对高消费行为作了明确界定,适用于作为被执行人的自然人,法人或其他组织的法定代表人、主要负责人及影响债务履行的直接责任人。

限制高消费的具体程序是:第一,由当事人提出申请、人民法院审查决定,必要时也可由人民法院依职权启动。第二,向被执行人发出限制高消费令。限制高消费令由人民法院院长签发,应当载明限制高消费的期间、项目、法律后果等内容。需要协助执行的,应向有关单位发出协助执行通知书。第三,被执行人有遵守限制高消费令的义务,违者可对其采取民事诉讼强制措施,情节严重构成犯罪的,依法追究刑事责任。该司法解释还对人民法院公布举报电话和邮箱,接受申请人和社会公众的监督及举报作出了规定。

被执行人履行完毕生效法律文书确定的义务,或者提供了担保并且申请人同意的,人民法院可以解除限制高消费令。

思考题

1. 如何理解执行措施的意义?
2. 简述对动产的执行措施。
3. 简述对不动产的执行措施。
4. 特殊的执行措施有哪几种?

参考文献

1. 杨与龄:《强制执行法论》,中国政法大学出版社2002年版。
2. 童兆洪:《民事执行操作与适用》,人民法院出版社2003年版。
3. 董少谋:《民事强制执行法学》,法律出版社2011年版。